복지국가 시대를 살아가야 할 우리 모두를 위한 안내서

이상이의 복지국가 강의

복지국가 시대를 살아가야 할 우리 모두를 위한 안내서

이상이의 복지국가 강의

초판 1쇄 펴낸 날 2016년 10월 20일
3쇄 펴낸 날 2019년 8월 30일

기획 복지국가소사이어티
지은이 이상이 · 박은선
편집 Zoey
디자인 구수연
조판 정은희
펴낸이 김지숙
펴낸곳 도서출판 밈
출판등록 제300-2006-180호
전화 064-747-5154
팩스 0303-3130-6557
주소 제주시 오등9길 38, 1층 101호
이메일 editor@mimbook.co.kr
ISBN 978-89-94115-23-8 03340
인쇄 대덕문화사

이 도서의 국립중앙도서관 출판예정도서목록(CIP)은
서지정보유통지원시스템 홈페이지(http://seoji.nl.go.kr)와
국가자료공동목록시스템(http://www.nl.go.kr/kolisnet)에서
이용하실 수 있습니다.(CIP제어번호: CIP2016023297)

복지국가 시대를 살아가야 할 우리 모두를 위한 안내서

이상이의 복지국가강의

Welfare State

이상이
박은선
지음

도서출판 밈

목차

제3부

어떻게

복지국가를 만들 것인가

책을 시작하며

우리 주변에는 경제학 책들이 많다. 경제학자들도 많다. 이들 대부분은 자유 시장을 강조하는 주류 경제학에 속해 있지만 소수이긴 해도 국가의 민주적 시장 개입을 용인하는 경제학자들도 더러 있다. 그런데 이들의 공통점은 시야가 경제 분야에만 국한되어 있다는 것이다. 이들 경제학 책들과 경제학자들은 시장을 둘러싼 입장 차이로 논쟁을 벌이지만 복지 분야에 대해서는 거의 관심이 없거나 사실상 문외한들이다.

마찬가지로 우리 주변에는 사회복지학 책들이 많다. 사회복지학자들도 많다. 그런데 이들 대부분은 사회 정책으로서의 사회복지학과는 다소 동떨어져 있다. 사회복지학 책들이나 사회복지학자들 대부분은 정책 분야와 무관하다. 다행스럽게도 요즘에는 사회 정책을 공부하는 사회복지학 전공자들과 이 분야의 책들이 다소 늘어나고 있다. 그런데 이들도 경제 분야에 대해서는 별 관심이 없거나 배타적인 경우가 많다.

우리나라에서 경제학 분야와 사회복지학 분야는 이렇게 분리되어 있다. 이것은 마치 경제와 복지가 관련성 없이 별개의 독립된 영역인 것처럼 굴러가는 우리나라의 경제-복지 체제를 그대로 반영하고 있는 것 같다. "파이를 키우는 것이 먼저"라는 주장과 "지금 당장 복지를 확충해야"한다는 주장은 늘 충돌한다. 지금까지 성장 우선주의가 복지 확충 주장에 대해 언제나 승리를 거두었지만, 결과적으로 파이는 별로 커지지 않았고 늘어난 파이조차 피라미드의 꼭대기에 위치한 일부 그룹이 대부분을 가져갔다. 결국 소득 불평등과 민생 불안만 심화되고 복지 확충은 미미했다.

이제 바뀌어야 한다. 경제와 복지를 통합적으로 바라보는 새로운 시각이 널리 확산되어야 한다. 바로 복지국가가 그것이다. 복지국가는 경제와 복지의 유기적 통합체이다. 그리고 우리의 삶이 행복한지 불행한지는 복지국가의 성공 여부에 달려 있다. 미국이나 영국 같은 자유주의(선별주의) 복지국가보다 스웨덴이나 덴마크 같은 북유럽(보편주의) 복지국가가 국민 행복권 보장에서 훨씬 좋은 성과를 냈다. 북유럽 모델은 경제-복지 통합 체제를 통해 경제(성장)와 복지(분배)라는 두 마리 토끼를 다 잡았기 때문이다.

결국 경제와 복지를 분리시킨 시장만능주의 국가발전 모델은 성공하기 어렵다. 설사 일정 기간 성공한다 하더라도 지속가능성이 낮다. 그래서 우리 국민은 경제와 복지를 유기적으로 통합한 복지국가 모델에 대해 충분히 공부하고, 국민 행복권을 보장하는 한국형 복지국가를 고민하고 추구해야 한다. 이 책은 이 일에 봉사하기 위한 것이다. 그래서 이 책은 경제학과 복지학을 넘나들며 경제와 복지 분야를 통합한 복지국가 교과서다.

복지국가는 철학, 정치, 경제, 복지, 노동 등 보통사람들의 행복과 관련된 모든 분야를 통합적으로 포괄한다. 이 책도 이런 방식을 취했다. 이 책은 불평등하고 불행한 대한민국이 국민 행복권이 보장되는 역동적 복지국가로 패러다임 전환해야 한다는 시대정신의 요구에 부응하기 위해 만들어졌다. 그래서 이 책은 복지국가에 대한 '전문성'과 함께 국민들이 널리 읽을 수 있도록 최대한 '대중성'을 견지하려고 노력했다.

이 책은 크게 3부로 구성되어 있다. 제1부는 '왜 복지국가인가'인데, 우리가 복지국가를 추구해야 하는 이유와 논리를 다루었다. 1장과 2장에서는 행복의 개념에서 출발하여 행복할 권리를 쟁취하기 위한 인류의 긴 투쟁의 역사를 기술했다. 약탈국가부터 발전국가, 민주국가, 복지국가 시대에 이르는 긴 역사적 과정을 정치·경제·복지 등을 넘나들며 통합적으로 기술했다. 3장에서는 복지국가가 필요한 철학적 이유와 경제학적 이유를 다루었다. 즉 제1부는 복지국가 시대의 역사적 과정과 논리, 그리고 철학적·경제학적 이유를 다루었다.

제2부는 '어떤 복지국가인가'인데, 여기서는 그냥 복지국가가 아니라 국민행복권(사회권)이 보장된 지속가능한 복지국가를 찾아내려는 논리적 탐색을 담아냈다. 특히 1980년 이후 신자유주의적 자본주의가 확산됨에 따라 복지국가들이 다양한 발전 양상을 보였는데, 어떤 유형의 복지국가가 국민 행복권 보장에서 더 나은 성과를 냈는지, 각 유형을 대표하는 스웨덴, 독일, 미국을 구체적으로 살펴보고 우리나라의 자화상과 함께 미래를 논의한다.

제3부는 '어떻게 복지국가를 만들 것인가'라는 주제를 다룬다. 왜 복지국가인지, 어떤 복지국가인지도 중요하지만, '어떻게 복지국가를 만들 것인지'가 더 중요하다. 청사진이 없으면 복지국가의 새 시대는 열리지 않기 때문이다. 여기서는 역동적 복지국가의 논리와 전략(8장), 역동적 복지국가와 포용적 정치(9장), 그리고 역동적 복지국가를 위한 주요 정책(10장)을 다루었다. 복지국가의 전략과 정책에 관심이 있는 독자들은 제3부를 먼저 읽어도 좋을 것이다. 특히 세부 정책에 대해서는 10장을 먼저 읽으면 된다.

이 책은 2007년 복지국가소사이어티 출범 이후 지난 9년 동안 필자가 복지국가소사이어티 공동대표이자 복지국가 전문가로 전국을 다니며 강의했던 내용과 경험의 축적과 함께, 복지국가 진영이 그동안 이루어낸 복지국가 연구와 복지국가 운동의 성과를 모두 담아낸 복지국가 종합 교과서이다. 그런데 아무리 좋은 내용이 준비되어 있어도 국민들에게 읽기 쉽게 전달하지 못한다면 별 소용이 없을 것이다. 이 책의 공동저자로 참여한 박은선 씨는 10여 년에 걸친 고등학교 사회과 교사의 경험을 최대한 발휘해서 많은 사례들을 개발하고 내용을 보다 알차고 풍부하게 함으로서 이 책의 대중적 전달력을 높이는 데 큰 기여를 했다.

이 책에는 복지국가소사이어티가 지난 9년 동안 생산한 담론과 정책 분야의 많은 성과물들이 담겨 있다. 박봉에도 불구하고 상근을 하며 연구에 진력해준 이상구 운영위원장, 이권능 연구실장, 정초원 연구원에게 감사와 존경의 마음을 전한다. 그리고 고맙게도 성심껏 원고를 읽고 수정 또는 교정 의견을 보내주신 충남대 의대 김철웅 교수, 제주대 법학전문대학원 고호성 교수, 제주대 의학전문대학원 김수영 교수, 이명숙 님, 박시현 님, 이주영 님께 깊은 감사의 인사를 드린다. 또 악조건 속에서도 이 책의 출판을 맡아준 밈 출판사 김지숙 사장께 고마움을 전한다. 끝으로 그동안 '이상이의 복지국가 강의'를 들어주신 분들, 앞으로 복지국가 강의를 들어주실 분들, 그리고 복지국가에 대한 기대와 열망을 가지신 모든 분들에게 마음을 담아 이 책을 바치고 싶다.

2016년 9월

이 상 이

1부

왜 복지국가인가

1장

행복할 권리가 보장되는 세상

덴마크와 스웨덴 등 북유럽 국가들은 행복지수가 가장 높다. 프랑스와 독일 등 중부유럽 국가들은 중상위권이고, 미국과 영국, 남부유럽 국가들은 대체로 중위권 또는 중하위권에 머문다. 우리나라는 최하위 그룹에 속한다. 왜 어떤 나라는 행복지수가 뚜렷하게 높을까.

1.

보통사람들도 행복할 수 있을까

2006년 개봉작 《행복을 찾아서》가 남긴 문제

"넌 못할 것이라는 말 절대 귀담아 듣지 마. 알았지?" 아빠가 다섯 살짜리 어린 아들에게 말한다. "알았어." 아들이 대답한다. 아이가 알았다고 대답하는데도 아빠는 미간에 잔뜩 힘까지 주면서 또 다시 강조한다. "꿈이 있다면 그걸 지켜야만 해. 원하는 게 있다면 어떻게든 쟁취해야 하는 거야. 알았지?"

최대의 관심사가 풍뎅이 따위인 다섯 살의 어린 아들에게 아빠의 이런 심각한 이야기가 제대로 이해될 리 없다. 아들은 그저 오늘따라 아빠가 이상하기만 하다. 하지만 대화 장면을 지켜보는 우리들은 그것이 아빠가 아들에게 들려주는 교훈이 아니라 스스로에게 하는 다짐이자 강력한 의지라는 것을 충분히 알 것 같다.

아빠와 아들 간의 이 대화는 2006년 개봉작 《행복을 찾아서》의 한 장면이다. 영화 속에서 이들이 살아가던 1980년대 초반의 미국은 스태그플레이션이 한창이었다. 불황과 물가상승이 동시에 발생한 전대미문의 경제적 어려움 속에서 대다수의 보통사람들은 신음했다. 윌 스미스

[1]가 연기한 샌프란시스코의 의료기기 세일즈맨 '크리스 가드너'도 예외가 아니었다.

영화 속의 크리스는 전 재산을 투자해 구입한 골밀도 측정 의료기기를 양손에 들고 이 병원 저 병원을 전전하며 팔려고 애를 쓰지만 도무지 이 고가의 의료기기를 사는 곳이 없다. 한 달에 두 개는 팔아야 아들의 놀이방비와 집세를 해결할 수 있는데 몇 달째 하나도 못 팔았다. 팔리지 않아서 집 한쪽에 가득 쌓인 골밀도 기기들만큼이나 크리스의 세금 독촉장과 빚도 쌓여만 간다. 결국 생활고를 견디지 못한 아내는 떠나고 말았다. 설상가상으로 자동차도 압류되고 집세를 독촉하던 집 주인은 비오는 거리에 크리스의 짐들을 팽개친 채 그를 쫓아낸다. 거리에 나앉은 그의 전 재산은 21달러 33센트다.

다시 아들을 침대에서 재우고 아내가 돌아오게 하려면 어떻게 하든지 골밀도 측정기를 팔아야 한다. 하지만 이제 크리스가 일하는 동안 아들이 머물 곳조차 없다. 하는 수 없이 크리스는 한 손에는 의료기기를 들고 다른 손에는 아들의 손을 꼭 잡은 채 세일즈에 나선다. 식사는 스프로 때우고 잠은 노숙자 쉼터에서 잔다.

그러던 어느 날 크리스와 아들은 노숙자 쉼터에 늦게 도착하는 바람에 잘 곳을 얻지 못한다. 고민 끝에 크리스는 아들을 데리고 공중 화장실로 간다. 화장실의 문을 걸어 잠그고 휴지들을 잔뜩 깐 맨바닥에 아들을 눕혀 어떻게든 안심시키고 재워보려던 그때, 갑자기 누군가 밖에서 쿵쿵 문을 두드린다. 심지어는 문고리를 잡고 흔들어대기 시작한다.

아들은 덜덜 떨며 울음을 터뜨리고 크리스는 아들을 꽉 껴안는다. 괜찮다고 아들에게 계속 말을 해주지만 괜찮지 않은 그의 눈에서는 진한 눈물이 흘러내린다. 다시는 아들을 공중화장실에서 재우지 않겠다고 결심하며 크리스는 다음날부터 노숙자 쉼터의 줄 앞쪽에 서기 위해 재빨리 움직인다. 이것이 그가 생각한 단기적 대안이다. 하지만 이것만으로는 안 된다. 보다 장기적이고 근본적인 대안이 필요하다.

얼마 전에 크리스는 우연히 주식거래소 앞에 다다른 적이 있었다. 그때 주식거래소를 드나드는 사람들은 모두 좋은 옷을 입고 밝고 활기찬 얼굴을 하고 있었다. 크리스는 넋을 놓고 바라보다가 새빨간 신형 페라리에서 내리는 한 남자를 다짜고짜 붙잡고 두 가지 질문을 던졌다. "무슨 일을 하나요. 그리고 그건 어떻게 할 수 있나요?" 그때 그 남자가 미용사라고 했으면 아마 크리스는 미용 기술을 배우기 시작했을지도 모른다. 남자의 대답은 주식 중개인이었다. 크리스는 인턴을 거쳐 주식 중개인의 길에 도전하기로 결심한다.

크리스는 가정 형편상 학교를 계속 다닐 수는 없었지만, "어렸을 때 시험에서 A를 받으면 뭐든 될 수 있을 것 같았는데 아무 것도 되지 못했다."는 그의 독백처럼 적어도 학교를 다니는 동안 그의 성적은 아주 우수했다. 증권회사의 인턴이 된 그는 다시 한 번 A가 그를 무언가로 이끌 것이라고 믿어보며 아들이 잠든 노숙자 쉼터에서 창문 사이로 새어 들어오는 빛에 기대어 열심히 공부한다.

또 매일 고객 200명과 상담하겠다는 자신과의 약속을 지키기 위해 수화기에서 손을 떼지 않고 화장실 가는 시간조차 아까워 물도 마시지 않으면서 무보수 주식 중개인 인턴 일에 최선을 다한다. 그런 와중에도 그에게 무엇보다 소중한 아들을 돌보고 지켜내는 일도 소홀히 하지 않는다. 그렇게 있는 힘을 다해 6개월을 버텨낸 뒤 크리스는 기어이 60명의 인턴사원들 중에서 단 한 명의 정식 직원으로 발탁되고야 만다.

어린 아들을 데리고 노숙자 쉼터로 공중화장실로 전전하던 흑인이 높은 빌딩의 주식 중개 정식 사원이 되다니, 영화의 마지막 장면인 크리스의 작은 성공은 그야말로 인생역전이고 눈물 나는 감동이 아닐 수 없다. 어떤 고난에도 포기하지 않고 아들에게, 그리고 사실은 스스로에게 했던 '꿈은 지키고 쟁취해야만 한다는 다짐'을 이뤄냈으니 말이다. 이런 감동은 영화의 엔딩 크레딧 부분에서 한층 더 깊어진다.

엔딩 크레딧에서는 이 영화가 아들의 이름을 딴 회사 크리스토퍼 가드너 인터내셔널 홀딩스의 최고 경영책임자인 크리스 가드너의 실화를 바탕으로 하고 있음을 밝힌다. 엄청난 부와 성공을 이룬 가드너의 성공 이면에는 노숙자 생활의 고통이 있었고, 그의 성공은 극한 상황에서도 의지를 꺾지 않고 노력한 끝에 이룬 것임을 밝히면서 영화는 감동을 몇 배 더 진하게 해준다. 하지만 이 눈물 나는 영화에는 한 가지 문제가 숨어 있다.

'행복을 추구할 권리'인가 '행복할 권리'인가

"토머스 제퍼슨은 행복추구권이란 말을 어떻게 생각해내서 독립선언문[2]에 집어넣었을까. 그렇다. 우리에겐 실제로 행복할 권리가 아니라 행복을 추구할 권리만 있다."[3] 영화 속에서는 크리스의 독백이 여러 번 등장하는데, 첫 번째 독백이 바로 이것이다. 크리스는 미국인들에게는 행복할 권리는 없지만 행복을 추구할 권리가 있다고 말한다. 그리고 영화의 시작부터 끝까지 그는 어떤 위기와 절망에도 굴하지 않고 끊임없이 행복을 추구해 나간다.

다행히 고진감래 같은 옛말들이 틀리지 않았음을 영화는 증명해 보인다. 크리스는 끝내 주식중개인이란 화이트컬러 직업을 쟁취하고 성공의 작은 발판에 오름으로써 행복을 추구할 권리를 행복할 권리로 바꿔냈다. 이렇듯 영화는 누구나 행복을 추구할 권리가 있으며 때로 힘겹고 고통스럽더라도 그 권리를 실현하고자 하는 의지를 꺾지 않고 노력에 노력을 더한다면 결국에는 행복해질 수 있다는 희망의 메시지를 담고 있다.

다시 말하자면, 영화《행복을 찾아서》는 크리스 가드너의 감동적이고도 멋진 실화를 통해서 국가의 역할이란 행복을 추구할 권리만 보장하면 그것으로 충분하고 행복을 쟁취해내는 것은 전적으로 사회 구성원 각자에게 달렸다는 것을 보여준다. 그리고 누구든지 노력하면 그것이 가능하다고 말하고 있다.

그런데 왜 '행복할 권리'가 아니라 '행복을 추구할 권리'일까? 크리스 가족의 경제적 고통은 스태그플레이션이라는 사회 현실과 무관하지 않다. 이런 끔찍한 사회 현실이 변하지 않는 한 행복은 추구한다고 해서 얻어지는 게 아니다. 누구나 추구할 수는 있지만 행복을 얻게 될 지의 여부는 오로지 개인의 몫일 뿐이다.

물론 영화에서는 국가 또는 사회적 도움 장치들이 엿보이기도 한다. 가령 노숙자 쉼터의 존재나 학력 차별 없는 주식회사의 사원 선발 과정이 그렇다. 갈 곳 없는 크리스와 아들은 노숙자 쉼터에서 무료로 잠을 잘 수 있었다. 대학을 나오지 않은 크리스는 멋진 건물이 고학력자들과 나란히 인턴으로 근무할 기회를 얻을 수도 있었다. 게다가 인턴 근무 성적과 필기시험 성적이 우수하면 정식 사원까지 될 수 있었다.

하지만 아무리 그래도 노숙자 쉼터의 상황은 충분히 열악하며 쉼터에서 간신히 잠만 잘 수 있다고 해서 노숙자 생활에서 벗어날 수 있는 것은 아니다. 또 크리스가 인턴이 될 수 있었던 것은 아주 우연한 기회였을 뿐이며, 정식 사원 필기시험에서 1등을 한 것은 크리스의 머리가 특별히 뛰어났기 때문이다. 바꿔 말하면, 크리스와 달리 운이 좋지도 능력이 뛰어나지도 않은 대부분의 보통사람들은 노숙자 쉼터나 공중화장실에서 잠을 자는 열악한 상황과 고통스러운 현실에서 개인의 힘으로 스스로 벗어나 행복에 이르는 것이 거의 불가능하다는 이야기이다.

크리스는 자신에게 행복추구권만 있고 행복권은 없다는 사실만을 언급했을 뿐이며, 이것이 바람직하다거나 잘못됐다거나 하는 직접적인 생각은 영화가 끝날 때까지 단 한마디도 언급하지 않는다. 하지만 그는 온몸으로 행복 추구의 모습을 보여준 뒤, 그것이 결국에는 행복으로 이어질 수 있음을 입증한다. 이를 통해 영화는 무언으로 행복추구권과 행복권의 오묘한 관계에 대해 우리에게 어떤 결론을 내려준다. 그것은 '나의 노력으로 행복을 추구하면 행복은 쟁취할 수 있는 것이므로 행복추구권만으로 충분하다'는 것이다.

하지만 이것은 행복을 추구할 권리만 보장되는 사회에서는 개천의 용만큼이나 비범하고 뛰어난 사람들만이 행복을 추구할 권리를 행복할 권리로 바꿔낼 수 있음을 반증할 뿐이다. 이 실화가 오죽 신기하고 드문 일이었으면 영화로까지 만들어졌을까. 개가 사람을 물면 기사거리가 안되고 사람이 개를 물면 뉴스가 된다. 개를 무는 사람보다 사람을 무는 개가 훨씬 상식적이듯이, 크리스 같은 흑인 노숙자들은 노숙 생활에서 거의 벗어나지 못하는 것이 더 일반적이다.

2.

행복할 권리와 국가의 역할

행복할 권리, 국가에 요구할 수 있을까

크리스는 의료기기를 팔기 위해 하루 종일 병원들을 드나들며 세일즈를 했다. 그는 그렇게 부단히 노동을 했음에도 불구하고 떠나는 아내를 잡지 못할 정도로 가난했다. 열심히 일을 해도 생계를 제대로 유지할 수 없다면 그 사회의 노동 환경은 뭔가 잘못됐다. 집세가 밀리면 거리로 내몰리고, 돈 없는 사람들은 놀이방에 아이를 맡길 수 없고, 노숙자 쉼터는 부족해서 어린아이가 공중화장실에서 잠을 자야 하는 그런 나라는 제도적으로 사회안전망이 제대로 갖춰지지 못한 복지 후진국임에 틀림없다.

그럼에도 국가와 사회에 대한 정확한 진단과 구조적 처방을 간과한 채 크리스의 성공 스토리만을 미화하며 '추구하라, 그러면 당신도 행복해질 수 있다'고 말하는 것은 참으로 부당하다. 또 그것은 크리스 같이 비범한 능력을 소유한 소수의 사람들을 뺀 대다수의 보통사람들에게는 지독한 희망고문일 뿐이다.

인터넷 공간에서 이 영화에 대한 평가 글을 찾아보면, "감동적이다",

"나도 희망을 갖고 열심히 더 노력해야지", "나의 나태함을 반성했다"는 등의 글들이 주를 이룬다. 하지만 크리스의 성공을 미화하는 것은 능력 지상주의를 정당화하는 중요한 문제가 있다. 부단한 노력도 있었지만 그에게는 본래 뛰어난 두뇌라는 타고난 능력이 있었다. 영화 속에서 크리스가 우연히 인턴 자리를 얻게 된 것은 그가 큐브를 단 몇 분 만에 맞췄기 때문이고, 또 정식 사원이 될 수 있었던 것은 필기시험에서 1등을 했기 때문이다. 이런 부분은 그의 지능이라는 타고난 능력 덕분이다.

크리스는 능력이 있으니 정식 사원이 되어 화이트컬러 노동자로 거듭나고 노숙자의 신세를 벗어난 것이 정당하다고 한다면, 그런 능력을 타고나지 못한 다수의 다른 노숙자들은 여전히 화장실 바닥에서 아이를 재워도 어쩔 수 없다는 결론에 이르게 된다. 이런 평론은 감동적인 영화를 너무 부정적으로만 해석한다는 비판을 받을 수도 있을 것이다. 그럼에도 불구하고 한번쯤 이렇게 비틀어 생각해볼 필요가 있다. 감동적이고 교훈적인 요소도 많지만, 자칫 이 영화를 통해 행복은 전적으로 개인의 능력과 노력에 달린 개인적인 문제라는 잘못된 메시지가 전파될 수 있으니 말이다.

우리가 이 영화를 통해 진정으로 얻어야 할 교훈은 '우리도 크리스처럼 열심히 노력하면 행복해질 수 있다'가 아니라 '개인이 저토록 지독하게 또 자신의 운과 능력과 노력으로 안간힘을 써야만 겨우 행복해질 수 있는 사회는 정상적인 사회가 아니'라는 것이며, '사회 구성원은 누구라도 행복할 수 있도록 국가가 제도적으로 역할을 수행해야' 한다는 것이다. 이에 대해, 국가가 대체 어떻게 개인들을 행복하게 해줄 수 있겠느냐, 결국 행복을 이루는 것은 개인의 몫이라는 반문이 있을 수 있다. 또 국가가 개인의 행복을 보장하고자 너무 나서서 개입하게 되면 개인의 자유와 권리가 침해될 수 있다는 비난도 있을 수 있다.

결론부터 말하자면, 그런 반문과 비난은 모두 잘못된 생각이다. 국가가 개인의 행복을 보장하기 위해 적극적으로 나서는 가운데 개인의 자유와 권리가 비로소 온전하게 보장될 수 있기 때문이다. 행복은 오직 자신의 능력과 노력으로만 쟁취할 수 있는 성질의 것이 아니라 국가 시스템이 나의 행복을 위해 작동하는 가운데 나의 행복은 실현될 수 있는 것이다. 행복은 국가가 개인이 노력할 수 있도록 끊임없이 발판을 만들어 주어야만 달성될 수 있는 그런 종류의 것이다.

'행복할 권리'의 보장: 자유권부터 사회권까지 모두 필요

인간은 누구나 행복하게 살길 원한다. 그래서 '행복할 권리'가 중요하다. 야생의 정글에서는 약육강식의 원리가 지배하므로 약자의 불행은 당연한 것으로 간주된다. 한때 강자라도 시간이 흐르면서 언제라도 약자의 위치에 놓이기 때문이다. 하지만 인간의 사회는 불안하고 불행한 약육강식의 세상과 달라야 한다. 그렇게 되려면 국가가 나서서 약탈과 불행으로부터 사회 구성원의 생명권을 보호하고 행복할 권리를 제도적으로 보장해야 한다.

그런데 우리 인류의 역사에서는 발전의 시기마다 국가가 사회 구성원들의 안전과 행복을 보장해주는 정도가 달랐다. 고대에서 현대로 오면서 인류는 보다 폭넓은 국가의 제도적 보호와 지원 덕택에 더 행복해졌다. 그리고 지금의 시점에서 여러 국가들을 비교해보면, 어떤 나라는 구성원 모두가 행복할 수 있도록 제도적 조건들을 잘 정비했고, 어떤 나라는 그렇게 하지 못했다. 이것이 국가 간의 행복 수준의 차이를 결정한다. 덴마크나 스웨덴 같은 북유럽 국가들은 행복 수준이 높고 멕시코나 우리나라는 행복 수준이 낮다.

그러면 우리가 행복권을 향유하고, 그래서 우리가 행복해질 수 있는 조건은 무엇일까? 행복의 조건을 제도적으로 가장 잘 설명한 것이 바로 영국의 사회학자 토머스 마샬(Thomas H. Marshall, 1873~1982)의 시민권 이론이다. 여기에는 세 가지의 권리가 포함된다. 첫 번째 권리는 18세기에 형성되어 '발전국가'의 원동력이 된 자유권(공민권, civil rights)이다. 두 번째 권리는 19세기 후반기에 발달하기 시작해 1918년 남성투표권 보장으로 공고화된 것으로 민주국가 시대를 열게 했던 참정권(political rights)이다. 세 번째 권리는 20세기에 확립된 것으로 적극적 자유와 평등의 이념을 담아냄으로써 사회 구성원 모두의 문명화된 삶을 보장하는 복지국가 시대의 새로운 지평을 연 사회권(social rights)이다.

이들 세 가지 권리 중에서 자유권과 참정권(정치권)은 자유 경쟁이 일어나는 자유의 공간에서 경기(게임, 경쟁)의 규칙을 정하는 것이라는 의미에서 본질적으로 동일하다. 하지만 사회권은 그 성격이 이와 다르다. 사회권은 사후적으로 경기의 결과를 보정하고 실질적으로 공정한 경쟁이 가능할 수 있도록 여러 가지 사회경제적 조건을 제도화하는 것이기 때문이다. 그래서 행복권 또는 행복의 조건을 제도적으로 설명한 마샬의 시민권 세 가지 중에서 사회권이 가장 중요하며, 사회권을 복지국가의 핵심적 권리로 간주해도 좋을 것이다.

그런데 시민권을 이루는 이들 세 가지 권리는 어느 날 하늘에서 뚝 떨어진 게 아니다. 인류가 농경사회를 이루고 정착을 하면서 국가라는 제도적 장치를 운영해온 5천년이라는 긴 역사적 시기의 대부분 동안에는 마샬의 시민권 세 가지 중의 어떤 것도 존재하지 않았다. 시민권의 첫 번째 요소인 자유권이 확립된 것은 지금으로부터 250년 전의 일이다. 그리고 그때로부터 150년이 지나서 정치권이 확립되었고, 1929년의 대공황을 거치면서 이후 사회권에 대한 제도적 요구가 봇물처럼 터져 나왔다.

결국 우리 인류는 행복할 권리를 제도적으로 획득하기 위해 긴 역사적 시기 동안 지속적으로 투쟁해왔던 것이다. 그래서 인류의 역사를 '행복권 쟁취를 위한 끊임없는 도전과 투쟁의 과정'으로 정의해도 무방할 것이다.

3.

행복의 의미와 행복지수의 결정 요인

어떤 경우에 더 행복한가?

누구나 행복을 추구한다. 그런데 사람은 어떤 경우에 행복할까. 행복의 현실적 조건부터 알아보자. 먼저 건강해야 한다. 건강하지 않거나 질병 상태에 있는 사람이 행복할 리 없다. 다음으로 일(직장)이 중요하다. 생계를 위해 마지못해 하는 일이 아니라 자기가 하고 싶은 일을 직업으로 가져야 한다. 일은 생계 수단일 뿐만 아니라 행복과 밀접한 관련이 있는 자아실현의 장이기 때문이다. 마지막으로 가족과 공동체에서 수행하는 다양한 역할도 행복의 중요한 조건이다. 가족관계가 원만하고 공동체에서 다양한 형태의 시민적 참여를 하는 것도 행복 증진의 중요한 요소이기 때문이다.

이런 현실적 조건들이 잘 갖추어질수록 행복지수가 높아진다. 이럴 경우, 사회과학적 행복을 의미하는 만족감, 즐거움(기쁨), 쾌락, 효용의 수준이 높다고 한다. OECD에서는 회원국들의 행복지수를 매년 측정해서 발표한다. BLI(Better Life Index, 더 나은 삶 지표)가 그것이다.

여기에는 주거, 소득, 고용, 지역사회 활동, 교육, 환경, 시민 참여, 건강, 삶의 만족도, 안전, 일과 생활의 균형 등의 평가 항목들이 포함되어 있다. 또 OECD가 행복지수 산정에 사용한 세부 지표들에는 1인당 방의 개수, 화장실 등 기본시설 여부, 가처분소득의 크기, 1인당 GDP, 고용률, 직업의 안전성, 기대수명, 주관적 건강 수준, 대기의 질, 수질 만족도, 학업 성취도 등과 같은 구체적인 내용들이 포함되어 있다.[4] 결국 OECD의 행복지표들을 내용에 따라 크게 구분해보면 경제 성장과 복지로 나눌 수 있다. 여기서 우리는 행복(더 나은 삶)의 증진을 위해서는 생산(성장)과 분배(복지)라는 경제 문제를 잘 해결해야 한다는 것을 알 수 있다.

OECD 국가들 중에서 어떤 나라는 행복지수가 높다. 덴마크가 포함된 북유럽 국가들의 행복지수가 가장 높다. 프랑스와 독일 등 중부유럽 국가들은 중상위권을 형성하고 있다. 미국과 영국, 그리고 남부유럽 국가들은 대체로 중위권 또는 중하위권에 머문다. 우리나라는 멕시코, 터키와 함께 최하위 그룹에 속한다. 왜 어떤 나라는 행복지수가 뚜렷하게 높을까. 그것은 바로 이들 나라는 제도적으로 경제 문제(생산과 분배)를 잘 해결하고 있기 때문이다. 덴마크나 스웨덴이 남부유럽 국가들이나 우리나라보다 행복지수가 높은 것은 이들 북유럽 국가들이 행복할 권리를 제도적으로 더 잘 보장하고 있다는 것인데, 이것은 경제 문제인 생산과 분배의 문제가 얼마나 잘 해결되고 있는 지에 달려 있다.

그리고 행복을 둘러싼 이런 상황은 현재의 시점에서뿐만 아니라 역사적으로도 그러했다. 동일한 지역이라도 역사적 시기에 따라 어떤 시기는 다른 시기에 비해 우리 인류가 더 행복했다. 그것은 당대의 사람들이 경제 문제인 생산과 분배의 문제를 얼마나 잘 해결했는지에 달려 있었다. 고대나 중세에는 우리 인류가 경제 문제를 제대로 해결하지 못했다. 당시에는 '생산' 수준이 낮았고, 신분제 사회에서 '분배'도 매우 불공평했다. 그런데 근대를 거쳐 현대로 오면서 경제 문제를 해결하는 인류의 능력이 크게 향상되었다. 행복 수준이 역사적 단계를 거치면서 높아졌던 것이다.

경제 문제 해결의 세 가지 방법: 전통, 명령, 시장

경제 문제인 생산과 분배의 문제를 해결하는 우리 인류의 능력이 행복의 역사적 증진 과정에서 결정적으로 중요했다. 어떤 역사적 시기든지 더 행복해지기 위해서는 반드시 경제 문제를 해결해야 했다. 그런데 경제 문제의 해결을 위해 우리 인류가 지금까지 역사적으로 찾아낸 방법은 세 가지이다. 전통, 명령, 그리고 시장이 그것이다.

첫째, 전통이다. 전통은 인류의 역사에서 가장 오래되고 지배적인 경제 문제의 해결 방식이었다. 전통은 오래된 관습과 종교의 힘에 의해 만들어진 어떤 사회적 절차에 따라 경제 문제, 즉 생산과 분배의 문제를 해결한다. 생산의 문제에 대해서는 전통에 따라 집안의 대를 잇는 방식으로 직업과 기술의 전수가 이루어진다. 고대 이집트에서는 모든 이들이 아버지의 직업을 따르는 것이 종교적 원칙으로 강제되었다. 인도의 카스트도 이런 범주에 속한다. 분배의 문제에 대해서도 각 사회에서 관습과 종교의 영향에 따라 오랜 세월에 걸쳐 형성된 전통적인 분배 방법에 의존한다.

전통은 주로 비산업사회의 경제 문제 해법이지만 지금도 여러 곳에서 발견된다. 수대에 걸쳐 부모 세대의 가업을 자식이 물려받아 생산을 담당하는 것은 최근까지도 많은 나라에서 이루어지고 있다. 그런데 전통에 의한 경제 문제의 해결은 지나치게 정태적이다. 역동성이라고는 찾아보기 어렵다. 그러므로 이 방법에 주로 의존하는 사회는 경제 질서의 급속한 변화나 발전은 포기해야 한다. 경제적 진보는 불가능하다.

둘째, 명령이다. 통치자 또는 지배자가 권위적 명령을 통해 강제함으로써 경제 문제인 생산과 분배의 문제를 해결하는 방식이다. 명령에 의한 경제 문제의 해법은 주로 고대나 중세의 전통적 사회에서 사용되었다. 고대 이집트에서는 파라오의 명령으로 경제적 노력을 동원해서 피라미드와 도로를 건설했다. 고대와 중세의 중국에서도 황제의 명령으로 만리장성을 건설했다. 고대 로마나 남북전쟁 이전의 미국 남부 사회를 포함한 모든 종류의 노예 경제도 명령의 방법으로 생산과 분배의 문제를 해결했다.

그런데 명령에 의한 경제 문제의 해법은 비교적 최근까지도 그리고 지금도 매우 중요한 방식으로 인정되고 있다. 과거의 소련이나 동구권 사회주의 국가들에서 실시되었던 정부 당국의 경제적 명령에서부터 제2차 세계대전 같은 전쟁이나 자연재해와 같은 국가적 비상 상황에서는 지금도 여전히 명령에 의한 경제 문제의 해법이 큰 힘을 발휘한다. 그리고 특이한 점은 명령이 시장보다 경제 문제를 해결하는 데 더 우월한 성과를 내기도 한다는 것이다. 스탈린 시대의 소련은 명령 방식에 의존한 초기의 경제 개발 계획에서 큰 성공을 거두었다. 이것은 전후의 일본이나 박정희 시대의 우리나라에서도 마찬가지였다.

여기서 명령은 사회경제적 변화와 발전을 촉발하고 강제하는 강력한 촉진 장치로서 기능했던 것이다. 명령 방식은 경제 개발의 비교적 초기 단계에는 나름의 효과를 발휘하지만 장기적으로 경제 문제를 해결하는 데는 부적절하다. 시장의 원리를 억압하는 계획 경제의 명령은 소련과 구 동구권 사회주의 국가들의 몰락으로 이어졌다는 사실을 우리는 잘 알고 있다.

셋째, 시장이다. 인류가 국가라는 제도를 운영해온 5천년 역사의 대부분을 차지하는 고대와 중세의 경제사회는 그야말로 전통과 명령이라는 방식을 통해 당대의 경제 문제를 해결했다. 그런데 천년의 중세가 그 끝을 보일 무렵부터 시장 사회가 출현하기 시작했다. 전통과 명령에 의해 생산과 분배 문제를 해결해오던 오래된 낡은 방식에서 시장이라는 새로운 경제 문제 해결 방식이 잉태되고 함께 운용되기 시작했던 것이다. 시장 사회에서는 전통이나 명령에 구속되지 않더라도 그 사회가 필요로 하는 다양한 생산물이 만들어진다. 모든 개인이 각자 하고 싶은 대로 해도 사회 전체의 경제 문제가 해결되는 것이 바로 시장 방식이다.

요약하자면, 우리 인류는 역사적 과정의 매 시기마다 '더 나은 삶'을 의미하는 행복의 증진을 위해 지속적으로 투쟁해왔다. 그리고 더 행복하기 위해서는 경제 문제인 생산과 분배의 문제를 보다 잘 해결해야만 했다. 우리 인류가 지금까지 찾아낸 경제 문제 해결의 방법은 전통, 명령, 그리고 시장인데, 인류 역사 대부분의 시기 동안에는 전통과 명령이 경제 문제의 해법으로 작동했다. 시장 방식이 작동하는 시장 사회는 중세 시기가 끝나갈 무렵에서야 비로소 그 모습을 서서히 드러냈기 때문이다.

행복 증진과 국가의 역사적 발전 과정

'국가'는 일정한 영토와 그 영토 내의 주민을 배타적으로 지배하는 정치 조직을 의미한다. 그런데 국가는 그 형태와 기능이 처음의 모습대로 고정되어 있는 것이 아니라 역사의 긴 시기를 거치면서 지속적으로 때로는 역동적으로 변화하고 발전해왔다. 일정한 영토 내에서 여러 정치 집단들이 대립하고 투쟁하는 과정을 거치면서 특정 세력이 주로 군사력을 의미하는 강압적 힘을 독점하고 더 크게 축적했다. 그리고 국가는 더 큰 지배력의 독점과 강화를 위해 외부 세력과 전쟁을 했다. 이런 역사적 과정을 거치면서 국가는 전쟁의 수행과 국가 기구의 유지를 위해 영토 내의 주민들로부터 필요 자원을 추출했고, 그런 행정 능력은 점차 더 체계적으로 발전했다. 그리고 근대에 들어오면서 국가는 외부의 침략으로부터 영토와 주민을 보호하거나 법과 질서를 유지하는 것과 같은 원초적 기능 이외에도 경제 발전을 이루기 위해 노력하거나 국민을 위해 복지를 제공하는 등의 새로운 기능을 추가하게 된다.

이하의 글에서는 인류가 국가를 형성하고 지내온 지난 5천년의 역사를 네 개의 시기로 구분해서 국가의 역사적 발전 과정에 따라 경제 문제 해결의 성과를 살펴볼 것이다. 역사적 발전 과정에 따른 국가의 유형은 약탈국가(또는 정복국가), 발전국가, 민주국가, 그리고 복지국가로 구분된다.

먼저 인류 역사의 거의 대부분을 차지하는 고대와 중세의 시기는 경제사회가 전통과 명령 방식에 의해 운영되는 '시장 이전의 사회'로 규정할 수 있는데, 이 시기의 국가는 영토 내의 주민들을 정복 전쟁과 국가 기구의 유지를 위한 자원 추출 또는 약탈의 대상으로 간주했다. 그래서 이 역사적 시기를 '약탈국가 시대' 또는 '정복국가 시대'라고 부른다.

그리고 중세 이후 근대로 접어들면서 자유권에 기반을 둔 국민국가가 형성되고 자유방임 시장에 근거한 자본주의 시장 경제가 산업혁명의 성공을 통해 확고하게 자리 잡은 17~19세기의 시기를 '발전국가 시대'라고 한다. 여기서 국가는 경제적 자유주의 이념에 따라 경제 발전을 촉진하고 부분적이지만 빈자들에게 선별적 복지를 제공하기도 했다.

그리고 발전국가 시대의 정치적 지배 세력인 귀족(지주)이나 자본가들뿐만 아니라 이후 노동자와 서민 등의 보통사람들에게도 투표권이 단계적으로 주어지기 시작해서 결국 참정권(정치권)이 보편적으로 수용되게 되는데, 이런 정치적 민주주의의 확대 과정이 일어난 19세기 후반부터 1920년대까지의 기간을 '민주국가 시대'라고 한다. 그런데 이 시기의 경제적 토대는 여전히 경제적 자유주의 이념에 기반을 둔 자유방임 자본주의였다.

마지막으로, 1929년 시작된 대공황으로 인해 마비 상태에 빠진 자본주의와 혼란에 빠진 사회를 개혁하고 재건하기 위한 새로운 정책 실험인 뉴딜(New Deal)이 시작된 1933년부터 사회권 개념의 등장에 따라 자유방임 자본주의를 수정한 사회적 시장 경제와 빈자만을 위한 선별적 복지를 넘어서는 제도적 복지가 확립되어 국가의 역할이 획기적으로 확장된 지금까지의 긴 시기를 '복지국가 시대'라고 한다. 이 시기 동안 우리 인류는 경제 성장과 복지 확충이라는 두 마리 토끼를 한꺼번에 잡음으로써 복지국가의 황금기를 경험했으며, 1980년대의 신자유주의 세계화의 흐름 이후에는 지속가능한 복지국가 시대를 열기 위해 복지국가의 기조와 정책에서 변화와 조정을 거치면서 지금에 이르고 있다.

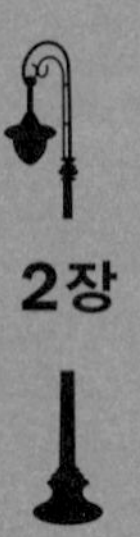

행복할 권리를 위한 인류의 역사적 투쟁

1930년대에 시작된 '복지국가 시대'는 거의 모든 선진 복지국가들에서 1970년대 초중반까지 거의 동일한 모습으로 인류의 '더 나은 삶'을 위한 거대한 발전을 이루었고, 1980년 이후에는 신자유주의적 자본주의를 거치면서 국가에 따라 다양한 모습으로 분화되고 서로 다른 모습으로 발전해왔다.

1.

약탈국가 시대: 신분제 사회의 억압과 정체

경제 문제의 해결이 어려운 고대와 중세의 경제사회

약탈국가는 국가의 역사적 발전 과정에서 나타난 최초의 국가 유형이다. 약탈국가 또는 정복국가는 군사적·정치적 지배 세력이 폐쇄적 방식으로 강압적 힘을 독점적으로 축적하면서 영토 내의 주민들을 배타적으로 지배하고 정복과 방어를 위해 외부의 정치 세력과 전쟁을 수행하는 국가로 인류의 역사에서 최초로 나타난 국가 형태이다. 그리고 여기에 필요한 물적 자원을 마련하기 위해 질서의 유지와 보호 서비스의 제공을 명목으로 영토 내의 주민들을 갈취한다. 고대와 중세 시기는 전부 여기에 해당한다. 근대 초기의 절대주의 국가도 일정 시기 동안에는 강력한 중앙집권적 절대 권력을 이용한 약탈국가의 성격을 보여주었다. 이제 약탈국가의 시대에 해당하는 고대와 중세의 경제사회를 살펴보도록 하자.

고대의 경제사회는 기원전 3천년 경부터 시작되어 기원후까지 이어진 3천 5백여 년에 이르는 긴 기간 동안 계속되었으며, 기본적으로 농업적 성격이 압도적이었다. 고대 이집트와 고대 그리스나 로마를 비롯한 모든 고대국가들의 경제사회는 농업 경제에 기반을 두고 있었다. 이때에도 시장은 존재했으나 당시의 시장은 지금의 시장과 달리 생산과 분배라는 경제 문제의 해결에는 전혀 기여하지 못했고, 단지 교역이 일어나는 곳으로서 경제사회의 보조적 수단에 불과했다. 고대의 농업 경제는 생산물을 시장에 내다 파는 것이 목적이 아니라 스스로 먹고 사는 것을 목적으로 했다.

고대의 경제사회는 주로 노예 노동에 의존하는 노예제에 기반을 두고 있었다. 가장 민주적이었던 기원전 4세기경의 아테네조차도 전체 인구의 1/3은 노예였다. 그러면 이렇게 생산된 고대 사회의 부는 누가 가져갔을까. 지배 계층에 속한 사람들이 이런 사회적 잉여를 가져갔다. 한 가지 확실한 것은 생산을 담당했던 사람들은 잉여 생산물의 어떤 것도 가져가지 못했다는 점이다. 왜냐하면 고대 사회에서 사회적 잉여의 배분은 누가 생산에 얼마나 기여했느냐가 아니라 누가 정치적·군사적·종교적 권력을 얼마나 가지고 있느냐에 달려있었기 때문이다. 그러므로 고대의 경제사회에서는 생산과 교역의 기술보다는 정치적·군사적·종교적 능력과 리더십이 더 중요했다.

이번에는 중세의 경제사회를 살펴보자. 중세는 로마 제국이 몰락하고 기존의 질서가 해체된 6세기부터 이후 천년 동안 지속된 정치 단위의 파편화와 함께 경제사회적 정체의 시기였다. 대규모 정치 조직이었던 로마가 몰락하면서 침략과 약탈이 벌어져 유럽의 농촌 경제는 찢어지고 피폐해졌다. 그리고 유럽은 로마 제국이라는 안전과 안보를 제공하던 거대한 정치행정 조직 대신에 작은 규모의 수많은 정치 단위들로 분열되었다. 그리고 분열된 정치 단위들 간의 침략 행위가 잦아지고 질병이 퍼지면서 농촌 인구가 급감했다. 이런 무정부적 상태가 계속되고 소규모 지역들 간의 경제적 교류의 연결망마저 끊어지면서 중세의 경제사회는 활기를 잃고 말았다.

이런 조건에서 사람들이 선택할 수 있는 것은 무엇일까. 해답은 생존이다. 무조건 살아남아야 한다. 정치·군사적으로 소규모 지역들로 분열되어 경제적으로 고립된 소규모 정치 단위들이 살아남는 방법은 자급자족의 경제 질서를 구축하는 것이다. 봉건제와 장원 경제가 그것이다. 그래서 중세는 경제생활의 고립과 극단적인 자력갱생을 특징으로 한다.

장원은 거대한 규모의 토지로서 중세의 사회적·정치적 기본 단위였고, 여기서 토지의 주인인 봉건 영주는 영지의 주인이자 영내 거주민들의 주군으로서 군림했다. 영주는 장원 안에 살고 있는 모든 농노들의 보호자이자 재판관, 보안관, 행정관의 역할을 수행했다. 이때의 농노들은 노예는 아니었지만 사실상 영주의 재산으로 이주의 권리도 없이 영지에 속박되어 있었다. 중세의 경제사회는 봉건적 질서 하에서 전통과 관습의 힘이 경제 문제를 해결하는 데 압도적인 영향력을 발휘했다. 통일된 중앙정부가 존재하지 않았기 때문에 경제 문제를 해결하는 데 명령 방식도 매우 취약했다. 중세의 경제사회는 봉건제와 장원 경제의 틀 속에서 전통과 관습에 따른 자급자족의 폐쇄적인 농업 경제로서 경제적 변화와 발전의 속도가 매우 느렸고, 따라서 화폐의 거래도 거의 없었다.

중세의 도시는 비록 크기가 작았지만 그럼에도 산업 생산에서 매우 중요한 중심지의 역할을 수행했다. 도시의 철공 기술자나 직물 기술자 같은 다양한 분야의 기술자들은 중세의 사업 단위인 길드로 모여 있었는데, 길드는 중세의 독립적인 제조업자로서 각자의 개별 작업장을 가지고 있는 장인들의 배타적인 조합이었다. 길드는 물건의 생산과 관련된 사안뿐만 아니라 구성원들의 사회적 행동까지도 규제했다. 당시 길드의 최고 목적은 돈 버는 것이 아니라 질서 잡힌 생활 방식을 보존하는 것이었다. 그래서 길드는 자체적으로 조합원인 장인들 간의 경쟁을 엄격하게 제한하고 가격과 이윤도 규제했다. 이런 중세의 조건에서 더 나은 기술적 진보는 일어나기 어려웠다.

결국 중세의 경제사회는 경제를 삶의 지배적 측면이 아니라 그저 종속적 측면에 불과한 것으로 여겼던 것이다. 중세적 삶의 지배적 측면은 종교적 이상을 실천하는 것이었다. 교역과 돈벌이에 대한 중세 가톨릭의 태도는 매우 부정적인 것이었는데, 이것은 "상인은 신을 기쁘게 할 수 없다."라는 당대의 격언에서 충분히 짐작할 수 있다.

지금까지 살펴본 고대와 중세는 한마디로 '시장 이전의 사회'였다. 여기서도 교역을 위한 시장이 존재하긴 했지만 경제 문제인 생산과 분배 문제의 해결은 시장 방식이 아니라 전통과 명령 방식에 의해 이루어졌다. 그 결과, 경제 문제의 해결은 너무나 더뎠고 경제 성장은 기대하기 어려웠다. 인류의 행복 증진을 위해서는 경제 문제인 생산과 분배의 과제를 제대로 해결해야 한다. 생산이 증대되어 경제 성장으로 이어지고, 생산력 향상과 성장의 과실이 공정하게 분배될 때 그 사회의 행복 수준은 높아진다. 그런데 고대와 중세는 신분제 사회의 한계에 묶여 경제 문제를 해결하는 데 성과를 내지 못했다. 그래서 고대와 중세의 경제 문제 해결 방식을 넘어서는 새로운 방식이 필요했다. 바로 시장 경제로의 전환이다.

신분제 사회의 붕괴와 시장 사회로의 전환

'시장 이전의 사회'를 '진정한 시장 경제의 사회'로 전환시키려면 어떤 변화가 필요할까? 첫째, 사람들이 자유롭게 경제적 이득을 추구할 수 있어야 한다. 즉 사람들 사이의 자유로운 계약과 경쟁이 보장되어야 하는데, 이것이 가능하려면 중세의 봉건적 신분제 사회가 폐지되고 시장 사회로 나아가야 한다. 둘째, 경제생활의 화폐화가 크게 진전되어야 한다. 시장 사회가 지속되려면 사회에서 수행되는 거의 모든 일이 화폐로 보상되어야 한다. 시장 이전의 사회에서는 농노의 노동 등 거의 대부분의 경제적 활동이 현물로 보상되었고 화폐로 지불하는 관행이 널리 행해지지 않았다. 이런 관행이 전면적으로 바뀌어야 시장 사회로 나아갈 수 있다. 셋째, 경제 문제의 해결에서 전통과 명령의 방식 대신에 시장 수요의 압력이 들어서야 한다. 생산자들이 생산물의 종류와 양을 결정할 때 지배 세력의 명령 또는 전통의 속박에 얽매인 폐쇄적인 장원이나 길드의 관습과 규칙이 아니라 시장의 수요를 따르도록 해야 한다.[1]

중세의 말기로 오면서 '시장 이전의 사회'가 '시장 경제의 사회'로 전환되게 되는데, 위에서 언급한 이런 변화들이 서서히 일어나게 된다. 그렇다면, 시장 사회로 가는 이런 변화들을 초래한 요인들은 무엇이었을까? 이들 요인들은 중세 사회의 내부에서 서서히 자라났을 것이다. 몇 가지의 요인들을 하나씩 간략하게 살펴보자.[2]

첫째, 유랑상인의 활약이다. 유랑상인들은 교역이 거의 없던 자급자족의 고립된 장원들을 찾아다니며 외지의 물건들을 팔았다. 이런 활동이 장기적으로 계속되면서 유랑상인들은 수천 개의 고립된 장원 공동체들 간에 상호 의존의 망을 만들었다.

둘째, 도시화의 진전이다. 유랑상인들의 활약으로 인해 그들이 머물며 교역을 하던 장소가 생겨났고, 나중에 이곳이 도시로 발전했다. 중세 1천 년 동안 유럽에는 거의 1천 개의 도시가 생겨났다. 교역과 상업의 거점인 도시가 계속 발달하면서 차츰 삶의 상업화와 화폐화가 나타나게 되었다.

셋째, 십자군 전쟁이다. 중세 최고의 종교적 모험이었던 십자군 전쟁은 중세의 교회가 그토록 반대하던 시장 사회로 가는 데 크게 기여했다. 십자군 전쟁은 농촌 경제의 타성에 젖어 교역에 대한 혐오로 가득 찬 채 깊이 잠들어 있던 유럽 봉건제 사회가 도시의 활력이 넘치고 세련된 영리 활동으로 번성하던 찬란한 비잔티움과 베네치아 같은 새로운 세계를 만나게 했다. 십자군 전쟁은 타성에 젖은 정체된 유럽 봉건제 사회를 흔들어놓음으로써 시장 사회로 가는 중요한 계기를 제공했던 것이다.

넷째, 중앙집권화의 진전이다. 로마 제국의 붕괴 이후 파편화된 유럽의 정치 단위들을 큰 덩어리로 합쳐지도록 한 것이 바로 국가 권력의 증대를 통한 중앙집권화이다. 중세 시대의 경제 발전을 가로막은 큰 장애물은 바로 정치 단위가 칸막이를 통해 잘게 나뉘어져 있었다는 것이다. 작은 정치 단위마다 규제와 법률뿐만 아니라 도량형과 통화도 달랐다. 정치의 칸막이와 함께 경제도 칸막이로 분할되어 있었다. 16세기경에 이르러 국민국가 단위로 중앙집권화가 진행되면서 법률과 통화가 통합되고, 결국 유럽의 파편화된 시장도 점차 통합되면서 시장 사회의 길을 크게 열었다.

다섯째, 종교적 분위기의 변화이다. 시장 사회의 핵심적 개념인 상업과 이윤추구 등을 속세의 탐욕스런 활동으로 바라본 중세 가톨릭의 종교적 분위기가 중세 후기로 오면서 차츰 약화되고, 칼뱅주의의 등장으로 이런 인식은 완전히 바뀌었다. 칼뱅주의는 가톨릭과 정반대로 부의 추구와 영리적 세계를 적극 장려하는 종교적 분위기를 만들어 주었다. 칼뱅주의는 노동, 근면, 검약, 영리추구를 허용했던 것이다. 검약은 곧 저축과 투자 및 이윤추구로 이어졌다. 노동과 근검절약을 강조하는 프로테스탄트 윤리는 16~17세기에 불었던 강력한 변화의 바람들 중의 하나로서 시장 사회를 여는 데 큰 기여를 했다.

여섯째, 장원 체제 붕괴와 현금 경제의 발생이다. 장원 영지의 거주자들이 영주에게 내던 중세적 공납이 현물에서 차츰 화폐로 바뀌어갔다. 이렇게 화폐가 위주가 된 새로운 생활방식이 확장되어 감에 따라 농촌의 귀족들은 충분한 소비를 위해 더 많은 화폐 소득을 올리려고 노력했다. 하지만 중세적 장원 경제에서는 이것이 불가능했고 몰락한 귀족들도 나타나기 시작했다. 중세의 장원 체제는 화폐 경제와 양립할 수 없었다. 이때 현금을 가진 모든 상인 계급은 힘 있는 세력으로 부상하기 시작했고, 길드의 장인들도 중세의 전통에서 벗어나서 자본가로 변신해야 할 처지로 내몰렸다. 이때 토지 귀족들은 울타리치기(enclosure)를 선택했다. 현금 압박을 받아온 토지 귀족들은 화폐 소득을 올리기 위해 토지에 대한 자신의 소유권을 주장하면서 장원 경제의 공유지에서 공동체의 구성원인 농민들을 몰아내고 울타리를 쳤다. 그리고 토지 귀족들은 여기에 현금 수익을 올리는 데 유익한 환금 작물을 키우거나 양들을 방목했다. 영지에서 쫓겨난 농민들은 생계 수단을 잃어버렸고 떠돌이 노동자로 처지가 바뀌었다. 그리고 울타리치기와 장원 체제의 붕괴는 오랜 전통의 봉건적 유대 관계가 해체되고 시장 사회라는 새로운 관계가 형성되는 강력한 동력으로 기능했다.

약탈국가 시대의 복지: 없거나 혹은 가부장적 복지

약탈국가는 영토 내외의 경쟁자를 정복하고 영토 내의 주민들을 복종시키면서 각종 자원을 강제적으로 추출해서 가져갔다. 이런 자원의 수탈은 대내적으로 질서 유지를 통해 안전을 보장하고 대외적으로 외부의 침략으로부터 영토를 지키는 데 대한 일종의 보호 대가였던 셈이다. 생산력 수준이 매우 낮은 신분제의 농업 경제에서 생산물의 대부분을 지배 계급에게 착취당한 대다수의 주민들은 삶이 곤궁하기만 했다.

자연재해로 인한 고통, 만성적인 빈곤, 창궐하는 질병 등으로 인해 고통을 당했음에도 불구하고 약탈국가가 제공하는 보통사람들을 위한 사회적 보호 장치는 아무 것도 없었다. 국가 복지가 없는 세상에서 사람들은 복지 필요를 스스로 해결하거나 가족의 책임 또는 이웃이나 공동체, 그리고 종교 기관의 자선에 의존해야 했다.

국가 복지까지는 아니지만, 그나마 중세 시대에는 고대와 달리 장원 경제의 주재자인 봉건 영주가 복지 제공자의 역할을 부분적으로 수행했다. 중세의 관습과 전통에 따라 봉건 영주는 군사적·경제적 측면에서 영내 거주민들의 안전을 보장했고, 경제사회적 어려움에 처한 사람들에 대한 보호 조치를 제공했다. 이것은 일종의 가부장적 복지였다.

전체적으로 볼 때, 전통과 명령 중심의 경제사회 질서를 운영함으로서 경제 문제인 생산(경제)과 분배(복지) 문제를 해결할 능력이 극히 부족했던 고대와 중세의 약탈국가 시대를 살았던 우리 인류는 행복 수준이 매우 낮았음이 확실하다.

2.

발전국가 시대: 자유권의 확립과 자유방임 자본주의

중세 이후 과도기의 고통과 불행

영국에서 여러 세기에 걸쳐 진행되었던 울타리치기는 경제적 효율성 측면에서 보면 환영할만한 것이었다. 중세의 장원 경제에서 소출이 조금밖에 없던 땅을 양떼의 방목지로 사용하는 것은 토지를 보다 생산적으로 사용한 사례가 되기 때문이다. 하지만 이런 울타리치기는 장원의 농민들이나 영지의 소작농들에게는 잔혹한 처사였다. 이들은 공유지로부터 쫓겨나서 삶의 터전을 잃어버렸기 때문이다. 울타리치기가 절정에 달했던 15~16세기 쯤 어떤 장원에서는 80~90%에 달하는 소작인들이 영지에서 쫓겨났다. 아예 마을 자체가 흔적도 없이 깨끗이 사라지는 일도 있었다고 한다.

그래서 토머스 모어는 그의 저서 유토피아에서 그 잔혹함을 이렇게 묘사했다. "양은 한때 온순하고 말을 잘 듣고 적게 먹는 동물이었지만, 이제는 아주 지독한 폭식을 하는 거친 동물이 되어 사람까지 통째로 집어삼키는 놈이 되었다는 소문입니다." 이것은 무너지는 봉건적 장원 경제의 모습을 잘 묘사하고 있다. 토지 귀족들이 돈 벌이를 위해 공유지에서 농민들을 쫓아내고 양을 방목했던 울타리치기의 결과를 토머스 모어는 '양이 농민을 잡아먹는 형국'으로 묘사했던 것이다.

이렇게 전통 사회에서 밀려난 농민들은 갈 곳을 잃고 졸지에 알거지가 되고 말았다. 이제 과도기의 농민들은 생산수단인 장원의 토지로부터 강제로 분리된 후 먹고 살기 위해 일자리를 찾아나서야 했다. 이렇게 해서 농촌 프롤레타리아가 탄생했다. 그리고 이들 중의 상당수는 일자리를 찾아 도시로 이주해서 도시 프롤레타리아가 되었다. 도시에서는 원래 존재하던 중세의 전통적인 장인 조합인 길드가 영리적인 기업으로 조금씩 변화하면서 노동자들이 늘어나기 시작했는데, 이들도 도시 프롤레타리아의 일부가 되었다. 그런데 늘어난 노동자들의 수에 비해 당시의 일자리는 크게 부족했고, 이들의 다수는 빈민으로 전락했다. 16세기 이후 이들 떼거지들은 큰 사회적 문제였다.

당시에 농민들만 이런 어려움을 겪은 것은 아니었다. 길드의 장인들도 경쟁이 치열한 시장 사회에서 살아남기 위해 고통스럽게 적응해야만 했다. 중세의 전통적인 장원 경제는 허물어졌지만 근대의 자본주의 시장 경제는 아직 정착되지 않은 16세기와 17세기의 혼란은 인간의 생명과 안전을 위협하는 그야말로 불안과 불행의 시기였다. 이제 이런 문제를 해결해 줄 새로운 국가가 필요했다. 바로 근대국가이다. 정치철학자 토머스 홉스의 리바이어던[3]을 통해 왜 근대국가가 필요했는지 자세히 알아보자.

토머스 홉스와 근대국가

토머스 홉스(Thomas Hobbes, 1588~1679)는 자연 상태에서 벌어지는 죽음에 대한 두려움 때문에 인류가 사회를 이룬다고 생각했다. 여기서 자연 상태는 사회가 없는 상태로서 지배도 질서도 없으며 정의도 없는 혼란의 상태를 말한다. 그래서 홉스는 우리 인간은 평화와 안전을 얻기 위해 도덕철학으로서의 자연법에 따라 각자가 지니고 있는 무제한의 자연권을 강력한 힘을 지닌 주권자에게 양도함으로써 근대국가를 세우기로 사회적 계약을 맺는다고 본다. 이제부터 홉스의 《리바이어던》을 통해 그의 정치철학적 논리를 살펴보자.[4]

인간의 자연 상태를 설명하기 위해 홉스는 "인간은 날 때부터 평등하다."고 간주한다. 자연은 인류를 육체적·정신적 능력에서 평등하게 창조했다는 것이다. 정신적 측면과 육체적 측면 등 사람의 모든 능력을 종합해볼 때 인간들 사이에 능력의 차이는 거의 없다. 육체적으로 약한 사람도 음모를 꾸미거나 같은 위험에 처해있는 약자들끼리 공모하면 아무리 강한 사람이라도 충분히 쓰러뜨릴 수 있기 때문이다.

이어서 홉스는 "평등에서 불신이 생긴다."라는 명제를 제시한다. 사람들 사이의 이런 능력의 평등에서 목적 달성에 대한 희망의 평등이 생긴다. 누구든지 같은 수준의 기대와 희망을 품은 채 목적을 설정하고 그 목적을 이루기 위해 노력한다는 것이다. 사람들은 같은 것을 원하면 그것을 얻기 위해 상대편을 무너뜨리거나 굴복시키려 하게 된다. 이런 경쟁에서 파괴와 정복은 피할 수 없다. 즉 누군가가 농사의 수확물을 얻었거나 안락한 거처를 마련했다면, 다른 사람들이 몰려와서 그 노동의 열매뿐만 아니라 그 사람의 생명과 자유마저 빼앗아갈 가능성을 예상할 수 있다. 그리고 이 침략자 역시 언젠가 다른 침략자에게 같은 방식으로 당할 위험에 놓여 있다. 이와 같이 서로를 불신하는 상황에서는 누구라도 닥쳐올 위협으로부터 자신을 안전하게 보존하려면 선수를 치는 게 옳다. 그래서 인간의 자연 상태에서는 언제나 '만인의 만인에 대한 전쟁'이 존재한다.

이런 자연 상태에서 인간은 언제나 두렵고 불안하고 불행한데, 홉스는 자연 상태의 인간을 다음과 같이 묘사했다. "끊임없는 두려움과 폭력에 의한 삶과 죽음의 갈림길에서 인간의 삶은 외롭고, 가난하고, 비참하고, 잔인하고, 그리고 짧다."

모든 사람이 모든 사람에 대해 전쟁을 하는 상황, 즉 자연 상태에서는 그 어떤 것도 부당한 것이 될 수 없다. 여기서는 옳고 그름의 관념, 정의와 불의의 관념이 아예 존재하지 않기 때문이다. 공통 권력(국가)이 없는 곳에는 법도 존재하지 않으며, 법이 없는 곳에는 불의(불법)도 존재하지 않는다. 이런 전쟁 상태에서는 '내 것'과 '네 것'의 구별도 존재하지 않는다. 저마다 획득할 수 있는 것만이 자기의 것이며, 그것도 자기의 것으로 유지가 가능한 기간 동안만 자기의 것이다.

인간이 실제로 처하는 자연 상태가 얼마나 가혹한 지는 지금까지의 설명으로도 충분할 것이다. 그러나 인간이 이런 가혹한 상태에서 벗어날 가능성이 없는 것은 아니다. 왜냐하면 인간이 가지고 있는 정념(욕구)인 '죽음에 대한 두려움', '쾌적한 생활에 필요한 각종 생활용품에 대한 욕망', '그런 생활용품을 자신의 노력으로 얻을 수 있다는 희망'이 인간을 평화로 향하도록 해주기 때문이다. 평화의 계약을 맺으면 된다. 즉 자연법에 따라 각자의 자연권을 포기하는 계약을 맺음으로써 자연 상태를 사회 상태로 전환시키면 된다.

여기서 자연법(law of nature)은 인간의 이성이 발견해낸 일반적 원칙을 의미하며, 자연권(right of nature)은 모든 사람이 자신의 본성인 자기 생명의 유지를 위해 자기의 힘을 뜻대로 사용할 수 있는 각자의 자유를 말한다. 자연권은 '만인은 자연적으로 모든 것에 대해 권리'를 갖는다는 것인데, 즉 자연 상태에서 모든 사람은 만물에 대한 권리를 가지며 심지어는 서로의 몸에 대해서까지도 권리를 갖는다는 것이다. 이런 상태에서는 아무리 힘이 세고 지혜가 있더라도 자연이 허락한 삶의 시간을 다 누릴 수 있다는 보장이 없다.

그래서 도출된 제1의 자연법은 "평화를 추구하고 그것을 따르라."는 것이다. 제2의 자연법은 "평화와 자기 방어를 위해 모두가 필요하다고 판단하는 경우에는 계약을 통해 만물에 대한 자연권을 포기하거나 양도하는 방법으로 이 권리를 버리는 것"이다. 제3의 자연법은 "계약(신약, 信約)을 맺었으면 이행해야" 한다는 것이다. 신약이 맺어지면 이것을 파기하는 것은 불의(不義)이기 때문이다.

그러므로 신약의 이행, 곧 정의(正義)를 지키기 위해서는 계약을 강제할 강력한 힘이 존재해야 한다. 이 강제 권력이 하는 일은 신약의 파기를 통해 기대할 수 있는 이익보다 더 큰 처벌의 두려움을 통해 계약(신약) 당사자들이 각각의 약속을 이행하도록 평등하게 강제하고, 그들이 보편적 권리를 포기한 대가로 상호계약에 의해 획득하는 소유권을 확보할 수 있도록 보장하는 것이다. 즉 계약의 유효성은 그 계약의 이행을 충분히 강제할 수 있는 사회 권력(국가)의 수립(즉 사회 상태)과 함께 시작되며, 그때에야 비로소 소유권[5]도 발생한다.

요약하자면, 인간은 자연 상태에서 필연적인 "만인의 만인에 대한 전쟁"으로 인해 초래되는 비명횡사의 위험과 불안에서 벗어나 안전과 행복을 구하기 위해 사회계약을 체결함으로써 사회 상태를 추구한다. 즉 자연 상태의 근대인들이 사회 상태로 나아가기 위해 자연법에 따라 각자의 자연권을 강력한 공권력을 지닌 주권자(리바이어던, 근대국가)에게 양도하기로 사회계약을 체결한다는 것이다. 이렇게 해서 탄생한 근대국가는 근대인들의 삶이 폭력적인 죽음으로 단절될 가능성을 압도적 힘(공권력)으로 배제함으로써 인간 존엄의 원천인 생명권과 자유권(소유권)을 보장할 의무를 지게 된다. 그런데 주권자(국가)가 국민의 생명과 안전을 보장할 힘과 능력이 없을 때는 사람들이 자연권을 양도했던 사회계약은 무효가 된다.

아담 스미스와 보이지 않는 손

시장 이전의 사회가 시장 사회로 거대한 전환을 이루면서 경제생활에서 전에는 없던 중요한 것들이 나타났다. 자유 계약 노동자(노동), 이윤을 낳는 토지, 유동적 형태의 자본이 그것인데, 이는 시장 사회의 생산요소들이다. 생산요소의 하나가 된 노동자는 자신의 노동을 소유하면서 이것을 가능한 한 유리한 조건으로 판매하려 하는데, 이것은 노예나 농노로서는 꿈도 꾸지 못할 일이었다. 또 이들 노동자는 아무의 재산도 아님과 동시에 아무도 이들에게 의무를 지지 않는다. 시장 사회의 고용주는 피고용인의 노동을 살 뿐이지 그의 삶을 사는 것이 아니기 때문이다. 이것이 시장 이전의 사회와 완전히 다른 점이다.

시장 사회에서 노동이 매매 가능한 상품이 되면서 고용주는 독특한 경제적 이익을 얻게 되었다. 노동력을 임금이라는 명목의 돈으로 구입한 덕분에 고용주는 해당 노동자들이 생산한 것들을 모두 가질 권리를 얻는다. 즉 고용주들과 임금 계약을 맺은 노동자들은 자신의 노동으로 창출하는 모든 생산물에 대한 청구권을 포기하도록 되어 있기 때문이다. 그래서 중세의 봉건 영주가 농노가 생산한 잉여를, 그리고 중세 길드의 장인이 도제의 노동이 생산한 잉여를 가져가는 것처럼, 시장 사회에서는 임노동 계약을 맺은 노동자가 생산한 잉여가 고용주(자본가)의 수중으로 들어가게 되었다. 이렇게 임노동 관계를 중심으로 하는 새로운 경제 질서가 생겨난 것이다.

또 시장 사회에서 새롭게 등장한 중심적인 개념 중의 하나는 이윤 동기이다. 이것은 소득을 극대화 하려는 충동인데, 이것 때문에 사람들은 시장에서 자기의 노동력이나 여타의 자원을 거래하는 데 가장 좋은 조건을 놓고 흥정을 벌이는 것이다. 시장 이전의 사회에서도 시장의 거래를 통해 이윤을 얻고자 했으나 당시에는 전통적 삶의 방식이 위주였고, 시장의 거래는 어디까지나 생계를 보조하는 부수적인 수단에 불과했다. 하지만 시장 사회에서는 시장의 거래가 보편적이고도 결정적인 활동이 되었다. 그래서 사람들은 각자가 개인의 이익을 마음껏 추구할 수 있게 된 것이다.

이제 시장의 교역을 중심으로 작동하는 18세기 시장 사회에 대한 합리적인 설명이 필요해졌다. 바로 경제학의 등장이다. 경제학의 아버지로 일컬어지는 아담 스미스(Adam Smith, 1723~1790)는 1776년 《국부론》을 저술함으로써 당시 서구 사회가 알기를 원했던 시장 사회의 경제적 작동 기제를 총체적으로 설명했다. 아담 스미스가 살았던 18세기 중반은 시장 사회임에도 불구하고 여전히 중세적 요소들도 남아 있었고, 아주 작은 기업들로 이루어진 세상이었다. 그는 당시 그가 살던 세상이 이런 초기적 형태의 시장 사회임에도 불구하고 국부가 증가하는 배후의 기전을 밝혀냈다.

아담 스미스는 노동 분업의 정교화를 통한 생산성의 향상이 국부 확장의 원인이라고 했다. 그러면 이런 과정은 왜 일어날까? 그는 인간의 개선하려는 욕망, 즉 인간의 본성인 이윤 동기 때문에 시장 사회가 노동 분업을 향해 나아가게 된다고 했다. 제조업자들은 이윤을 증대시키기 위해 생산성의 향상을 가져오는 기계와 장비에 투자를 하게 된다. 이런 자본 투자는 사회적 생산의 증대로 이어지고, 이렇게 해서 국가의 부가 확장되게 된다.

아담 스미스는 시장 사회의 중심 기제를 한마디로 이기심과 경쟁이라고 생각했다. 그는 "우리가 저녁상을 차릴 수 있는 것은 푸줏간 주인, 맥주 양조업자, 빵집 주인 등이 선의를 베풀어서가 아니라 이들이 각자 자기들의 이익을 추구하기 때문이다."라고 했다. 즉 시장 사회에서는 각 경제 주체들의 인간성이 아니라 이들의 이기심에 호소하는 것으로 시장 기전이 작동한다는 것이다. 아담 스미스는 자유 시장의 '보이지 않는 손'을 거치게 되면 개인들의 이기심이 합쳐져서 사회의 안녕을 가져온다고 했다. 그리고 자유 시장은 자원 배분의 기제로서 매우 훌륭하다. 사회적 욕망이 변화하여 특정 재화에 대한 시장의 수요가 늘어나면 그 재화가 더 많이 생산되고, 반대의 경우에도 공급이 자동적으로 조정된다. 즉 경쟁적 시장은 시장 가격을 중심으로 수요와 공급이 적정하게 조정되는 자기조정 기제를 장착하고 있는 것이다.

산업혁명과 초기 자본주의의 명암

18세기 유럽의 제조업은 여전히 중세적 잔재가 남아 있는 소규모의 제조업체들로 구성되어 있었다. 이때까지만 해도 제조업은 일차적 중요성을 갖는 산업이 아니었다. 당시의 산업적 기초는 당연히 농업이었다. 그런데 18세기 중엽인 1750년경의 영국은 유럽의 다른 나라들과는 달랐다. 영국에서는 인류 역사상 최초로 제조업이 경제 활동의 주요 형태로서 큰 사회적 변화를 만들어내기 시작했던 것이다. 그런데 왜 하필이면 유럽 대륙이 아니라 섬나라 영국에서 제조업 중심의 산업혁명이 일어났을까?

18세기의 영국은 당시 대부분의 유럽 국가들과 확실하게 구분되는 산업혁명에 유리한 몇 가지의 특징을 가지고 있었다. 첫째, 당시의 영국은 부유한 나라였다. 영국은 이미 16세기말부터 부국강병 정책을 펴면서 해외 무역과 상업을 성공시켜 국부를 크게 확장했다. 그리고 다행스럽게도 그렇게 획득한 국부의 상당 부분이 소수의 귀족들뿐만 아니라 대규모의 신흥 중상류층인 부르주아지들에게도 돌아갔다. 둘째, 영국은 봉건 사회가 가장 철저하게 시장 사회로 전환된 나라였다. 특히 울타리치기 운동은 영국을 봉건적 질서가 늦게까지 남아 있었던 유럽 대륙과 확연하게 구분 짓는 중요한 계기가 되었다. 그래서 일찍이 화폐 경제에 눈을 뜬 영국의 귀족들은 가장 먼저 교역과 상업 중심의 시장 사회와 좋은 관계를 맺었고, 이런 흐름은 사회 전체적으로 확산되어 갔다. 셋째, 영국은 1688년의 명예혁명으로 인해 유럽에서 가장 먼저 절대왕정이 아닌 입헌군주제로서 보다 포용적인 정치 체제를 구축했다. 이런 포용적인 정치 질서 덕분에 군주와 귀족들뿐만 아니라 부르주아지들이 정치경제적 주요 세력으로 산업혁명의 전면에 등장할 수 있었다. 넷째, 영국은 국내외의 소비 시장이 광범위하게 발달했는데, 이는 수요 증대의 압력을 통해 새로운 생산 기술을 찾도록 하는 자극제의 역할을 했다.

산업혁명은 공장이 경제생활뿐만 아니라 사회생활의 중심을 차지하는 일련의 과정이었다. 중세의 장원이나 길드가 그 시대를 상징했던 것처럼 산업혁명이 시작된 18세기 중반 이후 영국에서는 공장이라는 새로운 경제 제도가 영국의 정치와 경제사회는 물론이고 보통사람들의 일상생활까지도 규정했다. 맨체스터의 경우처럼 도시 전체가 거대한 공장지대로 변해서 근대적인 산업도시로 발전하기도 했다. 그런데 공장의 출현과 발전은 도시로 몰려든 노동자들의 삶을 고통과 절망으로 몰고 가는 경우가 많았다. 산업혁명 초기에는 19시간에 이르는 장시간 노동과 아동 노동이 만연했으며, 안전장치도 없는 작업장에서 먼지와 소음으로 인해 질병에 걸리는 노동자들이 속출했다. 노동자들의 주거는 열악했고 그들의 삶은 전반적으로 끔찍했다. 당시 맨체스터에서 태어난 아기들의 평균 기대수명은 겨우 17년이었다.

19세기 들어 산업혁명이 속도를 더해가면서 많은 경우 기계가 인간의 노동을 대신했다. 그래서 산업혁명 당시의 노동자들은 기계를 두려워하고 증오했다. 이런 흐름은 사람과 기계 사이의 물리적 충돌로 이어지기도 했는데, 러드 장군이 이끄는 기계 파괴(Luddite) 운동이 대표적이다. 이것은 산업혁명으로 인해 초래된 산업사회에 대한 노동자들의 거대한 공격이었다. 하지만 이 운동은 1813년 주도자들이 교수형과 추방형을 받으면서 종식되고 말았다. 이렇게 노동자들의 열악한 삶이 속속 드러나고, 이 문제가 정치사회적으로 공론화되면서 초기의 자본주의가 조금씩 변화하는 조짐들이 나타났다. 그래서 1819년에는 면화 공장에서 9세 이하의 아동 노동이 금지되었다. 1842년에는 10세 이하 아동의 탄광 노동이 금지되었고, 1847년에는 아동과 여성의 노동시간이 하루 10시간으로 제한되었다.

한편 산업혁명은 자본의 형성과 축적을 가능케 했다. 자본은 생산 과정을 더 좋게 하는 장비, 기계, 공장 같은 자본재를 의미하는데, 이것들은 인간의 노동을 더욱 생산적인 것으로 만들어 생산을 증대시킨다. 자본 이외에 생산의 증대에 기여하는 것으로는 인간 노동의 전문화를 들 수 있다. 분업과 노동의 전문화는 컨베이어 벨트 시스템이 보여주었듯이 생산성의 엄청난 확충을 가져왔다. 이렇게 산업혁명이 불러온 자본주의 시장 경제는 인류의 경제적 안녕을 크게 증진시켰다. 산업혁명 이후 점진적·누적적 경제 성장에 힘입어 산업혁명의 선두 주자인 영국 노동자들의 삶도 차츰 개선되었다. 과거에 비해 '더 나은 삶', 즉 '행복'의 증진이 이루어진 것이다. 그런데 이런 가시적인 성과를 낳을 만큼 초기 자본주의의 생산성 증대가 이루어지는 데는 산업혁명이 본격화된 후 약 75년 동안의 산업화가 필요했다.

산업혁명과 자본주의의 발전 과정에서 자본의 형성과 축적은 매우 중요한 과제이다. 그런데 바로 이 자본이 만들어지기 위해서는 반드시 저축이 선행되어야 한다. 저축은 화폐 소득 중에서 지출(소비)하지 않기로 결정한 부분을 말한다. 초기 자본주의 시기 동안 우리 인류는 화폐 소득을 당장의 필요를 위해 소비할 것인가, 아니면 이것을 투자를 위해 저축할 것인가를 결정해야 했다. 자본가의 입장에서는 더 큰 이윤을 위해 투자를 극대화해야 한다. 이를 위해 자본가 스스로도 근검절약을 해야겠지만 노동자에게 임금을 최대한 적게 지급해야 한다. 투자를 위한 저축이 필요했다. 그런데 당대의 노동자들은 겨우 기초생계를 유지할 정도의 저임금에 허덕였기 때문에 저축을 할 여유가 없었다. 다만 이런 저임금을 통한 사실상의 강제적 저축은 확실하게 이루어졌던 셈이다.

초기 자본주의의 발달 과정에서 내일을 위한 '자본의 형성'이냐 아니면 오늘을 위한 '소비재 수요의 충족'이냐를 선택해야 했다. 이것은 산업화를 겪는 모든 나라가 직면하는 선택의 문제이다. 1970년 전후에 우리나라도 산업화를 추진하는 과정에서 이런 문제에 봉착했다. 그리고 산업화에 성공한 나라들은 대부분 내일을 위한 '자본의 형성'을 선택했고, 많은 사람들의 고통과 불행을 가로 질러 결국 생산력 수준의 거대한 발전을 이루어냈다. 인류의 역사에서 더 나은 삶, 곧 행복의 증진을 위한 거대한 진보가 아닐 수 없다.[6]

이것에 대해서는 마르크스와 엥겔스가 공산당 선언에서 "부르주아 계급은 100년도 안 되는 계급 지배 기간에 지나간 모든 세대들을 다 합한 것보다 더 많고 더 거대한 생산력을 창조해냈다."라며 찬사를 보낸 데서도 충분히 확인할 수 있다.[7]

자유권의 확립과 자유방임 자본주의 시대

인류 역사에서 '근대'라는 단어는 그야말로 혁명적인 의미를 갖는다. 근대는 약탈국가가 아닌 최초의 시기라는 점에서 근대 이전의 사회와는 질적으로 달랐다. 그 핵심은 바로 인간의 존엄과 자유권에 있었다. 근대 이전의 사회에서는 군주나 영주와 같은 지배자들만이 존엄하고 자유로운 존재였다. 당시의 보통사람들은 자유가 없는 신분제적 질서 하에서 그저 하나의 종속된 존재에 불과했고 결코 존엄할 수 없다고 여겼다. 하지만 그런 생각은 중세 말기부터 시작된 과학과 사상의 비약적 발전과 시장 사회의 진전으로 인해 차츰 깨져갔다.

앞서 살펴본 것처럼, 토머스 홉스의 자연법 이론과 사회계약론은 근대인들의 삶이 폭력적인 죽음으로 단절될 가능성을 국가(리바이어던, 1651)의 압도적 공권력으로 배제함으로써 국가가 인간 존엄의 원천인 생명권과 자유권(소유권)을 보장할 의무를 지게 된다는 논리를 공론화했다. 홉스 이후 등장한 사회계약론 주창자들인 로크와 루소는 홉스가 근대국가(리바이어던)의 필요성을 언급한 데서 더 나아가 근대국가의 형태와 성격을 구체적으로 제시했다. 로크는 사회계약을 통해 시민들로부터 결정권을 위임받은 국가는 절대왕정이 아니라 시민정부(시민정부론, 1690)[8]라고 했고, 루소는 일반의지(사회계약론, 1762)[9]에 따른 직접적인 통치를 주장했다. 그리고 로크의 대안인 의회민주주의나 루소의 대안인 직접민주주의는 당시 개혁세력이었던 부르주아에게는 그야말로 유토피아 같은 것이었다. 게다가 이들 사회계약론 주창자들이 제시했던 저항권 사상, 즉 정부가 개인들의 자연권을 침해한다면 개인들이 정부를 무너뜨릴 수 있다는 주장은 부르주아 계급의 혁명적 심성을 더없이 자극했다.

한편 부르주아 계급은 근대 국민국가의 건설 단계에서는 절대군주를 지지하고 협력했다. 지방 영주들의 수탈과 복잡한 규제 하에 있는 것보다 절대군주가 통일한 영토와 중앙집권적인 시장 및 제도가 부르주아 계급에게 더 유리했기 때문이다. 절대군주들도 기존의 귀족 세력을 약화시키는 데 부르주아 계급의 힘을 적극 이용했다. 이처럼 근대 국민국가의 건설 과정은 절대군주와 부르주아 연합 세력이 기존의 봉건적 귀족 세력을 축출하는 과정이었다. 그러나 부르주아 계급은 근대 국민국가가 자리를 잡은 후에는 절대군주의 전제정치에 저항했고 자유주의 사상에 기반을 둔 근대 시민혁명의 주도 세력이 되었다.

16~18세기의 절대왕정은 절대 군주에 의한 전제적 정치 체제로 부국강병의 중상주의 정책을 고수했다. 중상주의는 정부의 각종 규제 등을 통해 경제와 무역에 지나치게 개입함으로써 귀족과 대상공인들의 이익을 비호한 반면에 중소 상공인인 부르주아들의 자유로운 경제 활동을 제약했다. 즉 근대 국민국가의 절대군주제는 정치적으로나 경제적으로 부르주아 계급의 이해를 반영하기에 적합하지 않았던 것이다.

그러므로 당시 부르주아들의 자유주의 사상은 세 가지로 요약된다. 첫째, 자유권의 보장이다. 이것은 신분 질서를 포함한 모든 종류의 구체제적 예속과 억압으로부터 벗어나는 것인데, 자본주의 경제 질서를 확립하기 위한 전제 조건이다. 둘째, 정부의 시장 경제에 대한 개입이 없는 상태, 즉 자유방임 자본주의의 옹호이다. 부르주아들은 중상주의를 근거로 한 국가의 경제 개입이 귀족이나 대상공인들의 배타적 이익을 위해 작동하는 정책이었기 때문에 자신들에게 불리한 체제라고 생각했다. 그들은 아담 스미스의 '보이지 않는 손'의 논리에 따라 국가의 시장 개입이 없을 때 자유 시장이 가장 효율적으로 작동될 뿐만 아니라 경제 주체 모두에게 이익이 된다고 내다봤다. 셋째, 시장 질서의 유지를 위해 법치주의를 옹호하는 것이다. 모든 사람들이 법 앞에 평등하지 않으면 자본－임노동 관계를 비롯한 자유로운 계약 관계가 성립할 수 없으며, 강력한 법치가 없으면 자유 시장을 유지할 수 없기 때문이다.

이렇게 부르주아들이 주도한 근대 시민혁명의 과정에서 확립된 자유주의 사상을 '고전적 자유주의'라고 부른다. 16세기부터 19세기까지 당대를 풍미했던 고전적 자유주의는 두 개의 자유주의로 구성된다. 하나는 자유권과 법치주의를 묶은 '정치적 자유주의'이며, 다른 하나는 자유방임 자본주의를 의미하는 '경제적 자유주의'이다.[10]

여기서 우리 인류가 행복의 증진을 위해 투쟁하며 쟁취하려고 했던 자유권은 바로 정치적 자유주의를 의미한다. 이것은 봉건 체제와 절대 왕정을 단계적으로 무너뜨리고 보통사람들을 해방함으로써 인류의 행복을 크게 진전시킨 엄청난 사건이었다. 그런데 자유주의 사상이 자본주의 경제 체제에 그대로 적용됨으로써 나타난 경제적 자유주의는 양날의 칼이었다. 앞서 살펴보았듯이, 자본주의 경제 체제는 생산력의 비약적인 발전을 이룸으로써 인류 문명의 발달과 인류의 보편적 행복을 증진시키는 데 크게 기여했다.

그러나 자유 시장[11]을 강조하며 어떤 경우에도 국가가 시장에 개입할 수 없다는 경제적 자유주의의 논리가 그 시대의 교조로 자리를 잡으면서 많은 문제를 발생시켰다. 경제적 자유주의가 옹호하는 자유방임 자본주의에서 정부의 역할은 국방과 치안으로 제한되어 외부의 침탈로부터 자유 시장을 수호하는 데 그쳤다. 이것이 야경국가다. 시장에 개입하지 않기 위해 정부의 조세 또한 최소한을 유지해야 했고, 복지는 국가의 의무 사항이 아니었다. 오히려 규제와 복지를 통해 국가가 시장에 개입하면 자유 시장의 작동에 문제가 생겨 자원 배분의 비효율이 발생한다고 믿었다. 그래서 일시적으로 시장에 문제가 생기더라도 국가가 개입하지 말고, 고통스럽더라도 시장의 자기조정 기제를 통해 자유 시장이 스스로 문제를 치유할 때까지 기다리는 것이 옳다는 생각을 견지했다.

18세기에 확립된 첫 번째 시민권인 자유권과 경제적 자유주의에 기반을 두고 확립된 자유방임 자본주의는 그렇게 근대 사회를 장악해나갔다. 특히 산업혁명을 거치면서 부르주아 계급이 중소 상공업자들에서 산업자본가 계급으로 옷을 갈아입은 뒤에는 더 강력하게 그랬다. 근대 사회는 고전적 자유주의 시대였고 아담 스미스의 자유 시장이 이끄는 자유방임 자본주의의 세상이었다. 그런 세상에서 사람들이 정부에 대해 기대하는 것은 당연히 아무 것도 없었다. 야경국가, 즉 최소한의 정부야말로 최고의 정부였기 때문이다.

발전국가 시대의 복지: 구빈법 체제의 잔여(선별)적 복지

근대 발전국가는 정치적·경제적으로 자유권을 확립함으로써 산업혁명의 거대한 성과를 만들어냈다. 그러나 경제적 자유주의 노선인 자유방임 자본주의의 한계 또한 뚜렷하게 드러냈다.[12] 첫째, 자본의 독점이 나타나면서 양극화가 심화되어 시장 경제의 주변부로 밀려나는 사람들이 많아졌다. 둘째, 빈곤 문제가 심화되어 사회가 불안해졌다. 셋째, 공공재의 공급이 부족했다. 이로 인해, 상하수도 시설 등이 미비하고 환경과 위생이 불량하여 콜레라 등의 전염병이 창궐했고 건강 문제가 심각했다. 넷째, 주기적으로 크고 작은 경제 불황이 찾아왔다. 이때마다 실업과 빈곤으로 인해 노동자와 빈자들의 고통이 심해졌다.

농민과 노동자 등의 보통사람들은 반복적으로 발생하는 빈곤, 질병, 실업 등으로 인해 삶이 위험에 처하는 경우가 많았다. 이런 위험에 처했을 때 살아남기 위해서는 누군가의 도움을 받아야 하는데, 이것이 바로 '복지'다. 고대와 중세의 경우에는 복지 자원이 나올만한 곳은 가족과 친족, 친구와 이웃, 그리고 영주나 지주의 가부장적 복지, 교회 등의 자선기관을 들 수 있겠다. 중세의 길드와 같은 동업조합도 민간의 복지 자원이었다. 발전국가의 시장 사회가 본격적으로 전개된 1830년경부터 노동자들의 상부상조 조직인 우애조합(공제조합)이 활성화되기 시작했다.[13] 이외에도 상업보험을 구입하거나 시장에서 스스로 복지를 구입하는 방식과 기업이 제공하는 기업 복지도 차츰 모습을 드러냈다. 그런데 이런 것들은 모두 사적 영역이나 시장 영역의 복지이다. 국가 복지는 국가의 공적 제도를 통해 제공되는 것인데, 발전국가의 자유방임 자본주의 시기에는 사회 구성원 전체를 대상으로 삼는 제도적 국가 복지는 존재하지 않았고, 중앙집권적 절대왕정 시대부터 내려오던 극빈자 대상의 최소 복지인 선별적 복지만이 국가 복지로 존재했다. 바로 구빈법(Poor law)이다.[14]

영국에서는 14세기 후반부터 중세 말기의 경제사회적 혼란으로 인해 빈민이 급증하자 이로 인한 정치사회적 불안을 방지하기 위해 구걸행위에 대한 면허제를 실시하거나 걸인들의 이동을 철저하게 통제하는 각종 법률을 제정했다. 그럼에도 불구하고 흉작과 기아, 울타리치기에 따른 봉건적 경제 질서의 해체로 말미암아 빈민과 걸인이 급증하자 기존의 방식으로는 통제가 어려워졌고, 빈민과 걸인에 의한 집단적인 약탈과 폭동도 빈번하게 발생했다. 그러므로 국가는 빈민들에게 최소한의 국가 복지를 제공함으로서 정치사회적 안정과 경제적 이득을 동시에 얻는 방향으로 구빈법을 법제화하게 된다. 이 일을 최초로 시행한 사람은 영국의 헨리 8세였다. 그는 1531년 지방 관리들에게 노인 빈민과 노동 불능자의 실태를 조사하고 그들을 등록하게 한 다음 그들에게는 합법적으로 구걸할 수 있는 면허를 주었다. 대신에 건장한 빈민의 구걸행위는 전과 마찬가지로 계속 못하게 하고, 그들에 대한 자선도 금지시켰다. 그리고 1536년 헨리 8세는 '건장한 유민과 걸인에 대한 처벌법', 일명 '헨리 구빈법'을 제정했다. 이 법은 건장한 유민과 걸인에 대한 처벌을 더욱 강화하면서도 교구와 지방행정기구로 하여금 기부금을 수집하여 노약자와 노동 불능자의 구제기금으로 사용하도록 했고, 건장한 빈민들에게는 일자리를 알선하도록 했다. 이 법률은 국가가 빈민 구제의 법률적 책임을 떠맡은 최초의 계기가 되었다는 점에서 중요한 의미를 갖는다. 그리고 1572년에는 영국 정부가 빈민 구제의 비용을 기부금이 아니라 일반 세금으로 충당하기 위한 법령을 제정했고, 빈민에 대한 실태 파악과 재택 및 작업 구호를 담당할 빈민 감독관 직제를 신설하여 이들을 지방에 파견하기 시작했다. 이 조치는 빈민 구제를 위한 국가의 재정적 책임을 규정하는 최초의 계기였다는 점에서 역사적 의의가 크다 하겠다.

그리고 1601년에 이르러 마침내 영국에서 가장 체계적인 구빈법으로 이후 200년 넘게 그 틀이 유지된 '엘리자베스 구빈법'이 제정되었다. 이 법률은 기존에 마련된 빈민 구제에 대한 국가의 법률적·재정적 책임을 재확인하면서 빈민 구제 업무의 전국적 행정 체계를 최초로 수립했다는 점에서 그 의의가 크다. 엘리자베스 구빈법에서는 빈민을 세 그룹으로 구분해서 차별적으로 취급했는데, 이것은 과거의 구빈법보다 더 정교하게 빈민을 통제했음을 보여준다. 그리고 당시의 구빈 상황은 매우 열악했다. 첫째, 건장한 빈민에게는 작업장에서 일하는 조건으로 최소한의 구호를 제공했다. 작업장 노역을 거부할 경우에는 교정원이나 감옥으로 보내서 일반 범죄자와 동일하게 처벌을 받도록 했다. 둘째, 근로 능력이 없는 무능력 빈민은 구빈원에 수용해서 보호했다. 셋째, 빈민 아동에 대해서는 도제 수습의 기회를 제공하거나 고아원에 수용했다.

엘리자베스 구빈법의 특징은 빈민 통제의 정교화뿐만 아니라 노동을 조건으로 생계를 지원함으로서 노동과 구제를 결합해서 노동의 상품화를 법적으로 강제한 측면이 있다는 점이다. 건장한 빈민들을 발전국가의 산업화 과정에 임금 노동자로 참여하도록 강제함으로써 이 시기의 구빈법에 따른 선별적 복지는 경제 정책의 하위 수단으로 기능했다. 구빈법은 극소한의 처우를 통해 자본주의 산업화에 기여했는데, 이것은 국가와 자본가 계급 연합 세력이 저임금을 바탕으로 자본 축적을 가속화하여 발전국가의 산업혁명을 성공으로 이끄는 데 크게 기여했다.

17세기부터 시작된 엘리자베스 구빈법의 비인간적인 측면을 둘러싼 문제 제기와 사회운동이 일어나자, 1795년에는 '스핀햄랜드 법'(Speenhamland act)을 제정하여 생계비 이하의 임금을 받는 저임금 노동자의 임금을 보충하기 위해 수당을 제공하고, 가장이 없는 가정을 위해 아동수당과 가족수당을 제공하도록 했다. 그런데 1834년에는 구빈법의 개선을 위한 사회운동의 성과인 스핀햄랜드 법을 무위로 돌리는 매우 극단적인 '구빈법 개정'이 이루어졌다.[15] 이 개정 법률의 핵심 내용은 스핀햄랜드 법에 의해 제공되던 임금 보조와 아동수당 및 가족수당을 폐지하고, 노동 불능자를 제외한 모든 사람들에 대한 구빈 시설 외의 빈민 구제(원외 구제)를 폐지하고, 빈민이 구제를 받을 경우 노동시장에서 지불되는 최하 수준의 임금보다 낮은 수준으로 구제가 이루어져야 한다는 '열등처우의 원칙'이 적용되도록 했다. 이런 조치의 결과, 빈민 구제의 비용이 줄어들었고 빈민을 강제로 일자리로 내모는 소위 노동의 상품화가 더 강화되었다. 새 구빈법 체제로 인해 빈민에 대한 국가의 통제가 더 강화되고, 여기에 자본주의 산업화의 격차 문제까지 중첩되면서 19세기 중반과 후반에 이르러 도시의 빈민 문제는 훨씬 더 심각해졌다. 그리고 이후 이런 구빈법 체제에 대한 개혁운동이 정치사회적으로 지속되었음에도 불구하고 이 체제는 1918년 이후까지 존속했다.

3.

민주국가 시대: 참정권의 확립과 절차적 민주주의

여전히 투표권이 없던 보통사람들

19세기 후반에 이르면 서구 여러 국가들에서 의회 중심의 정치 제도가 자리를 잡아갔다. 정치에서 두각을 나타내는 이들은 부르주아들이었다. 이들은 축적한 재력을 바탕으로 의회 선거에 출마하고 공직을 담당하며 절대군주제 하에서는 불가능했던 정치적 이상의 실현에 박차를 가했다. 출마를 하지는 않더라도 부르주아들은 투표권을 적극 행사함으로써 자신들에게 유리한 정책을 추진하는 자유주의 정치 세력에게 표를 던졌다. 이들은 자유주의 정당을 통해 자신들에게 유리한 입법을 함으로써 자신들의 삶을 더 행복해지도록 할 수 있었다.

농민과 노동자 등 보통사람들은 그런 부르주아들의 모습을 지켜보며 상실감을 느꼈을 것이다. 그들은 구체제를 전복하는 시민혁명에 함께 가담했지만 혁명의 과실을 나눠받지 못했기 때문이다. 보통사람들은 봉건적 귀족과 절대왕정의 연합 세력이라는 낡은 체제에 대항하여 부르주아 계급과 함께 싸우고 함께 피를 흘렸다. 하지만 시민혁명 직후에 법적으로 분배된 투표권은 기존의 귀족과 지주들의 그것에 더해 부르주아들의 몫만 커졌다. 인구의 대다수를 차지하는 보통사람들은 정치에서 완전히 소외되었다.

그런데 이미 보통사람들은 시민혁명을 거치면서 인간존엄의 자유권과 정치적 권리에도 눈을 뜬 상태였다. 이들은 자신들에게도 권리가 있고 정치적 권리의 차별은 부당하다는 것을 온몸으로 알게 되었다. 더욱이 투표권은 행복과도 밀접하게 연결되어 있었다. 경제사회의 전반적 운영 원칙과 구체적 정책을 입법하는 의회에는 참정권을 가진 사람들만 들어설 수 있었고, 또 의회는 투표용지를 손에 쥔 사람들의 목소리에만 귀를 기울였기 때문이다.

실제로 영국과 유럽 주요 국가들의 19세기 의회는 지주와 귀족 중심의 보수주의 정당과 신흥 자본가와 부르주아들이 주도한 자유주의 정당으로 구성되어 있었다. 이런 양대 정치 세력은 당시 국민의 절대 다수를 차지하고 있던 노동자와 농민 등 보통사람들의 이해를 대변하지 못했다. 사실 정치적으로 그래야 할 이유도 없었다. 19세기 후반까지 노동자 등 보통사람들은 투표권이 없었기 때문이다. 당시 투표권은 귀족이나 지주 등의 특권층과 일정한 수준의 세금을 내는 부르주아들에게만 주어졌다. 그리고 이것이 보통사람들의 삶이 산업혁명의 거대한 성과에도 불구하고 늘 불안하고 불행했던 본질적인 이유였다.

'해가 지지 않는 나라' 대영제국의 충격적인 빈곤 실태

자유방임 자본주의라는 경제 체제와 대다수 국민에게 보통 선거권을 허락하지 않았던 제한적 정치 체제가 작동하는 발전국가 시대가 계속됨에 따라 19세기 당시 보통사람들의 삶은 자본주의 산업화의 거대한 성과에도 불구하고 별로 개선되지 않았다. 상대적 개념으로는 날이 갈수록 더 어려워졌다. 경제사회적 양극화 때문이었다. 19세기 중엽인 1849년 영국에서는 건강한 성인 남자의 21%가 빈민으로 분류되었다고 한다.[16] 이렇게 심각한 빈곤 문제는 19세기 후반에 가서도 개선되지 않았다. 찰스 부스(Charles Booth)가 1886년 400만 런던 시민들의 생활 상태를 조사한 자료에 따르면, 당시 런던 시민의 30.7%가 빈곤층인 것으로 드러났다. 빅토리아 시대[17]의 '해가 지지 않는 나라' 대영 제국에서 일어난 일이라고는 믿기 어려운 충격적인 사실이었다.

자본주의 체제의 생산력이 고도로 발전했음에도 불구하고 빈곤 인구가 많았고, 이들의 삶이 자유 시장에 내동댕이쳐진 채 최소한의 보호도 받지 못하는 처참한 상황이 전개되었던 것이다. 중세 봉건 시대의 영주들조차 당시 장원 경제에 신분적으로 예속되어 있던 농노들의 삶을 보호하려고 했고, 가부장적 방식으로 이들의 복지를 책임졌었다. 그러나 만민 평등의 자유주의 이념으로 행복의 새 시대를 열 것으로 기대되었던 자유방임 자본주의 시대의 발전국가가 실업자와 빈민들을 자유시장의 변두리로 내몰았고, 아동이나 노인, 가난한 여성 등 사회적 약자들은 불행하고 고단한 삶을 이어갈 뿐이었다.

상황이 이렇게 전개되자, 빈곤의 원인이 게으름이나 능력 부족 등 개인의 문제가 아니라 사회적 문제라는 생각이 확산되었다. 경제 체제와 정치 체제의 작동 원리에 오류가 있다는 문제 제기와 함께 이에 대한 성찰이 확산되었던 것이다. 이에 따라 노동자와 서민들 스스로가 행복을 찾아 직접 투쟁에 나서는 수밖에 없었다. 그들은 파업과 시위를 통해 더 나은 삶의 조건을 요구하기 시작했다. 노동자들의 격렬한 파업과 시위는 주기적으로 반복되었다. 그러나 파업과 시위의 성과는 일시적이었으며 한계 또한 뚜렷했다.

보통사람들의 참정권 요구 투쟁

삶과 연관된 제도를 만드는 곳은 정치이다. 그런데 노동자와 서민 등 보통사람들은 정치에 참여할 수단인 투표권이 없었다. 그들은 부르주아든 귀족이든 그들의 이해를 대변해주지 않는다는 것을 알게 되었다. 보통사람들의 대표가 직접 의회로 들어가고, 그래서 의회 정치가 자신들의 목소리에 귀를 기울이도록 만들어야 했다. 투쟁의 방향은 정해졌다. 삶이 어렵다고 기계를 파괴하거나 공장 단위의 데모를 하는 수준을 넘어서야만 했다. 바로 노동자와 서민 등 보통사람들이 투표권을 가지고 직접 선거 정치에 참여하는 게 그것이었다.

이로써 노동자들의 참정권 요구 투쟁이 시작되었다. 영국에서 산업자본가와 부르주아들에게 참정권을 부여하는 1차 선거법 개정이 이루어진 해인 1832년에는 전체 인구의 5%에게만 투표권이 주어져 있었다. 노동자 등 보통사람들에게는 투표권이 없었다. 이에 1838년 노동자들은 인민헌장을 발표하고 '성년 남자의 보통선거'를 주장하며 결집했다. 그리고 100만 명의 서명을 받아 의회에 제출하는 등 적극적인 참정권 쟁취 운동을 벌여나갔다. 이것이 일명 차티스트 운동(Chartist Movement, 1838~1848)[18]이다. 그런 꾸준한 노력의 결과, 투표권이 단계적으로 확대되었다. 먼저 1867년 2차 선거법 개정으로 도시 노동자들에게 투표권이 주어졌다. 다음에는 1888년 3차 선거법 개정으로 소작인들과 농업 노동자들, 그리고 광산 노동자들에게로 확대되었다. 하지만 이때까지만 해도 영국의 전체 인구 중 투표권을 가진 사람들의 비율은 19%에 불과했다. 그리고 마침내 1918년 4차 선거법 개정으로 만 20세 이상 남성과 만 30세 이상의 여성에게 선거권이 주어졌다. 1918년에는 남성의 보통선거가 실현되는 동시에 남자와는 차등이 있었으나 여성에게 참정권이 처음으로 인정되었다.[19] 남녀의 선거 자격이 동등하게 된 것은 1928년의 5차 선거법 개정에 의해서였다.

그런데 서구 대부분의 나라에서 여성의 참정권 요구는 쉽게 수용되지 않았다. 긴 시간의 투쟁을 요구했다. 여성을 차별하는 오래된 낡은 시대를 타파하기 위한 여성들의 참정권 투쟁은 일찍이 프랑스에서 시작되었다. 1789년 프랑스 대혁명이 일어난 해에 여성 혁명가 메리쿠르[20] 등이 국민의회에 "정치상 남녀가 동등한 권한을 갖도록 해야 한다."는 건의를 했다. 그리고 1790년 올랭프 드 구즈(Olympe de Gouges, 1748~1793)[21]는 《여성공민권의 승인에 대하여》를 발표하여 여성의 정치적 권리를 주장했고, 《여성권리선언》을 루이 16세의 왕비인 마리 앙투아네트에게 제출했다. 그러나 이런 주장은 사람들의 호응을 얻지 못했고 국민의회에서도 받아들여지지 않았다. 1793년, 구즈는 "여성이 단두대에 오를 권리가 있다면 의정 단상에도 오를 권리가 있다."는 유명한 말을 남기고 단두대의 이슬로 사라졌다. 1793년에는 국민공회로부터 여성의 집회가 금지되었고 모든 여성단체는 해체되었다. 이로써 여성 참정권 운동은 좌절되었다. 그 후 프랑스의 여성 참정권 운동은 19세기 말 영국과 미국에서 벌어진 여성운동의 영향을 받아 다시 활발해졌다. 그리고 여성운동이 시작된 지 1세기 반 만인 1946년에야 비로소 법률상 여성 참정권이 보장되었다.

영국에서는 프랑스의 여성운동가 구즈의 영향을 받은 울스턴크래프트[22]가 《여성의 권리옹호》를 저술하여 여성운동의 사상적 근거를 밝힘으로써 여권운동이 본격적으로 시작되었다. 1897년 '여성참정권협회국민동맹'이라는 단체가 설립되었고, 이를 중심으로 의회에서 여성 참정권을 목적으로 하는 입헌운동이 진행되었다. 1903년에는 팽크허스트를 중심으로 '여성사회정치동맹'이 결성되었고, 여성 참정권을 요구하는 사회운동이 계속되었다.[23] 우리는 아래에 소개되는 헌신적이고 급진적인 여성 참정권 운동의 사례를 통해 참정권 확립의 의의를 다시 한 번 확인해볼 수 있을 것이다.

1913년 6월 4일 런던의 한 경마장은 여느 때처럼 수많은 관중들의 함성과 흥분으로 가득 차 있었다. 질풍같이 달려오던 말들이 모퉁이를 도는 순간에 관중들은 비명을 질렀다. 한 여자가 달려오는 말 앞으로 뛰어든 것이다. 처음에는 그녀가 실수로 경마코스 안에 들어선 줄 알았다. 하지만 곧 진짜 이유가 밝혀졌다. 일부 사람들이 "여성에게 선거권을!"이라는 그녀의 외침을 들었던 것이다. 그녀는 말발굽에 밟혀 쓰러졌고, 머리에 큰 부상을 입어 나흘 만에 숨지고 말았다. 이 충격적인 사고의 주인공은 에밀리 데이비슨이라는 여성운동가였다. 당시 그녀는 여성 참정권 운동을 열렬히 벌이고 있었다. 과감한 행동으로 유명한 '여성사회정치동맹'에 가입해서 우체통에 불을 지르거나 정치인의 저택을 습격하기도 했으며, 감옥에서 단식 투쟁을 하다가 계단에서 뛰어내려 자살을 기도한 적도 있었다. 아무리 시위를 해도 그들의 목소리가 세상에 제대로 알려지지 않자 사람들의 관심과 변화를 얻어낼 방법으로 이런 극단적인 행동까지 감행했던 것이다. 그녀의 장례식장에는 수많은 여성들이 모여들었고 곧 시위 장소로 바뀌었다. 그녀의 죽음으로 여성 참정권 운동이 더욱 거세게 타올랐다. 투표권을 쟁취하기 위해 여성들은 곳곳에 불을 지르고 의회를 습격하기에 이르렀다. 경찰에 끌려간 여성들은 단식 투쟁으로 맞섰다.[24]

평등한 권리를 찾기 위한 여성들의 노력은 오랫동안 많은 비난과 탄압을 받았지만 끈질기게 이어졌다. 마침내 영국 정부는 1918년에 30세 이상, 1928년에는 21세 이상 모든 여성들에게 투표권을 인정했다. 그리고 미국에서는 1920년, 프랑스에서는 1946년 여성에게 참정권을 보장했다. 여성운동에 힘입은 여성의 참정권 확보를 마지막으로 비로소 20세기 전반기를 지나고서야 보통사람들 모두가 1인 1표의 투표권을 갖는 정치적 민주주의가 확립될 수 있었다.

민주국가 시대의 복지: 참정권과 제도적 복지의 도입

수차례의 선거법 개정을 거쳐 1918년에야 남성 선거권을 확립한 영국에 비해 다른 선진국들은 비교적 일찍 남성 선거권을 도입했다. 덴마크는 1849년에 남성 선거권을 도입했으며, 미국은 1860년, 독일 1871년, 프랑스 1876년, 노르웨이 1898년에 남성 선거권을 각각 도입했다. 그리고 핀란드는 1906년, 스웨덴과 오스트리아가 각각 1907년, 그리고 이탈리아가 1913년에 남성 선거권을 도입했다. 이렇게 19세기 중후반부터 대부분의 유럽 국가들에서 남성 노동자와 서민들이 단계적으로 투표권을 갖게 되면서 이들의 '더 나은 삶'을 위한 투쟁은 엄청난 효과를 발휘했다. 당시 유럽 국가들의 양대 정치 세력인 보수주의 정당과 자유주의 정당은 투표권을 갖게 된 노동자 등 보통사람들의 표를 얻기 위해 서민들과 빈자를 위한 국가 복지를 제도적으로 도입하고 차츰 확대해나갔다. 그리고 경제 분야에서도 노동자들의 근로조건을 개선하겠다는 공약을 앞 다투어 내놓았다.

이것은 1인 1표의 민주주의가 가진 위대한 힘이었다. 보통사람들의 참정권(정치권) 확보를 통해 자리 잡기 시작한 민주국가 시대의 정치적 민주주의가 1원 1표의 시장만능주의가 양산한 수많은 사회경제적 문제들을 일부나마 교정할 수 있는 계기를 마련한 것이다. 비록 이때까지는 그것이 경제의 패러다임 자체를 바꾸어 근본적 문제를 해결하는 방향으로 진행되지는 않았으나 보통선거를 통한 정치적 민주주의가 정부와 의회로 하여금 불안과 고통을 호소하는 보통사람의 목소리를 듣고 이들의 불안 해소와 행복 증진을 위해 무엇을 대안으로 제시할지 고민하도록 하는 초석은 놓았다고 평가할 수 있다.

19세기 후반에 접어들면서 영국 등 유럽의 주요 국가들은 주기적인 경제 불황, 빈부 격차의 심화, 공공재와 국가 복지의 절대적 부족과 같은 사회경제적 문제들에 봉착했다. 그래서 경제적 자유주의 이념에 기반을 둔 자유방임 자본주의에 대한 정치사회적 지지가 크게 줄어들었다. 이것은 곧 산업혁명과 자본주의의 역사적 발전에서 결정적인 역할을 수행했던 부르주아들의 자유주의 이념과 그들의 정치적 결사체인 자유주의 정당이 정치사회적 위기에 직면한 것을 의미했다. 그래서 19세기 후반부터 자유주의 이념은 기존의 자유방임 자본주의 노선을 그대로 견지해야 한다는 입장과 정부의 적절한 시장 개입을 통해 실업과 빈곤 등 보통사람들이 처한 사회경제적 문제의 해결을 위해 노력해야 한다는 진보적 자유주의(또는 사회적 자유주의)로 나누어지게 되었다.

영국에서 세력을 확대한 진보적 자유주의 정치 세력은 20세기 초부터 제1차 세계대전이 일어난 1914년까지 각종 노동 입법으로 노동자의 권리를 향상시켰고 빈곤 아동을 위한 복지 강화와 초등학교 의무교육을 실시했다. 또 이들은 빈자를 위한 복지를 확대했으며, 국가 재정에 근거한 무기여 방식의 노령연금, 건강보험과 실업보험을 포함하는 기여 방식의 국민보험도 실시했다. 이런 새로운 자유주의는 인간의 복지를 공동체의 관심 분야로 설정했고 노동자와 서민의 삶을 개선하는 입법들을 추진하려고 노력했다. 실제로 19세기 말에 이를수록 영국에서 자유방임 자본주의는 더 이상 자유주의 정당인 자유당이 아니라 보수주의 정당인 보수당 진영에 더 친숙한 이념이 되어 갔다.[25]

당시 영국의 자유당이 제도적 복지의 도입을 포함한 진보적인 사회개혁 조치들을 수용한 것은 투표권을 갖게 된 노동자 등 유권자의 다수가 민주적 절차를 통해 그것들을 정치적으로 요구하고 있었다는 점 이외에도 자유당이 기존의 자유방임 자본주의 노선으로부터 돌아설 때가 되었다는 논리적 확신이 있었기 때문이다. 그리고 자유주의 정치 세력이 진보 성향을 강화한 데는 19세기 말과 20세기 초에 걸쳐 유럽 각국에 등장한 노동자 정당인 노동당, 사회민주당, 사회당 등의 정치 활동도 일부 영향을 미쳤다. 사회경제적 민주주의를 제기하며 신흥 정치 세력으로 등장한 노동자 중심의 진보 정당들은 20세기 초까지는 큰 세력을 형성하지 못했으나 제1차 세계대전 이후 본격적으로 세력을 확장하면서 노동자와 보통사람들의 행복 수준을 높이는 데 결정적인 기여를 했다.

이번에는 민주국가 시대의 독일 복지에 대해 살펴보자.[26] 독일은 19세기 중반쯤 산업화가 본격적으로 추진된 후발 주자로 영국에 비해 한

참 늦었다. 게다가 1871년에야 비로소 통일국가를 수립했고, 산업혁명이 먼저 시작된 영국이나 프랑스와는 오랫동안 경쟁 관계였다. 그래서 독일의 지배 세력은 마음이 급했다. 그런데 이들의 앞을 가로막는 세력이 등장했다. 바로 노동자 계급과 사회민주당 정치 세력이다. 1867년 창설된 사회민주당은 세계에서 가장 먼저 창당된 진보 정당인데, 생산수단의 사회화를 요구하는 급진적인 강령을 채택하고 있었다. 이런 사회민주당은 독일의 지배 세력인 산업 부르주아 계급이나 집권 정치 세력에게 큰 위협으로 부상했다. 게다가 1870년대의 독일에서는 수많은 파업이 발생했고 경제적 상황은 좋지 않았다. 또 산업화의 급속한 진전으로 인해 노동자 계급이 급격하게 성장했다. 1871년 남성 참정권이 보장되면서 노동자들의 정치적 진출과 사회민주당의 영향력 확대가 맞물릴 가능성이 커졌다. 1877년 선거에서 사회민주당은 전국적으로는 9%를 득표했고, 산업화가 크게 이루어진 베를린 등의 일부 대도시에서는 40%에 이르는 득표를 했다.

상황이 이렇게 전개되자, 독일 제국의 제1대 수상인 비스마르크(1815~1898)는 1878년 '사회주의 탄압법'을 제정했다. 이것은 당시 급속하게 세력을 키우고 있던 사회민주당과 노동자 정치 세력을 견제하기 위한 조치였다. 그러나 노동자 계급이 실업과 빈곤의 위험에 지속적으로 노출되어 있는 한, 강압적 정부 정책만으로는 노동자들과 사회민주당의 결합이나 사회주의 세력의 확산을 막을 수 없었다. 이에 비스마르크 정권과 부르주아 연합 세력은 이런 위협으로부터 벗어날 방법으로 노동자 복지의 획기적 향상을 들고 나왔다.

사회보험의 입법이 그것이다. 이것은 사회주의 세력의 약화를 위해 '사회주의 탄압법'과 함께 보조를 맞출 좋은 수단이자 효과적인 사회주의 예방책이었다. 1883년 '질병보험법', 1884년 '산업재해보험법', 1889년 '노령 및 폐질 보험법'이 그것이다. 그러나 이런 사회보험 제도들은 심각한 한계를 가지고 있었다. 모든 노동자들을 대상으로 실시된 것이 아니었다는 점이다. 이 제도들은 사회주의 세력이 침투해서 세력을 확장할 경우에 치명적인 문제를 일으킬 대기업 소속 노동자들을 염두에 두었기 때문이다. 게다가 사회보험은 정부의 재정 부담 없이 자체의 보험료로 운영되는 것이므로 보험료를 안정적으로 낼 능력이 있으면서 고용관계가 지속될 수 있는 조건을 갖추어야 했다. 결국 이런 사업체는 대기업이거나 중간 규모 이상의 기업일 수밖에 없다. 그래서 소규모 기업의 노동자, 비공식 부문의 노동자, 농업 노동자는 비스마르크의 사회보험에서 제외되었다. 당시 전체 노동자 중에서 사회보험에 가입한 노동자의 비율은 질병보험이 26%, 산업재해보험 18%, 그리고 노령 및 폐질 보험은 53%에 그쳤다. 그래서 민주국가 시대에 도입된 사회보험은 정작 소득보장을 가장 절실하게 필요로 했을 대다수 서민들을 배제하고 있었다.

한편 사회보험이라는 제도적 복지가 산업혁명의 선두 주자이자 자본주의 산업화가 가장 꽃을 피웠던 영국이 아니라 독일에서 시작된 것은 우리에게 중요한 시사점을 준다. 첫째, 독일은 산업화는 영국보다 최소한 50년 이상 늦게 시작되었지만 남성 보통 선거권(참정권) 도입은 영국보다 47년이나 앞섰다. 그리고 이런 노동자와 서민들의 이해와 요구를 대변하는 진보적 정치 세력의 등장 시기도 독일 사회민주당은 영국의 노동당보다 26년이나 앞섰다. 둘째, 비스마르크 재상의 독일은 영국에 비해 새로운 복지 제도를 도입하는 데 필요한 국가 기구의 전제적 힘이 더 강력했다. 1861년 빌헬름 1세(재위 1861~1888)가 프로이

센 왕위에 오르면서 적극적으로 독일 통일에 착수했고, 1871년 마침내 통일에 성공하여 빌헬름 1세를 독일 제국의 세습 황제로 추대함으로써 독일 통일이 완성되었는데, 이 과정에서 국가 기구의 전제적 힘이 커졌을 가능성이 높다. 셋째, 산업화의 초기 단계인 당시 독일 노동자들의 삶은 영국 노동자들에 비해 훨씬 열악했다. 그러므로 독일 노동 계급의 불만은 매우 컸을 것이며, 이에 대한 제도적 대응의 필요성이 더 컸을 것이다.[27]

이렇게 독일에서 시작된 사회보험이라는 제도적 복지는 기존의 구빈법으로 대표되는 잔여(선별)적 복지와는 그 차원이 완전히 다르다. 그리고 이들 사회보험은 이후 단계적으로 영국을 비롯한 유럽의 모든 나라들로 확산되기 시작했고, 제1차 세계대전이 종결된 1918년까지는 유럽 대부분의 국가들에서 제도로 정착되었다. 요약하자면, 자본주의 산업화가 잉태한 노동자 계급의 확대와 이들의 이해와 요구를 대변하는 사회민주당이나 노동당 같은 진보적 정치 세력의 등장으로 인해 위기감을 느낀 민주국가 시대의 정치적 지배 세력과 산업자본가 계급이 체제 전복의 위험을 선제적으로 예방하기 위해 사회보험과 같은 제도적 복지를 입법화했던 것이다. 여기서 가장 중요한 변수는 바로 노동자와 서민 등 보통사람들이 보통선거를 통해 정치에 참여할 권리, 즉 참정권을 얼마나 일찍 잘 획득했느냐이다.

4.

복지국가 시대: 사회권의 제도화와 실질적 민주주의

대공황의 폐허에서 시작된 복지국가 시대

인류 역사의 가장 긴 기간을 차지했던 '약탈국가 시대'는 시장 사회 이전의 국가 모델이므로 시장의 원리 대신에 지배 세력의 명령이나 전통적인 관습으로 경제 문제를 해결했다. 중세가 무너진 후 중앙집권적 절대왕정을 거치면서 시장 사회가 형성된 시점을 대체로 18세기 중반으로 보는데, 여기서는 그 시점을 자유 시장의 원리를 설파한 아담 스미스의 국부론이 출간된 1776년으로 간주하기로 한다.

그래서 국가의 역사적 발전에서 그 두 번째 단계인 '발전국가 시대'는 1776년경부터 시작해서 유럽의 주요 국가들에서 남성 참정권이 서서히 확대되어 민주국가로 전환된 1870년까지로 설정한다. 발전국가는 정치의 측면에서 국가별로 약간의 차이는 있겠으나 노동자와 서민 등 보통사람들의 정치적 권리와 참여가 완전히 배제된 가운데 절대왕정 또는 권위적 정치 질서를 구축하고 있었다. 또 발전국가는 경제의 측면에서는 경제적 자유주의 이념에 따라 구축된 자유방임 자본주의 경제 질서를 운용했다.

국가 발전의 세 번째 단계인 '민주국가 시대'는 노동자들의 참정권 요구 투쟁이 거세게 일면서 남성 참정권이 유럽에서 단계적으로 확대되기 시작한 1870년부터 대공황으로 인해 자유방임 자본주의가 최고의 위기에 처했던 1932년까지로 간주한다. 이 시기는 정치의 측면에서 단계적으로 참정권을 확대해가면서 결국 정치적으로 절차적 민주주의를 확립했으나 경제의 측면에서는 여전히 발전국가 시대의 자유방임 자본주의를 교조적으로 옹호했다.

국가 발전의 네 번째 단계인 '복지국가 시대'는 대공황의 위기를 극복하고자 뉴딜 정책을 실시했던 1933년부터 수정자본주의의 황금기와 신자유주의를 거치면서 복지국가가 국가별로 다양하게 분화하고 다른 모습으로 발전하고 있는 현재와 결코 짧지 않을 긴 미래의 시점까지로 간주한다.

대공황으로 무너진 교조적 자유방임 자본주의

영국에서 산업혁명이 본격적으로 시작된 지 100년쯤 지난 시점인 1870년이 되자 자유방임 자본주의는 큰 성공을 거둔 것으로 드러났다. 발전국가의 산업화 성공으로 인해 생산력은 거대한 발전을 이루었고 세상은 나른 모습으로 변했나. 게나가 남성 참성권의 확대로 19세기 후반부터 정치적 민주주의가 진전되면서 제1차 세계대전 이후에는 유럽 각국에서 노동당이나 사회민주당 등의 진보 정당들이 정치적 영향력을 크게 확장했다. 민주국가 시대가 개막된 것이다. 그럼에도 불구하고 여전히 자유방임 자본주의가 당대의 경제적 교리였다.

그런데 발전국가와 민주국가의 시대를 거치는 동안 자유방임 자본주의는 경제와 산업의 거대한 발전을 이루면서 다른 한편으로는 체제 자체의 모순을 누적하고 있었다. 19세기 중후반부터 산업화된 시장 경제에서는 크고 작은 불황이 주기적으로 찾아왔고, 그때마다 노동자와 서민들은 고통과 불행을 겪었다. 그래서 이에 대한 대응으로 민주국가들은 국가 복지를 제도적으로 도입하고 확충했고 노동조건 대한 규제도 일부 실시했다. 이렇게 20세기 초의 진보적 자유주의 정치 세력은 자유권(경제적 자유주의)과 참정권(절차적 민주주의)을 바탕으로 민주국가 시대에 요구되는 시대정신을 제대로 실천하는 듯했다.

하지만 여기까지였다. 민주국가 시대도 경제적 자유주의 이념의 자유방임 자본주의 체제에 종속되어 있었기 때문이다. 그래서 1920년대 말까지 급속한 경제 성장을 이루었음에도 불구하고 빈부 격차는 갈수록 심각해졌다. 결국 자유방임 자본주의에서 터질 것이 터지고 말았다. 1929년에 시작된 대공황이 그것이다. 그 동안 크고 작은 수많은 불황과 공황을 경험했지만 이번에는 여느 때와 달리 상황이 매우 심각했다. 상품이 부족해서가 아니라 팔리지 않는 상품이 너무 많아서 문제였다. 창고와 상점의 물건은 넘쳐 나는데, 이를 구매할 사람이 없는 현상이 벌어진 것이다. 물건이 팔리지 않아 매출이 급감한 기업은 고용을 줄였고, 실업자는 늘어났다. 당시 미국의 노동 인구 중 27%가 실업자였고, 영국은 23%, 독일은 32%의 실업률을 기록했다. 하지만 당시까지만 해도 정부는 시장 경제에 개입할 수 없다는 자유방임 자본주의의 교조가 여전히 힘을 발휘하던 시기였다. 이런 조건에서 다른 방법을 찾기란 매우 어려웠다. 자유 시장이 불황을 스스로 해결한다는 자유방임 자본주의의 주장, 즉 시장의 자기조정 기제가 작동하여 대공황이 지나가기만을 기다릴 수밖에 없었다. 이것이 당시의 주류적 해법이었다.

당시에도 자본주의 경제 체제에서 계속해서 생산되는 상품을 구입해 줄 충분한 구매력이 마련되지 못한다면 전반적 과잉 생산 때문에 경제사회적 문제가 커질 것이라는 생각이 없었던 것은 아니었지만 별 힘을 갖지는 못했다. 그보다는 공급은 자신의 고유한 수요를 창출한다는 세이의 법칙(Say's law)[28]이 힘을 발휘했다. 중요한 것은 공급이지 수요가 아니라는 것이다. 따라서 생산된 물건이 일시적으로 팔리지 않더라도 조금만 기다리면 가격 기구의 자동조정 기능이 작동하여 수요가 창출될 것이라는 주장이다. 그래서 정부가 개입하기보다는 시장의 원리에 그대로 맡겨 두는 것, 즉 자유방임이 최선의 정책이라는 것이다. 이런 견해는 아담 스미스 이래로 계속된 주류 경제학의 입장이었다.

또 당시에는 공황이 경제의 새로운 혁신을 위해 반드시 필요한 조정 수단으로 간주되기도 했다. 창조적 파괴가 일어나도록 해 주어야 사멸하는 기업으로부터 새로운 영역으로 자본이 자유롭게 이동하고, 이를 통해 미래의 생산성을 끌어올릴 수 있다는 주장이다. 그래서 1929년 대공황 당시 미국의 공화당 소속인 후버(Herbert Clark Hoover) 대통령은 공황을 '자연이 준 선물'이라며, 불이 저절로 진화될 때까지 기다리길 고집했다. 그러나 경제사회적 상황은 갈수록 악화되었다. 1929년 10월 870억 달러였던 뉴욕 증시의 주가 총액은 1933년에는 190억 달러로 줄었으며, 국민소득은 절반 이하로 감소했고, 실업자는 8배 가까이 늘어났다. 수많은 사람들이 파산으로 인해 자살했으며, 극심한 실업과 빈곤으로 경제사회는 위기에 처하게 되었다. 결국 1932년 11월 대선에서 민주당 소속의 프랭클린 루스벨트(Franklin Roosevelt) 대통령으로 정권이 교체되었다.

대공황의 진짜 이유: 미국의 사례

자유방임 자본주의는 증기기관과 석탄에너지를 중심으로 큰 성과를 낸 첫 번째 산업혁명에 이어 1870년대부터는 전기 및 가솔린 엔진과 석유에너지를 중심으로 하는 두 번째 산업혁명을 통해 거대한 성과를 만들어낸다. 특히 제1차 세계대전 이후 약 10년 동안 미국 경제는 성장을 거듭했는데, 이런 경제 성장은 1928년쯤 절정에 달했다. 당시 후버 대통령은 "신의 가호가 함께 한다면 우리는 조만간 이 나라에서 빈곤을 영구히 추방할 수 있는 날을 보게 될 것이다."라고 말했다. 이 말은 당시 미국 경제의 놀라운 진보에 대한 합당한 찬양이라고 봐도 무방하다. 그 정도로 상황은 좋았다. 1929년 미국의 실업률은 고작 3.2%에 불과했고, 주간 노동시간도 1900년의 60시간에서 44시간으로 줄어 있었다. 물가는 안정되었고 실질임금은 계속 상승했다. 게다가 주식시장에는 거대한 붐이 일었다. 누구에게나 주식을 사서 부자가 될 기회가 주어졌다. 당시 미국의 취업자 수는 4천8백만 명이었는데 주식 투자자의 수가 1천만 명에 달했다. 이것은 명백하게 거품을 만드는 투기였고, 1929년 10월 29일 화요일 주식 매도의 산사태가 벌어지면서 뉴욕 증시는 마비되고 말았다. 하루만에 1928년 한 해 동안 쌓아올렸던 주가가 깨끗이 날아가 버렸다. 대폭락이었다. 그리고 이것은 대공황으로 이어졌다.

1929년부터 1933년까지 국내총생산이 절반으로 추락했다. 실업률 27%로 급증했다. 기업들은 도산했고, 자살하는 사람들과 굶주림에 시달리는 사람들뿐만 아니라 약탈하는 사람들도 급증했다. 왜 이런 일이 벌어졌을까? 일시적인 불황이 아니라 대공황이 장기간 계속될 정도의 위기라면 은행업과 주식시장 등 금융 부문의 투기 열풍을 불러온 신뢰할 수 없는 금융 구조를 넘어서는 보다 구조적이고 근원적인 이유가 있을 것이다. 이제 미국에서 일어난 대공황의 원인을 살펴보자.[29]

첫째, 농업의 취약성을 들 수 있다. 1910년 농장 노동자 소득은 비농업 노동자 소득의 40%였는데, 이것이 1930년에는 30%로 추락했다. 이것은 산업화 이후 농업의 생산성은 미미하게 개선된 데 비해 제조업 등 다른 분야의 생산성 증대 속도가 압도적으로 빨랐기 때문이다. 그런데 농업의 문제는 식량의 수요가 비탄력적이라는 사실이다. 식량 생산이 늘어났다고 해서 소비가 늘어나는 게 아니기 때문에 농업 생산물인 식량의 공급 과다 상태가 초래되고, 이에 따라 식량의 가격이 급격하게 떨어졌다. 그래서 미국 인구의 20%를 차지하던 농업 인구의 소득이 크게 줄었고, 농민들의 구매력이 저하되었다. 둘째, 고용 없는 성장을 들 수 있다. 1929년 주요 제조업에서는 생산성의 향상에 따라 과거에 비해 산출은 크게 늘었음에도 불구하고 고용은 오히려 줄어드는 일이 벌어졌다. 급속하게 기술적 진보가 일어난 산업 분야에서는 모두 고용이 감소했다. 이것은 기술 발전에 의한 노동력 절감 효과 때문이다. 그래서 임금이 높은 제조업의 일자리가 줄어든 만큼 기술의 진보가 거의 없는 서비스업 분야의 고용이 확장되었다. 이것은 좋은 일자리에서 밀려난 저임금 노동자들의 비중이 그만큼 높아졌음을 의미한다. 셋째, 소득 상위 1%와 소득 상위 5%의 총소득에서 차지하는 몫의 비중이 갈수록 커졌다는 사실을 들 수 있다. 1919년 미국의 소득 상위 1%와 5%는 각각 총소득의 12.2%와 24.3%를 가져갔는데 1929년에는 소득 상위 1%와

5%가 각각 총소득의 18.9%와 33.5%를 가져갔다. 10년 사이에 소득 불평등이 훨씬 더 심각해진 것이다.

대공황의 구조적이고 본질적인 원인이 분명해졌다. 바로 계층 간 소득분배의 악화가 그것이다. 그렇다면 어떻게 이것이 대공황을 불러왔는가? 소득분배가 악화되었다는 것은 저임금 계층에게 돌아가는 몫이 작아지고 고임금 계층에게 돌아가는 몫과 기업에게 돌아가는 이윤이 커졌다는 사실을 의미한다. 이렇게 되면 소비 지출, 즉 수요가 악화된다. 사회 전체적인 구매력이 줄어드는 것이다. 왜냐하면 기업의 이윤이 커지면 노동의 몫이 작아지는데, 게다가 한계소비성향이 높은 저임금 노동자들의 분배 몫이 더 작아지는 상황에서는 사회 전체의 구매력이 줄어들 수밖에 없다. 공장에서 물건을 만들어도 구매력의 부족으로 인해 팔리지 않는 상황이 장기간 지속되는 것이다. 미래의 이윤을 기대하기 어려운 조건에서는 누구라도 투자를 하지 않으려고 할 것이다. 그러므로 자본 형성을 위한 투자 지출의 급격한 감소가 일어난다. 자본 형성이 이루어지지 않으면 고용이 감소하고, 이는 다시 총수요를 의미하는 구매력의 저하로 이어진다. 이런 악순환이 바로 대공황이다.

프랭클린 루스벨트의 뉴딜

산업혁명 이후 본격적으로 펼쳐진 시장 사회의 역사에서 가장 깊고 파괴적인 1930년대의 대공황에서 벗어나기 위한 인류의 거대한 투쟁이 필요했다. 그런데 이것은 결코 쉬운 일이 아니었다. 아담 스미스의 '보이지 않는 손'에 의한 자유 시장의 자기조정 기제를 굳게 믿고 있던, 지난 150년 동안 지속된 자유방임 자본주의에 대한 교조적 신념은 대공황의 혼란에도 불구하고 매우 견고했다. 그래서 1929년의 대공황 당시 후버 대통령은 국가가 나서서 무엇을 하는 것 대신에 시장이 스스로를 치료해주길 기대하면서 3년 동안이나 기다렸던 것이다. 그러나 이런 오랜 기다림에도 불구하고 갈수록 더 심각해지는 대공황의 고통을 온몸으로 겪던 보통사람들은 1932년 11월 선거에서 민주당의 루스벨트를 선택했다. 그야말로 '못 살겠다 바꿔보자'는 식이었다. 당시 미국은 1921년부터 워런 하딩, 캘빈 쿨리지, 그리고 후버 대통령까지 세 번 연속으로 공화당 출신 대통령이 재임했을 만큼 공화당이 정치적으로 우세했다.[30] 그럼에도 바꾸었던 것이다. 그것도 압도적인 표 차이로 현직 대통령이자 공화당의 후보였던 허버트 후버 대신에 루스벨트를 선택했다. 이것은 부자들의 탐욕에만 응답함으로써 계층 간의 소득 불평등을 키우고 대공황을 초래한 낡은 정치에 대한 보통사람들의 준엄한 심판이었다.

루스벨트는 1932년 대선 기간 내내 현재의 상태를 바꾸겠다고 약속했다. 그럼에도 불구하고 당시 루스벨트는 자유방임 자본주의의 이익을 향유하고 있던 민주당 내의 보수적인 정치인들을 설득해서 지지를 이끌어내야 했다. 그러므로 집권 초기의 루스벨트는 진보와 보수의 눈치를 모두 봐야하는 다소 어정쩡한 처지에 놓이게 되었다. 하지만 대선 기간 동안 했던 국민과의 약속은 지켜야 했다. 그래서 그는 1933년 3월 4일 취임 연설에서 "우리는 지금 무언가 해야 하며, 당장 해야 한다."고 강조했고, 실제로 뉴딜 1백일 작전이 시작되었다. 이것은 시장 경제 내에서 정부 권력과 공공 부문이 주요 세력으로 등장하여 그것이 차지하는 범위와 한도를 유례없이 확장한 것, 즉 정부의 광범위한 시장 개입을 의미한다.

루스벨트 정부는 취임 첫 1백일 동안 총 15개의 주요 법안을 의회에서 처리했다. 여기에는 예금의 안전을 보증하는 내용의 '긴급은행법'(Emergency Banking Act), 이미 재정이 바닥나버린 주 정부와 도시의 구호시설들을 보조하기 위한 '연방 긴급 구호법'(Federal Emergency Relief Act), 농부들에게 필요한 자금을 긴급하게 대출해 주기 위한 '긴급 농지 모기지법'(Emergency Farm Mortgage Act), 정부가 테네시 계곡 공사(TVA)를 설립하여 공공 부문 주도의 일자리를 제공하는 '테네시 계곡 공사법'(Tennessee Valley Authority Act), 은행들이 상업은행과 투자은행을 동시에 운영하지 못하도록 하는 내용의 '글래스-스티걸법'(Glass-Steagal Act) 등이 포함된다. 그런데 첫 백일 동안의 이런 입법은 뉴딜의 시작에 불과했다. 왜냐하면 이들 15개 법안들 대부분은 대공황이라는 긴급 상황에서 필요한 입법이었지만, 대형 공익사업으로 정부 기업이 민간 기업과 경쟁해서 성공할 수 있다는 사실을 입증한 사례가 된 '테네시 계곡 공사법'을 제외하면 나머지 법안들은 기존의 경제 질서에 대한 의미 있는 도전으로 보기는 어렵기 때문이다.[31]

기존의 방식을 본질적으로 바꾸려는 뉴딜의 길은 단기간에 큰 성과를 내기 어려울 수도 있다. 그래서 1935년 초부터 루스벨트 정부는 제2차 뉴딜을 시작했다. 1935년 입법된 것으로 뉴딜 정책의 이정표로도 불리는 '사회보장법'(Social Security Act)이 있는데, 이것은 고용자와 피고용자 사이의 협약에 기초해서 고령자와 실업자 그리고 무능력자들을 위한 보험 체계를 만들자는 것이었다. 제2차 뉴딜의 중요한 노동 관련 법률로는 노동자의 단결권 및 단체교섭권을 보호해서 노동자의 권한을 강화하는 '와그너법'(Wagner Act, 1935년 입법)[32]이 있다. 그리고 1938년 제정된 '공정근로기준법'(Fair Labor Standards Act)은 최저임금을 최초로 정한 기념비적인 사회법인데, 당시 최저임금을 시간당 25센트로 정했다. 이 법률은 최저임금을 정한 것뿐만 아니라 최고 노동시간을 규제하고 주 사이의 상업에 아동의 고용을 금지하는 등의 내용을 담고 있다.

뉴딜은 이런 식의 입법을 통해 정부가 시장에 개입하는 것이 본질적 내용이다. 대공황이라는 정체절명의 위기 상황에서 시장을 그대로 방임하는 것만으로는 결코 문제를 해결할 수 없다는 인식이 당장의 현실적 문제들에 대응하는 과정에서 생겨나고, 경험과 논쟁이 누적되면서 정부의 시장 개입이 논리적으로 설득력을 얻어갔다. 이것은 지난 150년 동안 일반적 법칙으로 간주되던 자유방임 자본주의에 대한 본질적 수정을 의미하는 것이었다. 이제 정부의 시장 개입을 언제, 어디까지, 어떤 방식으로 하느냐의 문제일 뿐이었다.

뉴딜의 시장 개입 전략으로 매우 중요한 것은 공공 지출이었다. 루스벨트 정부가 처음 집권했을 당시만 해도 정부 재정을 통한 공공 지출 같은 개념은 없었다. 당시로서는 경제학자들뿐만 아니라 누구라도 공황에 대한 유일한 치유책은 정부가 균형 재정을 유지하는 것이라고 생각했다. 하지만 당시에는 지출을 미룰 수 없는 긴급한 상황이 장기간 지속되고 있었다. 실업자들과 빈자들은 굶어죽기 직전인데, 지방정부와 자선난제들은 구호 자금이 바닥난 상태였다. 그러므로 인도적인 구호를 위한 정부의 재정 지출은 반드시 필요했다. 재정을 직접 구호하는 데 지출하는 것도 좋지만, 그보다는 사회적 일자리(학교, 도로, 항만, 공원, 병원 등의 건설과 운영)를 만들어서 일하기를 원하는 실업자들에게 일자리를 제공하는 것이 더 설득력이 있었다. 뉴딜 이전의 자유방임 자본주의의 논리대로라면 실업자에게 일자리를 주는 것은 자유 시장의 민간 기업들이 할 일이었다. 그런데 민간의 투자 지출이 급감하고 실업률이 급증한 경제 위기의 상황에서 일자리를 만들기 위해 정부가 재정으로 민간의 줄어든 투자 지출만큼을 직접 투자하는 것은 논리적으로 타당하다는 것이 뉴딜의 입장이었다.

그런데 정부의 재정 지출 확대에 대한 반대의견과 우려도 만만치 않았다. 자유방임 자본주의에 대한 교조적 견해가 재계와 보수 세력을 중심으로 여전히 견고했고, 이런 식으로 정부의 재정 지출을 늘리는 것은 사회주의로 가는 길이라는 의심의 눈초리도 있었다. 무엇보다, 정부의 재정 지출 확대는 결국 파탄이 난 경제에서 들어오는 조세 수입의 한계 때문에 국가가 그만큼의 부채를 짊어진다는 것을 의미했다. 1929년의 국가 부채는 169억 달러였는데, 이것이 1935년에는 287억 달러, 1937년에는 360억 달러, 1940년에는 420억 달러로 늘어났다. 보는 시각에 따라 다르겠지만, 이 정도의 작은 재정 지출로는 대공황을 극복하고 새로운 경제 질서를 구축하는 데 큰 효과를 낼 수 없다는 견해도 있다. 실제로 2차 뉴딜이 마무리된 1939년은 뉴딜 이전에 비해 경제 상황이 호전되기는 했지만 실업자 수는 여전히 900만 명(노동력의 17%)에 달했을 정도로 아직은 기대에 미치지 못하는 상황이었다. 정부의 재정 지출은 꾸준히 늘어나는데 뉴딜의 경제 성장은 기대에 못 미치는 상황에서 정부의 부채 증가에 대해 논란이 일어나는 것은 막을 수 없는 일이었다.

그런데 이 문제가 일거에 해결되는 사건이 벌어졌다. 바로 미국이 제2차 세계대전에 참여한 것이다. 참전으로 루스벨트 정부는 곧바로 전시경제 체제로 들어갔고 엄청난 규모의 재정 지출을 하지 않을 수 없었다. 여기에는 재정 지출 확대를 둘러싼 이전과 같은 종류의 어떤 논란도 있을 수 없었다. 전쟁을 치러야했기 때문이다. 정부가 경제를 완전히 계획하고 주도했던 상황에서 기적 같은 일들이 발생했다. 경제가 압도적으로 성장했던 것이다. 실업은 거의 사라졌다. 사실상의 완전고용이 이루어진 것이다. 전쟁이 끝난 1945년에는 전쟁 이전인 1939년에 비해 국내총생산(GDP)이 실질가치로 70%나 상승했다. 정부의 공공 지출이 경제 성장의 강력한 추진력이 될 수 있음을 경험적으로 입증한 셈이다.[33]

그리고 전시경제 당시에는 정부의 부채만 늘어난 것이 아니었다. 조세 수입을 늘리고 소득의 양극화를 해소하기 위해 부자들에게 엄청난 규모의 세금 부담을 지웠다. 1926년 공화당의 쿨리지 대통령은 당시 최고 소득세율 46%를 25%로 대폭 삭감했다. 대공황 이후, 루스벨트 대통령의 뉴딜이 시작되면서 1930년대 중반 100만 달러 이상의 소득에 대해 최고 소득세율이 63%로 올랐다가 제2차 세계대전이 발발한 1939년에는 20만 달러(현재 가치로 약 330만 달러) 이상의 소득에 대해 66%의 최고 소득세율을 적용했다. 그리고 1944년에는 20만 달러 이상의 소득에 대해 94%의 최고 소득세율을 적용했다. 노조에 가입한 노동자도 1940년 850만 명에서 1943년 1,350만 명으로 늘었고, 노동자들의 임금은 크게 올랐다. 부자들에게는 높은 세금을 매기고 가난한 사람들에게는 일자리를 주면서 노동조합을 통해 교섭력을 높임으로써 더 좋은 임금을 받도록 하는 성과가 바로 정부가 주도하는 개입주의 전시경제에서 이루어졌다. 이렇게 해서 뉴딜의 대의는 힘을 얻었으며, 아래쪽은 끌어올리고 위쪽은 끌어내리는 뉴딜의 '대압착'(great compression)[34] 전략이 전후 미국의 위대한 중산층 시대를 여는 복지국가 건설의 추진력이 되었다.[35]

케인스의 경제 정책: 새로운 자본주의

1933년부터 1936년까지 추진되었던 루스벨트 정부의 뉴딜 정책은 어떤 체계화된 이론에 따라 일관성 있게 추진된 것이 아니라 당장의 필요에 따라 집행된 것이었다. 이것은 어쩌면 대공황이라는 전대미문의 거대한 위기 앞에서 다른 어떤 논리적 해결 방법도 없는 상황에서 살아남기 위해 거의 본능적으로 행한 것인지도 모를 일이다. 뉴딜의 처음 시작은 확실히 그랬다. 이런 현상은 같은 시기의 스웨덴에서도 일어났다. 스웨덴의 사회민주당 정부는 1932년 총선에서 승리한 이후 공황에 따른 실업과 빈곤 문제를 극복하기 위해 정부의 재정 정책을 통한 일자리 창출을 주장하는 등 시장 경제에 대한 정부의 개입 정책을 추진했다.

1936년 케인스(John Maynard Keynes, 1883~1946)의 《고용, 이자 그리고 화폐에 관한 일반이론》이 출간되었다. 이 책은 기존의 자유방임 자본주의를 넘어 새로운 자본주의 시대를 여는 지침서가 되었다. 케인스는 공급이 스스로의 수요를 창출한다는 이른바 세이의 법칙(Say's Law)을 비판하고 자유방임 자본주의라는 교조를 넘어서는 대공황에 대한 자신만의 진단과 해법을 내놓았다. 충분한 유효수요가 확보되지 않는 한 대량 실업과 공황은 피할 수 없다는 것이 그의 견해였다. 여기서 재미있는 점은 대공황에 대응하기 위한 루스벨트 정부의 뉴딜이나 스웨덴 사민당 정부의 적극적 공공사업을 통한 일자리 창출 정책은 케인스의 저 유명한 책이 나오기 몇 년 전에 이미 시행되었다는 것이다. 그래서 이런 정책적 실천을 '케인스 이전의(없는) 케인스주의'라고 한다.[36]

케인스에 의하면, 호황과 불황을 좌우하는 열쇠는 결국 지출의 총량이다. 이것이 높으면 고용과 소득도 증가한다. 반대로 이것이 감소하면 총산출과 함께 고용도 줄어든다. 지출의 총량을 결정하는 것은 두 가지의 지출, 즉 소비지출과 투자지출을 합친 것이다. 결국 "민간의 자본 지출이 침체됨으로 인해 고용과 산출이 침체된다면 민간 투자의 부족을 보충하기 위해 정부가 끼어들지 못할 이유가 없다."는 것이 그의 주장이다. 이런 논리를 '펌프 시동 걸기'(pump priming)라고 한다. 즉 민간의 지출이라는 펌프의 물이 대공황 시기에 멈춰 있기 때문에 여기에 시동을 걸기 위해 정부가 한 바가지의 물을 붓는 것이며, 일단 민간의 투자가 일어나면 더 이상 정부가 재정 지출을 할 필요는 없어진다.

정부는 정부의 지출 능력을 경제의 완전고용을 보장하기 위한 도구로 사용할 능력이 있으며, 또 마땅히 그렇게 해야 한다는 것이 케인스의 이론을 실천에 옮긴 뉴딜 추진론자들의 주장이었다. 실제로 루스벨트 정부의 뉴딜은 4년의 전쟁 기간 동안 이런 논리를 가장 공세적으로 실천했으며, 그 결과 실질 GDP의 압도적 성장과 함께 사실상의 완전고용을 이루었다. 즉 대공황과 같은 경제 위기 상황에서는 정부 주도의 대규모 공공 지출이 경제 성장의 강력한 추진력임이 입증된 것이다.

제2차 세계대전이 남긴 것: 사회권과 복지국가

제2차 세계대전은 기존의 유럽 사회를 철저하게 파괴했으나 동시에 새로운 사회를 건설할 맹아를 만들어냈다. 인류의 행복 수준을 획기적으로 높여줄 새로운 세상을 향한 꿈과 희망, 그것을 달성할 논리와 기획, 그리고 이것을 추진할 세력을 키우고 있었던 것이다. 이런 맹아들은 제

2차 세계대전 이후 유럽의 진보 정당들이 기존의 자유방임 자본주의와는 질적으로 다른 새로운 세상, 즉 사회권이 제도적으로 보장된 복지국가 자본주의의 새 시대를 여는 데 결정적으로 유리한 정치적 기회를 제공했다. 이제부터 제2차 세계대전이 남긴 새로운 시대를 열 맹아들을 살펴보자.[37]

첫째, 보통사람들의 정치사회적 각성과 함께 권리 의식이 높아졌다. 제2차 세계대전과 같은 대규모의 전면적 전쟁은 과거의 국지적 전쟁과 달리 귀족과 부르주아 등 지배 계급의 능력만으로는 치룰 수 없었다. 그러므로 노동자와 농민 등 보통사람들의 참전은 필수적이며, 온 국민의 에너지를 결집해야 했다. 이 과정에서 자연스럽게 노동자 등 보통사람들의 정치사회적 지위가 높아졌다. 그만큼 보통사람들의 정치사회적 각성과 정치적 주체로서의 권리 의식도 높아졌다. 이에 따라 보통사람들의 행복 증진을 향한 꿈과 희망이 자라나면서 그들의 정치사회적 목소리가 함께 커진 것이다.

둘째, 여성의 정치사회적 지위가 높아져서 행복한 삶에 대한 욕구가 분출되었다. 전쟁으로 남성 노동자들이 전선에 나감에 따라 생기게 된 생산 현장의 빈자리를 여성들이 대신했다. 결국 여성의 경제활동참가율이 높아짐에 따라 여성의 경제사회적 지위가 개선되었고, 가족 내에서의 지위도 높아졌다. 그래서 남성 중심의 가부장적인 가족 질서에 변화의 조짐이 나타났다. 1920년대 후반까지 유럽 대부분의 국가에서 참정권을 갖게 된 여성들이 전쟁 기간 동안 확대된 경제 활동을 통해 정치사회적 각성을 경험했다. 이것은 행복의 증진을 향한 인류의 투쟁 과정에서 매우 중요한 의미를 지닌다. 전후 복지국가 건설 과정에서 여성들이 복지국가 건설을 약속한 정당을 많이 지지했기 때문이다. 그리고 이것은 전후 25년 동안 줄곧 복지국가가 시대정신으로 자리 잡는 데 정치적으로 중요한 기여를 했다.

셋째, 국가의 역할 확대에 대한 인식이 긍정적으로 바뀌었다. 제2차 세계대전은 국가의 시장 개입을 부정하는 자유방임 자본주의의 교조적 주장이 잘못되었다는 사실을 드러냈다. 국가가 전면에 나서서 전시계획경제를 통해 시장 개입을 강화하더라도 경제에 별 문제가 없으며, 위기 상황에서는 오히려 더 좋은 성과를 낼 수 있다는 사실을 보통사람들이 장기간의 대규모 전쟁을 통해 경험적으로 체득했던 것이다. 거의 6년에 걸친 긴 전쟁에서 국가는 전쟁의 조직적 수행뿐만 아니라 국가 경제의 전반을 계획적으로 운영했는데, 이것이 비교적 잘 작동했다. 즉 국가가 시장 경제에 개입하면 시장의 고유한 작동을 방해하여 비효율만 커질 뿐 아무런 이득도 얻을 수 없다던 기존의 생각이 무너진 것이다.

이렇게 제2차 세계대전은 새로운 세상을 만드는 데 필요한 맹아를 배태했다. 그리고 그것의 핵심은 바로 '더 나은 삶'에 대한 기대와 열망이었다. 제2차 세계대전의 참화 속에서 전쟁의 고통을 온몸으로 겪으며 버티고 있는 보통사람이 국가를 지키기 위해 단결하고 헌신하도록 요구하기 위해서는 그들에게 미래의 희망을 제시해야 했다. 희망이 없다면 현재의 어려움과 고통을 이겨내기 어렵기 때문이다. 이런 긴 전쟁의 과정에서 생겨난 맹아들로 인해 이미 보통사람들은 사회권에 대한 권리 의식이 높아지면서 '행복의 증진'에 대한 꿈을 꾸고 있었다. 결국 전후의 국가는 우리 인류가 역사적으로 쟁취했던 자유권과 정치권을 넘어서는 새로운 권리이자 시민권의 세 번째 구성 요소인 '사회권'에 대한 요구를 어떤 식으로든 미래의 국가 비전으로 제시해야만 했다.

베버리지의 사회 정책: 사회권의 제도화

제2차 세계대전 당시 전후에 분출될 국민들의 사회권적 요구에 가장 잘 대응했던 나라는 영국이었다. 보수당의 윈스턴 처칠(Winston Churchill, 1874~1965)이 수상을, 그리고 노동당의 당수 클레멘트 애틀리(Clement Richard Attlee, 1883~1967)가 부수상을 맡은 영국의 전시 거국내각은 1941년 6월 전쟁 이후의 국가 비전을 마련하기 위한 각종 조사위원회를 구성했다. 그 조사위원회 중의 하나가 '사회보험 및 관련 서비스에 관한 정부 부처 간 조사위원회'였는데, 이 위원회의 위원장이 바로 베버리지(William Henry Beveridge, 1879~1963)였다. 《베버리지 보고서》는 출판되자마자 선풍적인 인기를 끌었다. 정부 간행물이 베스트셀러가 되었던 것이다. 그것은 제2차 세계대전의 참화와 고통 속에서 희망을 발견하고 싶어 하는 보통사람들의 열망, 누구나 행복하게 살 수 있는 새로운 세상을 향한 기대가 그만큼 컸기 때문일 것이다.[38]

《베버리지 보고서》의 내용을 한마디로 요약하면, 전후의 영국은 '빈곤 없는 사회'로 가야 한다는 것이다. 이것은 '사회권'이 보장된 '복지국가'로 가자는 것과 내용상 같은 맥락으로 봐도 좋을 것이다. 빈곤과 실업, 경제 위기와 불안정한 삶에 지친 영국 국민들에게 이 보고서의 내용은 위대한 희망이 아닐 수 없었다. 여기서 베버리지는 빈곤 제거를 위한 수단으로 전 국민이 가입하는 강제 가입의 보험 방식인 사회보험을 제안했다. 실업으로 인한 소득 상실에 대비하기 위해 소득이 있는 사람들은 누구나 강제로 고용보험료를 내게 하고 실업의 위험이 발생했을 때 고용보험으로부터 실업 급여를 받도록 하자는 것이다. 마찬가지로 질병의 위험에 대해서는 질병보험, 퇴직 이후의 소득 상실 위험에 대해서는 노령연금을 도입하는 것이다. 그런데 이것만으로는 '요람에서 무덤까지' 소득보장이 되기가 어렵다. 이런 사회보험은 정기적인 근로소득이 있을 경우에만 작동하기 때문이다.[39]

그러므로 전 생애에 걸친 소득보장이 가능하도록 하려면 몇 가지의 제도적 장치가 더 필요했다. 베버리지는 세 가지의 제도적 장치를 제안했다. 그는 이것을 사회보험의 전제 조건이라고 했다. 결국 이 세 가지 제도적 전제 조건과 사회보험 제도만 있으면 당시 영국 국민들이 전후의 새로운 세상으로 꿈꾸던 빈곤 없는 사회가 실현되는 것이다. 베버리지가 제시한 사회보험의 성공적 작동을 위한 세 가지 전제 조건은 아동수당 제도의 시행, 무상의료 시스템의 구축, 그리고 완전고용을 위한 적극적 노동시장정책의 추진이었다.[40]

첫째, 아동수당 제도이다. 아동은 직업이 없고 소득도 없으므로 사회보험은 이들에게 무용지물이다. 누군가가 아동을 부양해야 하는데 소득 수준이 낮은 부모는 아동을 제대로 부양하기 어렵다. 여기서 아동 빈곤과 사회적 격차 문제가 발생한다. 이것 자체도 인권의 문제이지만 아동 시기를 빈곤과 격차 속에서 보낸 사람들은 성인이 되어서도 빈곤할 가능성이 높다. 그러므로 이에 대한 해법은 사회가 아동 부양을 보장하는 것이다. 그래서 모든 아이들은 부모의 소득과 관계없이 건강하게 자랄 수 있게 된다. 아이들이 성장하여 직업 능력을 가질 때까지 아동수당을 계속 주는데, 당시는 15세까지가 적당하다고 생각했다.

둘째, 무상의료 시스템이다. 질병은 남녀노소를 불문하고 누구에게나 찾아오는 보편적 성격을 지니고 있다. 그러므로 아픈 사람은 신분의 귀천과 소득의 고하를 막론하고 필요한 만큼 의료 서비스를 제공받을 수 있어야 한다. 아픈 사람들은 일을 할 수 없지만, 치료를 통해 건강을 회복한 사람들은 직업 활동이 가능해진다. 그래서 무상의료 시스템은 빈곤을 방지하는 선제적 처방이다. 결국 무상의료 시스템을 통한 질병의 예방과 치료는 베버리지의 사회보험이 소득보장 장치로서 제대로 작동하는 데 필수적인 요소였다.

셋째, 완전고용을 위한 적극적 노동시장정책이다. 완전고용은 빈곤 없는 사회의 필수 조건이다. 실업자가 많고 실업이 장기화되면 직업 활동을 통한 소득에 근거를 두고 마련된 베버리지의 사회보험은 제대로 작동할 수 없게 된다. 그러므로 완전고용의 실현은 새로운 시대를 열어야 하는 복지국가 정부의 절대적인 과제이다. 그래서 정부가 적극 나서서 실업자의 고용을 알선하고 취업을 지원하는 적극적 노동시장정책이 매우 중요해졌다.

베버리지는 이렇게 세 가지의 전제 조건과 사회보험 제도를 완비하면 모든 국민이 '요람에서 무덤까지' 빈곤을 걱정하지 않아도 된다고 말했다. 빈곤 없는 사회를 위해 국가가 국민들에게 보장해야 할 최소한의 생활수준을 베버리지는 국민 최저선(National Minimum)이라 칭했는데, 모든 국민의 생활이 이 수준 이하로는 떨어지지 않도록 각종 사회보험의 급여가 이루어져야 한다고 역설했다.

베버리지 복지국가 모델의 성과와 한계[41]

영국의 복지국가 건설에는 두 명의 걸출한 진보적 자유주의자가 있었다. 바로 케인스와 베버리지였다. 케인스의 경제 정책과 베버리지의 사회 정책은 1945년 7월 5일 총선거에서 640석 중 393석을 얻어 압도적인 승리를 거둠으로써 단독 과반정부를 이룬 애틀리 수상의 노동당 정부에 의해 1951년 보수당으로 정권이 교체될 때까지 계속 추진되었다. 애틀리 정부는 1946년 '노동쟁의법'을 통과시켜 노동권을 신장시켰고, 산업 국유화와 복지 관련 법안들을 신속하게 통과시켜 개혁에 대한 국민적 기대와 열망에 부응하려고 노력했다. 먼저, 대규모의 국유화를 추진했는데, 노동당 집권 6년 동안 국유화한 12개 산업의 고용 규모가 전체 노동력의 20%에 달했다. 이는 유럽 국가들 중에서 가장 방대한 국유화의 사례였다. 다음으로, 집권 첫해인 1945년에 아동 양육비를 지원하기 위한 '가족수당법'을 제정했고, 1946년에는 베버리지의 사회보험을 입법한 '국민보험법' 그리고 1948년에는 '국민의료법', '산업재해법', '국민부조법'을 각각 제정했다.

전후 영국에서 일어난 가장 놀라운 일은 보편적 무상의료 체계(NHS, National Health Services)의 창설이었다. 이것은 그때까지 우리 인류가 사회 정책 분야에서 이루어낸 가장 위대한 제도적 성과였다. 1948년 7월 출범한 영국의 NHS는 그 내용도 획기적인 것이었지만 제도 탄생의 정치적 과정 또한 혁명적이었다. NHS의 제도화를 끈질기게 반대했던 영국의사협회와 정치사회적으로 타협함으로써 결국 동의를 얻어낸 것이다. 이로써 의료 서비스는 빈자에 대한 구호나 시혜가 아닌 모든 국민의 권리가 되었다. 실제로 NHS 덕분에 노동자와 농민 등 보통사람들의 건강 수준은 획기적으로 개선되었다. 이들의 삶의 질이 크게 높아졌고 행복의 총량은 엄청나게 증대되었다. NHS는 과거처럼 지불 능력에 따라 의료 서비스를 제공하는 것이 아니라 필요의 원칙에 따라 포괄적인 무상의료 서비스를 제공했다. 1979년 집권한 신자유주의

자 대처(Margaret Thatcher) 총리도 당시 대부분의 공기업과 공공 제도를 민영화했음에도 불구하고 NHS의 민영화만큼은 어찌해볼 도리가 없었을 정도였다. NHS에 대한 영국인들의 정치적 지지가 그만큼 견고했기 때문이다.

다음으로 국민보험법은 모든 성인들에게 강제적 기여 원칙을 적용한 베버리지의 사회보험을 법제화한 것이다. 소득보장을 위해서다. 노동자, 고용주, 정부가 매주 단위로 기여를 하고, 국민보험의 가입자인 각 개인은 질병으로 소득이 단절될 경우에는 질병 급여를, 실업을 당했을 때는 실업 급여를 받도록 했다. 그리고 60세 이상의 여성과 65세 이상의 남성은 매주 일정액의 노령연금 급여를 받았다. 이외에도 국민보험법에 따라 과부연금, 고아연금, 출산수당, 장례보조금을 받을 수 있었다.

하지만 국민보험법은 사회보험료를 납부해야 한다는 '기여 원칙'이 철저하게 적용되었으므로 실업자와 장애인 등의 사회적 약자들과 빈자들은 애당초 국민보험의 대상에서 제외되었다. 그래서 이 문제를 보완할 목적으로 국민부조법이 고안되었다. 이것은 국민보험법의 혜택에서 제외된 사람들을 위한 비기여의 공공부조 제도였다. 국민부조법을 위해 필요한 재원은 일반 조세로 마련된 정부의 재정에서 나왔고, 급여는 철저하게 자산조사(means test)를 통해 극빈자만을 선별해서 지급했다.

이로써 영국은 획기적인 사회보장 체계를 갖추게 되었다. 그래서 일반적으로 국민부조법이 시행된 1948년 7월을 영국 복지국가의 본격적인 출범 시기로 보고 있다. 영국의 보수당도 1945년부터 1948년까지 노동당에 의해 추진된 이런 급진적인 복지국가 건설 과정을 반대하지 않았다. 뿐만 아니라 1951년 이후 보수당이 3차례의 연속적인 총선 승리로 1964년까지 집권하는 동안에도 애틀리 노동당 정부가 마련했던 영국의 복지국가를 거의 수정하지 않고 계승하여 발전시켰다. 이는 고스란히 시대정신의 힘 덕택이었다.

그러나 이런 성과와는 별개로 영국의 복지국가 모델은 한계도 뚜렷했다. 이것은《베버리지 보고서》의 한계에 기인하는 것이기도 하다. 사실은 진보적 자유주의의 한계라도 봐도 무방할 것이다. 진보적 자유주의자 베버리지가 추구한 영국 복지국가의 목표는 '빈곤 없는 사회'인데, 베버리지는 이것을 국민의 '최저' 생활수준이 보장되는 국가로 설정했다. 그런데 여기서 빈곤 추방을 위한 '최저' 수준의 급여를 의미하는 '최소 생계비'는 절망적인 빈곤 상태를 염두에 둔 개념이었다. 그러므로 영국의 공적 소득보장 제도는 '혹독한 최소'의 원칙이라는 '최소주의'가 관철될 수밖에 없었다. 진보적 자유주의자 베버리지가 가진 최소주의 복지 원리를 영국 복지국가의 기본 원리로 정착시켰고, 이것을 노동당과 보수당 모두 정치적으로 확인했던 것이다. 이런 '최소주의' 원리는 영국 복지국가의 향후 발전 과정에서 중요한 지침이자 동시에 한계로 작용했다.[42]

영국은 스웨덴이 추구했던 복지국가 모델과는 기본 원리와 목표가 달랐다. 스웨덴에서는 사회민주주의 정당이 복지국가 건설 과정을 주도했는데, 여기서는 복지국가의 목표를 '빈곤 없는 사회'가 추구한 절대빈곤 퇴치의 최소국가를 넘어 모든 사회 구성원들 사이의 소득과 생활수준의 격차를 최소화하는 '평등한 사회'를 추구했다. 그래서 스웨덴은 적극적 노동시장정책을 강화했고 보편주의 원칙의 사회수당과 사회서비스 발달에 중점을 두었으며, 사회보험도 소득재분배 기능이 크도록 설계했다. 이렇게 해서 스웨덴 모델은 보편주의 원칙의 분배와 재분배 정책을 통해 성장과 분배의 두 마리 토끼를 다 잡으려고 노력하는 가운데, 선별주의 원칙의 공공부조는 보완적인 역할을 수행하도록 했다. 결국 두 복지국가 모델 간의 이런 이념과 목표의 차이가 이후 영국과 스웨덴의 복지국가 발전 과정과 성과에서 뚜렷한 차이를 낳게 된다.

자본주의의 황금시대

총력전이었던 제2차 세계대전은 약 1억 명 이상의 사망자를 냈다. 이때 유럽의 많은 나라들에서 기간 시설과 산업 설비들이 파괴되었다. 이런 참혹함에도 불구하고 제2차 세계대전은 그 속에서 이미 새로운 시대를 잉태하고 있었다. 더 나은 삶에 대한 기대와 열망의 분출 이외에도 국가가 보통사람들의 삶을 개선시켜낼 수 있다는 믿음, 즉 국가의 경제사회적 역할에 대한 신뢰가 엄청나게 높아졌다. 이제 자유 시장에 대한 교조적 믿음에 기반을 둔 자유방임 자본주의와 야경국가의 개념은 사라졌고, 시장 경제에 대한 국가의 개입주의 전략이 널리 인정받을 충분한 조건들이 갖추어지고 있었다.

그래서 우리 인류는 전쟁 이후 곧바로 케인스의 수정자본주의 이론과 국가에 대한 높은 신뢰를 바탕으로 복지국가의 제도적 건설에 본격적으로 뛰어들었다. 그 성과는 실로 대단했다. 1945년부터 1973년까지의 시기에 사람들은 인류의 역사에서 가장 빠르게 경제가 성장하고 복지의 비중이 엄청나게 확대된 놀랄만한 경험을 하게 된다. 이전에는 결코 겪어보지 못했던 모두의 행복이 제도적으로 크게 증진된 '위대한 중산층의 시대'가 열린 것이다. 이것이 바로 '자본주의의 황금시대'(The Golden Age of Capitalism)이다. 그렇다면 전쟁 이후 무엇이 이런 황금시대를 여는 데 기여를 했을까? 몇 가지의 기여 요인을 잠시 살펴보자.

첫째, 새로운 국제 금융 체제의 수립이다. 1944년 브레턴우즈 회의에서 케인스의 출중한 리더십 아래 국제적으로 세 가지의 중요한 제도가 만들어졌다. 경제적 어려움에 처한 국가들에게 경제 개발에 필요한 달러를 빌려주는 국제통화기금(IMF), 대규모의 개발과 재건 사업을 위해 투자 자금을 공급하는 세계은행(World Bank), 그리고 금 1온스를 35달러로 고정시켜 달러를 국제 거래의 중심 통화인 기축 통화로 삼고 다른 나라들의 환율을 달러에 묶는 고정환율제를 채택한 브레턴우즈 협정이 그것이다.

둘째, 마셜 플랜(Marshall Plan)이다. 이것은 제2차 세계대전이 끝난 후 미국이 서유럽 16개국에 제공한 대외원조 계획을 말한다. 정식 명칭은 유럽부흥계획(European Recovery Program, ERP)이지만, 미국 국무장관이던 조지 마셜(George Catlett Marshall)이 처음으로 공식 제안했기 때문에 그의 이름을 따서 마셜 플랜이라고 한다.[43] 이에 따라 미국 정부는 1948년 4월부터 1951년 말까지 서유럽에 120억 달러에 이르는 대규모 경제 원조를 단행했다. 당시 유럽은 전쟁으로 무너진 경제를 재건하는 데 막대한 재원이 필요했고, 이것은 구매력의 엄청난 증가를 의미했다. 그리고 마셜 플랜으로 인한 구매력의 증가는 선생 이후에도 주요 수출 국가인 미국을 포함한 세계 경제가 성장하는 데 크게 기여했다.

셋째, 전후 소비수요의 급증이다. 전쟁 기간 동안 전쟁 물자를 생산하느라 묶여있던 소비재에 대한 보통사람들의 수요가 풀려나면서 소비 내구재의 대량 소비가 일어났다. 전후의 실질임금이 늘어나면서 구매력을 갖춘 사람들이 늘어나는 중산층 시대가 열렸고, 이들은 모두가 하나의 유행처럼 텔레비전, 냉장고, 세탁기, 자동차 등의 내구재를 소비했다. 이런 소비수요의 증가는 대공황 시기와 정반대로 생산을 자극하고 경제의 성장을 이끌었다.

넷째, 기술의 진보이다. 아무리 수요가 증가하더라도 기업들이 적당한 가격으로 내구재 등을 대량으로 생산하는 능력을 갖추고 있지 못하다면 전후의 경제 성장은 불가능했을 것이다. 그런데 전쟁 기간 동안 생산 기술의 진보가 매우 빠르게 이루어졌다. 또 전쟁 이후에는 미국과 소련으로 대별되는 양대 진영 간의 냉전으로 인해 군수 산업이 지속적으로 발전하면서 이것 또한 산업 기술의 진보를 촉진하는 중요한 요인이 되었다. 결국 전후에 시작된 황금시대는 구매력이 늘어난 중산층의 소비수요 증가와 산업 기술의 진보에서 비롯된 생산 과정의 자동화로 인한 생산성의 거대한 증가가 맞물린 풍요의 시대였다.

다섯째, 자본과 노동 간의 협력 체계 구축이다. 소비수요의 증가와 생산 기술의 진보가 일어난다고 해도 기업들이 신규 투자와 생산에 나서주지 않는다면 경제 성장은 불가능하다. 전후의 호황이 이어지면서 노동에 대한 수요가 높아지고, 이에 따라 임금도 상승하게 되면 호황과 지속적인 경제 성장도 물 건너가게 된다. 게다가 뉴딜 이후 서구 사회에서 공통적으로 노동권이 신장되면서 노동조합의 힘이 세졌으니 상황이 이렇게 진행될 개연성이 컸다. 그런데 전후의 자본과 노동은 대립과 갈등 대신 협력을 선택했다. 자본 측은 고용 안정과 적정 임금을 보장하고 노동 측은 생산성 향상에 적극 협력하기로 한 것이다. 그래서 노동 측이 자본 측과 기술 진보에 따른 생산성 향상이라는 공동의 목표를 가지게 되었다. 노동소득분배율을 적정하게 유지함으로써 생산성 향상에 따른 성과를 노사가 함께 누리자는 것이었다. 그리고 이것은 자본주의의 황금시대를 여는 데 결정적으로 중요한 역할을 했다.

여섯째, 커진 정부의 역할이다. 전후 경제를 재건하고 성장시키는 데 정부가 중심적인 역할을 수행했다. 전쟁 이전의 뉴딜 당시에 구축된 주요 사회복지 제도들은 확대된 정부의 역할을 당연한 것으로 받아들이도록 했다. 그리고 케인스의 개입주의 경제 정책이 경제 성장에도 유리하다는 인식이 널리 확산되어 있었다. 특히 정부가 나서서 도로, 항만, 공항 등의 사회간접자본을 건설하는 것은 자국의 경제 성장에 큰 도움을 주었다. 정부는 보건의료와 교육 등의 공공재를 직접 제공하는 역할을 확대했다. 뿐만 아니라 정부가 호황과 불황을 주기적으로 반복하는 경기순환에 대응하기 위해 재정 정책을 적극적으로 사용하기 시작했다.

미국과 유럽 등 주요 국가들에서 이루어진 이런 새로운 자본주의의 흐름에 따라 주요 선진국들에서 연간 1인당 경제성장률은 놀라운 성장세를 보여주었다. 1870~1890년 1.0%, 1890~1913년 1.7%, 1920~1929년 3.1%이었던 주요 선진국들의 연간 1인당 경제성장률은 자본주의의 황금기인 1950~1970년에는 놀랍게도 4.0%를 보였다. 인류의 역사에서 이때보다 더 빠르게 경제가 성장한 시기는 이전에도 이후에도 없었다. 그리고 황금시대가 기울면서 신자유주의가 도입된 이후에는 주요 선진국들에서 1~2% 정도의 연간 1인당 경제성장률을 기록했을 뿐이다. 즉 1970~1990년 2.2%, 1990~2003년 1.8%였다. 그리고 2008년의 경제 위기 이후에는 1% 내외의 낮은 경제성장률을 이어오고 있다.

자본주의의 황금시대에는 경제 성장만 잘 한 것이 아니었다. 분배 정의에 어울리도록 복지도 제도적으로 잘 확장했다. 미국과 대부분의 유럽 국가들은 '국내총생산(GDP) 대비 공공사회복지 지출 비중'이 1940년대만 하더라도 5% 수준에 머물고 있었는데 자본주의 황금기 동안에 급격하게 증가했다. 'GDP 대비 공공사회복지 지출 비중'이 1960년에는 대부분의 복지국가들에서 10%를 넘어섰는데, 미국이 9.9%, 영국 12.4%, 스웨덴 12.3%, 서독 17.1%, 프랑스 14.4% 등이었다. 이것이 1975년에는 미국 18.7%, 영국 19.6%, 스웨덴 30%, 서독 27.8%, 프랑스 26.3%로 각각 늘어났고, 이런 비중은 지금까지 거의 그대로 유지되고 있다. 주요 선진국들의 'GDP 대비 공공사회복지 지출 비중'을 시기별로 대별해보면, 1950년에는 5% 이하, 1960년 10%, 1970년 14%, 1980년 20%, 1990년부터 현재까지는 22% 수준을 유지하고 있다.[44]

제2차 세계대전 직후부터 노동당 집권 하에서 베버리지 유형의 복지국가 건설을 강력하게 추진했으나 1979년 시작된 신자유주의 대처리즘의 영향으로 정치적 수사로는 '복지국가를 해체할 정도'로 복지국가의 축소를 단행했던 영국의 사례를 살펴보자.[45] 이 사례는 GDP 대비 공공사회복지 지출의 비중으로 평가된 복지국가의 크기에 대해 우리에게 유익한 시사점을 준다. 영국은 복지의 제도적 성숙으로 1970년대 후반 GDP 대비 공공사회복지 지출의 비중이 25%까지 높아졌으나 1988년에는 22.6%로 감소했다. 1995년에는 26%로 조금 증가했다가 2000년 이후 23.9% 정도를 유지하고 있는데, 2015년에는 23.7%였다. GDP 대비 공공사회복지 지출의 비중은 1980년대 이후 미국과 함께 신자유주의 세계화를 이끌었던 영국에서도 지난 30년 동안 큰 증감이 없었던 것이다.

자본주의 황금시대의 쇠퇴

자본주의의 황금시대는 포드주의(Fordism)의 위기와 함께 종말을 고하고 있었다. 포드주의[46]로 대변되는 이 시기의 위기는 자본주의의 수익성, 즉 이윤율의 하락 때문이었다. 이렇게 이윤율이 하락하는 데는 몇 가지 요인이 작용했다.[47]

첫째, 노동생산성의 상승폭 둔화가 이윤율 하락을 가져온 중요한 원인이 되었다. 실제로 미국의 경우, '노동자 1인당 생산량' 증가율이 1950년에서 1973년 사이에는 연평균 3%였는데, 1974년부터 1994년에 이르는 기간 동안에는 1.3%에 불과했다. 전후의 황금기 동안에는 포드주의 대량 생산 체제의 컨베이어 벨트 시스템을 통해 생산성을 획기적으로 향상시켰는데, 이후 일정한 시점에서 한계를 드러냈던 것이다. 이것은 노동자들의 교육 수준이 높아지고 보편적 인권과 노동권에 대한 요구가 강화되면서 포드주의의 효율성이 약화되었기 때문이다. 이외에도 제조업에 비해 생산성이 낮은 서비스업 분야의 고용이 크게 늘어난 것도 노동자 1인당 생산량이 낮아진 원인이 되었다.

둘째, 임금 증가율이 노동생산성 증가율보다 높았다는 점이다. 이렇게 되니, 자본이 가져갈 이윤의 몫이 줄어들기 시작했다. 이렇게 된 중요한 이유로 노동조합의 높은 교섭력과 정치적 힘으로 인해 생산성과 무관하게 임금 증가율이 높게 유지되었다는 점을 들 수 있다. 또 다른 이유로는 자본주의의 황금기를 거치면서 기업들의 이윤율이 차츰 줄어들자 생존을 위한 기업 간의 경쟁이 격화되면서 과잉 투자가 일어났는데, 이것이 노동 수요를 증대시켜 임금의 상승을 초래했던 것이다.

1960년대 후반부터 이렇게 기업의 생산성이 하락했음도 불구하고 임금 수준은 그대로 유지되었으므로 자본주의의 황금시대는 더 이상 유지될 수 없었다. 1970년을 전후로 견디기 어려워진 기업들은 도산하거나 고용을 줄일 수밖에 없었다. 따라서 노동은 점차 유연화의 길로 접어들었고 실업률은 높아지기 시작했다. 이렇게 해서 복지국가의 논리적 원천이었던 케인스와 베버리지의 완전고용 원칙은 깨졌다. 실업이 늘어나자 실업 급여 등으로 사회보장 제도가 지출을 늘리는 식으로 복지국가의 제도적 원리가 작동하여 정부의 재정 지출은 크게 늘어났다. 복지국가의 복지 지출 확대는 기업의 조세 부담 증가로 이어졌고, 자본의 수익성 악화를 부채질했다. 크게 늘어난 복지 지출을 조세만으로 더 이상 감당하기 어려워지자, 복지국가들은 국·공채를 발행하여 복지 재원을 조달하기 시작했다. 이로 인해 점차 정부의 재정 적자가 늘어났다. 더 이상 케인스 경제학의 처방이 먹혀들지 않았던 것이다.

그런데 1970년에 접어들면서 경제 위기가 찾아왔다. 케인스 경제학의 유효수요 확대 정책인 복지국가의 재정 및 통화 정책은 인플레이션만 가속화시켰을 뿐 경제 전반의 생산력 향상에는 기여하지 못했다. 문제는 결국 '생산의 침체'였다. 실질 경제성장률이 정체되는 경기침체(stagnation) 하에서 전반적으로 물가가 상승하는 인플레이션(inflation)이 함께 나타나는 스태그플레이션(stagflation)이라는 새로운 현상이 초래되었다. 자유방임 자본주의 시절에는 경기가 침체되면 실업이 늘어나고 임금도 낮아져서 구매력이 전반적으로 하락하므로 물가가 내려가는 디플레이션(deflation)이 나타났다. 즉 경기침체는 디플레이션과 짝을 이루는 것이 상식이었는데, 자본주의의 황금시대가 끝나가면서 경기침체가 인플레이션과 짝을 이루는 새로운 경제 현상이 나타났던 것이다.

1973년 10월 6일 제4차 중동전쟁이 발발했다. 당시 페르시아 만의 6개 석유 수출국들은 석유수출국기구(OPEC) 회의에서 원유 가격을 인상했고, 중동전쟁에서 석유를 정치적 무기로 사용하기 시작했다. 이에 따라 1973년 초 배럴당 2달러 59센트였던 중동산 원유의 가격은 1년 만에 11달러 65센트로 4배 가까이 올랐다. 산업사회의 가장 중요한 에너지원인 석유 가격의 폭등은 모든 상품의 가격 상승을 초래했다. 기업들은 석유 가격의 폭등으로 인한 원자재 가격의 상승에 더해 생산품이 팔리지 않는 경제의 불황 때문에 큰 고통을 겪었다. 당시 기업들에게는 원자재 가격의 상승 때문에 생산품의 가격을 떨어뜨릴 여지도 없었으므로 불황 속의 인플레이션 상황은 더 악화되었다. 결국 중동 발 오일쇼크로 인해 스태그플레이션 기조는 더욱 강화되고 말았다.

이런 상황에서 복지국가도 무력함을 보였다. 경제가 어려워짐에 따라 실업자는 늘어났고, 국가로부터 복지 급여를 받아도 물가상승률이 연간 10%를 넘을 정도로 가파르게 올라가는 물가 때문에 이전의 생활 수준을 유지할 수 없었다. 게다가 경기 침체가 장기화되면서 실업자는 늘어만 갔다. 1980년 전후로 유럽 복지국가들은 10%를 넘나드는 높은 실업률을 기록했다. 이것은 복지국가의 중요한 원칙인 완전고용에 매우 근접했던 자본주의 황금시대의 낮은 실업률과 크게 대비되는 것이므로 복지국가의 위기가 아닐 수 없었다.

계속해서 국민 경제는 마이너스 성장을 했고, 국민의 소득 수준은 떨어졌다. 그리고 이것은 사회보장 재원의 부족으로 이어졌다. 실업자와 고령자 등의 복지 수혜자의 수는 증가하는데, 복지 재원을 마련할 길은 막혀 있는 기막힌 상황이 전개되었다. 국가는 무력하게 적자 재정을 늘려가기에 급급했다. 상황이 이렇게 전개되자 복지국가에 대한 불만의 목소리가 터져 나오기 시작했고, 복지국가 체제에 대한 정치적 지지는 약해졌다.

하이에크의 길과 뮈르달의 길

오일 쇼크 이후 더 악화된 스태그플레이션 상황에서 케인스 경제학과 복지국가에 대한 공격이 논리적이고 체계적으로 이루어지기 시작했다. 이론적 논쟁에서 케인스의 맞수였고, 일생에 걸쳐 경제적 자유주의의 신봉자로 살았던 하이에크(Friedrich August von Hayek)가 다시 세상의 주목을 받기 시작했던 것이다. 1974년 스웨덴 왕립 아카데미는 군나르 뮈르달(Gunnar Myrdal)과 하이에크를 그해의 노벨 경제학상 공동 수상자로 결정했다. 스웨덴 사회민주주의의 상징적 인물과 나란히 경제적 자유주의의 상징적 인물을 수상자로 선정한 것은 당시의 시대적 상황을 반영하는 사건으로 봐도 무방할 것이다.

수십 년 동안 케인스에게 패배했고 시대착오적인 낡은 인물로 평가절하되었던 자유주의자 하이에크가 정치경제학적 무대의 중심부로 등장함에 따라 자유 시장과 경제적 자유주의에 대한 세간의 관심과 신뢰가 크게 높아졌다. 이때 함께 등장한 일군의 자유주의 경제학자들이 있었는데, 바로 프리드먼(Milton Friedman)이 이끌던 시카고학파이다. 이들 경제적 자유주의자들은 케인스 경제학에 기초한 복지국가의 방만한 재정 운영과 통화의 남발이 인플레이션과 경제 위기를 불러온 주범이라며 공격했다.

하이에크는 세계적으로 격화되고 있는 스태그플레이션의 원인을 케인스의 경제 처방에서 찾았다. 서구 주요 국가들의 경제가 높은 실업률과 인플레이션으로 고통 받고 경제의 활력이 크게 떨어진 것은 모두 완전고용을 강조하던 케인스 경제학이 초래한 결과라는 것이었다. 그러므로 하이에크의 해법은 전후 사반세기 동안 계속된 케인스 경제학과 복지국가 노선을 폐기하고 자유 시장의 원칙을 확고하게 견지하자는 것이었다. 하이에크와 시카고학파의 경제적 자유주의자들은 전후 케인스 경제학과 복지국가의 합의 정치(consensus politics)로부터의 급진적 이탈을 주장했다. 이들은 총수요의 관리를 강조하는 케인스 경제학 대신에 신자유주의 처방을 담은 공급 측 경제학(supply-side economics)을 주창했다.

그런데 1974년 노벨 경제학상을 공동 수상했던 군나르 뮈르달은 하이에크와 생각이 달랐다. 그는 자본주의의 황금기 때 실현되었던 완전고용과 평등의 가치를 그대로 추구하면서 당면한 경제 위기를 풀 해법을 찾아야 한다고 강조했다. 바로 스웨덴의 길이 그것이다. 자본주의의 황금시기 동안에 다른 복지국가들과 달리 스웨덴이 독자적으로 걸어왔던 새로운 길을 의미하는 '경제-복지 모델'에 대해서는 제2부 5장에서 자세하게 살펴보기로 한다.

신자유주의의 등장: 자본주의의 세 번째 시기

1973년의 오일 쇼크 이후 케인스주의 정책 수단은 딜레마에 빠졌다. 인플레이션 상황이 전개되면 케인스주의의 대응책은 정부의 재정 지출을 줄이는 것인데, 이럴 경우 총수요가 줄어들어 성장과 고용에 문제가 생긴다. 그리고 경제성장률이 너무 낮아지면 정부의 재정 지출을 늘려 경기를 부양하는데, 이 경우에는 인플레이션 문제가 생긴다. 그러므로 스태그플레이션 앞에서 케인스주의는 속수무책이었다. 즉 불황과 인플레이션이 함께 나타난 상황에서 '총생산(성장과 고용)을 높일 것이냐 물가수준(인플레이션)을 잡을 것이냐'를 놓고 어느 한 쪽을 선택하면 다른 쪽은 나빠진다. 그래서 딜레마였다. 어떻게 할 것인가? 케인스주의 연장통에는 스태그플레이션 문제를 해결할 마땅한 연장이 없었다.

그래서 이 문제를 풀 기회는 경제적 자유주의 이념을 강조하는 시카고학파의 신자유주의자들에게 넘어갔다. 이들은 먼저 중앙은행의 통화정책을 통해 인플레이션을 잡기로 했다. 미국의 경우 중앙은행에 해당하는 연방준비제도(Federal Reserve System)가 이자율을 크게 높여서 개인이나 기업의 대출이 어렵도록 만들었다. 이것은 시중에 유통되는 돈의 양을 줄여 물가상승의 압력을 낮추겠다는 의도에서 비롯된 것이다. 이런 '고 이자율 정책'에 따라 미국은 1981년 시중은행의 이자율이 20%를 넘겼는데, 이런 높은 이자율에서는 가계뿐만 아니라 대기업조차 돈을 빌릴 수 없을 지경이었다. 중앙은행이 이런 무자비한 '고 이자율 정책'은 대출과 지출(소비지출+투자지출)의 격감을 초래했다. 당연히 시중에 유통되는 돈의 양, 즉 유동성은 급감했다. 그 결과, 1980년 13.5%였던 높은 물가상승률은 1982년에는 5%로 떨어졌다. 이렇게 해서 인플레이션은 잡았다. 하지만 긴축으로 인한 소비지출과 투자지출의 급속한 감소 때문에 경제성장률이 낮아지고, 경기 침체로 실업률은 급증했다.[48]

1970년대 당시의 영국은 높은 실업과 인플레이션으로 인해 고통을 받았는데, 경제 성장의 잠재력과 경제의 활력이 크게 떨어져 있었다. 영국 경제는 갈수록 상황이 악화되어 1976년 국제통화기금(IMF)으로부터 긴급 구제 금융을 받는 처지로 내몰렸고, 이후 노조의 파업 등으로 정치사회적 혼란이 계속되었다. 이때 영국 정치의 전면에 등장한 사람은 영국 최초의 여성 총리 마거릿 대처(Margaret Thatcher, 1925~2013)였다. 대처는 1979년 총리에 당선되자마자 하이에크의 처방전을 꺼내들었다. 완전고용 정책의 폐기, 디플레이션 정책, 노사관계 개혁, 공기업의 민영화 등이 그것이다. '철의 여인'이라는 별명에 걸맞게 대처는 보수당과 내각을 완전히 장악함으로써 자신의 신자유주의 신념을 강력하게 밀고 나갔다.

이로써 영국은 전후 사반세기 동안 계속된 복지국가의 합의 정치로부터 급진적으로 이탈했다. 실제로 대처는 전후 복지국가의 근간을 이루었던 케인스 경제학의 총수요 관리 정책을 급진적으로 포기했다. 그래서 복지를 포함한 공공 지출을 삭감했고 감세를 추진했으며, 민영화와 탈규제, 투자 유인의 확보를 통한 공급 경제학을 강조했다. 또 관료와 노조의 권한 축소 등을 통해 경제사회의 전반에서 국가와 공적 영역의 전면적 퇴각을 추진했다. 이로써 영국에서는 신자유주의 노선의 '작은 정부'가 탄생했다.

1980년 미국 대통령 선거에서 신자유주의 이념을 전면에 내세운 로널드 레이건(Ronald Wilson Reagan, 1911~2004)이 당선되었다. 그는 공무원의 수를 줄이고 정부를 가볍고 효율적으로 개편하는 한편, 세금을 인하해서 소비와 투자를 촉진하고 기업에 대한 정부 규제를 완화 또는 폐지함으로써 침체된 미국 경제의 생산성을 높이겠다는 내용의 이른바 레이거노믹스(Reaganomics)를 대선 공약으로 내걸었다. 이는 뉴딜 이래로 미국 경제 정책의 기조가 되었던 케인스 경제학으로부터 공식적으로 벗어났다는 큰 의미를 지닌다.

레이건 정부는 대선 공약에서 내세웠던 감세를 실제로 추진했다. 1981년 레이건 정부는 최고 소득세율을 기존의 70%에서 50%로 삭감했다. 그리고 1986년에 다시 최고 소득세율을 28%로 낮추었다. 레이건 정부와 신자유주의자들은 고소득자들의 세율을 이렇게 크게 낮춰주면 부자들의 투자 의욕이 높아져서 더 많은 국부가 창출될 것이고 더 많은 소비로 이어져 일자리가 늘어날 것이라고 주장했다. 이렇게 일자리가 늘어나면 노동자와 서민들에게도 이롭다는 것인데, 이것을 낙수효과(trickle-down theory)라고 부른다. 그리고 이 이론은 이후 30년이 지나면서 전혀 사실이 아니라는 것이 경험적으로 밝혀졌다.

당시 레이건 정부는 미국 경제가 당면했던 스태그플레이션을 치유하는 데 케인스 경제학의 총수요 관리만으로는 미흡하며 좀 더 적극적으로 경제의 공급 측면을 자극함으로써 그 파급 효과가 수요의 증대로 이어지게 해야 한다는 공급 경제학을 전면에 내세웠던 것이다. 이런 신자유주의 레이거노믹스의 배경에는 프리드먼 등의 시카고학파가 주장해 온 자유 시장이 메커니즘, 즉 경제저 자유주이 이념이 자리를 잡고 있었다.

이로써 영국의 대처 정부와 미국의 레이건 정부는 자본주의의 황금시대를 이끌었던 '수요의 경제학' 대신에 '공급의 경제학'을 정부의 정책

기조로 삼은 최초의 시도를 이어갔다. 이렇게 영국과 미국에서 경제적 자유주의와 공급 경제학을 정부의 정책 기조로 채택한 1980년부터 신자유주의라는 자본주의의 세 번째 시기가 시작된 것으로 보고 있다.

신자유주의: 세계화와 위기

통화주의는 프리드먼을 대표로 하는 시카고학파의 경제이론인데, 고전파 경제 이론의 계보에 속하며 케인스 경제학과 정면으로 대립했다. 통화주의는 시장의 자유 경쟁 원리에 대한 확고한 신념을 특징으로 한다. 케인스가 자유방임주의의 종언을 고하고 정부의 직접 개입을 제안한 데 반해 프리드먼은 정부의 활동은 시장의 경쟁 메커니즘을 유지하거나 시장이 제공하기 어려운 서비스를 공급하는 데 국한해야 하며, 나머지는 시장의 경쟁 원리에 맡겨 두면 시장의 자동조절 기능에 의해 최선의 결과가 도출된다는 입장을 취했다.

레이건 정부는 집권하자마자 신자유주의의 통화주의 정책을 강력하게 밀고나갔다. 그래서 1980년대 초반의 고이자율 정책으로 인해 인플레이션은 잡았지만 경기가 극심하게 침체되었다. 그런데 이런 고이자율의 통화주의 정책은 미국의 국내 경기 침체에만 국한된 것이 아니었다. 개발도상국에게도 악영향을 미쳤다. 당시 개발도상국들은 많은 외채를 지고 있었는데, 미국의 고이자율로 인해 국제 이자율도 급등했다. 이로 인해 1982년 멕시코를 비롯해서 이후 여러 개발도상국들의 외채 위기가 일어났다. 1997년 우리나라에서 외환위기가 발생했을 때 그랬던 것처럼, 달러를 빌리려는 개발도상국들은 브레튼우즈 기구인 국제

통화기금이나 세계은행이 돈을 빌려주는 조건으로 제시했던 '구조조정 프로그램'을 받아들여야만 했다. 그것의 핵심은 '작은 정부'와 '큰 시장'이었다. 레이건 정부가 추구했던 것처럼 감세를 통해 정부의 재정 규모를 줄이고 정부의 각종 규제를 철폐하거나 완화해야 했다. 뿐만 아니라 공기업을 민영화하고, 국제무역과 금융시장에 대한 규제도 완화하도록 요구되었다. 그런데 그 결과는 매우 실망스러웠다. 1980년대와 1990년대에 신자유주의 정책을 도입했던 중남미 국가들과 아프리카 국가들은 이 기간 동안 1인당 소득증가율이 제자리걸음을 하거나 마이너스를 기록했다. 신자유주의의 실패였다. 그런데 이와 달리, 당시 개발도상국들 중에서 경제 성장을 제대로 이룬 나라들이 있었는데, 한국, 대만, 싱가포르 등 동아시아 국가들이 여기에 해당한다. 이들 국가들은 광범위한 정부의 개입 하에서 경제 성장을 이루고 난 후에 단계적으로 개방에 나섰다는 공통점이 있다.

1990년대 중반부터는 신자유주의가 전 세계로 퍼져나갔다. 1994년 미국과 캐나다, 멕시코 간의 북미자유무역협정(NAFTA)[49]이 채결되었다. 1995년에는 GATT[50]의 우루과이 라운드가 끝나면서 WTO가 탄생했다. WTO는 지적재산권 보호와 서비스 교역 등 GATT보다 더 많은 영역에 관여할 권한을 가졌다. 1990년대에는 유럽의 경제 통합도 가속화되었다. 이렇게 해서 세계는 더 가까워졌고, 더 자유로운 국제무역 체계가 등장했다. 그런데 신자유주의 세계화에서 무엇보다 중요한 것은 금융이다.

신자유주의는 개인의 자유와 책임, 작은 정부를 국정 원리의 핵심으로 삼는 사조로 통화관리의 엄격성, 법인세와 소득세 등의 감세, 규제의 완화, 민영화 등을 통하여 개인의 자유를 확보하는 것으로 정의되고 있다.[51] 이에 더해, 현실의 신자유주의는 새로운 체제로서 금융자본주의와 주주자본주의를 출현케 하였는데, 이로 인해 자본이 생산 영역에서 이탈하여 그 자체가 독자적인 이윤 기회를 찾아다니는 소위 금융자본의 자립화 내지는 금융화를 초래했다. 즉 금융이 생산에 봉사하는 기능에서 벗어나서 생산자본에 대해 우위에 서게 되었을 뿐만 아니라 스스로가 자립화하였는데, 이것이 신자유주의의 핵심적 특징이다.[52]

이렇게 금융의 개방과 세계화를 특징으로 하는 신자유주의는 여러 국가들에서 금융 위기를 불러왔다. 먼저 1995년 멕시코가 금융 위기를 맞았다. 미국의 신자유주의 노선을 적극적으로 수용했고 북미자유무역협정까지 맺었던 멕시코가 경제 성장을 이루는 것 대신에 금융 거품이 꺼지면서 금융 위기를 겪었던 것이다. 1997년에는 우리나라를 비롯하여 아시아 국가들에서 금융 위기가 터졌다. 이들 아시아 국가들은 중남미나 아프리카 등 다른 지역의 개발도상국들과 달리 일찍부터 신자유주의를 받아들이는 것 대신에 경제에 대한 광범위한 국가 개입을 단행하여 비교적 안정적인 경제 성장을 이루었다. 그러나 1990년을 전후로 급진적으로 금융시장 개방을 단행했는데, 이것이 화근이 되었다.

우리나라의 경우를 예로 들자면, 한국의 은행들은 금융시장 개방으로 돈이 자유롭게 출입할 수 있게 되자 부자 나라들로부터 싼 이자율로 돈을 빌려왔다. 그래서 은행들은 이자율이 높은 한국에서 대출을 통해 큰돈을 벌 수 있었고, 이렇게 해서 돈이 시장에 풀리고 차츰 차입되는 돈의 규모가 커지자 자산의 가격이 급등했다. 자산에 거품이 생겼고, 이것이 점차 커졌던 것이다. 그리고 사람들은 이렇게 비싸진 자산을 담보 삼아 더 많은 돈을 대출했는데, 이런 식의 악순환이 계속되었다. 그런데 이런 거품이 계속될 리는 만무하다. 한 번 무너지면 급속하게 외환이 빠져나가게 되는데, 이것이 외환위기이다. 이때의 금융 위기로 한국, 인도네시아, 태국, 말레이시아 등 아시아의 주요 국가들에서 총생산량은 10% 내외의 마이너스를 기록했다. 불황과 실업은 거대한 공포였고, 특히 제도적 복지가 미비한 아시아 국가들에서 가난한 사람 등 사회적 약자들은 더 큰 고통을 당해야 했다. 그런데 미국과 IMF는 금융 위기를 맞은 이들 아시아 국가들에게 구제 금융을 제공하는 조건으로 신자유주의 구조 개혁을 요구했다. 이렇게 해서 신자유주의 세계화는 더 넓고 깊어졌다.

1990년 중후반의 금융 위기가 다소 진정되자 신자유주의 금융 개혁에 대한 논의도 수면 아래로 내려가면서 오히려 이에 역행하는 일이 미국에서 일어났다. 1933년에 이루어진 뉴딜의 성과였던 '글래스-스티걸 법'이 1999년에 폐지되었다. 이 법은 1929년의 주가 대폭락과 대공황의 이유 가운데 하나로 상업은행의 방만한 경영과 이에 대한 규제 장치가 없었다는 점이 지적됨으로써 은행들이 위험도가 높은 증권 거래를 하지 못하도록 규제하기 위한 것이었다. 이것은 하나의 금융 업종에서 혼란이 발생해도 대공황 때처럼 다른 업종으로 확산되는 것을 막기 위해 업종들 사이에 칸막이 규제를 도입한 것이다. 이렇게 해서 미국의 금융권은 상업은행과 투자은행으로 분리된 채 자신의 고유 업무에만 종사하도록 규제되고 있었다. 그런데 이 법이 폐지된 것이다. 그래서 금융지주회사가 은행 외에도 증권회사를 두고 투자를 할 수 있도록 허락했다. 은행이 고객이 맡긴 돈으로 투기를 할 수 있도록 허가한 셈이다. 그래서 이제 은행들은 고객을 상대로 저축보다는 투자를 할 것을 설득했다. 금융 분야의 규제는 이런 식으로 완화되었고, 세계적으로 투자 열풍이 불게 된 것이다.

미국에서는 인터넷 관련 분야가 급성장하면서 주식시장에서 과다하게 발생했던 닷컴 거품이 2000년 들어 붕괴되는 어려움도 있었지만, 2000년대의 세계 경제는 극심한 경기의 변동 없이 비교적 무난하고 안정적으로 성장을 이어갔다. 그런데 2008년 미국 발 세계 금융 위기가 일어났다. 미국에서는 개인에 대한 신용등급을 세 단계로 구분하는데, 프라임(prime, 우수), 알트A(alternative-a, 중간), 그리고 서브프라임(subprime, 낮은)이 그것이다. 미국 금융 위기는 서브프라임 모기지론의 문제에서 일어났다. 서브프라임 모기지론은 저신용자에 대한 주택담보 대출인데, 당시 은행들은 돈을 갚을 능력이 모자라는 사람들에게도 돈을 빌려주었다. 저신용자들의 입장에서는 돈을 빌려 집을 구입했다가 가격이 오르면 되팔아 큰돈을 벌 수 있는 기회였다. 은행들도 신용등급이 낮은 사람들에게는 더 많은 이자를 받을 수 있어서 좋았다. '누이 좋고 매부 좋고'였다.

게다가 금융기관들은 서브프라임 모기지론을 기초자산으로 해서 여러 가지 파생 금융상품들을 만들어 전 세계의 금융시장을 통해 팔 수 있었다. 그런데 부동산 거품이 꺼지면서 이 모든 것이 무너지기 시작했고, 2008년 리먼 브러더스가 파산하면서 거대한 금융 위기가 전 세계로 퍼져나갔다. 가장 신망이 높았던 금융회사들이 믿을 수 있다고 선전했던 파생 금융상품들마저 부실해졌고, 그런 금융상품을 구입한 수많은 보통사람들이 큰 손해를 보고 망연자실해졌다. 누군가는 책임을 져야 하는데, 막상 책임을 질 사람은 특정되지 않았다. 이에 대해 금융 부문의 규제완화가 금융 위기를 불러왔다는 데 다수 전문가들의 견해가 일치한다. 결국 금융의 규제완화 때문에 보통사람들은 엄청나게 복잡한 수많은 파생 금융상품들을 내용도 모른 채 무작정 거래했던 것이다.

그리고 이런 결과는 금융의 규제완화와 자유 시장을 강조하던 신자유주의의 위기를 불러왔다.

그런데 막상 2008년 미국 발 금융 위기가 전 세계의 경제에 큰 충격을 주는 일이 벌어지자 주요 선진국들은 더 이상 신자유주의의 시장만능주의 처방을 따르지 않았다. 이것은 1929년 대공황이 발생했을 때 당시의 정부들이 자유 시장이 자기조정 능력을 발휘해서 시장의 혼란스러운 상황을 수습하도록 수년 동안 기다렸던 것과 대조를 이룬다. 각국의 정부가 재정 지출을 적극적으로 늘렸고 공적 자금을 투입하여 주요 금융기관들과 산업체들을 구제했다. 그리고 각국 중앙은행들은 역사상 가장 낮은 수준으로 이자율을 낮추었다. 심지어 이자율을 더 이상 낮출 수 없을 수준으로 낮추었을 때 중앙은행이 돈을 새로 찍어서 국채 등을 사들이는 방법으로 시중에 돈을 풀었다. 이렇게 해서 경기를 진작시키는 정책을 양적완화(quantitative easing)라고 한다. 이런 정책 기조는 더 이상 신자유주의와 아무런 관련이 없으며 정부의 적극적 시장 개입을 강조하는 케인스 경제학의 부활이라고 할 수 있다.

이렇게 해서 2~3년이 지나자 2008년의 경제 위기는 차츰 진정되어 갔다. 그때까지도 대다수의 OECD 국가들은 1인당 국내총생산이 금융 위기 이전 수준을 회복하지 못했지만, 그래도 영국 등 상당수의 국가들은 경제 위기의 급한 불은 끄게 되자 다시 균형재정을 강조하며 정부 지출을 삭감하는 긴축 정책을 들고 나왔다. 그렇다고 해서 지금의 자본주의가 대처와 레이건 당시의 신자유주의는 아니다. 1980년대 이후 신자유주의가 '수정자본주의의 부정→주주자본주의→과잉금융화의 카지노 자본주의'로 3단계 발전을 거쳐 오다가 2008년의 경제 위기 이후 엄중한 위기에 처한 것은 명백한 사실이다. 하지만 21세기의 가까운 미

래에 자본주의 자체가 종말을 고할 것 같지는 않다.[53]

그럼에도 불구하고 한 가지 확실한 것은 신자유주의 경제 질서가 불평등을 심화시켰다는 사실이다. 기술의 변화와 발전으로 인해 숙련 노동에 대한 수요가 증가하고 이들의 임금이 상승하는 데 비해 비숙련 노동은 생산 공정의 자동화로 제조업 분야에서 더 이상 발을 붙이기가 어려워졌다. 제조업에서 밀려난 비숙련 노동자들은 저임금의 서비스 산업 쪽으로 내몰렸다. 이들은 비정규직이나 임시직인 경우가 많아서 노동조합에도 가입하지 않은 채 저임금 노동자층을 형성하게 된다. 게다가 무한경쟁의 승자독식 사회에서 상위 계층의 분배 몫이 급상승했다. 그래서 2008년 경제 위기 직전의 소득 불평등 수준은 1929년의 대공황 직전과 같은 수준에 이르렀다. 1940년대부터 30년에 걸쳐 이룩했던 뉴딜과 황금기의 소중한 성과는 1980년 이후의 또 다른 30년 동안의 신자유주의에 완전히 사라져버렸다. 기득권 세력의 지대 추구(rent seeking) 행위도 만연해서 마치 뉴딜 이전의 시기로 시계 바늘을 되돌린 것처럼 되고 말았는데, 이것은 빈부 격차의 심화와 구조화를 초래한다. 그리고 이런 심각한 불평등은 '작은 정부, 큰 시장'이라는 신자유주의 노선에 따른 정부의 후퇴 때문에 초래되었거나 심화되었다.

그렇지만 신자유주의 세계화에도 불구하고 세계의 모든 나라들이 똑같은 자본주의의 길을 걸었던 것은 아니었다. 지난 250년의 자본주의 역사에서 1930년대 뉴딜 이전까지의 자본주의는 산업화된 모든 국가들에서 그 성격이 모두 동일했다. 아담 스미스 이래로 자유 시장의 경쟁 원리를 강조하고 자유 시장의 자기조정 기제를 확신하는 경제적 자유주의 이념의 자유방임 자본주의가 그것이다. 그리고 1930년대의 뉴딜을 거치면서 케인스의 경제 정책과 베버리지의 사회 정책이 복지국가 모델의 근간을 이루면서 자본주의의 황금시기를 열었던 1960년대까지도 산업화된 선진국들의 국가 모델은 매우 유사했다. 그런데 1970년대의 스태그플레이션이라는 새로운 경제 현상이 자본주의의 황금시기를 흔들어 놓은 이후로 수정과 조정을 통해 기존의 복지국가 모델을 발전시켜 가는 과정에서 자본주의의 다양성과 함께 복지국가 모델에도 다양성이 나타났다.

결국 1930년대에 시작된 '복지국가 시대'는 거의 모든 선진 복지국가들에서 1970년대 초중반까지 거의 동일한 모습으로 인류의 '더 나은 삶'을 위한 거대한 발전을 이루었고, 1980년 이후에는 신자유주의적 자본주의를 거치면서 국가에 따라 다양한 모습으로 분화되고 서로 다른 모습으로 발전해왔다. 우리는 지난 250년의 자본주의 역사를 발전국가 시대, 민주국가 시대, 그리고 복지국가 시대로 구분했는데, 1930년대에 시작된 복지국가 시대는 지금도 계속되고 있다. 이에 우리는 지난 30년 동안 다양하게 발전해온 서로 다른 유형의 복지국가 모델들 중에서 어떤 모델을 중심으로 어떤 장점들을 체계적으로 수용할 것인지 잘 판단해서 우리나라에 가장 잘 맞는 한국형 복지국가 모델을 발전시켜 나갈 필요가 있다.

복지국가 시대의 복지: 사회권과 보편적 복지의 확장

복지국가 시대에 서구 선진국에서 공통적으로 나타났던 복지국가의 사회보장 제도를 살펴보자. 여기에는 네 가지 제도가 포함되는데, 사회보험, 사회수당, 사회서비스, 공공부조가 그것이다.

첫째는 사회보험이다. 이것은 미래의 소득 단절 위험에 대비하기 위한 예방적 소득보장 프로그램이다. 사회 구성원 누구나 이런 위험으로 인해 어려움을 겪을 수 있으므로 사회보험은 모든 국민에게 보편적 방식으로 적용하는 게 옳다. 그래서 사회보험은 보편주의가 기본 원칙이다. 취업해서 소득이 발생하는 모든 사람들은 의무적으로 가입해야 하며, 소득의 일정 비율을 보험료로 납부해야 한다. 보험사고가 발생했을 때 받게 되는 보험 급여의 수준은 사회적 합의에 따라 법률로 정하도록 하고 있다.

모든 복지국가에서 질병의 위험에 대해서는 질병보험, 실업에 대해서는 실업보험, 퇴직에 대해서는 연금보험, 산업재해에 대해서는 산재보험이 소득보장 프로그램으로 제도화되어 있다. 이를 4대 사회보험이라고 한다. 이런 사회보험은 나라에 따라 다양한 형태로 운영되고 있지만 본질적으로는 모두 소득보장 장치이다.

둘째는 사회수당이다. 특정한 인구학적 범주에 해당하는 사람들 모두에게 보편적으로 제공되는 현금 혜택을 말한다. 사회수당은 소득과 자산에 대한 엄밀한 조사를 통해 수혜 대상자를 선정하지 않고 모두에게 혜택을 제공한다는 점에서 보편주의 특성을 가지고 있는 소득보장 제도이다. 이것은 사회보험과 공통점이 있는 부분이다. 하지만 사회수당은 무료 혜택이다. 사회수당은 월정 보험료를 납부하지 않는다는 점에서 사회보험과 다르다. 즉 사회수당은 빈곤 증명서가 없거나 사회보험료 납부 실적이 없어도 특정한 인구학적 범주에 속하기만 하면 누구나 현금 급여의 혜택을 받게 되는 제도이다.

아동수당, 노인수당, 장애인수당 등이 여기에 해당한다. 나라마다 다르지만 아동수당은 보통 15세 이하 또는 18세 이하의 아동들에게 월

15만원에서 30만원 정도의 일정 금액을 지급한다. 이때 소득과 자산을 조사하지 않고 해당 연령에 속하기만 하면 누구에게나 동일한 금액을 지급한다. 이렇게 보편주의 원칙을 적용하는 이유는 부모의 소득 여부나 정도가 아이들의 기초적 성장에 차별적 영향을 주지 않아야 하고, 특히 낙인(Stigma)의 문제가 발생하지 않아야 한다는 원칙 때문이다.

엄밀하게 따지자면, 보편적 무상급식은 보편주의라는 측면에서는 아동수당과 동일하지만 무상급식은 급식 서비스라는 현물을 제공하는 것이고 아동수당은 현금을 지급한다는 차이가 있다. 그래서 무상급식은 현물 방식인 교육이나 의료와 마찬가지로 사회서비스로 보는 것이 옳다. 아동수당의 경우처럼 노인수당이나 장애인수당도 보편적 원칙을 따르고 있는데, 이는 무기여 원칙에 기초한 하나의 권리 개념이다. 이들이 근로 능력이 없는 사회적 약자들이고 인구학적 특성상 특별한 배려를 필요로 한다는 정치사회적 합의가 이루어졌기 때문에 이런 사회수당이 복지국가의 제도적 구성 요소로 자리를 잡았던 것이다.

셋째는 사회서비스이다. 사회서비스는 현금이 아니라 현물 서비스를 제공하는 것인데, 필요한 사람들 누구에게나 제공하는 것이므로 보편주의 원칙이 일반적으로 적용된다. 보육, 교육, 의료, 요양 서비스 등이 여기에 해당한다. 대부분의 복지국가에서 교육이나 의료 서비스는 '사실상의 무상' 현물 서비스로 누구에게나 열려 있다. 그런데 보육은 대부분의 복지국가들에서 '사실상의 무상' 또는 약간의 비용 지불을 요구하는 현물 서비스로 제공되는 경우가 많지만, 일부 국가에서는 대상자들에게 현물 서비스를 구입할 수 있는 증서를 제공하는 바우처(Voucher) 방식을 채택하기도 한다. 이용자들은 이 증서를 가지고 적절한 보육 시설을 선택할 수 있는데, 우리나라도 현재 무상보육에서 이

방식을 시행하고 있다.

처음부터 무상보육을 채택한 유럽 복지국가에서는 정부가 보육 시설을 직접 설립하고 보육 종사자들을 직접 공무원 등으로 채용하여 대상자 모두에게 보편적 보육 서비스를 제공했다. 그러나 차츰 서비스의 질과 제공 체계의 효율성을 높이려는 의도에서 서비스 공급자의 일부를 민간으로 바꾸어 국민들에게 선택할 권리를 부여하는 방향으로 제도를 개혁했다. 이제 무상으로 사회서비스를 제공한다는 것만으로는 부족하며 사회서비스에 대한 접근성, 질, 효율성이 모두 중요해졌다. 또 이들 사회서비스가 다양한 종류의 전문 인력을 필요로 하는 분야이므로 일자리 경제에서 매우 중요한 지위를 갖게 되면서 새삼 주목을 받고 있다.

넷째는 공공부조이다. 이는 가난한 사람을 돕는 제도인데, 앞서 살펴본 베버리지의 사회보험으로도 해결할 수 없는 빈곤의 문제를 제도적으로 해결하자는 취지에서 마련한 것이다. 엄격하게 소득과 재산에 대한 조사(자산조사, Means Test)를 시행하여 대상자를 정확하게 선별함으로써 형평성 논란과 도덕적 해이가 최소화되도록 하는 것이 매우 중요하다. 여기서 발생하는 행정 비용은 불가피하게 감수해야 한다. 우리나라의 국민기초생활보장법이 여기에 해당하며, 전체 국민의 약 3%가 이 제도의 혜택을 받고 있다. 재원은 일반 조세로 마련되며, 국가가 정한 최저 생활을 보장하는 수준에서 현금과 현물 서비스가 제공된다.

영국이나 미국과 같은 자유주의 국가에서는 공공부조가 빈곤에 대한 대응책으로 매우 중요한 지위를 차지하고 있다. 이것은 우리나라도 마찬가지인데, 극빈자가 공공부조 대상자로 선정되는지의 여부가 이들에게는 생사가 걸린 문제일 수도 있다. 우리나라에서 공공부조 대상자였다가 부양할 가족이 있다는 이유로 대상자에서 탈락한 후 자신의 처지를 비관하여 자살하는 사례가 여러 건 발생했다. 이들에게는 대상자로 선정되는 것이 유일한 삶의 수단이기 때문이다. 자산조사를 통해 극빈자로 선별된다는 수치심도 심각한 문제이지만, 이들에게는 이런 수치심보다는 살아야 한다는 절박함이 먼저이다.

그래서 스웨덴 방식이 옳다. 스웨덴에서는 생애주기에 걸친 보편주의 방식의 소득보장(사회보험과 각종 사회수당)과 사회서비스 제도를 실시하고 있기 때문에 소득 없는 사람이 없을 뿐 아니라 일상생활에서 돈 들 일이 그리 많지도 않다. 다만 일정한 시기에 소득이 부족한 사람들이 있을 뿐이다. 궂은 날씨가 있는 것처럼 살다보면 누구라도 인생에서 어려운 시기가 있을 수 있다. 그때에만 자산조사를 통해 부족한 만큼을 공공부조 방식으로 채워주면 된다. 이렇게 하면 공공부조가 영구적인 낙인이 되는 것이 아니라 보편주의 복지 제도의 부족한 부분을 채워주는 보완적 역할을 수행하게 된다.

복지에서 선별과 선택의 차이

2010년 이후 보편적 복지에 대한 논쟁이 격화되면서 용어 사용의 혼란이 빚어졌다. '선별'과 '선택'이 그것이다. "보편적 복지냐 선택적 복지냐"라는 식으로 '보편'의 대립 용어로 '선택'을 사용하는 것이 대표적인 잘못인데, '보편'적 복지의 대립되는 용어로는 '선별'적 복지가 옳다. 보편적 복지는 특정 인구의 구성원 모두가 수혜자가 되는 것인데, 특정 연령의 모든 아동에게 아동수당을 준다든지, 65세 이상의 모든 노인에게 기초연금을 지급하는 것 등이 여기에 해당한다. 이에 비해 선별적 복지는 엄격한 자산조사를 통해 가난한 일부만을 선별하여 국가의 최소 복지를 주는 것이다. '선별'과 '선택'을 엄격하게 구별하지 않고 잘못 사용하는 경우의 대부분은 단순 실수일 것이다. 즉 '보편'적 복지의 대립 용어로 '선별'적 복지라는 말을 써야 하는데, 실수로 '선택'적 복지라는 말을 사용하는 것이다.

하지만 일부의 글이나 발언에서는 의도적으로 잘못된 용어를 사용하는 경우가 더러 있었다. "보편적 복지냐 선택적 복지냐"라는 표현이나 "보편적 복지 보다는 선택적 복지가 더 바람직" 등의 발언이 그것인데, 여기서 '선택'의 대립적 용어로 설정된 '보편'적 복지는 마치 선택할 권리조차 보장되지 않는 획일적이고 질 낮은 복지라는 이미지를 연상케 하려는 고도의 네거티브 전략이 숨어있다. 이것은 반칙일뿐더러 건강한 논쟁을 가로막은 구태에 해당한다. 보육서비스를 대상으로 올바른 용어 사용을 살펴보자. 정부가 모든 아동에게 무상보육을 제공하는 경우는 '보편적 무상보육'이고, 자산조사를 통해 소득 하위 30%를 선별하여 무상보육을 제공하는 경우는 '선별적 무상보육'이다. 그리고 '선택'은 국민이 원하는 보육서비스 제공 기관을 '선택할 권리'를 의미한다. 그러므로 선별과 선택은 아예 범주가 다른 것이다. 〈이상이의 한국일보 칼럼에서 일부 발췌〉

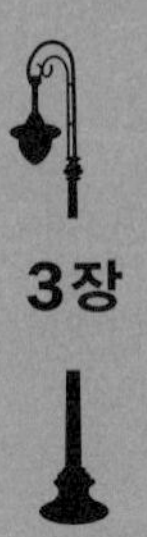

3장

복지국가가 필요한 이유

복지국가는 생애주기에 걸쳐 아동·청년·여성·노인 등 사람에게 직접 투자하는 각종 복지 제도가 촘촘하게 잘 짜여있다. 결국 사람에 대한 이런 보편적·적극적 투자는 노동력의 질을 높이게 되고, 이렇게 확충된 인적 자본은 고용률과 노동생산성을 높여 경제를 성장시킨다.

1.

복지국가가 필요한 철학적 이유

존 롤스와 정의로운 사회

롤스(John Rawls)[1]는 그의 저서 《정의론》에서 "나의 목적은 이를 테면 로크, 루소, 그리고 칸트에게서 흔히 알려져 있는 사회계약의 이론을 추상화함으로써 일반화된 정의관을 제시하는 일이다."라고 밝혔다. 여기서 일반화된 정의관이란 해당 사회에서 보편적으로 적용되는 정의의 원칙을 의미한다. 롤스는 앞서 살펴본 토머스 홉스로부터 시작되어 근대를 풍미했던 사회계약론의 전통을 이어받아 현대적 의미의 새로운 사회계약을 시도했다. 바로 '정의의 원칙'을 합의하기 위해서다.

우리 인류가 사회계약을 통해서 보편적으로 적용될 수 있는 정의의 원칙을 합의할 수만 있다면, 그 원칙에 따라 작동하는 '정의로운 사회 질서'를 만들 수 있게 된다.[2] 이런 사회는 인류의 더 나은 삶이 보장되는 행복한 사회 질서임에 틀림이 없을 것이다. 그러므로 복지국가의 철학적 기초로서 롤스의 정의론을 살펴보는 것은 매우 유익한 일이 될 것이다. 여기서는 롤스가 그의 저서 《정의론》에서 '정의론의 요지'라는 소제

목으로 요약해놓은 부분을 간략하게 소개하기로 한다.[3]

롤스는 정의의 원칙들을 평등한 처지에 놓여 있는 당사자들이 최초의 입장에서 합의하게 될 합의의 대상으로 여겼다. 그는 이런 절차에 따라 만장일치로 합의된 정의를 '공정으로서의 정의'(justice as fairness)라고 불렀다. 여기서 최초의 입장은 '원초적 입장'(original position)을 말하는데, 이것은 합의의 당사자들이 합의를 통해 일정한 정의관에 도달하게끔 해주는 순수한 가상적 상황이다. 평등한 원초적 입장이라는 것은 전통적인 사회계약론의 자연 상태에 해당한다. 그러므로 이 원초적 입장을 역사상 실재했던 상태로 생각해서는 안 되며, 더구나 문화적 원시 상태로 생각해서도 안 된다. 그것은 일정한 정의관에 이르게 하도록 규정된 순수한 가상적 상황이다. 이런 원초적 입장에서는 합의의 당사자 누구도 자신의 사회적 지위나 계층상의 위치를 모르며, 누구도 자기가 어떤 소질이나 능력, 지능, 체력 등을 천부적으로 타고났는지 모른다. 심지어 당사자들은 자신의 가치관이나 특수한 심리적 성향까지도 모른다고 가정된다.

그러므로 정의의 원칙들은 '무지의 베일'(veil of ignorance) 속에서 선택되는 것이다. 그 결과, 정의의 원칙들을 선택함에 있어서 아무도 타고난 우연의 결과나 사회적 여건의 우연성으로 인해 유리하거나 불리해지지 않게 된다. 합의의 당사자 모두가 유사한 상황에 처하게 되므로 아무도 자신의 특정 조건에 유리하도록 원칙들을 구상할 수 없기 때문이다. 합의의 당사자 모두가 상호 동등한 관계에 있게 되는 원초적 입장의 여건들이 주어질 경우, 합리적 존재로서 개인들에게 이런 최초의 상황은 공정하다고 볼 수 있다.

원초적 입장이란 적절한 최초의 원상이라 할 수 있으며, 따라서 거기에서 도달하게 된 기본적 합의는 순수 절차적 정의로서 공정한 것이다. 이로 인해서 '공정으로서의 정의'라는 말이 적합하다는 것을 알게 되는데, 그것은 바로 정의의 원칙이 공정한 최초의 상황에서 합의된 것이라는 생각을 담고 있기 때문이다.

그렇다면 원초적 입장에서 어떤 정의의 원칙들이 채택될 것인가. 이에 대해 롤스는 공리(功利)의 원칙(principle of utility)은 인정되지 않을 것으로 내다봤다. 그는 합의의 당사자들 모두는 스스로가 자신의 요구를 내세울 자격이 있는 평등한 존재로 생각하기 때문에 다른 사람들이 보다 큰 총량의 이득을 누릴 수 있도록 해주기 위해 어떤 사람들에게 보다 작은 인생 전망을 요구하는 원칙에 동의할 것 같지는 않다고 했다. 공리주의[4]는 인간을 언제나 쾌락(행복)을 추구하고 고통(불행)을 피하려 하는 본성을 지닌 존재로 파악(공리적 인간관)하면서 인간의 쾌락과 행복을 늘리는 데 기여하는 것은 선한 행위이지만 고통과 불행을 크게 하는 것은 악한 행위라고 간주한다. 그러므로 공리주의의 목표는 '최대 다수의 최대 행복'(the greatest happiness of the greatest number)을 실현하는 것이다.

그런데 공리주의의 문제는 사회적 공리를 최대화하는 과정에서 개인적 공리가 희생되는 것이 불가피하다는 사실이다. 예를 들어, 쾌락과 행복을 추구하는 개인의 이기심을 전제로 한 공리주의의 '경제적 자유주의'라는 사회 질서에서 많은 개인들은 극소의 분배로 고통을 받았지만 사회 전체의 공리 극대화를 선으로 간주하는 공리(功利)의 원칙 때문에 개인의 이런 불행은 정당화된다. 롤스는 전체의 행복 총량 증진을 위해 개인의 불행을 감수하는 이런 사회 질서는 정의롭지 않다고 본 것이다.

그래서 롤스는 원초적 입장에서 사람들이 '공리의 원칙'이 아니라 다음과 같은 '정의의 원칙'을 채택하게 될 것이라고 주장했다. 첫 번째 원칙(평등한 자유의 원칙)은 기본적인 권리와 의무의 할당에 있어 평등을 요구하는 것이며, 반면에 두 번째 원칙(차등의 원칙과 공정한 기회 균등의 원칙)은 사회적·경제적 불평등, 예를 들면 자산과 권력의 불평등을 허용하되 그것이 모든 사람, 그 중에서도 특히 사회의 최소 수혜자에게 그 불평등을 보상할 만한 이득을 가져오는 경우에만 정당한 것임을 내세우는 것이다. 따라서 어떤 불평등이 불운한 사람의 처지를 개선한다면, 그로 인해 소수의 사람들이 더 큰 이익을 취하는 것은 정당한 것이 된다. 원초적 입장에서 합의의 당사자들이 채택하게 될 정의의 두 원칙에 대해서는 이후 자세하게 살펴보기로 하고, 이어서 정의의 원칙들이 합의되는 원초적 입장에 대해 자세하게 살펴보자.

원초적 입장과 무지의 베일

원초적 입장은 정의의 두 원칙이 발생하는 조건이면서 정의의 두 원칙을 윤리적으로 정당화 해주는 조건이다. 원초적 입장의 '무지의 베일'이라는 조건은 그 조건에서 선택될 원칙들이 도덕적으로 정당한 것으로 만들어준다. 원초적 입장은 고전적 계약론의 자연 상태와 유사한 개념이지만 무지의 베일이라는 조건에서는 그 내용이 자연 상태와 다르다. 또한 이런 원초적 입장은 인류의 역사적 과정에서 실제로 존재했던 것이 아니며 순전히 가상적 상황으로서 우리의 도덕적 판단과 정의감을 설명하기 위한 개념일 뿐이다. 원초적 입장은 정의관과 관련된 여러 가지의 가정들로 구성되어 있다.

우선, 원초적 입장에서 정의의 원칙이 필요하기 위해서는 어떤 조건이 전제되어야 하는데, 이런 조건을 '정의의 여건'(circumstances of justice)이라고 한다. 롤스가 제시하는 정의의 여건은 해당 사회가 적절히 부족한 상태(moderate scarcity)여야 하며, 시기심이 없는 합리성을 가지고 상호 무관심(mutual disinterest)한 합의의 당사자들이 사회적 이익에 대해 상충하는 요구를 가져야 한다는 것이다.

여기서 적절히 부족하다는 것은 너무도 풍족하여 협동 체제가 필요 없는 상태가 아니며, 너무도 궁핍하여 협동 체제가 붕괴될 정도는 아닌 상태이다. 즉 자신의 모든 욕구를 만족시킬 수는 없지만 협동을 통해 서로에게 이익이 되는 체제가 가능한 상태를 말한다. 구성원들의 요구가 상충한다는 것은 완전히 풍족한 상태가 아니기 때문에 자신의 욕구를 충족시키는 데 있어서 서로 상충하고 있다는 것을 의미한다.

즉 적절히 부족한 상태에서 자기의 이익은 합리적으로 추구하지만 서로에게 무관심한 구성원들이 사회적 이익에 대해 상충하는 요구를 제시할 때 정의의 여건이 성립한다고 할 수 있다. 생명과 신체 상해의 위협만 없다면 육체적 용기를 가져야 할 필요가 없듯이 이런 여건이 성립하지 않는 경우에는 정의라는 덕목에 대한 필요성도 없어진다.

롤스가 제안한 무지의 베일은 원초적 입장이 갖는 매우 중요한 조건으로 순수 절차적 정의를 보장하기 위한 계약 당사자들의 제약 조건이다. 무지의 베일은 합의 당사자들로 하여금 그들의 특수한 사정을 모르게 함으로써 사회적·자연적 여건들을 자신에게 유리하게 하도록 하지 못하게 하는 역할을 하고 있다. 그래서 무지의 베일은 원초적 입장의 인지적 조건이다. 즉 원초적 입장은 사회적·자연적 우연의 결과를 무효화시키기 위해 무지의 베일을 인지적 조건으로 가지고 있는 것이다.

그런데 무지의 베일이 주어진 역할을 잘 수행하도록 하려면 무지의 베일에 의해 가려져야 할 것들과 알려져 있어야 할 것들이 있다.

먼저, 무지의 베일에 의해 가려져야 할 것들은 당사자들의 특정한 사실들이다. 각자는 사회에 있어서 자기의 지위나 계층을 모르며, 천부적 자산과 능력, 지능과 체력 등을 어떻게 타고나는지 자신의 운수를 모른다. 또한 누구든지 선에 대한 자신의 생각, 자신의 합리적 인생 계획의 세목을 알지 못하며, 또는 심지어 모험을 몹시 싫어한다든가 비관적 혹은 낙관적인 경향과 같은 자기의 심리적인 특성까지도 모르고 있다. 이에 더해, 롤스는 합의의 당사자들이 그들이 속한 사회의 특수한 사정도 모른다고 가정한다. 다시 말하면, 그들은 그 사회의 경제적·정치적 상황이나 그것이 지금까지 이룩해 온 문명이나 문화의 수준도 모르고 있다. 원초적 입장에 있는 사람들은 그들이 어떤 세대에 속하고 있는지에 대해서도 정보를 갖고 있지 않다.

지식에 대한 이런 광범위한 제한이 합당한 것은 한편으로 사회 정의의 문제가 한 세대 내에서만이 아니라 세대들 간에도 일어나기 때문이다. 예를 들면, 자본 절약의 타당한 정도나 천연 자원이나 자연적 여건의 보호 등의 문제가 바로 그런 것이다. 여하튼 원초적 입장이라는 관념을 철저히 실현하기 위해서 당사자들은 그들의 의견을 대립시키게 될 어떤 우연한 일도 알아서는 안 된다. 결국 그들은 자신들이 어떤 세대에 속하는 것으로 판명되든 간에 그 결과를 감당할 각오를 가지고 정의의 원칙을 선택해야만 한다.

다음으로, 무지의 베일 속의 당사자들에게 알려져 있어야 하는 특수 사정은 그 사회가 정의의 여건 하에 있다는 것이다. 그리고 합의 당사자들은 인간 사회에 대한 일반적 사실은 알고 있어야 한다. 정치 현상이나 경제 이론들을 이해하고 사회 조직의 기초와 인간 심리의 법칙을 알고 있어야 한다. 이런 일반적 사실들은 정의의 원칙들을 선택하는 데 도움을 줄 것이기 때문이다.

정리하자면, 원초적 입장에 있어서 합의 당사자들의 조건은 크게 두 가지로 구분해 볼 수 있다. 하나는 인지적 조건으로 무지의 베일이라 할 수 있다. 이 조건에 의해 계약 당사자들은 인간 사회에 관한 일반적 사실은 알고 있지만 자신의 천부적 재능, 사회적 지위, 인생 계획, 자신의 가치관, 자신이 속한 세대 등 자신과 관련한 특수한 사실은 알지 못한다. 다른 하나는 동기적 조건으로 합의 당사자들은 합리적 존재로 자신의 이익을 극대화하려고 하며, 타인의 이해관계에 대해서는 상호 무관심하여 서로에 대해서는 시기심도 동정적 태도도 갖지 않는다.

마지막으로, 롤스가 가정한 원초적 입장에 있는 합의 당사자들의 합리성에 대해 정리해보자. 원초적 입장에서 정의의 원칙에 합의하는 당사자들은 합리적 인간이다. 합리적 인간이라는 것은 시기심에 좌우되지 않는다는 것이다.[5] 합리적 인간은 타인에게 손해를 입히기 위해 자신의 손해를 감수하는 그런 사람이 아니다. 또한 다른 사람의 이익이 자신의 이익보다 많다 할지라도 이에 실망하거나 시기하지 않는다. 그리고 원초적 입장에 있는 합의 당사자들은 상호 무관심한 합리성(mutually disinterested rationality)을 갖는다. 상호 무관심한 합리성은 상호 간에 이익을 주거나 손상을 끼치려 하지도 않으며 애정이나 증오에 의해 마음이 흔들리지도 않으며 또한 서로를 비교하여 더 많은 것을 얻으려고 하지 않으며 질투하거나 잘난 체를 하지도 않는 것을 의미한다. 상호 무관심한 합리적 당사자들은 자신의 이익을 추구하지만 상대자들과 비교하여 상대적으로 많은 이익을 원하는 것이 아니며 상대자들의 이익을 줄이려 하지도 않는다. 단지 이들은 자신의 삶의 목적과 관련하여 더 많은 이익을 얻으려고 할 뿐이다.

롤스는 사회계약론의 전통에 따라 새로운 사회계약을 설계함으로서 정의로운 사회 질서를 제시하려고 했다. 여기서 그에게 중요한 것은 바로 합의의 '절차'였다. 그는 절차가 순수하게 공정하면 그 결과로 도출되는 정의의 원칙도 옳다고 믿었다. 그래서 롤스의 정의는 '절차적 정의'에 해당한다. 그렇다면 정의의 원칙을 합의할 수 있는 공정한 절차가 이루어지기 위해서는 어떤 가정이 필요한가? 여기서 도출되는 것이 바로 원초적 입장과 무지의 베일이다. 이것은 롤스의 거대한 사유실험이다. 여기에서 만장일치로 합의된 정의의 원칙은 정의로운 사회 질서를 건설하는 데 원칙적 길잡이가 된다. 이제 원초적 입장에서 도출된 정의의 두 가지 원칙을 살펴보자.

정의의 두 가지 원칙

롤스는 사람들이 협력을 통해 자신의 목적을 달성하려고 사회를 구성한다고 말한다. 그러나 사회의 현실에서는 사람들의 이해관계가 서로 상충한다. 그렇기 때문에 사람들 사이의 상반되는 이해관계를 조정하고 제한하는 원칙이 필요하다. 이것이 바로 정의의 원칙이다. 그리고 이 원칙은 상반되는 이해관계를 조정하기 위해 사회의 기본 구조에 적용된다.

원초적 입장에서 합의될 정의의 두 원칙에서 첫 번째 원칙은 권리와 의무, 즉 시민의 평등한 기본적 자유를 보장하는 것이고, 두 번째 원칙

은 사회적·경제적 불평등을 인정할 수 있는 조건을 제시하고 있다. 정의의 두 원칙은 다음과 같다.[6]

제1원칙 : 각자는 다른 사람의 유사한 자유의 체계와 양립할 수 있는 평등한 기본적 자유의 가장 광범위한 체계에 대하여 평등한 권리를 가져야 한다.

제2원칙 : 사회적, 경제적 불평등은 다음과 같은 두 조건을 만족시키도록, 즉 (a) 모든 사람들에게 이익이 되리라는 것이 합당하게 기대되고, (b) 모든 사람들에게 개방된 직위와 직책이 결부되게끔 편성되어야 한다.

정의의 제1원칙: 평등한 자유의 원칙

원초적 입장의 당사자들은 사회의 기본 구조에 적용될 정의의 두 원칙에 합의하게 된다. 정의의 원칙 중 제1원칙은 '평등한 자유의 원칙'이라고 불리는 것으로, 그 내용은 '각자는 다른 사람의 유사한 자유의 체계와 양립할 수 있는 평등한 기본적 자유의 가장 광범위한 체계에 대하여 평등한 권리를 가져야 한다.'는 것이다. 그리고 제1원칙은 제2원칙에 우선한다. 보다 큰 사회적·경제적 이익을 이유로 평등한 자유를 제한해서는 안 된다는 것이다. 이것이 바로 '자유의 우선성'이다.

이 원리는 사회 구성원들의 자유가 서로 상충되지 않는 한 사회 구성원들 모두는 동등한 자유를 가장 광범위하게 누려야 한다는 것이다. 제

1원칙에서 가장 중요한 것은 바로 '평등한 자유'라는 표현이다. 현실적으로 모든 사람들에게 절대적 자유를 보장하는 것은 불가능할 것이다. 따라서 자유의 보장에는 어떤 제한이 있어야 할 것인데, 이때 제한의 기준은 사회 구성원들 모두의 평등한 자유가 되는 것이 옳다. 따라서 자유의 제한은 모든 사람들이 향유하는 전체적인 자유의 체계를 강화하기 위한 경우로 한정된다.

정의의 두 원칙에서 제1원칙은 제2원칙에 우선한다. 따라서 원초적 입장에서 합의 당사자들이 자유에 우선순위를 둔다는 것은 경제적 복지의 향상을 위해서라 할지라도 기본적 자유가 침해되는 것을 허용하지 않는다는 것이다. 왜냐하면 자유의 우선성을 인정하지 않으면 전체적인 복지의 향상이라는 미명 하에 불가침성을 갖는 기본적 자유가 훼손될 수 있기 때문이다. 즉 평등한 자유의 원칙을 위반하는 것이 보다 큰 사회적 · 경제적 이익을 가져온다고 할지라도 이런 이익을 위해 이 원칙을 위반하는 것은 정당화될 수 없다는 것이다.

정의의 제1원칙은 사회 구성원 모두가 기본적 자유를 동등하게 누릴 것을 주장하고 있다. 정치적 자유, 언론과 결사의 자유, 양심의 자유, 사상의 자유, 신체의 자유, 재산 소유의 자유, 체포와 구금으로부터의 자유 등이 그것이다. 우리가 자유를 두 가지로, 즉 소극적 자유(침해받지 않을 권리)와 적극적 자유(적극적 행동을 통해 얻어내는 권리, 하고 싶은 것을 할 권리)로 구분할 때[7], 제1원칙의 자유들은 소극적 자유에 속한다.

그런데 롤스가 제시한 기본적 자유의 목록에는 생산수단의 사적 소유의 권리가 포함되어 있지 않다. 우리는 여기에 주목할 필요가 있다. 생산수단의 사적 소유의 권리를 인정하느냐의 여부는 정치적 정체의 성격을 드러내준다. 즉 생산수단의 사적 소유를 인정하는 체제는 자본주의 체제에, 생산수단의 사적 소유를 인정하지 않으면 사회주의 체제에 가깝게 된다. 롤스가 기본적 자유의 항목에 생산수단의 사적 소유의 권리를 포함시키지 않았다고 해서 생산수단의 사적 소유를 인정하는 자본주의 사회가 부정의하다고 말하는 것은 아니다. 그는 생산수단의 사적 소유의 자유를 그 사회가 결정해야 할 문제로 남겨두었다.[8]

정의의 제2원칙: 최소 극대화의 원칙

사회적 가치와 경제적 가치를 사회 구성원 모두에게 똑같이 분배하는 절대적 평등은 비현실적이다. 실제로 사회는 구성원들이 차지하는 지위와 능력, 그리고 활동에 따라 분배의 몫에 차이를 둘 수밖에 없다. 그러므로 불평등은 불가피한 것이다. 그렇지만 정당하다고 인정될 수 있는 범위 내에서 불평등한 분배가 이루어져야 한다. 그래야 그런 불평등이 사회적으로 수용될 수 있기 때문이다. 여기서 정의의 제2원칙은 '정당한 불평등'의 기준을 제시하고 있는데, 제2원칙을 '차등의 원칙'(difference principle) 또는 '최소 극대화의 원칙'(maximin)이라고 한다.

롤스는 정의의 제2원칙을 통해 불평등이 정당하게 인정될 수 있는 조건 두 가지를 제시했다. 첫째, 그런 불평등으로 인해 해당 사회의 구성원 모두에게 이익이 되어야 한다. 즉 이런 불평등한 분배로 인해 그 사회의 최고 약자인 최소 수혜자들(the least advantaged)에게 이익이 되어야 한다(제2-a원칙). 둘째, 불평등한 분배를 인정하는 경우 한 사회의 특정한 지위나 직위는 여타의 직위보다 큰 몫의 분배를 인정받게 되는데, 이런 지위나 직위는 그 사회의 모든 사람들에게 공개되어야 한다. 즉 불평등한 분배에서 큰 몫의 권한을 갖는 지위나 직위에 대해서는 모든 사람들이 접근할 수 있도록 기회가 균등하게 보장되어야 한다(제2-b원칙).

제2원칙의 적용은 제1원칙인 '평등한 자유의 원칙'이 보장된다는 조건하에서 적용된다. 제1원칙은 제2원칙보다 우선하기 때문이다. 앞서 언급했듯이 여기서 제2원칙은 사회적·경제적 불평등이 사회적으로 수용될 수 있는 조건을 말하고 있다. 그런데 자유 시장 체제를 근간으로 하는 모든 사회에서 특정한 지위와 직위는 소득과 재산의 분배, 권한, 책임, 명령에 있어서 차이를 초래한다. 어떤 사회가 모든 사람들에게 이런 특정한 지위와 직위를 다 보장하는 것은 현실적으로 불가능하다. 그래서 불평등은 불가피하다. 그럼에도 불구하고 그런 지위나 직위를 가질 수 있는 기회를 동등하게 보장하는 것은 충분히 가능할 것이다. 또한 그런 사회적·경제적 불평등이 사회 구성원 모두에게 이익이 되도록 그 내용을 편성할 수도 있을 것이다. 이렇게 될 때, 이런 불평등은 정당한 불평등으로 간주된다.

정의의 제2-b원칙에서 기술된 '모든 사람들에게 평등하게 개방된'이라는 말은 공정한 기회 균등으로서의 평등을 의미한다. 롤스는 정의의 제2원칙에서 자연적 자유 체제에서 볼 수 있는 '재능이 있으면 출세할 수 있다'는 조건 대신에 '공정한 기회 균등'이라는 조건을 채택했다. 이런 사회 질서는 '자유주의적 평등' 체제라고 할 수 있다. 여기서 공정한 기회 균등이라는 조건은 지위와 직위가 단지 형식적으로만 개방되어서는 안 되고, 모든 사람들에게 이런 지위와 직위를 가질 수 있는 공정한 기회가 보장되어야 한다는 것이다.[9]

그런데 사회적 우연성이나 천부적 운은 분배의 몫에 크게 영향을 미치게 된다. 자연적 자유 체제(경제적 자유주의 또는 자유방임적 경제 질서)에서는 이런 사회적 우연성이나 천부적 운이 분배의 몫에 미치는 영향을 그대로 방치함으로써 그 체제가 부당하게 되는 결과를 초래한다. 그러나 '자유주의적 평등' 체제는 사회적 우연성이나 천부적 운이 분배의 몫에 미치는 영향을 줄이려는 의도를 가지고 있다. 사회적 우연에 의해 소득과 부의 분배가 결정되는 것이 허용할 이유가 없다면, 천부적 운에 의해 소득과 부의 분배가 결정되는 것도 역시 허용할 이유가 없다. 천부적인 운에 의해 분배의 몫이 결정되는 것은 도덕적으로는 자의적인 것이며, 도덕적으로 자의적인 것은 정당성을 보장받을 수 없기 때문이다.

정의의 원칙에서 불평등이 정당화 되는 조건은 그 불평등에 의해 그 사회의 최소 수혜자들에게 이익이 되는 경우이다. 즉 많은 혜택을 누리고 있는 사람들에게 큰 이익이 허용되는 것은 혜택을 누리지 못하는 사람들에게 이익이 되는 경우에 한하는 것이며, 그렇지 않은 경우에는 인정되어서는 안 된다. 그런데 공리주의자들은 사회 전체의 이익 총량에만 관심을 갖는다. 그리고 이익의 총량이 가장 큰 대안들 중에서 어떤 분배에 의한 것이 더 나은지를 평가한다. 즉 공리주의자는 분배의 방식보다 이익 총량의 크기에 일차적 관심을 갖는다. 따라서 공리주의자는 최소 수혜자에게 최대의 이익이 되는 지점이 아닌 지점을 최상의 분배 지점으로 선택하게 된다.

가령, 세 개의 사회 질서가 대안으로 올라와 있다고 가정해보자. 우리는 이들 세 가지 사회 질서 중에서 어느 하나를 선택해야 한다. 질서A는 그 사회의 최소 수혜자, 중위 수혜자, 그리고 상위 수혜자 그룹 각각의 평균소득이 30으로 동일하며, 이들 평균소득의 합계가 90인 경우이다. 질서B는 해당 사회의 최소 수혜자, 중위 수혜자, 상위 수혜자 그룹의 평균소득이 각각 40, 50, 60이며, 이들 평균소득의 합계가 150인 경우이다. 질서C는 그 사회의 최소 수혜자, 중위 수혜자, 상위 수혜자 그룹의 평균소득이 각각 20, 40, 110이며, 평균소득의 합계가 170인 경우이다. 질서A는 완전하게 평등 분배를 실현한 사회 질서이다. 그런데 사회 전체의 성과는 가장 저열하다. 질서C는 사회 전체의 성과가 가장 우월하다. 이것은 사회 전체의 이익 총량 극대화를 최고의 가치로 삼는 공리주의에 가장 부합하는 사회 질서이다. 그런데 이런 사회는 계층 간의 소득 불평등이 극심하다. 이들 세 가지 사회 질서 중에서 정의의 제2-a원칙인 '차등의 원칙'에 가장 잘 부합하는 사회 질서는 바로 질서B이다. 완전하게 평등한 사회인 질서A보다는 소득 불평등이 심하지만 최소 수혜자의 처지는 더 좋아졌으므로 이런 불평등은 사회적으로 용인되기 때문이다.

한편, 차등의 원칙을 적용할 때 구분해야 할 두 가지의 경우가 있다. 첫째는 최소 수혜자의 기대치가 실제로 극대화된 경우(즉 최대로 만족된 상태)인데, 이 경우에는 사회적 강자의 처지를 향상시켜도 사회적 약자의 처지는 더 이상 향상되지 않는다. 이런 체제가 최상의 정의로운 체제이다. 둘째는 사회적 강자의 처지를 향상시키는 것이 사회적 약자의 복지에 도움이 되는 경우이다. 즉 사회적 강자의 처지를 향상시키지 않으면 사회적 약자의 처지가 악화되는 경우를 말한다. 이런 체제는 최상의 정의로운 체제는 아니지만 대체로 정의로운 체제라 하겠다. 따라서 정의로운 체제는 두 종류로 구분된다. 하나는 최상의 정의로운 체제이고, 다른 하나는 대체로 정의로운 체제이다. 여기서 대체로 정의로운 체제는 최대로 정의로운 체제는 아니지만 정의로운 것으로 간주할 수 있는 체제를 말한다.

마지막으로, 제2원칙이 '직위와 직책은 모든 사람들에게 개방되어야' 한다고 말하는 것은 효율성을 극대화하려는 이유 때문이 아니다. 사실상, 특정한 사람을 직위와 직책에서 배제함으로써 최대의 효율성을 얻을 수도 있을 것이다. 또한 어떤 특정한 계층의 우수한 사람에게만 직위와 직책을 개방함으로써 그 임무를 훌륭하게 수행하도록 하여 모든 사람들의 삶의 처지를 향상시키는 것, 즉 효율성을 극대화할 수도 있을 것이다. 그러나 제2원칙은 이것이 정의롭지 않다는 이유에서 금지하고 있다. 즉 제2원칙은 직위와 직책이 분배의 몫을 결정해줄 뿐만 아니라 자아실현의 기회도 제공해주기 때문에 정의로운 사회를 실현하기 위해 직위와 직책의 개방을 요구하고 있는 것이다.

이에 대해 롤스는 다음과 같이 말했다. "만일 어떤 직위가 공정한 기반 위에서 모든 이에게 개방되지 않을 경우에는 제외된 자들이 비록 그 직위를 갖게 된 자들의 더 큰 노력에 의해 이익을 보게 된다고 할지라도 자신들이 정의롭게 대우받지 못했다고 느끼는 것이 당연하며, 그들의 이런 불평이 정당한 이유는 단지 그들이 부나 특전과 같이 어떤 직책이 주는 외적 보상으로부터 제외되었다는 것뿐만 아니라 사회적 의무를 유능하고 헌신적으로 수행하는 데서 오는 자아실현의 경험을 저지당했다는 데에 있다."

절차적 정의

롤스는 분배의 몫을 결정하는 절차적 정의를 세 가지로 구분하고 있다.[10] 완전한 절차적 정의, 불완전한 절차적 정의, 그리고 순수한 절차적 정의가 그것이다. 완전한 절차적 정의는 공정한 분배가 어떤 것인지에 대한 독립된 기준이 있으며, 동시에 공정한 분배 결과를 도출할 절차도 있는 경우이다. 불완전한 절차적 정의는 올바른 결과에 대한 독립된 기준은 있으나 이런 결과를 보장할 수 있는 절차가 없는 경우이다. 즉 올바른 결과가 무엇인지를 알고 있지만 적용되는 절차가 그 결과를 보장해주지 못해서 그릇된 결과가 나올 가능성이 있는 경우이다. 순수 절차적 정의는 올바른 결과에 대한 독립된 기준은 없지만, 공정한 절차가 있어서 그 절차만 제대로 따르면 절차가 도출하게 될 결과의 내용에 관계없이 그 결과를 공정하게 간주하는 경우이다. 롤스는 분배의 몫에 대한 문제는 '순수 절차적 정의'의 문제라고 했다.

먼저, 완전한 절차적 정의를 살펴보자. 이 정의는 두 가지의 조건을 만족시켜야 한다. 공정한 분배에 대한 독립된 기준이 있어야 하며, 바람직한 결과를 낳을 수 있는 절차를 가지고 있어야 한다. 예를 들면, 케이크를 여러 명이 똑같이 분배하고 싶을 때 한 사람에게 동등하게 자르도록 한 다음에 자른 사람에게는 맨 마지막에 케이크 조각을 선택하도록 하는 경우가 여기에 해당한다. 이렇게 하면 똑같이 분배되는 결과에 이를 수 있다. 그런데 실제적인 이해관계가 관련되는 경우, 불가능한 것은 아니지만 이런 완전한 절차적 정의가 드물다는 것은 분명하다.

다음으로, 불완전한 절차적 정의는 올바른 결과가 무엇인지는 알 수 있지만 이 결과를 보장할 수 있는 절차가 없는 경우를 말한다. 불완전한 절차적 정의는 형사 재판을 통해 잘 설명될 수 있다. 형사 재판에서는 올바른 결과는 죄를 지은 자에게 유죄 판결을 내리는 것이다. 그러나 형사 재판이 항상 이런 결과를 가져오는 것은 아니다. 비록 법을 주의 깊게 따르고 절차를 그대로 공정하게 밟는다 해도 그릇된 결과에 이를 수도 있다. 법에 따라 심문하고 증거를 모두 검토한다고 해도 죄 없는 사람이 유죄 판결을 받는 경우도 있으며, 죄를 지은 범인이 풀려나는 경우도 있다. 이것은 형사 재판에서 사용되는 절차가 형사 재판의 올바른 결과를 보장해주지는 못하기 때문이다.

마지막으로, 순수 절차적 정의는 노름(gambling)의 경우에서 볼 수 있다. 몇 사람이 일련의 공정한 내기(내기가 자발적으로 성립되고 아무도 속이지 않음을 가정)에 가담했다면 마지막 판이 끝난 후의 현금 분배는 그 내용에 상관없이 공정하거나 적어도 불공정하지는 않을 것이다. 즉 순수 절차적 정의는 올바른 결과에 대한 독립된 기준은 없지만 공정하고 올바른 절차가 있는 경우이다. 이 절차를 제대로 따른다면, 이후의 결과적 내용과는 무관하게 그 결과는 공정하다고 말할 수 있다. 이것이 순수 절차적 정의이다. 우리는 공정한 내기의 결과로 생긴 것이라면 어떤 식의 재화의 분배도 거의 모두 정의롭거나 공정하다고 말할 수 있게 된다. 노름의 최종 결과가 공정한지 아니한지를 결정하는 것은 그것이 일련의 공정한 판들을 벌인 끝에 생긴 결과인지의 여부에 달려 있다. 즉 절차가 공정하게 이루어진 경우라면 그 결과도 모두 정의롭다고 말할 수 있다.

정의의 원칙에 부합하는 복지국가의 길

정의의 원칙을 다시 한 번 정리해보자. 정의의 제1원칙은 '평등한 자유의 원칙'이다. 제2원칙은 사회경제적 불평등이 용인될 수 있는 조건인데, 제2-a원칙인 '차등의 원칙'(최소 수혜자에게 최대의 이익)과 제2-b원칙인 '공정한 기회균등의 원칙'(직책과 직위가 모든 사람들에게 개방)으로 구성된다. 그런데 이들 원칙들 간에는 엄격하게 우선순위가 매겨지며, 제1원칙 > 제2-b원칙 > 제2-a원칙의 축차적 순서(lexical order)[11]를 따른다. 여기서 축차적 순서라는 말은 앞 순위의 원칙이 적용되고 난 후에라야 그 다음 순위의 원칙이 다루어진다는 의미이다.

정의의 제1원칙은 고전적 자유주의에 해당한다. 정치적으로는 자유권(공민권)을 완전하게 보장함으로써 '절차적 민주주의'를 구현하고, 경제적으로는 계약의 자유와 재산 소유의 자유(재산권)를 보장하는 '경제적 자유주의' 이념과 자연스럽게 연결된다. 제1원칙만 놓고 보면 재능이 있는 자라면 누구라도 출세할 수 있다는 자유방임 자본주의 경제 질서에 잘 부합한다. 그런데 이런 자유권은 이것이 사회 구성원 모두에게 아무리 평등하게 주어진다고 해도, 불가피하게 업적(성과)주의 사회가 초래하는 심각한 경제사회적 불평등 상태로 귀결될 수밖에 없다. 우리는 이런 심각한 불평등 상태를 정의롭다고 말할 수 없다.

그러므로 정의의 제2원칙을 통해 이런 불평등을 최소화해야 한다. 다시 말해서 불평등이 사회적으로 인정되고 수용될 만한 것으로 만들어야 한다. 그런 조건이 정의의 제2원칙이다. 축차적 순서에 따라 제1원칙 다음으로 작동하는 것은 제2-b원칙(공정한 기회 균등의 원칙)이다. 이 원칙에 의하면, 정의로운 사회 질서는 사회 구성원 모두에게 공정한 기회를 균등하게 보장해야 한다. 이런 기회의 평등은 자유주의적 평등(liberal equality)을 의미한다. 이 입장에 의하면, 동일한 재능과 능력 수준에 있는 사람들은 이런 재능과 능력을 사용할 동일한 의향을 가지고 있다면 사회체제 내에서 그들이 태어난 소득 계층에 관계없이 동일한 성공의 전망을 가져야 한다는 것이다. 동일한 능력과 포부를 가진 사람들의 기대치가 그들이 처한 사회적 계급에 영향을 받아서는 안 된다는 것이다.[12]

제2-b원칙(공정한 기회 균등의 원칙)은 협소하게 해석되면 업적주의 사회(meritocratic society) 질서로 연결되기 쉽다. 타고난 능력이 우월한 자가 경쟁에서 이기고, 승자독식이 인정되는 성과주의 사회는 좋은 사회 질서가 아니다. 그러므로 국가가 제도적 장치를 통해 개입하는 것이 옳다. 국가는 공적 자원을 적절하게 투입함으로써 소득 계층 간에 나타나는 사회적 차이를 줄일 수 있다. 그리고 이런 노력은 사회 계층 간에 기회의 불평등을 상당 부분 제거하게 된다. 정의로운 사회 질서는 가난한 농부의 아들로 태어난 청년이 도시의 상류층 출신 청년과 고시 합격이나 좋은 일자리를 놓고 공정하게 경합을 벌일 수 있도록 제도적 수준에서 기회를 균등하게 보장해주어야 한다. 여기서 정의로운 사회가 개입하는 부분은 두 청년 간의 사회적 우연(운수)에 의한 소득 계층의 차이가 주는 기회의 불평등이다. 그런데 실제로는 이런 기회의 불평등을 제도와 정책을 통해 교정하는 것도 그리 만만치 않다. 그래서 작은 정부의 시장만능주의 체제에서는 공정한 기회 균등의 원칙을 아주 협소하게 운영하게 되는데, 그 결과는 업적주의 사회 또는 능력지상주의 사회로 이어진다.

그래서 제2-b원칙(공정한 기회 균등의 원칙)을 적극적으로 수용해야 한다. 형식적 수준이 아니라 실질적 의미의 기회 균등이 이루어져야 한다. 이것이 가능하기 위해서는 사회경제적 처지의 차이를 초래하는 사회적 운수에 따른 불평등의 축소뿐만 아니라 지능이나 체력, 외모 등의 자연적(천부적) 행운의 차이로 인한 불평등도 줄일 수 있도록 노력해야 한다. 가령, 사회적 조건이 동일한 두 소년이 타고난 지적 능력과 신체적 능력에서 현저하게 차이가 난다고 가정해보자. 이런 천부적 행운의 차이는 타고난 것이므로 그 자체로는 어떻게 해 볼 방법이 없다. 그렇지만 천부적으로 열악한 처지에 있는 사람이 공정하게 경쟁할 수 있도록 우호적 조건을 적극적으로 만들어줄 수 있을 것이다. 키 작은 사람에게 키높이 구두를 제공하는 것처럼 상대적으로 학력이 떨어지는 사람에게 추가적인 교육을 시키는 등의 방법은 제2-b원칙(공정한 기회 균등의 원칙)의 적극적 실천 방안으로 좋은 사례가 될 것이다.

이렇게 적극적인 자세를 견지한다면, 제2-b원칙(공정한 기회 균등의 원칙)에 상응하는 복지국가의 원리는 틀림없이 보편주의가 될 것이다. 보편주의(universalism)는 사회 구성원 모두에게 공정한 기회 균등을 보장하기 위해 반드시 적용되어야 할 원리이다. 해당 사회에 태어난 아이들은 누구나 건강한 출산과 육아의 권리를 갖는다. 누구나 양질의 보육과 교육을 받을 권리를 균등하게 보장받아야 한다. 누구라도 아프면 병원에 갈 수 있어야 한다. 요양 서비스를 받을 기회도 누구에게나 균등하게 주어져야 한다. 일자리가 필요한 사람들에게는 일을 할 기회를 보장해줘야 한다. 평생에 걸친 교육과 새로운 기술에 대한 직업훈련의 기회도 공정하게 보장하는 것이 옳다. 이런 사회서비스 중심의 보편주의 사회보장 원리가 제2-b원칙(공정한 기회 균등의 원칙)에 상응하는 제도 원리이다. 이렇게 된다면, 이런 민주주의는 정의의 제1원칙과 형식적 기회 균등으로 특징 지워지는 '절차적 민주주의'에 대비되는 '실질적 민주주의'라고 해도 좋을 것이다.

이어서 축차적 순서의 마지막은 제2-a원칙(차등의 원칙)이다.[13] 앞서 살펴본 제2-b원칙(공정한 기회 균등의 원칙)은 사회 구성원 모두에게 공정한 기회를 균등하게 보장해야 한다는 것인데, 여기에서 나타난 평등은 기회의 평등으로 자유주의적 평등(liberal equality)을 의미한다. 그런데 제2-b원칙(공정한 기회 균등의 원칙)이 제2-a원칙(차등의 원칙)과 축차적으로 결합하면 민주주의적 평등(democratic equality)의 사회 질서를 구현하게 된다.

차등의 원칙은 언제나 최소 수혜자의 기대치를 향상시킨다. 만일 보다 나은 처지에 있는 자들에게 보다 많은 배려를 함으로써 '최소 수혜자의 기대치를 향상'시킨다는 목적이 달성된다면 그런 배려를 허용할 수 있겠으나 그렇지 않는 경우에는 허용할 수 없다는 것이다. 출생이나 천부적 재능으로 인한 불평등은 원칙적으로 부당한 것이다. 결국 차등의 원칙은 사람들에게 주어진 천부적 재능을 공동의 자산(common asset)으로 생각하고, 이것의 이익을 함께 나누어 가지는 데 합의함을 나타낸다. 누구든 간에 천부적으로 보다 유리한 처지에 있는 자는 아주 불리한 처지에 있는 자의 여건을 향상시켜 준다는 조건하에서만 그들의 행운에 의해 이익을 볼 수 있다. 천부적으로 혜택을 받은 자들은 그들이 재능을 더 많이 타고났다는 바로 그 이유만으로는 이득을 볼 수 없으며, 훈련과 교육에 드는 비용을 감당해야 하고 불우한 자도 도울 수 있도록 그들의 자질을 사용해야 한다. 아무도 자신의 보다 큰 천부적 능력을 사회에서 보다 유리한 출발 지점으로 이용할 자격은 없다. 하지만 그렇다고 해서 이런 차이점들을 없애야 한다는 결론은 나오지 않는다.

그런 것을 처리할 수 있는 다른 방법이 있기 때문이다. 이런 천부적 우연성을 최소 수혜자의 선을 위해 작동하도록 하는 사회 질서를 구축하는 것이다. 이것이 바로 '차등의 원칙'이다.

차등의 원칙은 박애(fraternity)의 자연스러운 의미에도 잘 부합한다. 박애는 시민적 우애와 사회적 연대감을 의미한다. 이것은 차등의 원칙, 즉 보다 못한 처지에 있는 타인에게 이익이 되지 않는 한 보다 큰 이익을 가질 것을 원하지 않는다는 관념에 잘 부합하다. 그래서 박애(또는 연대)는 가족의 이념에 잘 어울린다. 가족의 이념에는 이익의 총량을 극대화하는 원칙이 배제된다. 가족 구성원들은 보통 다른 구성원들의 이익을 증진하는 데 도움이 되지 않는다면 이익을 취하길 바라지 않기 때문이다. 이것은 바로 '차등의 원칙'과 그 원리가 똑 같다. 처지가 보다 나은 자는 보다 불운한 자의 이익에 도움이 되는 체제 하에서만 보다 큰 이익을 기꺼이 가질 것이기 때문이다.

제2-a원칙(차등의 원칙)은 재분배 정책을 통한 국가의 역할을 강조한다. 제2-b원칙인 '공정한 기회 균등의 원칙'이 아무리 실질적으로 작동한다 하더라도 시장에서 이루어지는 일차분배의 불평등은 어쩔 수 없이 발생하기 마련이다. 이것을 최대한 줄여주는 것이 제2-a원칙(차등의 원칙)의 역할이다. 조세와 복지 정책을 통한 재분배 정책이 그것이다. 제2-a원칙에서는 사회보장의 원리가 중요하다. 먼저, 소득재분배의 성격이 강한 4대 사회보험 제도를 실시해야 한다. 이 제도는 보편주의가 원리이므로 적정 수준의 급여를 제공하되 누구도 예외가 되지 않도록 해야 한다. 국가는 사각지대가 없는 적정 급여의 사회보험이 소득보장 제도로 확립되도록 해야 한다. 그럼에도 불구하고 여전히 가난한 처지에 놓여 있는 사람들에게는 공공부조가 작동하도록 해야 한다. 이

제도를 통한 소득의 이전(income transfer)은 가족의 구성원들 중에서 누구도 지나치게 가난하지는 않아야 한다는 박애 또는 연대의 정신에 부합하는 것으로 제2-a원칙(차등의 원칙)이 제도로 구현된 것이다. 그래서 민주주의적 평등(democratic equality)의 사회 질서가 구축되는 것인데, 이런 사회 질서가 바로 복지국가이다.

현존하는 세계에서 롤스의 '정의의 두 가지 원칙'이 잘 실현되고 있는 나라는 어디일까? 그것은 미국과 스웨덴 등의 여러 나라들을 하나씩 살펴보면 금방 드러난다. 미국은 '민주주의적 평등' 체제와는 거리가 멀다. 정의의 제1원칙은 비교적 잘 지켜지고 있으므로 절차적 민주주의는 실현되고 있는 셈이다. 그런데 정의의 제2원칙에서 미국은 원칙 적용의 수준이 매우 저열하다. 미국은 보편적 복지가 부실하여 제2-b원칙에서 기회가 형식적 수준에서만 균등하게 주어진다. 실질적 기회 평등을 위한 제도적 장치는 취약하다. 미국에서는 누구나 행복을 추구할 수는 있지만 사회적·천부적 운이 나쁜 사람들이 행복할 기회는 별로 없다고 봐야 한다. 그리고 미국에서 제2-a원칙은 더욱 가혹하게 적용된다. 그래서 미국은 주요 국가들 중에서 빈부 격차가 가장 심하고, 어려운 처지의 사람들에게 제도적으로 적용되는 박애와 연대의 수준은 매우 낮다. 결국 미국은 정의의 원칙보다는 자연적 자유의 원리나 공리주의 원리가 더 지배적인 나라로 간주된다.

이에 비해, 스웨덴은 롤스가 제시한 정의의 원칙을 제도적 수준에서 모범적으로 실천하고 있는 나라라고 해도 좋을 것이다. 스웨덴은 정의의 제1원칙과 제2원칙을 축차적으로 결합함으로서 자유의 가치와 평등의 가치를 체계적이고 정합적으로 잘 통합해냈다. 스웨덴은 소극적 자유(제1원칙)와 적극적 자유(제2원칙)를 가장 잘 보장하고 있는 국가이다. 스웨덴은 일찍이 국가를 '국민의 집'이라는 이름의 '가족'으로 여겼다. 여기서 가족은 박애와 연대의 표상이다. 롤스의 제2-a원칙(차등의 원칙)에 해당하는 박애와 연대의 정신이 보편주의 복지의 제도화를 통해 구현됨으로써 스웨덴을 세계 최고의 복지국가로 만들었다. 에를란데르 총리(Tage Erlander, 1946~1969년 재직)는 스웨덴을 '선택의 자유 사회'로 만들려고 노력했다. 후임 총리였던 팔메(Olof Palme, 1969~1986년 재직)는 '자유의 극대화'를 내세웠다. 여기서 이들이 내세웠던 자유는 롤스의 제1원칙을 넘어서는 것으로 제2원칙을 축차적으로 통합시켜낸 것이다. 그래서 스웨덴은 롤스가 정의의 두 원칙을 통해 제시했던 민주주의적 평등(democratic equality)의 사회 질서에 가장 가까운 국가라고 봐도 좋을 것이다.

2.

복지국가가 필요한 경제학적 이유

공공재의 원활한 공급

앞서 살펴본 대로 18~19세기의 자유방임 자본주의는 많은 문제를 드러냈는데, 그 중의 하나가 공공재(public goods)의 공급 부족이었다. 자유 시장의 원리에서는 깨끗한 물과 하수 처리를 위한 상하수도 시설 등의 공공재가 원활하게 공급되지 않는다. 실제로 18~19세기 유럽에서는 이런 사회간접자본이나 공공시설 및 서비스가 충분히 공급되지 않았다. 그 결과, 불결한 환경으로 인해 전염병과 각종 사회적 질병이 창궐했다. 위생과 방역이라는 보건 서비스는 정부가 공급하지 않으면 자유 시장에서는 필요량보다 적게 공급되거나 아예 공급되지 않는다. 이런 성격을 가진 재화와 서비스를 공공재라고 부른다.[14]

경제학에서는 타인 이용의 배제가 불가능하고 소비의 경합도 존재하지 않는 특징, 즉 '비배제성'과 '비경합성'을 특징으로 하는 재화와 서비스를 공공재라고 정의한다.

소비의 배제성이란 어떤 사람들을 소비하지 못하도록 배제할 수 있는 재화나 서비스의 성격을 말한다. 시장에서 거래되는 모든 상품과 서비스는 소비의 배제성을 갖는다. 돈을 내지 않으면 상품과 서비스를 구입할 수도 소비할 수도 없기 때문이다. 그런데 국방 서비스는 다르다. 돈(세금)을 내지 않았다고 해서 특정 국민을 국방 서비스의 소비로부터 배제할 수는 없다. 누구도 소비로부터 배제되지 않으므로 국방 서비스는 비배제성이라는 특징을 갖는다.

소비의 경합성이란 어떤 소비자들의 소비량이 늘어나면 다른 소비자들의 소비량이 감소하는 성격을 말한다. 시장에서 거래되는 대부분의 상품이나 서비스는 이런 경합성을 가지고 있다. 그런데 국방 서비스 같은 것은 소비의 경합성이 없다. 누가 국방 서비스를 소비를 한다고 해서 다른 사람들의 소비량이 줄어들지 않기 때문이다. 심지어는 영토 내 국민의 수가 두 배로 늘어도 각 개인이 소비하는 국방 서비스는 줄어들지 않는다.

정리하자면, 소비의 '비배제성'과 '비경합성'이라는 두 가지 특성을 가진 재화나 서비스를 공공재라고 한다. 공공재에는 국방 서비스 이외에도 치안 서비스, 등대 서비스, 가로등, 도로나 공항 등의 사회간접자본이 여기에 속한다. 잠시만 생각해봐도 공공재는 우리들의 삶에 있어서 매우 중요한 것이므로 충분히 공급되어야 한다. 그런데 이들 공공재는 무임승차 문제(free-rider problem)를 가지고 있다. 가령, 국방 서비스나 등대는 소비의 배제성이 없기 때문에 남이 먼저 구매하기를 기다리게 된다. 이렇게 해서 공공재가 공급되면 자신은 돈을 내지 않고도 공공재를 소비할 수 있기 때문이다. 만약 민간 기업들이 공공재를 공급한다면 이 기업들은 적자를 면할 수 없을 것이다. 그러므로 공공재는 사회 구성원들이 원하는 것이고 이득을 주는 것임에도 불구하고 자유 시장에서 충분하게 공급되지 않게 된다. 시장실패(market failure)가 일어난다. 즉 자유 시장은 공공재를 사회적으로 필요한 만큼 적정하게 공급하는 데 실패할 수밖에 없다. 따라서 정부가 조세라는 강제적 수단을 통해 국민으로부터 재원을 조달하여 공공재를 공급할 수밖에 없게 된다.[15]

먼저, 보건의료 분야를 살펴보자. 콜레라 등의 전염병을 통제하기 위해 이루어지는 정부의 방역 서비스는 해당 지역사회의 어느 특정인이 비용을 지불하지 않았다고 해서 이용 또는 소비로부터 배제하는 것이 불가능하다. 소비를 위한 주민들 사이의 경합도 존재하지 않는다. 그러므로 방역 서비스와 같은 보건 서비스는 경제학적 공공재에 속한다고 볼 수 있다. 그렇다면 암 치료 서비스는 어떨까. 암 환자들이 의료 서비스를 소비하는 과정을 살펴보면, 유명한 대학병원에서 치료 받기 위해 치열하게 경쟁한다. 심지어는 연줄과 배경 등 온갖 비시장적 방법까지 동원하기도 한다. 돈 없고 경제사회적 배경이 없는 암 환자들은 서울의 일류 병원에서 치료 받기 어렵다. 즉 암 치료에서는 타인 이용의 배제가 가능하고 소비의 경합도 치열하게 존재한다. 그러므로 엄밀한 경제학적 정의에 따르면, 암 치료 서비스는 공공재가 아니다. 마찬가지로 대부분의 의료 서비스, 보육과 교육 등을 포함한 사회서비스도 경제학적 공공재 개념에는 포함되지 않는다.

그렇다고 이런 논리를 근거로 의료 서비스를 자본과 시장의 원리에 맡기자는 의료 시장주의자들의 주장이 옳은 것은 아니다. 의료 서비스는 '사회권'이라는 원칙 하에서 규범적으로도 사회 구성원 모두에게 제공되는 것이 타당하다. 국가가 이런 서비스를 보편주의 원리에 따라 제공하는 것이 자유 시장에 맡겨 두는 것보다 사회 전체적인 편익이 훨씬 더 크기 때문이다. 그래서 우리는 의료 서비스가 비용 투입에 비해 결과적으로 나타날 사회적 편익의 증진이라는 산출이 더 큰 재화의 성격, 즉 가치재(merit goods) 혹은 준공공재(quasi-public goods)의 특성을 갖는다는 데 주목할 필요가 있다.

다음으로, 사회복지 분야를 살펴보자. 사회복지의 재화나 서비스가 제공되면 국민 모두가 혜택을 받을 수 있다. 아동들에게 보육이나 교육과 같은 꼭 필요한 사회복지 서비스를 보편적으로 제공함으로써 이들 모두가 그들이 속한 소득 계층과 무관하게 건강하고 유능한 시민으로 성장하게 된다면 경제적 생산성의 향상과 함께 사회통합의 수준을 높여서 사회 전체가 이득을 보게 된다. 그래서 보육과 교육은 의료와 마찬가지로 엄격한 의미의 경제학적 공공재는 아니지만 가치재(merit goods) 혹은 준공공재(quasi-public goods)의 특성을 갖는다.

그런데 빈민을 지원하는 공공부조는 경제학적 공공재라고 해도 좋을 것이다. 빈민을 지원하는 사회복지 프로그램은 빈곤으로 인해 나타나는 각종 범죄 등의 사회 문제를 줄여준다. 뿐만 아니라 사회적 갈등과 긴장도 완화시켜준다. 그런데 이런 상황으로 인한 혜택은 사회 구성원 모두가 누리게 된다. 국방 서비스의 경우와 마찬가지로 소비의 비배제성과 비경합성을 가진다. 그러므로 빈자를 위한 사회복지 프로그램은 공공재에 속한다. 빈민을 위한 이런 사회복지 서비스는 개인들이 자발적으로 재원을 마련하기가 쉽지 않다. 자선을 통해 모으는 것은 재정의 규모와 지속성 측면에서 문제가 있다. 그래서 국가가 나서서 강제적으로 걷은 세금으로 이런 일을 수행하게 된다.

외부효과에 대한 대응

자유 시장에 특정 재화의 공급이나 소비를 맡겨두지 않고 국가가 공적으로 개입하거나 직접 해당 재화의 공급이나 소비를 책임져야 하는 경우로 외부효과(external effect, externality)를 들 수 있다. 어떤 주체의 행위가 거래관계의 당사자가 아닌 제3자에게 영향을 미치는 현상을 외부효과라고 한다. 여기에는 두 가지가 있는데, 어떤 사람의 경제적 행위가 제3자에게 유리한 영향을 미치는 경우를 긍정적 외부효과(positive external effect)라 하고 부정적 영향을 미치는 경우를 부정적 외부효과(negative external effect)라고 한다. 외부효과가 있을 경우에는 시장에 자원 배분을 맡겨두면 영향을 받는 제3자의 이해관계가 고려되지 않기 때문에 재화가 사회적으로 바람직한 수준보다 지나치게 많이 공급되거나 너무 적게 공급되기 쉽다. 따라서 공공재의 경우와 마찬가지로 외부효과가 있는 경우에도 시장실패가 발생한다.[16]

먼저, 긍정적 외부효과의 사례를 살펴보자. 홍역 예방접종이 여기에 해당한다. 홍역은 전염성이 강한 질환이므로 소아들을 대상으로 홍역 예방접종을 실시하여 홍역 바이러스에 대해 면역력을 갖도록 해야 한다. 그런데 특정 지역사회에서 모든 소아가 예방접종을 받아야 하는 것은 아니다. 군집면역(herd immunity) 때문이다. 만약 홍역의 군집면역이 80%라면 나머지 20%의 소아들은 홍역 예방접종을 받지 않았음에도 불구하고 홍역에 걸리지 않는다. 여기서 홍역 예방접종을 받은 사람들은 자신이 홍역에 걸리지 않아서 좋을 뿐만 아니라 군집면역 효과 때문에 홍역 예방접종을 받지 않은 사람들도 홍역에 걸리지 않도록 혜택을 주게 된다. 예방접종을 한 사람들의 행위가 자신과는 무관한 제3

자에게 이득을 준 것이다. 그런데 이럴 경우에 나타나는 문제는 예방접종을 기피하고 군집면역에 무임승차하려는 사람들이 늘어나게 되고, 결국 지역사회 전체에 홍역이 유행할 가능성이 커진다는 것이다.

또 다른 사례로 기초과학 연구를 들 수 있다. 지식은 연구에 의해 창조되기 때문에 주요 선진국일수록 정부가 기초과학 분야에 막대한 예산을 투입한다. 기초과학은 일반적 지식을 만들어내는데, 그 자체로는 생산성의 향상에 별로 기여하지 못하지만 응용을 통해 특정 기술 지식으로 발전하게 되면 새로운 제품을 개발하는 데 크게 기여한다. 그리고 이렇게 개발된 특정 기술은 특허를 통해 일정기간 동안 배타적인 권리를 누린다. 기초과학이 창조하는 일반적 지식은 수학의 공식처럼 누구나 무료로 활용할 수 있는 공공재다. 그런데 문제는 이런 기초과학의 연구에는 많은 돈이 들어간다는 것이다. 그래서 이 일은 민간 기업을 통해 시장에서 일어나기 어렵다. 규모가 큰 연구일수록 더 그렇다. 누구라도 무임승차를 원하기 때문이다. 그런데 기초과학의 연구 성과는 제3자에게 막대한 긍정적 파급효과(spillover effect)를 끼친다. 결국 새로운 일반적 지식을 창조하는 데 자유 시장에서는 너무 적은 자원이 투입될 것이 분명하므로 정부가 나서서 이 일을 감당할 수밖에 없다.[17]

다음으로, 부정적 외부효과(negative external effect)의 사례를 들어보자. 한강 상류에 위치한 한 공장에서 한강으로 폐수를 흘려보내고 있다. 이 공장이 이렇게 하는 것은 폐수 처리 비용을 아낌으로써 제품의 가격 경쟁력을 높여 더 많은 이윤을 얻기 위해서다. 정부 차원의 마땅한 환경 규제도 없기 때문에 이런 일은 경제 개발의 초기 단계에서 자주 목격된다. 그런데 강 하류에서 물고기를 잡는 어부는 한강의 수질 오염으로 인해 경제적으로 큰 고통을 겪게 된다. 여기서 한강 상류의 공장이

행한 경제적 행위는 한강을 오염시킴으로서 제3자인 어부에게 부정적 외부효과를 미쳤다. 이 경우 해당 공장의 입장에서는 사회적으로 바람직한 수준보다 생산량을 더 늘리게 된다. 그러므로 정부가 개입하여 이런 상황을 바로 잡아야 한다. 그 방법으로는 엄격하게 법으로 금지하거나 불가피하다면 폐수 방출량에 따라 벌금을 물릴 수도 있을 것이다.

사회복지의 재화나 서비스들은 모두가 긍정적 외부효과가 큰 특징이 있다. 앞서 살펴보았듯이 아동 보육이나 교육 같은 사회서비스는 사회 전체를 좋게 만들게 되는데, 여기서 제3자들도 이런 발전된 사회적 맥락으로부터 이득을 보게 된다. 빈자들을 위한 복지도 마찬가지로 제3자에게 범죄 감소와 사회적 안정감이라는 이익을 가져다준다. 그런데 이렇게 긍정적 외부효과가 큰 재화나 서비스들은 사회적으로 바람직한 수준만큼 공급이 이루어지지 않는다. 홍역 예방접종의 경우처럼 남들이 해주기를 바라는 것이다. 그래서 국가가 나서서 이 문제를 해결해야 한다. 국가가 세금을 투입해서 공적 방식으로 필요한 만큼 사회복지의 재화나 서비스들을 공급하면 된다.

정보의 비대칭성에 대한 대응

일반적으로 어떤 재화가 시장에서 합리적 선택을 통해 효율적으로 배분되기 위해서는 그 재화를 구입하려는 수요자와 판매하려는 공급자가 공히 그 재화의 내용, 질, 그리고 가격에 대한 충분한 정보를 갖고 있어야 한다. 가령, 양말을 만드는 5개의 제조업체가 시장에 참여하고 있고, 수많은 독립적인 경제 주체들이 양말의 구매를 희망하는 수요자로서 시장에 참여하고 있다고 가정해 보자. 양말에 대한 수요는 일정한데 양말의 공급이 늘어나면 당연히 시장에서 형성되는 양말의 가격은 하락한다. 이렇게 되면 양말 제조업자들은 양말의 공급을 줄일 것이고, 이때 경쟁력 없는 업체는 도산한다. 그래서 결국에는 '품질 좋은' 양말을 '싼 값'으로 판매하는 업자에게로 소비자들이 몰려든다. 이런 원리에 의해 시장은 경제 주체들에게 필요한 자원인 양말을 가장 효율적으로 배분하는 기제로서 역할을 해낸다. 그러면 의료 서비스의 경우에도 같을까? 실제로 의료 서비스 시장은 자유 시장의 원리에만 맡겨 놓으면 언제나 실패하는 것으로 알려져 있다. 미국이 대표적인 사례이다.

의료 서비스는 시장에서 거래되는 양말 같은 다른 재화나 서비스들과는 달리 정보의 비대칭성(asymmetry of information)이라는 고유한 특성을 가지고 있다. 여기서 정보의 비대칭성이란 거래의 당사자 중 한쪽은 정보를 많이 가지고 있는데 비해 다른 쪽은 정보를 적게 가지고 있는 상황이다. 이런 거래 상황에서는 당연히 정보를 많이 가진 쪽이 일방적으로 유리하다. 시장에서 다른 상품들을 구입할 때와 마찬가지로 의료 서비스를 구입할 때에도 형식적으로는 의료 서비스 수요자인 환자에게 선택권이 주어져 있다, 그러나 실제로는 양말을 구입할 때와 전혀 다른 상황이 전개된다.

여기서 질병과 의료를 둘러싼 정보와 지식의 불균형, 즉 정보의 비대칭으로 인해 의료 서비스 공급자인 의사와 병원은 언제나 우월적 지위를 점하게 된다. 그래서 이담 스미스가 말한 자유 시장의 원리가 작동하기 어렵다. 정보의 압도적 우위를 점하고 있는 의료 공급자가 돈벌이가 되는 의료 서비스를 과잉 생산하고 소비자에게 해당 서비스를 구입하도록 요구하는 일이 충분히 가능하기 때문이다. 의료 서비스 소비자인 환자는 정보의 비대칭적 상황과 함께 질병의 고통으로 곤경에 처해 있는 사회적 약자의 입장에서 대개의 경우 의사와 병원이 요구하는 대로 응하게 된다.

예를 들면, 뇌에 악성 종양이 생겨서 머리가 심하게 아픈 환자가 악성 종양 치료라는 의료 서비스를 시장에서 양말을 구입하는 절차에 따라 구입할 순 없다. 만약 그것이 가능하다면 의료 서비스도 자유 시장의 원리에 맡기면 된다. 그러나 종합병원에 가본 사람이라면 적어도 병원에서는 자유 시장의 원리가 작동하지 않는다는 사실을 경험적으로 알게 된다. 환자는 뇌의 악성 종양 치료라는 의료 서비스의 내용에 대해 잘 모르고, 그것의 가격이 얼마인지, 또 그 병원의 악성 종양 치료 서비스의 질에 대해서도 제대로 알기가 어렵다.

그렇다면 이 문제를 해결하는 방법은 없을까? 이런 시장실패를 해결할 좋은 방법이 있다. 의료 서비스의 영역에서 정보의 비대칭으로 고통받을 수밖에 없는 환자들을 대신해서 활동해줄 공익적 전문가로서의 제3자가 있으면 시장의 실패를 극복하는 데 크게 도움이 된다. 국가가 이 일을 하면 된다.

의료 서비스 시장에서는 시장 가격이라는 것이 성립되지 않는다. 공급자인 의사와 병원이 필요 이상의 의료 수요를 창출하거나 담합과 독점으로 인한 의료 서비스 질 하락 등의 어두운 현상이 나타날 수도 있기 때문이다. 그러므로 의료 공급자와 의료 수요자 사이에 공익적 제3자가 개입하여 정보의 비대칭이 초래할 시장의 각종 부작용을 최소화할 필요가 있다. 복지국가라는 책임성 강한 정부가 이런 역할을 담당하면 된다. 결국 의료 서비스의 가격과 질에 대한 정부의 규제와 개입은 정당한 것이며, 그래서 모든 선진 복지국가들은 이런 공적 통제 시스템을 운

영하고 있다.[18]

역 선택과 도덕적 해이에 대한 대응

먼저, 역 선택을 살펴보자. 일반적으로 보험 가입자는 자신의 특성에 대해 보험 회사보다 더 많은 정보를 가지고 있다. 따라서 민간보험 시장에서는 질병 등 나쁜 사건에 직면할 가능성이 높은 사람들이 주로 보험에 가입하기 쉽다. 이것을 역 선택(adverse selection)이라고 한다. 가령, 질병에 걸릴 가능성이 큰 사람일수록 민간보험 시장에서 의료보험 상품을 구입할 가능성이 더 크다. 이렇게 되면 보험 회사는 지출이 늘어나는 만큼 보험 가입자들의 보험료를 올리게 된다. 결국 건강한 사람들은 높은 보험료 부담 때문에 보험 가입을 회피하게 되고 질병 발생의 위험이 높은 사람들만 민간보험에 가입하게 되는 악순환이 일어난다. 그래서 이런 민간보험 상품은 자유 시장에서 존재하기 어려워진다.

역 선택의 문제로 민간보험 회사가 개인들을 대상으로 보험 상품을 팔기 어려운 대표적인 사례로 실업보험을 들 수 있다. 실업보험 상품이 판매되면 실업에 처할 가능성이 높은 사람들이 집중적으로 이 상품을 구입하게 될 것이다. 이때 보험 회사는 어떤 사람이 실업자가 될 가능성이 높은지 판단하기 어렵다. 반면에 보험 가입자는 자기 자신의 실업 가능성에 대해 더 많은 정보를 가지고 있다. 여기서도 정보의 비대칭 상황이 벌어진다. 결국 보험 회사는 실업보험 가입자들에게 막대한 지불을 해야 하고 살아남기 위해서는 높은 보험료를 매길 수밖에 없게 된다. 따라서 대부분의 사람들이 이런 상품을 구입할 수 없게 될 것이므로 실업보험 상품은 시장에서 사라지게 된다. 오늘날 어떤 나라에서도 시장에서 개인을 대상으로 실업보험을 판매하는 경우가 없다는 것이 이 사실을 잘 뒷받침해 준다.

역 선택이란 거래 당사자 중 한쪽의 숨겨진 속성 때문에 발생하는 문제이다. 시장에서 거래되는 의료보험 상품의 경우에는 보험 상품 구매자인 가입자의 건강 상태는 숨겨진 속성이다. 만약에 같은 방식으로 시장에서 실업보험 상품이 거래된다면 이때에는 가입자의 실업 가능성 또는 실업 성향이 숨겨진 속성이 될 것이다. 의료보험 상품을 어떻게든 판매하려는 보험 회사는 이 문제를 해결하기 위해 보험 가입 희망자들을 대상으로 보험 가입에 적절한지의 여부를 판단하는 언더라이팅(underwriting)을 실시한다. 언더라이팅을 통해 보험 회사는 가입 희망자를 대상으로 신체적으로 부적격 사유가 없는지 판단하는데, 상담을 하면서 과거의 병력 등을 알아보고 필요하다면 건강검진을 요구한다. 그럼에도 불구하고 보험 회사는 가입 희망자가 보유한 수준의 정보를 획득하지는 못한다. 그런데 실업보험의 경우에는 가입 희망자의 숨겨진 속성을 알아내기가 거의 불가능하다. 그래서 이런 종류의 보험 상품은 아예 시장에 출시되지 않는다.

그러므로 이 문제를 해결하기 위해서는 강제 가입 원칙의 사회보험이 필요하다. 사회보험은 보험 가입자의 수를 극대화하기 때문에 각 개인에 대한 위험 발생 관련 정보는 모르더라도 특정 위험이 발생할 집단적 확률은 쉽게 알 수 있다. 그러므로 사회보험 당국은 이런 확률을 근거로 해서 적정 보험료를 책정할 수 있게 된다. 이때 집단의 크기가 클수록 역 선택의 문제는 약화되는 경향이 있다. 그래서 국가 수준에서 국민 전체를 하나의 집단으로 삼아 사회보험을 운영하게 되는 것이다.

다음으로, 도덕적 해이(moral hazard)를 살펴보자. 정보의 비대칭성 때문에 시장에서 미래의 위험에 대비하는 보험이 제공되기 어려운 또 하나의 이유는 도덕적 해이 때문이다. 개인의 의도적인 행위가 보험이 대상으로 하는 위험의 발생 가능성에 영향을 준다는 것이다. 보험에 가입한 사람은 위험 발생을 예방할 행위를 적게 할 동기를 가지게 되기 때문이다. 결국 위험 발생률이 높아져서 가입자들의 보험료는 높아지고, 가입자의 수가 줄어들게 된다. 이런 상황이 크게 악화된다면 시장에서 민간보험 상품은 제공되기 어려워진다.[19]

예를 들면, 자동차 보험에 가입한 사람들은 사고가 나더라도 보험 회사가 관련 비용을 지불해준다는 점을 알기 때문에 보험 가입 이전에 비해 사고의 위험을 줄이려는 노력을 덜 하게 된다. 따라서 사고 발생의 확률은 높아지고, 보험 회사의 보험금 지급액은 늘어나게 된다. 이것은 결국 보험료의 인상으로 이어진다.

의료보험에서 도덕적 해이가 더 문제가 된다. 의료보험에 가입한 사람들은 건강관리를 소홀히 하거나 필요 이상으로 의료기관을 방문하여 의료비 지출을 증가시킬 가능성이 커진다. 여기서는 의료기관도 마찬가지의 이해를 갖는다. 과잉진료가 이익을 가져다주기 때문이다. 보험회사가 이런 도덕적 해이를 제대로 통제하기는 쉽지 않다.

이런 경우보다 도덕적 해이가 더 심각한 경우는 실업보험이다. 실업이 자발적인지 비자발적인지 구분하기 어렵기 때문이다. 도덕적 해이로 인한 자발적 실업이 만연해지면 보험 회사는 재정적으로 시장에서 살아남기 어렵다. 그래서 현실의 시장에서는 실업보험과 같은 상품이 존재하지 않는 것이다.

역 선택과 도덕적 해이를 정리해보자. 이 둘은 모두 정보의 비대칭성에서 비롯된 것이다. 그리고 이 둘 모두는 미래의 위험에 대비하는 민간 보험 상품이 시장의 실패를 일으키므로 국가 주도의 사회보험이 제공되어야 한다는 논거로 사용된다. 그렇다면 이 둘의 차이점은 무엇일까? 역 선택은 정보의 비대칭으로 인해 보험 계약을 체결하는 시점에서 발생하는 문제이고, 도덕적 해이는 보험 계약 체결 이후에 발생하는 문제이다. 보험 계약 체결 이후에 보험 가입자가 어떻게 행동할지는 계약 체결 시점에서 보험 회사가 알 수는 없는 일이다.

정보의 비대칭성이란 거래의 양쪽 당사자 간에 정보가 비대칭적이라는 말인데, 정보가 부족한 쪽에서 볼 때는 그의 정보는 '불완전'한 것이다. 앞서 살펴본 의료 서비스의 거래에서 정보가 부족한 쪽은 소비자였다. 그래서 소비자의 정보 불완전성을 소비자 무지(consumer ignorance)라고 한다. 의료 서비스 중에서도 특히 예방 의료 서비스는 정보의 불완전성 문제가 더 심하다. 대체로 건강한 사람들은 건강의 가치를 제대로 평가하지 못하기 때문이다. 그래서 이런 서비스는 시장에서 사회적으로 바람직한 수준보다 과소하게 소비되는 경향이 있다. 이럴 경우, 정부가 나서서 저렴하게 또는 무상으로 예방 서비스를 공급하거나 보건의료 정책을 통해 적정 소비를 유도할 수도 있다.[20]

가치재 문제도 정보 불완전성 또는 소비자 무지에서 비롯된다. 소비자들은 가치재의 진정한 가치를 잘 모르기 때문에 시장에서 이런 재화를 덜 구입하는 경향이 있다. 앞서 살펴본 예방 의료 서비스도 이런 경우에 속한다. 이외에 사회복지의 재화나 서비스들도 소비자 무지루 인해 정부가 직접 나서야 한다. 미래에 발생할 사건에 대한 경험이 이전에는 전혀 없던 사람은 소비자 무지로 인해 잘못된 선택을 할 가능성이 매우 크다. 가령, 과거에 실업 상태에 있어본 경험이 전혀 없는 사람들은 실업의 고통을 모르기 때문에 실업보험의 필요성을 덜 느끼게 된다. 그래서 이런 사람들은 실업보험에 가입하는 것 대신에 현재의 더 높은 임금을 선택하게 된다. 이런 논리는 노령연금에도 그대로 적용된다. 그래서 이런 위험에 대해서는 국가가 직접 개입해서 실업보험과 노령연금을 공적 방식으로 제도화해야 한다.[21]

자본주의 경제의 거시적 효율성과 안정성 제고

지금까지 '복지국가가 필요한 경제학적 이유'라는 주제 하에서 복지국가는 자본주의 경제에서 미시적 차원의 시장실패를 해결하거나 보완해줌으로써 미시적 효율성을 높여준다는 점을 살펴보았다. 시장실패는 자유 시장이 제대로 작동하지 못하도록 하는 조건들 때문에 바람직한 결과를 산출하는 데 실패하는 경우를 말한다. 앞에서 다루었던 공공재, 외부효과, 정보의 비대칭성, 역 선택과 도덕적 해이는 개별 경제 주체들 간의 관계에서, 즉 경제의 미시적 차원에서 시장실패를 일으켰다. 그래서 우리는 이런 종류의 미시적 시장실패를 해결하기 위해서 복지국가가 어떻게 제도적으로 대응하는지를 살펴보았다.

이번에는 '복지국가가 필요한 경제학적 이유'라는 제목에는 잘 부합하지만, 앞서 언급한 복지국가가 필요한 미시 경제적 이유가 아니라, 복지국가가 필요한 거시 경제적 이유들을 살펴보자. 복지국가는 거시적 수준에서 국민 경제가 더 효율적이고 안정적으로 작동할 수 있도록 도와준다. 그래서 제대로 된 복지국가들에서는 경제 성장을 안정적으로 이룰 수 있게 된다. 복지국가라서 이것이 가능한 이유들은 다음과

같다.[22]

첫째, 복지국가의 강력한 소득재분배 정책은 내수 경제를 안정적으로 발전시킨다. 특히 양극화와 불평등 시대의 소득재분배 정책은 저소득층과 서민층의 소득과 소비를 늘려주는데, 한계소비성향이 높은 이들 계층의 특성으로 인해 사회 전반의 유효수요(effective demand)[23]가 늘어난다. 이것은 기업이 생산한 소비재가 더 잘 팔리게 된다는 것을 의미하므로 기업들은 생산 규모를 늘리게 되고, 이에 따라 고용도 증가하게 된다. 고용의 증가는 국민의 소득 증가로, 이것은 다시 소비의 증가로 이어지는 선순환 고리가 작동하게 된다.

둘째, 복지국가는 과도한 경기변동을 억제해서 경제 주체들이 안정적인 경제생활을 할 수 있도록 도와준다. 가령, 경기가 나빠져서 실업자와 빈민이 늘게 되면 복지국가의 고용보험과 국민기초생활보장 제도가 자동적으로 작동한다. 그래서 실업자에게는 실업 급여를 지급하고, 빈민에게는 기초생활보장 급여를 지급한다. 불황기에 이렇게 자동적으로 이루어지는 복지국가의 사회복지 지출은 유효수요의 감소 문제를 완화해주고 경기 회복 시점을 앞당기는 데 도움을 준다. 반대로 경기가 호황일 때는 복지국가로 인해 불황 때와는 반대 방향으로 국민 경제가 작동한다. 이때는 실업자와 빈민이 줄어들므로 자동적으로 사회복지 지출이 감소하는데, 이로 인해 호황기에 발생하는 유효수요의 증가를 억제하는 효과를 발휘하여 경기과열과 물가상승을 억제한다.

셋째, 복지국가의 적극적 노동시장정책(active labor market policy, ALMP)[24]은 사회안전망으로서 기업 구조조정이나 산업 구조조정을 지원하는 효과를 발휘한다. 개별 기업이나 특정 산업이 기술의 발전이나 국제적 경쟁의 심화 등 새로운 상황에 대응해서 더 나은 경쟁력을 가지기 위해 해고 등의 수단으로 구조조정을 단행하는 것은 경제 발전에 따라 불가피하게 수반되는 과정이다. 그리고 이것들은 경제 발전의 원동력이 되기도 한다. 그러나 이것들은 단기적으로는 엄청난 사회적 갈등과 고통을 낳는다. 구조조정 과정에서 발생하는 정리해고는 당사자인 노동자 개인과 가족의 삶을 막다른 곳으로 몰아가게 된다. 그래서 노동조합과 노동자들의 저항은 언제나 거셀 수밖에 없다. 이런 곤란한 상황은 자유방임적 시장 경제를 운용하는 대부분의 국가에서 항상적으로 나타날 수밖에 없다. 그러나 복지국가는 다르다. 복지국가가 제공하는 강력한 사회안전망 덕분에 기업과 산업은 언제라도 경쟁력 향상을 위한 구조조정에 박차를 가할 수 있고, 이들 기업과 산업의 노동자들은 국가의 사회안전망으로부터 충분한 보호를 받는다. 즉 복지국가는 경쟁력을 잃어가는 특정 기업이나 산업을 보호하는 것 대신에 강력한 제도적 사회안전망을 통해 노동자들의 삶을 보호한다.

넷째, 복지국가는 사회임금(social wages)을 통해 기업의 인건비 부담을 줄여준다. 복지국가의 보편적 복지 제도는 사회 구성원 모두에게 보육·교육이나 노후보장 등 삶의 다양한 분야에 적용되는데, 그 규모가 매우 크다. 이렇게 사회복지 제도를 통해 국민들에게 지급되는 현물이나 현금 같은 혜택들은 국가가 국민들에게 주는 일종의 임금과 같은 것이다. 왜냐하면 국가가 보육·교육이나 노후보장 같은 복지 제도를 통해 이들 분야에 지출을 하지 않는다면, 노동자 가계에서는 노동시장에서 지급받은 시장임금의 일부를 사용하여 아이의 보육비와 교육비를 지출하고 부모님의 노후를 지원할 것이기 때문이다. 다시 말해서 사회임금은 기업이 직접 지급하는 시장임금을 보충해줌으로써 기업의 인건비 부담을 줄여준다. 이것은 특히 임금 지불능력이 낮은 중소기업에게 큰 도움을 준다.[25] 사회복지 제도를 통해 제공되는 사회임금의 수준이 높은 복지국가일수록 중소기업 노동자들의 총임금이 높아지므로 사회임금은 대기업과 중소기업 간의 격차 완화에도 크게 도움을 준다.[26]

다섯째, 복지국가는 노동쟁의를 감소시킨다. 익히 알다시피, 북유럽 복지국가들은 노동조합의 조직률이 세계에서 가장 높지만 노동쟁의는 거의 없다. 이것은 이들 복지국가의 강력한 보편적 복지 덕분이다. 북유럽 복지국가들은 임금이나 근로조건 협상을 개별 기업의 노사가 직접 하는 것이 아니라 산업별로 그리고 전국 단위에서 협상을 진행한다. 이것은 북유럽 복지국가의 중요한 노사협조주의 담론인데, 개별 기업 단위의 불필요한 노동쟁의를 줄여주는 역할을 한다. 그리고 국가가 보편적 복지를 통해 사회임금을 지급하는 비중이 매우 크므로 시장임금의 상대적 비중이 약한 편이다. 실제로 가족의 생활에 드는 비용의 절반 정도를 국가가 사회임금으로 지불한다면 개별 사업장 단위에서 시장임금을 놓고 노사 간에 격한 싸움이 일어날 가능성은 크게 줄어들 수밖에 없을 것이다.

여섯째, 복지국가는 보편적 복지와 적극적 복지를 통해 인적 자본과 사회적 자본(social capital)을 확충시켜준다. 복지국가는 생애주기에 걸쳐 아동·청년·여성·노인 등 사람에게 직접 투자하는 각종 복지 제도가 촘촘하게 잘 짜여있다. 결국 사람에 대한 이런 보편적·적극적 투자는 노동력의 질을 높이게 되고, 이렇게 확충된 인적 자본은 고용률과 노동생산성을 높여 경제를 성장시킨다. 뿐만 아니라 보편적 복지는 사회 구성원 모두에게 든든한 사회안전망이 되어준다. 그래서 이런 사회에서는 사람들 사이의 신뢰(trust)와 협력의 수준이 매우 높다. 뿐만 아니라 이들 복지국가에서는 빈곤으로 인한 자살이나 각종 범죄의 발생률도 현저하게 낮다. 신뢰와 사회적 안정의 수준이 높은 복지국가는 사회안전망이 부실하고 불신과 부패 · 범죄가 만연한 사회와는 정반대로 경제사회적 거래비용(transaction costs)[27]을 줄여주는 등의 이유로 경제 성장에도 매우 유리하다. 이것이 바로 사회적 자본의 힘이다.

2부

어떤 복지국가인가

4장 사회권 보장의 수준과 복지국가의 다양성

5장 복지국가 유형의 실제: 스웨덴, 독일, 미국

6장 대한민국 경제사회 체제의 신자유주의적 재편

4장

사회권 보장의 수준과 복지국가의 다양성

이제는 복지국가 시대의 '그냥 복지국가'가 아니라 '어떤 복지국가'인가가 매우 중요해졌다. 다수 국민의 더 나은 삶을 제도적으로 보장해주는 복지국가 모델을 찾아내고, 이것을 해당 국가의 풍토에 잘 맞도록 토착화하도록 해야 한다.

1.

사회권의 제도화가 중요한 이유

자본주의의 모순 속에서 피어난 사회권

근대 발전국가 시대에 들어선 이후 사람들은 오랫동안 자유를 무엇보다 중시했다. 고전적 자유주의 이념에 기반을 둔 자유방임 경제 체제나 야경국가의 모습은 당시만 해도 절대불변의 진리와도 같았다. 하지만 자유방임 자본주의는 산업혁명의 거대한 성과에도 불구하고 구조적으로 불평등과 삶의 불안을 야기할 수밖에 없었다. 그럼에도 이런 구조적 문제들을 개인들이 각자 알아서 해결하도록 방임하는 것은 마치 사각의 링 위에서 난장이와 거인이 자유 시장의 원리에 따라 자유롭게 싸우도록 내버려두는 것과 같은 것이다. 이것은 얼핏 봐도 무자비하지만 정의의 원칙에도 어긋난다. 겉으로 보기에는 싸울 기회가 동등하게 주어진 것 같지만 실제로는 늘 거인이 이기게 되어 있는 부당한 싸움이다. 여기서 진정한 정의는 난장이가 거인과 실질적으로 대등한 싸움을 할 수 있도록 심판으로부터 무언가 특혜를 받을 때 이루어질 수 있다. 아니면 최소한 난장이가 거인과 일대일로 맞붙는 일이 없도록 게임의 규칙이 변경되어야 한다.

그것은 수많은 난장이들의 정당한 권리이며, 그 권리가 제도적으로 보장될 때 비로소 난장이들은 불안과 고통에서 벗어날 수 있고 마침내 '행복'할 수 있게 된다. 그러면 여기서 난장이는 누구이고 거인은 누구인가. 이것은 관계의 개념이다. 자유 시장에서 거래(계약)를 하거나 경쟁을 하는 식으로 상호 관계를 맺고 있는 당사자들을 말하는데, 난장이는 경제사회적 약자들이고 거인은 강자들이다. 노동자 개인이 난장이라면 자본가는 거인이다. 하청 중소기업이 난장이라면 재벌 대기업은 거인이다. 신체적·정신적 능력이 취약한 사람이 난장이라면 큰 능력이라는 천부적 행운을 타고난 사람은 거인이다. 이들 간의 구조적 불평등과 이로 인한 난장이들의 고통과 불안 같은 문제들은 국가가 자유 시장의 원리에 따라 난장이들을 방임하는 것이 아니라 이들에게 제도적으로 특별한 혜택과 조치를 보장해줄 때라야 비로소 해결될 수 있다. 이것은 보통사람들의 당연한 권리이며, 20세기 중반기는 그런 권리 의식이 정치사회적으로 싹을 틔운 시대였다.

이 권리에 학자들이 붙인 이름은 '사회권'이다.[1] 사회권이라는 '행복할 권리'에 대한 의식은 바로 그렇게 수많은 사람들이 자유방임 자본주의의 고통 속에서 몸부림치는 가운데 싹텄다. 이 권리는 자유권(공민권)이나 정치권과는 질적으로 다르다. 캐나다의 사회학자 라메쉬 미쉬라는 앞선 두 권리가 시장에서 게임(경쟁)의 규칙을 정하는 것이라면 사회권은 게임의 결과를 나타내는 것이라고 했다. 즉 사회권은 게임이 실질적으로 공정하게 진행되도록 보장하고 사후적으로 그 결과를 조율하는 권리이다. 그리고 역사적으로 18세기와 19세기에 각각 발전했던 자유권과 정치권은 20세기에 등장한 권리인 사회권의 발달을 촉진시킨다. 여기서 중요한 점은 이들 세 권리 사이의 관계에서 사회권은 다시 자유권과 정치권의 완전하고도 적절한 향유를 가능케 한다는 것이다. 즉 사회권이 제도적으로 제공하는 교육, 소득, 건강, 주거 등의 복지는 자유권과 정치권의 완전한 발휘에 필수불가결한 조건이다. 다시 말하자면, 사회권은 다른 두 가지의 권리를 완성하는 것이다.[2]

또 자유권과 정치권이 시장의 개인들이 주체가 되어 행사하는 '자유'의 권리라면, 사회권은 정부의 적극적인 행동을 필요로 하는 '평등'의 권리이다. 20세기 중반을 넘기면서 대다수 국가들이 사회권 개념을 수용했고, UN의 세계인권선언과 사회권 규약은 이것을 명문화하며 계승했다.[3] 이로써 세계적으로 자유권과 참정권만큼 사회권도 모든 사람들이 당연히 보장받아 마땅한 기본적인 권리가 되었다.

사회권 인식이 중요한 이유

자유권과 참정권에 이어 20세기 중반 이후 실제로 많은 선진 복지국가들이 사회권을 인정하고 있다. 하지만 영화《행복을 찾아서》에서 1980년대를 사는 주인공 크리스는 미국인들에게는 실제로 '행복할 권리'가 아니라 '행복을 추구할 권리'만 있다면서 사회권의 존재를 부정한다. 그런데 이런 모습이 왠지 낯설지가 않다. 지금 대한민국의 곳곳에도 수많은 크리스들이 있을 것 같기 때문이다.

사실 우리나라 헌법에는 어떤 나라 못지않게 사회권이 명확하게 표현되어 있다. 이것은 해방 이후 급하게 마련된 제헌헌법이 사회권을 최초로 명시한 독일 헌법 등 유럽의 상황을 상당 부분 참고하거나 따라가면서 당시의 시대정신을 반영한 덕분이었다. 현재 우리나라 헌법에는 사회권이 '인간다운 생활을 할 권리'라는 이름으로 명시되어 있고 구체적인 사회권들도 열거되어 있다.[4] 이로써 우리 사회의 모든 구성원들은 누구나 교육받고, 하고 싶은 일을 하며, 사랑하는 사람과 결혼해서 아이를 낳아 잘 키우고, 깨끗하고 안전한 환경 속에서 인간다운 생활을 누릴 수 있음이 헌법으로 보장되어 있는 것이다.

하지만 대한민국 헌법에 뭐라고 쓰여 있던, 우리 사회에는 아직도 '행복할 권리는 보장되고 있지 않고 그저 행복을 추구할 권리만 있을 뿐'이라고 말하는 크리스들이 너무나 많다. 만약에 우리가 취업·결혼·출산을 포기한 3포 세대의 한 젊은이를 붙잡고 우리나라의 헌법을 보면 당신에게는 행복할 권리가 보장된다고 말해준다면, 그는 뭐라고 대꾸할까? 틀림없이 그 젊은이는 어이가 없다는 표정으로 무슨 그런 꿈같은 이야기를 하냐면서 자신이 행복해지는 길은 빨리 스펙을 높여 취업 경쟁에서 살아남는 길밖에 없다고 말할 것이다. 심지어 폐지를 가득 실은 리어카를 끌고 가는 할머니에게 다가가서 할머니의 행복할 권리를 보장하기 위해 본래 국가가 어르신들의 노후 보장을 책임져야 한다고 말을 꺼내면 어떨까? 아마도 그 할머니는 공짜를 바라면 못쓴다면서 가뜩이나 나라 곳간도 비었는데 무슨 소리를 하냐며 우리를 질타할 가능성도 배제할 수 없을 것이다.

젊은이나 할머니나 모두 크리스와 같다. 나의 행복은 내가 해결할 문제이고 국가와는 아무 상관이 없다고 생각한다. 우리 사회 구성원들의 다수가 이와 같은 생각을 가지고 있는 것은 우리 사회에 그동안 사회권에 대한 인식이 거의 없었기 때문이다.

우리 국민은 장기간에 걸쳐 군사정부의 권위주의 체제에서 살아오면서 자유권에 대한 감수성은 상당히 높아졌다. 국가가 시민의 머릿속 생각이나 하고 싶은 말을 통제하려고 할 때, 통신내용을 도청하거나 마구잡이로 끌고 가서 억류하려고 할 때, 정부 비판자를 탄압하거나 시위를 가로막을 때 우리 국민들은 격하게 분노한다. 하지만 아무리 찾아봐도 제대로 된 일자리는 별로 없고, 게다가 일자리를 놓고 피터지게 싸움을 해야 하는 절박한 상황에서도 우리나라의 젊은이들은 '아파도 청춘'이라며 더 열심히 노력해서 살아남아야겠다는 우직한 다짐만 반복한다. 한순간도 허리띠를 졸라매지 않고 산 날이 없는데, 허리가 굽은 노인이 되어도 폐지를 주우며 하루하루를 버텨야하는 수많은 할아버지 할머니들도 '나라가 어렵다니 다른 방법이 있나!'라며 너그러이 쓴웃음만 지으신다. 자유권의 보장을 위해서는 분노하고 피 흘리며 싸울 줄 알았지만 사회권의 보장에는 둔감해도 어떻게 이렇게까지 둔감할 수 있는지! 이것이 지금 우리 대한민국의 모습이다.

이런 '사회권 불감증'은 오랜 독재와 권위주의 정권의 결과로 해석된다. 서구는 17세기 중반부터 자연권 사상과 사회계약 사상이 싹텄고, 혁명과 운동을 통해 자유권과 참정권, 그리고 사회권을 오랜 시간 속에서 하나씩 하나씩 쟁취해왔다. 하지만 우리 국민들은 해방 직후 자유권은 물론이요 사회권까지 한꺼번에 명시된, 그야말로 아주 잘 만들어진 제헌헌법을 아무런 준비도 없이 거저 받아들였을 뿐이다. 그리고 오랜 세월에 걸쳐 민간독재와 군사독재 정권을 겪으면서 우리 국민들에게 무엇보다 중요한 과제는 자유권과 정치적 민주주의였다.

상황이 이렇게 전개되다 보니, 우리는 너무나 오랫동안 보통사람들의 더 나은 삶(행복)의 권리인 사회권에 대해서는 감히 꿈조차 꾸지 못했던 것이다. 당장 시급한 권리들의 실질적 쟁취가 우선순위에 있었기 때문에 사회권 요구는 뒤로 밀렸던 것이다. 하지만 사람들에게 자유가 필요하고 투표권(정치권)이 필요한 것은 결국 모두가 행복하기 위해서다. 따라서 형식적·절차적 민주주의가 달성된 1987년 6월 항쟁 이후에는 우리 사회에서 행복할 권리, 곧 사회권을 요구하는 목소리가 당연히 들불처럼 일어났어야 했다. 당시의 상황을 보면, 실제로 수많은 시민단체들이 생겨났고 1987년의 노동자 항쟁 이후에는 그야말로 우후죽순처럼 노동조합들이 조직되면서 각계각층으로부터 다양한 요구들이 터져 나오기도 했다. 하지만 안타깝게도 우리 사회는 이런 요구들을 현실적으로 수용하고 제도화하는 데 실패했다.

군사정권을 대상으로 오랜 세월 정치 투쟁을 해온 민주 진영의 지도자들은 오직 자유와 정치적 민주주의만을 외쳤을 뿐이며, 국민의 행복권이나 사회권 같은 개념에 대해서는 이해가 크게 부족했다. 그래서 대한민국의 여야 정치권은 국민의 더 나은 삶(행복)에 대한 요구를 수용하여 사회권을 제도화하는 방향으로 나아가지 못했다. 정치적 민주주의를 달성한 사회는 사회경제적 민주주의로 나아가야 하는데, 우리 사회는 그런 진보의 단계를 밟지 못하고 '민주 대 반민주'의 정치적 구도에만 집착하는 우를 범했던 것이다. 그래서 우리 국민은 민주화된 나라에서도 여전히 행복해지지 못했다. 오히려 외환위기 이후 양극화와 불평등이 구조적으로 심화되었고, 이로 인해 행복할 권리의 보장은 더 힘들어졌다.

그런데 서구의 역사에서 자유방임 자본주의의 모순과 질곡 속에서 사회권이 피어났듯, 우리나라 역시 가장 열악한 상황에 처했을 때 사회권이 꽃처럼 피어나기 시작했다. 1997년의 외환위기 이후 더 이상 방치할 수 없을 정도로 양극화와 불평등이 심화되고, 전통적인 가족 복지가 사실상 해체된 가운데 국가 복지라는 사회안전망의 부재가 심각한 사회 문제로 등장하자 우리 사회는 '사회권'을 고민하지 않을 수 없게 되었다. 그래서 김대중 정부 때부터 사회보험의 내실화와 보편주의 의료보장 제도인 국민건강보험의 창설과 같은 복지국가의 제도적 요소들을 도입하거나 확립하기 시작했다.

이에 따라 사회권의 보장을 의미하는 사회경제적 민주주의에 대한 요구가 사회운동 진영에서 분출되기 시작했고, 마침내 2007년 사단법인 복지국가소사이어티가 '역동적 복지국가' 건설을 기치로 출범하게 되면서 사회권의 확립과 복지국가 건설에 대한 정치사회적 요구가 정식화되기에 이르렀다. 이런 요구들은 이후 2010년을 기점으로 무상급식과 보편적 복지 논쟁으로 이어졌고, 복지 이슈가 정치사회적 쟁점으로 부상한 가운데 2012년 대선에서는 과거의 대선들과 달리 보편적 복지와 경제민주화 등의 복지국가 공약을 전면에 내건 여야 간의 정치적 대결이 벌어지기도 했다. 하지만 사회권에 대한 우리 국민의 생각은 여전히 단편적이거나 막연한 경우가 많다. 사회권에 대한 우리 국민의 감수성이 높아지고, 사회권의 제도화를 요구하는 정치사회적 흐름이 크게 형성될 때라야 비로소 '행복할 권리'가 제대로 보장될 수 있다.

사회권 제도화의 길

1994년 생활보호 대상자인 한 노부부가 자신들에게 지원되는 1인당 월 6만5천원의 생계급여에 관해 헌법소원을 제기한 일이 있었다. 노부부가 13만원으로 한 달을 산다는 것은 죽지는 않을 수준으로 하루하루를 버틴다는 것을 의미했다. 그래서 노부부는 최저생계비에 못 미치는 정부의 지원으로 인해 '인간다운 생활을 할 권리'를 침해당했다며 헌법소원을 제기했던 것이다. 이에 대해 학자들과 일부 법조인들이 이 제도에 대한 문제 제기의 차원에서 기획 소송으로 노부부의 헌법소원을 도왔다.

이들의 소송 취지에는 국가를 향해 "헌법이 규정하는 인간다운 생활을 영위할 권리가 있음을 주장하면서 국가가 이를 적절한 수준으로 보장해야 할 책임이 있음을 확인하고자 했던 것"이라고 적혀 있다. 이것은 모든 국민에게는 행복할 권리가 존재하므로 국가가 국민의 행복을 위해 적극적으로 최선을 다해 작동하라는 요구로서 우리 사회에서 이루어진 사회권 관련 첫 공익 소송이었다. 하지만 국가는 국민의 행복할 권리를 외면했다.

당시 헌법재판소는 사회권에 관한 이런 주장을 인정하지 않았다. 우리 국민의 '인간다운 생활을 할 권리'는 구체적으로 어떤 법률이 만들어져 있을 때에만 보장할 수 있는 추상적인 권리라는 것이 판결의 골자였다. 그러므로 국가가 복지에 관한 법률을 전혀 만들어 놓지 않았거나 만들어 놓은 법률의 내용에 심각한 문제가 있지 않는 한 문제될 것이 없다는 것이 헌법재판소의 견해이므로 "청구인들의 행복추구권 등을 침해한다고 볼 수 없다."는 결론을 내렸다. 여기서 다시 한 번, 영화 《행복을 찾아서》에서 나오는 크리스의 첫 독백을 떠올리지 않을 수 없다. 우리나라에서도 행복이란 각 개인이 알아서 추구는 할 수 있되 국가가 적극 나서서 개인이 이것을 최대한 이룰 수 있도록 보장해줄 필요는 없는 것이다.

1994년 이후 비슷한 내용으로 국민의 사회권 보장에 관한 헌법소원들이 있었다. 하지만 2002년의 판결에서도 헌법재판소의 판단은 처음의 그것과 단어 몇 개와 문장 몇 개 빼고는 크게 달라지지 않았다. 식당에서 음식을 주문할 때에도 엄연히 메뉴판에 적혀있는 음식이 준비가 안 된다고 할 때는 짜증이 날 수 있다. 하물며 한 나라의 최고 규정인 헌법상의 권리에 대해 '써놨지만 보장해주지는 않는 것'이라고 말하는 것은 참으로 무책임한 일이 아닐 수 없다.

우리 사회의 사회권 불감증은 국민들의 정당한 권리를 보장받지 못하게 하는 동시에 행복을 가로막는다. 사회권의 특성상, 사회권은 정부가 아무 것도 하지 않을 경우에는 절대로 실현될 수 없다. 따라서 이제라도 우리는 사회권이 우리 모두의 기본권임을 널리 인식하도록 해야 한다. 그리고 정부가 이것을 실제로 보장하도록 적극적인 요구와 함께 행동에 나서야 한다. 그런데 여기서 벽에 부딪친다. 정부가 사회권을 보장하도록 해야 한다는 것이 말은 옳지만 구체적인 방법이 애매하기 때문이다. 이와 관련해서 조국 교수는 사회권을 보장받는 방법으로 '권리를 위한 투쟁'이 대안이라고 지적한 바 있다.[5]

그렇다면 권리를 위한 투쟁이란 무엇이며 어떻게 해야 할까? 이에 대한 대답은 사회권을 제대로 보장하는 새로운 패러다임의 경제사회적 질서를 만드는 것이다. 즉 복지국가를 건설해야 한다. 사회권에는 저소득층이 공공부조의 급여를 수령할 권리를 포함해서 일하고 싶은 사람들이 일자리를 얻을 권리, 아이가 안전하게 자랄 권리 등 수백 가지의 권리들이 포함된다. 그런데 이들 중에서 어떤 문제가 생길 때마다 땜질식으로 고쳐 나가는 점진적인 방법으로는 한계가 있을 뿐만 아니라 그런 문제가 제도적으로 제대로 시정되지 않을 가능성이 높다. 그래서 큰 틀의 변화가 필요하다. 국가의 패러다임 자체가 바뀌어야 한다. 그래야 보통사람들의 삶의 모든 영역에서 사회권이 보장될 수 있다.

결국 답은 '패러다임의 전환'이다. 패러다임 자체가 바뀐다는 것은 지금까지와 다른 가치와 이상을 추구하고 경제 성장의 동력도 크게 달라지는 그런 국가가 필요하다는 이야기다. 그리고 그런 국가가 바로 '역동적 복지국가'이다. 그런데 대한민국의 대안적 국가 발전 모델인 역동적 복지국가를 만나보기에 앞서 사회권의 보장을 중심으로 세계 주요 국가들의 제도적 모습을 둘러볼 필요가 있다. 이들 국가에서 사람들이 행복할 권리와 관련해서 어떤 삶을 살고 있는지 분석적으로 살펴보는 것은 우리에게 타산지석과 모범의 교훈을 모두 남기며, 역동적 복지국가에 대한 이해를 돕고, 왜 역동적 복지국가가 필요한지를 더욱 절실하게 느낄 수 있도록 해 줄 것이기 때문이다.

2.

복지국가의 다양성 논의

행복 수준이 다른 복지국가들

지금까지 사회권을 통해 우리 모두에게 '행복할 권리'가 있음을 확인했다. 이제는 그 행복할 권리가 보장되는 '행복한 나라'를 생각해볼 차례이다. 행복의 기준은 사람마다 다를 텐데, 왜 행복할 권리를 행복한 나라와 관련지어 생각해야 하나? 이런 궁금증이 있을 것이다. 우리 사회에서는 행복과 관련해서 '비움', '느림', '감사'의 지침들이 더러 회자된 일이 있다. 부탄 같은 나라가 행복지수 1위라는 보도들 때문에 사람들은 돈이 많아야 행복한 게 아니라는 말도 하고, 이 행복한 나라로 여행을 가서 정신적 깨달음을 얻으려는 사람들도 있다. 인생의 목적을 행복이라고 했던 고대 철학자 아리스토텔레스는 행복이란 인간 고유의 기능이 탁월하게 발휘되는 삶이라고 정의했는데, 이런 철학 사상은 오래전부터 우리로 하여금 행복은 인간의 정신과 관련된 영역이라는 인식을 갖게 했다.

그러나 정신도 중요하지만 우리는 뇌 이외의 장기들도 가진 존재이며 이성적·철학적 존재인 동시에 현실적·동물적 존재이기도 하다. 명랑

한 필체로 행복에 대해 써내려간 심리학자 서은국의 《행복의 기원》을 보면 행복은 동물로서 인간이 느끼는 즐거움이며 인간의 종족 유지를 가능케 하는 힘이다.[6] 이런 심리학자의 주장이나 사회과학적 지표들을 보면 인간의 행복을 위해서는 고매한 정신 이외의 많은 것들이 필요하다는 것을 알 수 있다.

상식적으로도 우리는 행복하려면 건강해야 하고, 괜찮은 직장에 다니고, 사랑하는 가족 구성원들 사이에 원활한 관계를 형성하고, 지역사회 등에서 즐겁고 의미 있게 소통할 수 있는 참여의 공동체가 필요하다고 생각한다. 학자들이 분석해낸 행복의 조건도 우리의 이런 상식에서 크게 벗어나지 않는다. OECD가 제시한 BLI(Better Life Index, 더 나은 삶) 지표에 해당하는 주거, 소득, 고용, 커뮤니티 활동, 교육, 환경, 시민참여, 건강, 삶의 만족도, 안전 등은 정신의 수양만으로는 해결할 수 없는 현실적·물질적 요소들이다. 종교에 귀의하거나 참선을 통해 물질적 토대가 없어도 행복할 사람들도 있겠지만 대부분의 보통사람들에게는 어떤 수준 이상의 경제사회적 조건들이 행복을 좌우한다.

그런데 행복을 위한 물질적 조건 또는 외적 조건은 개인들이 혼자서 만들 수는 없다. 영화 《행복을 찾아서》에서 주인공 크리스는 저 혼자 각고의 노력 끝에 행복을 쟁취해내기도 했지만, 크리스의 성공은 하도 드문 일이어서 영화로까지 만들어진 사례이다. 이 영화는 크리스가 사는 사회의 다른 구성원들 대부분은 행복한 삶을 누리기 힘들다는 것을 반증하고 있다. 결국 개인의 행복은 그가 살고 있는 나라의 제도적 환경과 무관하지 않다. 특히 행복지수가 어떤 특정 유형의 나라들에서 공통적으로 높게 나온다면, 우리는 이들 나라의 유형과 국민 행복 간의 상관관계를 생각해보지 않을 수 없다.

예컨대 OECD가 매년 조사하는 행복지수는 주요 선진국들 사이에서도 크게 차이가 난다. 북유럽에 위치한 덴마크, 노르웨이, 스웨덴, 핀란드 같은 나라들은 거의 언제나 행복지수가 최상위 그룹에 속한다. 이에 비해 1980년 이래로 신자유주의 세계화를 주도했던 영국이나 미국은 행복지수가 낮다. 북유럽 국가들의 어떤 특징들이 그 나라 국민들의 높은 행복 수준과 밀접한 상관관계를 갖고 있고, 마찬가지로 영국과 미국 같은 신자유주의 국가는 어떤 특징들로 인해 행복 수준이 기대에 못 미치게 된 것이다.

북유럽 국가들만 복지국가인 것은 아니다. 제1부에서 살펴보았듯이, 1930년대 중반 이후 우리 인류는 '복지국가 시대'를 지내왔다. 앞으로도 한 동안은 자본주의 체제가 지속될 것이므로 인류는 '더 나은 삶'을 위해 '복지국가 시대'의 '더 나은 국면'들을 만들어나갈 것으로 전망된다. 그리고 지금까지 현대의 국가들 중에서 국민의 행복을 목표로 삼는다는 의미에서 복지국가를 표방하지 않는 나라는 없었다. 그렇다고 복지국가를 표방하는 모든 국가들이 북유럽 복지국가들처럼 국민 행복의 진짜 복지국가로 인정받는 것은 아니다.

주요 선진국들 중에서도 1980년을 기점으로 신자유주의 세계화에 어떻게 대처했느냐에 따라 경제사회의 구조와 내용이 상당히 달라졌다. 이것을 '자본주의의 다양성'이라고 한다.자본주의의 다양성에 맞게 복지국가들도 다양하게 발전해왔는데, 신자유주의라는 자본주의의 세 번째 시기를 경과하면서 복지국가들마다 그 성과가 사뭇 다르게 나타나고 있다. 그래서 이제는 복지국가 시대의 '그냥 복지국가'가 아니라 '어떤 복지국가'인가가 매우 중요해졌다. 다수 국민의 더 나은 삶을 제도적으로 보장해주는 복지국가 모델을 찾아내고, 이것을 해당 국가의 풍토에 잘 맞도록 토착화하는 것이 중요해진 것이다.

국민의 행복 수준과 복지국가의 유형화

다양한 복지국가들 중에서 우리가 지향해야 할 복지국가 모델과 지양해야 할 복지국가 모델은 어떤 것일까. 그 해답은 여러 나라의 복지국가를 역사적 맥락 속에서 충분히 살펴보고 또 현재의 모습과 특징을 면밀하게 관찰해본 뒤에라야 제대로 내놓을 수 있을 것이다.

OECD 국가들 중에서 'GDP 대비 공공사회복지 지출의 비중'을 살펴보면, 2014년 현재 30%를 넘는 나라로는 프랑스(31.9%), 핀란드(31%), 벨기에(30.7%), 덴마크(30.1%)가 있다. 그리고 25~30%인 나라들로는 이탈리아(28.6%), 오스트리아(28.4%), 스웨덴(28.1%), 스페인(26.8%), 독일(25.8%) 등이 있다. OECD 평균은 21.6%이며, 우리나라는 10.4%, 미국 19.2%, 그리고 영국은 21.7%이다.

행복경제학의 대가인 이스털린의 주장에 의하면, 국민소득이 일정한 수준에 도달하면 행복은 더 이상 소득 수준과 별로 관련이 없다. 주류 경제학인 신고전주의 학파에 의하면, 소득이 높으면 그만큼 가질 수 있는 재화의 범위도 확대되고, 따라서 "많은 것이 적은 것보다 더 좋다."라거나 "소득과 삶의 만족도는 비례한다."는 공식은 당연한 것으로 간주된다. 소득은 예산의 제약을 확대시키므로 더 많은 효용을 충족시켜 행복도가 올라갈 것이기 때문이다. 그런데 이스털린이 했던 소득과 행복의 상관관계에 대한 장기간의 관찰 연구에 의하면, 일정한 소득 수준을 넘어서게 될 경우에는 인간의 행복이 소득의 절대적 수준과 상관성이 거의 없는 것으로 나타났다. 이것을 이스털린의 역설(Easterlin's Paradox)이라고 부른다. 오히려 행복 수준은 다른 사람들과 비교되는 상대적 소득에 의해 더 크게 좌우되는 것으로 나타났다.[7] 그러므로 소득 수준이 이미 일정한 수준을 넘어선 OECD의 주요 선진국들을 대상으로 절대적 소득 수준을 기준으로 행복 수준을 따져보면 틀림없이 상관성이 거의 없는 것으로 나온다. 이미 국민 1인당 수 만 불의 국민소득을 가진 선진국들에서 행복은 절대 소득의 크기가 아니라 상대적 개념인 소득의 격차가 얼마나 작고, 그래서 사회의 통합과 연대 수준이 얼마나 높은지에 주로 좌우될 것으로 여겨진다.

그렇다면 국민의 행복 수준을 그 나라의 소득 수준이 아니라 GDP 대비 공공사회복지 지출의 비중을 가지고 따져보면 어떨까. 아마도 상관성이 상당한 수준으로 관찰될 것이지만, 그래도 이것만으로는 부족할 것이다. 국민소득에서 사회복지 지출이 차지하는 비중이 높다는 것은 그 사회가 통합과 연대의 길로 가고 있다는 증거이므로 당연히 행복 수준이 높을 것이다. 하지만 GDP 대비 공공사회복지 지출의 비중이 높더라도 해당 국가가 그것을 어떤 방식으로 지출하고 있는지, 그래서 그것이 사회 전반적으로 소득 계층 간의 연대와 통합에 제대로 기여하고 있는지, 그 나라의 국민들이 정말로 하고 싶은 일에 종사할 수 있도록 제도적 조건을 잘 만들어 놓았는지도 살펴봐야 할 것이다.

결론적으로 우리는 어떤 나라의 소득 수준이 높다고 해서, 특히 OECD 선진국들을 대상으로 하는 경우에는 확실하게 국민소득의 수준이 높다고 해서 그 나라의 행복 수준이 더 높은 것은 아니며, 또 OECD 국가들 중에서 GDP 대비 공공사회복지 지출의 비중이 높은 순서대로 국가별 행복지수가 정비례해서 높은 것도 아니라는 사실을 알게 되었다. 그렇다면 어떤 복지국가가 행복한 나라일까. 우리는 국민 모두가 행복할 수 있는 나라를 만들고 싶은데, 과연 어떤 복지국가가 그런 나라일까. 이에 대한 해답을 얻기 위해서는 기존에 존재하는 모든 복지국가들을 몇 개의 그룹으로 나눌 필요가 있다. 일정한 기준에 입각해서 공통점을 가진 몇 개의 그룹으로 구분하는 것이다. 복지국가의 유형화(typology)가 그것이다. 이렇게 하면, 같은 그룹에 속한 국가들은 공통의 특성 때문에 행복 수준도 비슷할 것이라고 충분히 가정해볼 수 있을 것이다.

복지 자본주의의 세 가지 세계

실제로 에스핑 앤더슨은 자신의 책 《복지 자본주의의 세 가지 세계》에서 전 세계 복지국가들을 자유주의 복지국가, 조합주의 복지국가, 사회민주주의 복지국가의 세 가지 유형으로 구분했는데, 지금까지도 이 분류법이 널리 사용되고 있다.[8] 에스핑 앤더슨은 복지국가를 유형화하는 데 탈상품화(de-commodification)와 계층화(stratification)라는 두 가지의 변수를 사용했다.

탈상품화는 사람들의 삶이 시장 체제로부터 얼마나 자유로운지를 나타내는 지표이다. 즉 사람들이 시장 질서에 의존하지 않고도 생활에 필요한 물품과 서비스를 소비할 수 있는 정도를 말한다. 한 가정의 가장이 갑자기 아파서 일을 하지 못하게 될 경우를 생각해보자. 이때는 가족의 생계에 필요한 소득의 단절에 대한 대책과 함께 적절한 의료 서비스의 제공도 요구된다. 시장에서 자신의 필요 충족에 실패한 사람에 대해 국가가 시장 밖에서 제도적으로 보호해주는 것이며, 이때 이 사람의 상태는 자신의 노동력을 더 이상 상품화하지 않고서도 기본적인 삶을 유지할 수 있다는 의미에서 탈상품화된 것이다.

계층화는 복지국가의 제도적 작동에 의해 해당 국가에서 일정한 특성을 공유한 그룹들 간의 복지 격차가 나타나는 정도를 말한다. 인류의 역사가 시작된 이래로 어느 시대 어느 국가에서나 계급과 계층은 늘 존재해왔다. 그리고 이런 계급·계층화는 1930년대 중반 이후 시작된 '복지국가 시대'라고 해서 완전히 사라지지는 않는다. 제1부의 2장에서 설명했듯이, 제2차 세계대전 이후 영국 복지국가의 목표는 '빈곤 없는 사회'가 추구하는 절대빈곤 퇴치의 최소국가였다. 그런데 스웨덴은 이것을 넘어 모든 사회 구성원들 사이의 소득과 생활수준의 격차를 최소화하는 '평등한 사회'를 추구했다. 그러므로 자본주의의 황금기 때조차도 이들 두 나라는 계층화의 수준이 다를 수밖에 없었다. 하물며 1980년 이후 신자유주의를 주도한 영국과 기존의 원칙을 견지하려고 노력했던 스웨덴 사이의 계층화 격차는 더 커질 수밖에 없었다. 그러므로 계층화는 복지국가의 유형을 결정하는 데 중요한 변수임에 틀림이 없다. 어떤 나라에서는 영세기업과 대기업의 노동자나 공무원 등 다른 직업과 계층에 속한 사람들이 집단적으로 해당 사회 내에서 가지는 위계적 지위에 따라 그들이 누리게 되는 복지의 수준이 크게 다르다. 그런데 다른 나라에서는 이런 위계적 지위에 따른 복지 수준의 차이가 그렇게 크지 않다는 것이다. 이제부터 에스핑 앤더슨의 복지국가 유형화를 활용해서 각 유형의 특징을 살펴볼 것이다.

먼저, 자유주의 복지국가 모델이다. 이 유형의 국가들은 자유 시장을 강조하는 시장주의 노선을 견지한다. 1980년대 이후 신자유주의의 '작은 정부와 큰 시장' 노선을 이끌어온 영국과 미국이 대표적인 국가이다. 그래서 이 모델을 영미형 복지국가 모델이라고도 한다. 이들 국가에서는 경제와 복지에 대한 국가의 역할이 작으므로 조세부담률이 낮다. 따라서 'GDP 대비 공공사회복지 지출의 비중'도 낮다. 주요 선진국들의 경우 대부분 이 비중이 25%를 넘는데 비해 이들 국가는 경제적으로 부자 나라이면서도 이것의 비중이 OECD 평균인 21~22% 수준에도 못 미친다.

그래서 사회복지 서비스를 제공하는 데 공공 부문의 역할이 취약하고, 민간부문의 역할이 매우 크다. 또 이들 나라에서는 선별적 복지인 공공부조의 비중이 상대적으로 크다. 각 개인의 책임 하에 시장에서 치열하게 경쟁하되, 결과적으로 시장에서 완전히 탈락한 경제적 무능력자에게만 선별적으로 복지를 제공함으로써 시장의 자유와 최소한의 인권 보장이라는 두 가지의 국가적 가치를 모두 지키려는 것이다. 그리고 자유주의 복지국가에서는 국가 전체의 장기적 이익을 고려하는 포괄적 이익집단은 약한 반면 협소한 이익만을 추구하는 이익집단들이 강한 모습을 보인다. 이것은 노동계에서도 그대로 적용되는데, 전국적이고 중앙집권적인 노동조직에 의한 노동계 전체의 이익 확대보다는 분산된 사업장별 노동조합들의 협소한 이익 추구가 일반적이다. 그래서 노조 가입률도 저조하다.

한편, 이들 국가는 작은 정부 노선에 따라 사회복지 지출의 크기가 작고, 따라서 복지 혜택을 경험한 사람들의 수도 적으므로 복지에 대한 국민의 긍정적 인식과 정치적 지지가 낮은 편이다. 또 복지가 보편주의가 아니라 잔여주의[9] 또는 선별주의[10]라는 특징 때문에 중산층 이상의 국민들이 복지에 대한 부정적 인식을 가지게 되고, 이것은 결국 선거에서 복지 확대와 증세에 반대하는 흐름으로 연결된다. 선별적 복지 체계에서는 복지 수혜와 비용 부담의 분리(split)가 나타나기 때문이다. 즉 가난한 사람들은 세금을 거의 내지 않으면서 복지 수혜를 모두 누리는 반면, 중산층 이상의 국민들은 복지 혜택은 누리지 못하면서 복지의 비용을 모두 부담하게 되므로 사회 계층 간에 복지와 조세를 둘러싼 정치적 갈등이 심각하다.

그래서 자유주의 복지국가에서는 복지에 대한 지지가 전반적으로 취약하고, 민간보험 등 민간부문의 복지 서비스에 주로 의존하는 중산층 이상의 국민들은 복지국가에 대한 애착과 관심이 별로 없다. 이들은 모든 국민을 대상으로 하는 보편적 사회보험에 대해서도 대체로 부정적이다. 결과적으로 자유주의 복지국가에서는 전후 뉴딜을 통해 탈상품화의 수준을 높였던 복지국가가 재상품화를 강조하면서 지금은 탈상품화의 수준이 주요 국가들 중에서 가장 낮다. 그리고 국가의 제도적 복지가 취약한 가운데 시장의 성과가 복지의 계층화로 연결되어 계층화의 정도도 매우 높다.

다음으로, 북유럽 복지국가 모델이다. 스웨덴과 덴마크 같은 스칸디나비아 국가들에서 사회민주주의 세력이 이런 유형의 복지국가를 건설했기 때문에 사민주의 복지국가 모델이라고도 한다. 보편주의 원칙을 통해 모든 국민의 사회권을 보장하는 것이 목표이며, 복지 급여의 수준이 높다는 의미에서 급여의 관대성을 특징으로 한다. 고용보험 등 소득보장 제도의 소득대체율이 높고 복지 제도의 혜택 수준이 높은 편이다. 정부의 책임 있는 역할 수행을 위해 조세부담률이 높으므로 공공 부문의 서비스가 잘 발달해있다. 다양한 가족지원 정책과 노동시장 정책이 잘 발달해서 남자와 거의 동일한 수준으로 여자들도 노동시장에서 일을 한다. 그래서 여성의 경제활동참가율이 세계에서 가장 높다.

북유럽 모델에서는 노동조합 가입률이 높고 노조가 중앙집권화 되어 있어서 노조의 응집력과 통제력이 크다. 그리고 이런 강력한 노조는 정치적으로 복지국가 건설을 주도하는 사회민주주의 정치 세력과 밀접한 관계를 형성하고 있다. 사회복지를 중심으로 상대적으로 비중이 큰 공공 부문에는 여자들이 주로 일하는 경향이 있기 때문에 복지국가에 대한 여성들의 지지가 높고, 보편적 복지의 수혜자와 그 가족들까지 포함하여 다수의 국민이 강력한 '친 복지국가 동맹'을 형성하고 있어서 복지국가에 대한 정치적 지지가 매우 높다.

그리고 북유럽 복지국가 모델은 높은 노동시장 참여와 사회적 연대에 기초하여 누구나 일을 해야 한다는 의무감이 높고, 이것이 하나의 사회적 문화로 뿌리를 내리고 있다. 일을 하지 않는 사람들은 사회적으로 인정받지 못하기 때문에 누구라도 자신에게 맞는 일을 찾아서 일을 하려는 경향이 강하다. 일과 복지 중의 하나를 선택하는 것이 아니라 누구나 일하고 누구나 복지를 함께 누리도록 하는 소위 '일과 복지'의 보편적 조화를 달성했다. 그래서 이들 복지국가에서는 높은 수준의 복지가 제도적으로 보장되고 있음에도 불구하고 근로 동기가 약화되는 소위 도덕적 해이가 사회 문제로 등장하지 않고 있다.

결국 북유럽 모델은 충실한 보편주의 복지 덕분에 탈상품화 수준이 매우 높다. 그리고 소득재분배를 통해 보다 평등한 사회를 추구하므로 계층화의 정도는 세 가지 모델 중에서 가장 낮다. 여기에서 중요한 점은 북유럽 모델이 1980년대 이후의 신자유주의 세계화의 물결 속에서도 높은 탈상품화와 낮은 계층화라는 중대한 성과를 지속적으로 낼 수 있었던 요인에 관한 것이다.

자유주의 모델의 국가들은 신자유주의 노선에 따라 국가의 복지 역할을 축소하고 공공 부문을 민영화하는 등의 방식으로 시장에 대한 삶의 의존도를 크게 높임으로써 '재상품화'를 강화했다. 이에 비해, 북유럽 모델의 복지국가들은 지난 수십 년에 걸쳐 변화하는 경제적·사회적·인구학적 조건에 대응하여 재상품화 등의 복지국가 약화 전략이 아니라 낭비가 심하거나 효율성이 낮은 복지 프로그램들을 변화된 수요와 새로운 필요에 맞도록 개선하는 소위 '재정비화 전략'이나 '비용 억제 전략'을 사용했다. 복지국가의 축소가 아니라 환경의 변화에 맞도록 복지국가를 유연하게 조정하고 지속적으로 개선해 나갔던 것이다.

마지막으로, 유럽대륙 복지국가 모델이다. 독일, 프랑스, 오스트리아, 네덜란드 등이 여기에 속하는데 기업 단위의 사회보험이 가진 오래된 조합주의 전통 때문에 조합주의 복지국가 모델이라고 부른다. 제1부 2장에서 살펴보았듯이, 독일의 비스마르크가 주도해서 만든 1880년대의 사회보험에 근간을 두고 발전해온 모델이므로 이것을 비스마르키안(Bismarckian) 복지국가 모델, 또는 기존의 계층이나 직업적 지위의 질서를 비교적 잘 유지한다는 의미에서 보수주의 복지국가 모델이라 칭하기도 한다.

이 모델의 복지국가들은 사회복지 지출의 비중이 북유럽 모델에 버금갈 정도로 높다. 그런데 이런 지출의 큰 비중을 차지하는 것이 바로 사회보험이다. 특히 국민연금의 비중이 높아서 이들 나라에서는 GDP의 10%를 넘는다. 이에 비해, 공공 부문의 사회복지 서비스는 북유럽 복지국가들에 비해 미약한 편이다. 여기서 우리는 유럽대륙 복지국가들은 북유럽에 비해 조세부담률은 낮겠지만 공적 사회보장부담률은 오히려 더 높을 수도 있다는 논리적 추론을 해 볼 수 있겠다.

유럽대륙 복지국가에서는 사회보험의 비중이 높을 뿐만 아니라 사회보험의 급여 수준도 높지만, 시장에서 차지하는 직업상의 지위에 따라 급여 수준의 차이가 매우 크다는 중요한 특징이 있다. 또 공공 부문의 사회서비스가 발달하지 못해서 여성들의 경제활동참가율이 낮고 출산율도 낮은 편이다. 북유럽 복지국가들보다 일·가정 양립에서 뒤처지고 있는 것이다. 그래서 가족의 생계를 책임지는 남성 가장들의 임금 수준이 높아야 하는데, 이것은 높은 사회보험에 대한 비용 부담과 함께 노동 비용을 높이게 되므로 높은 실업률로 이어질 가능성이 크다. 노동조합과 노동권이 강한 유럽대륙 복지국가들에서 기업들이 한번 고용하면 해고하기 어려운 상황에서 높은 노동 비용을 감수하면서까지 고용을 늘리려고 하지 않기 때문이다.

유럽대륙 복지국가 모델은 북유럽 모델에 비견될 만큼 탈상품화의 수준이 높으나 복지국가의 재분배효과가 약하므로 계층화의 정도가 높다는 특징을 가진다. 이 모델의 복지국가들은 지속가능성을 높이기 위해 사회보험의 급여 부담을 다소 줄이는 방식의 '비용 억제 전략'을 사용하고 있다. 이 모델은 보수주의의 강한 전통에 의해 유지되고 있기 때문에 신자유주의 세계화의 영향에도 불구하고 재상품화 등의 급진적 변화를 선택하지 않았으며, 복지국가에 대한 정치적 지지도 비교적 높은 편이다.

이제부터는 복지국가의 구체적인 모습을 살펴볼 차례다. 우리가 참고할 만한 대표적인 복지국가 몇 곳을 여행하면서 국민의 행복권을 보장하는 진정한 복지국가는 어떤 모습이어야 하는지를 탐구해볼 필요가 있기 때문이다. 에스핑 앤더슨의 복지국가 유형 분류에 따라 각 유형의 특징을 가장 잘 드러내는 스웨덴, 독일, 그리고 미국을 우리의 복지국가 여행 대상으로 삼았다. 이제 본격적인 여행을 떠나보자.

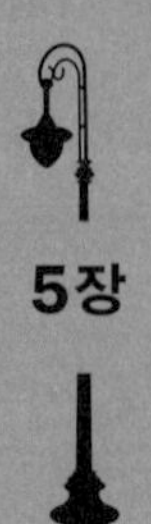

5장

복지국가 유형의 실제 : 스웨덴, 독일, 미국

국가가 제도적으로 제공하는 보편적 복지의 수혜를 받으면서 누구나 자신이 원하는 일을 하며 투명하게 세금을 내고 누구라도 즐겁게 살 수 있는 나라, 그래서 사람들이 더 열심히 일하고 자신의 정치공동체를 꽃보다 아름답게 만들려는 노력하는 지속가능한 복지국가, 그것이 요람에서 무덤까지 국가가 국민의 '행복할 권리'를 보장하는 행복국가 스웨덴이다.

1.

스웨덴: 국민의 집

복지국가 스웨덴의 시작: 사민당, 비그포르스와 한손

스웨덴은 복지국가라는 말에 가장 잘 어울리는 나라다. 초등학교 교과서에도 복지국가의 예로 스웨덴이 나온다. 하지만 스웨덴은 20세기 초까지만 해도 못 살겠다는 소리가 절로 나올 만큼 가난했다. 그래서 19세기 동안 전체 인구의 4분의1 정도가 이민을 가버렸던 나라였다. 그랬던 스웨덴이 이제는 복지국가의 대명사일 뿐만 아니라 경제적으로도 세계에서 가장 경쟁력 있는 국가 중의 하나가 되어 있다. 도대체 이 나라에서는 그동안 무슨 일이 벌어졌던 것일까.

스웨덴은 서유럽 국가들에 비해 산업혁명의 세례를 늦게 받았다. 1870년대에 시작된 산업화는 1890년대에 이르러서야 본격적으로 진전되었으며, 1900년경부터는 대기업 중심의 산업 발전이 이루어지기 시작했다. 이런 급속한 산업화는 전통적인 농업 사회를 자본가와 노동자라는 양대 계급이 사회의 중심축을 이루는 새로운 경제사회로 바꾸어갔다. 노동자 계급의 조직적 진출도 두드러졌다. 그래서 1898년에 이미 LO(전국노동조합연합회)가 창설되었고, 1907년에는 전체 산업 노동자의 약 48%가 이미 노동조합에 가입했다. 스웨덴은 비교적 일찍부터 노동 계급의 조직화에 성공한 나라였다.

정치적으로 스웨덴은 1809년 제정된 헌법으로 입헌군주제를 실시했고, 의회는 귀족, 성직자, 도시시민, 농민 등 네 개의 신분 대표로 구성되었다. 1865년 이 신분 의회가 폐지되면서 양원제 의회가 도입되었다. 당시 스웨덴의 정치는 보수주의와 자유주의 양대 세력이 주도했는데, 20세기로 오면서 자유주의자들이 정치적 우세를 점했다. 사민당은 1889년 창당하여 한동안은 소수정당으로 머물렀으나 1907년부터 남성 선거권이 주어지면서 세력을 넓혀갔고, 1920년 최초로 스웨덴의 제1정당이 되어 당시 사민당의 당수였던 얄마르 브란팅(Hjalmar Branting, 1860~1925)이 이끄는 소수정부를 구성했다.

브란팅의 뒤를 이어 1928년 사민당의 당수가 된 한손(Per Albin Hansson, 1885~1946)은 그해 의회 연설에서 국가는 모든 국민의 생존을 보장하는 '국민의 집'이 되어야 한다고 역설했다. 사민당은 1928년 총선에서 사회주의자들과 손을 잡고 일부 산업의 국유화를 포함하는 좌파적 사회화 공약으로 선거를 치렀지만 국민의 지지를 얻는 데 실패했다. 정당득표율이 4년 전의 41%에서 37%로 줄어들었다. 이로써 사민당의 국유화 계획은 사실상 포기된 것이었다. 당시 한손의 '국민의 집' 주창은 이런 맥락에서 사민당이 전통적인 국유화 주장 대신에 보편적 복지국가 건설을 당의 주요 목표로 선택했음을 공식화한 것이었다. 그리고 1932년 선거에서 한손이 이끄는 사민당은 41.7%를 득표하여 정권을 잡았고, 한손 수상은 1946년까지 총리로 재임하면서 복지국가 건설을 본격적으로 추진했다.

1920년대의 스웨덴은 전 세계로 성냥, 전화기, 볼 베어링, 크림 분리기 등을 효과적으로 수출하며 경제적 호황을 맞았다. 이민을 멈추고 사람들은 스웨덴에 남아 공장에서 열심히 일했다. 하지만 서민들의 삶은 여전히 고달팠다. 너무 많은 저임금 노동자의 수는 노동자들을 가난하게 만들 뿐만 아니라 쉽게 해고할 수 있게 했다. 1920년대 내내 스웨덴 경제의 실업률은 10퍼센트를 넘나들었다. 높은 실업률은 노동자 가정의 궁핍을 의미했다. 그래서 스웨덴의 노사분규는 유럽에서 가장 잦았고 또 격렬했다. 상황이 이렇게 열악했으므로 노동자 등의 보통사람들은 정치를 통해 뭔가 새로운 세상이 열리길 원했다.

당시 스웨덴에서는 정치적 색깔이 극단적으로 다른 두 세력이 1920년대 스웨덴 자본주의의 모순에 대해 같은 목소리를 내고 있었다. 그것은 '그냥 내버려둬라'였다. 자유방임 자본주의 옹호자들은 자본주의란 본래 불경기와 호경기를 반복하는 것이니 임금이 더 떨어지고 물가가 더 떨어질 때까지 내버려두고 기다리면 시장의 자동조정 기제에 의해 다시 경기가 살아날 수 있다고 주장했다. 사회주의자들도 당시의 공황 상태는 자본주의의 필연적인 결과인 만큼 이런 상황이 더 심해져서 대부분의 노동자들이 자본주의가 악이라는 것을 뼈저리게 느끼는 순간에 프롤레타리아 혁명을 통해 새로운 세상이 열릴 것이므로 문제가 저절로 해결될 수 있다고 했다. 결국 당시에는 우파든 좌파든 이들 양극단의 정치 세력은 '시장 경제는 스스로의 운동 법칙을 가지고 있으므로 인간의 힘으로는 어떻게 할 수 없다'는 식의 자포자기적 불개입주의에 대한 굳건한 신념을 공유하고 있었던 셈이다.[1]

그런데 비그포르스(Ernst Wigforss, 1881~1977)는 당시 우파도 좌파도 모두 답이 아니라며 스웨덴 사민당이 가야할 새로운 길을 주장하고 나섰다. 그의 이런 생각은 그가 1920년에 열리는 사민당의 당 대회에 제출하기 위해 만들었던 당 강령의 초안에 잘 나와 있다. 그는 자본주의가 초래한 문제들은 그저 내버려두는 것이 아니라 '국가가 나서서' 적극적으로 해결해야 한다고 주장했다. 그것을 위한 대표적인 방법으로 적극적 노동시장정책을 통한 일자리의 보장, 노동시간 단축, 연간 2주간의 유급 휴가 법제화, 더 높은 액수의 노령연금, 전국 단위의 의료보험, 출산수당과 양육수당, 유족연금, 주택 건설의 공공 지원, 평등한 교육 기회, 압도적으로 누진적인 상속세와 소득세, 자본 과세, 은행 및 보험 회사의 사회화, 산업 현장에서 강력한 노동자의 경영권 참여 등을 주장했다.[2]

그의 이런 발상과 주장은 세계의 경제사에서 엄청나게 큰 의미가 있다. 루스벨트의 뉴딜 정책은 흔히 최초의 시장 개입으로 알려져 있다. 하지만 비그포르스는 대공황 타결의 이론적 대안인 케인스의《일반이론》이 나온 1936년보다 훨씬 전인 1920년에 이미 그런 주장을 편 것이다. 그런데 비그포르스가 말하는 '국가가 나서서'라는 것은 모든 생산수단을 국유화하는 사회주의 방식은 아니었다. 그는 사회화 노선 대신에 '나라살림 계획'을 국가가 적극적으로 추진하되, 그것의 중심에서 '효율성'과 '생산성'을 배제하지 않았다. 또 나라살림을 계획함에 있어 노동자들만 이득을 보는 게 아니라 모든 계급이 함께 잘 살 수 있도록 해야 한다고 강조했다.[3] 그의 이런 독특한 주장은 처음에는 사민당 내부에서조차 별 호응을 얻지 못했다. 하지만 그는 계속해서 자신의 생각을 정교하고 구체적인 정책들로 만들어서 발표하고 또 법안을 제출하며 노력해나갔다. 그리고 몇 번의 좌절[4]을 겪은 뒤 1932년 선거를 준비할 때 자신의 생각을 팸플릿에 담아내서 스웨덴 국민들의 지지를 얻는 데 성공했다.

당시 자본가들은 경제 상황이 좋지 않기 때문에 임금이 좀 더 낮아지고 검약을 통해 저축이 더 늘어나서 자신들이 그 돈을 싸게 빌릴 수 있기 전까지는 절대로 공장을 더 돌리지는 않겠다는 입장을 고수했다. 그런데 비그포르스는 설사 임금이 낮아지고 은행에 저축이 늘어나는 상황이 온다고 하더라도 자본가들은 공장을 돌리지 않을 것이라고 생각했다. 대부분의 사람들이 너무 가난해져서 물건을 만들어도 구입할 수 없다는 것을 모르지 않는 자본가들이 공장을 돌릴 리가 없기 때문이다. 그렇다면 이 문제를 해결하는 방법은 아주 간단했다. 국가가 공장을 돌려주는 것이다.

투자에 나서지 않는 자본가들 대신에 국가가 투자해서 공장을 돌림으로써 노동자들에게 일자리를 만들어주고, 불황 속에서 시장이 결정하는 입에 풀칠도 못할 수준의 낮은 임금 대신에 정상적인 수준의 임금을 국가가 지불해준다는 것이다. 이렇게 해서 안정적인 직장과 괜찮은 소득이 생긴 노동자들은 물건을 살 여력이 충분해지고, 그로 인해 이후 총수요가 확충되고 나면 하나씩 민간 투자도 늘어나서 더 많은 일자리와 함께 더 많은 소비 여력이 생겨나게 되며, 결국 나라 경제 전체가 활력을 되찾게 되는 것이다.

당시 비그포르스는 "인간이 생산 도구의 주인이 되어야 하며 노예가 되어서는 안 된다."라고 웅변했다. 그의 탄탄하고 구체적인 대안, 그 대안을 너무도 쉽게 표현한 팸플릿과 연설은 스웨덴 사람들을 논리적으로 잘 설득할 수 있었다. 여기에 초등학교 졸업이 학력의 전부인 사민당 대표 한손의 서민적인 연설은 큰 공감을 불러일으켰다. 그는 "훌륭한 집에서는 독식하는 사람도 없고 천대받는 아이도 없다. 다른 형제를 얕

보지 않으며, 그를 밟고 이득을 취하지도 않는다. 그리고 이것은 국가도 마찬가지다."라고 말했다.

그는 1932년 선거를 앞두고 가정처럼 포근한 복지국가, 가족 모두가 행복한 복지국가의 비전을 역설했던 것이다. 매서운 한파보다 더 매서운 배고픔과 차별의 고통 한가운데 있던 스웨덴 사람들은 자신의 처지를 잘 이해해주는 서민 정치인 한손의 연설에 마음이 흔들렸고, 결국 1932년 선거에서 사민당은 41.7%라는 높은 득표율로 집권했다.[5] 이후 사민당은 1976년까지 무려 44년이나 장기집권을 하며 복지국가의 모범을 만들었다. 이렇게 사민당이 주축이 되어 마련된 스웨덴 복지국가[6]의 기본 골격은 '완전고용'과 '코포라티즘', 그리고 '보편주의 복지'였다. 이것을 하나씩 살펴보자.

렌-마이드너 모델
: 연대임금, 산업합리화, 적극적 노동시장정책

주류 경제학에서는 고용안정과 물가안정을 반대 방향으로 뛰어가는 두 마리의 토끼에 비유한다. 고용안정과 물가안정을 동시에 해결하는 것은 불가능하다고 보는 것이다. 그 이유는 이렇다. 고용이 안정(완전고용)되면, 그래서 실업자가 거의 없게 되면 모두가 돈을 벌고 모든 가정이 풍족해지니 분배의 측면에서는 매우 좋은 상태이다. 하지만 노동조합의 힘을 기반으로 해고의 위험에서 자유로워진 노동자들은 임금 인상을 요구하게 되고, 결국 통화의 팽창과 임금의 전반적 상승이 동반되면서 물가가 상승한다. 반대로 물가(인플레이션)를 잡으려면 정부는 공공사업 확대를 통해 노동자들을 고용하는 것을 멈춰야 한다. 또 이자율을 높여 사람들이 은행에 돈을 넣음으로써 시중에 유통되고 있는 돈(통화량, money supply)이 적어지도록 해야 한다. 이렇게 이자율이 높아지면 기업은 대출이 어려우니 은행에서 돈을 빌려 공장이나 기계를 늘리는 일을 미루게 된다. 기업의 투자가 줄어드는 것이다. 두 경우 모두 결과적으로 일자리를 감소시킨다. 물가를 잡으려다 보니 이번에는 완전고용의 꿈이 저 멀리 달아나고, 실업자들이 늘게 된다.

실제로 제2차 세계대전 이후부터 1950년대 초반까지 스웨덴에서는 인플레이션이 지속되었다. 그리고 이것은 실질임금의 감소라는 결과를 낳는다. 이에 대해 노동계는 임금 인상을 요구하고, 다시 인플레이션이 심화되는 악순환이 계속된 것이다. 그래서 렌과 마이드너는 완전고용을 달성하면서도 인플레이션을 피하고, 지속적으로 효율성과 생산성을 향상시키는 방향으로 산업 구조조정이 이루어질 수 있도록 하는 대책을 마련하고자 했다. 바로 '렌-마이드너 모델'(Rehn-Meidner Model)이 그것인데, '동일노동 동일임금'이라는 노동자들 사이의 연대임금 정책이 이 모델의 핵심이다. 이것이 스웨덴 모델의 핵심적 내용이므로 이제부터 이 내용을 자세하게 살펴보자.[7]

자유방임적 노동시장에서 임금은 사업장마다 다 다르다. 동일업종이라고 해도 생산성이 다르다. 그래서 개별 기업마다 임금은 차이가 날 수밖에 없다. 그런데 생산성이 낮은 영세 사업장은 낮은 임금으로 버틴다. 생산성이 높은 효율적인 사업장은 더 많은 이윤을 창출하기 위해 임금을 더 높게 주더라도 고용을 더 늘리려고 한다. 결국 자유방임적 노동시장에서는 동일노동이 이루어지는 동일업종 내에서도 사업장 간의 임금 격차가 발생하게 된다. 이런 상황에서 완전고용을 유지하려면 어떻게 해야 할까? 생산성이 낮은 사업장까지 생존할 수 있도록 경기를 부양해야 할 것이다. 그래야 실업이 늘지 않을 것이기 때문이다. 이렇게 할 경우 생산성이 높은 기업은 더 높은 임금을 주게 될 것이다. 결국 통화팽창과 임금 상승 효과로 인해 물가가 상승하게 된다. 이럴 경우, 실질임금은 줄어들게 되므로 임금 수준이 가장 낮은 사업장에서부터 격렬한 임금 인상 투쟁이 벌어질 것이고, 이는 다시 통화팽창과 임금 인상으로 이어진다. 결국 완전고용이라는 정책 목표를 유지하는 한 이런 악순환이 계속되면서 인플레이션은 만성화될 것이다.

반대로 인플레이션을 잡기 위해 긴축 정책을 사용하게 되면 생산성이 낮은 사업장부터 도산한다. 이럴 경우, 늘어나는 실업이 문제다. 완전고용의 꿈이 깨지는 것이다. 문제는 이것만이 아니다. 사업장 간의 생산성 차이로 인한 임금과 고용의 격차 때문에 노동자들이 산업 단위로 연대하기보다는 기업 단위로 분열되어 서로 갈등을 빚을 위험이 높아진다. 이것은 노동운동의 연대를 약화시키게 된다.

LO(전국노동조합연합회)는 1951년 총회에서 인플레이션 방지를 위해 임금 인상 자제의 중요성을 강조했고, 산별 차원의 임금결정권을 LO로 넘겨서 전국적 차원에서 임금 조정 역할을 수행하도록 하는 방안을 결정했다. 이 총회에서 렌과 마이드너는 계획된 임금 정책(planned wage policy)과 연대임금을 수단으로 삼아 완전고용, 경제안정, 실질성장을 목표로 스웨덴 모델을 발전시키기 위한 전략을 제안했다. 여기서 연대임금 정책은 저임금 근로자의 임금을 높이게 되는데, 이것은 스웨덴 복지국가가 지향하는 평등과 연대의 가치를 실천하는 좋은 제도였다. 어느 산업과 직종을 중심으로 연대임금 수준을 결정할 것인지에 대해서는 산업 평균의 임금이 연대임금으로 결정되었다.

1952년 SAF(스웨덴경영자연맹)는 중앙임금협상을 제안했다. 스웨덴 사회에서 코포라티즘의 한 축인 SAF가 LO에게 중앙임금교섭을 먼저 제기한 것은 중앙임금협상이 공식적 권위를 갖도록 하는 데 결정적인 역할을 했다. 그렇다면 왜 SAF는 중앙임금교섭을 적극적으로 제안했던 것일까? 그것은 스웨덴 경제가 안정적인 성장을 지속하기 위해서는 임금 상승에 의한 인플레이션이 초래되지 않도록 해야 하는데, LO가 결의한 중앙교섭이 기존의 산별교섭보다 더 유리하다고 생각했던 것이다.

연대임금 정책의 기본적인 원칙은 '동일노동 동일임금'인데, SAF와 LO 간의 중앙협상에 의해 평균임금인 연대임금 수준이 결정되면 각 기업들이 그 이하로는 지급할 수 없도록 금지했다. 이것은 언뜻 보기에 같은 일을 하는 노동자들끼리 보다 평등한 삶을 살도록 해주는 것이므로 노동자들만을 위한 정책처럼 보인다. 하지만 속살을 들여다보면, 다른 한편으로는 효율성과 생산성을 높이도록 해주는 놀라운 장치가 발견된다.

쉽게 이해할 수 있도록 가상의 예를 들어보자. 어떤 나라의 월 최저임금이 100만원이라고 가정해보자. 그러면 수익을 많이 내는 '잘나가 기업'이든 겨우 연명하는 '못나가 기업'이든 법정 최저임금인 월 100만원의 임금만 주면 노동자들을 고용해서 공장을 굴릴 수 있다. 그런데 어느 날 전국노동조합연합과 전국경영자연맹이 중앙교섭을 통해 평균임금 수준을 200만원으로 결정한다. 이 경우, 본래 우수한 노동자를 고용하기 위해 임금을 300만원까지 주던 '잘나가 기업'은 아무 문제가 없다. 오히려 전국노동조합연합이 앞으로 200만원으로 임금을 낮춰도 평균임금 수준만 맞추면 노조는 파업하지 않고 노사 평화를 유지하겠다고 약속했으니 장기적으로는 전국적 평균임금에 맞추기 위해 임금이 인하된다. 하지만 '못나가 기업'에게는 청천날벼락이 아닐 수 없다. 최저임금 수준의 저임금에 기대어 저렴한 상품을 만들어서 싼 맛에 구입하는 소비자들에게 박리다매로 팔아 버텨왔건만 이제는 더 이상 살아남기가 어려워진다.

연대임금 정책의 핵심인 전국적 평균임금은 생산성이 낮은 '못나가 기업'들이 문을 닫게 만들어버린다. 기술 경쟁력과 제품 경쟁력을 갖춘 기업들만 장기적으로 살아남는다. 저임금에 의존하며 노동력을 쥐어짜는 '못나가 기업'들보다 기술 경쟁력을 갖고 고부가가치를 창출하는 '잘나가 기업'들이 많은 곳이 더 나은 사회임에 틀림이 없다. 놀라운 것은 이렇게 더 나은 사회로 나아가는 '산업 합리화' 또는 '산업 구조의 재편'이 렌-마이드너 모델에서는 인위적으로 이뤄지지 않는다는 사실이다. 정부가 직접 나서서 경쟁력 없는 기업의 문을 닫는 일은 없다. 스웨덴의 정부는 그저 노사가 합의 하에 평균임금을 결정하는 것을 격려하고 지지할 뿐이다. 그런데 평균임금에 의해 '저절로', '자연스럽게', '누구의 저항도 없이' '못나가 기업'들을 정리하는 기업 구조조정과 함께 나라 전체의 산업이 저부가가치의 사양 산업에서 고부가가치의 유망 산업으로 바뀌는 산업 구조조정이 일어난다는 것이다.

구조조정이 일어나는 데 '누구도 저항하지' 않는다는 부분에서 고개를 갸우뚱할 수도 있을 것이다. 하지만 걱정할 필요는 없다. 연대임금을 줄 능력이 없을 만큼 경쟁력이 없는 기업이나 사양 산업의 구조조정으로 인해 문을 닫는 기업에서 퇴출된 노동자들에 대해서는 이들 모두를 정부가 끌어안도록 제도적 안전장치를 마련해 두었다. 이들이 새로운 창업 능력이나 기술력을 갖춰 새로 재편되는 산업 구조 속에서 일자리를 얻을 수 있도록 충분히 직업훈련과 교육을 시켜주고, 실직기간 동안의 소득을 보장하고, 나아가 새로운 일자리 때문에 삶의 터전을 옮겨야 할 경우에는 이주와 정착을 돕고, 일자리를 알선하는 것 등의 적극적 노동시장정책이 바로 그것이다. 또 연대임금 정책으로 초과이윤을 얻게 된 '잘나가 기업'들이 이런 이윤을 투자해서 더 많은 일자리를 만들게 된다. 이때 동종의 '못나가 기업'에서 실직한 노동자들이 새롭게 창출된 '잘나가 기업'들의 일자리에 취업하면 된다.

그런데 인생은 새옹지마(塞翁之馬)라고 했으니 그 결과는 알 수 없는 것이다. '못나가 기업'에서 퇴출된 사람들이 유사한 분야의 경쟁력 있는 다른 직업을 선택할 수도 있겠지만, 아예 전혀 다른 직종으로 직업을 바꾸어 큰 성공을 거둘 수도 있다. 어느 경우라도 과거의 낡은 기술이 갱신된 새로운 기술 또는 첨단 기술로 전환될 것이므로 이것은 노동력의 질을 높이는 것이다. 그런데 이런 일이 장기간 계속되고 산업의 고도화가 지속적으로 이루어지면 기술의 발전에 의한 실업은 불가피하게 발생한다. 스웨덴은 완전고용의 꿈을 최대한 지키기 위해 이에 대해서도 오래 전부터 준비를 해왔다. 공공 부문의 일자리 창출이 그것이다.

스웨덴은 1932년 집권 이후 경제 공황을 극복하기 위해 공공 부문의 일자리 창출을 시도했다. 처음에는 건설과 교통 분야에서 주로 시도되었다. 그런데 이후 스웨덴의 복지국가 모델이 본격적으로 발전하면서 공공 부문의 일자리들이 보편적 복지 정책과 맞물려 생겨나기 시작했다. 사회서비스 분야의 다양한 일자리들이 그것이다. 출산, 양육, 교육, 보건의료, 요양과 돌봄 등을 지원하는 사회서비스들이 많다는 것은 스웨덴 국민의 삶을 '요람에서 무덤까지' 행복하게 하는 동시에 이 분야들과 관련해서 정부가 국민들에게 일자리를 제공한다는 것이다. 그러므로 사회서비스 중심의 복지국가인 스웨덴의 많은 국민들은 양육과 보건의료 등의 사회서비스를 향유하는 복지의 수혜자임과 동시에 복지 분야에 종사하는 근로자이거나 이들 근로자와 생계를 같이 하는 가족들인 셈이다.

가령, 모든 아이들에게 무상보육을 시행한다는 것은 다른 편에서 보면 엄청난 수의 보육 교사들과 복지 일꾼들을 고용하는 것이 된다. 스웨덴 정부가 '사회서비스법'을 토대로 무상보육을 시작한 것은 1980년대였는데, 당시 스웨덴 정부는 '모든 아이는 우리 모두의 아이'라는 슬로건 하에 민간 어린이집까지 국가보조금을 지원하기 시작했다. 그러자 어린이집과 가정탁아의 증가율이 10년 간 거의 250퍼센트에 달했다. 뿐만 아니라 보육 관련 종사자들과 복지 분야의 공무원 수도 크게 늘어났다.[8] 이렇게 스웨덴 정부가 나서서 사회서비스 분야의 일자리를 적극적으로 창출하는 것은 양성평등이 확대됨에 따라 여성들의 경제활동 참여 욕구가 커진 상황에서 완전고용의 꿈을 최대한 지켜내기 위한 노력이라는 점에서 높이 평가하지 않을 수 없는 대목이다.[9]

스웨덴의 집권 사민당은 1956년 렌-마이드너 모델을 공식 입장으로 채택했다. 그리고 다음 해부터는 이 모델이 스웨덴 노동시장의 핵심적인 매커니즘으로 작동하며, 실제로 스웨덴에서 노동자들이 적정 보수를 받아 안정적으로 살 수 있도록 했으며, 스웨덴 제품의 품질이 우수해지고 산업이 고도화될 수 있도록 했다.

일렉트로룩스의 진자 제품들은 고가에도 불구하고 품질이 우수하고 디자인이 세련되어 세계적으로 인기가 높은데, 특히 무선청소기가 그렇다. 무선임에도 불구하고 흡입력이 웬만한 유선청소기보다 더 강력한 놀라운 기술력의 이면에는 바로 이런 스웨덴 모델 특유의 장점이 있는 것이다. 우리나라 공사 현장에서도 쉽게 발견되는 중장비 차량은 대부분 스웨덴의 볼보 차량들이고, 어른들의 레고라고 불리는 가구 업체 이케아도 스웨덴 브랜드다. 강력한 힘과 뛰어난 연비로 인기가 높은 스카니아 트럭도 스웨덴 제품이다. 사브 항공은 전투기 제조로 유명한데, 전투기 제조는 최첨단 기술로 미국과 영국 등 세계 다섯 나라만 보유하고 있다.

정사면체 우유팩을 세계 최초로 만들어낸 테트라팩도 스웨덴 회사다. 테트라팩의 혁신적인 포장 용기들을 사용하는 세계적 회사들이 한둘이 아니다. 테트라팩의 용기들은 고온살균포장으로 6개월까지 내용물을 보관할 수 있고 접착제를 사용하지 않는다. 가볍고 안전해서 아이들에게 적합한 용기들도 많다. 우리나라 마트에서도 볼 수 있는 서울우유의 정사면체 팩이나 음료수 하루야채의 돌려 여는 뚜껑이 달린 플라스틱 용기 모두 이곳 제품들이다.

이밖에도 스웨덴의 세계적 경쟁력을 인정받는 기업들은 에릭슨, H&M 등 무수히 많다. 또 기업들을 통해 세계 최초로 등장한 상품과 기술도 적지 않다. 테트라팩뿐만 아니라 성냥과 다이너마이트, 멍키스패너, 베어링, 지퍼, 인공심장, 신장투석기, 천식치료제 등은 모두 스웨덴에서 처음 발명된 것들이다. 최근에는 스톡홀름 도심의 북서쪽에 위치한 시스타(Kista)라는 실리콘밸리에서 IT분야의 발명이 한창 진행 중이다.

스웨덴은 2016년 현재 인구 972만 명(세계 90위)의 작은 나라로 내수시장이 작기 때문에 수출이 아주 중요한 역할을 한다. 그런데 렌-마이드너 모델을 실현하면서 스웨덴의 수출 무기는 가격 경쟁력이 아니라 기술 경쟁력이 되었다. 만일 낮은 가격에만 승부수를 두었다면 모르긴 몰라도 중국과 인도의 저렴한 가격에 밀려 스웨덴의 제품들은 우리에게 낯선 것이 되었을 것이다. 하지만 기술 경쟁력을 갖춰 전 세계 사람들이 돈을 더 많이 지불하고서라도 사고 싶은 제품들을 만들어내고 IT분야에서 성과를 내기 위해 노력하면서 스웨덴은 기업도 노동자도 모두가 잘 사는 나라가 되었다.

이것은 노동자가 파업을 일으키거나 정부가 강압적으로 밀어붙이지 않고서도 한 나라의 노동, 산업, 경제, 교육, 사회복지 등의 전 분야가 유기적으로 완전히 전환될 수 있음을 보여준 놀라운 일이 아닐 수 없다. 그래서 최근 출판된 일본 책에서는 스웨덴이 고복지와 고성장이 양립하는 세계에서 유례를 찾아보기 힘든 사례라며 스웨덴의 이런 '아름다운 모순'을 담은 책 제목을 《스웨덴 패러독스》라고 이름을 붙이기도 했다.[10]

이제 끝으로, 스웨덴 복지국가 모델의 구조적 특성을 정리해보자. 스웨덴은 경제와 복지가 통합된 복지국가 모델이다. 그래서 스웨덴 모델은 정부의 재정 정책을 동원하여 총수요를 진작시키는 정형화된 케인스주의 복지국가와 본질적인 차이가 있다. 1970년대 영국과 미국의 복지국가가 스태그플레이션(stagflation)의 심각한 위기에서 케인스의 처방전을 버리고 하이에크와 프리드먼의 신자유주의적 처방을 찾았던 데 비해 스웨덴은 렌-마이드너 모델이 가진 기업과 산업의 구조조정을 통한 생산력의 지속적인 향상이라는 스웨덴 모델을 경제적 환경 변화에 맞도록 다소 변형하며 계속 발전시켜왔다.

렌-마이드너 모델의 밑바탕에는 완전고용이라는 복지국가의 목표를 달성하기 위해 총수요 측면의 경기부양책만으로는 안 된다는 생각이 깔려 있다. 이렇게 되면 인플레이션과 임금 인상의 악순환이 일어나기 때문이다. 그래서 스웨덴은 노동계, 정부, 기업 등 모든 경제 주체가 사회 코포라티즘의 정신에 따라 긴밀하게 협력해야 하며, 인플레이션이 발생할 만한 생산 측면의 요인들을 제거해야 한다고 여겼다. 바로 '공급 측면'(supply-side)의 자극이 그것이다.

앞서 살펴본 대로 렌-마이드너 모델의 연대임금 정책은 끊임없이 저효율의 생산성 낮은 기업과 산업을 체계적으로 퇴출시키고 고효율의 생산성과 경쟁력이 높은 기업과 산업을 체계적으로 고도화함으로써 공급 측면의 혁신을 계속하도록 유도했다. 스웨덴 복지국가 모델은 1970년대의 신자유주의자들이 인플레이션에 대처할 능력을 상실한 채 수요 측면을 강조하는 케인스주의 복지국가를 해체하자면서 들고 나온 공급경제학(supply-side economics)의 핵심적 요소를 이미 가지고 있었다. 즉 렌-마이드너 모델의 연대임금 정책과 적극적 노동시장 정책이라는 선택적 경제 정책과 보편적 복지 정책의 유기적 통합[11]을 통해 이미 이것을 취득하고 있었던 것이다.

사회 코포라티즘과 노사 평화

스웨덴에서 코포라티즘[12]의 유래는 1930년대로 거슬러 올라간다. 1920년대에 이미 급속한 산업화를 이룬 스웨덴에서는 노동자들이 거대한 규모로 세력화되어 있었고, 이에 맞선 자본가들도 그랬다. 당시 스웨덴은 노사분규가 유럽에서 가장 많은 나라였다. 1930년대 세계 대공황의 여파가 밀려오자 건설 노동자들은 임금 인상을 요구하며 1933년 총파업을 벌였다. 파업이 해를 넘기며 장기화되자 건설업은 물론 산업 전반이 마비될 지경이었다. 당시 사민당은 그야말로 난감한 처지에 놓여 있었다. 파업을 그대로 방치하자니 경영자들이 직장 폐쇄로 맞설 것이고 파업을 저지하자니 노동자들의 삶을 억압하는 꼴이 될 수 있었기 때문이다. 고심 끝에 채택된 것이 노동자들과 경영자들을 불러 한 테이블에서 함께 대안을 찾도록 하는 이른바 '노사정 합의'였다.

1933년 LO는 집권당인 사민당의 제안에 따라 자체적으로 건설노조의 파업을 중지시켰다. 그리고 살트셰바덴에서 LO, SAF, 정부 관계자들이 한 테이블에 앉았다. 이들은 5년간의 긴 협상 끝에 다음의 합의에 도달했다. 첫째, SAF와 LO로부터 각기 3인씩 파견되는 대표들로 노동시장위원회를 구성하여 기업이나 산업 단위에서 노사 간의 교섭을 통해 해결되지 않는 분쟁 사항이 발생할 경우 이 문제를 노동시장위원회에서 다루도록 했다. 이런 노사 간의 자율 협상을 통해 분쟁이 해결될 가능성이 높아졌다. 둘째, 노동쟁의 절차를 제도화하는 동시에 파업이나 직장 폐쇄와 같은 극한적 형태의 노동쟁의가 발생하는 것을 어렵게 만들었다. 우선 노동쟁의 시 상대방에 대한 사전 고지를 의무화했고, 해고 문제와 관련된 규칙을 상세하게 제정했다. 그리고 SAF와 LO가 앞장서서 가능한 한 평화적으로 쟁의 문제를 해결하도록 했다. 이것이 바로 '살트셰바덴 협정'이다.

결국 자본은 노동조합을 인정하고 복지국가의 소득재분배 정책을 수용하는 대신에 소유 및 경영권과 파업 자제를 약속받았던 것이다. 그리고 생산성 향상에 따른 임금 인상 원칙에도 합의했다. 당시 '살트셰바덴 협정'에 참여했던 자본은 주로 수출 대기업이었는데, 이들 기업은 지속적인 성장을 위해 무엇보다 임금에 대한 적정 관리와 사회 평화를 필요로 했다. 스웨덴 사민당의 경제 정책이 케인스주의 경제 정책과 다른 점은 이처럼 정부의 재정 정책보다는 사회 코포라티즘 조정 방식을 활용하여 임금과 투자 문제를 해결하고자 한 것이다. 이후 스웨덴의 노사 분쟁은 세계 최저 수준으로 떨어졌고 산업 평화 속에서 스웨덴의 경제는 급성장하기 시작했다.

그리고 1940년대 중반부터 노동과 자본의 대표가 정부의 각종 위원회나 입법 및 정책 연구에 참여하여 자신의 이해를 표출하고 조정하여 정책에 반영하는 사회 코포라티즘 체계가 본격화되었다. 이에 더해, 이들은 사민당 정부가 주도한 비공식 노사정 협의체인 목요클럽(1945~1955), 그리고 하프순트(Harpsund) 회의(1955~1964)에도 참여했는데, 이런 것들이 모두 스웨덴의 사회 코포라티즘 발전에 기여했다. 사민당 정부는 수상의 여름 별장인 하프순트에 재계와 노동계의 대표들을 초청하여 국정 전반에 대해 허심탄회하게 대화를 나누었다. 이것을 하프순트 민주주의(Harpsund democracy)라고 한다.[13]

1911년 스웨덴에서는 은행이 일반 기업의 주식을 직접 소유하거나 경영에 참여하는 것이 법적으로 허용되었다. 그래서 스웨덴 은행들은 상당수 상장 기업의 지배 주주가 되었다. 특히 발렌베리 가문의 스톡홀름엔스킬다 은행은 1930년대 당시 스카니아와 에릭손 등 다수의 대기업들을 지배하고 있었다. 그래서 발렌베리 가문과의 협약은 특히 중요한 의미가 있다. 협약을 통해 발렌베리 가문은 많은 일자리를 창출하고, 기술에 적극 투자하며, 85% 이상의 높은 소득세를 낼 것을 약속하게 된다. 대신 발렌베리 가문은 특혜적 기업 지배를 용인 받았다. 무엇보다 발렌베리는 산하 계열사에 대한 지배권 유지를 허용 받을 수 있었다.

또 인구가 적어 내수시장이 작은 스웨덴은 개방 경제가 필요했으므로 정부는 발렌베리에게 경제의 기본 방향을 수출로 정해서 길을 열어

주기로 했다. 이에 노동자들이 노사 평화 약속으로 답함으로써 공장이 계속 돌아갈 것이 보증되었다. 결국 발렌베리도 노동자도 정부도 누구 하나 극단적인 손해를 보지 않고, 멀리 보면 모두에게 이익이 되는 방향으로 협약이 체결된 것이다. 이후 발렌베리는 현재까지 계속 성장하며 스웨덴 경제를 발전시키고 있다.[14]

이미 엄청난 규모로 성장해있는 대기업들을 국유화하거나 적으로 여겨 공격하고 배척하는 것은 현명한 일이 아니었다. 당시 사민당이 기업들뿐만 아니라 자본가 세력 전체를 적으로 만들었다면 노동자들을 위해 아무리 좋은 정책을 만들려고 해도 자본가들의 지지를 받는 정치 세력의 거센 반대로 그 정책은 의회를 통과하지 못했을 것이다. 이런 점에서 보면, 스웨덴 사민당이 발렌베리의 특권을 인정하면서 노동자들을 위한 정책들을 수용하도록 한 것은 지극히 옳은 결정이었다.

이로 인해서 어쨌든 노동자들의 삶이 행복해졌고, 자본가들도 행복해졌다. 그래서 모든 국민의 삶이 한층 풍요로워지고 평평해졌다. 스웨덴 사민당은 대기업의 국유화 대신에 이들의 기득권을 인정해줌으로써 공존을 선택했다. 발렌베리와 같은 대기업들이 지배 주주 체제를 유지할 수 있었던 것은 사민당이 지주회사를 통한 피라미드 소유 구조와 최대 1,000대1의 차등의결권을 허용함으로써 가능했다. 정치적으로 해결된 것이다. 1925년 당시 스웨덴의 최상위 25개 기업 중 2개만을 지배했던 발렌베리 가문은 1967년에는 10개를 지배하게 되었다. 피라미드 소유 구조는 발렌베리 공익재단에서 지주회사로, 여기서 다시 자회사로 연결되는 기업 지배구조를 말하는데, 발렌베리 공익재단에 대한 면세 혜택으로 이런 소유 구조가 가능했다. 자회사인 개별 기업의 이윤은 지주회사에 배당되고, 다시 재단은 지주회사로부터 세금 없는 배당

을 받아 그 수익이 발렌베리 공익재단에 모아지는 것이다.[15]

사민당은 경제 성장을 위해 수출 대기업에서 규모의 경제를 추구했고 자본의 집중을 허용했다. 특히 1956년 이후의 연대임금 정책은 이런 추세를 가속화시켰다. 만약 사민당 정부의 우호적인 산업 정책과 수출 대기업 정책이 없었다면 지금의 발렌베리와 같은 거대 기업 가문은 존재하기 어려웠을 것이다. 어찌 보면, 특혜들이 주어진 것인데 한 걸음 물러나서 다시 보면 사회 전체적으로 평등한 삶이 한 차원 더 높아졌으니 이것이 궁극적으로는 더 정의로운 일인 것이다. 이 대목에서 비그포르스가 한 유명한 말을 떠올리지 않을 수 없다. 그는 "이념이 아닌 사람이 목적이다. 생산의 목적은 사람이다."라고 웅변했었다.

이처럼 노사가 협력적으로 서로 담합하는 사회 코포라티즘이 벌써 1930년대부터 조성되었기 때문에 1950년대 말 렌-메이드너 모델이 등장했을 때에도 노사는 당장의 이익에만 급급해하지 않고 장기적 시각에서 적극 협력했던 것이다. 보다 장기적이고 전체적인 이익을 위해 서로가 어떤 부분을 양보하고 또 얻어야 하는지를 논의하며, 이렇게 노사는 연대임금 정책과 적극적 노동시장정책, 그리고 이를 통한 완전고용의 목표 달성을 향해 함께 손을 잡고 나아갔다. 그래서 지금의 스웨덴 복지국가 모델, 모두 함께 잘 사는 나라가 가능했던 것이다.

보편적 복지의 가상 사례: '요람에서 무덤까지'

'요람에서 무덤까지'(from the cradle to the grave)라는 말은 영국《베버리지 보고서》에 나온 말이다. 하지만 이 말은 스웨덴에 더 잘 어울린다. 스웨덴에서는 모든 사람들이 태어나서 죽을 때까지 삶의 모든 단계에서 복지를 누릴 수 있다. 이처럼 모든 계층의 사람들이 모든 영역에서 누릴 수 있는 복지를 보편적 복지(universal welfare)라고 한다.

스웨덴은 1930년대에 급격하게 출산율이 감소했다. 당시 이것은 사회적 문제로 등장했는데, 진단과 해법도 다양했다. 보수 세력은 이것을 산업화로 인한 성 윤리와 가족 윤리의 문제로 간주하여 독신자와 자녀 없는 부부에게 새로운 세금을 부과해야 한다는 의견을 내놓기도 했다. 진보 세력은 이에 대해 입장이 애매했는데, 상당수는 인구의 감소가 노동자들에게 유리하다고 보는 경우도 있었다. 인구의 감소는 임금 수준의 향상으로 이해될 수 있기 때문이다. 이때 군나르 뮈르달(Gunnar Myrdal, 1898~1987)과 그의 아내 알바 뮈르달(Alva Reimer Myrdal, 1902~1986)이 이런 수준 낮은 논의를 뒤집는 획기적인 저서《인구 문제의 위기》를 발표했는데, 당시 대단한 반향을 불러일으키며 팔려나갔다.

이 이야기를 길게 하는 이유가 있다. 바로 이때부터 스웨덴 모델의 상징처럼 되어 있는 보편적 복지 개념이 공식적으로 논의되고 최초의 입법으로 관련 정책들이 실시되기 시작했기 때문이다. 이 책은 인구 문제에 대한 좌우의 잘못된 시각을 비판하면서 인구 문제의 진짜 원인을 제시했다. 그것은 바로 산업화와 도시화에 따른 사회 전체의 변화와 사람들의 생활방식의 변화에서 초래되는 것이었다. 주택의 부족, 청년실업, 높은 출산·육아 비용, 여성의 사회 참여 등이 그것이다. 도시의 이런 열악한 상황에서 젊은이들이 출산을 기피했던 것이다. 여기서 예방적 사회 정책이라는 보편적 복지 개념이 도출된다. 출산율 감소 등의 사회 문제가 불거지기 전에 미리 그 조짐을 발견하여 문제의 발생을 막자는 것이다. 이것은 사회구조적 원인 처방에 해당하므로 그 성격상 보편주의에 적합하며, 이런 예방적 사회 정책에 가장 잘 부합하는 분야는 바로 가족과 아동 분야이다. 그래서 스웨덴에서는 1938년 모든 여성들에게 보편적으로 적용되는 출산수당 제도를 실시했고, 이후 순차적으로 다양한 종류의 여성, 가족, 육아, 아동 관련 정책이 보편주의 원칙에 따라 실시되었다.

이제부터는 스웨덴의 보편적 복지를 보다 생생하게 이해하기 위해 가상의 스웨덴 여성 '안나'의 출산과 양육 이야기를 들어보도록 하자.[16]

…

스톡홀름에 사는 '안나'는 요즘 긴장이 된다. 오랜만에 다시 자신의 직장인 디자인 회사로 출근할 생각 때문이다. 육아휴직으로 회사를 쉰지 벌써 1년 반이 되어 간다. 일 욕심이 많은 안나지만, 아이에게 초기의 애착 형성이 중요하다는 전문가들의 견해에 따라 딸 '사라'를 직접 돌봐왔다. 그런데 이제 안나는 직장에서 열심히 일하고 사라는 어린이집에서 친구들과 열심히 뛰어놀 시기가 되었다.

일주일 남은 휴직 기간 동안 조금이라도 사라와 함께 하고픈 안나가 점심식사 후 사라와 집을 나선다. 엄마 손을 잡고 아장 아장 걷는 사라의 속도에 맞추다보니 공원에는 한참 후에 도착했다. 공원에는 이미 많은 아기들과 부모들이 나와 있다. 아기와 똑같은 원피스를 입고 다정함을 뽐내는 엄마도 있지만, 울퉁불퉁 근육질의 팔로 유모차를 미는 아빠나 덥수룩한 수염 속에 미소를 머금고 젖병을 들고 있는 아빠도 있다. 아빠들이 아기와 함께 공원에 있는 모습은 안나에게 낯설지 않다. 남편 '데이비손'도 사라가 태어나자마자 첫 두 달 동안은 육아휴직을 하고 사라를 함께 돌봤기 때문이다.

스웨덴에서는 부모 양쪽 모두 '의무적으로' 적어도 60일은 육아휴직을 사용해야 한다. 이 육아휴직은 엄마의 출산휴가 60일과 아빠의 출산휴가 10일과는 완전히 별개의 것이다. 아니, 육아휴직이 의무라니 그럼 육아휴직을 사용하지 않는 아빠는 처벌이라도 받는 걸까. 그건 아니다. 아이 1명당 부부에게 총 480일의 육아휴직이 보장되는데, 만일 부모 중 어느 한쪽이라도 두 달 이상 육아휴직을 사용하지 않으면 육아휴직을 사용하는 나머지 한 쪽 부모의 육아휴직은 480일이 아니라 420일만 보장된다.

그러니 엄마가(또는 아빠가) 육아휴직 480일을 완전히 보장받으려면 아빠가(또는 엄마가) 육아휴직 60일을 당연히 '의무적으로' 신청하게 된다. 그래서 스웨덴에서는 남성의 육아휴직 이용률이 79%로 여성의 84%와 별 차이가 없다.[17] 부부가 부모휴가를 동등하게 나누어 사용하면 특혜가 있다.[18] 안나의 언니 부부는 부부가 240일씩 똑같이 육아휴직을 한 덕분에 한 달 월급의 절반을 보너스(세금 감면의 방식)로 받았다. 각각 240일씩 아이를 돌본 덕에 언니 부부는 육아에서 엄마와 아빠의 역할은 완전히 같았다.

또 안나의 친구 중 아내의 수입이 더 많거나 아내가 육아보다는 일하기를 원해서 남편이 육아휴직을 480일 사용하는 이들도 적지 않다. 그러니 유모차를 밀고 젖병을 물리는 '아빠 육아'는 스웨덴에서 너무도 자연스러운 일이다. 이로써 스웨덴에서 아이는 양쪽 부모 모두의 사랑 속에서 자라고, 여성과 남성은 동등한 삶을 누리게 된다.

안나가 출산과 육아에 전념한 16개월(출산휴가 2개월 + 육아휴직 14개월) 동안, 돈을 벌어오는 사람은 데이비손 뿐이었다. 둘 모두 육아휴직을 했던 2개월간은 아예 직장에 가는 이가 없었다. 하지만 안나 가정의 경제 사정은 아이를 낳기 이전의 맞벌이 때와 크게 다르지 않다. 일단 육아휴직 기간인 480일 가운데 390일 동안에는 평균임금의 80%를 출산 급여로 받았다.[19] 그리고 나머지 90일 동안에는 하루에 2만4천원(180크로나)을 받는다.[20]

이렇게 받는 돈을 안나는 공짜라고 생각하지 않는다. 잠시 직장 대신 집에서, 자신이 지금까지 하던 디자인 업무 대신 육아라는 업무를 하며, 직장의 시장임금 대신 국가에서 지급되는 사회임금을 받는다고 생각한다. 이런 생각은 안나만의 것이 아니다. 스웨덴 사람들 모두가 이렇게 생각한다. 벌써 40여 년 전인 1974년에 세계 최초로 유급 육아휴직 제도가 도입되어 이제 스웨덴에서는 아기를 낳으면 엄마·아빠로서 국가로부터 월급을 받아야 한다는 인식이 아주 자연스럽다.

육아휴직 수당 외에 안나의 계좌로 들어오는 돈은 또 있다. 사라의 출생 등록이 끝나자마자 매달 20일이면 15만원 정도가 꼬박꼬박 안나의 통장에 입금되고 있다. 사라가 15세까지 받는 아동수당이다. 사라가 16세가 되면 학업수당이 나오게 되는데, 이때쯤이면 사라도 스스로 용돈을 관리할 수 있는 청소년이니까 이 돈은 사라 본인의 계좌로 입금된다.[21]

수입이 별반 줄지 않은 것뿐만 아니라 지출도 추가로 늘어난 것이 거의 없다. 안나는 임신에서 출산까지 단 한 푼도 병원비 등의 지출을 한 일이 없다. 안나는 임신을 확인하자마자 뫼드라보드센트랄렌(여성보건센터)에서 전담 산파[22]를 배정받고 정기적인 검진을 받기 시작했다. 뫼드라보드센트랄렌은 여성이 아이를 임신했을 때부터 출산할 때까지 무료로 산모와 아이의 건강을 책임지는 곳인데, 스톡홀름에만 40개가 있어서 안나는 집에서 가까운 곳을 다녔다. 이곳에서 안나는 초음파를 비롯한 모든 검진을 무료로 받으며 자신과 사라의 건강을 확인할 수 있었고, 임신 후 우울증을 겪을 때는 무료로 심리 치료와 상담도 받을 수 있었다. 정기검진 등을 위해 직장을 비워도 월급이 깎이지 않는 건 기본이다. 안나가 사라를 출산할 때까지 지출한 돈은 뫼드라보드센트랄렌 주차장에 낸 주차비뿐이었다. 스웨덴에서 엄마는 아무 것도 지불하지 않는 게 너무도 당연한 일이다.

엄마뿐만 아니라 아동도 아무 것도 지불하지 않는다. 사라는 태어난 뒤 지금까지 버나보드센트랄렌(아동보건센터)에서 건강관리를 받아왔다. 초등학교에 들어가기 전까지 버나보드센트랄렌은 사라를 계속 돌봐줄 것이다. 지금까지 사라는 두 번 감기에 걸렸고 몇 달 전에는 장염으로 2주 동안 입원을 했다. 끙끙대는 사라가 안쓰러웠지만 병원비가 한 푼도 들지 않았으므로 경제적인 걱정은 없었다. 모든 임산부에게 백만원 상당의 출산용품들이 담긴 '마더박스'[23]를 준다는 이웃나라 핀란드보다는 못할지 모르지만, 그래도 스웨덴에서 임신·출산과 육아에는 돈이 들지 않는다.

공원 산책을 마치고 안나는 같은 동네에 사는 친구를 만났다. 뫼드라보드센트랄렌에서 임신·출산 교육과 임산부 요가 수업(당연히 무료!)을 함께하기 위해 만들어준 산모 그룹에서 만난 '엘라'다. 안나가 오늘 엘라를 만나는 가장 큰 목적은 탁아소에 대한 조언을 듣기 위해서다. 엘라의 아들 '헤르손'도 사라와 같은 18개월이지만 벌써 탁아소 생활 6개월 차인 선배다. 스웨덴에서는 보통 돌이 지나면 어린이집에 보내니까 사라는 좀 늦은 편이다. 오랜만에 만난 헤르손은 스스로 숟가락질을 하며 간식을 먹고 있었다. 안나가 감탄을 하자 엘라는 '탁아소 덕분'이라며 다음과 같이 말을 이어간다.

"헤르손이 다니는 탁아소도 스웨덴의 평균적인 탁아소들처럼 아이들 다섯 명을 보육교사 한 명이 담당하고 있어. 그래서 다섯 아이를 둔 엄마처럼, 아이들 한 명 한 명을 완전히 파악해서 잘 돌봐줘. 아니, 때론 엄마보다 더 낫지. 나도 깜짝 놀랐다니까. 탁아소 다닌 지 얼마 안 되어서 헤르손이 숟가락을 들고 스스로 먹지 않겠어? 또 참는 법도 많이 배운 것 같고, 주변 환경에 대한 호기심도 아주 많아진 것 같더라고. 교육부에서 만든 프로그램도 만족스러워. 선생님들 수준과 시설도 훌륭한데, 지방정부에서 운영하는 게 아니라면 그런 탁아소를 어떻게 한 달에 15만원만 내고 다닐 수 있겠나 싶다니까! 뭐 고소득층은 24만원까지 내기도 하지만 우리 같은 중산층은 대부분 그 정도만 내면 되잖니."

엘라는 헤르손이 다니는 탁아소처럼 지방정부가 운영하는 곳이 전체 탁아소의 75%나 되니 안나의 집에서 가까운 비슷한 탁아소를 찾는 것은 어렵지 않을 것이라는 말도 했다. 그리고 마지막으로 안나의 손을 잡고 이렇게 말을 이어갔다.

"안나, 너 스웨덴 사람 맞니? 불안해하지 말고 정부를 믿어. 사라를 아주 잘 돌봐줄 거야. 또 너와 남편의 직장에서는 너희가 정시에 또는 좀 더 이른 시각에 퇴근해서 아이를 데리러갈 수 있도록 해줄 것이고, 아이가 아픈 날에는 병가를 내면 되거든.[24] 그래도 시간이 더 필요하다면 자율업무 시간제도[25]를 이용해서 주당 며칠씩은 재택근무를 할 수도 있을 거야. 탁아소도 회사도 정부도 모두 사라를 도울 테니 걱정할 것 하나도 없어. 사라가 어디 너희 부부만의 아이니? 스웨덴에서 모든 아이는 우리 모두의 아이잖니!"

집으로 돌아오는 안나의 머릿속엔 많은 생각들이 떠오른다. 안나의 부모님은 수입이 그리 많지 않은 부부 목수였다. 하지만 아동수당과 학업수당, 그리고 무료인 학비 덕분에 안나는 대학원까지 졸업하고 우수한 디자이너로 성장할 수 있었다. 대학시절 안나의 부모님은 실직을 겪기도 했는데, 그때 부모님에게 실업 급여가 지급되어 안나는 소녀가장이 되지 않을 수 있었다. 현재에도 부모님의 노후와 건강은 정부가 책임지고 있다. 그래서 안나에게는 나이 드신 부모님을 어떻게 돌봐드려야 하는지에 대한 걱정이 전혀 없다. 이런 생각을 하자 문득 자신이 행복하게 살아오게 된 것이 스스로의 노력 때문만은 아니라는 생각이 들었다.

그런데 지금까지 안나의 행복을 위해 노력해온 스웨덴은 이번에는 사라가 건강하고 즐겁고 행복한 스웨덴 사람으로 살아갈 수 있도록 돌보고 지켜준다. 앞으로도 사라는 그 돌봄을 계속 받으며 예전의 자신처럼 잘 성장해 나갈 것이다. 어떤 나라에서는 아이를 돌보는 것이 오로지 엄마의 몫이라고 하지만, 스웨덴에서는 남편과 회사, 그리고 정부가 다 함께 사라를 '스웨덴 전체의 아이'로 돌보며 지켜줄 것이다.

…

스웨덴에서 유급 육아휴직 기간은 약 16개월이고, 우리나라는 12개월이다. 스웨덴은 육아휴직 기간 동안 매월 통상임금의 80% 정도를 육아휴직 급여로 지급하는데, 우리나라는 40%를 지급(상한액 월 100만원, 하한액 월 50만원)한다. 이렇게 유급 육아휴직의 기간과 급여 수준의 차이가 있지만, 그래도 우리나라의 직장 맘들이 일정액의 급여를 받으며 아이를 집에서 1년 동안 직접 키울 수 있다는 점에서는 스웨덴 복지의 모습을 조금씩은 닮아가는 것 같기도 하다.

하지만 실제 유급 육아휴직이 어떻게 시행되는지를 살펴보면 커다란 차이가 발견된다. 당장 가까운 놀이터로 가서 유모차를 끌고 나온 이들이 누구인지 만나 보자. 대부분은 젊은 엄마들이다. 그런데 이 엄마들 중의 상당수는 출산 직후 또는 임신 후에 직장을 그만두었다고 말한다. 왜 육아휴직을 안하고 아예 사표를 냈냐고 물으면, "당신, 대한민국 사람 맞아요? 그 뻔한 걸 왜 물어요."라는 핀잔이 돌아올 수 있다. 우리나라의 육아휴직 제도에 관한 내용은 제3부 10장에서 자세하게 살펴보도록 한다.

스웨덴에서는 유급 육아휴직을 실제로 써먹을 수 있도록 관련 제도가 잘 갖추어져 있기 때문에 누구도 손해를 보지 않는다. 그래서 직장맘들은 기꺼이 육아휴직을 신청한다. 육아휴직 노동자가 있는 기업이 국가에게 신청을 하면 언제라도 대체 인력을 지원 받아 회사가 업무에서 손해를 덜 볼 수 있도록 하고 있다. 물론 대체 인력이 육아휴직을 한 본래의 노동자만큼 업무 능력을 갖추지 않은 경우도 적지 않을 것이다. 하지만 스웨덴에서는 육아휴직 제도를 정착시키기 위해 국가가 적지 않은 제도적 지원을 하고 있고, 사회적으로 이것을 뒷받침 하고자 노력한 덕분에 스웨덴 기업의 사용자와 노동자들은 육아휴직 노동자로 인해 발생하는 약간의 불편은 기꺼이 감수하는 문화를 가지게 되었다.

한국에 있는 스웨덴 회사에서도 육아휴직을 장려한다고 한다. 이것은 스웨덴의 기업 문화 때문이다. 그래서 이 기업의 대표는 "여성 노동자를 육아휴직 때문에 해고한다면 미혼 여성들을 채용했다가 결혼하면 해고하는 일을 계속 반복해야 한다. 그것이 오히려 낭비다. 기혼 여성이 아이를 키우고 돌아올 때까지 불편이 있지만 참고 기다리면 그 여성 노동자의 능력을 계속 활용할 수 있기 때문에 오히려 장기적으로 이득"이라고 말한다.

보편적 복지의 원동력: 세금과 사회임금

스웨덴의 보편적 복지가 아무리 아름다워 보여도 돈이 없으면 시행할 수 없다. 출산과 양육, 의료와 요양, 보육과 교육, 노후 등 삶의 모든 단계에서 스웨덴은 국가가 모든 개인들의 '행복할 권리'를 제도적으로 보장하기 위해 막대한 비용을 쓰고 있다. 대체 그 돈이 어디서 나오는 것일까. 해답은 바로 세금이다. 스웨덴이라는 동전의 앞면에는 '고복지'가, 뒷면에는 '고부담'이 쓰여 있다. 국가가 보편적 복지를 위해 막대한 금액을 쏟아 부을 수 있다는 것은 국민들이 그만큼 많은 세금을 낸다는 것을 의미한다.[26]

스웨덴의 부가가치세는 25%나 된다. 하지만 스웨덴에서 양질의 보편적 복지를 지탱하는 힘으로 이것보다 더 크게 작용하는 것이 있다. 국민 대부분에게 평균 30% 내외의 정률로 부과되는 지방소득세가 그것이다. 지방소득세는 임금과 같은 근로소득뿐만 아니라 각종 연금, 실업수당, 질병수당, 육아휴직 급여까지 모든 소득을 과세표준으로 삼아 징수한다. 국민 모두가 복지와 사회보장을 위한 재원을 형평성 있게 나누어 부담하는 것이다. 실제로 스웨덴에서 지방소득세를 내지 않는 18세 이상의 국민은 6% 정도에 불과하다.

스웨덴에서 지방소득세는 지방자치를 위한 지방재정의 기둥 역할을 담당한다. 전체 지방재정의 약 70%를 지방소득세에서 충당하고, 나머지는 지방정부가 제공하는 서비스 이용료와 중앙정부의 교부금 등으로 채워진다. 지방은 광역지방정부인 란드스팅(21개)과 기초지방정부인 코뮌(290개)으로 나뉘는데, 스웨덴 지방소득세의 평균세율은 란드스팅세가 10.8%이고 코뮌세가 20.7%이다. 그런데 이 세율은 지방정부가 결정하므로 지방마다 다 다르다. 지방소득세의 세율이 가장 낮은 곳은 28.89%이고 가장 높은 곳은 34.17%이다.

스웨덴의 소득세에는 지방정부가 정한 정률의 지방소득세 이외에도 누진소득세인 국세소득세가 있다. 국세소득세는 전체 소득자 중에서 소득 상위 약 25% 정도에게만 해당하는 누진적 세금이다. 상위 소득자 약 20%에게는 중앙정부가 정한 연소득 기준을 초과하는 금액에 대해 20%의 국세소득세를 물린다. 그리고 최상위 5%에게는 중앙정부가 정한 연소득 기준을 초과 금액에 대해 5%의 국세소득세를 추가로 과세한다. 결국 거의 모든 국민이 내는 지방소득세 약 30%에다가 소득 상위 25%의 소득자들이 내는 누진적 국세소득세를 더한 것이 전체 소득세가 된다.

스웨덴 국민들이 보편적 복지를 위해 정률로 부담하는 또 하나의 중요한 세목이 있다. 바로 사회보험료다. 이것은 공적연금, 실업보험, 질병보험, 육아휴직보험 등의 사회보험 급여를 위한 재원이 된다. 회사를 다니는 사람들뿐만 아니라 자영업자들도 모두 동일한 사회보험 제도에 가입해야 한다. 근로자인 개인이 부담하는 사회보험료는 자기 소득의 7%이며, 기업(고용주)이 부담하는 사회보험료는 해당 근로자 소득의 31.42%이다. 자영업자의 경우에는 근로자 개인이 부담하는 사회보험료에 해당하는 7%를 내고, 이에 더해 기업 부담에 해당하는 28.9%의 사회보험료를 더 내야 한다.

스웨덴의 법인세율은 26.3%로 OECD 평균 수준이다. 스웨덴 기업은 근로자의 사회보험료로 지불해야 하는 비용에 대한 부담이 상당히 높다. 그러나 근로자를 위한 각종 복리후생비, 부양수당, 통근수당과 같은 각종 수당의 부담은 거의 없다. 국가의 사회보장 제도가 이 역할을 충실하게 수행하기 때문이다. 그리고 임금 수준도 다른 선진국들에 비해 비교적 낮은 편이다. 그래서 스웨덴은 임금에 복리후생비, 세금, 사회보험료 등을 모두 더한 노동 비용이 영국이나 독일 등 다른 유럽 국가들과 비교해서 낮은 편에 속한다. 특히 엔지니어와 기술자의 노동 비용은 외국에 비해 상당히 낮기 때문에 스웨덴 투자청이 외국의 투자를 유치할 때 매력적인 요소로 내세우고 있다. 그래서 기업은 사회보험료 부담을 많이 하는 데 대해 불만을 갖지 않고, 기업이 낸 사회보험료는 국민 대부분의 보편적 복지를 실현하는 데 잘 쓰이게 된다.

스웨덴에서 노후에 받을 공적연금 급여와 실직을 했을 때 받는 실업급여와 같은 사회보장 급여는 종전 통상임금의 80% 정도로 비교적 높은 편이다. 그런데 급부 조건이 근로를 전제로 한다는 것이 중요하다. 도덕적 해이를 용납하지 않겠다는 뜻이다. 그리고 스웨덴의 공공부조는 선별적 복지로서 수치심 없이 누구라도 삶이 곤궁해졌을 때 의탁할 수 있는 최후의 보루로서 역할을 수행한다. 비오고 천둥치는 날이 있듯이, 살다보면 누구라도 인생의 어려운 시기를 맞을 수 있다. 이때는 보편적 복지만으로는 부족하다. 그래서 스웨덴의 기초지방정부는 이런 부족한 부분을 보충해줌으로써 인간적 존엄을 유지하는 문명화된 삶을 보장해준다. 여기서 누구도 수치심을 제도화하지는 않는다. 날씨가 좋아지듯 삶이 좋아지면 잠시 머물다가 언제라도 공공부조에서 벗어날 것이기 때문이다.

결론적으로 스웨덴 복지국가는 '고복지-고부담' 구조이지만 사람들이 이런 제도에 만족하는 것은 개인의 노동 인센티브를 높이는 갖가지 제도를 마련하고 기업의 국제 경쟁력을 배려해서 제도를 설계함으로써 지속가능한 복지국가를 실현하고 있다는 점 때문이다. 국가가 제도적으로 제공하는 보편적 복지의 수혜를 받으면서 누구나 자신이 원하는 일을 하며 투명하게 세금을 내고 누구라도 즐겁게 살 수 있는 나라, 그래서 사람들이 더 열심히 일하고 자신의 정치공동체를 꽃보다 아름답게 만들려고 노력하는 지속가능한 복지국가, 그것이 요람에서 무덤까지 국가가 국민의 '행복할 권리'를 보장하는 행복국가 스웨덴이다.

2.

독일: 가장의 집

의도되지 않은 큰 열매: 독일 복지국가의 형성 과정

우리가 독일에서 살게 된다면 우리의 삶은 어떻게 달라질까? 일단 비정규직이 될 가능성은 상당히 낮아진다. 비정규직이 된다고 해도 주거, 보육, 교육, 의료 등의 필수 영역에서 심각한 문제가 발생할 가능성이 낮다. 예를 들어, 중병에 걸렸을 때 미국처럼 의료보험이 없어서 제대로 치료를 받지 못하거나 우리나라처럼 국민건강보험이 있어도 본인부담으로 많은 돈을 내고 치료받아야 할 가능성은 낮다. 독일은 공적 의료보장 제도의 보장성 수준이 상당히 높기 때문이다. 그리고 세금을 통해 국민 모두가 미리 지불했기 때문에 교육은 대학까지 무상으로 거의 비용부담이 없다.

이렇듯 독일 복지국가는 미국이나 우리나라에 비해 상대적으로 높은 점수를 받는다. 하지만 독일 복지국가가 모든 국민에게 행복한 삶을 충분히 보장해준다고 말하기 어려운 부분도 있다. 복지의 혜택이 고용 상태에 따라 차별적으로 보장되기 때문이다.[27] 대기업에 다니는 국민과 영세한 기업에 다니는 국민이 같은 복지 혜택을 받는 것이 아니다. 차이가 크다. 또 독일의 복지 체계는 국가로부터 보장받지 못하는 영역들을 남겨놓고 있다. 사회서비스 영역은 스웨덴과 같은 보편주의 복지국가들에 비해 덜 발달되어 있다. 그래서 독일은 탈상품화의 수준은 비교적 높지만 계층화의 문제로 인해 북유럽 복지국가들과 구분된다.[28] 이제부터 독일 복지국가의 계층화라는 특성이 언제부터 어떻게 해서 생겨나게 되었는지, 이 부분을 자세하게 살펴보도록 하자.

널리 알려져 있듯이 독일은 인접 국가인 영국과 프랑스에 비해 산업화가 늦었다. 독일의 산업혁명은 공동의 관세율을 채용하는 1834년 관세동맹의 발족에서 시작하여 1860대까지 점진적으로 지속되다가 1871년 통일 이후부터 비약적으로 전개되었다. 이 과정에서 독일 정부는 계획적으로 철도, 도로, 항만, 운하 등을 건설했고, 이 분야의 발전이 산업 전역의 발전을 이끌어냈다.[29] 특히 1840년대에 정부가 철도 건설과 철강 산업에 자본을 투자한 것이 결정적인 산업화의 진전 요인이 되었다. 1840년대는 산업혁명을 일으킨 주요한 기술 진보들이 거의 외국으로부터 수입되었으며 1850년대는 철강, 석탄, 면사, 금속기계 등의 영역에서 생산의 급진전이 이뤄졌다.

산업화의 진전으로 노동자의 수가 급격하게 늘어났다. 무엇보다 산업화는 증가한 노동자들의 삶을 빈곤과 불평등 속으로 밀어 넣었고 도시화에 따른 주택난과 불결한 환경 속으로 내던졌다. 그리고 산업화는 궁극적으로 정치, 경제, 사회, 문화 등의 모든 면에서 소외와 차별을 노동자들에게 안겨 주었다. 이런 맥락에서 노동자들은 자신의 '더 나은 삶'을 확보하기 위해 저항과 운동에 나섰다. 그 중심에는 노동조합이 있었는데, 대표적인 것이 라살레(Ferdinand Gottlieb Lassalle,

1825~1864)가 중심이 되어 1863년 5월 라이프치히에서 창설한 '전독일노동자연맹'이다.

그리고 노동자들의 노동운동은 정치적 성격을 갖는 사회주의운동과 연계되었다. 사회주의운동은 독일뿐만 아니라 유럽에서 가장 오래된 역사를 갖는 정당인 독일사회민주당(사민당, SPD)이 1875년 고타에서 창설됨으로써 더욱 표면화되었다. 당시의 사회주의운동은 세상을 급격하게 바꾸려는 혁명적 노선을 견지했다. 따라서 사회주의운동 세력과 노동운동 세력의 결합은 당시 지배층에게는 커다란 위협이었다. 그리고 실제로 이 결합은 전독일노동자연맹의 노조원 15,000명이 독일사회민주당의 당원이 됨으로써 명백해졌다.

노동운동과 사회주의운동의 연결은 1871년 독일 통일을 이룬 비스마르크에게 더욱 위협으로 다가왔다. 이런 위협에 대한 군주정의 대응은 단호한 탄압이었고, 그 결정체가 바로 1878년에 제정된 '사회주의금지법'이었다. 이 법을 통해 노조를 불법화하고 사회주의 정당을 없애고자 했으며 사회주의자들을 탄압하여 혁명의 싹을 자르려고 했다.

그런데 채찍만 휘두르는 것이 최선의 방법일 수는 없었다. 매서운 바람 속에서 사람들은 옷깃을 더 여미기 마련이며, 비스마르크도 그것을 잘 알고 있었다. 그래서 매서운 바람과 함께 사람들이 스스로 옷을 벗도록 할 햇볕도 고안해냈다. 그것은 노동자들의 '못 살겠다'가 '갈아보자'가 되기 전에 '못 살겠다'는 소리가 스스로 잦아들도록 만들 사회보험이라는 당근이었다. 이런 맥락에서 1883년 '질병보험법'이 제정되어 노동자를 위한 의료보험이 인류 역사상 처음으로 의무화되었다. 그리고 1884년에는 사고로 말미암은 노동력 상실에 대비하는 '재해보험법'이 제정되어 산업재해보험이 정착하게 되었고, 뒤이어 기존의 '광부법'을

기초로 한 '연금보험법'이 1889년에 제정되어 폐질 및 노령연금이 도입되었다.[30]

비스마르크는 사회보험을 통해 노동자들의 가려운 곳을 긁어주며 노동자들의 전투 의욕을 누그러뜨리려 했다. 그리고 노동자들을 독일 황제와 자신의 지지자로 만들려고 했고 실제로 상당수의 노동자들이 이런 사회보험에 감사해하며 혁명 의지를 꺾었다. 사회주의의 대부인 마르크스의 동지이자 후원자였던 엥겔스가 비스마르크의 사회보험에 대해 완강한 반대를 표현했던 것이 바로 그 때문이기도 했다. 뿐만 아니라 비스마르크는 사회보험을 도입하면서 적의 적을 통해 적을 견제한다는 또 다른 목적을 갖고 있었다.[31] 당시 군주정에게 가장 무서운 것은 왕정 체제를 뒤집는 혁명이었다. 18세기 말과 19세기에 나타났던 혁명은 주로 사회주의 혁명이 아니라 자유주의적 사상을 가진 부르주아지들에 의한 혁명이었다. 따라서 비스마르크에게는 노동자들뿐만 아니라 자유주의 이념으로 무장한 자본가들도 견제해야 할 대상이었다. 그래서 비스마르크는 세력화를 시작하는 노동자들의 기세를 꺾을 뿐만 아니라 노동자들을 회유하여 자본가라는 적을 견제하는 도구로 삼고자 했다.

출생의 비밀을 알고 나니 세계 최초로 독일에서 개발되어 독일 사회복지의 핵심을 이루고 있는 사회보험이 그리 아름다워 보이지만은 않을 수도 있다. 또한 노동자를 군주정의 관리 하에 자신의 지지 세력으로 묶어두려는 비스마르크의 애초의 의도와는 달리 입법화 과정에서 많은 논란과 조정을 거치고 나서야 세계 최초의 사회보험법이 제정되었다.[32] 이것이 우리가 사회보험을 최초로 시행했음에도 불구하고 비스마르크를 '철혈재상'이라고 부르지 '복지재상'이라고 부르지 않는 이유이기도

하다.

하지만 비록 비스마르크의 '불순한 의도'가 숨어있었다고 하더라도 어찌되었든 사회보험의 실시는 향후 유럽대륙을 포함해 전 세계의 복지 지형을 바꿔 놓았음에 틀림이 없다.

무엇보다 독일의 사회보험 제도는 국가의 성격을 바꾸어 놓음으로써 현대사에 지대한 역할을 했다. 기존에는 빈곤한 사람들은 어려움에 처했을 때 구걸을 하고 가진 자들이 자선을 베풀어 주는 것이 일종의 관행이었던 반면, 국가는 별 다른 역할을 하거나 책임을 지지 않았다. 하지만 사회보험 제도에서는 국가가 국민들을 사회보험에 가입하도록 강제해서 빈곤을 포함해 건강, 노후, 실업, 산업재해 등의 위험을 관리했다. 국가의 책임이 커진 것이며 새로운 국가 형태가 만들어진 것이다. 이런 이유로 독일의 군주정을 배격하던 유럽의 다른 나라들도 독일의 사회보험 제도를 받아들이는 데는 주저하지 않았던 것이다.

독일 복지국가의 확대: 네 가지 원칙들

독일 복지국가는 비스마르크의 사회보험 제도 도입을 기점으로 점진적으로 확대되었다. 사회보험은 처음에는 소수의 노동자들만을 대상으로 했다. 1891년 개혁적 성격의 '제국보험법'이 제정되어 세 가지의 사회보험을 단일화했고 가입자의 범위를 확대했다. 이어서 과부와 고아를 위한 유족보험이 개발되었고, 사무직 근로자를 위한 '직원보험법'이 새로 제정됐다. 1920년에는 '제국부양법' 제정을 통해 전쟁 희생자와 유족들에게 보훈적인 지원을 제도화했으며, 1924년에는 '공적부조법'을 제정해서 공공부조의 기틀을 마련했다. 특히 1927년 실업보험인 '직업보도 및 실업보험에 관한 법률'(AVAVG)을 제정함으로써 독일은 4대 사회보험의 법적 토대를 갖추게 되었다.

제2차 세계대전 이후 독일 복지국가는 1949년에 제정된 기본법(Basic Law)으로 알려진 독일 헌법에 자연스럽게 스며들었다. 당시 독일에는 가톨릭 사회윤리에 뿌리를 둔 기독민주연합과 사회개혁주의를 지향하는 사회민주당이 대표적인 두 정당이었다. 그런데 이들이 기본법의 방향과 내용을 모두 인정하고 지지함으로써 독일 복지국가는 강고한 정치적 기반을 갖게 되었다. 정치 영역의 이런 지지는 독일 복지국가 체제의 안정성을 제공해서 양당 사이에 정권이 교체되더라도 기본법이 보장하는 복지국가의 틀은 무너지지 않았고 오히려 더 강화되었다. 이것이 독일 사회국가(West Sozialstaat)에 기반을 둔 '복지국가의 황금기'를 가능케 했다. 그런데 독일 복지국가의 구체적 제도들이 확장되는 데 있어서 제도의 형성과 운영에 기준으로 작동했던 네 가지의 핵심적인 원칙들이 있었다. 이것들을 하나씩 살펴보자.

첫째, 복지국가 체계는 고용과 직접적으로 연계되는 사회보험 제도를 핵심으로 하고 있다. 그래서 삶의 질이 고용 상태의 사회보험 혜택과 직결된다. 이것은 곧 에스핑 앤더슨이 보수주의 복지 체제의 특징으로 본 '지위에 따른 차등'(status differental)이 기반이 된다는 것을 의미한다.

둘째, 독일 복지국가는 여러 이해집단들이 정책 수립과 행정 과정, 그리고 복지의 전달에 직·간접적으로 관여한다. 소위 조합주의라고 불리는 원칙이다. 특히 직능별로 구성된 조합들이 사회보험 제도를 운영함으로써 사회보험 제도는 단일한 중앙 중심의 집권적 운영이 아니라 분권화된다. 이런 분권화는 1880년대에도 중요한 원칙으로 작동했고, 1950년대에는 나치의 중앙집권화가 보여준 피해를 제도적으로 방지하고자 분권화를 더욱 강조했다.

셋째, 독일 복지국가의 제도와 관행들 속에는 가톨릭 사회윤리에 뿌리를 둔 '보충성의 원칙'(principle of subsidiarity)이 자리를 잡고 있다. 특히 사회서비스와 사회부조(공공부조) 부문에서 이 원칙이 작동했다. 이 원칙에 따르면, 가족이 육아와 요양 등의 서비스를 제공하는 첫 번째 제공자이며, 가족이 이것을 제공하지 못하면 중간 집단인 교회나 지역사회의 각종 단체들이 두 번째 제공자 역할을 수행한다. 그리고 이들마저 해당 서비스들을 제대로 제공하지 못하면 그때서야 마지막 제공자로서 국가가 그 역할을 수행한다.

넷째, 독일 복지국가는 남성이 가족의 주부양자가 되는 가부장적인 형태를 띤다. 이것은 사회보험 제도가 고용에 기반을 두고 있다는 것과 연결된다. 기존의 전통적인 가족 형태에서는 남성이 생계를 위해 돈을 벌어오고 여성이 집안일을 담당하는 분업이 이뤄졌다. 그리고 이 구도를 그대로 유지하는 방향으로 독일의 사회복지 체계가 구성되었다.

사회보험이란 몸통에 사회서비스와 사회부조라는 날개를 달고

독일은 사회보험이 체계적으로 촘촘히 갖춰진 반면에 사회서비스나 사회부조 관련 제도들은 상대적으로 미약하다는 특징을 보여준다. 공적연금, 의료보험, 산업재해보험, 요양보험, 실업보험(고용보험) 등의 사회보험은 국민들이 사회 문제에 직면했을 때 기존의 소득을 60~70%까지 보장해준다. 반면 육아·보육 서비스, 요양 서비스, 직업재교육 서비스 등의 사회서비스는 스웨덴이나 프랑스 등에 비해 덜 발달했다가 최근에야 국가적 노력이 많이 강화되고 있다. 그리고 빈곤한 국민들을 대상으로 하는 사회부조(공공부조)는 '보충성의 원리'에 입각해서 최소한으로만 장착되었고, 최근에야 저임금 노동시장의 확대에 대응하기 위해 강화되고 있다. 최저임금 제도도 2015년에야 도입되었다.

이런 제도 구성의 특징은 독일의 재정 지출에서도 그대로 나타난다. 2011년 기준으로 복지국가 제도들에 소요되는 돈, 즉 사회 지출 전체에서 공적연금이 32%, 의료보험 24.5%, 장기요양 2.8%, 실업보험 3.7%, 산재보험 1.5% 등을 차지했다. 사회보험에 투여된 돈이 전체의 3분의2 가량 된다. 따라서 독일은 한마디로 사회보험 국가(Social Insurance State)라고 해도 손색이 없을 것이다.

독일의 사회보험 중심의 복지 체계는 성 역할의 분리를 전제하며, 따라서 남성 위주라는 또 다른 특징을 낳는다. 성 평등의 관점에서 보면, 독일 복지국가는 남성과 여성의 역할이 분리되고 남성이 생계 부양을 책임지는 모델이다. 남성은 밖에서 돈을 벌어오고 여성은 집에서 가사를 책임진다. 여기에다 보충성의 원칙이 작동하여 영·유아를 기르는 육아나 성인이 되기 이전까지 아이 및 청소년을 돌보는 일은 가정에서 일차적으로 해소하고자 한다.

이런 구도에서는 스웨덴을 위시한 북유럽 복지국가들이 하는 것처럼 국가가 주도해서 보육, 아동 돌봄, 요양 등의 사회서비스를 발전시키기가 어렵다. 이 영역의 활동은 집에 머무는 여성이 담당해야 하는 것으로 여겨지기 때문이다. 그래서 독일에서는 아직까지도 보육 서비스가 다른 나라들에 비해 발달되지 못했고, 최근에 이런 문제를 극복하기 위한 정책적 노력들이 강하게 나타나고 있다. 이런 특징들은 결국에는 여성의 사회 참여를 상대적으로 제한하는 결과를 가져왔다.[33]

사회부조의 경우는 주·시 등의 지방자치단체가 재정을 주로 부담하고 사회보험에 가입되어 있지 않은 사람이나 사회보험에 가입했으나 급여 수준이 매우 낮은 사람들만을 대상으로 한다.[34] 즉 사회부조에는 보충성의 원칙이 적용되어 개인이나 가족이 최저 수준의 욕구를 충족시키지 못할 때에만 적용 대상이 된다. 하지만 급여 수준은 상대적으로 관대하다. 사회부조는 소수의 빈곤한 국민들에게만 선별적으로 주는 것이지만 18세기 때처럼 자선의 의미가 아니라 국민의 명백한 권리로 인정되고 있다.

사회보험, 사회서비스, 사회부조 외에 사회수당도 복지국가를 구성하는 중요한 요소이다. 사회수당은 사회부조와 달리 자산조사와 같은 소득 기준 없이 대상자 모두에게 제공되는 보편주의를 특징으로 하며, 현금으로 주어지는 경우가 대부분이다. 이런 사회수당의 경우, 독일은 유럽의 다른 복지국가들에 비해 상대적으로 덜 발달했다는 평가를 받고 있다. 하지만 최근에는 사회수당이 적극적인 정책으로 인정되고 있으며, 특히 육아 및 아동과 관련해서 강화되고 있다. 아동수당이 대표적이다. 아동수당은 만 18세 미만을 대상으로 첫째와 둘째 자녀까지 월 184유로, 셋째 자녀는 월 190유로, 넷째 자녀는 월 215유로의 급여가 제공된다. 직업이 없을 경우 만 21세 미만, 학생이거나 자원봉사를 하는 경우는 만 25세 미만, 장애인은 나이의 제한이 없다. 이 외에도 대표적인 사회수당으로는 부모휴직 수당(이전에는 육아수당이었음)이 있는데, 이것은 뒤에서 설명하도록 한다. 그리고 여성의 일·가정 양립을 해친다는 이유로 사민당 등 야당이 강력하게 반대했음에도 불구하고 메르켈 총리의 중도우파 집권 세력이 2013년 도입했던 육아수당 제도는 2015년 7월 21일 위헌판결을 받아 폐지되었다.[35]

노동 복지의 원동력: 사회적 동반자 관계와 공동결정제도

…

"뭐? 구조조정을 하겠다고? 누가 이런 경영 계획안을 낸 거야? 하인리 이사로군. 좋았어. 이번 협의회에서 하인리 이사와 담판을 짓겠어. 구조조정이 최선이 아니란 것을 입증해서 우리 회사에서 단 한 명도 못 자르도록 하겠다고!"

…

독일의 어느 회사에서 이런 말을 하며 주먹까지 불끈 쥐는 사람이 있다면 그는 누구일까? 우리의 상식에 따르면, 구조조정은 경영진만의 결정 사항이다. 쌍용자동차를 상하이자동차에 유리한 조건으로 팔기 위해 구조조정이 불가피하다며 노동자들을 정리해고한 당사자도 경영진들이었다. 노동자들이 경영상 불가피한 결정이 아니므로 정리해고는 부당하다고 아무리 소리쳐도 소용이 없었다. 법원도 그런 주장을 하는 파업은 경영진이 독자적으로 결정할 부분에 개입하는 것이므로 불법이라고 판단했다. 따라서 우리의 상식대로라면 구조조정을 철회시킬 힘을 가진 사람은 틀림없이 경영진 중의 한 명일 것이다.

그런데 놀랍게도 하인리 이사에게 맞서 구조조정 계획을 철회하겠다고 엄포를 놓는 사람은 노동자다. 노동자가 이사회의 공식적인 회의

석상에서 구조조정과 정리해고처럼 중대한 사항에 대해 주장을 펴고 협상을 한다니, 뭔가 잘못 들었나 싶겠지만 정말이다. 독일은 회사의 중요한 결정들을 경영자만이 아니라 노동자도 할 수 있는 명실상부한 노동자의 나라이다.

위의 이야기처럼 일터에서도 독일 복지국가의 진면목이 나타난다. 노동조건이나 임금 등은 복지국가의 점수를 매기는 매우 중요한 요소들이고 전통적으로 복지국가의 핵심을 이루는 것이다. 독일은 복지국가의 이 영역에서 강세를 보여주는데, 특히 노동자가 회사의 운영에 직접 참여한다는 점에서 그러하다. 이것은 제2차 세계대전 이후 자리 잡은 사회적 동반자 관계 덕분이다. 오늘날 독일에서 사회적 동반자 관계는 경제적 번영과 사회적 평화에 결정적으로 기여한 것으로 평가받고 있다. 노동자와 사용자 간의 이해 대립을 합의로 해결하려는 노력은 노사쌍방뿐만 아니라 경제와 사회 전반에 긍정적으로 기여한 것으로 인정받고 있다. 실제로 사회적 동반자 관계는 독일의 파업일수를 유럽에서 스위스 다음으로 적게 만드는 데 공헌했다.

일반적으로 조직에 대한 헌신을 이끌어내는 것으로는 다음의 네 가지가 지목된다. 첫째, 조직 내의 소통이다. 소통은 함께 일하는 사람들 사이에 신뢰를 쌓을 수 있는 조건이다. 이를 위해서는 무엇보다도 정보가 개방되고 과정이 투명해야 한다. 둘째, 구성원의 역량을 키우는 것이다. 조직 내의 활동은 구성원들의 역량을 키우는 것과 연결되어야 한다. 셋째, 조직 구성원의 참여와 공동결정이다. 직접적으로 조직의 의사 결정에 참여함으로써 주체성이 확립되고 조직에 대한 소속감을 강화시킬 수 있다. 넷째, 조직원들 간의 신뢰이다. 신뢰를 쌓기 위해서는 협력이 일상적이어야 하며 협력은 상당한 투자를 필요로 한다.

독일의 생산 현장에서 이들 네 가지 요건을 갖출 수 있도록 한 것이 바로 사회적 동반자 관계였다. 이것을 구축하는 데는 적지 않은 비용이 들었다. 하지만 이런 비용보다 얻은 것이 더 많았다. 조직의 결속을 통해 이직률을 낮췄고 경영상의 거래비용, 즉 조정과 협력을 위해 투여해야 하는 비용과 지휘 감독에 드는 비용을 줄였다. 그 결과가 독일 경제의 성공으로 나타난 것이다.

사회적 동반자 관계의 구체적인 수단은 두 개의 공동결정 제도이다. 하나는 '직장평의회'이고 다른 하나는 '감독이사회'이다. 이 제도는 100년에 가까운 전통을 가지고 있다. 1920년에 작업장에서 노동자의 참여와 관련된 '직장평의회법'이 제정되었고, 1922년에는 노동자 대표가 감독이사회에 참여하도록 하는 법이 제정되었다. 이 법은 제대로 실행되지 않다가 제2차 세계대전 이후 단체협약을 통해 재수립되어 오늘에 이르고 있다.[36]

독일에서는 노동자 5명 이상의 기업에는 노동자들로만 구성되는 직장평의회를 설치하도록 법적으로 규정하고 있다. 이 기구는 노조와 별개로 해당 사업장에서 일하는 노동자들의 자치조직이며, 이 기구의 구성원은 사업장의 모든 노동자들이 참여하는 선거를 통해 선출된다. 이 기구를 통해 노동자들은 자신들의 복지, 사고 예방, 작업 규칙이나 근무 규정, 임금 수준 등을 경영진과 논의하며 협상한다. 그리고 노동자의 해고 문제까지도 다룰 수 있다.[37]

더 나아가 독일 노동자들은 경영에도 직접 관여할 수 있다. 대부분의 독일 기업들은 감독이사회와 경영이사회를 갖고 있는데, 노동자의 대표들이 이 이사회에 이사로 참여할 수 있다. 그것도 사용자측과 동수로 참여한다. 특히 감독이사회는 기업 운영에 관한 사항을 공동으로 심의하고 결정하는 기구로서 경영이사회의 이사를 임명하고 해임할 뿐만 아니라 재무 보고를 받고 승인할 권한을 갖는다. 노동자의 대표는 주로 이 위원회에서 활동한다. 프랑크푸르트시의 레알은 독일 메트로 그룹 소속으로 독일 전역에 350개 정도가 있다. 여기서 일하는 노동자는 사업장에 있는 직장평의회에 참여할 뿐만 아니라 메트로 그룹의 감독이사회에도 노동자 대표 이사를 보낼 수 있는 것이다.

우리나라 드라마는 재벌 그룹이 단골 소재이다. 주인공이 50%가 넘는 주식을 극적으로 상속받거나 획기적인 방법으로 획득해서 대표이사가 되는 반전이 전개된다. 그리고 주인공은 선량한 대표이사로서 노동자들을 위한 결정을 내려 문제를 해결하고, 노동자들은 그에게 감사와 존경의 박수를 보낸다. 그런데 독일에서는 이런 드라마가 만들어지지도 않고, 만들어진다고 해도 감동이나 호응은 없을 것이다. 노동자들을 위한 결정이 필요할 때는 선량한 대표이사의 도움을 받는 게 아니라 자신들이 선출한 노동자 대표 이사를 통해 그것을 달성할 수 있기 때문이다. 실제로 2013년 6월 4일 정의당 주최로 열린 한 강연회에서 롤프 마파엘 주한 독일대사는 다음과 같이 말했다.

…

"모든 기업은 이윤 극대화를 추구한다. 다만 국가 제도와 사회 시스템이 기업가가 일방적으로 자신이 원하는 모든 결정을 하도록 허용하는지 그렇지 않은지가 중요하다. (…) 독일은 직원 1,000명 이상 대기업의 경우 노동자가 경영에 참여할 수 있도록 법으로 보장한다. 또 노동자와 사용자가 절반씩 참여하는 감독위원회를 구성하게 했다. 가장 성공한 독일 기업 중의 하나로 꼽히는 폭스바겐은 노동자들의 경영 참여권을 가장 많이 보장하는 곳이기도 하다."

…

독일 노동자의 힘은 여기서 끝이 아니다. 우리나라에도 이마트 외에 홈플러스나 롯데마트 등의 대형 마트가 여럿이듯이 독일에도 레알 말고도 레베(REWE)나 리들(LIDL)과 같은 대형 마트들이 여럿 있다. 그런데 레알과 레베 그리고 리들의 점원들이 하는 일이나 일하는 시간은 별 차이가 없다. 그럼에도 불구하고 이들 사이에 보수의 차이가 크다면 그것은 불공평한 일이 아닐까?

그래서 독일에서는 산업 분야별로 노동자들이 조직을 이루어서 임금과 연금에 대한 단체교섭을 벌인다. 보다 완전한 평등을 위해서는 독일 전체의 대형 마트 소속 노동자들을 하나의 범주 안으로 묶는 게 좋겠지만 그렇게는 못하고 일정 지역 내에서 같은 일을 하는 이들은 같은 보수를 받도록 하고 있다. 즉 1평방마일(1.6제곱킬로미터) 이내에서는 같은 업종의 노동자들이 하나의 세력이 되어 사용자들과 임금과 연금에 대한 협상을 하고, 그 결과 동일한 임금과 연금을 받게 된다. 그래서 프랑크푸르트 시내에 마주보고 서 있는 레베에서 일하는 내 친구는 200만원을 받고 레알에서 일하는 나는 150만원만 받는 일은 생기지 않는다. 독일에서는 적어도 같은 일을 한다면 같은 대가를 받아야 한다는 '동일노동 동일임금'의 원칙이 실현되고 있는 것이다.

저녁이 있는 삶, 주말이 있는 삶, 그리고 노동시간 조절

노동자들이 직장평의회나 감독위원회에서 발언권과 결정권을 가진다는 것만 봐도 독일의 노동 문화가 노동자들의 행복에 크게 기여하고 있다는 것을 알 수 있다. 그런데 행복한 노동 문화는 또 다른 측면에서도 엿볼 수 있다. 우리에게는 입이 떡 벌어지지만 그들에게는 너무나 당연한 '6주의 휴가'가 그것이다. 독일에서 '6주의 휴가'는 모든 노동자들에게 필수적인 것이며, 직장에 따라 이보다 더 긴 휴가를 줄 수는 있으나 덜 줄 수는 없도록 규정하고 있다.

독일에서는 시간급으로 급여를 계산하는 노동자들의 경우 주당 평균 노동시간이 36시간에 불과하다. 주 5일 근무를 한다고 할 때 평균적으로 하루 7시간 정도만 일을 한다는 의미이다. 2015년 OECD 자료에 따르면, 독일은 연간 노동시간이 1,371시간으로 가장 짧은 나라에 속한다. 독일의 노동시간 단축은 오래 전부터 추진되었고, 이미 1995년 10월 1일부터 주당 35시간이 특정 부문에서 실현되었다.[38] 그리고 현재는 오전 9시부터 오후 3시까지를 회사에 반드시 있어야 하는 '핵심 근무시간'으로 보고, 하루 8시간만 채우면 '핵심 근무시간' 전후로 출퇴근 시간을 크게 따지지 않는다. 일반적인 퇴근 시간은 오후 4~5시이다. 이런 노동시간의 단축으로 인해 독일에서는 '저녁이 있는 삶'이 보장된다.

독일이나 유럽 복지국가들에서는 이처럼 노동시간이 짧고 저녁에는 일을 하지 않는 것을 기본 원칙으로 한다. 그래서 해가 지기 전에 대부분의 노동자들이 집으로 향한다. 아이들 또한 야간 자율학습이나 학원 수업 같은 것은 받지 않기 때문에 해가 지기 전에 집에 온다. 이렇게 모인 가족들은 함께 요리하고 식사를 하며 그날 있었던 재미난 일이나 짜증나는 일을 이야기하고 식사 뒤에는 취미생활을 하거나 운동을 하며 저녁을 보낸다.

독일에서는 노동시간의 단축과 더불어 노동시간의 유연화도 최근 화두가 되고 있다. 노동자가 자신의 상황에 맞게 노동시간을 유연하게 조절할 수 있도록 하는 것이 노동시간의 단축보다 더 중요하게 여겨지고 있다. 여기서 노동시간의 유연화라는 것은 기업이 인건비를 줄이기 위해 노동자의 고용 형태를 파트타임 위주로 바꾸는 것을 의미하는 것이 아니다. 그것은 노동자가 자신의 생애주기에 따라 노동시간을 조절할 수 있도록 '노동시간 결정권'을 보장한다는 의미이다.

6주의 휴가, 상사의 눈치를 보지 않는 칼 퇴근, 그리고 저녁과 주말이 있는 삶, 독일 노동자들의 삶을 대변하는 이런 키워드들은 우리에게 많은 부러움을 자아낸다. 그렇다고 세상 어느 곳인들 마냥 좋은 것들로만 일상이 채워져 있을까? 독일이 만들어온 복지국가의 여러 제도들도 일정한 한계와 문제들을 가지고 있다. 이번에는 이런 것들을 살펴보자.

독일 복지 체제의 '옥의 티': 차별적인 사회보험

독일의 일간지 《디벨트》에 한 노동자의 기사가 실렸다. 프리츠 슈탈 씨는 독일 자동차 회사 다임러의 신델핑엔 공장에서 무려 50년간 자동차 도색 일을 해왔다. 이처럼 노동자가 50년이란 긴 세월 동안 한 가지 일에 전념할 수 있었던 이유는 벤츠라는 회사의 기업 문화 덕이 크고, 그것이 바로 벤츠의 특징이자 경쟁력이라는 것이 이 기사의 내용이었다. 그런데 이 기사에는 장인 정신을 가진 슈탈 씨와 이것을 지원한 벤츠를 응원하는 댓글도 많았지만 부정적 댓글도 적지 않았다. 부정적 댓글의 핵심 내용은 대체로 이랬다.

…

"저런 곳에서 일하는 것은 하늘의 별따기이다. 다임러 공장에서 일한다는 것은 그 자체로 럭셔리한 노동이라고 봐야한다. 전체적으로 안전하고 월급도 많고 보너스도 많다. 그러니 25세에 벌써 자기 집을 지을 수 있고, 둘째 아이를 가질 수 있는 경제적 수준도 생기게 되는 것이다. 다임러 공장은 특별한 곳이라고 할 수 있다. 그러므로 슈탈 씨의 삶이 독일 노동자들의 일반적인 기준일 수는 없다."

…

요컨대, 독일에서는 직장에 따라 보수와 여러 혜택의 '풀 패키지'에서 차이가 크다는 것이다. 실제로 독일의 사회보험 제도는 노동시장의 지위 상의 차이에서 오는 소득의 격차를 해소하기 보다는 그것을 그대로 유지하는 결과를 낳는다는 한계를 가지고 있다. 대표적인 것이 소득비례형의 공적연금 제도이다. 독일은 현재 전체 국민의 93%가 공적연금 제도에 가입해 있는데[39], 각 가입자들은 월 소득의 18.9%라는 동일한 연금보험료를 납부한다. 그런데 문제는 퇴직 후에 받는 연금수령액이 그동안 낸 연금보험료에 비례해서 계산된다는 데 있다. 이것은 모든 가입자들에게 동일한 소득대체율을 적용함으로써 나타난다. 소득대체율이란 연금을 받기 이전의 소득을 연금이 대체하는 비율을 말한다. 평균 월급이 100만원인 어떤 사람의 소득대체율이 60%라면 그는 연금으로 월 60만원을 받는다. 2015년 현재, 독일의 공적연금의 명목소득대체율은 37.5%로 모든 연금가입자에게 동일하게 적용된다. 월급이 1,000만원이었던 사람은 공적연금으로 375만원을 받고, 500만원이었던 사람은 187만5천원을, 그리고 100만원이었던 사람은 37만5천원을 받는다. 따라서 젊었을 때의 노동에 따른 소득의 격차가 노후에 받는 연금 소득의 격차로 그대로 이어지는 문제가 생긴다. 독일은 공적연금 제도 자체 내에 소득재분배 기제가 없기 때문이다.[40]

아니, 돈을 많이 냈으면 많은 혜택을 받는 것이 당연하지 그게 왜 문제냐고 반문할 수도 있겠지만, 사회보험은 말 그대로 사회연대성의 원리에 따라 사회 전체를 위한 공적보험이다. 그런데 개인이 낸 만큼만 혜택을 받고 그것이 다른 사람에게 사회적으로 아무런 영향도 미치지 않는다면, 그것은 민간보험의 특성이지 사회보험으로 보기는 어려운 것이다. 사회 전체를 '더불어 살기 좋은 연대의 공동체'로 만들기 위해서는 고소득층은 많은 돈을 내지만 낸 것에 비해 혜택을 좀 덜 받고 저소득층은 적은 돈을 내지만 낸 것에 비해 혜택을 더 받게 하는 원칙이 필요하다.

소득재분배 효과가 사회보험 속에서 실현되어야 보다 높은 점수의 복지국가라고 할 수 있다. 그런 점에서 우리나라의 공적연금은 독일보다 좋은 편이라고 할 수 있다. 이에 대해서는 제3부 제10장에서 상세하게 다룰 것이다. 우리나라 국민연금의 소득대체율은 고소득층이 29.3%, 중간소득층 39.3%, 저소득층은 58.5%로 소득재분배가 이루어지도록 되어 있다. 저소득층에게 크게 유리하다. 반면에 앞서 말했듯이 독일은 모든 소득 계층이 37.5%의 소득대체율로 동일하므로 반대로 고소득층에게 유리하다.

아, 대체 누가 누구를 위로했던 거람!

…

얀과 벨로는 친한 친구 사이인데, 얀은 벤츠에서 근무하고 벨로는 공원 벤치를 디자인하고 제작하는 중소업체에서 일하고 있다. 둘은 각자의 일터에서 모두 7시간씩 일한다. 7시간 동안 얀은 고도의 집중력을 발휘해 엔진을 조립하고 벨로는 보다 튼튼하고 예쁜 벤치를 디자인하기 위해 노력한다. 누가 더 힘든 일을 한다고 말하기는 어렵지만 얀의 수입은 벨로의 두 배쯤 된다. 세계적 명차 벤츠를 만드는 얀의 월급은 1,000만원, 주문을 받아 공원 벤치를 만드는 벨로의 월 평균 수입은 500만원이다.

수입의 차이는 두 사람의 삶을 다르게 만든다. 얀은 스트레스가 쌓인 날에는 직원가로 할인 받아 구입한 메르세데스 스포츠카를 몰고 아우토반을 신나게 달린다. 7주의 휴가 기간 내내 낙타의 등에 앉아 이집트 피라미드를 구경하기도 한다. 하지만 벨로가 스트레스를 푸는 방법은 컴퓨터의 레이싱 게임을 하거나 록 음악을 들으며 무제한으로 소리를 지르는 게 전부다. 휴가? 글쎄 독일 남부지방으로 가는 여행이라면 모를까, 아프리카 대륙은 벨로에게 너무 비싼 곳이다.

벨로는 친구인 얀에 비해 자신의 생활이 대체로 시원찮은 것이라고 생각한다. 하지만 가끔은 얀보다 자기가 낫다 싶을 때도 있다. 독일식 소시지를 삼키기 무섭게 맥주를 벌컥벌컥 들이키며 얀이 "이 죽일 놈의 사회보험료!"라고 소리칠 때가 바로 그때다. "화가 날만도 하지, 연금보험료로 나는 매달 47만2천5백원을 내지만, 너는 두 배인 94만5천원이나 내다니!" 벨로는 그럴 때면 씩씩거리는 얀의 어깨를 두드려주고 더치페이의 전통까지 무시하며 얀의 맥주 값을 대신 내주기도 한다. 그들은 그렇게 열심히 일하고 꼬박꼬박 연금보험료를 내면서 60대 어느 날에는 퇴직해서 편안하고 즐거운 노후를 보낼 수 있을 것이라는 꿈을 꾸며 살아간다.

그런데 노후에 정말 두 사람은 자신이 원하는 만큼의 행복한 노후를 보낼 수 있을까? 얀에게는 경제적으로 비교적 멋진 노후가 열릴 것이다. 하루 7시간씩 몸과 마음을 쏟아 붓던 일터를 벗어나 아무 일도 안 하는데 공적연금으로 월 375만원씩을 준다니 말이다. 게다가 얀은 젊은 시절 월급에서 매달 떼어낸 돈으로 개인연금과 저축에도 들었다. 이쯤 되면 얀은 젊은 시절처럼 다시 한 번 낙타 등에 올라 사막을 여행할 수도 있고 바닷가의 멋진 마을에서 따뜻한 햇볕을 즐기며 맛있는 해산물 요리도 실컷 먹을 수 있을 것이다.

하지만 벨로는 퇴직 이후 기분이 별로일 가능성이 크다. 그의 공적연금은 월 187만5천원이거나 그보다 더 적을 수도 있다. 월 187만5천원은 40년을 꼬박 가입했을 때 공적연금의 월 급여인데, 벨로가 다니던 회사가 더러 망하는 바람에 연금보험료를 낸 기간이 30년도 채 안 되기 때문이다. 게다가 벨로는 젊은 날의 월급이 적어서 거의 다 써버렸기 때문에 별다른 저축도 없다. 벨로는 공적연금 급여로 겨우 먹고는 살겠지만 얀처럼 이집트에 다녀올 수는 없을 것이다. 벨로는 문득 자신이 따로 저축을 해두지 않았던 것을 후회하지만 이미 소용없는 일이다. 그러다가 문득 오래된 기억 하나가 머릿속을 스친다. 자신이 사회보험료 때문에 화를 내던 얀을 위로하며 맥주 값을 대신 내주던 기억 말이다.[41]

…

복지국가는 왜 필요한 것일까? 왜 그동안 유럽 선진국들은 복지국가를 만들기 위해 그렇게 노력해 왔을까? 사람들의 삶이 자유 시장의 논리에만 맡겨지면 개인의 배경과 능력에 따라 사람들의 삶은 필연적으로 큰 격차를 보이게 된다. 불평등이 그것이다. 이것을 줄여주는 것이 바로 복지국가의 핵심적인 역할 중의 하나이며 사람들이 복지국가를 만들기 위해 노력하는 이유이다. 그런데 독일에서 얀과 벨로는 그들이 만드는 벤츠 자동차와 공원의 벤치가 시장에서 서로 다른 평가를 받는 것처럼 얀과 벨로가 나중에 받게 되는 복지 혜택의 크기도 차별을 받는다. 이것이 바로 복지의 '계층화'이다.

그 때문에라도 원형적 조합주의 모습의 독일 복지국가 모델은 우리에게 매력적인 이상향이 될 수는 없다. 노동자들이 강력한 영향력을 행사하고 경영에까지 참여할 수 있다는 것, 그리고 노동시간 등의 근무환경은 우리나라에 비해 훨씬 낫지만 사회보험은 그렇지 못하다. 아이러니하게도 독일이 사회보험의 발명국임에도 불구하고 적어도 사회보험에 있어서는 독일을 지양해야 할 모델로 평가하는 게 옳을 것이다. 사회보험은 보편주의 원칙에 따라 모든 사람들을 대상으로 하되, 연대적 성격의 소득재분배 장치가 제대로 작동하도록 해야 사람들의 삶이 보다 평등해질 수 있기 때문이다.

저출산 문제와 여성 배려의 새로운 가족 정책

현재 독일이 당면한 문제 중 가장 큰 것은 인구 문제이다. 저출산 문제가 심각하다. OECD 통계를 보면, 2013년 기준으로 독일의 합계출산율은 1.41명이다. 같은 해 우리나라의 1.19명보다는 높지만 프랑스의 1.98명, 영국 1.83명, 스웨덴 1.89명, 노르웨이 1.78명 등에 비해 한참이나 낮다. 독일은 1971년부터 출산율이 1명대로 떨어졌고, 1973년부터는 1.6명 이상을 기록한 적이 없다. 2000년대 이후 가족 정책의 전격적인 변화 덕택에 2008년 1.4명을 회복했으나 이후 1.4명 선에서 정체되고 있는 실정이다.

인구와 관련한 또 다른 심각한 문제는 노인 인구의 비율이 높아가는 고령화 문제이다. 독일은 2008년에 이미 65세 이상의 인구가 전체 인구의 20%를 넘는 초고령 사회에 진입했다. 2013년 현재 독일의 65세 이상 인구는 전체 인구의 21.1%에 달한다. 2030년이 되면 독일 인구의 절반 가까이가 50세 이상이고, 인구 3명 중 1명은 65세 이상이 될 전망이다.

저출산과 고령화의 문제는 서로 연결되어 있다. 아이를 낳지 않기 때문에 상대적으로 전체 인구에서 노인의 비중이 높아지게 된다. 그리고 아이를 낳지 않는 가장 큰 이유는 아이를 키울 수 있는 여러 조건들이 미비하다는 데 있다. 특히 이 조건들은 주로 여성의 사회 활동과 관련되어 있다. 독일은 제2차 세계대전 이후 경제 체제가 점차 안정을 찾아갔고 산업 구조도 제조업 중심에서 서비스업 중심으로 변했다. 동시에 여성의 학력이 높아졌다. 이때 여성의 노동력 향상과 노동시장의 확대가 서비스 영역에서 만나게 되었다. 여성들도 일을 하면서 자신의 삶을 그려나갈 수 있게 된 것이다. 이때부터 여성의 역할이 변하기 시작했다. 여성도 남성처럼 가사노동이 아니라 임금노동과 연계된 삶을 전 생애에 걸쳐 그리게 된 것이다. 이런 여성의 성 역할의 변화는 곧바로 출산율 저하로 나타났고, 이런 현상은 유럽 전역을 강타하고 있다. 독일도 예외가 아니다.

독일의 가족 정책은 2000년대에 와서야 큰 전환기를 맞게 된다. 2000년대 이전까지는 육아휴직과 현금 급여 중심이었다. 출산 이후에 여성이 충분한 시간적 여유를 가지고 아이를 키우고, 그 비용은 국가가 일정 부분 책임을 지는 것이다. 이것은 여성의 전통적 역할에 따른 정책 구성이었다. 여성은 아이를 낳기 전까지 직장 생활을 하고 아이를 낳으면 가정에서 보육을 담당한다. 그렇기 때문에 육아휴직이 다른 나라들보다 길어서 3년이나 주어졌다. 그리고 3년이 지난 후에는 다시 일터로 복귀해서 직장 생활을 한다는 그림이다.

하지만 이런 정책 구상은 현실에서 전혀 작동하지 않았고, 여성들은 여전히 출산을 기피했다. 출산과 육아는 경력의 단절을 유발하고 직장에서 승진이나 인정받을 기회를 상실케 하며 직장 생활을 포함한 사회생활에 대한 욕구의 충족을 가로막기 때문이다. 뿐만 아니라 기존의 육아수당을 통해 지원되는 현금 급여가 직장 생활을 하면서 얻는 수입보다 작아서 경제적 문제가 발생하기 때문이다. 이에 더해, 아이를 낳은 후 일을 하려고 해도 대신 맡아서 키워 줄 보육 시설이 부족하다는 점도 큰 이유가 되었다.

이런 현실을 반영하여 2002년에는 '지속가능한 가족 정책'을 모토로 가족 정책상의 전면적인 전환이 이뤄지고, 2005년부터 '보육 시설확충법'에 의거해서 보육 시설이 대거 확충되기 시작했으며, 2007년 부모휴직 제도의 도입을 통해 휴직 제도와 육아 비용에 대한 지원이 대폭 개편되었다. 전반적으로 성 분업의 형평성과 일과 가족생활의 양립이 가족 정책의 전면에 들어서게 된 것이다.

구체적으로 살펴보면, 일단 최대 3년의 부모휴직이 법적으로 보장되게 되었다. 보통 휴직 기간 3년은 아이가 3세가 되기 전에 모두 사용해야 하지만, 사용자의 동의를 얻으면 3년 중 1년은 아이가 8세 미만인 시기로 이월이 가능하다. 부모휴직 기간에는 세금으로 충당되는 부모휴직 수당이 제공된다. 이 제도는 남녀의 역할 구분을 없애고자 하는 의도로 설계되었다. 우선 엄마든 아빠든 모두 수당을 받을 수 있게 함으로써 남성의 부모휴직을 유도한다. 그리고 부모휴직 수당은 아빠든 엄마든 각각은 12개월까지만 받을 수 있지만 둘 다 육아휴직을 할 경우에는 2개월이 늘어 최대 14개월까지 혜택이 가능하다. 남성이 부모휴직을 기피하는 상황에 대해 부모휴직 수당을 최대한 받으려면 아빠가 최소 2개월은 휴직하고 집에서 아이를 돌보라는 의미이다. 새로운 정책은 자연스럽게 남성의 육아휴직 및 양육 참여율을 높이는 결과를 가져왔다. 독일 통계청에 따르면, 2013년 아이를 낳은 가정의 아빠 가운데 32%가 육아휴직을 사용했다. 2006년에는 불과 3.5%만이 육아휴직을 했었는데 해마다 높아지고 있는 것이다.

부모휴직 수당의 액수는 신청자의 지난 12개월간 월 평균 순임금의 67%이고, 최대로 받을 수 있는 금액이 1,800유로(약 230만원)로 상한선 규정이 있다. 부모휴직 수당은 출산 이전의 소득을 보존해주는 것으로 기존의 육아수당과는 성격이 다르다. 왜냐하면 기존의 육아수당은 아이를 기르는 데 드는 비용을 국가가 일부 부담해주는 것이지 출산 전의 소득을 대체한다는 목적을 갖고 있지 않았기 때문이다. 따라서 부모의 입장에서는 애초에 일을 하는 것이 더 낫다. 일을 하면서 소득을 확보하면 아이를 낳더라도 소득이 부모휴직 수당으로 상당 부분 대체될 수 있기 때문이다. 또한 부모휴직을 한 이후의 직장 복귀 또한 법으로 보장받는다.

독일은 아이를 키우는 것과 일을 하는 것 사이의 연결을 보다 공고하게 하려고 또 하나의 장치를 마련했다. 근로자가 부모휴직 급여를 지급받는 동안 주당 30시간까지 단시간 근로에 종사할 수 있도록 한 것이 그것이다. 상시 근로자 수가 15인 이상인 사업장의 경우 단시간 근로를 허용할 수 없는 긴박한 경영상의 필요가 없고, 근로자가 6개월 이상 근무하였다면 근로자에게 단시간 근로 청구권이 있다. 이것은 아이를 낳더라도 기존의 일터에서 일을 할 수 있도록 한 것으로 남들처럼 종일 일을 할 수는 없으니 노동시간을 단축해서 부분적으로 업무를 수행함으로써 경력 단절을 피하고 나중에 직장 복귀를 보다 원활하게 할 수 있게 한다.

또 하나의 큰 변화는 독일 정부가 보육 인프라의 확충을 위해 전격적으로 노력하기 시작했다는 점이다. 직장 여성들이 출산을 미루거나 기피하는 주된 이유는 당장 아이를 낳아도 맡길 곳이 마땅치 않다는 데 있다. 특히 영아를 맡아줄 보육 시설이 부족하다는 사실은 출산율에 치명적으로 작용한다. 이와 같은 현실을 인식하여 독일은 현재 정부, 기업, 노동계 등이 모두 하나가 되어 대대적인 보육 시설 확충을 전개하고 있다.

2005년 선거로 기민당과 사민당의 대연정이 성립되자 2010년까지 전국적으로 보육 시설 23만개를 만들 것이라고 공표했다. 기민당 안에서는 보수적 가족주의를 고수하려는 흐름이 강해서 공공 육아 서비스의 제도화가 당내의 반발에 직면했지만 이 정책은 그대로 실행되었다. 보육 시설의 확충에 대중적 공감대가 형성되었고, 이를 추진할 주체로서 사민당이 연정의 파트너로 참여한 상태에서 메르켈 총리와 가족부의 폰 데어 라이엔 장관이 강력한 의지를 보임으로써 이것이 가능해졌던 것이다. 각 지방자치단체 또한 같은 시기 15만 명의 영·유아가 보육을 받을 수 있도록 시설을 확충했다. 여기에 더해, 독일 정부는 기업 내 보육 시설과 개인 소유 보육 시설을 대폭 확대하기 위해 총 40억 유로를 지원하고 있다.

이런 인프라 지원과 더불어 2013년부터 부모는 생후 1년이 지난 영·유아를 위한 보육 시설의 이용 또는 보육 도우미의 사용에 대한 법적 청구권을 갖게 되었다. 1990년대 이전까지만 하더라도 별로 발달하지 않았던 독일의 보육 시설과 육아 서비스가 한참 시간이 지난 이후에야 발달한 현상을 두고 일각에서는 '복지국가의 뒤늦은 건설'이라 칭하기도 한다.

여성의 일·가정 양립이 가능할 수 있도록 기획된 가족 정책의 변화는 여성의 고용률을 늘리고 공고화하는 결과를 낳고 있다. 이미 1990년대에 이르면서 성별 분업 모델의 독일 노동시장은 더 이상 남성 위주로만 꾸려질 수 없는 상황이 되었다. 이때 정책 대안으로 부상한 것이 보육 인프라 확충을 통해 여성을 노동시장으로 끌어들이는 것이었다. 가족 정책과 고용 정책이 긍정적으로 조우한 것이다.

공공 보육 서비스의 확대는 긍정적인 결과를 낳았다. 특히 동독 지역에서 보육 서비스가 확대되면서 여성의 고용률은 전반적으로 높아졌고, 그 중에서 3세 미만 아동을 둔 여성의 고용률은 2005년 43.7%에서 2012년 60.6%로 급상승했다. 이처럼 보육 인프라 확충은 사후적·교정적 차원이 아니라 사전적·예방적 성격을 가질 뿐만 아니라 다른 활동의 조건을 마련해 주는 기능도 한다. 질 좋은 보육 인프라가 확충되고 보육 서비스를 제공하게 되면 여성들은 직장 생활을 할 수 있게 된다. 일과 가정의 양립이 보다 용이해지는 것이다. 이런 맥락에서 보육 서비스의 확대는 결과적으로 노동시장에 여성 인력의 투입을 가능하게 하고, 이것은 노동시장의 질을 변화시킨다. 독일에서 보육 서비스의 확대가 사회의 긍정적 변화를 촉진해낸 것이다.

크지 않은 나라 곳간, 어떻게 마련되나?

복지국가를 위한 모든 정책은 결국에는 재정으로 귀결된다. 돈이 없으면 정책은 실현될 수 없고 제도를 만들거나 운용할 수도 없다. 그 돈은 국민으로부터 나온다. 독일 국민이 오늘날 누리고 있는 복지국가를 실현하는 정책과 제도들은 모두가 자신이 낸 세금과 사회보험료로 운용된다. 독일 국민들은 정확하게 그 사실을 알고 있다. 그렇기 때문에 독일에서는 '법적'이라는 말이 국가 재정이나 복지국가 정책에서 흔히 사용된다. 세금과 사회보험료도 법을 통해 공식적으로 정해졌고, 그에 따르는 정부의 역할과 구체적인 활동도 법으로 정해졌다. 독일 국민, 더 넓게는 유럽 시민들은 자신이 낸 돈으로 자신들의 삶의 질을 향상시키는 복지국가의 제도와 정책들을 실현하고 있다고 생각한다. 그래서 만약 복지국가가 후퇴하는 낌새가 보이거나 실제로 후퇴한다면 그에 대해 정당하게 그리고 '법적' 권리로서 항의하고 원상으로 복귀시킬 것을 강력하게 요구한다.

그렇다면 독일 국민들은 어느 정도의 돈을 자신의 주머니에서 꺼내 정부의 곳간으로 넘겨줄까? 2014년 기준으로 독일의 GDP 대비 국민부담률은 36.1%였다. 이것은 OECD 평균인 34.2%(2013년)보다 약간 높은 수준이다.[42] 1965년의 독일은 나라의 곳간이 OECD 국가들 중에서도 큰 편에 속했다. 1965년의 국민부담률은 OECD 평균이 24.8%인 반면 독일은 31.6%였다.[43] 이 수치는 당시의 스웨덴(31.4%)보다 약간 높은 것이었다. 이처럼 독일은 1960년대와 70년대까지만 하더라도 국민부담률의 크기가 OECD 상위권에 속했다. 하지만 지속적으로 30%대 중반을 유지함으로써 이후에는 다른 나라들에게 추월을 당했다.

독일의 곳간은 스웨덴을 위시한 북유럽 국가나 영미권 나라들의 그것과는 달리 사회보험료의 비중이 상대적으로 높다는 특징이 있다.

2014년 기준으로 독일의 국민부담률은 GDP 대비 36.1%인데, 그 중에서 조세부담률과 사회보장부담률은 각각 22.1%와 14%였다. 사회보험료를 통한 재원 마련이 전체 재원의 38.8%를 차지한다. 나라의 곳간이 대략 세금 6할과 사회보험료 4할의 비율로 채워진 것이다. 반면에 스웨덴은 42.7%의 국민부담률 중에서 32.8%가 조세부담률이고 9.9%가 사회보험료이다. 사회보험의 비중이 전체 재원의 23.2%로 독일의 38.8%보다 현저하게 낮다. 미국의 경우에도 26%의 국민부담률 중에 19.8%가 조세부담률이고 6.2%가 사회보장부담률이다. 전체 재원에 대한 사회보험료의 비중이 23.8%로 스웨덴과 비슷하다.[44] 독일이 사회보험료를 통한 재원 마련의 비중이 높다는 말은 독일 복지국가가 상대적으로 사회보험 제도에 치중되어 있다는 말과 상통한다.

독일은 다른 나라와는 달리 소비과세의 비중이 크다. 북유럽 복지국가나 유럽대륙 대부분의 국가들은 소득과세가 소비과세에 비해 큰 비중을 차지한다. 그러나 독일은 오스트리아나 프랑스 등과 더불어 소비과세의 비중이 상대적으로 큰 대표적인 나라이다. 2011년을 기준으로 독일은 전체 국민부담액 대비 소득과세가 29.5%, 소비과세 29.1%였다. 반면에 스웨덴은 소득과세가 35.%, 소비과세가 29.3%였다.[45] 물론 여기서는 독일이 세금 말고 사회보험료를 다른 나라보다 더 많은 비중으로 부담하고 있음을 상기할 필요가 있다.

사회지출의 구체적 세부 항목을 보면, 사회지출 중에서 가장 큰 비중을 차지하는 것은 공적연금에 소요되는 지출로 전체의 40%에 가깝다. 여기에 의료보험을 포함한 건강 분야에 쓰이는 돈이 전체의 31% 가량 된다. 이 둘을 합치면, 총 사회지출의 70%가 넘는 돈이 노후소득보장과 보건의료 영역에 투여된다. 이렇게 특정 영역에 사회지출이 몰리는 현상은 유럽 복지국가들에서 거의 동일하게 나타나고 있다. 다만 북유럽 복지국가들이 상대적으로 조금 덜 할 뿐이다.

독일 복지국가 모델이 우리에게 주는 교훈

독일 복지국가는 1980년대 이후 성격이 크게 변해 왔다. 원형적 독일 모델의 보수적이고 조합주의적인 성격에 북유럽 복지국가의 요소가 가미된 것이다. 이것은 육아 서비스와 직업훈련 및 재교육 서비스 등의 사회서비스가 강화되고 아동수당과 같은 보편적 사회수당이 전면화 되는 것으로 나타났다. 여성의 취업과 자아실현을 도모하기 위해 가정을 꾸리면서도 여성이 일을 할 수 있는 조건들이 갖춰지고 있는 것이다. 또 다른 중요 변화로 최저임금 제도의 전격적 도입을 들 수 있다. 국가가 경쟁적 노동시장에서 점차 불평등이 심해지는 시장임금에 대해 개입을 시작한 것이다. 다른 한편으로는 영미형의 자유주의적 요소도 가미되었다. 즉 노동시장에서 파견근로, 미니잡, 미디잡 등이 확대되었고, 반면에 노동권은 약화되었다. 그리고 사회부조의 역할이 증대되기도 했다. 이런 변화들은 현재 주로 부정적인 평가를 받고 있다.

또 다른 변화는 기존의 보수적이고 조합주의적인 제도 구성이나 운영이 보다 합리적인 방향으로 개선되었다는 점이다. 수십 개 또는 수백 개로 분절된 사회보험 조합들이 통합되었다. 가령, 독일의 의료보험 조합은 과거 회사별로 존재하던 당시의 수천 개에서 1993년 1,221개로, 2004년 292개로, 그리고 2014년 1월 현재 132개로 줄어들었다.[46] 의료보험 조합들의 통합을 통한 규모의 확대는 단순하게 효율성의 증대로만 간주할 일은 아니다. 이것 못지않게 중요한 것은 사회연대성의 범위가 과거에는 개별 회사 단위에 머물던 데서 이제는 유사 직종의 거대한 인구를 포함하는 방식으로 크게 확대되었다는 사실이다. 독일은 보수적 조합주의 모델(SHI, Social Health Insurance)의 오랜 전통 때문에 스웨덴이나 영국의 국영의료서비스 모델(NHS, National Health Services)이나 우리나라의 국민건강보험 모델(NHI, National Health Insurance)에서 나타나는 것과 같은 '전 국민적 연대성'을 가질 수는 없다.[47] 하지만 독일은 의료보험 조합들의 통합을 통해 위험 분산의 크기를 키움으로서 국가 차원까지는 아니지만 상당한 규모의 사회연대성을 확보하게 된 것이다.

이런 식으로 사회보험에 대한 국가의 개입을 확대하고 조합들 사이의 연계와 지원을 체계화함으로써 조합주의 방식에서 나타나는 개별 조합들의 파편화되고 자의적인 선택과 결정이 축소되고 사회연대성이 강화되어 일관성 있는 시스템으로 진화하고 있다. 뿐만 아니라 소득재분배 기능이 거의 없다는 사회보험의 한계도 사회보험 재원으로 정부의 지원금이 투입됨으로써 상황이 조금은 나아졌다.

결국 독일 복지국가는 사회보험의 보장성은 과거에 비해 다소 약화되었지만 사회서비스나 사회수당 등의 다른 영역이 강화되면서 여전히 탈상품화의 수준이 비교적 높은 복지국가로서 높은 점수를 유지하고 있다. 그리고 그것을 명확하게 보여주는 것이 독일의 사회지출이 거의 줄어들지 않고 있다는 사실이다.

한편, 독일 복지국가의 이런 변화들에 대해서는 내·외적 환경의 변화에 효과적으로 대응하려는 복지국가의 '적응'으로 해석해야 하며, 이것을 1950~70년대의 '복지국가 황금기'만을 기준으로 삼아 독일 복지국가의 쇠퇴를 주장하는 것은 옳지 않다. 복지국가의 가장 강력한 무기는 국민의 '삶의 질'을 최대한 보장한다는 목적을 위해 현실의 변화에 제대로 '적응'하는 역량이다. 그러므로 독일 복지국가의 최근 변화도 이런 맥락에서 또 다른 '적응'으로 이해할 필요가 있다. 결론적으로 독일은 전통적인 사회보험을 중심으로 북유럽의 새로운 성과를 참고해서 다양한 제도들을 만들고 배치함으로서 국민들의 '행복할 권리'를 보장하기 위해 노력하고 있는 국가라고 할 수 있겠다.

3.

미국: 연민의 집

선별적 복지의 출발: '결핍의 자유'에 갇힌 미국의 복지관

"미국인들은 육체적으로 건강한 독신자를 돕는 데 대해 유럽인들보다 훨씬 강한 반감을 갖고 있다." 하버드 대학교의 경제학자 애드워드 글레이저는 미국의 복지관을 이렇게 표현한다.[48] 영화 '식코' 등의 영향 탓인지 우리 사회에서는 의료보험과 같은 복지가 미국에는 아예 존재하지 않는 줄 오해하는 이들도 있는데 미국 사회에도 여러 가지 복지 제도들이 존재한다. 다만 미국의 복지는 한계가 뚜렷하다. 미국에서는 복지의 대상을 '모든 사람'으로 보지 않는다. 건강하지 못하거나 나이가 많거나 또는 홀로 아이를 키워야 하는 저소득층 여성 등 특별한 사람들만이 복지의 대상이다. 그래서 미국은 선별주의 복지국가이다.

미국인들은 왜 이와 같은 복지관을 갖고 있는지, 왜 미국 복지는 '선별적 복지'의 한계에 갇혀 있는지는 미국의 역사 속에서 비로소 이해된다. 앞서 제1부의 2장에서 국가의 발전 단계를 다루면서 미국의 역사·정치·경제·사회적 변화를 언급했지만, 여기서는 미국인의 복지관과

복지국가의 발전에 초점을 맞춰 다시금 미국이 지나온 시간들을 되짚어보기로 한다.[49]

미국의 시작은 이주와 개척이다.[50] 고향을 등지고 바다를 건너와 척박한 땅을 개척하는 이주민들의 마음속에는 자유를 향한 의지가 가득했을 것이다. 자유의 의지는 독립의 근원적 동기로 작용했을 뿐만 아니라 미국인들이 기본적으로 국가가 개인들에게 영향력을 행사하려는 것에 대한 날선 반감의 시작이 되기도 했다. 건국 초기부터 미국인들의 마음속에는 개인의 문제는 개인이 스스로 해결해 나가야 하는 것이라는 생각이 기본적으로 자리 잡게 된 것이다.

그래서 미국은 초창기부터 구빈제도가 있기는 했으나 그 대상은 극히 예외적이었다. 인디언 습격이나 학살로 가축을 잃은 피난민이나 고아, 과부, 노인, 부상자, 재해나 기아에 허덕이는 사람, 이주하는 도중에 병에 걸린 사람 등 노동력이 없는 사람과 일시적으로 구제를 필요로 하는 사람들만이 구빈의 대상이었다. 건강해 보이는 데도 일하지 않는 이들은 구제가 아닌 규제의 대상이었다. 미국 정부는 '일하지 않는 나태한 부랑아'들을 구타하거나 고문하고, 형무소에 넣거나 해당 지역사회에서 쫓아냈다. 당시 구빈의 개선이나 입법을 위한 보고서들(퀸시보고서, 예이츠보고서)에는 "가택구호는 비경제적이므로 작업장을 갖춘 구빈원이 경제적이고 작업으로는 농업이 좋다."는 내용이 공통적으로 들어가 있다. 또 예이츠보고서는 "18세에서 50세까지의 노동이 가능하고 건강한 남자에게는 구호를 제한할 것"이라고 명시하고 있다. 이것은 미국이 구빈의 의미를 얼마나 제한적으로 해석했는지, 또 일하지 않는 것을 얼마나 혐오했는지를 잘 보여준다.

이후 구빈법과 별개로 민간 복지가 등장했다. 청교도들이 종교의 자유를 찾아 대거 이주해온 만큼, 민간 복지에서는 교회가 큰 역할을 하며 자선협회·박애협회 등을 만들었다. 그런데 교회의 민간 복지 철학 역시 정부 구빈원의 그것과 크게 다르지 않았다. 교회 역시 빈곤의 원인은 개인의 결함과 도덕적 잘못에 있다고 보았고, 따라서 일하지 않는 나태한 부랑자들이 일하는 중산층이 되게끔 개인적으로만 자선을 베풀면 그것이 바로 복지라고 여겼다.

이렇듯이 부와 빈곤은 기본적으로 개인이 해결할 문제이고, 적어도 건강한 성인이 경제적 곤란을 겪는다면 그것은 그가 게으르기 때문이므로 국가가 나설 필요가 없다는 것을 확실히 해온 미국이었다. 하지만 이런 '자유국가' 미국에서도 국가가 나서야 한다는 목소리가 등장하게 되는데, 미국의 자본주의 경제가 정점에 이르던 시기에 그랬다.

19세기 후반, 미국의 자본주의는 최고의 호황을 누리고 있었다. 하지만 당시의 미국 경제는 '최고'인 동시에 '최악'이기도 했다. 국가 또는 자본가들에게는 '최고'이나 미국 국민들에게는 '최악'의 상황이었던 것이다. 1900년 당시, 미국은 이미 공업 총생산액에서 영국과 프랑스를 합친 액수를 넘어섰고 19세기의 영국을 대신해서 세계의 공장이 되었다. 당시 세계 공산품의 약 절반은 미국제였고, 면화, 철, 석유 등의 중요 1차 생산물의 생산량 역시 세계 생산량의 3분의1에 달했다. 그런 미국의 놀라운 경제 성장은 소수 거대 기업의 독주와 무관하지 않았다. 석유업의 록펠러(John Davison Rockefeller), 철강업의 카네기(Andrew Carnegie), 금융업의 모건(John Pierpont Morgan), 철도업의 밴더빌트(Cornelius Vanderbilt)와 굴드(Jay Gould) 등은 맨주먹으로 시작해서 당대에 재벌의 지위에 올랐으며, 그들의 힘은 미국은 물론이고 세계를 뒤흔들었다.[51]

이렇게 독점 기업들과 월스트리트가 미국 전역을 지배하며 자본을 축적할수록 노동자와 서민들의 삶은 각박해져 갔지만 이들의 질주에는 제어장치가 없었다. 독점 기업들과 자본은 법과 권력도 좌우할 만큼 충분히 부자였기 때문이다. 당시 미국에는 독점제한법도 노동 3권도 소득세[52]도 없었다. 그리고 1880년대부터 이후 수십 년 동안 법원은 언제나 기업에 대한 통제, 특히 노동 계약에 대한 간섭을 '자유 노동에 대한 제약과 침해'로 간주했다. 그래서 당시 이런 독점 대기업들의 다른 이름은 '날강도 귀족'(Robber baron)[53]이었다.

무소불위의 독점 기업과 자유방임 정부가 야기한 문제가 어느 정도로 심했는지는 다음의 사례에서 생생하게 드러난다. 당시 미국에서는 결핵에 걸린 소에서 짜낸 우유까지 판매되는 일이 종종 발생했다. 이것은 아무 것도 두려울 것이 없는 생산업자와 판매업자들의 이윤 극대화가 빚어낸 결과였다.[54] 여성의 사회 진출이 늘면서 가정에서 유아용 병우유 사업이 큰 돈벌이가 되자 이들은 급기야 이윤을 극대화할 '결핵 우유'까지 판매하기에 이른 것이다.

상황이 이처럼 '최악'이 되고서야 자유주의에만 기댈 수 없다는 사실을 깨달은 사람들이 등장했다. 이른바 진보 개혁가들이었다. 이들은 국가가 적극적으로 나서서 법과 제도로 시장의 문제를 해결해야 한다고 생각했고, 이것을 실현하기 위해 노력했다. 이들은 1906년 철도 종업원들에 대한 '고용자 의무법'을 시작으로 '아동 노동법', '최저임금법', '노동사 재해보상법' 등을 성공적으로 제도화했다. 또 '공적 노령부조 제도'를 제안해 11개 주에서 법제화하는 성과를 거두었다. 당시 법제화된 공적 노령부조는 미국에서 제도화된 최초의 사회보장 제도로 평가된다. 또 진보 개혁가들의 지지를 받는 대통령들은 독점 기업들과 소송을 불사하며 싸워나가기도 했고, 윌슨 정부는 1913년 누진적 연방 소득세를 징수하기도 했다. 국가와 공적 차원의 이런 노력은 대공황을 겪으면서 더욱 적극성을 띄게 된다.

뉴딜 복지국가의 팽창과 위축

19세기 후반부터 미국에서는 독점 기업의 횡포 등의 자본주의 모순이 모습을 드러냈지만 대공황에 비하면 그 정도는 약과였다. 대공황 당시, 미국 사회는 믿을 수 없을 만큼 끔찍한 모습이었다. 무료 배식을 먹기 위해 줄이 길게 이어졌으며, 수많은 사람들이 고통을 견디지 못해 스스로 목숨을 끊었다. 호텔에 가서 방을 달라고 하면 프론트의 직원이 "숙박할 방을 드릴까요, 자살할 방을 드릴까요?"라고 묻는다는 잔인한 농담이 떠돌 정도였다.

1932년 11월 8일에 치러진 대선에서 대통령에 당선된 루스벨트는 절망에 빠진 국민들에게 '미국 국민을 위한 새로운 카드'[55]를 꺼내들었다. 집권 후에 나온 루스벨트의 새로운 카드, 즉 뉴딜의 가장 대표적인 프로젝트는 테네시강 유역 개발이었다. 그런데 이 개발 사업은 댐 건설이나 하천 관리보다는 실업자들의 빈손에 얼마씩의 돈을 쥐어주는 것이 더 중요한 목적이었다. 실업자들이 공공 일자리에서 돈을 벌면 당장 소비를 하게 될 것이고, 그러면 공장의 재고들이 하나씩 팔려나가면서 기업이 살아나고, 결과적으로 국가 경제 전체가 공황에서 벗어날 수 있다는 것이었다. 다행히도 이미 케인스 이전에 나타난 뉴딜의 이런 유효수요 창출 노력은 그 효과를 발휘해서 미국의 경기는 서서히 되살아나게 되었다.

루스벨트 정부는 1935년 8월 14일 '사회보장법'에 서명함으로써 미국 사회보장 제도의 토대를 마련했다. 당시 사회보장법[56]의 사회보장 제도에는 3가지의 큰 구성요소가 있었는데, 그것은 분권화된 실업보험 체계, 연방정부가 관리하는 은퇴보험 프로그램, 그리고 주정부가 노인과 가족을 부조하는 데 대한 기금 원조였다. 그리고 사회보장법에 구체적으로 6개의 주요 프로그램들이 포함되어 있었는데, 노인부조, 노령보험, 실업보험, 아동원조, 모자복지, 시각장애인원조가 그것이다. 이중에서 노령보험과 실업보험은 사회보험이고, 나머지 네 가지는 조세에 근거한 사회복지 프로그램이었다.[57] 이것은 루스벨트 정부가 경제적 측면의 공공사업과 함께 사회보장과 복지에도 큰 관심을 기울였음을 잘 보여준다. 실제로 루스벨트는 1941년 1월 6일 연두교서 연설에서 국민들에게 네 가지 자유(표현의 자유, 종교의 자유, 결핍으로부터의 자유, 공포로부터의 자유)의 보장을 약속했는데, 이 중에서 '결핍으로부터의 자유'가 루스벨트 정부의 사회보장에 대한 관심을 대변한다.[58]

제2차 세계대전의 와중에 대공황이 성공적으로 극복되고 이후 뉴딜 시대가 계속되면서 공화당 소속의 아이젠하워가 집권했지만 뉴딜의 흐름은 그대로 이어졌다. 뉴딜이 당대의 시대정신이었기 때문이다. 그리고 미국의 복지국가는 1930년대 중반에 이어 1960년대 중반에 다시 한 번 확충의 계기를 맞았다. 민주당 소속의 린든 존슨(Lyndon Baines Johnson) 대통령 시기(1963년 11월부터 1969년까지)에 사회보장 제도의 확충에 새로운 박차가 가해졌던 것이다. 1964년 존슨 대통령은 '위대한 사회'(The Great Society)라는 슬로건을 내걸며 역시 '결핍으로부터의 자유'를 중시했다. 그는 '가난과의 전쟁'을 선포하고 "기아에 신음하는 사람들과 일자리를 얻지 못한 사람들, 아이를 제대로 교육시키지 못하는 사람들, 빈곤에 짓눌린 사람들은 결코 자유로운 사람들이 아니"라면서 많은 사회보장 정책들[59]을 만들고 시행해 나갔다.

'위대한 사회' 프로그램은 뉴딜의 계획에서 미완성되었거나 누락된 복지국가 제도를 완성하려는 기획이었다. 그래서 1965년 노인을 위한 공적 의료보험 제도인 메디케어(Medicare)와 빈곤층을 위한 무상의료 제도인 메디케이드(Medicaid)가 연방정부 차원에서 도입되었다. 이것은 노인과 빈자라는 전체 인구의 일부만을 대상으로 한 것으로서 유럽 복지국가들의 보편적 의료보장과는 거리가 한참이나 멀지만, 그럼에도 불구하고 존슨 정부는 미국 내 보수파의 극렬한 반대를 고려하여 작지만 의미 있는 이런 성과에서부터 시작하기로 했던 것이다. 그래서 장차 노인과 빈자에 더하여 차츰 제도가 포괄하는 대상자를 확대하는 방식으로 의료보장 제도의 보편주의를 달성한다는 정책 기획을 미래의 과제로 남긴 채, 이렇게 뉴딜 시대에 불발되었던 의료보장의 제도화를 일부 인구만을 대상으로 시작했던 것이다.

그런데 1970년대는 미국의 뉴딜 시대가 '불황 속의 인플레이션'이라는 큰 시련에 직면했던 시기였다. 바로 스태그플레이션이었다. 불황과 물가상승에 직면한 보통사람들의 살림살이가 어려워지면서 해법을 찾아 나섰지만 기존의 케인스주의 처방으로는 해결이 불가능했다. 당시의 스태그플레이션은 정치인들과 지식인들을 큰 혼란에 빠뜨렸다. 그런 혼란 속에서 미국은 결국 뉴딜 시대를 마감하고 자유 시장의 논리를 보다 철저하게 따르기로 했다. 국가의 개입을 거부하고 자유 시장의 원리를 강조하는 복고의 길을 선택하고 만 것이다. 이 길은 케인스의 총수요 관리라는 정부 개입에 의한 확장 기조와는 반대로 고금리의 통화주의 정책에 기대고 긴축 기조를 대폭 강화하는 것이었다. 당연히 규제완화와 감세의 '작은 정부' 노선에 따라 복지는 축소되고 시장의 자유는 더욱 확장되어 승자독식의 치열한 경쟁 구도가 경제와 산업 및 노동시장을 지배하게 되었다. 미국은 스태그플레이션 국면 앞에서 30년 이상을 함께 했던 케인스와 뉴딜의 길을 버리고 하이에크와 시카고학파의 손을 잡았던 것이다. 그래서 그나마 뉴딜 시대에 구축했던 공적 사회보장과 선별적 복지의 성과마저 축소하며 신자유주의의 길로 나섰던 것이다.

사실 오일 쇼크가 오기 전부터 닉슨 정부와 공화당은 사회복지를 축소시키는 방향의 정책기조를 세운 바 있다. 그래서 닉슨 정부 시기는 '과거로의 회귀' 또는 '복지국가로부터의 후퇴'라고 표현되기도 한다. 하지만 진짜 후퇴는 레이건 정부 때부터 본격화되었다. 레이건 정부가 들어섰을 때 보수적 신자유주의자들이 아담 스미스의 실루엣이 그려진 넥타이를 다 같이 착용했다는 이야기는 유명하다. 레이건 대통령은 이들과 함께 시카고학파의 신자유주의적 처방을 적극적으로 따르며 사회복지를 축소하는 본격적인 작은 정부의 길을 걸었다. 1930년대와 1960년대가 복지국가의 팽창 시기였다면 1980년대는 복지국가의 위축이 본격적으로 시작된 시기였다.

레이건 정부는 '공급 측 경제학'의 입장에서 친 기업 정책을 펼쳤는데, 감세·군비증강·규제완화가 그것이었다. 감세 조치로 50%이던 최고 소득세율이 28%로 줄었고, 군비증강은 군수 기업에게는 기회였지만 거대한 재정 적자를 초래했다. 그리고 연방정부의 이런 재정 적자는 복지의 축소로 이어졌다. 실제로 레이건 정부는 집권 전반기인

1981~82년에 걸쳐 빈자들을 위한 선별적 복지 예산을 대폭 삭감해버렸다. 공공부조의 자격 조건을 까다롭게 설정하고 급여 수준도 낮추어버린 것이다. 뿐만 아니라 레이건 정부는 빈곤층을 위한 복지 제도인 '부양아동가족부조'(Aid to Families with Dependent Children, AFDC)와 '식권 제도'(Food stamp)의 담당자를 연방정부에서 주정부로 이양함으로써 주정부의 재량권이 강화되는 소위 분권화를 실시했는데[60], 이것은 결국 복지의 축소로 이어지게 되었다.[61] 그러나 1982년을 기점으로 레이건 정부가 추진하려던 사회보장 제도 자체를 약화시키는 보수주의적 연금 개혁 시도는 실패하게 되었다. 왜냐하면 1982년부터는 민주당이 하원의 다수당으로 등장했기 때문이다.

그런데 클린턴 정부에서 오히려 미국의 보수주의는 정점에 도달하여 빈민을 위한 복지를 크게 수술하기 시작했다. 이것이 바로 1996년 제정된 복지 개혁법인 '개인 책임과 일자리 조화법'(Personal Responsibility and Work Opportunity Reconciliation Act, PRWORA)이다. 이 법이 제정됨으로써 과거 60년 동안 미국의 대표적인 빈곤층을 위한 복지 제도였던 '부양아동가족부조'(AFDC)가 '빈곤가정일시부조'(TANF)로 대체되어 시민권으로서의 복지는 사라졌다. 이후 미국의 사회 정책 기조는 '일과 복지의 연계'에 두어졌다. 이런 과감한 변화가 가능했던 데는 클린턴의 신자유주의적인 신민주당 노선의 탓도 있으나 더 중요한 것은 1994년 공화당이 상·하원의 다수당 지위를 차지했기 때문이다. 1996년의 복지 개혁으로 급여 대상자는 12%나 감소했다.[62] 그리고 현재까지 미국의 신자유주의 경제가 그러하듯이 이에 대응하는 선별적 복지 역시 경제적 환경 변화에 조응하여 약간의 변화만을 겪으면서 유지되고 있다.

심각한 의료이용의 양적·질적 불평등

미국 영화나 드라마를 보다가 미국의 의료보장에 관해 고개를 갸우뚱했던 경험이 한번쯤은 있을 것이다. 예컨대 미국 드라마 《위기의 주부들》에서 이혼녀 수잔은 비장 수술 처방을 받자 전 남편과 위장 결혼을 하려고 한다. 다시 변호사인 전 남편의 아내가 되면 그의 의료보험에 기댈 수 있기 때문이다. 의료보험 때문에 이혼한 전 남편과 결혼을 한다니, 이 낯선 미국 사회의 모습에서 우리는 미국에는 국민 모두에게 보편적으로 적용되는 공적 의료보장 제도가 존재하지 않는다는 사실을 알 수 있다. 그런데 이런 사실의 이면에 숨겨져 있는 그보다 더 중요한 미국 의료보장의 특징은 '무직자 수잔'이 '변호사의 아내'가 되어야지만 수술과 치료에서 제대로 된 '양질의 보험 혜택'을 받을 수 있는 것처럼 미국의 수많은 의료보험 상품들은 구입자의 지불 능력에 따라 그 혜택이 다양하다는 사실이다. 즉 미국의 민간의료보험은 보험료의 수준에 따라 철저하게 보험의 혜택이 계층화되어 있는 시장의 상품이다.

만약 수잔의 남편이 돈 잘 버는 변호사가 아니라 중소기업의 직원으로 보장 수준이 낮은 민간의료보험에 가입해 있는 처지라면, 그래서 그 보장성 수준이 낮은 민간보험이 그녀의 막대한 수술비와 병원비를 제대로 충당해주지 않는 것이라면 그녀는 전 남편과의 위장 결혼이 아니라 제3의 대안을 찾아야 했을 것이다. 차라리 수잔이 '위기의 주부들'이 사는 교외의 이층집 소유자인 중산층이 아니라 완전 무일푼의 극빈자 신세였다면 그녀는 그 어떤 대안도 고민할 필요가 없었을 것이다. 또는 수잔의 나이가 70세 정도 되는 경우라도 그녀는 고민할 필요가 없다. 미국에는 극빈자와 노인을 위한 공적 의료보장 제도가 있기 때문이다.

1965년 존슨 대통령이 보수적 정치인들과 의료계의 반대를 집요하게 설득하고 타협해서 만든 메디케어와 메디케이드가 그것이다.

의료보장 제도를 통해 본 미국은 참 이상한 나라이다. 주요 선진국들 중에서 보편적 의료보장 제도를 갖고 있지 않은 유일한 나라이기 때문이다. 뉴딜 세력은 1935년 사회보장법에서 의료보장을 관철하지는 못했지만, 그들의 꿈을 포기한 것은 아니었다. 1946년 트루먼 대통령은 캐나다 제도와 비슷한 단일 지불 체계의 국민의료보험을 제안했다. 당시에는 성공 가능성이 있었다. 민간의료보험이 미미하던 때라서 보험업계가 강력한 반대 세력이 되기는 어려웠기 때문이다. 제약회사들도 마찬가지였다. 그런데 두 세력 때문에 트루먼과 뉴딜 세력의 꿈은 무너졌다. 하나는 미국의사협회였다. 사회주의 의료라는 저주를 퍼부으며 의사의 지위와 막강한 자금력을 이용해서 할 수 있는 모든 반대를 다 했다. 다른 하나는 남부 정치인들의 반대였다. 그들은 인종주의 때문에 반대했다. 국민의료보험법이 통과되어 모든 국민이 보편적 의료보장의 혜택을 누리게 되면 남부의 가난한 백인들이 가장 큰 이익을 볼 것이 분명했다. 그런데 남부 정치인들은 이렇게 될 경우 모든 병원들에서 인종차별이 없어지고 결국 흑인들이 같은 병원을 이용할 것이라는 어이없는 이유 때문에 남부의 국민들에게 압도적으로 이익이 되는 보편적 의료보장 제도를 결사적으로 반대했던 것이다.[63]

이후 한동안 뉴딜 세력들은 의료보장 문제를 덮어들 수밖에 없었다. 그런데 1960년대 중반에 선택의 기회가 찾아왔다. 존슨 대통령과 뉴딜 세력은 뉴딜의 완성이라는 큰 목적을 달성하기 위한 전략적 선택으로 메디케어와 메디케이드를 추진키로 했다. 한 가지 분명한 것은 존슨 대통령과 그의 동료들이 선택했던 전략은 결국 애초의 목적을 달성하지 못했다는 사실이다. 노인과 극빈자 의료보장 제도에서 출발해서 단계적으로 모든 국민을 공적 의료보장 제도로 포괄함으로써 사실상의 보편주의 의료보장을 유럽 복지국가들처럼 달성하겠다는 뉴딜의 전략적 기획은 지금까지도 실현되지 못하고 있기 때문이다. 그럼에도 불구하고 메디케어와 메디케이드라도 있으니 지금까지 미국이 인권 국가로서의 기본적인 면모라도 유지할 수 있었다는 점을 고려하면 그나마 다행이라고 해야 하겠다.

지금 미국의 의료보장은 길을 잃은 형국이다. 첨단 의료 기술은 세계 최고다. 일류병원의 질 높은 의료 서비스는 모든 사람들의 부러움을 산다. 미국은 'GDP 대비 국민의료비의 비중'이 18%로 OECD 평균(9%)의 2배 수준으로 압도적 1위를 기록하고 있다. 우리나라의 국민의료비가 GDP의 7.5% 수준임을 감안하면 미국의 의료비는 가히 국가적 재앙 수준이다. 미국은 재원조달과 의료공급에서 민간부문의 역할이 지나치게 큰 시장주의 의료 체계를 상징한다. 이런 미국의 의료 체계에 대해 미국 의사인 렐만(Arnold S. Relman)은 그의 저서 서문에서 이렇게 평가했다. "미국의 의료는 너무 비싼데 그 비용이 지속 불가능할 정도로 급증하고 있다. 의료 필요를 가진 많은 미국인들이 의료이용을 하지 못하고 의료 서비스의 질적 격차도 매우 크다."[64] 2009년 현재 전체 미국인의 17.5%인 4천6백만 명은 어떤 의료보장 혜택도 받지 못하고 있다.

미국의 의료 체계에 대한 렐만의 이런 부정적 평가는 미국을 OECD의 다른 국가들과 비교해볼 때 그 모습이 정확하게 드러난다. 미국의 '1인당 의료비 지출'은 유럽의 주요 국가들보다 대체로 2배 정도 많다. 우리나라보다는 4배 정도 많다. 이 말은 미국의 의료비가 비싸다는 뜻이다. 미국은 심장병 수술 등 주요 시술의 단가가 우리나라보다 4~6배 정도 비싸다. 상황이 이렇다 보니 상당수의 미국인들은 필요한 의료 서비스의 이용을 연기하거나 포기한다. 이것은 무보험자는 물론이거니와 본인부담금을 부담스러워 하는 의료보험 가입자도 마찬가지이다. 그리고 가입한 의료보험 상품의 종류에 따라 병원들이 제공하는 의료 서비스의 질은 천차만별이다. 의료보험 가입자라고 해도 저렴한 의료보험 상품에 가입한 사람들은 양질의 의료보장을 받기 어렵다. 그래서 미국은 전체적으로는 의료의 질적 수준이 낮다. 이것은 영아사망률 지표에서 그대로 드러난다. OECD 통계에 의하면, 영아사망률은 2014년 현재 신생아 1천 명당 스웨덴이 2.2명, 독일 3.2명, 한국 3명인데 비해 미국은 2013년 현재 6명이었다. 평균수명도 2014년 현재 미국은 78.8세로 스웨덴 82.3세, 독일 81.2세, 한국 82.2세에 비해 현저하게 짧다. 미국은 엄청난 돈을 쓰고도 국민의 건강 수준은 OECD 국가들 중에서 가장 형편없는 것이다. 결론적으로 미국은 의료이용의 양적 불평등뿐만 아니라 질적 불평등도 심각한 나라이다.

미국의 의료 체계가 이렇게 세계적으로 불평등하게 된 것은 공공성이 너무 낮고 민간과 시장에 대한 의존도가 지나치게 높기 때문이다. OECD 통계에 의하면, 미국은 '전체 의료비 중 공공 부문 지출의 비중'이 2015년 현재 49.4%로 스웨덴 83.7%, 독일 85%에 비해 현저하게 낮다. 우리나라의 55.6% 보다도 낮아서 미국은 OECD 국가들 중에서 꼴찌이다. 미국은 이렇게 의료 재정 체계만 민간 의존적인 것이 아니라 의료 공급 체계도 상당히 민간 의존적이고 영리적이다. 미국은 2008년 현재 공공병원이 1,318곳으로 전체 병원의 23%(주정부 소유 19%, 연방정부 소유 4%)이며, 나머지는 민간병원이다. 민간병원은 비영리와 영리로 나누는데, 미국의 영리병원은 2008년 현재 982개로 전체 병원의 20%를 차지한다.

미국의 의료보장 체계는 앞서 언급했듯이 노인·장애인과 저소득층에 대해서만 정부가 제도적으로 개입하고 있고, 나머지 대부분 국민들의 의료이용은 시장의 논리에 따라 운영되는 민간부분에 맡겨져 있는 잔여주의 모델이다. 그런데 오바마 대통령이 집권한 이후 미국의 의료 체계는 두 가지의 변화를 맞았다. 하나는 2009년부터 본격화된 경제 위기로 거대한 불황이 계속되면서 빈곤층이 급속하게 늘어났다는 것이다. 다른 하나는 오바마 대통령의 2008년 대선 공약이었던 무보험자 문제의 해결을 위한 의료보험개혁법이 2010년 3월 입법에 성공했다는 것이다. 오바마의 의료보장 개혁 이전인 2008년 현재 미국의 의료보장 형태를 보면, 민간의료보험 가입자가 전체 국민의 66.7%(고용기반 58.5%, 개인 가입 8.9%), 공적 의료보장 가입자가 29%(메디케어 14.3%, 메디케이드 14.1%, 국가보훈 3.8%), 그리고 무보험자가 15.4%였다.[65] 여기서 유의해서 살펴볼 지점은 고용에 기반을 두고 민간보험에 가입한 사람들의 비중이 전체 국민의 58.5%나 된다는 사실이다. 미국은 노인·장애인이나 극빈자 또는 국가보훈 대상자가 아닌 경우에는 의료보험을 얻기 위해 반드시 의료보험을 제공하는 회사에 취업을 해야 한다. 그렇지 않으면 아무리 초라한 민간보험 상품이라 하더라도 큰 보험료를 매달 본인이 직접 지불하면서 개인 가입을 해야 하는데, 이렇게 하고 있는 미국인은 전체 국민의 8.9%였다. 즉 미국에서는 대부분의 국민들은 고용 관계에서 의료보험을 얻거나 직접 가입할 능력이 있어야 하는데, 그렇지 못한 서민과 저소득 계층의 국민들은 무보험자로 전락한다. 2008년 당시에는 무보험자 규모가 전체 국민의 15.4%였다.

오바마 대통령이 2010년 3월 30일 '의료보험개혁법'에 서명함으로써 2014년부터 모든 미국인들은 의료보험에 의무적으로 가입해야만 하는데, 이로 인해 향후 10년 동안에 걸쳐 약 3천2백만 명이 새롭게 의료보장의 수혜자가 될 전망이다. 이 법에 의하면, 정규직 직원을 50명 이상 고용하는 사업장에 대해서는 의료보험 제공을 의무화했다. 그리고 규모가 영세한 사업장과 소득이 적은 개인에 대해서는 세액공제 등의 방식으로 의료보험 가입을 지원한다. 대신에 사업장이든 개인이든 의료보험 가입 의무를 위반하면 벌금을 내야 한다. 그리고 의료보험에 가입할 여력이 도저히 되지 않는 가난한 사람들의 의료이용을 돕기 위해 메디케이드의 수급 자격을 완화했다.[66]

이런 노력을 통해 이뤄낸 2014년도의 성과는 다음과 같다. 2014년에는 무보험자가 10.4%(3천3백만 명)로 줄었다. '의료보험개혁법' 시행 직전 연도인 2013년에는 무보험자가 13.3%로 4천1백80만 명이었다. 또 2014년도 민간의료보험 가입자는 전체 국민의 66%(고용 기반 55.4%, 개인 가입 14.6%)였고, 공적 의료보장 가입자는 36.5%(메디케어 16%, 메디케이드 19.5%, 국가보훈 4.5%)였다. 2008년도 자료와 비교해볼 때, 오바마 개혁 후 첫 1년의 성과를 보여주는 2014년도 자료의 특징은 다음과 같다. 첫째, 무보험자가 약 5%포인트 줄었다. 둘째, 메디케이드 수혜자가 14.1%에서 19.5%로 크게 늘었다. 셋째, 개인 가입 민간의료보험이 8.9%에서 14.6%로 크게 늘었다.[67]

오바마의 의료개혁이 보수파와 이익집단의 온갖 방해를 넘어 우여곡절을 겪은 끝에 세상에서 빛을 보기는 했지만, 이것은 그야말로 '언 발에 오줌 누기'에 불과하다. 극빈자에게 의료보장을 제공하는 메디케이드의 포괄 인구가 전체 인구의 19.5%까지 올라갔는데, 이런 거대한 규모의 선별주의는 지속가능성이 없다고 봐야 한다. 이에 대해서는 미국의 국민의료비가 가파르게 오르고 있다는 사실을 충분히 고려해야 한다. 1960년의 국민의료비는 GDP의 5.1%에 불과했는데 지금은 거의 18%에 이르러 OECD 평균의 2배나 된다는 점을 감안한다면, 앞으로도 계속될 이런 식의 가파른 국민의료비 인상을 미국 정부가 메디케이드로 계속 감당하기는 어렵기 때문이다. 미국의 국민의료비가 감당하지 못할 수준을 이미 훨씬 넘어서서 이렇게 치솟게 된 결정적인 이유는 바로 미국의 시장주의 의료 체계 때문이다. 미국은 오바마 정부의 의료보장 개혁이 한창 진행되었고 이미 임기가 거의 다 되어가는 2015년 현재, '전체 의료비 중 공공 부문 지출의 비중'이 49.4%로 OECD에서 꼴찌였다.

그렇다. 문제는 바로 여기에 있는 것이다. 오바마 개혁을 통해 기존의 시장주의 의료 질서에서 보험에 가입하지 못한 딱한 처지의 사람들에게 민간의료보험 가입을 강제하고 지원하는 것도 의미가 있겠지만, 분명하게도 이것은 의료 체계의 거시적 진짜 개혁과는 거리가 한참이나 먼 것이다. 미국 의료 체계의 진짜 문제는 의료 체계의 지나친 사적·영리적 성격이다. 미국은 전국적으로 1,300개가 넘은 의료보험 회사들[68]이 경쟁적으로 돈벌이에 나서도록 허용하고 조장함으로써 전체 국민의료비의 절반 이상을 영리 추구의 시장에서 사적으로 유통되도록 했다. 또 미국은 전체 병원의 20%가 넘는 병원들이 주식회사 영리병원으로서 의료공급 체계 전반에 걸쳐 영리 추구 행태를 경쟁적으로 파급시키는 것을 허용하고 조장했다. 그래서 렐만(Arnold S. Relman) 교수가 평가한 것처럼, 미국의 의료 체계는 너무 비싸서 지속가능하기 어렵고, 소득 계층에 따른 의료이용의 양적 격차뿐만 아니라

질적 격차도 매우 큰 것이다. 그러므로 미국은 시장주의 의료 체계라는 구조적이고 본질적인 문제 상황을 돌파하려는 더 깊고 넓은 혁명적 개혁을 필요로 한다.

오바마도 대통령이 되기 전에는 이런 상황을 충분히 알고 있었다. 그래서 대선 공약을 통해 공공의료보험을 도입하겠다는 기획 등으로 보건의료 분야에 대한 개혁 의지를 강력하게 내보이기도 했다. 그런데 오바마의 애초 기획은 거의 실패했다. 개혁의 성과는 단지 무보험자들에게 민간의료보험 가입을 선사하는 데 그치고 말았다. 1930년대 중반부터 시작되었던 뉴딜의 꿈과 뉴딜 세력의 복지국가 기획은 1970~80년대의 보수적 정치·경제 세력들에 의해 완전히 좌절당했다. 그리고 이후에는 클린턴과 오바마라는 뉴딜의 대를 이어가야 할 민주당 소속 대통령들에 의해 굴절되거나 무산 또는 연기되고 말았는데, 이들 두 대통령의 개혁은 한 번은 신자유주의적 개혁으로 또 한 번은 미비한 개혁으로 끝나고 말았다. 이미 영리 추구의 대상으로 전락해버린 시장주의 의료 체계를 공공성 강한 보편적 의료보장 체계로 전환하는 것은 그만큼 어려운 일이다. 보험업계와 병원산업계의 거대한 반대와 함께 이미 기득권화된 다수의 여론 주도층, 그리고 여기에 기반을 둔 보수적 정치 세력 등 기존의 시장주의 의료 체계를 유지하는 데 깊은 이해관계를 가진 각종 세력들이 너무도 강력하게 네트워크를 구축하고 있다.

공적연금 제도: OASDI, 사회보장세, 그리고 민영화 논의

미국의 공적연금 제도는 1935년 '사회보장법'에서 상공업 부문의 종업원 당사자에게만 가입 자격이 부여되도록 해서 처음 출발했다. 이후 1939년 가입자의 가족도 급여 대상에 포함되고 유족연금도 도입되었다. 1951년에는 비농업 자영업자들이 가입 자격을 얻었고, 1954년에는 농업 자영업자도 가입 대상에 포함되었다. 끝으로 1956년 장애인연금이 도입되어 지금의 은퇴·유가족·장애보험(OASDI, Old Age, Survivors and Disability Insurance)으로 확대 개편되었다.[69]

현재 미국의 공적연금 제도는 OASDI, 철도직원 퇴직연금, 구 연방공무원 퇴직연금, 주 및 지방공무원 퇴직연금, 퇴역군인연금 등으로 나뉜다. 이 중에서 미국 취업자의 약 95%가 가입해 있는 OASDI는 우리나라의 국민연금에 해당하는 미국의 공적연금 제도이다. OASDI의 정확한 번역은 '연방 노령·유족·장애보험'이겠지만 미국인 대다수가 가입되어 있어서 미국 공적연금 제도의 대명사가 되다 보니, 흔히 미국인들 사이에서 '소셜 시큐리티'로 통한다. 이것은 미국 영화에 자주 등장하는 '소셜 시큐리티 넘버'를 떠올리면 쉽게 이해된다. 연금보험료 납부 및 연금 수급을 위해 발급하는 9자리의 번호가 미국 사회에서는 운전면허와 은행계좌의 개설 등에서 우리나라의 주민등록번호처럼 신원 확인 용도로 자주 쓰이는 만큼 영화나 드라마에도 자주 등장한다. 미국의 공적 노령연금 제도인 OASDI를 통해 65세 이상 노인의 91%가 연금을 받고 있다. 이제부터 OASDI의 구체적인 내용을 살펴보자.

첫째, 미국은 현재의 근로자에게 거두어들인 사회보장세(social security tax)를 사용해서 은퇴한 노령인구와 그 가족, 은퇴 전 장애자가 된 근로자 혹은 사망한 근로자의 유가족에게 국가가 매월 일정액을 지급한다.[70] 종업원이든 자영업자든 관계없이 OASDI 세율은 소득의 12.4%이다. 자영업자는 12.4%를 모두 자신이 내고, 종업원은 사용자와 반씩 부담하는데 소득의 6.2%씩을 각각 내고 있다. 여기에 노인건강보험인 메디케어의 세율 2.9%까지 합하면(OASDI+HI) 모든 미국인들은 자기 소득의 15.3%를 매달 연금보험료로 납부해야 한다. 자영자라면 모두를, 종업원은 사용자와 절반씩(7.65%씩) 내고 있다. 그런데 미국의 OASDI 사회보장세는 상한선이 정해져있다. 상한선은 매년 개정되는데, 2011년의 상한선은 연소득 106,800달러였다.

회사원인 찰스의 연소득이 50,000달러라면 그의 OASDI 사회보장세는 3,100달러, 역시 회사원인 린다의 연소득이 70,000달러라면 그녀의 사회보장세는 4,340달러가 된다. 이들의 보험료는 '정률'이 적용되므로 소득에 비례해서 사회보장세를 많이 내게 된다. 하지만 연소득이 상한선인 106,800달러를 넘을 경우에는 누구라도 106,800달러에 대해서 6.2%나 12.4%만 내면 된다. 그래서 연소득이 150,000달러인 타일러와 300,000달러인 제니는 모두 회사원이기 때문에 근로자의 사회보장세로 상한선의 6.2%인 6,621달러만 내면 된다.[71] 이런 점에서 미국의 사회보장세는 누진성이 강한 소득세와 달리 연소득이 상한선을 크게 초과하는 고소득자들에게 유리하여 소득에 역진적이다. 그런데 메디케어를 위한 사회보장세(HI)는 상한이 없다. 이것은 2.9%의 정률이 누구에게나 상한선 없이 자신의 연소득에 그대로 적용되는 것이다.

둘째, 미국의 OASDI는 확정급여형 사회보험 프로그램이다. 나중에 받게 될 연금은 일정한 룰에 기초해서 사전에 확정되는 것이다. 또 OASDI는 부과방식을 기본으로 하면서도 일정한 규모의 적립금을 보유하는 수정부과방식을 채택하고 있다.[72]

셋째, 미국의 OASDI는 연금의 수령 조건과 기본연금액 결정 공식을 가지고 있다. 연금 급여를 수령하기 위해서는 일정액 이상의 소득에 대해 최소한 10년 이상 동안 꾸준히 사회보장세를 납부해야 한다. OASDI 노인연금의 급여는 사회보장세를 낸 가입 기간과 그동안의 소득 수준을 고려해서 기본연금액을 산정하는데, 원칙적으로 기본연금액의 100%를 OASDI 가입자 본인의 노인연금으로 수령한다. 그런데 미국도 우리나라처럼 소득재분배 기능이 작동하도록 기본연금액을 설계했기 때문에 저소득층에게 유리하다. 저소득자일수록 소득대체율이 높아지는 것이다. 예를 들면, 평균적인 소득 계층에 속하는 수급자의 경우 2010년도 소득대체율이 34% 정도인데 비해 저소득층은 56% 정도였다.

넷째, OASDI의 수급 연령은 현재 66세인데 2027년까지 67세로 늦춰질 예정이다. 수급은 62세부터 가능하며, 이럴 경우에는 연금 액수가 적어진다. 노인연금의 가족 급여가 있는데, 배우자와 자녀가 받으며 당사자 연금의 50% 수준이다. 그리고 유족연금은 유족에게 사망한 가입자 수급액의 100%를 지급한다. 또 OASDI에 가입한 사람이 일정한 장애를 갖게 되면 장애인연금을 수령하는데, 기본연금액의 100%에 해당하는 금액을 지급받는다.

문제는 미국에서 이런 공적연금의 영역이 꾸준히 감소하고 있으며 공적연금조차도 민영화 위기에 직면해 있다는 점이다. 보수적 정치 세력은 매 정부 때마다 꾸준하게 이런 주장을 펴는데, 주요 내용 중에는 OASDI 사회보장세의 근로자 부담분인 6.2% 중의 일부를 정부의 사회보장신딕기금에 넣지 말고 근로자 개인이 개인계정을 만들어서 시장 방식의 운용을 할 수 있도록 허용하자는 것이다. 다행히 이런 민영화 논의가 계속 제기되고 있음에도 불구하고 이런 방식의 제도 개혁은 제도의 이행에 드는 엄청난 비용을 상쇄할만한 논리적 이득이 없기 때문에 진전이 없다.

미국의 연금 체계는 3층으로 이루어져 있다. 1층에는 연방정부의 사회보장청이 운영하는 사회보장연금(대부분이 전술한 OASDI)이, 2층에는 근로자의 노후를 위해 사용자와 근로자 간의 단체협약에 의해 가입하는 퇴직연금(확정급여형과 확정기여형)이, 3층에는 좀 더 여유로운 노후를 위해 개인 차원에서 준비하는 개인연금(개인연금과 개인퇴직계좌)이 있다. 1층의 사회보장연금은 강제 가입이 원칙인 우리나라의 국민연금과 비슷하고, 2층의 퇴직연금은 최근 우리나라에서 시행하기 시작한 퇴직연금과 비슷하다. 또 3층의 개인연금은 우리가 흔히 보험 컨설턴트인 지인의 권유나 압박으로 가입하거나 쏟아지는 TV 광고를 보고 보험 회사에 가입하는 연금 상품이다.

미국은 민간 영역인 2층과 3층의 사적 연금 규모가 계속 늘어나고 있다. 현재 사적 연금의 누적 금액은 이미 미국의 연간 GDP 총액을 넘어섰다. 특히 미국의 연금 시장에서 인기를 끄는 것은 2층의 퇴직연금이며, 이들 연금 중 확정기여(DC)형 퇴직연금의 하나인 401(k)의 비중이 날이 갈수록 커지고 있다. 인기의 비결은 세금에 있다. 기업이 401(k)에 가입하면 법인세를 면제받고 근로자도 소득세 계산 때 연금 적립액이 과세 표준에서 제외되는 등 세금 혜택이 있어서 기업과 개인 모두 기업의 퇴직연금으로 이것을 선호한다.

그런데 401(k)는 '연금'이라기보다 오히려 '투자'에 가까운 특징을 갖고 있다. 401(k)는 기업이 근로자를 위해 개인 계좌를 개설하고 근로자는 매달 월급에서 일정 비율의 돈을 예치하며, 기업도 그에 상응하는 돈을 근로자의 개인 계좌에 입금하는 방식으로 이뤄진다. 보험 회사는 이 계좌의 돈을 활용해서 돈을 벌고 투자 수익은 근로자 개인의 401(k) 계좌로 온전히 돌아간다. 하지만 문제는 투자의 위험도 근로자 스스로가 부담해야 한다는 사실이다. 기업이 들어주는 '연금'이라고는 하지만 개인이 펀드에 투자하고 펀드매니저가 수익을 내주는 것과 별반 다름이 없는 구조인 것이다. 과거에는 퇴직연금이 이렇게 불안정하지 않았다. 왜냐하면 과거에는 확정급여(DB)형 퇴직연금이었기 때문이다.

1974년 '근로자퇴직소득법' 제정 이후 미국에서 401(k)가 급속도로 퍼져나갔다. 영화《다이하드》에서 테러범이 부르스 윌리스를 괴롭히기 위해 한 일이 그의 401(k) 계좌의 돈을 0으로 만들어버린 것이었다. 당시 우리나라의 관객 대부분은 '401(k)가 뭔가'하며 그 의미를 알 수 없었을 거다. 하지만 미국의 관객들에게 그것은 '부르스 윌리스의 노후 자금이 바닥'난다는 것을 의미하며, 그런 일을 한 테러범이 지독하게 나쁜 사람이라는 것을 피부로 느끼게 했다. 현재까지 미국의 경제 성장은 401(k)의 투자 수익을 상당히 높였다. 하지만 테러범만이 401(k)를 바닥낼 수 있는 것은 아니다. 펀드나 주식 투자와 다를 바 없는 401(k)는 언제든지 수익률이 고꾸라질 수 있고, 그렇게 되면 열심히 일하며 젊은 날에 모은 노후 자금이 크게 흔들리게 된다.

미국 연금제도의 3층에 위치한 개인연금은 개인들이 다양한 민영보험 회사에 가입해 IRA라는 개인퇴직계좌에 노후 자금을 축적하는 것을 말한다. 이것 역시 미국에서 신자유주의 열풍이 불던 1970년대 중반에 도입된 제도이다. IRA도 세금 혜택이 있어 빠른 속도로 발전했다. 2009년 말 IRA의 사산 잉여금은 4조2000억 달러를 넘어서며 미국 퇴직연금 시장에서 26%로 가장 큰 비중을 차지했다. 하지만 IRA 역시 가입이 쉽고 세제 혜택과 높은 수익률 때문에 인기를 얻고 있다고 해도 401(k)만큼 위험 수위가 높다.

유럽 국가들도 사적 연금을 권장하기도 하고 여러 방식으로 개인의 사적 연금 가입을 지원하기도 한다. 하지만 그것은 공적연금이 탄탄하게 자리를 잡고 있어서 대부분 국민의 노후를 공적연금으로 보장하는 가운데 부가적으로 사적 연금이 도입되는 것이다. 반면에 미국에서는 공적연금이 매 정권 때마다 민영화의 표적으로 거론되었고, 사적 연금은 규모가 더 커져왔다. 미국에서 사회보장 제도의 민영화 주장이 제기되는 가장 중요한 논거는 '재정의 고갈'이다. 또 수익률이 낮다는 점과 개인의 선택을 가로막는다는 것도 민영화 주장을 뒷받침한다. 하지만 재정의 고갈은 연구에 따라 그 확률이 다르게 계산되기 때문에 무조건 공적 사회보장 제도가 미래에 제 기능을 할 수 없을 것이라고 단언할 수 없다.

도둑으로부터 집을 잘 지키라는 임무를 부여받은 개가 가끔 앞발로 쥐를 잡으면 그것처럼 기특한 일도 없을 것이다. 하지만 쥐를 잡으려다가 도둑이 들었는데도 짖지 않는다면, 그래서 집에 도둑이 들었다면 그 개가 과연 잘 했다고 칭찬받을 수 있을까? 개의 본분은 쥐를 잡는 것이 아니라 집을 잘 지키는 것이다. 마찬가지로 공공의 영역에서 효율성을 지나치게 요구하는 것은 공공 영역의 본질을 흐리는 일이 될 수도 있다. 공적 노령연금은 근로를 하지 못하는 시기에 안락한 생활을 누릴 수 있도록 해야 하므로 지극히 안정적인 자금이어야 한다. 그런데 수익률을 높이고자 공격적 투자를 불사하는 민간보험 회사에게 이것을 맡기는 것은 미국인들이 누릴 노후의 안정된 삶을 크게 뒤흔들어버릴 수도 있다.

미국이 401(k)와 IRA 등 점차 규모를 키워가는 사적 연금을 적절하게 제어하면서 공적 노령연금의 제도적 기반을 탄탄하게 할 수 있을지,

아니면 연금 제도가 지금까지 논의만 무성하던 수준을 넘어 실제로 민영화의 길로 나아가서 미국의 예외성을 더욱 두드러지게 할 것인지는 아직 알 수 없다. 하지만 적어도 가장 심각한 시장주의 국가인 미국에서 이렇게 국가적 차원의 민영화 논의가 거센 것은 미국의 길이 복지국가의 모범이 아니라는 사실만은 확실하게 보여주고 있다.

미국의 공공부조: 해마다 탈수급자가 늘어가는 TANF

에스핑 앤더슨은 미국을 자유주의 복지국가로 분류했지만, 많은 전문가들은 미국을 그냥 '선별적 복지국가'라고 부르기도 한다. 미국은 모든 국민을 대상으로 하는 보편주의 복지 프로그램이 크게 부족하고 선별된 특정 조건의 사람들만을 대상으로 하는 공공부조와 같은 선별적 프로그램들이 지나치게 큰 비중을 차지하기 때문이다. 앞서 의료보장과 공적 노령연금의 진행 과정과 현황을 짚어보면서 우리는 미국 사회보험의 문제, 특히 보편성을 저해하는 시장(민영)화의 문제를 생생하게 목격할 수 있었다. 그럼에도 불구하고 혹자는 미국에는 사회복지 제도가 잘 구축되어 있어서 미국 사회보험의 한계와 문제점들을 충분히 보완하고 있다는 주장을 편다. 선별된 사람들만을 복지의 대상으로 삼는다고 해도 이들이 충분한 공공부조 혜택을 받게 되는 한, 미국의 복지를 굳이 비판할 이유가 없다는 것이다.

그런데 이런 주장이 옳지 않다는 것은 지금의 미국 현실이 잘 보여주고 있다. 일단, 미국의 공공부조는 제도 그 자체로는 바람직해 보일지 몰라도 현실의 운용에서는 여러 가지 문제들을 안고 있다. 더욱이 미국의 경쟁적 노동시장 및 산업 구조와 미국의 공공부조가 현실적으로 어떤 관계를 맺고 있는지를 알게 된다면, 그와 같은 속편한 소리를 하기는 어려울 것이다. 이 주제는 뒤에서 따로 살펴보도록 하고, 여기서는 미국의 공공부조가 발전하고 진행되어온 모습과 그 특징들, 그리고 현실의 운용에서 나타나는 한계를 살펴보기로 한다.[73]

1935년 '사회보장법'을 통해 도입되었던 공공부조 제도는 노인부조(Old-Age Assistance), 시각장애인부조(Aid to the Blind), 부양아동부조(Aid to Dependent Children, ADC)였다. 이후 1950년에 기타 장애인에 대한 부조(Aid to the Permanently and Totally Disabled)가 추가되었다.[74] 1962년에는 결혼과 여성의 일에 대한 가치관이 바뀌면서 부양아동보조가 부양아동가족부조(Aid to Families with Dependent Children, AFDC)로 변경되었고, 존슨 대통령이 '빈곤과의 전쟁'(War on Poverty)을 공식적으로 선포하고 나서 1964년 푸드스탬프(Food stamp: 빈곤가정 영양 개선을 위한 식비 보조)와 1965년 메디케이드(Medicaid: 빈곤층 의료부조)를 도입했다.

빈곤을 벗어나는 것은 순전히 개인의 몫이라고 여겨온 미국의 자유주의 철학을 생각한다면 이런 사회복지 정책들은 매우 놀라운 일이라고 할 수 있다. 하지만 미국은 곧 본연의 자유 시장의 원리로 되돌아갔다. 레이건 정부는 1980년대부터 본격적으로 복지국가와 사회복지를 축소했다. 그리고 1996년에는 민주당의 클린턴 정부에서 복지 개혁법(PRWORA)이 통과되었다. 이 법률에 따른 복지 개혁으로 '부양아동가족부조'(AFDC)와 '직업 기회와 기초 기술 훈련 프로그램'(Job Opportunities and Basic Skills Training Program), 그리고 '긴급부조'(Emergency Assistance)가 폐지되고 '빈곤가정일시부조'(TANF)

가 그 자리를 대신하게 되었다.

빈곤가정일시부조(TANF)의 도입은 공공부조 제도가 기존의 '권리성' 프로그램에서 '한시적' 프로그램으로 전환되었음을 의미한다.[75] 즉 기존의 '부양아동가족부조'(AFDC)는 연방정부와 주정부의 공동 프로그램으로 일정한 자격 요건만 갖추면 기간 제한 없이 수급권을 보장했던 데 비해 TANF는 수급 기간을 제한했고 근로 의무를 수급의 조건으로 강화했다. 그리고 근로 의무와 관련한 소득과 자산의 요건, 급여 수준, 지원 방식과 내용의 결정권은 모두 주정부에게 주어지게 되었다. 연방정부는 주정부에게 포괄보조금(block grant)을 지급하고, 여기에 주정부의 예산이 더해져서 주정부가 이것을 운용하는 것이다. 주정부가 마음대로 조건을 만들어서 수급 대상의 조건을 까다롭게 정해버린다면 복지 지출은 절감되고, 그러면 연방정부로부터 지급받은 포괄보조금 총액의 나머지를 다른 용도로 활용할 여지도 생기기 된다. 그래서 주정부 입장에서는 수급자 수의 감축과 복지 지출의 절감에 강한 유인을 갖게 되었다.[76]

실제로 TANF 수급자 수는 1996년 이후 지속적으로 감소했다. 다만, 2008년의 금융 위기 이후 미국 경제가 극심하게 침체된 2009년 이후부터 2012년까지 TANF 수급자 수가 늘어났지만, 이것도 실업률이 2배나 증가할 만큼 경기는 나빠졌지만 TANF 수급자 수는 단지 15.6%만 증가했을 뿐이었다. 그리고 2013년부터 수급자의 수는 급격하게 줄어들고 있나. 주정부는 자체의 예산 제약 때문에 연방정부의 보조금 지원이 줄어들면 TANF 수급자의 수를 자동적으로 줄여야만 하고 급여 수준도 낮춰야[77] 하는데, 노동시장의 경쟁 격화와 경기 침체로 인한 저소득층 인구의 증가로 인해 전반적으로 선별적 복지의 수요가 증가하는 문제에 대응하기가 갈수록 어려워지고 있다. 결국 TANF의 탈수급자가 계속 증가(수급자는 1996년 당시 4.7백만 가구에서 2014년에는 1.7백만 가구로 줄었음)하고 있을 뿐만 아니라 대부분의 주에서 산정하는 지원 금액의 규모가 빈곤 가족의 기초적인 지출 수준에도 미치지 못한다는 것이 TANF의 문제점으로 지적되고 있다.[78]

TANF가 근로 능력이 있는 빈자에게 근로 노력을 조건으로 지급하는 급여라면, 근로 능력이 없는 이들에게 지급하는 현금 급여로는 '보충적 소득보장'(Supplemental Security Income, SSI)이 있다. SSI는 저소득층 어린이, 시각장애인, 기타 장애를 가진 성인이나 노인에게 제공되는 소득 지원 프로그램인데 대부분의 수급자들은 장애를 가지고 있다. 2014년 기준으로 약 8백만 명이 매달 평균적으로 약 530달러를 지급받고 있다.[79] SSI는 수급자에 대한 지원이 연방정부의 재원으로 마련되는 재정 지원 프로그램으로 지난 10년 동안 SSI의 정부 지출 규모와 수급자 수는 지속적으로 증가해왔다. 하지만 SSI의 실질 지급액은 거의 변화가 없었는데, 이것을 물가상승률과 함께 분석해본다면 근로 능력이 없어서 사실상 SSI에만 전적으로 의지해야 하는 빈곤 계층들이 받는 SSI의 급여액은 실질적으로는 삭감된 것으로 해석된다.

그리고 또 다른 공공부조 제도로 '영양보조프로그램'(Supplemental Nutrition Assistance Program, SNAP) 이 있다. 푸드 스템프(food stamp)라는 연방정부의 식료품 지원 제도가 2008년 SNAP로 명칭이 변경되었다. 주정부가 집행을 담당하지만 모든 주에서 단일한 형태를 보이고 있다. 2000년대 초반부터 한 달 수급액을 전자 바우처 카드를 통해 지원했으며, 식료품 소매점에서 이것을 사용할 수 있다. 경제 위기 이후 연방정부는 이 제도를 계속 확대하고 있다. 이 제도에 대해서는 미국 농림부가 예산을 지원하면서 수급자의 자격 기준이나 수급액에 대한 정책적 관여를 하고 있다.

그런데 이같이 지급 대상과 급여 금액을 줄인 TANF나 지출 규모와 수급자의 수는 증가하고 있지만 개별 수급자에게 지급되는 실질 급여액을 줄인 SSI와는 대조적으로 미국의 공공부조 제도 중에 최근까지 지속적으로 확대되어온 것이 하나 있다. 바로 근로장려세제(Earned Income Tax Credit, EITC)[80]가 그것이다. 노벨상을 수상한 밀턴 프리드먼이 제안한 것인데, 저소득층에게 국가가 현금을 지원해 주는 근로연계형 소득지원 제도로서 일종의 역소득세 개념이다. 미국 정부는 2009년 '경기부양법'과 2012년 '조세법' 등을 통해 이것을 꾸준히 확대해왔다. 우리나라 역시 근로장려세제를 도입하고 있어서 EITC가 그리 낯설지는 않을 것이다. 조세감면을 활용해서 근로의 유인을 만들어내는 것을 핵심적 내용으로 하는 이 제도는 '생산적 복지'와 관계가 깊다. 신자유주의적 정책들을 추진하면서 레이건 대통령과 대처 수상은 복지와 노동(시장)의 합성어인 'WORKFARE'라는 생산적 복지를 기꺼이 수용했고, 같은 맥락에서 근로장려세제를 실시한 것이다.

결국 미국의 주요 공공부조인 TANF, SSI, EITC를 분석해보면, 1990년대 이후 미국은 일하지 않는 사람에 대한 복지 지원을 크게 줄였다. 빈곤은 결국 개인의 노력으로 극복해야 한다는 논리를 선별적 복지를 까다롭게 하는 식의 제도적 장치로 확실히 보여준 것이다. 만약 본래의 취지대로 이런 새로운 공공부조 정책이 사람들을 보다 성실하고 적극적인 노동의 길로 이끌었다면 미국 복지를 비판적 관점에서 바라볼 이유는 없을 것이다. 하지만 이런 신자유주의적 제도 개혁의 의도는 미국에서 거의 현실화되지 못했다.

선별적 복지와 신자유주의 경제가 만났을 때

경제 위기 이후 미국에서 공공부조 대상자가 크게 늘어났는데, 경제 위기가 진정된 후에도 그 수를 크게 줄이지는 못하고 있다. 예산의 제약을 생각하면 크게 줄여야 하는데, 실제의 현실에서는 선별적 복지를 필요로 하는 빈자들이 너무나 많기 때문이다. 미국은 선별적 복지에 대한 수요가 갈수록 커지고 있는 것이다.

미국은 경제와 노동시장이 지나치게 경쟁적이다. 고학력과 고기술의 전문가들은 이런 경쟁적 시장에서 오히려 더 높은 수입을 창출할 수도 있겠지만 중·저학력의 보통사람들은 이런 승자독식의 경제와 노동시장의 조건에서는 살아남기 어렵다. 경쟁 시장의 일자리 구조가 계층화되는 것이며, 이런 경제에서 저학력 등으로 경쟁력을 갖추지 못한 노동자들에게 허락되는 일자리는 별로 없다. 정부와 사회로부터 적절하게 보호받는 사회적 경제의 영역도 거의 없는 미국에서 특별한 기능이나 능력이 없는 사람들에게 제시되는 일자리는 맥도날드 잡(전망 없는 저임금 노동) 정도이다. 그런데 맥도날드 잡의 낮은 수입으로는 미국에서 안정된 저소득층으로 살아가기도 어렵다. 의료보장이나 사회서비스 등의 각종 복지 제도가 부실하기 때문이다.[81]

미국은 경제·산업 구조 및 노동시장에 깊이 뿌리 내린 신자유주의 때문에 일자리와 기회의 양극화가 심각하다. 게다가 미국은 경제·산업·일자리의 이런 구조적 문제에 더해 보편적 복지가 지극히 부실하고 시장의 탈락자들에 대해서만 선별적 복지를 적용하는 잔여주의 복지관 때문에 총체적 어려움을 겪고 있다. 맥도날드 잡에 종사하는 젊은이는 암에라도 걸린다면 그가 가진 보장성 수준이 낮은 민간의료보험으로는 도무지 병원비를 감당할 수 없게 된다. 어쩌면 그는 애초에 보험 가입도 하지 못한 상태일 확률이 높다. 이런 사람들은 격한 경쟁이 벌어지는 신자유주의 노동시장에서 생존할 가능성이 별로 없다. 오히려 더 밑으로 내려가서 선별적 복지의 대상이 되는 것이 합리적인 선택이 될 가능성이 더 높다.

따라서 해가 갈수록 밑바닥으로 떨어지는 사람들은 계속 누적될 것이고, 이들을 선별적 복지로 모두 수용하는 것은 재정적 한계로 인해 어려워질 것이다. 그래서 선별적 복지인 공공부조는 늘 대기자들로 붐비게 된다. 언제까지나 국채를 발행할 수는 없을 것이므로 국가 재정은 거대한 벽에 부딪히게 된다. 방법은 세금을 더 걷는 것인데, 주로 세금을 내게 될 중상층 국민은 조세 저항에 나서고 정치적 반대는 매우 거셀 것이다. 왜냐하면 증세 결정을 앞두고 선별적 복지의 확충은 도덕적 해이만 키운다는 전통적 논리가 반대자들을 부추길 것이기 때문이다. 그런데 중상층 국민들의 실제 속내는 자신들은 혜택을 보지 못하는 선별적 복지의 확충을 위해 더 많은 세금을 내기가 싫은 것이다.

우리는 앞서 미국 정부는 경제 위기 상황만 아니라면 언제라도 공공부조 수혜 대상자를 줄인다는 것을 확인했다. 실제로 빈자들의 수는 더 늘어나고 있음에도 미국은 정부 재정의 제약 때문에 이런 선택을 하게 된 것이다. 결국 이면의 진실은 '빈곤의 외면'이다. 스웨덴에서 본 것과 같은 종류의 대다수 국민이 중산층의 삶을 살 수 있도록 하는 개입주의 노동 및 산업 정책과 보편적 복지 체계가 거의 없는 미국에서 급기야 빈곤까지 외면해 버린다면, 도대체 장차 미국의 경제-복지 체제는 어떤 미래를 맞게 될 것인지 주의 깊게 지켜볼 일이다.

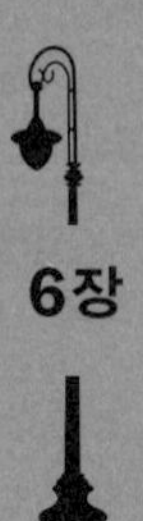

6장

대한민국 경제사회 체제의 신자유주의적 재편

외환위기 이후 경제 체제의 신자유주의적 재편에 조응하는 복지 체제로 선별주의가 강조됨에 따라 경제와 복지가 분리되는 비효율적 상황이 계속되고 있다. 경제 체제의 양극화와 불평등 심화에 대해 복지 체제가 사전적 예방 조치로서 전혀 기능을 하지 못하는 선별주의 복지로는 상황의 개선에 도움이 되지 않는다.

1.

대한민국의 자화상

역경 속에서 핀 꽃 대한민국, 지금은

2015년 현재 우리나라의 수출 규모는 5,269억 달러로 세계 6위를 차지했고, 우리나라의 GDP는 1조3,212억 달러로 11위를 기록했다. 또 미국 경제잡지 포춘(Fortune)은 세계 500대 기업에 우리나라 기업을 17개나 포함시켰다. 이런 지표들을 보면 우리나라는 '성공한 국가'임에 틀림이 없어 보인다. 오랜 식민지 시절을 겪고 6.25전쟁으로 폐허가 되어 세계에서 가장 가난한 나라였던 대한민국이 60여년 만에 일궈낸 거대한 성과라고 하겠다. 이쯤 되면 영화《뮬란》의 명대사, "역경 속에서 핀 꽃이 가장 아름답다"가 떠오르지 않을 수 없다. 제2차 세계대전 이후 원래 선진국이었던 나라들을 제외하면 이렇게 빠르고 높은 수준으로 경제 성장을 이룬 나라는 전 세계에서 대한민국이 유일하다. 그렇다면 역경을 딛고 이렇게 성공한 대한민국에서 국민들의 삶도 아름답게 피어나고 있을까?

한 나라의 경제 수준은 국민의 행복한 삶을 좌우하는 중요한 요소임에는 틀림이 없다. 가난하고 생계가 힘든 사람들이 행복할 리 없기 때문이다. 그렇다고 모든 부자 나라의 국민들이 행복한 것은 아니다. 우리는 일반적으로 어떤 나라가 부자 나라인지 아닌지를 판단할 때 1인당 국민소득(GNI)이라는 국민들의 평균적인 삶의 수준을 나타내는 지표를 사용한다. 우리나라는 1인당 국민소득이 2006년 2만823 달러로 2만 달러를 넘은 이후 최근 몇 년 동안에는 2만5천에서 2만8천 달러 사이를 오가고 있다.[1] 그리고 우리나라는 2012년 6월 23일을 기점으로 인구 5천만 명을 돌파했다. 그래서 우리나라는 2012년도부터 1인당 국민소득 2만 달러와 인구 5천만 명을 보유한 '20-50 클럽'[2]에 세계에서 일곱 번째로 이름을 올리게 되었다.

이 대목만 보면 우리 국민들의 삶도 성공적으로 피어나고 있는 듯하다. 그런데 이런 즐거운 이야기들이 크게 와 닿지 않는 사람들이 적지 않을 것이다. 지금까지 대한민국이라는 나라가 이렇게 크게 성공했고, 게다가 유력 정치인들의 약속대로 머지않아 4만 달러 시대를 바라볼 정도로 더 부유해질 것이라는 기대에 비해, 정작 피부로 느끼는 보통사람들의 삶은 전혀 다른 모습이기 때문이다. 이제 그 모습을 구체적으로 살펴보자.

자살하거나 아이를 낳지 않거나 남을 해치는 나라

최근 수년 동안 우리나라의 자살률은 인구 10만 명당 약 30명 수준을 기록하고 있는데, 이것은 OECD 국가들 평균의 약 3배에 해당한다. 대한민국이 원래부터 이렇게 자살률이 높은 나라는 아니었다. 우리나라도 1995년만 해도 자살률이 인구 10만 명당 10.8명에 불과했다. 이 수치는 지금의 OECD 평균과 거의 동일한 것이다. 그런데 지난 20년 사이에 자살률이 3배나 늘어난 것이다.

최근 수년 동안 우리나라의 합계출산율은 1.2명 수준을 맴돌고 있다. 인구 5천만 명을 그대로 유지하려면 가임기 여성 1명이 평균 2.1명을 출산해야 하는데, 지금은 고작 1.2명 정도만 낳고 있다. 그런데도 결혼율과 출산율이 계속 낮아지고 있으니 이대로 가다가는 대한민국이 유지되지 않을 수도 있겠다는 우려까지 나온다. 산업화된 선진국에서 출산율 저하는 세계적인 추세일 수도 있다. 아무리 그래도 우리나라의 출산율은 낮아도 너무 낮아서 문제다. OECD 평균인 1.7명보다 한참 낮고 OECD 34개 국가 중에서 꼴등이다.

최고의 자살율과 최저의 출산율은 끔찍한 의미를 담고 있다. 이것은 대한민국에서 사는 것이 너무 힘겨워 스스로 삶을 마감하는 사람들이 늘고 있으며, 또 자신은 견디고 버틴다고 해도 또 다른 생명이 이 힘겨운 세상에서 살게 하지 않겠다는 생각으로 아이를 낳지 않는다는 것을 말해준다. 사회에 대한 이런 불만과 괴로움은 또 다른 극단적인 형태로 나타난다. 살인, 강간, 강도와 같은 강력 범죄가 그것인데, 외환위기 이후 크게 증가했다.

자신의 생명을 스스로 마감하거나 다른 생명을 애초에 만들지 않거나 다른 사람을 공격하는 사회에서 우리는 과연 행복할 수 있을까. 이런 조건에서는 사람들이 행복하기 어렵다. 설사 행복은 자신의 마음속에 있는 것이라는 믿음을 가진 사람들조차도 이런 환경에서는 지속적으로 행복하기 어려울 것이다. 이런 안타깝고 힘겨운 사회에서 마음만 먹는다고 행복해질 수는 없기 때문이다.

한 명이 빵 100개 중 13개를 먹는 나라

우리나라의 상대적 빈곤율은 15%이다. 상대적 빈곤율은 전체 가구(소득자) 중에서 중위소득[3]의 50% 이하를 버는 가구(소득자)의 비율을 말한다. 우리나라 인구의 약 15%는 중위소득자 소득의 절반도 안 되는 소득으로 겨우 버티고 있는 것이다. 우리나라는 소득의 양극화 때문에 중위소득자의 소득이 유럽 복지국가들에 비해 매우 낮은 편이다. 그런데 이것의 절반도 안 되는 소득으로 살아가는 인구가 전체 인구의 15%나 된다는 것은 큰 문제가 아닐 수 없다.

중산층의 두께가 얇아지는 것도 우리나라가 당면한 큰 문제이다. 중산층은 소득의 크기가 중위소득의 50~150%에 속하는 소득자들의 비율을 말한다. 외환위기 직전인 1997년 우리나라의 중산층 비율은 74.1%였지만 2011년에는 64%로 크게 감소한 이후 지금까지 제자리를 맴돌고 있다. 반면에 8.12%였던 상대적 빈곤 계층은 15.2%로 증가했다. 중산층의 상당수가 저소득층으로 추락했다는 뜻이다. 대부분의 유럽 복지국가들에서 중산층 비율은 70% 이상이며, 상대적 빈곤율은 8% 내외에 머물고 있다.

동국대 김낙년 교수의 2014년 연구에 의하면[4], 우리나라의 소득 상위 1%는 전체 소득의 12.97%를 차지해서 미국(19.3%)에 이어 주요 국가들 중에서 2위를 차지했다. 기준을 조금 바꿔서 소득 상위 10%가 전체 소득 중에서 얼마나 많은 소득을 차지하고 있는지를 살펴봐도 상황은 마찬가지이다. 우리나라는 48%로 미국 48.2%에 거의 근접해서 이것 역시 주요 국가들 중에서 2위를 차지했다. 결론적으로 우리나라는 소득 불평등이 세계적으로 극심하다는 것이다. 이번에는 이 이야기를 좀 더 쉽게 풀어보자.

어떤 지역에 100명이 살고 있는데 100개의 빵이 주어졌다고 가정해 보자. 이때 빵을 먹는 가장 평등한 방법은 당연히 '1인 1빵 먹기'일 것이다. 그런데 경제적 자유주의의 전통이 강한 미국이나 영국 같은 나라에서는 최상위에 위치한 1명이 12~19개를 먹는다. 스웨덴 같은 북유럽 복지국가들에서도 '1인 1빵 먹기'가 완전하게 실현되는 것은 아니다. 이들 국가가 기계적 평등을 추구하지는 않기 때문이다. 그래서 북유럽 복지국가에서도 한 사람이 7개를 먹는다. 하지만 이들 나라는 1명이 19개나 먹는 미국보다는 훨씬 평등하다.

우리나라에서는 최상위의 한 사람이 거의 13개를 먹고 있다. 그리고 상위의 10명이 빵 100개 중 48개를 먹는다. 이것이 현재 우리나라의 불평등한 모습이다. 그런데 우리나라의 불평등이 원래부터 이렇게 심각했던 것은 아니다. 1995년만 해도 우리나라는 상대적 빈곤율 8%(유럽 복지국가 7~8%), 중산층 가구의 비율 74%(유럽 복지국가 70% 이상), 소득 상위 1% 인구의 소득 점유율 7%(북유럽 7%), 그리고 소득 상위 10% 인구의 소득 점유율 32%(북유럽 28%)였다. 결국 우리나라의 소득 불평등은 지난 20여년 사이에 지금의 유럽(또는 북유럽) 수준에서 미국 수준으로 너무나 심각하게 악화된 것이다.

나이 들면 잉여가 되는 나라

2015년 현재 우리나라의 65세 이상 노인 인구의 비율은 13.1%다. 2000년도 노인 인구의 비율이 7%였던 점을 감안하면 세계에서 가장 빠른 증가세임에 틀림이 없다. 2017년은 노인 인구가 14%로 고령사회, 그리고 2026년이면 노인 인구 비율 20%로 초고령사회가 된다. 이렇게 되면 저출산 추세와 겹쳐서 경제적으로도 매우 어려운 처지에 빠지게 된다. 이에 대해서는 일본이 좋은 사례가 될 수 있다. 일본은 2015년 현재 노인 인구의 비율이 26.7%나 되어 세계 최고의 고령사회이다. 일본 경제가 어렵게 된 여러 이유 중의 하나가 바로 심각한 고령화다. 그런데 우리나라는 빠른 속도로 일본의 전철을 밟고 있다.

현재의 노인 세대는 대부분이 경제적으로 어려운 시기에 자식을 키우면서 그들의 부모 세대를 봉양했다. 하지만 현재 이들의 다수는 중장년인 자녀 세대의 부양을 제대로 받지 못하고 있다. 그렇다고 해서 부모를 봉양하기 어려운 자식 세대를 비난할 수만은 없다. 아이 1명을 대학까지 보내는 데 드는 비용이 5억원이나 된다는 뉴스의 헤드라인이 핫이슈인 우리 사회에서 대부분의 보통사람들은 자신의 자녀만을 감당하기도 빠듯하다.

그래서 65세 이상 노인의 절대적 빈곤율은 26%나 되고, 상대적 빈곤율은 48.6%나 된다. 우리나라의 노인 빈곤율은 OECD 국가들 중에서 압도적으로 부동의 1위이며, OECD 평균 노인 빈곤율 12.4%에 비하면 4배나 된다. 그런데 더 문제가 되는 것은 우리나라의 노인 빈곤율 상승 속도가 OECD 회원국들 가운데 가장 빠르다는 사실이다. 2015년 OECD가 발표한 노인 빈곤율 자료에서 우리나라의 노인 빈곤율은 2007년 44.6%에서 2011년 48.6%로 4년 만에 4%포인트나 상승했다.[5]

아무리 복지국가라고 해도 가난한 노인들은 어디나 있다. 하지만 우리나라의 노인 빈곤율처럼 그 규모가 OECD 평균의 4배를 넘는다면, 이것은 OECD 가입국이라는 사실 자체가 부끄러울 정도로 심각한 문제라 하겠다. 반면에 유럽 대부분의 복지국가들에서는 다른 연령층에 비해 오히려 노인들의 상대빈곤율이 더 낮다. 상대적 빈곤율을 연령대별로 비교해보면 노인층에서 가장 낮게 나타난다. 유럽 대부분의 복지국가들은 무상의료뿐만 아니라 공적연금 혜택도 넉넉하다. 한낮의 카페에서 커피 한 잔을 들고 신문을 읽으며 행복한 웃음을 짓는 유럽 노인들의 삶은 바로 이런 노후보장 제도 덕분이다.

그런데 노인이 행복한 이런 사회가 우리에게는 너무나 멀리 있다. 최저임금법의 사각지대인 아파트 수위실에서 24시간 경비를 서고, 리어카를 끌고 다니며 폐지를 줍고, 그렇게 기를 쓰면서 스스로 빈곤의 장벽을 넘어서라고 가난한 노인들에게 요구하는 것은 너무나 잔인한 일이 아닐 수 없다. 이 대목에서 우리는 또 한 가지 가슴 아픈 수치에 주목해야 한다. 그것은 우리나라의 80세 이상 노인 자살률이 유럽 주요 국가들의 무려 5배에 이른다는 사실이다. 후기고령자들의 자살률이 이렇게 높은 것은 더 이상 경비를 설 수도 없고 폐지를 주울 수도 없는 가난하고 병들고 외로운 노인들이 어쩔 수 없이 자살을 선택하기 때문이다. 많은 노인들이 '잉여'가 되어 스스로 생을 마감할 결심을 하는 나라, 바로 우리가 살고 있는 대한민국의 자화상이다.

우리들의 일그러진 얼굴

우리나라는 1996년부터 OECD 회원국이고 2012년도부터 '20-50' 클럽에 속해 있다. 일각에서는 잘만 하면 우리나라가 곧 1인당 국민소득 3만 달러 시대에 들어설 것이며 일본도 우리의 경쟁 상대가 되지 못할 것이라고도 한다. 가히 '한강의 기적'이라고 해도 조금도 이상할 것이 없다. 하지만 기적을 일으킨 나라 대한민국의 곳곳에서 보통사람들이 호소하는 불안과 고통은 날이 갈수록 커져만 간다.

중산층의 비중은 계속 줄어만 가고, 소수의 고소득층이 나라 전체의 소득과 부를 독점하는 정도는 점점 더 심해진다. 노인 인구는 늘어만 가는 데도 노인층의 빈곤 문제는 도무지 해결될 기미를 보이지 않는다. 급기야 오랜 세월 동안 자식들과 사회의 발전을 위해 열심히 살아온 만큼 행복하게 노후를 보내야 할 노인들이 자살이라는 극단적인 선택을 하는 '노인자살 공화국'의 오명까지 떠안았다. 이외에도 젊은이들의 실업과 좌절, 여성들의 경력 단절, 날로 늘어가는 비정규직 문제, 그리고 이런 모든 것들이 끊임없이 우리 사회를 더 뾰족한 피라미드로 만들면서 그 피라미드를 올라가려고 발버둥치는 아이들의 끔찍한 입시경쟁 문제는 더 이상 우리에게 새로운 것이 아니다.

모두가 시장 경쟁에 맨몸으로 던져진 채 살아남기 위해 각자도생의 전투를 벌이고 있다. 그야말로 '만인의 만인에 대한 전쟁'이다. 이것을 잘 보여주는 지표가 하나 있다. 바로 'GDP 대비 공공사회복지 지출'의 비율이 그것이다. 우리나라는 2015년 현재 GDP의 10.5%에 불과하다. OECD 국가들의 평균은 21.6%이고, 유럽의 선진 복지국가들은 30%를 넘나든다. 결국 우리나라는 공공사회복지 지출의 규모가 OECD 평균의 절반, 선진 복지국가들의 3분의1 수준에도 못 미치는 복지 후진국인 것이다. 우리나라에서 자녀의 양육과 교육, 주거, 의료와 요양, 각종 노후보장 등 보통사람들의 삶의 단계 단계에서 꼭 필요한 안전장치를 마련하는 데 투입되는 공적 지출의 크기가 OECD 국가들에 비해 너무나 형편없이 작다는 것이다. 이쯤 되면, 우리의 일그러진 얼굴은 차라리 당연해 보인다.

우리나라 국민의 행복지수는 OECD 34개 국가 중에서 언제나 거의 꼴등에 가깝다. 또 통계청의 2015년 사회조사 결과에 따르면, 우리 국민의 44.6%는 자신의 사회경제적 지위를 하층민이라고 답변했다. 상대적 빈곤율 개념에 따르면, 우리나라에서는 실제로 15%만이 자신을 하층민이라고 응답해야 하는데, 사회조사 결과에서는 이보다 3배나 높게 나온 것이다. 이것은 객관적 수치보다 우리 국민들이 느끼는 현실의 삶이 훨씬 더 각박하다는 것을 잘 보여준다. 다수의 국민이 이렇게 각박하고 불안한 삶을 이어가는 상황에서 대한민국의 행복지수가 낮은 것은 어쩌면 너무도 당연하다. 이것이 바로 성공한 나라의 불행한 국민으로 살아가는 우리들의 일그러진 자화상이다.

2.

외환위기 이후의 경제사회적 변화

대한민국의 신자유주의, 어떻게 시작됐나?

"아, 우리 어쩌다 이렇게 됐을까!" 대한민국의 일그러진 자화상을 들여다본 우리들의 심정이 바로 이럴 것이다. 유구한 역사도 있고 좋은 전통도 많은 이 나라에서 태어난 것을 자랑스러워하며, 우리는 행복해지고 싶었다. 그래서 우리는 다들 무던히도 열심히 일했고 세계적으로 가장 짧은 기간에 산업화에 성공했다. 이후 민주화에도 성공해서 세계를 놀라게 했다. 성공한 나라를 만든 것이다.

그런데 '출산율 세계 최저의 국가', '세계 최고의 노인자살 공화국'이라니, 그야말로 요람에서 무덤까지 삶의 단계 단계마다 불안과 불행이 도사리고 있다. 우리나라가 어쩌다 이런 상황에 이른 것인지에 대한 진단이 필요하다. 여기서 우리가 놓쳐서는 안 되는 것이 하나 있다. 그것은 병의 진단에서 상처 부위를 들여다보는 것도 중요하지만 그보다는 몸속 어느 부분이 언제부터 어떻게 고장 난 것인지를 근본적으로 살피는 것이 훨씬 더 중요하다는 사실이다. 현재의 문제들을 피상적으로 살펴보는 데 그쳐서는 안 된다. 언제부터 위기의 조짐이 있었는지, 어떤 과정을 거쳐 현재의 상황에 이르게 된 것인지 면밀하게 분석해 볼 필요가 있다. 그래서 우리는 외환위기 이전인 1990년대 초반의 김영삼 정부 때로 거슬러 올라갈 필요가 있다.

앞에서 우리는 출산율과 자살률, 상대빈곤율과 중산층의 비율, 소득 상위 10% 인구의 소득 점유율 등의 수치가 1995년까지만 해도 현재의 북유럽 복지국가들만큼이나 좋았음을 확인했다. 그런데 20여년이 지난 지금, 우리의 삶은 이들 복지국가들과는 비교 자체가 안 될 정도로 척박하다. 도대체 왜 이렇게 되었는지, 그 최초의 시점을 되짚어보면 김영삼 정부의 '세계화'에 닿게 된다.

우리나라는 1980년대까지는 군사정권 아래에서 정치적 민주주의의 암흑기는 겪었을지언정 경제적으로 신자유주의의 악영향을 받지는 않았다. 오히려 국가가 주도하고 개입하는 국가자본주의를 통해 산업화의 성공이라는 기적을 만들어내고 있었다. 그런데 신자유주의가 우리 사회에 파고들기 시작한 것은 김영삼 대통령의 문민정부 때였다. 그때 신자유주의라는 어렵고 생소한 전문적 용어 대신에 일반 국민들에게 알기 쉽도록 등장한 신조어는 바로 '세계화'였다.

"당신의 경쟁 상대는 누구입니까?" "제 경쟁 상대는 영국 경찰입니다." "제 경쟁 상대는 칠레 농부입니다." 중장년층 이상의 독자들이라면 이 광고를 기억할 것이다. 1990년대 중반쯤 TV와 라디오에 이 광고가 참 많이도 나왔었다. 이것은 정부가 만든 공익광고로 김영삼 대통령이 정권 초기부터 외치던 '세계화'를 홍보하기 위한 것이었다. 세계 여러 나라 사람들과 선의의 경쟁을 펼칠 수 있어서 아주 신이 난다는 듯이 이 광고에 나오는 성우들의 말투는 하나같이 밝고 건강했다. 김영삼 정부는 이런 광고를 통해 국민들에게 세계화, 즉 신자유주의의 긍정적 이미지를 내면화시키려고 했다. 이렇듯 우리 사회에 첫 발을 내디딘 신자유주의는 세계화의 얼굴을 하고 있었다. 세계화는 영어로 globalization인데, 그때까지 국제화라고 주로 번역되어 왔지만 김영삼 정부는 굳이 세계화라는 정치적 신조어를 만들어냈다. 그래서 뉴욕타임즈 등에서는 이것을 'segaewha'라는 고유명사로 쓰는 웃지 못 할 일이 벌어지기도 했다.

세계화의 여파로 농산물 시장이 개방되면서 농민들은 서울로 모여들어 연일 반대 시위를 벌였다. 하지만 김영삼 정부는 들은 척도 하지 않았다. 언론에서는 연일 농산물 시장을 개방하면 칠레의 포도를 저렴한 가격으로 사먹을 수 있다는 등 자유 무역의 이점을 홍보하며 세계화를 반대하는 우리나라 농민들을 시대착오적이라고 비난하는 기조의 보도들을 쏟아냈다. 결국 세계화 시대의 큰 흐름에 따라 농산물 시장은 우루과이라운드(Uruguay Round)가 1993년 12월에 타결되고 1995년 WTO 체제가 출범하면서 개방되었고, 자본시장도 급진적으로 개방되었다. 그 이전까지 우리나라는 일부 산업이 보호되었고 금융과 자본시장의 문은 굳게 잠겨있었다. 그것이 무조건 좋은 것이라고 할 수는 없지만, 김영삼 정부는 세계화를 선언하기가 무섭게 금융과 자본시장의 문을 너무도 성급하게 열어버렸다. 이런 위험한 도박은 급기야 1997년 말 외환위기로 이어졌다. 외환 보유고가 바닥나면서 외국에서 빌린 돈을 갚시 못하는 사태가 벌어진 것이다.

김영삼 정부에서 발생한 이런 대 위기를 수습해야 하는 책임은 김대중 대통령에게 넘겨졌다. 김대중 정부는 곧바로 IMF에 구제 금융을 신청했다. 당시 IMF는 돈을 빌려주는 조건으로 신자유주의 개혁을 요구했다. 그것이 바로 워싱턴 컨센서스(Washington Consensus)[6]인데, '작은 정부 큰 시장'의 신자유주의 구조조정 프로그램의 수용과 실천을 요구했던 것이다. 주요 내용은 다음과 같다.

첫째, 금리 인상이었다. IMF는 당시 우리나라의 금리를 12.5%에서 25%로 두 배 이상 올리라고 요구했다. 둘째, 긴축재정 정책이었다. 정부 재정을 흑자로 유지하기 위해 정부가 허리를 졸라매고 지출을 줄여 나라 살림을 운영하라는 것이었다.[7] 셋째, 자본시장 개혁이었다. 그때까지 우리나라에서 외국인의 주식 투자는 총 주식의 26%까지만 허용되었다. 그런데 IMF는 이것을 55%까지 확대하라고 요구했다. 또 외국인 금융기관의 국내 금융기관 M&A(매수합병)를 허용할 것과 외국인의 증권사 설립 허용, 그리고 우리나라의 금융 및 기업 지배구조 개혁과 노동시장의 유연화 조치도 요구했다.

IMF의 이런 요구들을 다 수용했다가는 우리나라 경제가 외국인들에게 무방비로 노출되고 서민들의 삶이 나락으로 떨어질 수도 있다는 우려가 진보적 시민사회에서 제기되었지만, 당시 김대중 정부는 이 요구들을 빠짐없이 수락했다. 당장의 외환위기 극복을 위해 580억 달러의 구제 금융을 받으려고 IMF의 이런 요구들을 수락한 것이 과연 역사적으로 어떤 평가를 받을 수 있는지에 대해서는 두고 볼 일이다.

다만 한 가지 중요한 사실은 당시 외환위기를 해결할 수 있는 다른 길을 설득력 있게 제시한 지식인이나 정치 세력은 거의 없었다는 사실이다.[8] 언론에서는 연일 우리나라의 후진적인 기업 구조와 노동시장 구조가 IMF 경제 위기의 근본적인 원인이라고 각종 그래프와 도식까지 제시하며 떠들어댔다. 그러면서 IMF의 신자유주의 처방을 옹호했다. 국민들은 정말 그런 줄만 알았고, 이제라도 우리 경제가 잘못된 구조를 개혁하고 IMF의 처방대로 체질을 개선해야 한다는 정부의 발표와 언론에 등장한 전문가들의 이야기를 아무 의심 없이 믿었다. 바야흐로 대세는 신자유주의였고, 모두가 그것만이 살 길이라고 소리를 높였다.

그런 분위기 속에서 우리 정부는 580억 달러를 빌려준 IMF가 내건 조건들을 모두 수락했다. 사실은 수락 이상의 의지를 보였다. 1997년 12월 24일 우리 정부가 발표한 IMF 플러스 개혁 조치에는 IMF가 요구한 것들 이상의 내용이 담겨 있었다. 금리를 추가 인상하고 이자제한법을 아예 폐지하기로 결정했다. 또 외국인의 주식 소유 한도를 100%까지 가능하도록 하고 채권시장을 완전 개방하며, 외국인의 은행 및 증권사 설립을 조기 허용하는 등 자본시장의 개방을 더욱 확대하기로 했다. 그리고 이후 심각한 사회 문제로 대두된 비정규직 문제를 야기하게 되는 정리해고제와 파견근로자제 도입 등의 노동시장 유연화도 이때 결정되었다.[9]

외환위기가 끝난 뒤 우리 정부와 기업들이 보인 태도는 비정했다. 높은 금리, 외국인에게 무방비로 열린 자본시장, 그리고 무자비한 해고와 불안정한 노동시장, 이것들은 경제 위기를 함께 극복하자던 정부와 기업들의 설득에 우리 국민들이 기꺼이 고통을 견디어준 가운데 이루어진 조치들이었다. 아이의 돌 반지들까지 털어 모금함에 넣을 만큼 우리 국민들은 글로벌 스탠더드에 맞춰야 산다는 정부의 말을 믿고 구조 개혁 프로그램에 동참했던 것이다. 그것은 불황이 지나가면 다시 안정적인 일사리로 돌아가거나 장사를 시작하며 행복하게 웃을 수 있을 것이라고 믿었기 때문이었다. 하지만 우리 국민들은 믿었던 이들로부터 뒤통수를 얻어맞고 말았다.

3년 8개월 만에 구제 금융을 모두 상환했지만 IMF 개혁 조치는 법과 제도로 우리 사회에 정착해버렸다. 살아남은 대기업들은 신자유주의의 달콤한 맛을 본 뒤로는 절대 과거로 돌아가지 않으려고 했고, 이들 기업의 입장에 편승한 관료들도 신자유주의적 개혁 기조를 그대로 이어갔다. 무엇보다 국민의 피부에 와 닿았던 것은 노동시장 문제였다. 정규직을 구조조정한 자리는 외환위기가 극복된 후에도 정규직으로 다시 채우지 않았다. 이제 비정규직 일자리가 너무도 당연한 관행이 되어버렸다. 이로써 외환위기 이후 우리 경제는 매우 빠른 속도로 신자유주의적인 모습으로 변해버리고 말았다.

재벌 대기업 중심의 한국형 주주자본주의 속에서 소득 불평등은 심해졌고, 민생 불안은 외환위기가 끝났음에도 해소되기는커녕 해가 갈수록 더 깊어져갔다. 모두가 함께 살 길이라던 신자유주의 글로벌 스탠더드는 외환위기가 지나간 자리에 그대로 뿌리를 박고 남아 대다수 국민들이 살기 힘든 나라를 만들어 놓았다. 우리 국민들은 믿었던 정부와 기업들로부터 배신을 당한 셈이다.

그런데 우리에게 큰 배신감을 안겨준 또 다른 존재는 미국이었다. 2008년 서브프라임 모기지 사태로 금융 위기를 맞았을 때 미국이 보여준 모습은 우리 국민들을 속된 말로 '멘붕'에 빠지게 했다. 1997년 외환위기를 맞은 한국에게 신자유주의 구조조정 처방을 강요했던 바로 그 미국이 자국의 경제 위기에 대해서는 전혀 다른 태도를 취했기 때문이다. 미국은 당시 IMF의 처방을 따르지 않았다. 오히려 정부가 대대적으로 개입하며 돈을 풀어 위기에 빠진 금융과 기업을 살려냈다. 미국 정부는 금융 위기 이후에도 경제를 살리기 위해 금리를 역사상 최저로 낮추고 그것도 모자라서 양적완화라는 이름으로 시장에 돈을 무제한 풀었다. 그들이 택한 것은 신자유주의 '작은 정부' 정책이 아니라 케인스주의 '큰 정부' 정책이었다.

거대 재벌과 외국 자본의 등장, 그리고 주주자본주의[10]

IMF의 고금리 정책은 부실기업을 퇴출시켜 우리 기업의 경쟁력을 높이는 것을 목적으로 추진된 것이었다. 기업이 투자를 하려면 은행에서 돈을 대출받아야 하는데 은행 금리가 높으면 기업들의 대출이 어려워진다. 고금리 정책으로 많은 부실기업들이 속수무책으로 도산해버렸다. 중소기업들은 말할 것도 없고 심지어 30대 재벌에 속한 기업들도 절반이나 해체될 정도였다. 중·장년층 독자들에게는 아주 익숙한 기업들로서 한때 인지도가 상당히 높았던 한보철강이나 해태, 쌍용, 삼미, 삼립, 기아, 한라, 신원 등의 재벌 기업들이 도산한 것은 바로 그때였다. 문을 닫은 중소기업들의 수는 훨씬 더 많았다. 문제는 이렇게 문을 닫은 기업들 중에는 이른바 '흑자도산'을 한 기업들의 수가 적지 않았다는 것이다.

흑자도산이란 영업실적이 좋고 재무상으로도 문제가 없던 기업이 갑자기 자금 변통이 안 되어 부도가 나는 것을 말하는데, 외환위기 당시에는 갑자기 높아진 금리 때문에 기업들이 은행 대출금을 갚지 못하거나 새로운 대출을 받지 못해서 자금 압박으로 문을 닫았다. 기업의 생산성이나 건실한 경영과 무관하게 갑작스러운 고금리 때문에 피해를 본 경영자들이 생겨난 것이다. 갑자기 금리를 높여 아무 문제가 없던 중소기업을 졸지에 도산시키는 것은 분명 공정하지 않은 일이다. 여기서 백 번 양보해서 자금력이 부족한 것도 그 기업의 죄라고 치더라도 정부의 고금리 정책 때문에 갑자기 부실기업으로 전락하여 문을 닫게 된 그 회사의 실직 노동자들은 도대체 무슨 죄가 있는 것일까.

여기서 스웨덴의 사례를 떠올려볼 필요가 있다. 스웨덴에서도 경쟁력 없는 기업은 도태된다. 동일노동의 평균임금에 수렴하는 연대임금제도를 통해 생산성이 낮은 기업은 문을 닫게 되고, 해당 기업의 노동자들은 실업자가 된다. 하지만 스웨덴 정부는 이들 실업자 모두를 제도적으로 품어 안는다. 재취업이 될 때까지 충분한 실업 급여를 지급하며 재교육을 시켜주고 새로운 일자리를 책임지고 알선한다. 독일의 상황도 비슷하다. 자신의 근무 능력이나 노력과 무관하게 실업자가 되면 실업자가 된 노동자들은 당연히 가입된 사회보험으로부터 실업 급여를 받으면서 역시 재교육과 일자리 알선 등을 제공받는다. 이것이 바로 선진복지국가의 적극적 노동시장정책이자 제대로 된 복지이다.[11]

하지만 당시 우리나라에서 문 닫은 기업들의 실직 노동자들 대부분은 실업 급여는 물론이요 재교육이나 재취업 알선도 제공받지 못했다. 열심히 일한 죄밖에 없던 사람들은 자신들의 잘못이 아닌데도 불구하고 외환위기와 부실기업 퇴출이라는 거대한 정치경제적 소용돌이 속에서 곧바로 실업자가 된 채 맨몸으로 버려졌다. 기업들이 위기에 처하자 일자리가 얼어붙었다. 1997년 하반기에 삼성과 현대 등의 재벌 대기업들조차 정규직 신입 사원을 단 한 명도 뽑지 않을 정도였다. 청년실업자 1세대는 바로 그때 탄생했다고 할 수 있다.

그런데 왜 실업자들이 이렇게 대거 양산되었음에도 불구하고 정부는 이들을 위해 아무 것도 하지 않았느냐는 의문을 가질 수 있다. 앞서 언급했듯이, IMF가 우리에게 요구했던 구조조정 프로그램에 금리인상과 더불어 긴축재정 정책이 포함되어 있다는 사실에서 그 해답이 나온다. 우리 정부는 IMF와 했던 약속을 지키기 위해서라도 정리해고를 당한 노동자들과 공장이나 가게 문을 닫은 사장들, 그리고 대학 졸업 후에도 일자리를 구하지 못해 괴로워하는 젊은이들의 고통을 해결할 수 없었다. 이들을 구제하기 위해서는 돈이 필요하지만, 정부는 긴축재정 정책을 펴겠다고 IMF와 약속을 했으니 원칙적으로는 어쩔 도리가 없었다.

고금리 정책과 부실기업의 퇴출에는 이처럼 대량실업 등 서민들의 고통이 필연적으로 따라왔다. 하지만 같은 그림도 보는 사람에 따라 달리 보일 수 있는 법이다. 실업자들이야 어떻게 되건 기업 구조조정에만 초점을 맞춰 우리 사회를 바라보는 사람들에게는 당시의 고금리 정책은 참으로 성공적인 것이었다. 이 정책을 제안한 사람들의 기대대로 '부실' 기업들이 수도 없이 도산하며 산업과 경제의 구조조정은 큰 성과를 냈다. 이때 해체된 재벌그룹 계열사들은 생존한 재벌그룹에 인수·합병되거나 외국의 투기자본에 헐값으로 매각되었다.

기업들의 도산은 금융에도 영향을 끼쳤다. 부실기업들이 무너지자 그 기업들에게 돈을 빌려준 은행들 중의 상당수가 부실해졌다. 금융은 경제의 혈관과 같다. 제대로 피가 돌지 않으면 생명이 멈추듯이 경제에서도 금융이 제대로 기능해야 경제가 되살아나든 말든 할 수 있는 것이다. 그래서 금융이 위기에 빠지면 국가가 이것을 떠맡아 정상화시켜야 한다. 예컨대 2009년 오바마 대통령도 금융 위기로 인해 부실해진 은행들을 정부의 돈으로 사들인 뒤에 정상화시켜 민간에 되팔았다. 하지만 외환위기 당시 우리나라는 작은 정부를 유지하기로 IMF와 약속했기 때문에 이런 일에 정부가 나서기 어려웠다. 그렇다고 기업이 은행들을 살 수도 없었다. 헐값으로 부실기업 쓸어 담기에 한창이던 삼성이나 현대 같은 재벌들은 당시 망해가던 국민은행, 제일은행, 신한은행 등에 대해 어떻게 해볼 수가 없었던 것이다. 우리나라는 금융과 산업을 분리하는 금산분리 정책을 엄격하게 실시했기 때문에 기업이 은행을 살 수는 없었다. 결국 은행들이 팔려나간 곳은 외국 자본이었다.

외국 자본이 우리나라의 혈관을 쥐게 된다는 것은 위험한 일이지만 당시 우리 정부는 손을 놓고 있었다. 아무리 어쩔 수 없다고 해도 외국 자본의 은행 소유에 대해 걱정하는 사람들이 많았다. 부작용을 우려한 것이다. 이후 실제로 많은 문제들이 불거졌는데, 론스타[12]의 '먹튀'가 대표적인 사례이다. 외환위기 당시에 부실 은행으로 지목된 외환은행은 결국 2003년 론스타 펀드가 아주 저렴하게 가져갔다. 문제는 이 과정에서 론스타가 외환은행의 주가를 조작해 무려 2조원의 수익을 냈다는 점이다.[13] 그런데 지난 2014년 11월, 론스타는 하나은행에 외환은행을 무려 4조6천억원에 팔고 한국을 떠났다. 당시 이 매각 금액에 대해 세금을 거두긴 했는데, 이후 론스타가 제기한 소송에서 판사는 세금을 론스타에게 돌려주라는 기막힌 판결을 내렸다.[14]

론스타라는 외국 자본이 우리나라의 혈관인 금융을 가지고 주가를 조작하는 등 경제 질서를 어지럽히다가 아무런 처벌도 받지 않고 세금을 100원도 내지 않은 채 6조6천억원을 챙겨 떠나버릴 수 있었던 것은 은행들이 외환위기 당시 부실의 오명을 쓰고 쓰러져 있을 때 론스타가 마음대로 헐값에 주워 담을 수 있었기 때문이다. 예전에도 재벌은 재벌이었지만, 가령 삼성이 지금처럼 초거대 재벌이 될 수 있었던 것은 외환위기로 기업들이 도산하자 이런 기업들을 삼성그룹의 계열사로 주워 담았기 때문이다.

외환위기 당시 살아남은 재벌 기업들에게는 1999년까지 해결해야 할 중요한 과제가 있었다. 그 과제를 삼성을 예로 들어 설명해보자. 삼성그룹 내의 삼성 애버랜드와 삼성 자동차 간에는 서로 보증이 없어야 하고, 이들 기업의 전체 부채가 전체 자산의 두 배가 되면 안 되는 것, 즉 재정건전성을 위한 상호지급보증 해소와 부채 비율 200% 맞추기는 IMF의 요구였다. 비록 삼성이 대한민국 최고의 재벌이라서 '부실기업 줍기'도 제일 열심히 했고, 그래서 막대한 자산을 갖게 되었다고 해도 당시의 이런 기준은 삼성에게도 상당히 버거운 것이었다. 그래서 삼성을 비롯한 대부분의 재벌들은 '유상증자 단행'을 선택했다. 이것은 한마디로 주식을 추가로 많이 찍어냈다는 이야기다. 부채 비율을 자산의 두 배 이하로 맞추려면 빚이 적거나 자산이 많아야 하는데, 도무지 빚을 줄일 형편이 안 되니 차선책으로 자산을 늘리는 방법을 선택한 것이다. 주식회사인 재벌 기업들이 자산을 늘리는 방법 중의 하나가 바로 주식을 많이 만들어서 돈을 받고 이것을 파는 것이었다. 이렇게 하면 자산을 늘려 부채 비율 200%를 맞출 수 있기 때문이었다.

문제는 이때 찍어낸 주식이었다. 안 그래도 경제 상황이 좋지 않아 주가가 낮은데 주식이 쏟아져 나오니 당연히 주가는 떨어졌다. 외환위기 전인 1996년 4월 종합주가지수가 990이었는데, 1998년 6월에는 280으로 폭락하여 3분의1 토막이 되고 말았다. 그럼에도 불구하고 재벌 기업들은 IMF가 낸 숙제 '부채 비율 200% 맞추기'를 해결하고자 1998년 13.5조원, 1999년에는 무려 35.8조원, 그리고 2000년에 다시 10.4조원의 유상증자를 난행했나. 외환위기가 본격화되기 진인 1997년에는 2.7조원 정도의 주식을 더 찍어서 팔았지만 이후 불과 4년 동안 약 60조원의 주식을 만들어 판 것이다.

이렇게 많은 주식이 시장으로 쏟아져 나왔다는 것은 주식을 사들이려는 사람들에게는 호기였음을 의미한다. 그런데 이때 주식을 대거 쓸어 담은 이들은 대부분 막대한 자금력을 지닌 외국인 투기 자본이었다. 앞에서 살펴본 IMF의 요구와 우리 정부가 발표한 IMF 플러스 개혁 조치를 떠올려 보자. IMF는 외국인 주식투자 비중을 55%까지 확대하라고 했었고, 우리 정부는 아예 100%까지 가능하도록 하겠다고 화답했었다. 그러니 헐값이 된 우리나라의 주식을 외국인 자본이 아무리 많이 사도 이것을 규제할 수단은 전혀 없게 된 것이다. 그 결과, 1996년 시가총액 기준 13%에 불과했던 외국인의 주식 보유가 2004년에는 무려 42%에 이르게 되었다. 이들은 특히 거대 재벌 기업들의 주식인 우량주를 어마어마하게 사들였는데, 그래서 지금도 삼성전자와 포스코의 지분에서 외국인의 보유 비율은 50%에 육박한다. 또 우리나라의 주요 은행들은 많게는 지분의 60~80%를 외국인이 보유하고 있다.

정리하자면 이렇다. 외환위기로 국내의 주가는 폭락했고, 기업들은 불가피하게 대규모의 유상증자를 실시했고, 그리고 이에 더해 외국인에게 완전하게 개방된 국내의 증권시장 환경 덕분에 외국인들은 우량주를 중심으로 대규모의 헐값 매수를 이어갔다. 그리고 이 모든 것이 다 IMF가 요구했던 구조 개혁 덕분이었다는 것이다.

외국인 주주들은 우리 국민이 아니다. 거칠게 말하자면, 이들은 우리 국민이 행복하건 말건 별 관심이 없을 가능성이 크다. 실제로 이들이 관심을 갖는 것은 컴퓨터 화면 너머로 응시하는 우리나라의 주가지수일 뿐이다. 주가의 상승이 이들이 바라는 가장 중요한 것이다. 그리고 우리 기업들은 이들의 바람을 충족시키기 위해 언제나 노력한다. 그것도 단기간 내에 기업의 가치를 의미하는 주식의 가치를 최대한 높이는 것이 이들의 목표가 되었다. 이와 같은 형태의 경제를 '주주자본주의'라고 하는데, 우리나라는 외환위기를 거치면서 명실상부 주주자본주의 국가가 되고 말았다.

1년간 기업을 열심히 운영해서 연말에 기업이 얻은 이윤 중에서 투자하기로 결정한 부분을 내부에 유보하고 나머지를 배당금이라는 형태로 주주들에게 나눠준다. 주주들이 원하는 것은 당연히 더 많은 배당금이고, 기업 경영자들은 이를 위해 더 많은 이윤을 남기도록 노력해야 한다. 어떻게 해야 기업은 보다 많은 이윤을 남길 수 있을까? 스웨덴과 독일 기업의 생산 방식을 떠올려보면, 노동자들에 대한 투자와 기술 개발 등이 진정한 생산성 향상 방법임에 틀림이 없다. 하지만 그것은 긴 시간이 필요한 일이다. 당장 연말이면 주주들이 "배당금 더 내놔"라고 압박할 텐데, 이런 상황에 대비하려면 당장 이익이 날 수 있는 방법을 찾아내야 한다. 그래서 우리 기업들이 외환위기 이후 채택한 전술은 다음의 두 가지였다.

첫째, 기업들은 고환율 환경을 만들어서 수출이 잘 될 수 있도록 해달라고 정부를 압박했다. 환율이 높으면 원화의 가치가 떨어지는 것이므로 가격 경쟁력이 높아져서 수출은 늘고 기업의 수익도 늘어난다. 그런데 우리 국민의 대다수는 경영자가 아니라 소비자이다. 그리고 현대사회에서 수입과 전혀 무관한 국내 상품은 찾아보기도 쉽지 않을 정도이다. 우리나라 마트에 가서 국산 상품을 산다고 해도 그것의 재료가 되는 외국 수입품의 가격이 고환율로 인해 올랐기 때문에 우리나라 소비자들의 가계 부담은 늘어날 수밖에 없다. 결국 고환율은 소비자인 우리 국민들을 희생시켜 수출 대기업들의 수익을 늘려주는 방법이다.

둘째, 생산 비용을 줄여 기업의 이윤을 극대화했다. 생산성의 향상이 별로 없는 가운데 이윤을 늘리려면 노동자에게 들어갈 비용을 줄이는 것이 가장 빠르다. 그래서 우리 기업들은 임금을 동결하거나 조금씩만 올려줬다. 그런데 잘 조직된 노동조합이 있는 경우에는 이것이 불가능하므로 이때 쓰는 방법은 신규 고용을 줄이는 것이다. 그럼에도 고용이 불가피한 경우에는 비용이 적게 들고 언제든지 해고가 가능한 비정규직만 고용하려고 했다. 이로써 '고용 없는 성장' 속에서 우리나라 노동자들의 대부분은 노동조합도 없는 가운데 불안하고 힘든 삶을 살고 있다. 그리고 이런 희생 속에서 기업들은 수익을 늘려갔다.

재벌 대기업들이 생산 비용을 줄여 기업의 이윤을 극대화하는 방법이 하나 더 있다. 바로 납품단가를 후려치는 것이다. 하청 중소기업에 대한 대기업의 횡포 문제가 외환위기 이후 훨씬 더 심각해졌다. 사람들은 이것을 '갑질'이라고 부른다. 재벌 대기업들은 부품을 납품하는 중소기업들에게 합당한 이익을 나눠주어야 한다. 그래야 중소기업들이 기술 개발에도 나서고 중소기업의 노동자들에게 인간적 삶을 보장할 정도로 급여를 줄 수 있기 때문이다. 이렇게 해서 하청 중소기업들의 경쟁력이 더 커지고 기업 생태계가 보다 건강해질 때라야 재벌 대기업들도 장기적으로 질 좋은 제품을 저렴하게 납품 받을 수 있게 된다. 이것이 공생이고 상생이다. 그런데 우리나라 현실에서는 엄격한 갑을관계 속에서 재벌 대기업의 매출이 계속 늘어나도 중소기업은 그저 목숨만 끊어지지 않을 상황이 계속되고 있다. 뿐만 아니라 중소기업에 대한 대기업의 기술 탈취와 부당한 물품 구매 요구 등의 문제가 최근까지도 해결되지 않고 있다. 그래서 중소기업 사장들의 삶도 고단하다. 그러니 중소기업 노동자들과 불안정한 고용 상태에 놓여 있는 비정규직 노동자들의 삶은 어떻겠는가!

외환위기 이후인 2000년부터 2010년 사이에 우리나라 5대 재벌의 매출은 2배 정도 증가했고, 순이익은 약 3배나 증가했다. 이로 인해 재벌 대기업 중심으로 우리나라 기업들의 주가는 급증했다. 2001년 이후 주가는 상승하기 시작했다. 오르고 또 오르던 주가는 급기야 2007년 11월에 이르러 종합주가지수 2000선을 돌파했다. 급증한 기업의 순이익과 급등한 주가만 보면, 우리나라는 그야말로 아주 잘 나가는 나라이자 국민이 행복한 나라인 것처럼 보인다. 하지만 놓쳐서는 안 될 중요한 사실이 있다. 우리나라 기업들의 주식을 소유한 사람들 중의 3분의1은 외국인 투자자라는 사실이다. 특히 알짜 대기업 주식은 거의 절반을 외국인들이 소유하고 있다. 그런 만큼 이들 주식의 가치가 급등한 것은 어찌 보면 우리 경제의 불안정성이 그만큼 높아진 것이다.

주식이란 본래 기업이 운영될 수 있도록 자본을 충당하는 도구이다. 기업은 자본을 토대로 투자를 하고 혁신을 하며 질적으로 성장해가는 한편, 그 기업의 노동자들이 함께 열매를 따먹고 기업이 속한 사회의 구성원들도 그 열매를 맛보도록 해야 한다. 스웨덴 기업들은 노동자들에게 적정 수준의 연대임금을 주면서도 생산성을 높이기 위해 기술 개발과 혁신을 기업의 가장 중요한 과제로 삼고 있다. 이들은 법인세 외에도 고용주세(사회보장세) 지출이라는 큰 부담에 대해서도 이를 통해 노동자 가정과 국민 모두를 위한 보편적 복지가 잘 갖춰져야 국가 전체적으로 우수한 인재가 양성되고 유효수요가 안정적으로 증대되어 결국에는 그것이 기업의 발전으로 연결된다고 믿고 있다. 또 독일식 자본주의는 '이해 관계사 모델'이라고 부르는데, 이것은 기업이 주주들만이 아니라 노동자와 국민 등 모든 이해 관계자들을 위해 운영되기 때문이다. 앞서 살펴보았듯이, 독일에서는 이사회에 노동자 대표와 경영자 대표가 절반씩 참여한다. 따라서 주주들만을 위한 의사결정은 이루어지기 어렵다.

하지만 우리 기업들은 현재 주주들의 입맛을 맞추는 것이 최대 과제인 주주자본주의를 신봉하고 있다. 그래서 우리나라는 2015년도 'GDP 대비 주식 시가총액'의 비중이 무려 91%나 된다. 외환위기 이전의 30~40%에 비하면 거의 세배에 달한다. 주요 국가들의 'GDP 대비 주식 시가총액'의 비중을 보면, 미국과 영국은 각각 105.8과 129.6로 우리나라보다 높지만 일본은 59.3, 프랑스 54.3, 독일은 38.3로 우리나라보다 훨씬 낮다. 'GDP 대비 주식 시가총액'의 비중이 높다고 해서 반드시 좋은 것은 아니다. 오히려 주주자본주의의 폐해로 인해 보통사람들의 삶이 더 나빠질 가능성은 이해 관계자 자본주의를 강조하는 독일과 같은 유럽 국가들보다 훨씬 더 크다는 점은 분명해 보인다.

그런데 왜 외환위기 이후 우리 정부들은 그렇게 주주자본주의를 옹호해왔을까. 여기서 이명박 대통령이 자주 거론했던 비즈니스 프렌들리(business friendly, 친 기업)라는 말을 떠올려 볼 필요가 있다. 이명박 대통령뿐만 아니라 김대중 대통령과 노무현 대통령도 '기업하기 좋은 환경'을 공공연하게 언급했고 실제로 이를 위한 지원을 해왔다.[15] 앞서 보았듯이, 그것은 고환율 정책 환경과 고용 없는 성장의 허용, 그리고 각종 규제의 완화와 감세 정책들로 확인된다. 우리나라 역대 정권의 보수적 또는 진보적 성격과 무관하게 외환위기 이후 우리나라 정부들은 모두가 기업들이 최대한 자유롭게 경제 활동을 하며 주주자본주의를 강화할 수 있도록 길을 열어주었다. 어떤 정권이든 이런 친기업적 국가 운영이 불가피하다면서 '기업이 살아야 나라가 살기 때문'이라고 주장했다. 그런데 세상은 더 심각하게 양극화되고 보통사람들의 삶은 갈수록 더 나빠졌다.

노동시장의 양극화, 얼마나 심각한가?

외환위기 극복 방안들 중에서 정부와 기업이 선택한 것들 중의 하나는 '정리해고'였다. 기업들이 도산하면서 또는 글로벌 스탠더드에 맞게 구조 개혁을 한다는 명분 때문에 직장인들은 하루아침에 일자리를 잃었다. 기막힌 일이었지만 나라 전체가 위기라고 하니 어쩔 수 없는 줄 알았다. 얼어붙은 고용시장에서 그나마 생겨나는 일자리는 대우도 좋지 않고 안정성도 낮은 비정규직 일자리뿐이었다. 하지만 그것 또한 어쩔 수 없는 잠깐의 위기 극복 조치인줄 알았다. 온 국민이 허리띠를 졸라매고 고통을 분담해야 한다고 하니, 어서 이 위기가 지나가기만을 바라면서 이미 얇아진 허리를 조이고 또 조였다.

그런데 IMF에게 빌린 외환을 다 갚았고 재벌 대기업들의 성장세가 뚜렷해져도, 아니 이제는 무역 순위가 세계에서 몇 위라고 더러는 샴페인을 펑펑 터뜨리면서도 외환위기 때와 별로 달라진 게 없는 곳이 있었다. 바로 대한민국의 노동시장이다. 여전히 정규직 일자리는 얼어붙고 처우가 열악한 비정규직 일자리만 늘어나는 상황이 계속되었다. 보통사람들의 고통 분담은 언제까지 계속돼야 하는지, 왜 이런 고통을 서민들만 짊어져야 하는지, 보통사람들의 불만과 하소연이 곳곳에서 터져나왔다. 이번에는 열두 살 '민지'의 눈으로 민지 가족의 삶을 통해 그 모습을 생생하게 들여다보자.[16]

...

제가 태어나기 전에 우리 아빠는 우리나라에서 최고라는 '삼성전자 비슷한 회사'에 다녔대요. '삼성전자 비슷한 회사'는 아빠 말로는 협력업체라고 하던데, 제게 그런 단어는 너무 어렵고, 아무튼 삼성전자와 친한 회사였던 것 같아요. 회사 이름은 하이닉스 반도체였어요. 그곳에서 아빠는 계약직 노동자였대요. 매년 회사와 계약을 맺고 일하는 노동자라고 했어요. 그래도 처음에는 삼성전자의 정규직 노동자 아저씨들과 같은 대우를 받았대요. 월급도 똑같고 보너스도 700%나 나왔다고 했어요. 하는 일이 비슷하니 그건 당연한 대우라고 아빠는 생각했대요.

그런데 IMF가 1997년 말에 터졌대요. 그래서 아빠가 다니던 회사도 삼성전자도 엄청 위태로워졌는데, 그때 아빠와 동료 아저씨들은 큰 결심을 했대요. 회사가 살아날 때까지 월급을 딱 반만 받기로 한 거죠. 아빠는 그때 얘기를 하면서 이렇게 말씀하시더라고요. "회사가 살아야 우리도 산다. 그래, 그때 우리는 모두 그렇게 믿었단다."

다행히 회사는 살아났대요. 외환위기는 지나갔고 회사는 다시 잘 나가기 시작했대요. 하지만 아빠와 아빠 동료 아저씨들의 생활은 살아날 수 없었대요. 삼성전자라는 본사의 정규직 노동자 아저씨들 월급은 다시 원래처럼 많아졌고 보너스도 나왔지만, 우리 아빠처럼 하이닉스에서 일하는 비정규직 아저씨들의 월급은 올려주질 않았다는 거예요. 우리 아빠는 아무리 생각해도 그건 부당하다는 생각이 들었고, 또 그 정도 월급으로는 저희 네 식구가 먹고 살 수도 없다고 판단했대요.

그래서 동료 아저씨들과 함께 월급을 올려달라고 회사에 항의를 했대요. 그러자 회사는 '미안해. 니들이 외환위기 때 그렇게 희생했는데 내가 깜빡했었어. 자 이제 원래처럼 해 줄게'라고 하기는커녕, 아빠와 아저씨들에게 '해고'를 통보했대요. 그렇게 해서 우리 아빠의 회사 생활은 끝났다고 해요. 제가 태어나기도 전의 일이지만 다시 생각해도 그때의 아빠가 참 불쌍하고 슬퍼요.

그래도 저는 아빠가 그때 회사를 그만둔 게 좋아요. 왜냐하면, 지금 우리 아빠는 우리 동네 꼬꼬치킨 사장님이거든요. 아빠가 치킨집 사장님이라는 건 아주 신나는 일이에요. 오빠랑 저는 매일 같이 좋아하는 치킨을 실컷 먹을 수 있으니까요. 그런데 엄마 아빠는 우리가 신나게 치킨 먹는 모습을 보면서 웃으시다가도 한숨을 깊게 쉬시곤 해요. 언젠가 두 분이 말씀하시는 걸 들었는데요, 우리 치킨집이 있는 골목에만 벌써 치킨집이 세 개나 된데요. 우리 꼬꼬치킨 말고 나머지 두 곳은 엄청 큰 회사가 낸 프랜차이즈인가 하는 그런 치킨집인데요, 그곳들이 워낙 인기가 좋아서 우리 치킨이 갈수록 잘 안 팔린대요. 그래서 아빠는 매일매일 새벽까지 그리고 주말도 없이 일만 하지만 예전에 잘리기 전의 비정규직 때보다 더 적은 돈을 버신다나봐요. 그래서 꼬꼬치킨 문을 닫을까 고민하시는 것 같고요.

저는 아빠가 치킨집을 해서 참 좋은데 이러다가 우리 아빠가 가게 문을 닫으면 어쩌죠? 치킨을 못 먹게 되는 것도 문제이지만, 치킨집도 문을 닫으면 아빠가 이젠 어떤 일을 하실지 어린 저에게도 너무 걱정이 됩니다. 그래서 참 속상해요.

…

외환위기 이전에는 비정규직 노동자들의 수도 많지 않았을 뿐만 아니라 이들에 대한 처우도 나쁘지 않았고 이들을 쉽게 해고하지도 않았다. 하지만 외환위기 이후 모든 것이 달라졌다. 통계청에 따르면, 비정규직 노동자들(임시·일용 근로자)은 1997년 607만4천 명에서 2001년 696만2천 명으로 늘었다. 4년 만에 15%가 늘어난 것이다. 반면에 같은 기간 동안 정규직 노동자들(상용 근로자)은 715만1천 명에서 652만5천 명으로 줄었다. 문제는 이런 추세가 외환위기가 극복된 이후에도 계속 심화되었다는 사실이다.

현재 우리나라의 노동자들은 절반 이상이 계약으로 근무 기간이 정해진 비정규직 노동자이다. 통계청이 발표한 정부의 공식 통계에서는 비정규직 비율이 2016년 3월 현재 32%로 나와 있지만, 여기에는 사내 하도급 노동자들은 포함되어 있지 않다. 사내 하도급 노동자란 원래는 한 회사의 노동자로 인정받던 이들이 외환위기 이후 달라진 기업들의 고용 방식 때문에 회사 밖 용역 회사와 계약을 맺고 일하게 된 사람들을 가리킨다. 예를 들어, 대학에서 오랫동안 청소를 해온 아주머니들은 얼마 전까지만 해도 해당 대학과 직접 근로 계약을 맺었고 그 대학의 노동자로 대우받았다. 하지만 지금은 용역 단체를 통해서 일을 한다. 그래서 하루아침에 해고되거나 불이익을 받는 일이 생겨도 실제 고용주인 대학 측에 항의조차 할 수 없다. 그런데 정부 통계에서는 이런 사람들이 비정규직 노동자로 잡히지 않는다. 그래서 노동계는 이들을 포함해서 겉으로는 정규직 노동자 또는 사업주이지만 실제로는 비정규직 노동자인 사람들까지를 모두 비정규직으로 간주한다. 노동계가 이렇게 계산한 우리나라의 비정규직 비율은 전체 임금 근로자의 50%에 이른다.

우리 사회는 이처럼 많은 수의 비정규직 노동자들이 존재하고 있고, 그 수는 날로 늘어간다. 그런데 2015년 현재 비정규직의 월 평균임금은 정규직의 54.4% 수준이며 복지 혜택은 거의 없다. 비정규직은 사회보험 가입률도 30~40%에 불과하다. 이런 차별들이 두 집단 간의 엄청난 수준의 삶의 질 격차를 초래한다. 그래서 비정규직 노동자가 되면 비록 취업은 되었어도 경제적 고통에서 자유로워지기가 쉽지 않다. 또 차별적인 대우와 부당한 업무 지시 등의 문제도 심각하다. 하지만 이에 대해 비정규직 노동자들이 문제를 제기하는 것은 거의 불가능한 일이다. 그러다가 잘못되면 돌아오는 것이 해고 통지서일 수도 있기 때문이다. 하이닉스 또는 삼성전자가 민지 아빠에게 그랬듯이 말이다.

위의 사례에서 민지 아빠는 다른 회사로 재취업하지 않고 치킨집을 열었다. 이처럼 외환위기 이후 해고된 노동자들 중의 상당수가 자영업을 시작하면서 자영업자 비율은 매우 높은 수준이 되었다. 자영업자를 가리키는 경제 용어인 비임금 근로자의 비율을 나라별로 비교해보면, 노르웨이는 6.9%, 덴마크 9.1%, 프랑스 9.5%, 스웨덴 10.5%, 독일 11.6%, 영국은 14.6%이다. 우리나라는 26~28%로 주요 선진국들의 2배를 넘는다.

우리나라의 자영업자들이 가장 선호하는 업종은 민지 아빠처럼 치킨집이라고 한다. 2위는 편의점이나 제과점, 커피숍 등이 차지한다. 그리고 대부분의 치킨집이나 편의점은 사장 혼자 또는 가족들이 함께 운영하면서 따로 고용원을 두지 않는다. 그래서 우리나라의 전체 비임금 근로자(자영업자) 중에서 고용원이 있는 경우는 22%에 불과하다. 이것은 우리나라 자영업의 78%는 혼자서 혹은 무급의 가족 종사자들과 함께 운영하는 영세한 규모의 생계형 자영업이란 것을 잘 보여준다.

하이닉스에서 해고당한 민지 아빠가 만약 스웨덴이나 독일에서 살고 있었다면 창업보다는 재취업을 노렸을 것이다. 생전 처음 해보는 닭튀기기에 도전하며 영세한 규모의 점포를 여는 것보다는 오랜 세월 동안 숙련된 자신의 기술과 지식을 활용하는 것이 더 효율적이고 익숙할 것이기 때문이다. 그러려면 스웨덴이나 독일처럼 정부가 제도적으로 책임을 져야 한다. 먼저 보편적 복지를 통해 아이들 교육이나 주거·의료와 같은 일반적인 삶에 대한 걱정은 없어야 하고, 부모 봉양에 대한 부담도 없어야 한다. 그리고 실업 급여의 제공뿐만 아니라 적극적 노동시장정책을 통해 새로운 기술을 익히고 더 좋은 일자리에 취업할 수 있도록 정부가 제도적으로 뒷받침을 해야 한다.

이 과정에서 실직자들은 새로운 기술이나 지식을 교육받아 한층 더 우수한 기능을 가진 노동자가 된 뒤에 더 높은 보수의 새로운 일자리를 얻을 수도 있다. 하지만 우리나라에서는 실업자가 된 뒤 고용센터를 찾아 가면 그저 일자리를 알선만 하며 도움을 주는 '척'만 할 뿐 실제로 취업시키기 위한 적극적 노력은 거의 없는 편이다. 재교육도 부실하기는 마찬가지이다. 재교육을 받아도 취업으로 바로 연결되지도 않고, 누가 취업을 책임져 주지도 않는다. 또 실업 기간 동안 충분히 미래를 준비할 만큼 실업 급여가 나오지도 않고, 고용보험의 혜택을 받지 못하는 실직자들은 정부의 재정으로 운영되는 실업수당 제도가 없어서 기초적인 생계조차 속수무책이다. 그러니 치킨집이나 편의점을 열게 되는 것이다.

치킨집이 잘 된다면야 그나마 다행이다. 그런데 외환위기 이후 너무 이른 나이에 회사를 나온 이른바 사오정 퇴직자들이 너도 나도 치킨집을 열고 편의점을 열다 보니 수요에 비해 공급이 너무 많아지면서 전체 자영업자의 절반 이상이 월 소득 150만원도 못 벌고, 신규 자영업자의 3년 생존율이 50% 정도에 불과하다는 슬픈 결과를 낳고 말았다.[17] 생존율이 50%라니, 그럼 치킨집이나 편의점 문을 닫은 전직 사장님들은 어떻게 되는 걸까. 만약 가까운 가족 등의 도움을 받기도 어렵고 남아 있는 돈도 거의 없다면 이제 갈 길은 대충 정해진다. 최저임금도 못 받는 아파트 경비직 같은 일자리나 또 다른 비정규직 일자리를 찾아보는 것이 아마도 가장 흔한 경로일 것이다.

낮은 여성 고용율과 어려운 일·가정 양립

OECD의 2015년 고용률 통계(15~64세)를 잠시 살펴보자. 우리나라의 전체 고용률은 65.7%로 OECD 평균 고용률인 66.3%에 비해 조금 낮은 편이다. 우리나라의 남성 고용률은 75.7%로 OECD 평균 남성 고용률 74.2%보다 조금 높다. 그런데 우리나라는 여성 고용율이 55.7%로 낮아 OECD 34개 회원국 중 28위이며, OECD 평균인 58.6%보다 낮다. 그리고 우리나라의 여성 고용률은 남성 고용률에 비해 20%포인트나 낮다는 것을 알 수 있다.

이런 여성의 낮은 고용률은 낮은 출산율과 밀접한 관련이 있다. 여성들은 자신의 삶이 행복하다고 생각할 때 아이를 낳고 싶어 할 것이다. 그 행복의 조건 중 하나는 자신이 원하는 일을 하는 것이다. 그런데 취업을 하지 못해서 행복의 조건이 갖춰지지 않은 여성들로서는 아이를 낳고 키우는 삶을 계획하지 못하게 된다. 더욱이 '임신은 곧 해고'인 나라에서는 취업한 여성들조차 출산을 기피한다.

우리나라는 정규직과 비정규직 노동자를 불문하고 모든 노동자들에게 출산휴가 3개월을 법적으로 보장하고 있다. 정규직 노동자들에게는 1년의 유급 육아휴직을 포함한 육아휴직 3년이 또 보장된다. 근로기준법에서는 출산휴가나 육아휴직 중에 여성 노동자를 해고하거나 이후 승진 등에서 불이익을 주면 그 기업이 법적으로 처벌받도록 하고 있다. 이런 제도만 보면 우리나라의 일하는 여성들은 임신과 출산, 그리고 육아에 대한 권리를 잘 보장받고 있는 듯하다. 그런데 현실은 이런 법이나 제도와 별개라는 것이 문제다.

이쯤에서 보통사람들의 평범한 가정, 민지네 집으로 가서 민지의 이야기를 계속 들어 보자. 오늘 민지는 '우리 엄마도 꿈이 있었다고 해요' 라며 엄마의 이야기를 시작했다.

…

아빠도 힘들지만 우리 엄마는 아빠보다 더 바쁘고 힘드신 것 같아요. 우리를 돌보고 집안일도 다 하시면서 때론 늦게까지 아빠 가게에서 일도 도우시거든요. 새벽까지 일하고 들어오셨는데도 아침 일찍 일어나 저희들 아침밥을 차려주시는 게 너무 감사하고 죄송해서 저는 숙제도 꼭 해놓고 가끔 설거지도 하곤 해요.

그런데 어느 날 엄마가 설거지를 하는 저에게 갑자기 심각한 얘기를 꺼내시는 게 아니겠어요? "넌 엄마처럼 집에서 살림만 하는 여자 말고 멋진 커리어 우먼이 돼야 해. 그러니까 공부를 열심히 해서 나중에 선생님이나 공무원 같은 안정적인 직업을 가지면 엄마는 너무 좋을 것 같아"라고 말이죠. 엄마도 일하고 있는 게 아니냐고 하니까, 그것은 엄마가 원래 하고 싶었던 일이 아니라면서 사실 엄마는 우리를 낳기 전에 회사를 다녔다고 하셨어요.

저는 엄마가 회사 다녔단 얘기를 그날 처음 들었어요. 엄마는 처녀 때부터 또 결혼해서도 작은 회사의 비서로 근무하셨다나 봐요. 그런데 오빠를 임신하자 회사에서는 엄청 스트레스를 줬대요. 검진 받으러 병원 갈 때도 막 뭐라고 하고 심지어 입덧을 해도 화를 내셨대요. 배가 불러오니까 그땐 아예 "회사 얼굴인 비서가 배불러 있으면 고객들이 참 좋아하겠네. 이제 그쯤 됐음 알아서 정리해야지!"라면서 대놓고 회사를 그만두라고 했고요. 결국 엄마는 견디다 못해 오빠를 낳기도 전에 회사를 그만 두셨대요. 그리고 저까지 낳고 키우다가 제가 유치원에 가게 되자 시간이 생겨서 다시 일자리를 알아보셨지만 그때는 전의 비서 일 같은 좋은 일자리는 구할 수 없었대요. 경력이 단절된 게 문제였다고 해요. 마트에서 계산을 하거나 건물을 청소하는 일, 아기를 돌보는 일, 뭐 이런 것들만 엄마가 할 수 있는 일들이었대요.

이런 얘기들 끝에 엄마는 저에게 마지막으로 당부했어요. 여자가 결혼해서 또 아이를 낳고서도 일을 계속 하려면 교사나 공무원이 최고라고 말이에요. 또 만일 회사 생활을 하고 싶거나 그러면 아예 결혼하지 않거나 아이를 낳지 않는 것도 어쩌면 한 방법이라고도 하셨어요. 그러면서 엄마는 요즘 여자들이 늦게 결혼하거나 아예 독신으로 살고, 또 결혼하면 아이를 안 낳는 딩크족인가 뭐 그런 걸로 사는 것도 나쁘게만 보이지 않는다고 했어요. 아이 때문에 회사를 그만뒀던 엄마 입장에서는 그 여자들이 다 이해된다고 하셨어요. 저에게는 참 멀고도 먼 얘기지만 그래도 '일과 육아'라는 문제는 벌써부터 걱정이 되기도 해요.

…

민지 엄마의 경우처럼 임신하는 순간부터 스트레스를 주거나 퇴사를 직·간접적으로 권고하는 직장들이 우리 사회에는 너무도 많다. 2016년 2월 정부가 실시한 '저출산·고령화에 대한 국민인식조사 결과'에 의하면, 20~40대 맞벌이 여성 84%와 남성 79.9%가 출산휴가를 낼 때 상사나 동료의 눈치를 본다고 응답했고, 마찬가지로 육아휴직 역시 여성 84%와 남성 77.8%가 눈치를 본다고 응답했다.[18] 이런 상황은 특히 중소기업들이 그렇다. 이것은 육아휴직 중 대체 인력을 구하는 문제가 중소기업으로서는 큰 부담이 되기 때문이다.

하나의 교훈을 도출하기 위해 OECD의 2015년 고용률 통계(15~64세)를 다시 들여다보자. 스칸디나비아 국가들에 속하는 4개 나라들(스웨덴·노르웨이·덴마크·아이슬란드)은 여성 고용률이 세계에서 최고로 높다. 스웨덴의 여성 고용률은 74%이고, 노르웨이 73%, 덴마크 70.4% 아이슬란드는 무려 81.8%로 단연 1위이다. 여기에 여성 고용률 67.7%인 핀란드를 포함시켜도 세계적으로 높기는 마찬가지이다. 이렇게 북유럽은 여성 고용률이 높고, 그래서 행복지수와 출산율이 모두 높다. 또 이들 나라에서 여성들의 경제활동 참가가 왕성하기 때문에 1인당 국민소득이 높은 것은 당연하다.

같은 유럽이지만 북유럽과 뚜렷하게 대비되는 나라들이 있다. 남유럽 국가들이다. 그리스의 여성 고용률은 42.5%에 불과했고, 이탈리아 47.8%, 스페인은 53.4%였다. 이들 남유럽의 세 나라는 모두 OECD 평균 여성 고용률 58.6%에 크게 못 미친다. 당연히 출산율도 매우 낮다. 이들 나라는 경제와 복지의 구조가 일·가정 양립이 어렵도록 되어 있다. 우리나라 역시 이들 남유럽 국가들 못지않게 고용률도 출산율도 낮다. 이것은 여성들이 행복하지 않아서 임신을 하지 않고, 임신을 하게 되면 직장에서 행복하기 어렵고 자아실현에도 장애가 초래되므로 임신을 미루거나 아예 포기하는 우리 사회의 현실을 잘 보여준다.

낮은 실업률 수치의 함정: 비정규직과 청년들의 고통

외환위기 이후 심각한 병을 앓게 된 곳 중의 하나는 '일자리'이다. 일자리 부족 이야기가 나오면 정색하는 사람들도 있다. 이들은 다른 나라에 비해 우리나라는 실업률이 아주 양호하다면서 통계 자료를 들이밀기도 하고, 다들 공무원이나 대기업 사원만 꿈꾸니 그런 것이라며 눈높이를 낮추면 일할 곳이 천지라고 호통을 치기도 한다. 실제로 통계 자료를 보면 우리나라의 실업률은 정말 양호하다. 주변의 젊은이들을 보면 정말로 다들 공무원이나 대기업만 바라보며 눈이 머리 꼭대기에 달린 것도 같다. 하지만 이것은 진실이 아니다. 우리는 실업률 관련 통계를 제대로 읽어내야 한다.

국제 비교를 위해 OECD의 2015년 실업률 통계를 살펴보자. 우리나라의 실업률은 3.6%로 되어 있다. OECD 평균 실업률 6.8%에 비할 바가 못 된다. 실제로 우리나라의 실업률은 OECD 국가들 중에서 가장 낮다. 그러면 북유럽 복지국가들의 실업률은 어떨까? 덴마크는 6.2%, 노르웨이 4.4%, 아이슬란드는 4%로 OECD 평균을 밑돈다. 그리고 스웨덴은 7.4%로 OECD 평균 실업률 6.8%보다 조금 더 높다.

이번에는 OECD의 2015년 고용률 통계(15~64세)를 살펴보자. 우리나라의 고용률은 65.7%로 OECD 평균 고용률 66.3%에 조금 못 미친다. 그러면 실업률이 우리나라보다 높았던 북유럽 복지국가들의 고용률은 어떨까? 논리적인 대답을 기대하자면, 당연히 이들 나라가 실업률이 우리나라보다 높았기 때문에 고용률은 우리나라보다 낮아야 할 것 같다. 그런데 진실은 그 반대다. 아이슬란드의 고용률은 세계에서 최고로 높아서 84.2%나 되고, 스웨덴은 75.5%, 노르웨이 74.9%, 그리고 덴마크는 73.5%였다. 이들 나라의 고용률이 우리나라보다 10%포인트 정도 더 높다.

이런 상황을 이해하기 위해 실업률과 고용률의 정확한 개념을 알 필요가 있다. 경제활동인구의 개념부터 살펴보자. 이것은 15세 이상 인구 중에서 재화 또는 서비스의 생산을 위해 노동을 제공할 의사와 능력이 있는 사람을 말한다. 말하자면 노동을 제공할 의사가 없으면 아예 '경제활동인구'에 포함되지 않는 것이다. 통계에서는 이런 사람들을 '비경제

활동인구'라고 한다. 그러니까 15세 이상 인구는 경제활동인구와 비경제활동인구를 합한 것이 되고, 경제활동참가율은 경제활동인구를 15세 이상 인구로 나눈 것의 백분율이다.

경제활동인구는 취업자와 실업자로 구성된다. 실업률은 경제활동인구 중 실업자의 비율이다. 여기서 우리나라가 통계적으로 실업률이 낮은 이유가 밝혀진다. 우리나라는 실업자 수가 적은 게 아니라 실업률 통계의 분모에 해당하는 경제활동인구가 적은 것이다. 그래서 실업률 수치가 세계에서 가장 낮게 나온 것이다. 그렇다면 고용률은 왜 정반대로 나온 것일까? 고용률 지표는 15세 이상 인구 중 취업자의 비율이기 때문이다. 이것이야말로 분모가 15세 이상 인구로 고정된 가운데 분자인 취업자의 수에 의해 결정되므로 실업 관련 통계에서 실업 및 취업과 관련된 진실을 가장 잘 보여준다고 할 수 있다.

우리나라와 같은 독특한 상황에서 실업률은 그 이름과 달리 실업자들이 실제로 얼마나 많은지를 보여주는 적합한 지표가 아니다. 그 이유는 바로 15세 이상 인구 중 경제활동인구의 비율(경제활동참가율)이 낮아서다. 그렇다면 우리나라는 실업률 통계의 분모에 해당하는 경제활동인구가 왜 그렇게 적은 것일까? 이것 때문에 우리나라의 실업률 통계가 왜곡되고 있기 때문에 진실을 규명해볼 필요가 있다.

구직 활동을 지속하다가 취업될 가망성이 없다고 판단해서 스스로 취업을 포기한 사람을 의미하는 실망실업자들은 비경제활동인구로 분류되기 때문에 실업률 지표에 반영되지 못한다. 또 학교를 졸업한 뒤 고시공부를 하거나 해외연수 경험을 쌓거나 아니면 다른 전공으로 다시 진학하는 경우처럼 일부러 취업을 하지 않는 사람들도 비경제활동인구로 분류되어 실업률 계산에서 제외된다. 이들의 대부분은 제대로 된 직장에 취업할 수 있다는 희망이 있다면, 또는 굳이 공무원이나 전문직이 되거나 대기업에 가지 않아도 안정된 삶을 누릴 수 있다면 고시공부나 스펙 늘리기 공부에 뛰어들지 않았을 가능성이 높다.

여기서 잠시 보통사람들의 모델인 민지의 집으로 가보자. 민지는 일전에 오빠에게 '오빠는 왜 학교를 졸업하고도 공부해?'라는 질문을 했다고 한다. 이들의 대화를 들어보자.

…

제겐 나이 차이가 많이 나는 오빠가 있어요. 우리 오빠 이름은 민수예요. 민수 오빠는 벌써 대학을 졸업했죠. 그런데 저는 참 이해가 가지 않는 게 있어요. 대학을 졸업했는데도 오빠는 여전히 책가방을 메고 아침마다 도서관으로 향하거든요. 원래 대학교를 졸업하면 작업복을 입거나 넥타이를 매고 직장에 가야하는 게 정상 아닌가요? 그런데 왜 우리 오빠는 맨날 학생처럼 공부만 할까요? 오빠에게 물어보니 오빠는 대답하기도 전에 긴 한숨부터 쉬었어요. 치킨집 걱정에 엄마 아빠가 한숨 쉬던 것처럼 말이죠. 그리고는 무겁게 입을 열었어요.

"그게 다 나라가 엉망이어서 그래. 너도 알다시피 오빠는 손으로 뭔가를 조립하는 걸 좋아했잖니. 그래서 나는 실업계 고등학교에 가서 자동차 엔지니어가 되고 싶었어. 그런데 중학교 3학년 때 아빠도 엄마도 담임 선생님도 계속 나를 말리는 거야. 인문계 고등학교에 가서 대학 진학을 충분히 할 수 있는 성적인데 왜 실업계를 가냐는 거지. 그래서 내가 자동차 엔지니어가 되는데 대학을 꼭 나와야 하는 건 아니라고 말씀드리니까 요즘 그런 직업은 다 비정규직이고 월급도 적다면서 대학을 나와야만 좋은 직장에서 정규직이 된다는 게 모두의 얘기였어. 어쩔 수 없이 오빠는 인문계 고등학교에 갔고, 너도 알다시피 3년 내내 매일 공부만 해서 괜찮은 대학에도 갔어. 하지만 대학을 졸업해도 원하는 곳에서 정규직이 되는 게 아니란 말이지. 사람들은 눈을 낮춰 중소기업에 가라고 쉽게들 얘기하지만 규모가 작은 회사에 들어가면 우리 아빠가 그랬듯이 월급도 조금 받고 갑자기 잘릴 수도 있어. 그래서 오빠는 공무원이 되기로 결심을 했던 거야. 내가 지금 준비하는 7급 공무원은 자동차 엔지니어와 많이 달라. 내 적성에도 맞지 않고 일하는 게 즐겁지도 않을 것 같기도 해. 하지만 그런 걸 따지는 것 자체가 사실 사치야. 요즘은 너도 나도 공무원이 되려고 해서 경쟁이 엄청나게 치열해. 그래서 부모님을 생각하면 1년 안에 딱 끝내야 하는데, 한 3년은 걸릴 것 같아."

오빠의 얘기에 저는 깜짝 놀랐어요. 뉴스를 보면 우리나라 자동차 회사들이 엄청 잘 나간다고 그런 것도 나오던데, 그렇게 잘 나가면 우리 오빠처럼 들어가고 싶은 사람들을 많이 뽑을 수 있는 것 아닌가요? 왜 오빠는 원하지도 않는데 공무원 시험 준비를 하면서 몇 년 동안 공부만 해야 하는 거죠? 아, 정말이지 저로선 이해가 안 되는 일이에요.

…

민지 오빠인 민수가 스웨덴의 젊은이였다면 고등학교를 졸업한 뒤 곧바로 엔지니어로 취업했을 가능성이 높으므로 적성에도 안 맞는 공무원이 되기 위해 몇 년씩 공부하고 있지는 않을 것이다. 이것이 다 외환위기 이후 우리나라 경제가 시장만능주의로 재편되면서 나타난 현상이다. 재벌 대기업들은 '고용 없는 성장' 전략을 추구하면서 최대한 고용 관련 비용을 줄이려고 했고, 반드시 고용이 필요한 경우에도 낮은 보수로 사용하다가 언제라도 해고할 수 있는 비정규직을 선발하는 풍토를 만들었다. 우리 사회의 이런 변화 때문에 경제와 사회는 양극화되었고, 이런 환경에서 살아남기 위해 청년들은 공무원이나 대기업 정규직 같은 좁은 문을 어떻게든 파고들어 보려고 온갖 노력을 다하고 있다.

국가 전체적으로는 아무 의미도 없는 이런 소모적인 수험 준비에 수년씩 청춘을 투입하는 우리 젊은이들의 속사정을 제대로 파악하지도 않은 채 무조건 실업률 수치만 가지고 실업 문제를 이야기하는 것은 옳지 않다. 그러므로 양극화된 경제와 왜곡된 노동시장 환경을 가지고 있는 우리나라에서는 실업률이 아니라 고용률을 살펴봐야 하고, 이것을 국제적으로 비교해서 우리나라의 현실을 살펴보는 것이 옳을 것이다. 앞서 살펴보았듯이 2015년 OECD 자료에 의하면, 우리나라의 고용률은 65.7%로 OECD 평균인 66.3%에 비해 불과 0.6%포인트 밖에 차이가 나지 않는다. OECD 평균 수준이다. 그렇다면 고용의 질은 어떨까.

우리나라 고용률 65.7%에는 일주일에 단 몇 시간만 일하는 시간제 근로 등의 비정규직 일자리까지 다 포함되어 있다. 정규직 대신에 비정규직을 고용하는 것이 기업들에게는 큰 이익이 될지 몰라도 비정규직 노동자들의 삶은 여러 면에서 행복하지 않다. 첫째, 임금 수준이 낮아 정규직의 60% 정도에 불과하다. 둘째, 대부분의 비정규직 노동자들은 기업이 제공하는 각종 복리후생 등 기업 복지의 혜택을 받지 못한다. 셋째, 국민연금이나 고용보험 같은 사회보험에도 가입하기 어렵다. 실제로 비정규직의 사회보험 가입률은 2015년 현재 정규직의 54%에 불과하다. 게다가 유급휴가를 쓸 수 있는 비정규직은 34%에 불과해서 정규직의 절반에도 못 미친다. 결국 낮은 임금과 턱없이 부족한 복지 혜택은 거대한 경제사회적 차별이 되어 비정규직 노동자들을 행복하지 못하게 만드는 중요한 이유가 된다.

더 큰 문제는 직업의 안정성에 있다. 영화《카트》는 우리나라 최초로 비정규직 문제를 다룬 영화인데, 이 영화의 핵심적 감성은 억울함이다.

영화에서 홈플러스의 계약직 노동자들은 회사의 일방적인 계약 해지 통보에 따라 하루아침에 해고된다. 그리고 아웃소싱 방식으로 용역 업체에 소속되어 근무하게 된다는 소식을 듣는다. 비정규직이라고 마음대로 자르고 소속을 바꾸도록 하는 것이 이들에게는 너무도 억울했다. 실제로 비정규직 노동자들이 가장 큰 문제로 지적하는 부분이 바로 고용 불안이다. 그래서 '임금은 좀 깎여도 좋으니 정규직으로만 전환시켜 달라'는 요구가 적지 않다. 이유는 간단하다. 비정규직은 계약 기간이 끝나면 언제든 실업자 신세가 될 수 있기 때문이다.

비정규직 노동자들은 늘 고용에 대한 불안감을 가지고 산다. 기업이 인원 감축을 할 때 가장 먼저 해고의 대상으로 삼는 것은 비정규직이다. 비정규직 노동자들은 한 직장의 계약이 종료된 뒤 곧장 다른 직장을 찾지 못하면 당장 생계의 곤란을 겪게 된다. 고용 불안이 생계 불안으로 이어지는 것이다. 이처럼 비정규직 노동자들은 본래 임금 수준이 낮기도 하지만 고용 불안 때문에 더 저소득층에 속할 가능성이 높다. 항상 해고위험에 놓여 있기 때문에 고용주의 과다한 업무 지시나 부당한 요구에도 맞설 수 없게 된다. 이것도 중요한 문제다. 열악한 노동 여건에 놓일 때 노동자들은 노동조합을 통해 사용자에게 목소리를 내게 된다. 하지만 비정규직 노동자들은 노동조합을 결성하기조차 어렵다.

비정규직 노동자들은 인간소외 문제도 심각하다. 사람들은 처음 만나는 자리에서 명함을 주고받는다. 그런데 비정규직 노동자들은 자신의 일터에 대한 소속감과 직업적 정체성을 갖기 힘들다. 대개는 기러기처럼 이곳저곳을 떠돌아야 하는 처지이므로 '이곳이 내 평생의 일터'라는 소속감과 자부심을 갖기 어렵고, '이곳의 동료들은 내 평생의 동반자들'이라고 생각하며 친밀한 인간관계를 형성할 수도 없다. 더욱이 같은 분야의 일을 하지만 보수와 복지 혜택의 차별이 심각하고 직급도 판이하게 다른 사람들과 동료애를 형성하기는 쉽지 않다. 오히려 서로 질시하고 갈등을 겪을 가능성이 더 크다. 결국 비정규직 노동자라는 위치에 소속된 사람들은 경제적 고통뿐만 아니라 정신적 고통도 심각하게 받을 수밖에 없다.

이렇게 노동시장이 정규직과 비정규직으로 이중화되어 있고, 차별이 이미 제도적 수준에서 공고해진 격차 사회인 대한민국에서는 누구라도 피라미드의 위쪽을 향해 죽기 살기로 달려가야 하고 공무원이나 대기업 등의 안정적인 일자리를 좇을 수밖에 없다.

앞에서 본 가상의 사례에서 만약 민지의 오빠 민수가 계획대로 공무원이 된다면 60세 정도까지 안정적으로 근무할 수 있고 노후에는 공무원연금 혜택도 누릴 수 있다. 재벌 대기업에 취업하면 가족의 경조사 지원금뿐만 아니라 자녀들의 대학 등록금까지 나오고, 가족들 모두가 내시경이 포함된 수준 높은 정기 건강검진도 받을 수 있게 된다. 그런데 공무원이나 대기업 사원이 되는 길은 정말로 좁고 험하다. 우리나라의 일자리는 대부분 민간 기업이 담당하고, 다시 기업 일자리의 대부분을 중소기업이 담당하기 때문이다. 민수 아빠를 해고로 내몰았던 그런 중소기업의 일자리는 공공 부문의 일자리나 대기업의 일자리에 비해 임금과 복지 수준이 매우 저열하고 고용의 안정성도 낮다.

그래서 사람들은 모두 전체 일자리의 5.5% 남짓의 공무원 일자리와 4.5%밖에 안 되는 삼성이나 현대 같은 재벌 대기업의 일자리를 향해 몰려든다. 외환위기 이후 이런 추세는 해가 갈수록 심해지고 있는데, 모든 구직자들이 전체 일자리의 10%에 불과한 좋은 일자리를 놓고 끔찍한 무한경쟁을 벌이고 있다. 실제로 우리나라의 노동시장은 '10 대 90'으로 분리되어 있다. 우리나라의 전체 일자리 중에서 공무원이나 재벌 대기업과 같은 좋은 일자리는 10%에 불과하고, 나머지 90%의 일자리는 중소기업(62%)과 자영업(28%) 분야에 존재한다.

우리나라 노동시장의 이런 악조건에 대해 《88만원 세대》의 저자는 한 명이 다른 이들을 모두 죽여야 살아남을 수 있는 '배틀 로얄'이라고 표현하기도 했다. 일본 영화 '배틀 로얄'에서는 어린 학생들이 치열하게 생존 경쟁을 하는데, 최후의 한 명만 살 수 있는 잔인한 게임의 규칙에 따라 어린 학생들은 사랑하는 친구들을 죽이며 최후의 1인이 되고자 치열하게 경쟁한다. 잔인한 만화와 같은 가상의 영화이지만, 현재 우리나라의 취업 전쟁을 '배틀 로얄'에 비유한 것은 그 어떤 비유보다 정확한 것인지도 모를 일이다. 피라미드의 위쪽으로 올라가서 살아남는 사람들은 안도의 한숨을 쉬며 기뻐하겠지만 대다수의 패배자들에게 남은 길은 임금과 복지가 형편없는 중소기업으로 향하거나 비정규직 노동자가 되는 길뿐이다.

우리나라는 임금 문제도 심각하다. 임금 수준이 삶의 기본적인 문제들을 해결할 정도에 못 미친다면 취업을 했다고 해도 '불행 끝 행복 시작'이라고 할 수가 없다. 그런데 2015년도 OECD 통계에 의하면, 우리나라는 '중위임금의 3분의2 미만'을 버는 '저임금 노동자'의 비중이 23.7%나 된다. 전체 노동자의 약 4분의1 정도가 저임금 노동자라는 이야기다. 이것은 덴마크의 7.9%나 핀란드의 8.4%에 비할 바가 못 될 만큼 심각하며, OECD 평균인 16.8%에 비해서도 우리나라의 저임금 노동자 비중은 크게 높다.

또 우리나라의 최저임금 수준은 여전히 낮은 편이다. OECD는 평균임금의 50% 이상을 최저임금으로 정하도록 권고하고 있다. 한국은

행에 의하면, 우리나라는 시간당 '평균임금 대비 최저임금의 비율'이 2010년 40.2%에서 2016년 46.5%로 상승했다.[19] 2017년도 최저임금은 시간당 6천470원으로 전년 대비 7.3% 올랐다. 하지만 선진국에 비해서는 여전히 부족하다. 그래서 최저임금을 1만원 수준으로 올려야한다는 요구가 정치사회적으로 크게 분출하고 있다. 그런데 우리나라에서 최저임금도 받지 못하는 근로자가 2016년 현재 280만 명으로 전체 노동자의 14.6%나 된다는 것은 매우 심각한 문제가 아닐 수 없다. 이 숫자가 2017년에는 313만 명으로 전체 노동자의 16.3%에 달할 것이라는 게 한국은행의 추산이다.[20]

독일은 임금 수준을 노사가 잘 합의해서 결정하므로 대부분의 기업들이 최저임금보다 훨씬 높은 수준에서 임금을 정하고 있다. 스웨덴에서는 동일노동의 평균임금에 해당하는 연대임금을 중심으로 사실상 임금이 결정되기 때문에 최저임금이라는 용어조차 존재하지 않는다. 일하는 사람들이 인생의 어느 시기에라도 안정적인 삶을 살 수 있도록 임금과 소득이 보장되어야 한다. 일하고 싶은 사람들에게 하고 싶은 일이 주어지도록 국가가 나서서 제도적으로 노력해야 한다. 그래야 노동자가 행복해지고, 그런 행복한 노동을 통해 기업도 사회도 함께 안정적으로 성장하고 발전할 수 있기 때문이다. 그런데 우리나라는 지금 노동자가 행복한 나라가 아니다. 그래서 복지국가에 부합하는 노동시장의 거대한 변화가 필요하다.

신자유주의 양극화와 빼앗긴 아이들의 행복할 권리

우리나라에서 교육열이 뜨겁지 않았던 때가 있었을까, 또 사교육 열풍이 잠잠했던 때가 있었을까? 강준만 교수의 《입시전쟁 잔혹사》를 보면, 입시 중심의 교육과 사교육 문제를 해결하고자 우리나라의 입시는 여러 번 옷을 바꿔 입었지만 단 한 번도 성공한 일이 없다. 오히려 입시 교육과 사교육 문제는 해를 거듭하며 점점 더 심각한 사회 문제가 되고 말았다. 우리나라의 교육은 입시와 사교육에서 자유로웠던 적이 거의 없다. 몇 해 전에는 국·영·수 중심의 공부만이 아닌 학생의 학습 잠재력과 적성과 흥미·인성 등을 고루 평가해 입학생을 선발하겠다는 입학사정관 제도가 우리 교육의 대안으로 새로 도입되었다. 하지만 이것이 오히려 학생들에게 수능공부 부담에 스펙 쌓기 부담까지 더하는 데다 공정하지 못한 선발 논란으로 인해 입학사정관 제도에 수많은 비난의 화살이 꽂히고 있다.

날이 갈수록 대상 연령이 낮아지는 사교육 문제도 심각하다. 단과 학원 족집게 강사의 강의를 듣겠다고 전국에서 학생들이 몰려들었던 80년대의 학력고사 시절도 사교육의 전성기였지만, 그래도 사교육을 받는 학생들의 숫자와 여기에 들어가는 비용을 따져보면 당시와 요즘은 아예 비교가 안 된다. 예전에는 소수 부유층은 고가의 비밀과외를 받았고, 다수의 학생들은 단돈 몇 만원으로 대형 강의실에서 족집게 강사의 수업을 듣는 식으로 사교육을 받았다. 또 당시의 사교육은 주로 대학 입시와 관련한 것들이었다. 하지만 요즘은 어린 아이부터 대학생까지 사교육 이용자는 너무나 다양하다.

아기가 태어나면 어떻게 알았는지 각종 교구교재 세트 외판원들이

집을 방문한다. 그리고는 몇 백만원짜리 책과 장난감 세트를 설명하며 이것을 해야 아기의 뇌가 제대로 발달하고 학습 능력이 높아진다고 유혹한다. 조금 지나면 아기 엄마는 영어 유치원의 유혹에 시달리게 된다. 어린 나이에 자연스럽게 외국어를 배워야 발음도 좋을 뿐 아니라 더 빨리 더 효율적으로 배울 수 있다는 것인데, 적지 않은 엄마들이 영어를 어릴 때 끝내놔야 커서 더 많은 기회를 잡을 수 있다며 영어 유치원을 선택하기도 한다.

유치원 단계가 지나면 엄마들의 고민은 아이를 사립학교에 보낼 것인지의 여부로 모아진다. 그 단계가 지나면 이번에는 국제중학교를 지나 외고·과학고·자사고 진학으로 이어진다. 자녀를 영어유치원과 사립학교, 국제중학교, 외고 등에 보내려는 목적은 따지고 보면 모두가 하나로 모아진다. 이런 교육기관들을 거쳐 자녀들이 입시에서 보다 좋은 결과를 얻어서 최고의 대학에 가도록 하는 것이 최종 목표인 것이다. 결국 태어나서 장난감을 갖고 놀기 시작한 때부터 19년간 아이들의 삶의 지향점은 오로지 대학 입시라고 해도 과언이 아니다. 그 결과, 대한민국의 아이들은 대부분 행복과 거리가 먼 삶을 살아오게 되었다.

이쯤에서 가상의 보통 가정인 민지의 집으로 다시 가보자. 최근에 민지가 학원에 가라고 나무라는 엄마에게 '엄마, 나중에 말고 지금 행복하면 안 되나요?'라는 당찬 문제 제기를 했다가 집안에서 엄마의 언성이 높아진 일이 있었다고 한다. 자세한 내막을 들어보자.

...

저는 요즘 엄마에게 불만이 너무 많아요. 겨울방학인데도 엄마가 그려놓은 시간표대로 이 학원과 저 학원을 오가며 학기 중보다 더 바쁜 하루하루를 보내고 있기 때문이에요. 엄마는 제가 학원에 가기 싫다고 할 때마다

"강남 애들은 지금 어떤지 알아?", "사립학교에서 이 정도의 과정은 벌써 3학년 때 끝낸다고" 같은 말들을 해요. 강남 애들이건 사립학교 애들이건, 대체 그 애들과 제가 왜 비교를 당해야 하는 건지 모르겠어요. 엄마는 뒤에서 누가 쫓아오는 것처럼 저를 매일 다그쳐요. 저는 친구들과 신나게 눈싸움도 하고 게임도 하면서 놀고 싶어요. 우리 어린이들은 원래 즐겁게 뛰어놀아야 하는 거잖아요. 우리 엄마는 제가 고3인 줄 착각하고 계신 건 아닐까요?

어느 날 이런 제 속마음을 아빠에게 털어놨더니 아빠는 제 머리를 쓰다듬으면서 "네 말이 다 맞다. 그래, 초등학생은 원래 하루하루 즐겁게 놀아야 하는 건데……."라고 하셨어요. 그랬더니, 옆에 있던 엄마가 아빠한테 화를 내며 일장 연설을 시작하시는 거예요.

"난들 민지가 미워서 이래? 다 애 잘 되라고 이러는 거잖아. 나도 민지가 맘껏 뛰놀며 건강하게 자라게 하고 싶다고. 하지만 이 나라에서 그런 '부모'가 되는 게 어떻게 가능해? 우리는 '부모'이기 전에 '학부모'가 되어야만 해. 그래야 나중에 아이가 행복할 수 있으니까."

"생각해봐. 당신이 중소기업 비정규직이었기 때문에 정규직 노동자 월급의 절반만 받아야 했고, 그게 부당하자고 항의하자 해고당했어. 역시 나도 중소기업에서 열심히 일을 했지만 민수를 임신하자 스스로 회사를 나가도록 스트레스를 주는 통에 결국 사표를 내야했고. 그런 데 대해서는 우리가 제일 잘 알잖아. 의사나 변호사가 되거나, 아니면 공무원이 되거나 대기업에 취직해야 사람답게 살 수 있다는 걸 말이지. 그런 현실이 엄연히 떡 하고 존재하는데 민지를 놀게 하면 나중에 대체 뭘 어쩌자는 거야?"

"좋은 일자리는 어차피 얼마 없고, 거기에 오르려는 사람들은 너무나 많아. 그러니 민지가 열심히 경쟁하고 싸워서 이기는 수밖에 없어. 우리 민수는 괜찮은 대학을 나왔지만 대기업 입사시험에서 벌써 몇 번을 미끄러졌는데, 민지가 대학도 못 간다는 건 생각만 해도 끔찍해. 이런 상황에서 어떻게 우리 애만 놀게 내버려둬. 지금 놀다가 중학교와 고등학교에서 공부에 뒤쳐지고 대학도 제대로 못가면, 재가 커서 우리를 원망 안 할 것 같아? 지금 행복하기 위해 미래를 포기하면 재는 대체 앞으로 어떻게 살라는 거야? 당신이 민지 인생 완전히 책임질 수 있는 거 아니잖아. 우리가 남겨줄 건물이 있어, 돈이 있어? 지금 공부라도 제대로 시켜야 애가 나중에 자리 잡고 사람답게 살 수 있는 거 아냐?"

와, 우리 엄마 진짜 말씀 한번 잘하시죠? 아빠는 본전도 못 찾으셨어요. 엄마의 연설이 끝나자마자 아빠는 저에게 귓속말로 빨리 방에 들어가서 공부하는 척 하라고 하시고는 헛기침을 몇 번 하시면서 베란다로 나가셨어요.

엄마 말씀이 틀리지는 않은 것도 같아요. 아빠도 엄마도 또 오빠도 다들 현재의 생활이 많이 힘드니 말이에요. 엄마 말대로 제가 의사나 변호사 같이 돈 많이 버는 직업을 갖거나 공무원이나 대기업 사원처럼 안정적인 직장을 갖지 못한다면, 저도 아빠, 엄마 그리고 오빠처럼 힘들 수 있겠죠? 그래요 다 맞는 말이에요. 그런데, 엄마 말이 다 맞긴 하고 나중에 행복하려면 지금 열심히 공부해야 할 텐데요, 하지만 전 지금 이 순간들에도 행복해지고 싶어요. 제가, 우리 어린이들이, 지금 이 순간을 행복하게 놀면서 건강하게 지내는 것, 그게 정말 그렇게 위험한 일일까요? 우리는 왜 지금 행복하면 안 될까요?

…

한 초등학생이 쓴 동시가 엄청난 파장을 일으켰던 적이 있었다. 도무지 초등학생이 쓴 것이라고 보기 어려웠기 때문이다. 내용과 표현이 너무도 잔혹해서 일명 '잔혹 동시'라 불렸다. 이 동시의 제목은 '학원가기 싫은 날'이다.[21] 겨우 초등학교 5학년인 어린 작가는 자신을 가장 사랑하는 엄마를 씹어 먹고 싶을 만큼 학원에 가기 싫다. 이 아이의 엄마는 아이를 사랑하기 때문에 학원에 보냈을 것이다. 민지의 엄마처럼, 아이가 십여 년 뒤 대학 입시라는 중대한 관문을 무사히 통과해서 우리 사회의 안정적인 일자리에 오르길 바라며, 그것을 돕는 것이 사랑하는 아이를 위한 최선의 길이라고 생각했을 것이다. 하지만 아이는 시를 통해 자신은 '충분히 상처받고 있고 지금 전혀 행복하지 않다'고 말하고 있다.

2015년도의 이런 '잔혹 동시'에 대비되는 것으로 1989년도에는 《행복은 성적순이 아니잖아요》라는 영화가 있었다. 이 영화는 입시 위주의 교육이 아이들을 얼마나 힘겹게 하는지를 알리며, 청소년들은 물론이요 교사와 학부모 등 많은 시민들의 공감을 얻었고 전교조가 추진했던 '참교육' 운동의 밑거름이 되기도 했다. 아이러니한 것은 이 영화를 보고 자란 세대 역시 부모가 된 뒤에는 자신의 아이들을 입시 위주의 교육으로 인정사정 볼 것 없이 내몰고 있다는 사실이다.

뛰어놀고 싶다고 호소하는 어린 자녀가 이 학원에서 저 학원으로 전전하는 것이 즐거울 부모는 아무도 없을 것이다. 이 문제에 대해서는 초·중등학교의 교사들도 마찬가지이다. 학생들이 늦은 시각까지 졸음을 참으며 야간 자율학습을 하는 모습이 기특하면서도 이것이 정말 저 아이들의 행복을 위한 진정한 교육인가 하는 생각에서 마음 아파하는 교사들이 적지 않을 것이다. 하지만 이들은 자녀와 학생에게 학원과 야간자율학습을 그만두게 할 수는 없다. 우리나라의 구조가 바뀌지 않는 한, 나의 자녀와 나의 학생들만이 남들과 다른 선택을 한다는 것이 너무도 위험한 도박이 될 수 있기 때문이다. 또 성적 순서대로 행복한 것은 아니지만 성적이 나쁘면 행복할 확률이 훨씬 더 낮아진다는 것을 기성 세대가 된 모든 부모들은 온몸으로 배운 탓이기도 하다.

교육과 관련해서 또 한 가지 중요한 우리 사회의 문제는 우리나라에서는 아이들이 자기가 원하는 대로 꿈을 꾸는 것도 종종 위험한 일로 여겨진다는 사실이다. 인디뮤지션이나 연극배우가 되고 싶다고 하면 흔쾌히 이를 반기는 부모님이나 교사들은 많지 않다. '네가 아직 철이 없어', '아직 세상을 잘 몰라'라며 현실적으로 우리 사회에서 이러저러한 직업을 가져야 안정된 삶을 살 수 있으니 음악이나 연극은 그냥 취미로만 하라는 조언이 돌아오기 쉽다. 공부를 잘 하는 아이에게는 그 아이의 꿈이 무엇이건 상관없이 의사나 판사가 되거나 또는 직업의 안정성 높은 교사나 공무원을 권하는 것이 삶의 고비 고비에서 여러 차례 불안을 경험해본 어른들이 우리 아이들을 교육하는 방식이다.

그래서 우리 사회에서는 환자를 돌보는 일에 별 보람을 느끼지 않는데도 의사가 되거나 사회정의에 별 관심이 없는 사람이 판사나 검사가 되는 경우가 허다하다. 이렇게 된 이유의 상당 부분은 그 사람들이 공부를 잘했고 그들의 부모가 그 직업을 원했기 때문이다. 이것은 그 개인의 삶에 있어서도 행복하지 못한 일이다. 자신이 진짜 원하는 일을 직업으로 선택한 것이 아니라 적성과 소질에 맞지 않음에도 부모의 요구 때문에 그 길을 선택했기 때문이다. 그리고 이것은 사회적으로도 불행한 일이다. 마음이 따뜻하고 인도주의적 심성을 가진 사람이 의사가 되고 정의감이 높고 성식한 심성의 소유자가 판사나 검사가 될 때, 그런 사회가 발전 가능성이 훨씬 더 높을 것이기 때문이다. 그런데 그 반대의 경우들이 지금 우리 사회에서는 너무도 많다. 그래서 큰일이다.

지금 민지가 우리에게 묻는다. 자신이 지금 이 순간에 행복하면 안

되는 거냐고, 자신이 즐겁게 뛰어노는 것이 그렇게 위험한 일이냐고 말이다. 우리는 민지에게 어떤 대답을 할 수 있을까. 그렇다고 해야 하는지 그렇지 않다고 해야 하는지, 불편한 마음을 떨칠 수가 없다. 지금 대한민국의 교육에서는 엄마와 아빠가 마음으로는 스웨덴의 엄마·아빠들처럼 '부모'가 되고 싶지만 현실에서는 '학부모'가 되어야 하고, 선생님들은 '교사'가 되고 싶으나 '입시전문가'가 되어야 한다. 그래서 그들 모두는 가정에서 그리고 학교에서 아이들에게 현재의 행복을 유예하라고 강권하는 것이 당연한 일이 되고 말았다. 이처럼 외환위기 이후, 우리나라의 노동시장이 양극화와 불안정으로 내달리는 동안 대한민국은 북유럽 복지국가들의 모습으로부터 너무 멀어져버렸다. 결국 외환위기 이후의 신자유주의 양극화는 노동시장만의 문제로 끝나지 않고 교육에도 크게 악영향을 미쳐서 우리 아이들의 행복할 권리까지 가로막고 있는 것이다.

한계를 드러낸 선별적 복지 체제

외환위기 이후 김대중 정부는 경제적으로 어려운 처지에 내몰린 저소득층의 기초생활을 보장하기 위해 2000년 10월부터 국민기초생활보장 제도를 실시했다.[22] 기존의 생활보호법이 연령이나 장애에 따른 생활의 보호라는 시혜적 차원이었던 데 비해 국민기초생활보장법은 국민이면 누구나 최저생계비 이상의 생활 수준을 보장받을 권리가 있음을 법률로 천명했다. 이것은 우리나라 공공부조의 역사에서 획기적인 대전환이었다. 국가로부터 시혜를 받는다는 개념이 아니라 모든 국민은 경제적 어려움에 처할 경우 누구라도 정부가 정한 기초생계를 보장받을 권리를 가진다는 것이다. 그런데 국민기초생활보장 제도는 엄격하게 자산조사를 통해 가장 가난한 일부 국민을 선별하여 이들에게만 공공부조를 제공한다.

외환위기 이후 우리나라의 복지 체제는 선별적 복지에 지나치게 의존하게 된다. 보편적 복지를 통해 삶의 단계 단계마다 반드시 필요한 보육·교육·의료와 같은 사회서비스를 포함한 각종 복지 서비스가 국민 모두에게 필요한 만큼 주어져서 보통사람들이 자신의 능력을 개발하고 자신이 원하는 일을 할 수 있게 된다면 공공부조와 같은 선별적 복지의 필요성은 크게 줄어들게 된다. 국가적 차원에서 이렇게 선별적 복지에 대한 수요가 줄어들어야 선별적 복지의 내실화와 질적 향상도 가능해진다. 그런데 우리나라는 경제사회의 신자유주의적 재편을 겪으면서 양극화와 불평등의 심화 등의 부작용에 대응하는 복지 전략으로서 보편주의를 전면에 내세우지 않고 지난 수십 년 간의 낡은 유습에 얽매인 채 잔여주의 선별적 복지를 확충하는 손쉬운 방안을 선택했다. 그래서 보편적 복지는 여전히 넓은 사각지대와 낮은 급여 수준으로 인해 부실한 상태를 면치 못하고 있고, 선별적 복지는 재원의 부족 때문에 복지 수요에 적극적으로 대처하지 못함으로써 가난하거나 어려움에 처한 보통사람들의 삶에서 안타까운 일들이 반복적으로 벌어지고 있다.

'송파 세 모녀 자살사건'이 그런 경우이다.[23] 2014년 2월 26일, 서울 송파구 석촌동의 한 단독주택 지하 1층에서 임마 박모(60)씨와 장녀 김모(35)씨, 차녀 김모(32)씨가 숨진 채 발견되었다. 번개탄을 이용해 세 모녀가 동반 자살한 이 사건은 이후 우리 사회를 안타까움과 분노, 그리고 정쟁과 비판으로 들끓게 했다. 이 사건에 대해 정부는 "절박한 분들에게 희망을 줄 수 있는 공공부조 제도가 갖추어져 있음에도 이런 사실이 국민들에게 잘 알려져 있지 않으므로 확실하게 알릴 방안을 마련하는 것"이 정부의 과제라는 인식을 가지고 있었다. 이것은 우리나라의 공공부조 제도가 누구에게나 열려있기 때문에 극빈자라면 얼마든지 신청해서 혜택을 받을 수 있다는 이야기이다.

만약에 세 모녀가 송파구청을 찾아가서 기초수급 신청을 했더라면 정부의 공적 지원을 받을 수 있었을까? 많은 전문가들은 그들이 국민기초생활보장 수급자 신청을 했다고 하더라도 수급자로 선정될 확률은 거의 없었다고 단언했다. 그것은 이들이 근로 능력이 있는 것으로 간주되기 때문이다. 그렇다면 관할 구청이나 주민 센터가 이런 상황을 알았더라면 세 모녀는 실질적인 도움을 받을 수 있었을까? 이에 대해서도 비관적이다. 전문가들은 정부의 긴급 복지 지원 기준이 까다롭기 때문에 지원이 거부되었을 가능성이 높다고 말했다. 설사 긴급 복지 지원이 이뤄졌다고 해도 2~3개월짜리 단기 대책에 지나지 않으므로 본질적인 해법이 되기는 어렵다.

그런데 더 중요한 문제는 세 모녀가 직접 지방정부에 선별적 복지를 신청하지 않는 한 관할구청이나 주민 센터가 이들의 어려운 상황을 알아내기가 어렵다는 것이다. 당사자가 신청하지 않으면 사회복지 공무원이 선별적 복지 대상자를 적극적으로 찾아내야 하는데, 이것은 한계가 뚜렷할 뿐만 아니라 사회복지 공무원의 수가 현저하게 부족한 우리나라의 척박한 복지 행정의 현실에서는 더욱 기대하기 어렵다. 게다가 늘어나는 공공부조 재정 수요 때문에 정부 입장에서는 정부 재정의 집행 효율성을 높일 수밖에 없게 된다. 그래서 2010년도에 155만 명이던 수급자가 2013년에는 135만 명으로 크게 줄었다. 양극화와 고령화 탓에 복지 수요가 엄청나게 늘어났음에도 국민기초생활보장 수급자 수는 오히려 크게 줄었던 것이다. 이것이 바로 선별적 복지에만 지나치게 의존하는 우리나라 복지 체제의 한계이다.

우리나라의 절대빈곤율은 8%로 추정된다. 그런데 국민기초생활보장 제도가 보호하고 있는 인구는 2.8%에 불과하다. 많은 사람들이 절대빈곤 상태에 있음에도 불구하고 국가의 보호를 받지 못하고 있는 것이다. 우리나라의 상대빈곤율은 15%인데, 이들 상대빈곤층은 언제 절대빈곤 상태로 추락할지 모른다. '세 모녀'의 경우가 바로 여기에 해당한다.

'세 모녀' 자살 사건의 결정적인 계기가 된 것은 엄마 박모씨의 오른팔 부상이었다. 식당에서 월 150만원을 벌었는데 부상 때문에 일을 할 수 없었다. 소득이 단절된 것이다. 이럴 때 작동하는 사회보험이 바로 고용보험이다. 그런데 우리나라에서는 자영업 분야에 종사하는 근로자들은 대부분이 고용보험에 가입해 있지 않다. 자본-임노동 관계에 속해 있는 근로자들도 비정규직이거나 저임금인 경우에는 고용보험 가입률이 매우 낮다. 만약 우리나라의 고용보험 제도가 보편주의 원칙을 잘 지킨 보편적 복지였다면 상황은 완전히 달랐을 것이다. 그랬다면 '세 모녀' 사건에서 엄마 박모씨의 오른팔 부상으로 인한 문제가 절대빈곤으로 연결되지 않았을 것이다.

4대 사회보험의 또 다른 하나인 산재보험도 제대로 된 복지국가라면 당연히 보편주의 원칙이 적용된다. 엄마 박모씨가 선진 복지국가 또는 우리나라의 대규모 사업장에서 일을 하다가 다쳤다면 산재보험이 적용되었을 것이다. 하지만 우리나라에서 대부분의 영세 사업체나 자영업 종사자들은 산재보험에 가입해 있지 않기 때문에 이것도 무용지물이다. 결국 엄마 박모씨의 소득 단절과 결과적인 자살은 '보편적 복지'의 부재 또는 부실이 불러온 참화라고 봐야 할 것이다.

선별적 복지는 그것만으로는 늘 부족하고 한계가 너무나 뚜렷하다. 그래서 보편적 복지가 앞장을 서고 선별적 복지가 뒤를 따라가면서 불가피하게 어려움에 처한 가난한 사람들에게 공공부조를 제공하는 것이 옳다. 그럼에도 불구하고 우리나라에서는 여전히 선별적 복지를 복지의 본령이라고 생각하는 경향이 너무나 강하다. 우리나라는 외환위기 이후 경제 체제의 신자유주의적 재편과 맞물려 이에 조응하는 복지 체제로 선별주의가 강조됨에 따라 경제와 복지가 분리되는 비효율적 상황이 계속되고 있다. 경제 체제의 양극화와 불평등 심화에 대해 복지 체제가 사전적 예방 조치로서 전혀 기능하지 못하는 선별주의 복지로는 상황의 개선에 전혀 도움이 되지 않는다.

3.

우리나라 국가 복지의 제도적 발전

문민정부 이전의 국가 복지 확충

이승만 정부는 국민의 복지에 대해서는 거의 신경을 쓰지 않았다. 이 시기에는 국가권력과 특수한 관계를 갖고 있던 직업군인이나 공무원 등 특정 집단에 대해서만 복지 혜택을 제공했다. '군사원호법'(1950년), '경찰원호법'(1951년), '공무원연금법'(1960년)의 제정이 여기에 해당한다. 이승만 정부는 국민의 복지에 대해서는 극소한의 구호 활동만을 수행했던 복지 빈곤국의 전형적인 모습을 보여주었다. 그리고 이런 저열한 복지 기조는 이후의 3~5공화국 기간 동안에도 그대로 지속되었다.[24]

1961년 5.16 군사 쿠데타로 정권을 잡은 박정희 정부는 1960년대 중후반부터 국가사본주의 모델을 운용했다. 중화학 공업 중심, 수출 중심, 재벌 중심의 경제 발전 전략은 단기간에 큰 성과를 냈다. 정부가 금융을 통제하면서 기업의 투자를 조정하는 관치경제와 적극적 산업 정책을 펴는 한편, 노동에 대해서는 저임금 체제 하에서 일방적 배제와 억압을 강요했다. 국가의 모든 자원을 경제 성장에 투입했으므로 사회 분야는 기형적으로 미발달했다. 즉 박정희 정부는 저임금에 바탕을 둔 수출 주도 산업화의 성공적 추진을 위하여 빈민과 노동자 등 보통사람들에 대해 철저하게 반복지적인 정책으로 일관했던 것이다. 그럼에도 불구하고 당시의 억압적인 노동 및 정치 상황으로 인해 사회권적 요구는 정치사회적으로 전혀 조직되지 못했다.

박정희 군사정부는 1961년 '생활보호법'을 제정했다. 이 법률은 열등수급의 원칙에 따라 철저하게 제한된 공공부조였는데, 마치 영국의 구빈법처럼 당시 우리나라의 경제 발전을 위해 빈민들을 노동시장으로 내모는 데 기여했다. 즉 빈민들을 대상으로 노동의 상품화를 촉진함으로써 수출 주도형 산업화를 추진하는 데 필요한 값싼 노동력을 공급하도록 했던 것이다.

1963년에는 '산업재해보상보험법'이 제정되었다. 이 법률은 산업재해에 대한 사용자의 책임을 규정하고 재해 자체에 대한 보상은 물론이고 재해로 손실을 입은 노동자의 생활보장을 규정한 것인데, 처음에는 500인 이상의 노동자를 고용하고 있는 대규모 기업체에만 적용되었다. 중소기업 등 재해가 많은 사업장이 제외된 것 이외에도 문제는 또 있었다. 보상 수준이 지나치게 낮았다는 점이다. 이 제도는 1969년 50인 이상 사업체, 1974년 16인 이상 사업체, 그리고 1982년에는 10인 이상 사업체로 점차 대상을 확대했다. 하지만 당시에는 사회보장 차원에서 노동자들을 보호하는 데는 크게 부족했다.

박정희 정부는 1977년 7월 500인 이상 대기업을 대상으로 법정 의료보험 제도를 실시했다. 그런데 이 제도는 중화학 공업 중심 경제 성장 전략의 일환이었다. 기술 수준이 높고 잘 훈련된 인적 자원이 부족한 당시의 조건에서 대기업에 근무하는 고급 인적 자원의 건강 수준을 높이고 질병과 부상으로부터 이들을 보호하는 것은 의료보장을 위한 '사회권적 접근'이라기보다 오히려 '성장주의의 경제적 접근'이었다. 당시 법정 의료보험 제도로 인해 의료보장 혜택을 받게 된 인구는 전체의 8.8%에 불과했다는 점이 이런 설명을 잘 뒷받침해준다. 그리고 당시 500인 이상을 고용하는 대규모 사업장의 종사자들은 경제사회적으로 상위의 소득 계층에 속했을 것이다.

박정희 정부 당시의 법정 의료보험 제도 하에서 소득 수준이 높았던 대기업 종사자들은 정부가 정한 낮은 의료수가가 적용되는 의료보험 제도의 혜택을 누렸다. 반면, 대다수의 보통사람들은 시장에서 형성된 높은 수준의 관행적 의료수가를 적용받게 되어 보통사람들의 병원 문턱은 상대적으로 더 높아졌다. 결국 대부분의 보통사람들은 막대한 의료비를 감당하지 못해서 아파도 병원에 가지 못하고 무슨 병인지도 모른 채 지내야만 했다. 아이러니하게도 법정 의료보험 제도의 도입으로 인해 의료이용의 양극화가 심화되는 결과가 초래된 것이다.

당시 박정희 정부는 법정 의료보험 제도에서 8.8%의 국민과 나머지 국민을 나누는 방식으로 복지의 계층화를 초래했다. 우리는 앞서 독일식 복지국가가 북유럽 복지국가에 버금갈 만큼 공공사회복지 지출의 비중이 높으면서도 계층화가 심한 독특한 특징을 가지고 있음을 확인했다. 바로 비스마르크 형의 사회보험 제도가 가진 특징인 조합주의 방식 탓이다. 우리나라는 박정희 정부 당시부터 이런 유형의 조합주의적 복지 제도를 일본을 거쳐 수입했는데, 의료보험 제도의 경우 적용 대상이 500인 이상을 고용하는 대규모 사업장의 종사자들로 국한되었던 것이다.

전두환 정부 시기였던 1980년대 중반쯤에는 박정희 정부 때부터 추진된 재벌 중심의 산업 구조가 확고하게 정착되었다. 특히 1986년부터 찾아온 3저 호황(저금리, 저달러-엔고, 저유가)으로 연 10% 이상의 경제 성장을 이룩하면서 당시 부를 축적한 재벌들은 이미 독자적인 힘을 가지기 시작했고, 상대적으로 재벌에 대한 국가의 통제력은 약화되었다. 이때부터 박정희 정부 때 시작된 국가자본주의 모델은 한계에 직면하게 되었다.

이 시기에는 사회 전반의 민주주의가 진전되면서 정통성이 부족한 권위주의 군사 정부에 의해 사회복지 분야에서 양보가 이루어졌다. 경제 성장과 함께 복지의 제도화가 시작된 것이다. 1988년 1월 1일부터 두 가지의 복지 제도가 실시되었다. 1986년에 제정된 '최저임금법'과 '국민연금법'이 그것인데, 1987년에 시행령과 시행규칙이 제정됨으로써 마침내 보편적 성격이 강한 이들 두 제도가 1988년 새해 벽두부터 실시된 것이다. 최저임금법은 당시 상시 10인 이상의 근로자를 고용하는 제조업, 광업, 건설업에만 적용되었다. 이처럼 제도 적용의 보편성이 크게 제한됨으로써 노동자들의 실질적인 생활보장에는 별로 기여하지 못했지만, 그래도 노사 간의 임금 문제를 자유 시장의 논리에만 맡기는 것이 아니라 국가가 개입하여 최저임금을 강제했다는 점에서 의미가 큰 시작이었다. 당시 국민연금법도 상시 10인 이상의 근로자를 사용하는 사업장으로 강제 가입의 대상을 제한했지만, 이런 중요한 시작이 있었기 때문에 이후 1995년 7월에는 농어촌 지역 주민으로, 그리고 1999년 4월부터는 도시 지역 주민까지 적용을 확대할 수 있었던 것이다.

1988년 2월 출범한 제6공화국은 국가 복지의 확충에 큰 기여를 했다. 첫째, 1989년 '산업재해보상보험법'을 개정했다. 개정 법률을 통해 적용 대상을 확대하여 5인 이상의 근로자를 고용하는 모든 사업장은 산재보험의 당연 적용의 대상이 되도록 했고, 동시에 국가가 산재보험 업무의 관리에 필요한 재정을 부담하도록 해서 국가의 공적 책임이 커지도록 했다. 둘째, 1990년 '장애인 고용촉진 등에 관한 법률'을 제정했다. 300인 이상의 상시 근로자를 고용하는 사업장을 대상으로 전체 근로자의 1%를 장애인 법정 고용 비율로 명시함으로서 장애인 고용을 촉진하도록 규정했다. 셋째, 1989년 7월 도시 지역까지 의료보험을 확대 실시하여 '전 국민 의료보험 제도'를 달성했다. 이것은 1977년 이후 단 12년 만에 우리나라가 보편주의 의료보장을 달성했다는 점에서 세계적 차원의 큰 성과라고 해야 할 것이다. 1987년 민주항쟁 이후에는 사회보험 분야에서 획기적인 발전이 이루어졌는데, 이것은 당시 사회운동 진영의 사회권 요구와 민주적 힘의 결집에 의한 측면도 있었지만 노태우 정부의 정치적 선택이라는 측면에서 고도의 정치 전략이었던 점이 더 중요하다.[25]

김영삼 정부의 국가 복지 확충

김영삼 정부는 우루과이라운드 타결로 인한 더 많은 개방 요구와 지구적인 신자유주의 물결이 거세게 몰려들고, 기존의 국가 주도형 사회경제 발전 체제인 국가자본주의 모델이 한계를 뚜렷하게 보이면서 경제사회적 변화를 내외적으로 강력하게 요구받던 시기에 집권했다. 김영삼 정부는 신자유주의 세계화 흐름에 대한 대응으로 1994년부터 이루어진 정부 주도의 본격적인 세계화 논의, 삶의 질 향상과 세계적 표준 주창, 그리고 OECD 가입 추진을 통해 박정희 정부의 경제적 성과를 딛고 일어서서 관치경제의 한계를 극복하면서 세계화된 새로운 자본주의 국가 발전의 길을 추구했다.

그리고 이런 정책 노선의 일환으로 1994년 급진적인 금융 자유화와 개방을 추진했다. 이로써 권위주의 정부 시절의 국가 발전 모델은 해체의 길로 접어들었고, 신자유주의 세계화와 함께 재벌 경제의 독점적 영향력은 더욱 커져갔다. 그러나 김영삼 정부 때 추진된 '준비 없고 무분별한' 금융 자유화 조치와 급속한 시장화 전략은 1997년의 외환위기를 초래했다.[26]

김영삼 정부는 집권 첫해인 1993년부터 경제 성장과 국가 경쟁력 강화에 초점을 두는 바람에 복지 분야는 거의 신경을 쓰지 않았다. 그러다가 1995년부터 경제 분야와 함께 복지의 발전에도 관심을 기울이기 시작했다. 김영삼 정부는 1995년 3월 23일 '삶의 질의 세계화를 위한 대통령의 복지 구상'이라는 문건을 발표하여 복지 개혁의 방향과 기본 원칙을 제시했다. 그리고 이 구상을 구체화하기 위해 그해 5월 8일 국민복지기획단을 구성했다. 김영삼 정부가 집권 초반 2년 동안 복지를 등한시하다가 1995년에야 갑자기 복지를 들고 나온 이유는 대체로 다음과 같다.

첫째, 1994년에 8.3%의 경제성장률을 달성했는데, 이런 경제적 성과에 따른 자신감이 복지 개혁을 추진하게 된 밑거름이 되었다. 둘째, 1996년 예정된 15대 총선에 대비하기 위해 보통사람들의 삶에 직접적인 영향을 주는 복지의 가시적인 확대 조치가 필요했다. 셋째, 김영삼 정부는 1994년부터 OECD 가입을 추진해왔는데, 이것이 가능해지려면 국제적 기준에 걸맞도록 복지의 제도적 확충이 필요했다. 그러나 이런 이유들을 배경으로 추진된 김영삼 정부의 복지 개혁은 제대로 추진되기 못했고 대체로 실패한 것으로 간주되고 있다.

그래서 김영삼 정부는 다른 정부들에 비해 복지의 제도적 개선 실적이 부족한 편이다. 김영삼 정부가 이룬 복지 확충의 제도적 성과는 대체로 다음과 같다. 첫째, 김영삼 정부는 1995년 7월 1일을 기해 30인 이상 사업장 근로자를 대상으로 고용보험 제도를 실시했다. 이로써 우리나라에서 1964년 산재보험, 1977년 공적 의료보험, 1988년 국민연금과 함께 4대 사회보험이 매우 낮은 보장성과 엄청난 규모의 사각지대에도 불구하고 명목상으로는 제도화된 것이었다. 둘째, 1995년 최저생계비의 측정과 공표를 의무화한 '사회보장기본법'을 제정했다. 셋째, 1997년 민간 복지의 활성화를 위한 '사회복지공동모금법'을 제정했다. 바로 직전의 노태우 정부와 비교하더라도 김영삼 정부의 복지 확충 성과는 미미한 편이다. 게다가 '고용보험법'조차도 사실은 모든 기획이 노태우 정부 때 이루어졌다는 점을 감안하면 더 그렇다고 볼 수 있다. 또 김영삼 정부의 복지 예산을 보더라도 복지 분야의 낮은 성과는 분명해 보인다. 노태우 정부 말기인 1992년의 '일반회계 중 사회보장 예산'의 비중이 6.41%였던 데 비해 김영삼 정부의 중반기인 1995년에는 이것이 4.61%로 떨어졌다.[27]

이때까지도 공공부조와 사회서비스는 잔여주의의 저열한 수준에 머물면서 거의 발달하지 못했고, 정부는 이 분야에 재원을 투자하려고 하지 않았다. 이것은 군사정부가 주도한 국가자본주의 때부터 시작된 성장지상주의와 최소복지 전략의 오랜 유습이 관성으로 이어져서 문민정부 때까지도 거의 그대로 내려왔기 때문이다. 안타깝게도 이 시기에는 복지의 추가적인 확대는 거의 없는 상황에서 신자유주의 세계화의 요구에 보건의료를 비롯한 사회복지 분야의 각종 규제들이 완화되기 시작했다.

김대중 정부의 국가 복지 확충

외환위기를 겪으며 우리 사회에 안 좋은 것들만 들어온 것 같지만 꼭 그렇지만은 않다. 예컨대 외환위기 이후 국민기초생활보장 제도가 도입되고 4대 사회보험의 외형적 기틀이 제도적으로 완성된 것은 복지국가로 나아가는 데 있어서 참 잘 된 일이었다. 그런데 여기서 오해하지 말아야 할 것이 하나 있다. 김대중 정부 당시에 우리나라의 복지가 대대적으로 확충된 것은 분명한 사실이지만, 이것이 복지국가에 대한 신념에 따라 사전에 체계적으로 준비된 기획이 아니라 갑작스러운 외환위기 이후 IMF와 미국이 요구한 신자유주의 구조조정 프로그램을 성공적으로 수행하기 위한 방편이었던 측면이 강하다는 것이다.

외환위기 직후 복지 문제는 IMF가 먼저 제기했고, 김대중 정부는 이런 요구를 받아들여 '생산적 복지'라는 이름으로 국민기초생활보장 제도의 도입과 복지의 확대를 추진했다. 졸지에 한 집안의 가장이 해고되고 그 가정 전체가 수입이 없어지면서 여러 가정들이 붕괴 직전에 놓였던 것이 당시의 상황이었고, 이렇게 수많은 가정들이 일시에 붕괴하면 IMF가 원하는 신자유주의 구조 개혁을 더 이상 추진해나갈 수 없을 것이었다. 우리나라의 경제사회 질서가 신자유주의로 탈바꿈되어 갈 때 단기간에 대량의 실업과 빈민이 발생하고 사회적 혼란과 대규모의 저항이 발생할 수도 있는데, 만약 일이 이렇게 전개되면 대한민국의 신자유주의 구조 개혁이 좌초될 수도 있다. 그래서 IMF와 정부는 신자유주의적 재편이 우리의 경제사회에 가져올 거대한 붕괴와 사회적 갈등을 미리 막으려고 사회적 안전망이라는 이름으로 복지의 확대를 추진했던 것이다.

김대중 정부 당시의 복지 제도가 이와 같이 신자유주의 구조조정을 원활하게 추진하겠다는 IMF와 미국을 포함한 신자유주의 세력의 반복지국가적 목적 때문에 도입된 것인 만큼, 국민기초생활보장 같은 복지 제도들은 우리나라를 복지국가로 바꾸는 초석이 되기보다는 그저 나락으로 떨어진 사람들이 굶어죽지 않을 정도까지 지원하는 것으로만 기능했다. 따라서 이와 같은 복지 제도들의 도입은 그 자체가 목적이 아니라 다분히 수단으로 기능했던 탓에 그 한계가 뚜렷할 수밖에 없다. 결과적으로 김대중 정부의 복지는 당시 복지의 확대와 함께 기존에 없던 제도들이 새롭게 도입되었다는 점에서 긍정적인 의미를 지닐 수 있지만, 다른 한편으로는 박정희 정권 이후의 잔여적 복지를 고착화시켜 오히려 보편적 복지의 제도적 발전을 가로막는 부정적인 의미도 동시에 지닌 것으로 평가하는 게 더 적절하다.[28]

IMF와 김대중 정부에 의해 도입된 복지 제도들을 좀 더 구체적으로 살펴보자. 2000년 10월 실시된 국민기초생활보장 제도는 가장 등이 실업자나 비정규직 노동자가 되거나 또는 다른 이유로 한 가정의 경제 상황이 너무 열악한 경우 국가가 급여를 지급하는 제도이다. 이전까지는 소위 가난한 사람들을 대상으로 국가가 1961년 제정된 생활보호법의 취지에 따라 생활보호 사업이라는 것을 해왔는데, 이것은 빈자의 인간다운 생활을 위한 복지 필요(최저생계비)에 근거를 두는 것이 아니라 정부 예산의 범위 내에서 최소한의 지원을 하는 제도였다.

생활보호의 또 다른 중요한 문제는 일할 능력을 가진 가족 구성원이 한 명이라도 있으면 그 가족은 국가로부터 전혀 지원을 받지 못한다는 데 있었다. 그렇게 되면 외환위기로 인해 일순간 정리해고를 당해서 거리에 나앉은 가난한 노동자들은 일할 곳이 없는데도 일할 능력이 있다는 이유만으로 정부의 지원을 받지 못하게 되는 문제가 생겼다. 이들을 지원하기 위해서라도 근로 능력에 상관없이 일단 가구 소득이 최저생계비 이하일 때는 그 가구에 생계 급여를 비롯한 기초 급여를 지원하는 제도로서 국민기초생활보장 제도가 필요했던 것이다.

그리고 실업자 가정이 극도로 가난할 때 가족들이 굶지 않도록 지원하는 것도 중요하지만 모든 실업자들이 제도적 수준에서 안정적으로 실업 급여를 받도록 하려면 고용보험 제도를 손볼 필요가 있었다. 그래서 1995년 7월 처음 시행되었던 고용보험 제도를 1998년 10월부터 1인 이상의 모든 사업장을 고용보험 대상으로 포함하도록 했다.[29] 이로써 엄청난 규모의 사각지대와 급여의 부실에도 불구하고 외형상 고용보험 제도가 완성된 것이다.

또 모든 국민이 퇴직한 후에 일정 금액을 매달 연금 급여로 받을 수 있도록 국민연금 제도를 개정했다. 1988년 1월 10인 이상의 사업장 근로자를 대상으로 시행된 국민연금을 1999년 4월에는 도시 지역까지 확대 실시했다. 넓은 사각지대와 함께 매달 수령하는 국민연금 급여의 적은 액수를 생각하면 한계가 많아도 너무 많지만 이것으로 어쨌든 외형상으로나마 '전 국민연금 시대'가 시작된 것으로 평가할 수 있겠다.

빈부 격차는 자가용이나 가방의 브랜드에서만 나타나는 게 아니다. 건강에도 빈부 격차가 있다. 부자일수록 평소 건강에 좋은 음식을 먹고 정기검진을 받으면서 잘 관리하고 조금이라도 아프면 우수한 의료진에게 조기에 치료를 받지만, 가난한 사람들은 당장 먹고 사는 문제가 시급해서 건강에 불리한 생활 습관을 가지고 건강관리도 제대로 하지 못한다. 그래서 외환위기 이후 서민 등 보통사람들의 경제적 사정이 어려워진 만큼 서민들의 건강도 심각한 도전에 직면할 수 있었다. 그래서 김대중 정부는 외환위기라는 우리 사회의 거대한 위기적 상황에서 의료복지의 개혁에도 손을 대게 되었다.

1998년 10월과[30] 2000년 7월의 의료보험 통합 개혁이 바로 그것이다. 개혁의 방향은 한마디로 통합을 통한 보장성의 확대였다. 우리나라는 1989년 7월 모든 국민을 포괄하는 '전 국민 의료보험'을 제도적으로 달성했지만 당시 의료보험 조합 수가 409개나 되는 조합주의 의료보험 방식이었다. 그래서 우리 국민들은 당시 어떤 의료보험 조합에 가입해 있느냐에 따라 의료보험료 부담과 의료보험 혜택이 모두 달랐는데, 주로 공무원이나 대기업 노동자들이 소속된 의료보험 조합들은 재정 사정이 좋아서 혜택이 많았던 반면, 농어촌의 지역의료보험 조합들은 재정 사정이 열악하여 혜택이 적었을 뿐만 아니라 조합의 운영도 큰 어려움을 겪고 있었다. 그런데 1989년 이후 거의 10년 동안 우리 사회의 큰 정치사회적 쟁점이었던 의료보험 통합 개혁이 드디어 김대중 정부에서 성공한 것이다.[31] 이로써 전 국민을 대상으로 하는 하나의 통합된 의료보험 체계가 만들어졌다. 바로 지금의 '국민건강보험'이다.

이외에도 김대중 정부 당시에는 경제 위기 때문에 소외 계층의 삶이 매우 어려웠기 때문에 구석구석에서 많은 복지가 제도적으로 제공될 필요가 있었다. 그래서 1998년 7월부터 65세 이상의 저소득 노인들에게 매달 2~5만원씩의 경로연금을 지급했다. 2000년부터는 장애인의 범주를 확대했다. 그리고 저소득층 자녀를 위해 보육료를 지원하고 사회복지관과 사회복지 전문 인력을 확충하기 시작했다. 뿐만 아니라 정부의 간섭 없이 민간 복지가 활성화될 수 있도록 1998년 11월에는 '사회복지공동모금회법'을 제정했다.

노무현 정부의 국가 복지 확충

김대중 정부가 추진했던 신자유주의 구조조정 프로그램들은 노무현 정부 당시에는 이미 제도적으로 안착해서 경제사회적으로 구조화되기 시작했다. 그러므로 양극화 추세는 가시화되었고, 무엇보다 인구학적으로 저출산과 고령화가 급속하게 진행되었다. 경제적으로도 탈산업화의 추세 속에서 새로운 경제 성장 모델을 고민해야 하는 상황이었다. 게다가 핵가족화 속에서 기존의 전통적인 가족 복지가 거의 해체되어 국가 복지에 대한 수요는 급증을 예고하고 있었다. 게다가 절차적 민주주의가 완전히 뿌리를 내리고 있었기 때문에 새로 들어서는 노무현 정부에 대한 보통사람들의 기대도 어느 때보다 높았다. 결국 노무현 정부는 집권하자마자 중대한 도전에 직면한 것이었다. 당시 선택할 수 있는 길은 크게 둘 중의 하나였다. 김대중 정부의 신자유주의적 경제 개혁과 보완적 성격의 복지 확충 노선을 따라가든지. 아니면 경제와 복지의 새로운 경로를 찾아나서야 했다.[32]

이에 대해 결론적으로 말하자면, 노무현 정부의 노선은 김대중 정부의 계승과 발전으로 요약할 수 있을 것 같다. 집권 초기부터 노무현 정부의 경제 정책의 기조는 김대중 정부의 신자유주의 노선을 그대로 이어받았다고 봐도 무방할 것이다. 집권 초기부터 이전 정부의 감세 정책을 답습했으며, 국민소득 2만 달러 달성이라는 성장주의 프레임에 빠져 이후 지속적으로 신자유주의 경제 정책을 이어갔다. 그리고 한미 FTA 체결은 그 결정판이었다. 다만 복지 정책은 계승만 한 것이 아니라 상당한 발전을 이루어냈다. 먼저, 노무현 정부는 김대중 정부의 복지 성과였던 국민기초생활보장을 중심으로 하는 공공부조와 외형적 보편성을 확보한 4대 사회보험이라는 소득보장 제도를 더욱 내실화하고 확장했다. 또 기초노령연금을 새로 도입해서 중하 소득 계층 노인들의 삶의 질을 높였다. 다음으로, 사회서비스 분야의 복지를 적극적으로 개발하고 확대했다. 이것은 사회투자 정책으로 간주될 수 있는데, 역대의 다른 정부들과 차별화되는 노무현 정부의 특징이라고 해도 좋을 것이다. 보육, 노인요양, 의료, 그리고 직업훈련 분야가 대표적이다.

노무현 정부는 집권 초기에 소득 하위 20%에서 시작했던 국가 보육 사업을 지속적으로 확대해서 임기 말에는 소득 하위 50%까지 무상보육의 혜택을 받도록 했다. 또 '노인장기요양보험법'이 2007년 4월 제정되었는데, 이것은 노인 돌봄이라는 사회서비스 영역을 제도적으로 확보했다는 데 큰 의미가 있다. 이 제도 덕분에 오랫동안 가정에서 노인 돌봄에 묶여 있던 여성들의 노동시장 참여를 촉진한 것은 양성평등과 경제 성장이란 측면에서 매우 중요한 의미를 갖는다. 무엇보다도 국민건강보험의 보장성 수준이 집권 초기의 50% 중반에서 임기 말 60% 중반으로 크게 높아졌는데, 이것은 노무현 정부의 가장 눈에 띄는 성과로 꼽힌다. 이에 더해, 노무현 정부는 사회투자 차원에서 직업훈련과 고용정보 제공 및 일자리 알선을 활성화하는 방식으로 적극적 노동시장정책을 실시했다.

노무현 정부의 성격을 한마디로 요약하자면, 온정적(좌파) 신자유주의라 할 수 있다. 그래서 당시 진보 진영은 정부가 왼쪽 깜빡이를 켜고 오른쪽으로 간다고 비난했다. 심지어는 의료의 공공성 확충을 대선 공약으로 내걸었던 노무현 정부가 의료산업화라는 이름으로 의료민영화를 추진했으며, 주요 복지 서비스에 시장주의 방식의 바우처(이용권)를 도입했다. 그리고 보건복지 공급 체계의 공공성 확보를 위한 공적 투자는 기대에 크게 못 미쳤다. 하지만 복지 확대 정책으로 인해 복지 예산은 해마다 크게 늘어났다. 그래서 GDP 대비 공공사회복지 지출의 비중이 김대중 정부 때의 5% 초반에 비해 노무현 정부 5년 동안에는 평균 7% 후반까지 늘어났다. 결국 노무현 정부의 국가 복지는 사회 정책 분야의 공공성을 획기적으로 강화하는 데까지는 나아가지 못했으나 경제사회의 급격한 신자유주의적 해체를 방지하거나 지연시키는 정도의 역할은 일정하게 수행했다고 봐야할 것이다.

우리나라 복지의 역사에서 중요한 의미를 지니는 사회서비스 제도의 도입에 대해서는 안타까운 지점이 없지 않다. 노무현 정부는 보육료 지원 정책에서 비록 예산의 제약이라는 악조건이 있었다고 해도 보편주의 원칙에 따라 일정 연령의 모든 아동들을 대상으로 제도를 실시해야 했음에도 불구하고 선별주의 방식을 고집했다. 그래서 가구 소득에 따라 아동들을 엄격하게 선별하여 소득 하위 50%에게만 보육료를 지원했다. 노인장기요양보험도 입법 당시에 이 제도의 정책적 미비와 문제점의 수정을 요구하는 시민사회의 문제 제기와 반발이 있었다. 이 제도가 외형상의 보편주의에도 불구하고 요양 필요를 가진 노인들 중의 일부에게만 질적으로 충분치 못한 요양 서비스를 보장해 주는 '저부담-저급여 체계'와 무질서한 시장주의 공급 체계를 선택함으로써 공적 사회서비스 보장 제도를 저질과 저임금으로 상징되는 후진적 제도로 만들어 놓을 것이라는 비판이었다. 그리고 실제로 상당 부분 그렇게 되고 말았다. 그 결과, 지금까지도 이들 분야는 공급 체계의 대부분이 민간에 의존하고 있고 보육 교사와 요양 보호사는 저임금과 불안정한 일자리의 전형적인 사례가 되고 말았다.

그럼에도 불구하고 보육과 요양 등의 사회서비스 분야를 제도적으로 개발하여 사회서비스 일자리를 만들고, 사회적 경제라는 새로운 패러다임을 개척하고 제도화함으로써 사회적 기업을 촉진하고 사회적 일자리를 확대한 것은 참여정부의 큰 업적이라고 해야 할 것이다.[33]

이명박 정부의 국가 복지 확충

이명박 정부는 당내 대통령 경선 후보 때 연평균 7% 성장과 10년 뒤 1인당 국민소득 4만 달러, 그리고 세계 7대 강국 진입이라는 '747 공약'을 내세우며 '줄푸세 공약'[34]을 내건 박근혜 경선 후보와 감세와 규제완화를 통한 신자유주의 성장 경쟁을 벌였다. 그리고 집권 초기부터 '비즈니스 프렌들리'를 외치면서 재벌과 자본의 요구에 주로 귀를 기울였고, 시종일관 감세와 규제완화, 민영화, 노동시장의 유연화 등을 강력하게 추진했다. 게다가 이런 신자유주의 정책 이외에도 이명박 정부 특유의 4대강 사업과 같은 대규모 토목공사를 추진했다. 이명박 정부는 취임 초기부터 경제 성장 중심의 강력한 시장주의 노선을 견지하면서 '능동적 복지'를 통해 국가 복지를 최소화함으로써 개인의 자립과 근로 연계 복지를 최대화하는 정책 노선을 표방했던 것이다.[35]

2008년 후반 미국 발 경제 위기로 인해 국내 경제가 침체되면서 상황이 달라졌다. 경기를 부양해야 했고, 고용 증진을 위해 노동시장에 개입하고 복지도 확대해야 했다. 정부의 재정 지출이 갑자기 늘어난 것이다. 그런데 집권 중반 이후부터는 이명박 정부의 복지가 보육과 노인복지 등에서 크게 늘어났다. 이것은 대선 후보 시절이나 집권 초반기의 기조와는 크게 다른 부분이다. 신자유주의 경제 정책을 강화하고 선별주의 복지를 고수하되 국가 복지를 최소화하겠다는 기조가 집권 중반 이후에 복지를 확대하는 쪽으로, 그것도 보육의 경우에는 보편주의를 수용하는 쪽으로 바뀐 것이다. 이렇게 된 데는 정치적인 이유가 크다.

첫째, 이명박 정부의 지지기반이던 저소득 계층의 정치적 지지를 지속적으로 얻어내기 위해서는 공공부조나 노인 일자리 등의 사회적 일자리 확충 같은 복지 정책의 확대가 필요했다. 둘째, 2010년 6월 지방선거를 전후로 무상급식 논란이 촉발되면서 정치사회적 이슈로 부각된 보편적 복지 논쟁이 복지의 확대를 불러왔다. 이후 이명박 정부 기간 내내 정치사회적으로 달아올랐던 복지 논쟁은 여야 간의 첨예한 정치적 경쟁으로 이어졌다. 심지어 여당 내부에서도 소장개혁파들은 야당에 버금갈 정도로 복지의 확대를 요구했는데, 보편적 보육 정책이 대표적인 사례이다. 결국 2012년의 총선과 대선을 앞둔 시점에서 이명박 정부는 복지의 확대를 결정할 수밖에 없었다.

이명박 정부는 노무현 정부가 추진하던 복지를 거의 그대로 이어받았다. 경로의존성(path dependence)이라는 용어는 이럴 때 사용되는 것 같다. 일단 시행되어 사회적 지지를 얻게 된 정책들은 대부분 철회되거나 경로가 변경되기보다는 기존의 경로대로 유지되는 경향이 강하다는 뜻이다. 이명박 정부의 복지가 대부분 그랬다. 노무현 정부가 추진했던 적극적 노동시장정책을 이명박 정부에서는 더 강화했다. 노무현 정부가 2007년 법률로 제정했던 노인장기요양보험 제도를 2008년 7월부터 차질 없이 시행했다. 기초노령연금도 기존의 70세 이상 노인에서 2008년 7월부터는 65세 이상 노인으로 적용 대상을 확대했다. 보수 정당의 지지계층인 노인들을 위해 노인 일자리 사업도 크게 확대했다. 무엇보다 노무현 정부가 소득 하위 50%에게 실시하던 보육 사업을 보편주의 원칙에 맞도록 모든 아이들에 대해 실시했다는 것은 매우 인상적인 부분이다. 시장만능주의와 선별주의를 강조하던 이명박 정부가 보편주의 보육 정책을 수용했던 것이다. 사실 이 정책은 2012년 당시 새누리당의 대선 후보였던 정치인 박근혜가 이명박 대통령에게 강력하게 요구해서 이루어진 것이다. 2012년 대선을 앞두고 아이를 키우는 중장년층 가정의 표심을 얻어야만 했던 정치적 절박성이 이런 결과가 나오도록, 즉 '줄푸세'라는 신자유주의 경제와 선별주의 복지 노선을 주창하던 정치인에게 보편주의 사회서비스를 관철하도록 했던 것이다.

그러나 이명박 정부의 의료 정책은 시장주의로 완전히 경도되어 의료민영화를 추구했다. 민간의료보험의 활성화와 영리법인 병원 허용 정책의 끊임없는 추진 시도가 그 사례이다. 경제와 사회의 공공성 축소와 이를 대신할 신자유주의의 강화가 이명박 정부의 정책 방향이었다. 또 이명박 정부는 2008년 야당과 시민사회의 거센 반대를 물리치고 부자감세를 단행했다. 애초 감세 규모는 이명박 정부 4년 동안 약 98조원에 달했는데, 사회적 비판과 늘어나는 국채 때문에 일부 조정되어 최종 감세 규모는 72조원 정도로 축소되었다. 국회 예산 정책처는 2008년 감세를 통해 고소득 계층이 대부분의 혜택을 본 것으로 추정했다. 이런 감세로 인해 가장 우려되는 것 중의 하나는 재정 적자의 증가인데, 2000년 이후 9년간 흑자였던 통합재정수지가 2009년 대규모의 적자로 돌아섰다. 그래서 2008년 308조원이던 국가채무가 2013년에는 465조원으로 증가했다. 늘어난 재정 적자의 상당 부분은 부자감세와 토목공사 때문에 생겨난 것이었다.

집권 초기부터 노골적으로 추진된 이런 정책 방향은 본질적으로는 노동과 서민을 배제한 채, 감세 혜택과 더불어 부동산과 주식 등 자산 시장의 거품을 조장하는 방식으로 상위 10%에 속하는 계급과 계층의 이익을 철저하게 옹호하는 보수층 지지 결집 전략을 확고하게 견지하는 것이었다. 그 결과, 대기업 중심의 수출이 증가했음에도 불구하고 민생은 갈수록 불안해졌다. 1997년 외환위기 이후부터 구축되어 온 신자유주의 양극화 성장 체제가 이명박 정부의 본격적인 감세와 규제완화 추진으로 인해 한층 더 악화되었다.

박근혜 정부의 국가 복지 확충

2010년 12월, 당시 박근혜 의원은 '사회보장법 전부 개정안' 공청회를 열어 보편적 복지를 수용한 '생애주기별 맞춤형 복지'를 처음으로 제안했다. 이것은 당시 이명박 정부와 여당 주류의 '큰 시장 작은 정부' 노선을 넘어서는 주장인데, 대한민국의 정치 지형이 2012년 총선과 대선 등의 정치 과정에서 복지국가를 놓고 치열하게 경쟁할 조짐을 보여주는 것이었다.[36] 이후 박근혜 의원은 서울시장 선거에서 패배한 친 이명박 세력과 차별화하며 보편적 복지를 포함한 생애주기별 맞춤형 복지의 일환으로 보편적 무상보육을 요구했고, 이명박 대통령과의 담판을 통해 관철시키기도 했다. 실제로, 박근혜 의원이 전권을 쥐고 창당한 새누리당은 한국형 복지국가 정당을 전면에 내세웠다. 당의 색깔만 빨강으로 바꾼 게 아니었다. 당의 정강과 정책을 모두 좌 클릭했고 2012년 대선에서는 복지국가를 내걸고 국민행복시대 공약으로 선거를 치렀다.

박근혜 정부의 조세 관련 정책 기조는 증세 없는 복지에 잘 담겨 있다. 이 말은 증세는 하지 않지만 복지 확충을 위한 재원은 마련하겠다는 것이다. 일반적으로 증세란 국민들이 이전보다 세금을 더 내는 것을 말한다. 조세부담률이 GDP의 20%에서 21%로 높아졌다면, 이 경우에는 GDP의 1%포인트만큼 증세가 일어난 것이다. 그런데 박근혜 정부는 세율의 인상이나 세목의 신설이 없다면 증세라고 부르지 않는다. 여기에는 세율의 인상이나 세목의 신설을 추진하지 않겠다는 박근혜 정부의 강력한 의지가 녹아 있다. 신자유주의 작은 정부의 '줄푸세' 논리가 깊게 베여 있는 것이다.

박근혜 정부는 대선 후 6개월 쯤 지났을 때 공약가계부를 발표했다. 당시 공약가계부는 새누리당의 2012년 총선과 대선 공약, 박근혜 정부의 140개 국정과제 등 그 동안 국민과 했던 약속을 차질 없이 추진하기 위한 것이라고 설명했다. 공약가계부의 총 소요재정은 134.8조원인데, 세입 확충으로 50.7조원, 세출 절감으로 84.1조원을 조달하겠다고 했다. 그런데 이 공약가계부는 누가 보더라도 한계가 뚜렷할 뿐만 아니라 성공하기도 어려웠다. 공약가계부가 성공하기 어려운 이유는 공약 이행을 위한 재정이 지나치게 과소 추계되었고, 재원조달 계획이 지나치게 비현실적이었기 때문이다. 이것은 당시 대다수 전문가들의 거의 공통된 견해였다. 그럼에도 박근혜 정부는 이런 기조를 그대로 고수했다.[37]

우리나라는 이명박 정부의 부자감세 정책으로 인해 세입 기반이 크게 훼손되었고 재정건전성이 악화되었다. 그런데 박근혜 정부는 고집스럽게도 이명박 정부의 부자감세와 작은 정부 노선을 그대로 유지했다. 모순적인 상황은 이렇게 작은 정부를 고집하면서도 복지국가를 추진하겠다고 말하는 것이었다. 즉 우리나라가 제대로 된 복지국가로 나아가지 못하는 근본적인 원인은 우리나라의 조세부담률과 사회보장부담률이 지나치게 낮아서 정부 재정의 크기가 너무 작다는 것인데, 박근혜 정부는 이런 본질적인 문제는 회피해버렸다.

박근혜 대통령은 대선 후보 당시에 복지국가를 위해 필요할 경우 증세를 위한 국민대타협위원회를 구성하겠다는 공약을 발표했음에도 불구하고 집권 기간 내내 이런 논의를 억눌러왔다. 박근혜 정부가 2016년 7월 28일 발표한 세법개정안을 보면, 이명박 정부 때부터 유지해온 감세 기조를 그대로 지키는 방안들을 담고 있다. 집권 마지막 해인 2017년까지 기존의 조세 정책 기조를 견지하겠다는 것이다. 이렇게 감세 기조를 유지해서 작은 정부를 계속 가져가면 복지의 확충만 안 되는 데 그치는 것이 아니라 국가부채가 눈덩이처럼 불어난다는 또 다른 문제가 생긴다.

최근 10년 사이의 우리나라 국가부채를 잠시 살펴보자. 노무현 정부 말기인 2007년 국가부채는 GDP의 28.7%였다. 이것이 2015년 현재 37.9%로 늘어났고, 2016년은 40.1%로 예상된다. 지난 10년 사이에 국가부채가 GDP의 10%포인트 이상 늘어난 것이다. 이명박 정부 5년 동안 중앙정부의 채무가 289조원(2007년)에서 425조원(2012년)으로 136조원 늘었다. 박근혜 정부는 집권 3년 만에 425조원이던 중앙정부 채무를 556조원(2015년)으로 131조원이나 늘려놓았다. 이런 추세대로라면, 박근혜 정부는 복지국가 공약도 못 지키면서 국가부채만 늘려

놓아서 이후의 정부에게 엄청난 부담을 남겨주게 된다.

박근혜 정부의 복지 확대 정책 중에서 가장 눈에 띄는 것은 노무현 정부 때 결정되어 2008년 1월부터 시행된 기초노령연금을 기초연금으로 확대 개편한 것이다. 그런데 이것은 2012년 대선 당시 후보들 간의 정치적 경쟁의 산물이다. 당시 야당 후보가 65세 이상 노인 70%에게 약 9만원씩을 지급하던 기존의 기초노령연금을 개편하여 소득 하위 80%의 노인들에게 지급액을 두 배인 18만원으로 늘리겠다는 공약을 내놓았다. 수급 대상이 10%포인트 늘고 금액은 두 배로 늘어나는 공약이었다. 이에 대해 당시 박근혜 후보는 소득조사 없이 모든 노인에게 20만원씩을 지급하겠다는 파격적인 보편주의 공약을 내놨다. 그런데 집권 후 이 공약은 야당과 시민사회의 거센 반발에도 불구하고 박근혜 정부 자신의 손에 의해 크게 축소되고 말았다. 이유는 돈이 없다는 것이었다.

장애인연금도 마찬가지였다. 대선 공약에서는 모든 중증장애인들에게 월 20만원씩 지급하겠다고 약속했는데, 이후 재정의 제약 때문에 이것도 그 대상이 70%로 줄었다. 고등학교 무상교육 공약은 상황이 더 나쁘다. 집권 기간 내내 아예 논의를 시작하지도 못했기 때문이다. 그리고 이명박 정부 당시에 보편주의 방식으로 확대 실시된 무상보육은 늘어난 재정 수요를 감당하지 못한 채 중앙정부가 마땅히 부담해야 할 보육재정을 교육청과 지방정부에 떠넘겼다. 국민기초생활보장 공약도 마찬가지의 운명에 처해 있다. 기존의 기초생활보장 제도는 통합 급여 체계를 가지고 있는데 이것을 맞춤형 급여 체계로 확대 개편한다는 것이 박근혜 정부의 대선 공약이자 정책 방향이다. 이에 따라 집권 중반기 때 박근혜 정부는 기초생활보장 제도를 공약대로 개편했다. 그런데 여기서도 재정이 문제다. 빈곤 분야의 전문가들은 이에 대해 제도 개편의 방향은 옳지만 정부 재정의 추가 투입이 없을 경우에는 '아랫돌 빼서 윗돌 괴기'가 되어 아니 한만 못할 것이라고 지적한다.

박근혜 정부는 이명박 정부의 정책 노선을 그대로 이어받았다. 야당과 진보적 시민사회의 전문가들이 아무리 노선 변경을 요구하고 거세게 비판해도 요지부동이었다. 경제는 시장만능주의 성장 정책을 추구하고, 복지는 국가 복지의 추가적인 확대를 최대한 회피하면서 개인과 민간의 복지 책임을 강조한다. 그렇지만 노무현 정부와 이명박 정부에서 해오던 기존의 복지는 경로의존성의 원리에 따라 그대로 이어오고 있다. 노인 일자리나 치매를 포함한 장기요양 등의 일부 분야는 복지가 추가적으로 확대되기도 했다. 암 등 중증질환의 보장성 수준도 일부나마 개선되었다. 하지만 공약했던 수준에는 크게 못 미쳤다. 4대 중증질환은 국가가 완전보장을 하겠다고 공약했지만 실제로는 미미한 확대에 머물렀고, 국민건강보험의 보장성은 이명박 정부 수준인 63%에 머물고 있다.

이명박 정부 때부터 추진해오던 의료민영화는 보다 정교한 방식으로 계속 추진되었다. 박근혜 정부가 추진하는 의료민영화 정책은 원격의료 허용, 비영리법인 병원의 영리 자회사 허용, 비영리 의료법인의 인수합병 허용 등과 함께 의료 분야의 규제를 대폭 완화하여 의료를 자본의 자유로운 투자처로 삼는 것이다.

결론적으로 말하자면, 박근혜 정부는 이명박 정부의 신자유주의 작은 정부 노선을 그대로 이어받은 정부라고 해도 좋을 것 같다. 감세와 규제완화의 시장만능주의를 통해 경제 성장을 추진하겠다는 생각도 마찬가지이다. 부자감세, 규제완화, 민영화, 노동시장의 유연화, 의료 등 공적 영역의 자본 투자 허용 등이 그것이다. 2012년 대선 때는 경제민주화와 복지국가를 공약했지만 집권 이후에는 정반대의 입장을 견지하는 이런 식의 정치보다는 오히려 공약을 할 때부터 솔직하게 신자유주의 '작은 정부'의 비전을 밝히고 규제완화, 민영화, 노동시장의 유연화, 영리병원 허용 등을 통해 경제를 성장시키겠다고 약속했던 이명박 대통령의 정치 행태가 훨씬 더 바람직할 것이다. 정직한 정치가 무엇보다 중요하기 때문이다.

3부

어떻게 복지국가를 만들 것인가

7장

복지국가에 대한 오해와 진실

복지에 대해 편견을 가진 사람들은 그리스의 경제 위기를 고복지 때문이라며 '복지 확대는 곧 경제적 어려움'이라는 등치관계를 옹호한다. 그런데 이것은 완전한 사실 왜곡이다. 그리스는 고복지 국가가 아닐뿐더러 경제 위기의 진짜 원인은 다른 데 있기 때문이다.

1.

우리들의 일그러진 복지 교육

우리는 '자유주의 복지국가'에 대해서만 배웠다

우리 국민의 다수는 그들의 사회경제적 지위와 무관하게 복지라는 단어를 듣는 순간 곧바로 머릿속에 극빈자, 장애인, 고아, 나태, 게으름, 복지병, 무임승차 등과 같은 단어들을 연상하게 된다. 어떤 사람들은 포퓰리즘이나 세금폭탄 같은 말도 떠올릴 것이다. 진실을 말하자면 극빈자, 장애인, 고아 같은 단어들은 복지 대상자 중에서 선별된 극히 일부만을 언급한 것이고, 나태, 게으름, 복지병, 무임승차 같은 단어들은 복지에 관한 총체적 진실에서 상당히 동떨어진 표현들이다. 그런데 왜 사람들의 머릿속에는 복지에 대한 부정적인 개념들이 이렇게 자리 잡게 되었을까.

이런 거대한 편견의 밑바닥에는 교육이 자리를 잡고 있다. 만일 지금 주변에 〈사회〉나 〈사회문화〉와 같은 중·고등학교 교과서가 있다면 당장 교과서를 펴고 복지 관련 단원을 찾아보면 진실을 알 수 있다. 고등학교 〈사회〉 교과서 6단원에는 '사회 문제의 해결을 위한 노력과 복지

사회의 추구'라는 제목의 소단원이 있다.[1] 여기에는 산업 혁명 이후 자유방임주의에 따라 운용되던 근대 사회에서 노동 문제, 빈곤 문제, 환경 문제 등의 자본주의 모순이 발생하자 미국에서 케인스의 경제학 이론에 기초한 뉴딜 정책이 실시되기 시작했다는 내용이 쓰여 있다. 그리고 유럽의 많은 나라들도 이 영향을 받아 사회보장 예산의 비율을 높이며, 이른바 시장 경제의 기초를 유지하는 바탕 위에서 복지국가를 실현하기 위해 노력했음이 그래프 등의 자료들로 제시되어 있다.

이 내용은 얼핏 보면 잘못 기술된 것 같지는 않아 보인다. 진실을 왜곡할 의도가 있는 것 같지도 않아 보인다. 적어도 영미식 자유주의 복지국가의 경우에는 그렇다. 그런데 북유럽 복지국가들의 경우에는 '유럽이 뉴딜 정책의 영향을 받았다'는 교과서의 서술은 적합하지 않아 보인다. 북유럽 복지국가의 사회경제적 특징은 스웨덴 모델에 가장 집약적으로 잘 나타나는데, 스웨덴에서는 케인스의 경제 이론인 《고용, 이자 그리고 화폐에 관한 일반이론》이 출간된 1936년보다 훨씬 이전인 1920년대에 이미 시장에 대한 국가의 개입이 제1당인 스웨덴 사민당의 기본 방향으로 논의되었고, 1932년에는 스웨덴 사민당 정부의 정책으로 채택되어 경제 위기 극복 방안으로 실시되었다. 이 일을 앞장서서 실천했던 사람은 스웨덴 사민당 정부의 재무장관 비그포르스였다.

더욱이 스웨덴의 시장에 대한 국가 개입은 뉴딜과 같이 임시방편적이거나 부분적인 개입이 아니었다. 이것은 총수요의 진작이 필요할 때 정부의 재정 지출을 늘리는 수요 측면의 케인스 경제학을 넘어 '완전고용+연대임금+적극적 노동시장+보편적 복지'라는 정책 패키지를 통해 경제와 사회(복지) 전체를 통합하고 포괄하는 거대한 개입주의 국가 전략이었다. 그래서 스웨덴 모델에서는 이런 제도적 장치들이 연대임금을 기준으로 끊임없이 생산성 낮은 기업은 도산되고 고생산성 부문으로 자본과 노동이 이동하도록 하는 방식으로 기업과 산업의 구조조정이 체계적으로 일어나도록 유도했다. 이것은 공급 측을 자극하여 끊임없이 생산성의 향상을 촉발하는 기제를 내장하고 있는 것으로 수요 관리를 중심으로 하는 케인스 경제학의 범위를 넘어서는 것이다.

이처럼 스웨덴 모델은 뉴딜 정책의 영향을 받아 일시적으로 위기를 벗어나고자 시장에 대한 국가 개입을 인정했던 것이 아니다. 또 북유럽 복지국가들은 단순히 다른 나라들보다 사회보장 정책을 몇 가지 더 실시하고 있다거나 복지의 수준이 좀 더 높다는 것 정도로 언급하고 넘어가서도 안 된다. 북유럽 복지국가들은 영국과 미국 같은 자유주의 복지국가들과 국가의 성격이 완전히 다르며, 이런 차이는 뉴딜 정책이나 케인스 경제학 정도로는 설명할 수 없는 이들 나라의 독특한 경제와 사회의 통합적 시스템과 관련되어 있다. 그럼에도 우리는 사회나 경제에 대한 제도권 교육에서 영국과 미국의 자유주의 방식에 대해서만 자세히 배우고 있고 스웨덴 등 완전히 유형이 다른 나라들에 대해서는 그저 영미식 자유주의 모델의 영향으로 시작됐으며 약간의 변형이 있었다는 것 정도만 배우고 말았다.

그것이 뭐 그리 큰 문제일까 싶겠지만 사실은 큰 문제가 맞다. 북유럽 복지국가들은 영미식 복지국가들과 달리 경제 성장과 복지(분배)가 하나로 통합되어 있으므로 늘 함께 움직인다. 그런 관계 속에서 최대의 효율이 발생했고 세계적 경제 위기 속에서도 이 나라들은 국민의 안정되고 평등한 삶을 유지하는 한편 지속적으로 경제가 성장할 수 있었던 것이다. 교과서 속의 유일한 주인공인 영미식 복지국가와는 달라도 너무 다른 나라들이므로 영미뿐만 아니라 북유럽 복지국가의 진짜 모습에 대해서도 함께 배워야 학생들이 균형 잡힌 시각으로 우리나라의 바람직한 청사진을 그려볼 수 있게 된다.

'또 다른 세상도 가능하다'(Another world is possible)는 것을 알려주지 않고 오직 한쪽의 편향된 세상만을 보여주는 교과서는 중립적이지도 진실하지도 않은 것이다. 교육학에서는 여러 내용들 중에서 특정 내용만을 선별해 제시하고 다른 내용들을 의도적으로 배제하는 왜곡된 교육과정을 영 교육과정(null curriculum)이라고 한다. 여기서 문제는 학생들이 배워야 할 것을 전부 배우지 못할 뿐만 아니라 학생들이 지식을 왜곡해서 내면화하게 된다는 것이다. 우리나라 교과서에서 영국이나 미국 같은 자유주의 복지국가가 아닌 다른 복지국가 모델, 가령 북유럽 복지국가 모델의 작동 원리와 특징과 같은 역사적으로 중요한 부문 등을 의도적으로 배제했는지, 아니면 단순히 지식과 정보가 부족해서 그렇게 된 것인지는 알 수 없다. 하지만 이유가 무엇이든 결과적으로 현재의 〈사회〉 및 〈경제〉 교과서는 '영 교육과정'과 같은 효과를 낳고 있음은 확실해 보인다.

우리는 정부의 개입은 비효율적이라고 배웠다

〈사회〉 교과서의 8단원으로 가면 주로 경제 관련 내용이 다뤄지는데, 기업의 활동과 정부의 규제에 관한 소단원에서도 '영 교육과정' 효과가 우려될 만한 내용이 실려 있다. 이것은 대한교과서가 출판한 〈사회〉 교과서에 서술된 내용인데, 잠시 살펴보도록 하자.[2]

…

민간 부문이 공정한 경쟁을 통해 자율적으로 움직일 수 있는 경제적 부문에 대해서는 정부의 규제가 완화되어야 한다. 특히 무한 경쟁의 국제 사회에서 우리의 경쟁력을 강화해 나가기 위해서는 경제 분야에서 규제를 과감히 풀어야 한다. 우리나라뿐만 아니라 여러 나라 정부도 자국 기업의 경쟁력을 높이기 위해 경제 활동은 가능한 한 시장의 경쟁 원리에 맡기고, 정부는 시장에서 규칙이 잘 지켜지는지 감시하고 공정한 판정을 하는 데 힘쓰고 있다.

그러나 환경, 보건, 산업재해 예방 등 대중의 안전과 공익에 관련된 규제나 시장 기능에만 맡길 수 없는 분야에 대해서는 오히려 규제를 강화하는 것이 정부의 책무이다. 따라서 무조건 규제를 철폐하거나 아니면 강화하거나 하는 양 극단의 태도보다는 양자를 적절히 조화시키는 것이 필요하다.

…

자세히 읽어보면, 기업의 자유로운 경제 활동과 정부의 규제는 마치 자석의 플러스 극과 마이너스 극처럼 완전히 상반된 그 무엇으로 간주되고 있다. 경제 성장과 기업의 경쟁력 강화를 위해서는 규제를 과감하게 풀어서 경제 활동을 가능한 한 시장의 경쟁 원리에 맡겨야 한다고 주장한다. 다만 환경문제, 보건문제, 산업재해와 같은 부작용들이 생긴다면 여기에 대해서는 정부가 규제할 수밖에 없다고 주장한다. 그리고 '양자 간의 적절한 조화가 필요하다'는 추상적인 서술로 끝을 맺는다.

그런데 이런 내용은 미국과 같은 자유주의 시장 경제 체제나 자유 시장 경제학에는 잘 부합한다. 하지만 사회적 시장 경제 체제를 운영하고 있는 유럽의 많은 복지국가들에는 이런 내용이 맞지 않는다. 교과서에 언급된 환경문제, 보건문제, 산업재해와 같은 부작용들이 있는 분야는 전 세계 어느 나라의 경제에서도 절대로 자유방임이 허용되어서는 안 된다. 이런 부작용을 방지하는 것은 어떤 종류의 국가든 국가의 가장 기본적인 역할이기 때문이다. 그런데 교과서의 내용은 이런 부작용이 없는 대부분의 경제 분야는 규제를 없애고 자유방임에 맡기자는 것이다. 사실 이런 주장은 매우 극단적인 시장주의에 가까워서 시장근본주의 또는 자유 시장 지상주의라고 해도 좋을 것 같다. 대다수의 선진 복지국가들은 이런 극단적인 경제 운영을 하지 않는다. 시장은 있는 그대로 내버려두는 것이 아니라 정치와 사회라는 공적 영역을 통해 제도적으로 개입하고 통제해야 하는 것이라는 생각이 일반화되어 있다. 이것이 바로 사회적 시장 경제 또는 조정된 시장 경제라고 불리는 복지국가의 시장 경제 질서이다.

스웨덴이나 독일에서는 기업의 자유가 정부에 의해 그리고 노동자들에 의해 항상 제약을 받지만, 그것은 오히려 기업과 국가 경제의 전반적 발전에 도움이 되고 있다. 스웨덴의 연대임금 제도는 노동자와 사용자 간의 합의로 시작되었다. 시장에 그저 맡긴 것이 아니라 정부가 적극적으로 노사 간의 합의를 제안했고, 그래서 이후 스웨덴에서는 동일노동의 평균임금 수준에서 연대임금이 합의되는 제도적 관행이 만들어졌다. 그리고 이것이 제대로 운용되도록 정부는 도태된 기업이 문을 닫고 노동자들이 해고되어도 걱정이 없도록 하는 적극적 노동시장정책과 보편적 복지를 제도화했다. 노동자의 임금이 노동시장에서 자유롭게 정해지도록 맡겨진 것이 아니라 정부의 여러 장치들 속에서 함께 고려되고 충분한 합의를 통해 결정되도록 했다. 이렇듯 정부와 사회의 노동시장 개입과 이로 인한 기업과 산업의 구조조정이 스웨덴 경제사회 시스템의 중심축이 되었음에도 스웨덴 기업들이 자유를 제약받는다며 해외로 나가겠다고 엄포를 놓거나 엄살을 부리는 일은 없다. 교과서 서술대로라면, 규제가 완화된 자유방임 시장이 가장 좋아야 하겠지만, 스웨덴에서는 기업과 노동자 모두가 국가와 사회의 시장 개입에 의해 적절하게 조정되는 사회적 시장 경제에 더 만족하며, 이것이 서로에게 더 이익이 된다고 판단한다.

독일에서도 노동자들은 시장에 맨 몸으로 던져져 있지 않다. 기업의 이사회에서 노동자들은 강한 발언권을 갖고 있고, 그래서 산업별로 동일한 노동에 대해서는 동일한 임금을 받을 수 있다. 정부가 법률과 제도로 이것을 탄탄하게 보장하기 때문이다. 독일에서도 해고되면 스웨덴과 비슷하게 실업자들은 교육훈련과 재취업 지원을 받으며 보편적 복지 정책으로 삶이 위태롭지 않게 된다. 또 노동자를 해고한 회사가 다시 활력을 찾으면 해고자는 다시 복직할 수 있고, 이것이 정당한 권리로 간주된다. 독일에서도 시장은 자유 시장의 논리만으로 움직이는 것이 아니라 정부와 사회의 여러 장치들 속에서 적절한 규제를 받으면서 작동하고 있다. 그리고 정부와 사회의 이런 지속적인 개입에 대해 기업과 노동자 모두 불만이 별로 없다. 예컨대 정리해고 당한 노동자를 경기가 회복되면 반드시 고용하도록 하는 정부의 제재에 대해서도 독일 기업은 오히려 그 편이 기업에게도 도움이 된다고 판단하고 기업의 사회적 책임을 인식해서 당연한 일이라고 생각한다. 기업은 자유로울수록 좋다는 우리나라 교과서의 진술은 독일에서도 맞지 않는 것이다.

스웨덴과 독일 복지국가의 경제사회적 발전의 역사와 현재의 모습은 단순히 환경문제와 같은 부작용에 대해서만 정부가 기업의 활동에 관여하거나 규제를 할 수 있는 것이 아님을 잘 보여준다. 그런데 북유럽이나 유럽대륙 복지국가들에 대한 설명은 빠진 채 미국과 같은 자유주의 복지국가에 해당되는 일방적인 내용만을 기술하는 우리나라의 이런 교과서만 공부한다면, 우리는 어느새 기업의 자유로운 활동과 정부 규제라는 두 개념은 양 극단에서 대립하는 것이고, 따라서 정부는 어쩔 수 없을 때에 한해 아주 최소한으로만 규제를 해야 한다는 것으로 편견을 갖게 된다.

우리는 '복지=병'이라는 공식을 배웠다

고등학교 선택과목 〈사회문화〉 교과서에는 '사회복지의 역기능'이라는 작은 제목의 한 단원이 있는데, 여기서는 세계 여러 나라들이 복지 정책을 실시하는 가운데 경제적 어려움을 겪게 되었다고 강조한다. 1980년대 이후 서구 복지국가들이 복지를 확대하는 가운데 경제적으로 어려움을 겪었고 지금도 그 어려움이 완전히 해소되지 않았다는 것이다. 1980년대 이후 서구 선진국들이 높은 실업률과 낮은 경제성장률이라는 문제에 부딪치며 이른바 위기 상황에 놓이게 됐는데, 그런 어려움이 복지 때문에 발생했다는 주장이다.

이런 주장은 복지 확대와 복지국가에 대해 편견을 가지고 있는 일부 학자들의 논리일 뿐이다. 서구 선진국들의 저성장과 주기적 정체는 발전한 자본주의 국가들의 일반적인 특징이며, 그것은 오히려 복지의 확대 때문이 아니라 미국 발 금융 위기 등을 초래한 금융자본주의의 특징을 가지고 있는 신자유주의적 자본주의의 위기와 더 관련이 깊다고 봐야 한다. 서구 선진국들 중에서 금융 위기를 비롯한 각종 경제 위기를 가장 잘 극복해낸 나라들이나 경제 성장을 꾸준하게 잘 이루어낸 나라들은 북유럽 복지국가 모델이나 이런 모델의 특성을 가진 복지국가들이었다. 그러므로 복지 때문에 경제가 어렵다는 내용은 논리적 근거가 없는 일방적인 주장일 뿐만 아니라 스웨덴 등 여러 복지국가들의 사례를 볼 때 경험적으로도 근거가 없는 잘못된 주장이다.

특히 복지에 대해 이런 식의 편견을 가진 사람들은 그리스의 경제 위기를 고복지가 나라 경제를 망친 대표적인 사례로 들면서 '복지 확대는 곧 경제적 어려움'이라는 등치관계를 옹호한다. 하지만 이것은 완전한 사실 왜곡이다. 우선 그리스는 고복지를 하는 국가가 아니다. 경제 위기 직전인 2007년 그리스의 GDP 대비 공공사회복지 지출의 비중은 22%였다. 이것은 당시 OECD 평균 수준이었다. 그러므로 이 논점에 대해 정확하게 표현하자면, 그리스는 고복지가 아니라 OECD 평균 수준의 복지를 하는 나라라고 해야 한다. 다음으로 그리스가 경제 위기를 맞은 진짜 원인은 고복지 때문이 아니고 경제 체제 자체의 문제 때문이었다. 이 부분을 상세하게 살펴보자.

첫째, 유로 존 가입과 경상수지의 적자 누적 때문이었다. 2001년 유로 존에 가입하면서 그리스는 자국 통화인 드라크마 대신 유로화를 사용했다. 유로 존 내의 다른 국가들과 경제력 격차가 존재함에도 단일 통화를 사용하면서 그리스의 실질 통화가치가 상승하게 되었다. 이로 인해 독일과 프랑스 등 산업 경쟁력이 높은 국가의 제품들이 상대적으로 낮은 가격으로 수입되었고, 그리스의 대외 경쟁력이 떨어지게 되었다. 그 결과, 그리스의 경상수지 적자가 지속적으로 확대·누적되었던 것이다.

둘째, 경기변동에 취약한 산업 구조 때문이었다. 2011년을 기준으로 그리스는 전체 GDP에서 제조업의 비중이 5.8%에 그쳤다. 그것마저도 제조업의 대부분이 식음료와 담배 제조업 등에 집중되어 있다. 그리스에는 고부가가치의 생산성 높은 제조업이 없는 셈이다. 반면 서비스업 비중은 90%를 넘고 있으며, 특히 관광 산업과 부동산 서비스업이 각각 전체 GDP의 15% 정도씩을 차지하고 있다. 이런 불균형적인 산업 구조로 인해 그리스 경제는 유로화 강세와 물가상승 등의 경기변동에 매우 취약할 수밖에 없다.

셋째, 단일통화 사용에 따른 독자적 통화 정책 대응이 곤란했다. 그리스가 유로 존에 가입하지 않았다면 자국 통화의 가치 절하 등의 환율 조정을 통해 무역적자가 감소하거나 정부가 화폐 발행을 늘리고 금리를 인하하는 등의 정책 수단을 활용할 수 있었을 것이다. 그러나 유로 존은 이자율과 화폐 공급 등의 통화 정책을 유럽중앙은행(ECB)에서 관장하고 있다. 그러므로 유로 존 내의 개별 국가인 그리스는 자국의 대외 경쟁력 제고와 무역적자 감소를 위해 독자적으로 대응할 수 있는 통화 정책 수단이 없다.

그렇다고 그리스 복지에 문제가 없다는 것은 아니다. OECD 평균 수준의 복지국가라면 복지 재정의 활용도를 극대화하는 것이 옳다. 그런데 그리스는 사람에 대한 직접 투자를 의미하는 사회서비스 분야가 미발달한 가운데 고급여의 소득보장 제도라는 복지 정책을 주로 사용하였고, 그로 인하여 사회 전반에 심각한 계층화가 나타났다. 그리스 정부는 많지도 않은 복지 재정을 아주 잘못된 방향으로 사용했던 것이다. 그리스의 공적연금은 소득대체율이 무려 95%에 이른다. 그럼에도 노인 빈곤율은 23%로 OECD 평균 14%에 비해 한참 높다. 공무원, 법조인, 교원 등 좋은 직장을 가진 사람들은 이런 엄청난 연금 혜택을 받지만, 시간제나 계약직 일자리를 전전하다가 은퇴한 수많은 서민들은 연금 혜택에서 소외되었기 때문이다. 이렇게 소득보장 쪽에 정부 재정을 많이 지출하다 보니 아동이나 여성, 청년 등을 위한 사회서비스 투자는 크게 부족하고, 이것이 인적 자본과 사회적 자본의 미발달로 이어져 경제 성장이 지체되고 경제 위기에 취약하게 된 것이다.

결국 어떤 나라의 복지 수준이 높은 것은 경제적 부담이나 경제 위기와는 아무 관련이 없다. 만약 관련이 있다면, GDP 대비 공공사회복지 지출의 비중이 세계적으로 높은 북유럽 복지국가들이 먼저 망했어야 했다. 그런데 상황은 정반대이다. 북유럽 복지국가들은 1인당 국민소득이 가장 높은 나라들이며, 경제와 교육 등의 국제 경쟁력도 최고로 높다.

그런데 우리나라의 일부 교과서들은 복지는 비효율적이며 국가를 위기로 몰고 간다는 식의 전혀 입증되지 않은 그릇된 서술을 담고 있다. 청소년들을 포함한 대부분의 국민들은 교과서가 거짓말을 할 리가 없다고 생각한다. 교과서에는 객관적 사실과 진실만 담겨있다고 믿는다. 하지만 '복지의 역기능'이란 주제로 서구의 경제 위기를 고복지와 복지 확대 탓으로 돌리는 일부 교과서들의 서술은 아예 사실관계를 틀리게 담고 있다. 이것은 어느 한 편의 모습을 보여주지 않거나 진술을 왜곡되게 한 것과는 비교할 수 없을 만큼 큰 거짓말을 하고 있다.

우리는 사회적 약자를 도와주면 게을러진다고 배웠다

〈사회문화〉의 '사회 계층과 불평등' 단원에서도 왜곡된 복지 교육이 계속된다. 〈사회문화〉 교과서들은 이 단원에서 복지에 대한 추상적인 비유를 통해 '복지는 사람들을 게으르게 하고 나라를 망하게 하는 것'이라는 왜곡된 인식을 학생들의 머릿속에 깊게 각인시킨다. 특히 한 출판사의 고등학교 〈사회문화〉 교과서에 실려 있는 '현대판 개미와 베짱이' 이야기가 그렇다.[3] 한번 읽어보자.

…

개미는 부유하게 살지만 베짱이는 가난한 것을 보고 임금님은 크게 개탄했다. 그래서 부자에게 무거운 세금을 물려 가난한 자들을 지원하기 위한 법을 만들었다. 그런데 이듬해 그 마을을 다시 찾아가 보니 이 나라 벌레들은 모두 냉방이 잘된 노래방에서 노래만 부르고 있는 게 아닌가. 깜짝 놀란 임금님의 외마디 비명. "아, 개미 너마저!"

…

이 이야기를 읽으며 복지를 공부하는 학생들은 열심히 일해서 부유해진 개미에게 무거운 세금을 물리는 것은 무척이나 부당한 일일뿐만 아니라 결국 개미조차 놀게 만들 것이라고 생각할 것이다. 그리고 이것이 다 게으르고 무책임한 베짱이를 도와준 정부의 잘못된 복지 탓이라고 여기게 될 것이다. 이런 편향된 교육을 받은 학생들은 우리나라의 복지 현실에 대해 잘못된 판단을 할 가능성이 크다. 만약 이들 학생들이 언론의 뉴스에서 시민단체들이 무상급식 등의 보편적 복지를 주장하는 장면을 보게 되면 이에 대해 '베짱이들의 억지 주장'이라며 무상급식은 절대 있을 수 없는 일이라고 말할 가능성이 높다.

이런 식의 왜곡되고 편향된 교육은 감수성이 예민한 청소년들을 이념적으로 잘못된 방향으로 이끌 수 있다. 복지에 대해 왜곡된 분노를 가진 청소년들이 극우적 사고로 기울어 하나의 비주류 문화를 형성하면서 성적 소수자와 외국인 노동자 등의 사회적 약자에 대한 혐오를 키울 수도 있다. 사회적 약자에게 특별한 혜택을 주는 것이 불공정하다고 생각하며 약자들을 혐오하는 혐오 문화가 사회 문제가 되고 있다. 이런 문화가 청소년들에게 빠르게 확산된 것은 아마도 '베짱이를 지원하는 것은 잘못됐다'고 가르친 우리나라의 왜곡된 교육과 무관하지 않을 지도 모른다.

프랑스 고등학생들이 공부하는 사회교과서의 첫 장을 펴면, 제일 먼저 등장하는 것이 알렉상드르 드캉의 '구걸한 돈을 세는 거지'라는 제목의 그림이다. 그림 옆에는 '이 사람은 왜 구걸을 할 수밖에 없었습니까?'와 '과거의 개인적 자선 행위는 오늘날 어떤 형태의 연대성으로 변화했습니까?'라는 두 가지의 질문이 달려 있다. 교사용 지도서에 따르면, 이 그림을 두고 학생들은 '연대의 가치를 배우고 내면화할 수 있도록 토론'해야 한다고 되어 있다.[4] 프랑스 학생들은 가난의 문제를 게으른 자가 겪는 어쩔 수 없는 개인적 고통이 아니라 사회구조적 문제라고 배운다. 따라서 그 해법도 스스로 알아서 해결하는 것이 아니라 사회 구성원들이 힘을 합쳐 연대의식을 갖고 함께 공동체 속에서 해결하도록 배우고 있다.

복지는 그 자체로 분배이지만 이것뿐만 아니라 성장과 관련이 있고, 연대의식과도 관계가 깊다. 구걸하는 거지의 가난과 고통을 그의 게으름 탓으로 인식하도록 가르치는 교육과 이것을 사회 공동체의 문제로 떠안으며 연대의 가치 속에서 함께 해결할 문제로 생각하게 하는 교육은 달라도 너무 다른 것이다. 그리고 둘 중 어떤 교육이 우리 사회를 보다 행복하고 안전한 곳으로 만들 수 있을지에 대해서는 우리 모두 너무나 잘 알고 있다.

일그러진 언론의 복지 교육

이처럼 우리나라의 중·고등학교 교육에서는 복지와 복지국가에 대한 교육이 부실하거나 또는 어떤 부분에서는 왜곡되어 있다. 우리나라 교과서에서는 시장의 원리가 적극 활용되는 복지국가의 조정된 시장 경제를 통해 경제 성장과 복지를 함께 이루어낸 북유럽 복지국가들이나 유럽대륙의 성공한 복지국가들의 모습은 언급조차 하지 않는다. 오히려 복지를 확대한 서구의 선진국들이 복지 때문에 경제 위기를 겪었고, 이제 복지 축소를 통해 다시금 경제를 회복하게 되었다며 '복지는 망조'라는 성급한 결론을 내리기도 한다. 급기야 복지는 게으른 베짱이에 이어 개미까지 게으르게 만든다는 비유까지 담고 있다.

그런데 교육은 학교에서만 이루어지는 게 아니다. 사람들은 공식적인 교육기관이나 평생교육 등을 통해서도 배우지만 일상을 살아가면서 언론을 통해서도 큰 영향을 받게 된다. 특히 성인들에게 미치는 언론의 교육 효과는 매우 크다. 그런데 보수 언론들 중에는 아예 복지를 포퓰리즘이나 세금폭탄 등의 용어와 직접 연결시키는 경우가 적지 않다. 한 신문사의 경우를 예로 들자면, 2011년 '복지강국이 앓고 있다'는 제목으로 기획 기사들을 연재했다. 취재팀은 프랑스, 스웨덴, 이탈리아, 일본, 영국, 노르웨이, 스페인, 그리스, 아르헨티나, 독일 등 10개국을 취재하며, 한때 복지강국으로 불렸던 나라들이 현재 얼마나 많은 부작용과 개혁의 몸살에 시달리는지를 오랜 기간에 걸쳐 소개했다.

그런데 문제는 사실관계에 근거를 둔 정확성이다. 과연 이들 나라들이 취재팀의 주장대로 보편적 복지를 실시하고 또 복지를 확대해서 경제적 어려움을 맞이하게 된 것인지, 그리고 정말로 이들 나라들이 선별적 복지로 돌아서거나 복지를 축소하고 있는 것인지에 대해서는 사실관계부터 정확하게 따져봐야 한다. 논란이 되는 부분이나 사실이 아닌 주장을 기획 기사를 통해 내보낸 부분이 적지 않다. 가령 1990년대 초반 스웨덴이 경제 위기를 겪었던 것은 복지의 과잉 때문이 아니라 신자유주의 세계화에 따른 글로벌 위기의 파급이 주요 원인이라는 것이 일반적인 분석이다. 또 당시 새로 들어선 사민당 정부에 의해 스웨덴 경제가 위기에서 빠져나와 빠르게 회복한 것은 오히려 스웨덴의 탄탄한 보편적 복지 덕이라는 게 전문가들의 분석이다.

스페인이나 이탈리아 같은 남부유럽 국가들에 대해서도 오해와 편견이 심각하기는 마찬가지이다. 기사는 남부유럽 국가들의 경제 위기가 고복지 때문이라고 단정한다. 물론, 이들 국가는 과거의 노동자였던 노인에 대한 공적연금 급여가 지나치게 높은 것이 사실이다. 그런데 이에 비해 여성과 아동을 위한 보육 등의 일·가정 양립을 가능케 하는 각종 사회서비스는 발전이 크게 지체되어 있다. 그래서 이들 남부유럽 국가들은 여성 고용률이 주요 국가들 중에서 가장 낮다. 산업화된 국가에서 여성의 경제활동참가율이 낮은 나라는 밝은 미래를 기대하기 어렵다. 청년들에게 복지를 통해 기회를 제공하는 데 대해서도 이들 나라는 매우 후진적이다. 적극적 노동시장정책이 덜 발달되어 있다. 결론적으로 말하자면, 앞에서 본 그리스의 사례처럼 이들 남부유럽 국가들은 복지 수준[5]이 지나치게 높아서 경제 위기가 온 것이 아니라 복지를 선진적 방식으로 제대로 제도화하지 못한 것이 문제였다. 그리고 이들 나라의 경제 위기에 대해서는 경제의 구조적 한계와 산업 자체의 문제들이 우선적인 이유라고 봐야 한다.

영국의 사례 역시 마찬가지로 잘못 이해되고 있다. 영국의 국영의료

제도인 NHS를 축소한다고 해서 이것을 선별적 복지로 전환한다고 할 수는 없다. 영국은 의료 서비스만큼은 1948년 이후로 베버리지의 원칙에 따라 제대로 된 무상의료를 실시해오고 있다. 그래서 신자유주의 민영화 추진으로 기세등등하던 대처 수상마저도 NHS의 민영화만큼은 손도 대지 못했다. 영국 국민들의 거센 반대가 예견되었기 때문이다. 최근 10여년에 걸쳐 NHS를 효율화하고 서비스의 질을 높이기 위해 민간자본을 끌어들이는 등의 다양한 시도가 이루어지고 있지만, 이것은 어디까지나 정부 재정의 한계를 감안하여 NHS의 기본 구조를 그대로 둔 채 NHS를 현대화하려는 것일 뿐이지 NHS라는 공공의료 시스템 자체의 축소나 성격 변화를 의미하지는 않는다. 사실 영국은 NHS 정도를 제외하고는 미국과 함께 선별적 복지를 중시하는 영미형의 자유주의 복지국가 모델에 속하는 만큼 보편적 복지를 비판하기 위해 영국의 복지 제도를 거론하는 것 자체가 적합하지도 않은 것이다.

결국 이 보수 언론은 세계 여러 복지국가들의 모습이 궁금해서 탐사취재를 떠난 것이 아니라 처음부터 '보편적 복지는 부정적인 것'이라는 답을 정해 놓고, 이것을 뒷받침할 만한 요소들을 찾아내거나 사실관계를 왜곡해서라도 기사를 작성함으로써 보편적 복지를 반대하고자 했던 것으로 여겨진다. 이처럼 한쪽으로 치우치거나 다른 한쪽을 아예 전달하지 않는, 또는 사실관계와 내용이 불확실하거나 아예 틀린 논거들을 가지고 마치 그것이 사실인 것처럼 전달하는 학교 또는 언론의 교육은 우리 국민들에게 복지와 복지국가에 대한 왜곡된 생각을 주입하게 된다. 우리가 복지라는 말과 함께 온갖 부정적인 것들을 연상하게 되고 급기야 '복지를 하다가는 나라가 망한다던데'라는 생각을 하게 되는 것은 상당 부분 교육과 언론의 탓일 것이다. 이제 이런 부분들이 바뀌어야 한다. 진실을 덮어버리는 사회는 미래가 없기 때문이다. 교육기관과 언론기관들이 제대로 된 복지 교육을 할 수 있도록 깨어있는 시민들 스스로가 복지와 복지국가에 대한 올바른 관점을 가지기 위해 먼저 공부하고 학교와 언론에게 변화를 요구할 수 있어야 한다.

2.

보편적 복지에 대한 오해와 진실

보편적 복지를 하면 모두 베짱이가 될까

자본주의의 다양성에 따라 현존하는 복지국가들은 그 성격과 성과가 다 다르다. 앞서 살펴봤듯이 미국과 같은 자유주의 복지국가 모델은 시장주의에 지나치게 의존하기 때문에 복지국가의 역할이 상대적으로 작을 뿐만 아니라 성과도 낮은 편이다. 결코 바람직한 복지국가 모델이 아니다. 이에 대해 심지어 '복지국가'라는 말을 붙이는 것조차 부자연스럽다고 말하는 사람들도 있다. 그런데 우리는 지금까지 신자유주의 세계화의 시대를 살아오면서 미국식 시장 경제와 미국식 국가 발전 모델에 대해서만 자세히 배웠고, 또 이 나라에 대해서만 주로 정보를 제공받았다. 이제라도 이런 편향된 지식과 이로 인해 굳어진 뇌리속의 편견을 깨고 성공한 복지국가에 초점을 맞춰 복지국가의 진실을 새롭게 인식할 필요가 있다.

가장 큰 편견 중의 하나는 미국식의 선별적 복지가 가장 효율적이고 바람직한 것이며, 보편적 복지는 도덕적 해이를 불러와서 경제 성장을 저해할 수 있다는 것이다. 보편적 복지를 비난하는 사람들은 사회 구성원 모두에게 사실상 무상으로 제공되는 보편적 보육·교육·의료·주거 등의 제공에 대해 위험한 일이라고 입을 모은다. 만약 그렇게 되면 아무도 일을 하려고 하지 않아 경제가 위기에 빠질 수도 있다며 도덕적 해이를 걱정한다.[6] 이런 이야기를 듣다보면, 마치 국가가 보편적 복지를 통해 모든 국민들에게 엄청나게 많은 돈을 마구잡이로 뿌려대는 것 같은 착각이 든다. 사실은 전혀 그렇지 않다.

보편적 복지는 모든 국민들이 엄청난 돈벼락을 맞는 것이 아니라 사람이 살아가는 데 꼭 필요한 것들에 대해 누구라도 접근해서 이용할 수 있도록 국가가 제도적으로 보장해주는 것일 따름이다. 일종의 필수적 서비스라고 보면 된다. 삶의 단계마다, 또는 꼭 하고 싶은 일을 하는 데 요구되는 필수 서비스를 보편적 복지로 제공받을 수 있다고 해서 사람들이 갑자기 아무 일도 하지 않은 채 베짱이가 되어 버리지는 않는다. 이렇게 생각하는 것은 지나친 비약일 따름이다. 오히려 그 반대가 옳다. 이런 복지 제도의 사회적 안전장치 덕분에 사람들은 마음이 편해진다. 실패가 불러올 처참한 삶에 대한 불안이 제도적으로 제거될 때 사람들은 더 용감해지고 기업가적 도전 정신으로 새로운 혁신을 이루어내게 된다. 그래서 더 열심히 일하고 더 과감하게 도전하여 혁신적 경제성장의 동력을 더 확충하게 된다.

사람들은 누구나 행복하려고 노력한다. 그렇게 하려면 자신이 '하고 싶은 일'을 해야 한다. 일 속에서 자아실현의 기회를 지속적으로 만들어가면서 행복을 증진하는 것이 우리네 인생이다. 아무리 보편적 복지가 잘 되어 있다고 해도 우리는 추가적 시장소득을 얻기 위해 일을 해야 한다. 제대로 된 보편적 복지국가는 공정한 기회를 국민 모두에게 균등하게 보장해주는 데 우선적인 투자를 하게 된다. 이것이 바로 사람에 대한 보편적 투자로서 보편적 복지의 핵심이다. 이것은 국민의 입장에서는 일종의 사회임금을 국가로부터 보편적으로 제공받는 셈이 된다. 하지만 이것만으로는 살 수가 없다. 보편적 복지가 아주 잘 발달한 나라에서도 사회임금의 비중은 50% 수준이다.[7] 그래서 시장임금이 필요하고, 일을 해야 한다.

보편적 복지가 잘 발달한 북유럽 국가들과 다른 나라들의 고용률을 비교해보면 '베짱이의 진실'을 알게 될 것이다. OECD의 2015년 고용률 통계(15~64세)를 보면, 우리나라의 고용률은 65.7%로 OECD 평균 고용률 66.3%에 조금 못 미친다. 그러면 북유럽 복지국가들은 어떨까. 아이슬란드의 고용률은 세계에서 제일 높아서 84.2%나 되고, 스웨덴은 75.5%, 노르웨이 74.9%, 그리고 덴마크는 73.5%였다. 이들 나라의 고용률은 우리나라보다 10%포인트 정도 더 높다. 세계에서 최고로 고용률이 높은 이 나라들이 바로 가장 모범적인 보편적 복지국가들이다. 선별적 복지를 통해 일하지 않으면 죽음뿐이라며 사람들을 시장으로 몰아붙이면서 사람들이 도덕적 해이에 빠질 걱정이 거의 없어 보이는 시장주의 국가 미국의 고용률은 얼마나 될까. 이 통계에 의하면 68.7%였다. 북유럽 국가들보다 낮다. 결국 보편적 복지를 하게 되면 사람들이 베짱이가 될 것이라는 걱정은 아무 근거가 없는 것이며, 오히려 그 반대가 정답이다. 실제로 보편적 복지국가들의 노동 윤리는 매우 모범적이다.

보편적 복지를 하면 경제가 죽을까

보육, 교육, 의료와 같은 보편적 사회서비스를 국가가 제도적으로 제공하면 국민들은 각자의 호주머니에서 지출할 돈이 그만큼 줄어들게 된다. 그래서 같은 월급을 받아도 이전보다 더 풍족한 삶을 살 수 있게 된다. 실제로 회사에서 월급은 오르지 않았지만 보육비나 의료비 같은 고정적인 지출이 감소한 덕분에 월급을 더 받는 것과 동일한 효과를 얻게 된다. 이것이 바로 정부가 모든 국민들에게 보편적으로 제공하는 사회임금이다. 이렇게 보편적 복지가 잘 발달한 나라에서는 결국 소비가 늘어날 수밖에 없다. 바꾸고 싶던 가전 제품을 새로 사고, 아이에게 새 장난감을 사주고, 미루었던 가족 여행을 떠나게 된다. 서민들의 이런 소비는 주로 국내에서 일어나므로 내수경제가 살아난다. 그리고 이것이 기업의 성장과 일자리의 창출로 이어지면서 국가 경제가 한층 활성화되게 된다.

이렇게 모든 국민들에게 필수적 서비스를 보편적으로 제공하려면 돈이 많이 필요하다. 결국 세금을 더 걷어야 하는데, 누진세 원리 때문에 주로 부유층이 큰 부담을 지게 된다. 이럴 경우에 부유층이 소득이 준만큼 소비를 줄이게 되고, 일을 덜 할 것이기 때문에 경제에 악영향을 끼칠 것이라는 우려가 나오기도 한다. 하지만 이런 걱정은 별로 근거가 없다. 먼저 소비를 따져보면, 부유층이 세금을 내느라 소비를 줄이는 정도보다 보편적 복지로 사회임금이 늘어난 보통사람들이 이것을 소비하는 정도가 압도적으로 커서 국가 전체로 보면 경제 수준이 향상되는 결과를 낳는다. 다음으로 부유층이 일을 줄일 가능성을 생각해보면, 사실 이런 걱정은 할 필요가 없을 것 같다. 비록 소득세를 많이 내더라도 더

벌 수 있음에도 불구하고 더 버는 것을 포기할 부자는 아무도 없을 것이기 때문이다.

보편적 복지국가의 국민들이 일을 하지 않으려고 할 것이라는 오해에 대해서는 앞에서 이미 살펴보았다. 경험적 결과는 보편적 복지국가에서 오히려 고용률이 더 높다는 사실을 보여주었다. 그렇다면 일하는 시간은 어떨까. 이들 복지국가에서 사람들은 선별적 복지국가의 국민들보다 더 많이(길게) 일하지 않는 문제는 없을까. 실제로 보편적 복지국가의 노동자들은 노동시간이 선별적 복지국가의 노동자들보다 짧다. OECD의 2015년 통계를 보면, 우리나라의 노동자 1인당 연간 평균 노동시간은 2,113시간으로 OECD 평균인 1,766시간에 비해 엄청나게 길다. 북유럽의 보편적 복지국가들은 어떨까. 아이슬란드는 1,880시간이고, 스웨덴은 1,612시간, 노르웨이 1,424시간, 덴마크 1,457시간, 그리고 핀란드는 1,646시간이다. 그리고 미국은 1,790시간이다.

이 통계를 제대로 살펴보자. 미국은 자유주의 복지국가인데 OECD 평균 수준의 연간 노동시간을 보여준다. 그런데 우리나라는 엄청나게 노동시간이 길다. 북유럽 국가들은 노동시간이 많이 짧다. 그렇다면 노동시간이 짧은 것은 근로의욕이 저하된 보편적 복지의 문제인가? 만약, 이 말이 옳다면 선별적 복지의 대명사인 미국의 연간 노동시간이 우리나라처럼 압도적으로 길어야 할 것이다. 그런데 미국의 연간 노동시간은 OECD 국가들의 평균 수준이다. 설명이 잘 되지 않는 것이다. 게다가 미국과 같은 유형에 속하는 영국의 연간 노동시간은 1,674시간에 불과했다. 이것은 스웨덴에 거의 근접한 낮은 수치이다. 결국 우리는 짧은 노동시간과 근로의욕의 저하 사이에는 아무런 인과관계가 없다는 점을 확인한 것이다. 사실 노동시간이 짧은 나라들은 주로 1인당 국민소득이 높은 선진국들이다. 보편적 복지를 실시하기 때문에 근로의욕이 낮아지고, 그래서 노동시간이 짧아지는 것이 아니라는 것이다. 오히려 보편적 복지냐 선별적 복지냐의 문제와 무관하게 그 나라가 부자 국가라서, 그래서 산업의 생산성이 높아서 노동시간이 짧아지는 것이다.

그럼에도 불구하고 미국의 경우는 1인당 국민소득에 비해 연간 노동시간이 좀 긴 편에 속한다. 미국의 1인당 국민소득은 스웨덴 같은 북유럽 국가들보다는 작지만 독일이나 네덜란드 같은 유럽대륙 국가들보다는 조금 더 높다. 그런데 독일의 1인당 연간 노동시간은 1,371시간, 네덜란드는 1,419시간에 불과하다. 독일이나 네덜란드 같은 대부분의 유럽대륙 복지국가들은 미국보다 1인당 국민소득은 조금 낮은 편인데 비해 노동시간은 지나치게 짧다. 그 이유는 크게 다음의 두 가지가 될 것이다. 첫째, 미국은 세계에서 소득 불평등이 가장 심한 나라이기 때문이다. 그래서 미국에서 보통사람들의 실제 소득은 '1인당 국민소득'으로 나타난 전체 국민의 평균소득에 비해 훨씬 더 낮은 수밖에 없다는 것이다. 실제로는 미국의 보통국민들은 독일이나 네덜란드의 보통국민들보다 소득이 더 낮다는 것이다. 둘째, 국가 복지의 수준 차이 때문이다. 미국은 선별적 복지를 실시하기 때문에 국가 복지가 미약한데 비해 유럽 복지국가들은 미국과 비교할 수 없을 정도로 복지 수준이 높다. 국가 복지의 수준을 나타내는 지표로서 GDP 대비 공공사회복지 지출의 비중을 살펴보자. 2014년 현재, 미국은 19.2%에 불과해서 OECD 평균인 21.6%에도 못 미친다. 그리고 미국은 유럽대륙에 속하는 복지국가들인 프랑스 31.9%, 벨기에 30.7%, 오스트리아 28.4%, 독일 25.8%, 그리고 네덜란드 24.1%에도 크게 미달한다. 즉 유럽 복지국가들의 보통국민들이 받는 사회임금의 수준이 미국의 보통국민들보다 압도적으로 높다. 그래서 미국의 보통국민들은 사회임금이 부족한 만큼 시장임금이 더 많이 필요하고 그래서 더 긴 시간을 일해야 하는 것이다.

보편적 복지를 하면 국가부채가 늘어날까

보편적 복지를 통해 모든 사람들에게 복지 혜택을 제공하면 정부의 재정 적자가 누적되지는 않을까 걱정하는 사람들이 있다. 가능성을 배제할 수는 없다. 하지만 우리는 이미 그렇지 않다는 것을 스웨덴의 보편적 복지 경험을 통해 충분히 배웠다. 보편적 복지를 제도적으로 시행하면 정부의 재정 부담이 크게 늘어나므로 세금을 통해 정부 재정을 마련해야 한다. 제2부의 5장 '복지국가의 세 가지 유형'에서 살펴보았듯이, 국민의 조세 저항은 세금을 많이 내는 북유럽 복지국가 모델보다 세금을 적게 내는 자유주의 복지국가 모델에서 더 강했다. 국민들은 세금을 내더라도 그것이 보편적 복지를 통해 모든 사람들의 공정한 기회 균등을 보장하는 데 사용된다면 기꺼이 세금을 더 낼 용의가 있다.

복지 지출이 늘어나더라도 더 많은 세금을 걷을 수 있으면 국가 재정의 건전성은 논리적으로 아무 문제가 없다. 세금을 더 걷는 데 미국과 같은 자유주의 복지국가 모델보다 북유럽 모델이 더 유리한 또 다른 이유를 찾아보자. 북유럽 복지국가 모델의 대표 선수인 스웨덴의 보편적 무상보육을 통해 그 이유를 따져보도록 한다. 혹시 이 책의 스웨덴 편이 잘 기억나지 않을 독자들을 위해 다시 한 번 무상보육의 효과를 간략히 설명하면 다음과 같다.

먼저, 단기적으로 스웨덴의 무상보육은 일자리를 대거 창출해냈다.

무상보육은 모든 가정에 보육 서비스를 제공하는 것인 만큼 엄청난 수의 보육 관련 종사자들과 복지비용을 집행할 일꾼들을 필요로 한다. 그래서 공공 부문의 일자리가 대거 늘어날 수밖에 없다. 스웨덴 정부가 '사회서비스법'을 토대로 무상보육을 시작한 1980년대에 어린이집과 가정탁아의 증가율은 10년 동안 거의 250퍼센트에 달했다. 이로 인해 보육 종사자들과 복지 공무원의 수는 엄청나게 늘어났다.

다음으로, 무상보육은 여성들의 경제활동 참가를 안정적으로 증가시켰다. 우리나라의 성별·연령별 경제활동 지표를 보면 재미있는 것이 하나 있다. 20대 여성들의 취업률은 높게 나타나는 반면, 30대와 40대 여성들의 취업률은 떨어지고, 다시 50대와 60대 여성들의 취업률이 올라간다는 것이다. 이것은 기혼 여성들이 육아를 위해 가정을 벗어나지 못하다가 어느 정도 자녀들이 성장하면 다시 취업에 나선다는 것을 의미한다. 사회적으로 가장 활발하게 활동해야 할 30대와 40대 시기를 가정에서만 보낸 여성들은 늦은 나이에 구직을 할 때는 자신의 전문성을 살릴 수도 없을 뿐만 아니라 훨씬 낮은 보수를 받는 비정규직이 되기가 십상이다. 그런데 보육과 같은 보편적 복지가 제도적으로 잘 발전하면 여성들은 자녀들을 보육 전문기관에 맡기고 자신의 경력을 계속 쌓으면서 활발한 사회 활동을 할 수 있게 된다.

스웨덴은 여성 고용률이 무려 74%에 이른다. 우리나라는 55.7%로 OECD 평균인 58.6%보다 낮아 OECD 34개 회원국 중 28위에 그치고 있다. 우리나라와 달리 스웨덴에서 이렇게 여성 고용률이 높아질 수 있었던 것은 육아휴직 제도의 덕도 있지만 보편적 무상보육의 기여 효과도 무시할 수 없다. 모든 여성들이 마음 놓고 일을 할 수 있도록 해주는 사회에서 여성들은 아이를 낳고 키우는 기쁨과 더불어 사회 활동도 계속할 수 있는 것이다. 결국 경제 활동을 하는 여성들이 많아지면 사회 전체적으로 투입되는 노동력이 증대되어 경제가 성장하고 당연히 세수도 늘어난다. 또 각 가정에서는 무상보육으로 보육비를 절약할 수 있고 기혼 여성들의 직장 생활 덕분에 가계의 소득이 늘게 되니 소비를 더 늘릴 수 있게 된다. 그렇게 확대된 소비로 인해 경제는 더 발전하고, 세수는 더 늘어나게 된다.

무엇보다도 보편적 무상보육의 가장 장기적인 효과는 합계출산율의 증가이다. 출산율이 높다는 것은 미래 사회를 이끌어갈 경제활동인구가 계속 증가한다는 것을 의미하므로 경제 성장과 관련해서 매우 중요한 요인이다. 실제로 스웨덴은 합계출산율 1.9로 유럽에서 출산율이 가장 높은 나라에 속한다. 인구가 곧 경제 성장을 의미하므로 이것 또한 세입의 증대에 기여하는 것이다. 그뿐만이 아니다. 출산율의 증가는 육아 관련 산업과 청소년 관련 산업을 위해 소비가 창출되는 것을 의미하므로 이들 산업 분야의 경제가 활성화된다. 결국 무상보육과 같은 보편적 복지는 단기적으로나 중장기적으로나 한 사회의 경제를 안정적으로 성장시키고, 이에 따라 지속적으로 정부의 세입도 늘어나게 한다.

이처럼 스웨덴의 보편적 복지는 여성과 아이들이 행복하도록 도와주는 것뿐만 아니라 인구의 안정적 유지와 함께 지속가능한 경제 성장의 효과까지 함께 누릴 수 있도록 했다. 그래서 지난 1998년부터 2007년까지 연평균 GDP 성장률을 보면, 스웨덴은 3.23%로 서구 선진국들의 2%내 성장에 비해 우월한 실적을 냈다. 스웨덴은 고용률이 높고 경제가 안정적으로 성장하면서 정부가 복지국가를 운영하는 데 필요한 재정을 조세를 통해 확보하기도 좋은 것이다. 결국 스웨덴은 재정 지출을 많이 하는 만큼 조세 수입이 많으므로 정부 재정이 건전할 수밖에 없고, 그래서 스웨덴은 국가부채가 아주 낮은 나라에 속한다. 2014년 현재, 일본의 국가부채는 GDP의 233%이고, 이탈리아 144%, 그리스 189%, 그리고 독일이나 프랑스 등의 유럽대륙 국가들이 대체로 80~100% 수준이고, 미국 110%, 영국 113%, 그리고 OECD 평균은 113%였다. 그런데 스웨덴의 국가부채는 GDP의 52.7%였다.

이렇게 스웨덴과 다른 나라들을 비교해보면, 보편적 복지를 하면 국가부채가 늘어나기는커녕 정반대로 국가부채가 아주 낮은 수준에서 건전하게 잘 관리된다는 사실을 알 수 있다. 보편적 복지국가 모델인 북유럽 국가들에서 이런 현상이 공통적으로 관찰된다. 스웨덴뿐만 아니라 덴마크와 노르웨이의 국가부채도 각각 GDP의 58.4%와 53.2%에 그쳤다.

이 지점에서 우리는 중요한 교훈을 얻어야 한다. 편견을 버려야한다는 것이다. 복지에 돈을 펑펑 쓰게 되면 국가 재정이 금방 거덜 난다는 얄팍한 상식은 전혀 진실이 아니다. 미국식의 선별적 복지에 돈을 펑펑 쓰면 실제로 국가 재정이 고갈될 수도 있겠지만 보편적 복지는 전혀 그렇지 않다. 보편적 복지는 더 큰 이익으로 되돌아오는 사람에 대한 적극적 투자이기 때문이다. 결국 보편적 복지가 나라 재정을 고갈시켜 국가부채가 늘어난다는 '그럴듯한 왜곡'은 전혀 사실이 아니고, 오히려 진실은 그 반대편에 있다.

보편적 복지가 가지는 큰 장점은 국민의 능력 개발을 극대화하여 지속적인 혁신을 통해 경제 성장이 가능하도록 한다는 점이다. 부모의 소득이나 학력 등 타고난 환경과 상관없이 양질의 보편적 보육과 교육을 받으면서 자라난 보편적 복지국가의 아이들은 그렇지 않은 나라의 아이들에 비해 더 나은 기능과 창의성을 지닌 우수한 기술 인력이 될 확률이 훨씬 높아진다. 스웨덴이나 핀란드 등의 북유럽 복지국가들이 세계에서 가장 우수한 교육 제도를 가지고 있다는 평가를 받는 것은 결코 우연이 아니다. 상류층에서 태어난 소수의 아이들만이 아니라 누구라도 모든 아이들은 개인의 노력 여부에 따라 다양한 형태의 사회적 성취를 이룰 수 있게 된다. 이들 나라에서는 보편주의 원리에 따라 대다수 국민들이 자신의 타고난 잠재력을 최대한 잘 개발할 수 있도록 교육 제도가 효과적으로 운영된다. 그리고 보편적 복지국가에서는 창업할 확률이나 벤처기업의 성공 가능성이 훨씬 높다. 그것은 보편적 복지가 사회안전망의 역할을 잘 해주어서 기업가적 도전 정신이 최대한 발현되도록 해주기 때문이다. 우리나라와 같이 지하자원이 부족하고 내수시장이 작아서 인적자원을 중심으로 경제를 성장시켜야 하는 경우에는 보편적 복지 정책이 최고의 처방이며 혁신적 경제 성장을 담보할 가장 확실한 보증 수표라고 하겠다. 그리고 이것은 이미 개연성 있는 논리를 넘어 북유럽에서 경험적으로 입증된 사실이다.

보편적 복지는 공짜라서 나쁜 것인가

보편적 복지를 반대하는 사람들은 흔히 '공짜는 나쁘다'고 이야기한다. 특히 무상급식 논란이 큰 쟁점이 되었을 때 '이건희 손자에게 공짜 밥을 왜 주냐'며 보수 언론들을 중심으로 엄청난 비난을 쏟아냈다. 누가 누구에게 공짜로 주는 것은 개인적인 자선이다. 그런데 무상급식의 경우에는 개인이 아니라 국가가 해당 국민들에게 보편적으로 밥을 제공하는 것이며 다만 밥을 제공하는 시점에서 돈을 받지 않을 따름이다. 일부 보수 진영은 이것을 두고 공짜는 나쁜 것이라고 반대한다. 그런데 이것은 공짜가 아니다. 국민들이 국가에 세금으로 먼저 돈을 지불했기 때문이다. 학교에서 이루어지는 급식만 그런 것이 아니다. 교육도 그렇다. 초등학교는 등록금을 받지 않는다. 교육 서비스를 받는 시점에서 돈을 내지 않는다고 해서 공짜는 아니다. 세금으로 미리 냈기 때문이다.

의료도 그렇다. 대다수의 복지국가들에서 법률과 제도로 시행하는 무상의료는 공짜가 아니다. 하늘에서 돈이 쏟아지는 게 아니므로 무상의료는 사회 구성원들이 내는 세금과 건강보험료로 충당된다. 그러므로 공짜 의료가 나라를 망하게 한다는 식의 공세는 정치적 선동일 뿐이다. 무상의료는 의료 서비스 이용 시점에서 돈을 지불하지 않는다는 뜻일 뿐이다. 의료이용 시점에서 환자가 직접 지불해야 할 비용이 많아지면 소득 계층에 따른 의료이용의 불평등이 발생한다. 이것은 보육도 교육도 마찬가지이다. 이들 서비스의 이용 시점에서 이용료로 돈을 받으면 돈이 없거나 부족한 사람들은 이용 자체를 포기하게 된다. 그런데 보편적 복지의 이용을 포기하는 사람들이 많아지면 이것은 인간의 존엄이라는 인권적 측면에서뿐만 아니라 경제사회적 측면에서도 해당 사회는 큰 손실을 입게 된다. 보육, 교육, 의료, 요양 등의 보편적 복지는 경제학적 가치재로 분류되므로 국가가 나서서 국민 모두가 이런 보편적 복지를 충분하게 이용하도록 장려해야 한다. 그것은 이들 보편적 복지 서비스의 전 국민적 이용에 투입되는 정부의 막대한 비용 부담에도 불구하고 그것으로 인한 결과적인 편익이 훨씬 더 크기 때문이다.

그럼에도 불구하고 일부 보수 진영이 보편주의 원칙에 입각한 무상보육, 무상교육, 무상의료 등에 대해 공짜 공세를 퍼붓는 것은 실은 다른 의도가 있기 때문이다. 이런 보편적 복지가 공짜가 아니라는 것은 이들도 잘 알고 있다. 보편적 복지의 제도적 실천을 위해서는 미리 내는 돈(세금)이 많이 필요하다. 바로 이것이다. 이들이 공짜 공세를 퍼붓는 진짜 이유는 보편적 복지를 위해 부자들이 세금을 더 내야 한다는 사실 때문이다. 우리나라의 보수 진영은 부자들이 세금을 더 내는 게 싫은 것이다. 그런데 부자들이 세금을 더 내는 것은 부당한 일이 아니다. 전 세계적으로 누진적 소득세 제도를 통해 부자들이 세금을 누진적으로 더 내고, 이를 통해 소득재분배를 하는 것은 이미 복지국가 시대의 상식이자 정의로운 일로 간주되고 있다.

한국인 야구 선구로 미국 LA다저스 팀에서 활약한 류현진의 사례를 살펴보자. 그는 엄청난 액수의 연봉을 받고 세금도 많이 낸다. 지난해에만 세금으로 전체 소득의 24%를 냈다. 그가 미국이 아니라 유럽 복지국가에서 활동했다면 세금을 더 많이 냈을 것이다. 그 큰돈을 세금으로 내야 한다는 것이 좀 억울할 수도 있을 것이다. 류현진 선수는 운동에 적합한 신체적·정신적 능력을 타고나기도 했지만 실은 본인 스스로도 운동 선수로 성공하기 위해 피나는 노력을 했다. 그럼에도 그는 자신의 성과물 중의 많은 부분을 세금으로 내는 것이 당연히 옳다고 수긍해야 할까? 수긍하지 않음에도 불구하고 세금을 억지로 내게 된다면 사람들은 조세에 대한 저항감을 더 많이 가지게 되고, 그런 사회는 사회통합의 수준이 떨어져서 지속 가능하기도 쉽지 않게 된다.

한번 따져보자. 류현진 선수가 막대한 수입을 올릴 수 있는 것은 그의 야구 경기를 보러오는 수많은 관중들이 야구장 입장권을 구매해준 덕분이다. 또 야구 경기가 방송으로 방영되면서 방송 광고를 할 수 있기 때문이기도 하다. 즉 누군가의 성공은 그 자신만의 노력으로 이루어지는 것처럼 보이지만, 알고 보면 공동체의 협력 없이는 불가능한 것이다. 재벌들도 마찬가지이다. 재벌 대기업들이 돈을 많이 벌 수 있었던 것은 그 사회의 구성원들이 그 기업의 제품을 그만큼 많이 샀기 때문이고, 그 제품을 개발하고 생산할 수 있도록 국가에서 연구비와 교육비 등을 직·간접적으로 지원했기 때문이다. 이렇듯 부자들의 자산과 소득은 그것이 상속이나 증여 없이 개인적 노력으로 얻어진 것이라고 해도 국가의 공적 시설들과 각종 지원, 그리고 공동체의 맥락 속에서 다양한 도움이 작용한 것이기 때문에 그런 자산과 소득의 일부를 다시 공동체로 환원시키는 것은 정의에 합치한다.

소득재분배가 필요한 또 다른 이유가 있다. 특정 사회에서 부가 집중되면 결국 그 사회 전체의 구매력이 낮아져서 기업의 정상적인 활동이 어려워지고, 경제의 순환이 끊어지게 된다. 류현진 선수가 아무리 야구를 잘 한다고 해도 시민들이 입장권을 살 돈이 없거나 구매력이 없어져서 기업의 생산품을 구입할 수 없어지면 어떻게 될까? 경기장 입장권 수입이 줄어들고 기업들의 광고가 줄어들 것이므로 류현진 선수는 지금과 같은 높은 소득을 더 이상 유지할 수 없게 된다. 류현진 선수는 사회 전체적 맥락 속에서만 야구 선수로서 큰돈을 벌 수 있는 것이다. 그래서 막대한 소득을 얻는 사람들이 더 많은 세금을 냄으로써 공동체를 보다 평등하게 만드는 것은 매우 정당한 일이다.

어떤 사람들은 부유한 가정에서 태어나서 좋은 환경에서 교육을 받으며 성장한다. 이런 사람들일수록 좋은 대학에 진학하고 좋은 직장을 구할 가능성이 높다. 부잣집에서 태어나면 평생을 부자로 살 확률이 높고, 우수한 지능을 타고나면 전문 분야에서 유능한 사람으로 인정받아 높은 소득과 지위를 누릴 가능성이 높다. 반대로 가난한 집안에서 낮은 지능을 타고난 사람들의 삶은 무척이나 고단하다. 대학 진학을 포기할 가능성이 높고 보수가 낮은 직업을 갖게 되거나 실업자가 될 확률이 높다. 이런 결과적인 차이는 이들의 개인적 노력과 무관하게 우연적 요소들에 의해 비롯된 측면이 압도적으로 크다. 그런데 우리 사회에서는 이런 우연성이 사람들의 삶 자체를 행복하거나 불행하게끔 만들어버린다. 우연성이 지배적 힘을 발휘하는 이런 식의 금수저와 흙수저의 세대에 걸친 고착화 현상은 정의와 거리가 먼 것이다.

강제성을 띤 인위적인 제도나 장치들을 통해 사람들의 삶을 보다 연대적이고 평등하도록 만들어가는 것이 우리나라 헌법의 자유주의 정신에 반하는 게 아니냐는 반론이 있을 수 있다. 앞서 롤스의 《정의론》에서 살펴본 것처럼 자유권이 정의의 제1원칙으로 우선순위의 권리임에는 틀림이 없지만, 정의의 제2원칙들은 자유권이 시장에서 초래할 불평등을 보통사람들이 수용할 만한 것으로 만들어줄 수 있도록 국가가 시장 경쟁의 과정과 그 결과에 적절하게 개입하도록 요구하고 있다. 그래서 정의로운 사회는 자유와 평등의 가치를 함께 추구해야 한다. 이런 정신에 따라 우리나라 헌법도 시장의 자유로운 경쟁과 함께 이를 보완하기 위해 사회적 시장 경제 질서도 함께 추구하고 있으며, 자유권과 함께 사회권도 보장하고 있는 것이다.[8]

결론적으로 보편적 복지는 공짜가 아니다. 다만 우리 국민들은 보편적 복지를 위해 미리 세금을 더 내야 한다. 누진적 조세의 원칙에 따라 부자들은 누진적으로 세금을 더 많이 내야 한다. 그리고 일부 보수 진영이 이것 때문에 우리나라 경제 체제의 이념과 근간이 흔들린다는 식으로 보편적 복지의 확대를 반대하는 것은 옳지 않다. 오히려 보편적 복지 정책을 제대로 실행하는 것이 시장 경제의 지속가능한 발전을 더 효과적으로 보장해준다.

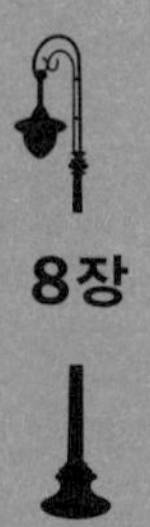

8장

역동적 복지국가의 논리와 전략

오랜 시간이 걸릴지도 모른다. 그럼에도 불구하고 우리는 우리 세대의 행복권 보장뿐만 아니라 우리 아이들 세대의 행복한 미래를 위해서라도 지금 뱃머리를 돌려야 한다.

1.

역동적 복지국가의 논리와 가치

패러다임 자체를 바꾸자

우리는 지금까지 우리 모두가 '행복할 권리'를 보장받을 수 있는 '행복국가'의 모습을 그려보기 위해 긴 여행을 했다. 시민권의 역사적 등장과 발전 과정을 살펴봤고 사회권의 중요성과 복지국가 시대의 전개 과정도 고찰했다. 그리고 자본주의의 다양성 논리에 따라 각기 다른 방향으로 발전한 복지국가의 여러 모델들을 이론적으로 공부하고, 실제로 복지국가 모델을 대표하는 세 나라에 대해서는 상세하게 살펴보기도 했다. 긴 여행을 한 것이다. 뿐만 아니라 우리는 대한민국 국민들이 지금 왜 이렇게 행복하지 않은지를 알아보기 위해 타임머신을 타고 우리의 불행이 시작된 시점으로 거슬러 올라가보기도 했다. 또 우리의 머릿속에 있는 '복지=병'이라는 왜곡된 인식이 언제부터 어떻게 자리를 잡게 되었는지 교과서도 들춰보고 보편적 복지와 복지국가에 대한 거짓과 진실도 밝혀봤다. 긴 여행을 마친 우리 앞에 놓인 해답은 명료하다. 우리가 행복하기 위해서는 복지국가로 가야 한다는 것이다. 우리가 살고 있는 이 지구상에 스웨덴과 같은 국민 '행복권'이 잘 보장되는 나라가 있다는 것은 우리에게 매우 좋은 일이다. 모범과 참고가 되기 때문이다.

매우 도전적인 심성을 가진 독자라면 당장 이민 상담을 받고 두터운 점퍼를 사 입고 짐을 챙겨서 스웨덴으로 떠나는 것이 대안이라고 생각할 수도 있겠다. 하지만 이 나라는 틀렸다며 대한민국을 훌쩍 떠나기보다는 그래도 내 나라를 뒤늦게나마 제대로 된 복지국가로 만들어보는 것, 그것이 진정한 대안일 것이다. 아무리 좋은 나라라고 해도 그곳에서 이방인이 할 수 있는 일은 현실적으로 그리 많지 않을 것이고, 이민자의 외로운 삶도 결코 만만한 문제가 아닐 테니 말이다. 그리고 우리가 이민보다 내 나라 바꾸기를 선택해야 하는 중요한 이유가 하나 있다. 그것은 이미 대한민국이 바뀌어가고 있기 때문이다. 대한민국에서 이미 희망의 싹이 자라고 있는 것이다.

외환위기 이후 불완전하지만 어쨌든 국민건강보험 제도가 출범했고 4대 사회보험과 같은 보편적 복지의 기틀이 갖춰졌다. 2012년 이후 보편적 보육이 실시되고 있고, 또 다른 보편적 복지 정책들에 대해서도 정치인들이 갑론을박 의견을 내며 대안을 찾고 있다. 또 북유럽 복지국가들에 대해 학자들과 언론들이 더 많은 관심을 갖고 각종 정보들을 쏟아내고 있다. 심지어 교사들과 엄마들 사이에서도 북유럽 식 교육 열풍이 불고 있고 북유럽 인테리어가 유행하기도 한다. 너무도 멀고 낯설기만 했던 북유럽이었지만 바야흐로 지금 북유럽 복지국가가 우리에게 무척이나 가깝게 느껴지는 것은 사실이다.

지금의 북유럽 열풍은 1990년대 중후반에 유행하던 인도 여행 열풍이나 수년 전부터 사람들이 찾고 있는 부탄 여행 열풍과는 사뭇 다르다.

인도나 부탄 여행은 우리와 다른 나라의 독특한 문화를 신비로워 하며 한번쯤 낯선 세계를 경험하고 싶은 마음에서 비롯된 것이지만, 북유럽 열풍은 우리 국민들의 '행복의 나라'에 대한 갈망과 깊은 관계가 있다. 행복하지 않아서 행복해지고 싶다는 우리 국민들의 마음이 북유럽의 교육과 인테리어에 대한 관심으로까지 이어진 것이다. 특히 유의할 점은 보편주의 원칙의 무상급식과 무상보육이 이른바 진보적 정부가 아닌 '비즈니스 프랜들리'를 대놓고 내세웠던 보수적 정부에서 실현되었다는 것이다. 보수적 자유주의 정권 하에서 이런 보편적 복지 정책들이 시행된 것은 어떤 정치 세력이 정권을 잡고 있든지 간에 행복권이 실제로 보장되는 복지국가에 대한 우리 국민들의 열망이 이미 무시할 수 없을 정도로 커졌다는 증거라고 봐도 좋을 것이다. 이미 북유럽 복지국가 모델의 씨앗은 우리의 토양 깊숙한 곳에 뿌리를 내리며 조금씩 싹을 틔우기 시작한 것이다. 그래서 우리는 희망을 품을 수 있고 마땅히 그렇게 해야만 한다.

2014년 4월 16일 인천에서 제주로 향하던 여객선 세월호가 진도 인근 해상에서 침몰해서 승객 300여 명이 사망한 대형 참사가 벌어졌을 때 많은 국민들은 '대한민국도 함께 침몰했다'며 개탄했다. 어린 학생들을 포함한 수많은 생명들을 바다 속에 가라앉힌 것은 기계적 문제로 인한 단순 선박사고가 아니었다. 그것은 규제완화와 비정규직 문제 등 외환위기 이후 한국 사회가 신자유주의적 재편을 이룬 후에 벌어진 시장만능주의 경제 체제의 구조적 사건이었다. 우리 국민은 이 참사를 통해 적어도 한 가지는 확실히 깨달았다. '이대로는 안 된다'는 것이다. 그 깨달음 역시 희망이다. 뒤늦게라도 지금 가고 있는 방향이 잘못되었다는 사실을 알게 되었으니 이제라도 진로를 수정하고 방향을 전환해야 한다.

땜질식 처방으로는 안 된다. 패러다임을 바꾸어야 한다. 제2차 세계대전 이후 산업화된 주요 선진국들을 중심으로 이미 '복지국가 시대'가 열렸고, 한때 자본주의의 황금시대를 열기도 했다. 1980년 이후 신자유주의적 자본주의를 맞아 복지국가 시대가 여러 방향으로 변화와 조정을 겪으면서 자본주의의 다양성에 조응하여 복지국가의 모습 또한 다양해졌다. 여러 유형의 복지국가 모델들 중에서 미국의 자유주의 모델이 아니라 스웨덴의 북유럽 모델이 경험적으로 가장 바람직한 성과를 냈다는 사실은 이미 살펴본 것처럼 너무나 명백하다. 지금 우리나라는 2000년대의 신자유주의적 재편에 따라 경제는 승자독식의 시장만능주의로, 복지는 보편주의가 취약하고 선별주의에 주로 의존하는 방식으로 운용되고 있다. 대한민국의 이런 낡은 '경제-복지' 구조가 앞서 제2부 6장에서 살펴본 것과 같은 참혹한 자화상을 만들어낸 것이다. 이제 우리는 대한민국이라는 배의 뱃머리를 돌려야 한다.

뱃머리를 돌리자: 역동적 복지국가

배 한 척이 바다 위를 항해하고 있다. 배에 올라탄 사람들은 이 배가 아무래도 잘못된 방향으로 가고 있는 것 같다고 생각한다. 배에 식량은 떨어져가고 낙담한 사람들이 늘어난다. 세나가 차니찬 바닷바람에 뼈마디까지 시려온다. 사람들은 불안을 호소한다. 어린 아이들은 울음을 터뜨리고 청장년들은 저만 살겠다고 주먹질을 해댄다. 이런 꼴을 지켜보며 노인들은 차라리 얼마 남지 않는 삶을 스스로 끝내고 싶다고 말한다.

사람들의 아우성 소리는 점점 더 커져가지만 선장과 선원들은 약간의 어려움은 있지만 별 문제가 아니라고 말한다. 이대로 직진하면 조만간에 국민행복시대가 열릴 꿈의 낙원에 다다를 수 있다고 웅변한다. 그러면서 선장과 선원들은 밤마다 자기들끼리 모여서 남은 식량으로 파티를 연다. 심성이 순진한 승객들과 지난번 저들의 파티에서 떡고물을 얻어먹는 일부 승객들은 선장과 선원들을 한번 믿어보자고 말한다. 저 사람들이 잘 먹고 기운을 차려야 배를 잘 항해할 것이고, 그래야 우리가 빨리 국민행복의 낙원에 도착할 수 있지 않겠느냐면서 주변 사람들을 설득하기도 한다. 하지만 갈등은 점점 더 커지고, 한 척의 배는 그렇게 바다 위에 불안하게 떠 있다.

지금 우리나라의 상황이 이 배와 별로 다르지 않은 것 같다. 경제와 산업의 양극화는 심각하고, 노동시장의 이중 구조와 심각한 소득 불평등으로 인해 경제 성장의 동력은 줄어들고 있다.[1] 그래서 우리 경제는 장기적인 저성장의 늪으로 빠져들고, 일자리 불안은 갈수록 커지고 있다. 게다가 저출산과 고령화 등의 인구학적 변화는 우리에게 심각한 도전이다. 절대적·상대적 빈곤, 자살, 각종 사고와 범죄 문제도 갈수록 심각하다. 결국 지금의 대한민국은 총체적 위기를 예고하는 단계에 놓여 있다. 이런 가운데 계약직 일자리를 몇 개 더 만들거나 선별적 복지 정책을 한두 개 더 만드는 식의 땜질식 처방을 찔끔찔끔 내놓는 것은 올바른 해법이 아니다. 우리가 당면한 사안들은 구조적 차원의 문제이기 때문이다. 국가의 패러다임 자체를 근본적으로 바꾸어야 한다. 우리는 바다 위의 저 위태로운 배를 그대로 두어서는 안 된다. 뱃머리를 돌려야 하고 전면적인 개조에 나서야 한다.

2014년 2월 26일 송파 세 모녀 자살 사건이 일어났을 때, 이 안타까운 사건은 당시 우리 사회를 들끓게 했다. 대통령까지 나서서 관계 부처에 대책을 지시할 정도로 국민적 이슈가 되었다. 그리고 국회가 긴 논란 끝에 국민기초생활보장법을 개정하기도 했지만 세 모녀 자살 사건이 일어난 지 2년 반이 지난 2016년 8월 현재까지도 여전히 빈곤 문제의 해결은 저 멀리 있고, 달라진 것은 별로 없다는 것이 빈곤 분야 전문가들의 견해이다. 정부의 재정 능력, 즉 예산의 한계 때문이다. 어린이집의 아동학대 문제가 발생했을 때도 해법과 대책을 놓고 정부와 정치권이 갑론을박을 벌이다가 결국 내놓은 것이 CCTV 설치 확대의 강제였다. 이것이 문제에 대한 본질적 처방이 아니라는 것은 누구라도 알 수 있는 일이다. 우리는 이미 이 문제에 대한 올바른 해법도 알고 있다. 그런데 예산의 제약 때문에 못하고 있는 것이다. 세월호 참사 문제의 근본적 해법이 해경 조직을 없애는 것이 아니듯이, 복지의 올바른 해법을 찾는 데 이런 식의 땜질식 처방이 더 이상 용납되어서는 안 된다.

송파 세 모녀 자살 문제의 근본적 대안은 중산층이나 서민 등 보통 사람들이 어떤 난관에 처했을 때 빈민으로 추락하는 것이 아니라 어렵더라도 끝내 그 난관을 극복하고 안정된 삶을 되찾도록 제도적 지원을 해주는 것이다. 앞서 살펴보았듯이 만약 우리나라도 북유럽 복지국가들처럼 보편적 복지가 생애주기에 따라 촘촘하게 잘 짜여 있었더라면 세 모녀는 자살 대신에 자신의 능력과 처지에 맞는 일자리를 얻어서 안정된 삶을 지속할 수 있었을 것이다. 마찬가지로 어린이집 아동학대 문제에 대한 근본적 대안은 보편적 보육을 제도적으로 완성하는 것이다. 국가 차원의 어린이집 교사 양성 시스템의 확립과 함께 철저한 관리와 지원을 병행해야 한다. 어린이집 교사들의 처우를 개선하고 직업적 사기를 진작시켜 주는 일도 필요하다. CCTV를 통한 감시보다는 보편적 보육의 질 향상을 위한 공적 투자가 어린이집 아동학대의 근원적 해법이다.

근본적인 해법이 아니라면 비슷한 문제들은 언제라도 다시 터져 나올 것이다. 그런데 그것은 구조적 차원의 거대한 개혁이다. 이를 위해서는 뱃머리를 돌리는 것부터 시작해야 한다. 우리가 뱃머리를 돌려 새로 항로로 정해야 하는 곳은 바로 '역동적 복지국가'이다. 역동적 복지국가는 땜질식 처방이나 사안별 개선을 추구하는 데 머무는 것 대신에 우리나라의 '경제-복지' 시스템 자체를 완전히 바꾸려는 거대한 도전이다. 그래서 역동적 복지국가 건설이라는 목적지에 도착하려면 생각보다 오랜 시간이 걸릴지도 모른다. 그럼에도 불구하고 우리는 우리 세대의 행복권 보장뿐만 아니라 우리 아이들 세대의 행복한 미래를 위해서라도 지금 뱃머리를 돌려야 한다.

역동적 복지국가의 지향 : '자유+평등'

그렇다면 뱃머리를 돌려 나아가야 할 역동적 복지국가란 대체 어떤 나라일까? 그것의 이념적 지향은 '자유 플러스 평등'이다. 자유와 평등의 가치를 모두 추구하는 것인데, 롤스의 《정의론》이 밝힌 '정의의 원칙'에 충실한 국가 발전 모델은 당연히 '자유+평등'을 지향할 수밖에 없게 된다. 우리는 롤스의 '정의의 원칙'에 대한 내용과 여기에 충실한 국가 발전 모델은 보편주의 복지국가임을 이미 이 책의 제1부 3장에서 자세히 살펴보았다. 정의의 원칙에 관한 더 나은 논의를 위해 사례 하나를 들어보자.

노무현 정부는 2004년 연말에 '경제자유구역 법'을 개정해서 경제자유구역에서 외국인 영리병원의 내국인 진료를 허용했다. 이것은 우리 국민들이 경제자유구역의 외국인 영리병원을 이용할 수 있도록 허용함으로서 외국인 영리병원을 유치하는 데 보다 유리한 조건을 만들어주기 위한 것이었다. 노무현 정부는 여기에 그치지 않고 2005년 초부터 대통령까지 직접 나서서 의료산업화라는 이름으로 의료민영화를 추진하겠다는 의지를 거듭 표명했다. 노무현 정부의 탄생에 지대한 공헌을 했던 진보적 지지자들과 시민사회단체들도 격앙된 분위기에서 거세게 항의했다. 당시 국민건강보험공단 건강보험연구원 원장이던 필자는 노무현 정부의 이런 의료민영화 추진에 대해 강하게 반대했다. 다음의 글은 필자가 2005년 3월 4일자 서울신문에 기고한 시론의 일부이다.[2]

…

> 양극화의 심화가 사회 문제가 되고 있다. 빈부 격차가 존재하지 않는 사회는 없다. 경쟁이 있는 한, 승자와 패자가 있게 마련이다. 다만 정도가 문제가 된다. 승자가 너무 많은 것을 가진다면 사회는 정의와는 거리가 멀어지기 때문이다. 승패가 결정되지 않은 상태에서 승자와 패자 사이에 분배 몫이 사회적으로 합의될 수 있는 정도로 일정하게 좁혀진다면 그 사회를 정의로운 사회라고 불러도 좋을 것이다.
>
> 제주도 관광을 하는 사람 중 누구는 특급호텔에서, 누구는 민박집에서 숙박을 한다. 자신이 민박을 한다고 특급호텔에 머무는 부자들을 비난하는 관광객은 거의 없다. 그 정도의 차이는 수용할 만하기 때문이다. 반면 위암에 걸렸는데, 어떤 이는 부자라서 최고의 병원에서 최상의 진료를 받고 다른 사람은 가난해서 치료를 못 받거나 시골병원을 전전한다면 이것을 수용할 수 있겠는가? 이것을 수용하거나 수용을 강요한다면 그 사회는 정

의에 대한 최소한의 개념도 없는 희망 없는 사회임에 틀림없다.

한 사회의 구성원은 누구나 소득, 교육수준, 거주지역, 성별 등에 관계없이 차별 없는 의료 서비스를 받아야 한다. 이것이 '의료이용의 형평성'이다. 정부 주도로 의료를 제공하는 국가들뿐만 아니라 의료보험 제도를 운영하고 있는 대다수 유럽 국가들은 의료이용의 형평성을 달성하기 위해 정치·정책적으로 지난 반세기 동안 지난한 노력을 기울여왔다.

…

이 글에서 어떤 사람은 특급호텔을 이용하고 어떤 사람은 민박집을 이용한다. 사람들은 이런 종류의 불평등은 대체로 수긍한다. 마찬가지로 누군가는 값비싼 호화 병실에 입원하고 다른 누군가는 일반 병실에 입원한다. 이것도 대체로 수긍한다. 사람들은 이 정도의 불평등은 인정할 수 있다고 생각하기 때문이다. 그런데 암에 걸린 사람들 중에서 누구는 돈이 있고 누구는 돈이 없다는 이유로 차별적으로 치료 받는 데 대해서는 대다수의 사람들이 동의하지 않는다. 이런 불평등은 너무 지나쳐서 사람들이 인정하려 하지 않을 것이기 때문이다. 이것은 정의의 원칙을 위반한 것이다.

지금 우리는 자본주의라는 시장 사회에 살고 있다. 여기서 경쟁은 늘 있는 일이고, 경쟁에서 이긴 사람들은 좋은 지위를 향유한다. 반대로 패배한 사람들은 온갖 어려움을 감수해야 한다. 그런데 어떤 사람들은 천부적으로 행운을 타고난다. 부잣집에서 금수저를 물고 태어난다. 또 어떤 사람은 탁월한 신체적 조건을 타고나서 미국에서 알아주는 유명 야구 선수로 큰 성공을 거둔다. 또 다른 사람은 우수한 지능을 타고나서 최고의 대학을 졸업하고 우리 사회의 최고 요직에 오른다. 또 어떤 사람은 타고난 외모와 재능으로 최고의 스타가 된다. 그러나 이와 반대되는 경우가 더 많다. 다수의 사람들은 가난한 농부나 비정규직 노동자의 자녀로 태어나서 평생을 어렵게 산다. 또 대부분의 사람들은 평범한 신체적 조건과 보통의 지능을 타고 난다. 탁월한 외모나 연예인적 재능들도 대부분의 사람들에게는 해당되지 않는다. 사람들은 이렇게 불공평하게 태어난다. 이것이 천부적 행운 또는 불운이다.

그런데 이런 행운의 요소가 사람들의 삶을 송두리째 규정해 버린다면, 그래서 어떤 사람들은 온갖 혜택을 누리고 수많은 기회와 행복을 보장받고 다른 사람들은 반대로 힘겨운 삶을 겨우 버텨내야 한다면 사람들은 이런 불평등한 사회를 받아들이거나 인정하기가 어려울 것이다. 그렇다면 우리는 어떻게 해야 하는가? 정의의 원칙에 해답이 있다. 바로 '자유+평등'의 가치를 지향하는 것이 그것이다. 이 부분을 다시 한 번 짚어보자.[3]

자유권은 아무리 강조하더라도 지나침이 없다. 누구나 법 앞에 평등한 자유(equal liberties)를 누릴 권리를 가지고 태어났기 때문이다. 그래서 자유권은 천부적 권리로서 자연권에 해당한다. 이에 따라 지금 우리는 생명권과 신체의 자유, 사상과 양심의 자유, 언론·출판·집회·결사의 자유, 보통선거권, 공직 등 직업 선택의 자유, 재산을 소지할 자유 등 자유주의의 기본적인 자유를 온전하게 보장받고 있다. 이런 성격의 자유권은 신분제 사회의 모든 억압과 구속으로부터 만민을 자유롭게 했다. 그러므로 자유권은 인권의 중요한 구성요소로서 인류 행복의 가장 원초적인 것이라고 해도 좋을 것이다.

그런데 자유권은 불가피하게 사람들 사이의 격차와 불평등을 낳게 된다. 금수저를 입에 물고 태어난 재벌가의 자녀들과 노동자나 서민 집안의 자녀들은 애초부터 엄청난 불평등과 격차를 가지고 태어난 것이다. 이것은 마치 '나는 너와 하늘과 땅 만큼의 차이가 있는 사람'이라고 노비에게 말하는 양반가 자녀의 경우와 마찬가지이다. 조선시대의 양반가 자녀와 노비의 자녀에게는 불평등이 신분에 의해 대물림되고 고착화되지만 현대 사회에서는 그래서는 안 된다. 그럼에도 불구하고 아직 전 세계의 여러 곳에서, 그리고 우리나라에서도 이런 종류의 불평등이 심각한 정치사회적 문제가 되고 있다.

방법은 하나밖에 없다. 정의의 제1원칙인 자유권에 따라 '시장의 자유'에 의해 불가피하게 만들어진 불평등과 격차를 국가가 개입해서 교정하는 것이 그것이다. 바로 정의의 제2원칙이 제대로 작동하게끔 하자는 것이다. 국가가 우리 사회의 모든 직책과 직위들이 사회 구성원 모두에게 개방되도록 하고, 이것을 얻기 위한 경쟁에서 실질적인 '기회의 균등'[4]이 보장되도록 하면 된다. 부모가 부자이든 빈자이든 상관없이 누구에게나 동등한 경제사회적 조건을 만들어주기 위해 국가가 할 수 있는 최대한의 제도적 노력을 기울여야 한다. 먼저, 출산, 보육, 교육, 직업훈련, 평생교육, 의료, 요양 등의 사회서비스를 보편적 방식으로 국가가 책임져야 한다. 다음으로, 4대 사회보험에서 실질적 보편주의를 달성하고, 아동수당 등의 사회수당을 보편적으로 운영함으로써 일생에 걸친 소득보장이 누구에게나 가능하도록 해야 한다. 이런 조건이 갖추어지면, 그런 나라는 '자유와 평등'의 가치가 모두 실현되는 세상에 보다 가까워진다.

1946년부터 시작해서 23년 동안 스웨덴의 총리를 지낸 에를란데르(Tage Erlander)는 스웨덴의 목표는 '선택의 자유 사회'라고 했다. 그의 뒤를 이어 집권한 팔메(Olof Palme)는 '자유의 극대화'를 정치의 목적으로 삼았다. 이들은 모두 '평등'의 가치를 중시하는 사회주의가 바탕이 된 사회민주당의 정치인들이다. 하지만 두 사람 모두 '평등'을 이야기한 것이 아니라 주로 '자유'를 주창했다. 그리고 이 두 사람의 평등은 획일적인 결과의 평등이 아니라 실질적인 기회의 평등[5]이었다. 이런 평등은 경제적 자유주의자들이 말하는 기회의 평등과 다르다. 신자유주의적 기회의 평등은 시장 경쟁의 자유를 의미하는 '형식적' 기회의 평등에 불과한데, 스웨덴의 두 총리가 강조했던 기회의 평등은 '실질적' 기회의 평등이다.

사람들은 누구나 국가의 공권력을 포함한 그 무엇으로부터도 어떤 간섭이나 침해를 받고 싶어 하지 않는다. 이런 자유를 '소극적 자유'라고 하는데, 이것은 롤스의 정의의 제1원칙인 자유권에 부합하는 자유이다. 그런데 사람들은 간섭과 침해를 받지 않을 자유뿐만 아니라 자신이 하고 싶은 일을 할 수 있는 자유를 원하다. 대학에 가서 공부를 하고 싶은 사람은 부잣집 출신이든 빈민가 출신이든 누구라도 공부할 자유를 누려야 한다. 취업도 마찬가지이다. 그 일이 적성에 맞고 능력이 있으면 얼마든지 그 일을 할 자유를 누릴 수 있어야 한다. 이런 자유를 '적극적 자유'라고 한다. 지금 우리나라의 보통사람들에게 가장 부족한 자유는 바로 자신이 하고 싶은 일을 할 '적극적 자유'이다. 이것이 바로 롤스의 정의의 제2원칙이 추구하는 '평등'의 가치에 부합하는 자유이다.

복지국가를 반대하는 사람들은 보편적 복지를 사회주의적 발상이라고, 무조건 평등과 분배만을 중시해서 경제적 자유와 성장을 가로막는다고 말한다. 이 말은 완전히 틀렸다. 자유와 평등, 성장과 분배는 흑과 백처럼 서로 극한적으로 대립되고 동시 달성이 불가능한 가치들이 아니기 때문이다. 이미 살펴보았듯이 자유주의자 롤스는 '자유'를 기반으로 '평등'을 함께 이루어내는 정의의 질서를 제시했다. 게다가 사회민주주의자 에를란데르와 팔메는 평등의 가치에서 출발해서 자유에 통합적으로 도달하는 데 성공함으로써 복지국가 스웨덴이 성장과 분배라는 두 마리의 토끼를 함께 잡는 소중한 기적을 이루어냈다. 자유에서 출발해서 평등을 끊임없이 추구하는 것이 '진보적 자유주의'라면, 평등에서 출발했지만 자유의 가치를 끊임없이 추구하는 것이 '사회민주주의'이다.

현실에서 출발점은 달랐지만, 이 두 사상은 지금도 '자유+평등'의 이념을 추구하고 있다. 그리고 이것은 지금 우리가 가야할 역동적 복지국가의 이념적 방향이다. 오랜 독재 정권과 민주화 운동의 시기를 살아오면서 우리 국민들은 '자유'를 위해 수많은 피땀과 눈물을 흘렸다. 다행히 우리는 이런 과정에서 자유권의 쟁취와 함께 형식적 민주주의를 이루었다. 그렇지만 1987년의 민주화 이후 우리나라는 '평등'의 가치를 추구하는 데서는 구체적으로 어떤 비전을 갖고 국민적 힘을 결집하여 무엇을 해본 경험이 거의 없다. 그렇다면 이제라도 '자유+평등'의 방향을 따라 현실의 잠정적 유토피아인 '역동적 복지국가'를 건설하는 데 국민적 힘을 모아내는 새로운 시도를 해야 할 것이다.

역동적 복지국가의 가치: 존엄, 연대, 정의

역동적 복지국가의 가치 중에서 가장 우선적인 것은 인간의 '존엄'이다. 인간의 존엄이란 사람은 그저 사람이라는 이유만으로 존중받을 권리가 있고 이것은 누구도 예외가 될 수 없다는 가치이다. 역동적 복지국가는 사람들의 행복한 삶을 보장하기 위한 국가 발전 모델이다. 그러므로 가장 높은 곳에 있는 가치가 바로 사람의 존엄이다. 우리나라 헌법에서도 가장 기본적인 정신으로 존엄을 강조하고 있다. 두 번째 가치는 연대이다. 일반적으로 연대는 '공통의 관심사'와 '함께 한다는 느낌'으로부터 나오는 통합성을 의미한다. 그래서 연대는 상호 의존하거나 연관된 사람들 사이에서 생겨나는 집합적 책임감이다.[6] 이런 연대는 좁게는 가족, 지역사회, 직장이나 노조 등에서 존재하고 넓게는 국민국가 단위에서도 존재한다. 후자의 대표적인 사례가 바로 복지국가의 연대이다. 역동적 복지국가의 세 번째 가치는 정의이다. 정의는 앞에서 롤스의 정의를 논의할 때 거론했던 것처럼 어떤 사회에서 분배의 질서를 합의하는 것인데, 다른 말로 하자면 분배적 정의이다.

역동적 복지국가의 세 가지 가치를 의료보장 제도를 통해 설명해보자. 사람은 누구나 생로병사의 자연적 과정을 거친다. 이렇게 전개되는 인생의 주기에 따라 사람들은 매번 의료와 관계를 맺는다. 병원에서 태어나고 늙어가면서 수시로 병원을 방문하고 병들어서 병원에 입원하거나 정기적으로 외래 진료를 받는다. 그리고 죽음도 대부분은 병원에서 맞이하고 죽어서도 병원의 장례식장을 거치게 된다. 사람은 천부적 인권으로 평등한 자연권을 가지고 태어나는데, 그것은 인간은 누구나 존엄하기 때문이다. 하지만 존엄하게 태어난 사람들이 일생에 걸쳐 늘 존엄한 삶을 영위하는 것은 결코 쉬운 일이 아니다. 시장 사회의 조건에서 누구라도 돈이 없는 삶은 존엄할 수 없을 것인데, 여기에 더해 몸까지 심하게 병이 들었다면 존엄하기는 더 어려울 것이다. 여기서 더 진전된 논의를 위해 '돈이 없으면서 암에 걸린' 시골 할아버지 한 사람을 떠올려보자.

농촌에서 혼자 사는 이 할아버지는 돈이 없고 돌봐줄 가족도 없다.

암에 걸렸으니 이대로 두면 고통스럽게 죽음을 맞게 된다. 혼자서 밥을 챙겨먹기도 어렵다. 돈이 없으니 대학병원에 입원할 엄두도 못 낸다. 지금 이 할아버지의 고통스러운 삶은 인간의 존엄과 거리가 멀다. 이 할아버지가 존엄한 삶을 영위하기 위해서는 소득보장과 같은 기초생계의 제공과 함께 각종 돌봄 서비스가 필요하다. 그런데 지금 무엇보다 중요한 것은 대학병원에 빨리 입원해서 암 치료를 받는 것이다. 양질의 의료보장 제도가 필요하다. 우리나라는 국민건강보험 제도가 있다. 극빈자라면 국민기초생활보장 제도의 의료급여 혜택을 볼 수도 있다. 만약 이런 제도적 장치가 아예 없거나 있더라도 이들 제도의 보장성 수준이 지나치게 저열하다면, 이 할아버지는 틀림없이 '사랑의 리퀘스트' 같은 방송 프로그램에서 자신의 처참한 모습을 내보이며 의료비 자선을 구하게 될 것이다. 이렇게라도 하지 않으면 돈이 없어 병원 치료를 받을 수 없기 때문이다. 오직 자선을 받기 위해 방송을 통해 가난하고 외롭고 심각하게 병든 자신의 모습을 내보이는 것은 인간의 존엄을 심각하게 해치는 일이다.

사람이 인생을 살다보면 혼자만의 힘으로는 인간의 존엄을 지키지 못하는 순간들을 더러 만나게 된다. 누구나 그렇다. 삶의 과정에는 다양한 위험들이 도사리고 있기 때문이다. 가난하고 외롭고 병들게 된 이 할아버지의 경우도 마찬가지이다. 이 할아버지도 젊었을 때는 자신의 노후가 이렇게 될 것이라고 생각하지 못했을 것이다. 사실은 이보다 더 큰 불행을 당한 사람들도 많다. 그럼에도 불구하고 모든 인간은 존엄해야 한다. 이것이 가능하도록 하는 것이 바로 연대(solidarity)이다. 이 할아버지에게 필요한 연대는 바로 복지국가의 의료보장 제도이다. 이 할아버지는 소득이 아주 적었기 때문에 평소 한 달에 1만원도 안 되는 적은 돈을 건강보험료로 납부했다. 우리나라에서 소득이 있는 사람들은 월 평균 건강보험료로 약 10만원을 내는데, 많이 버는 사람은 월 100만원 넘게 내기도 한다. 이 할아버지가 내는 건강보험료는 많이 버는 사람의 100분의1도 안 된다. 그런데 의료이용은 누구나 동일하다. 오히려 가난하고 병든 사람들이 의료이용을 더 많이 할 수밖에 없기 때문에 더 큰 혜택을 누린다. 결국 건강보험료를 많이 낸 사람들은 이름도 얼굴도 모르는 어느 시골 할아버지가 존엄한 삶을 영위할 수 있도록 돕고 있는 것이다.

이것이 연대의 힘이다. 만약 복지국가 스웨덴처럼 보편적 의료보장 제도가 완전하게 갖추어진 나라라면 연대의 힘은 더 강력하다. 이 나라의 할아버지는 암을 치료하는 데 부자들과 어떤 차별도 없이 같은 대학병원에서 같은 의사로부터 필요한 만큼 의료 서비스를 제공받는다. 자선을 구걸할 필요도 없다. 자신의 병든 몸과 가난하고 어려운 처지를 남들에게 공개적으로 내보일 필요도 없다. 의료 서비스의 제공에 필요한 돈은 미리 정부가 마련해 두었기 때문이다. 결국 이 할아버지는 보편적 의료보장 제도 덕분에 존엄을 지킬 수 있게 되었다. 삶의 매 단계에서 생길 수 있는 각종 위험이 현실의 어려움으로 닥치더라도 사람들이 존엄을 지킬 수 있는 것은 바로 이 '연대의 제도화' 덕분이다.

그런데 여기서 연대는 단순한 공통의 관심사나 느낌 정도를 넘어서는 개념이다. 연대는 실천적 개념이며 실제로 집합적 책임을 지는 것을 말한다. 다시 의료보장의 사례로 돌아가 보자. 대한민국이라는 공통의 정치공동체에서 함께 살아가는 사람들 사이의 공통적인 느낌이나 정서 정도를 넘어서서 다함께 존엄한 삶을 유지하는 것이 가능해지려면 제도를 통해 연대를 실천해야 한다. 누군지는 모르지만 우리 국민들 중에서 가난한 많은 사람들이 돈이 없어서 제때 치료 받지 못한다는 사실 때문에 우리 국민 대다수는 마음이 불편하다. 하지만 어디까지나 이것은 연대의 가능성에 불과하다. 연대가 실제로 이루어지려면 제도화가 필요하다. 모두가 십시일반으로 부담을 하겠지만 누군가가 더 많은 돈을 부담해야 한다. 그리고 사람들이 이런 원칙에 동의해야 한다. 스웨덴 같은 보편적 복지국가에서는 연대의 제도화 수준이 매우 높다.

앞서 살펴보았지만, 스웨덴 같은 북유럽 복지국가는 탈상품화의 수준이 높고 계층화의 정도는 낮다. 이것은 연대의 수준이 높다는 뜻이다. 그리고 이런 나라는 롤스가 말한 분배적 정의의 실천 수준도 매우 높다. 잘 알다시피, 전 세계의 모든 국가들 중에서 스웨덴 같은 북유럽 복지국가들은 평등의 수준이 가장 높다. 결국 연대의 제도화 수준이 높은 나라는 분배적 정의의 수준도 높은 나라이다. 이것이 바로 정의로운 사회 질서이다. 정의로운 사회는 공정하고 투명해야 한다. 그리고 구성원 모두에게 확립된 절차에 따라 공정한 기회를 균등하게 부여하는 제도와 질서를 갖춘 곳이다. 이렇게 해서 역동적 복지국가는 인간의 존엄, 연대, 그리고 정의라는 유기적으로 연관된 세 가지의 가치를 지향하고 있다.

2.

역동적 복지국가의 4대 원칙

복지국가를 지탱하는 네 가지 기둥

역동적 복지국가는 경제(성장)와 복지(분배)라는 두 마리 토끼를 다 잡을 성장 엔진을 탑재한 한국형 복지국가 모델이다. 역동적 복지국가는 자유와 평등을 이념적 지향으로 삼고, 존엄·연대·정의라는 3대 가치를 추구하는 국가 발전 모델이다. 그리고 역동적 복지국가는 대한민국 국민들에게 행복할 권리를 보장해주는 우리 '국민의 집'이다. 이 집은 자유와 평등을 향해 위치하고 있고, 집의 현판에는 존엄·연대·정의라는 3대 가치가 또렷하게 새겨져있다.

이제 이 집의 기둥들을 살펴보자. 4개의 기둥은 역동적 복지국가의 4가지 원칙을 의미하는데, 보편적 복지, 적극적 복지, 혁신적 경제 그리고 공정한 경제를 말한다. 그것들은 역동적 복지국가의 이념적 지향과 3대 가치를 기반으로 튼튼하게 서 있는 네 개의 기둥들이다. 이들은 하나하나가 다 독립적이지만 서로 간에 긴밀하게 연계되고 상호작용을 미치고 있다. 그래서 이 기둥들 중의 어느 하나만 부실해도 역동적 복지국가라는 우리 모두의 집을 제대로 지을 수는 없게 된다. 이제 그 구체적인 내용들은 하나씩 살펴보도록 하자.[7]

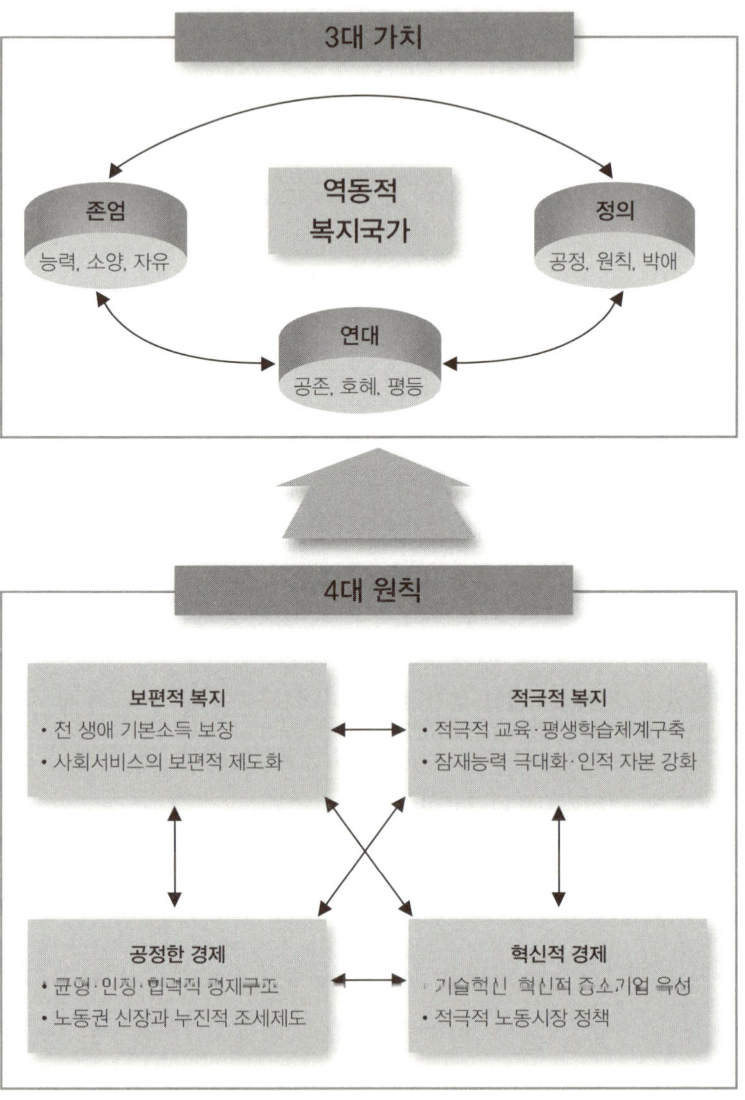

〈그림〉 역동적 복지국가의 가치와 4대 원칙

보편적 복지

역동적 복지국가의 가장 핵심적이고 상징적인 원칙은 '보편적 복지'이다. 보편적 복지는 사회 구성원 모두에게 일생에 걸쳐 인간다운 삶을 보장할 수 있도록 국가가 보편적 방식으로 소득과 사회서비스를 보장하는 제도적 장치들을 의미한다.

먼저, 보편적 소득보장 제도를 살펴보자. 여기에는 두 가지의 제도적 장치가 존재하는데, 사회보험과 사회수당이 그것이다.

첫째, 사회보험이다. 사람은 일생 동안 돈이 필요하고 돈을 벌려면 일자리가 있어야 한다. 그래서 정부는 완전고용을 위해 노력한다. 그럼에도 불구하고 기업이나 산업의 구조조정으로 실업자가 되거나 기타 개인적인 사정으로 소득이 단절되는 경우가 생긴다. 이런 위험 자체가 없을 수는 없다. 그러므로 가장 좋은 방법은 이런 위험에 대처하는 제도적 장치를 만드는 것이다. 그래서 산업재해로 일할 수 없는 경우의 소득 단절에 대해서는 산재보험이 작동한다. 회사의 폐업이나 해고의 경우에는 고용보험이 작동한다. 질병으로 일하지 못해 소득이 단절된 경우에는 질병보험이 작동한다. 노령과 은퇴로 인한 소득 단절의 경우 국민연금이 작동한다. 이것이 공적 소득보장 제도인 4대 사회보험이다. 여기서 중요한 것은 공적 소득보장 제도는 '실질적 보편주의'가 원칙이라는 점이다. 즉 4대 사회보험은 모든 대상자를 포괄하는 '보편적 가입'(universal coverage)과 존엄한 삶이 가능한 적정 수준의 '급여 보장성'(소득대체율)을 핵심 원칙으로 삼고 있다. 그래서 복지국가들은 실질적 보편주의에 따라 모든 국민을 포괄하고 있으며 소득대체율도 70% 정도를 유지하려고 노력하고 있다.

둘째, 사회수당이다. 보편적 사회수당 제도가 사회보험과 다른 점은 보험료를 내지 않는다는 것이다. 사회수당은 일정한 특성을 공유한 자격이 되는 사람들 모두에게 정부가 매달 일정 금액을 지원하는 것인데, 여기에 필요한 재원은 공적 보험료에 기반을 두지 않고 일반 조세에 기반을 둔 국가 재정으로부터 조달한다는 특징이 있다. 아동수당, 장애인수당, 학생수당, 노인수당 등이 여기에 속한다.

그런데 우리나라에서는 이들 소득보장 제도가 몇 가지 문제에 봉착해 있다. 첫째, 제도의 특성상 4대 사회보험은 대상자 모두를 포괄하는 보편주의가 원칙임에도 불구하고 우리나라에서는 이들 사회보험이 이 원칙을 결여하고 있다. ① 우리나라는 질병보험이 아예 없다. 질병으로 장기간 입원할 경우 치료비는 의료보장 제도인 국민건강보험으로 평균 63%를 충당하지만 소득 단절로 인한 생계의 위협은 불가피하다. 그래서 국민 대다수는 이런 위험에 대비하여 민간의료보험에 가입한다. ② 고용보험은 노동자의 절반 정도만을 보호한다. 비정규직이나 저임금 노동자 대부분은 가입하지 않고, 자영업 종사자는 아예 가입 대상이 아니다. 게다가 급여 보장성도 매우 낮다. ③ 국민연금은 넓은 사각지대와 낮은 보장성 때문에 제 역할을 못한다. 정도의 차이는 있으나 산재보험도 마찬가지이다. 그래서 우리나라의 4대 사회보험은 보편주의 원칙에서 벗어나 있다는 점에서 정상이 아니다.

둘째, 우리나라는 사회수당 제도가 매우 부실하거나 아예 없는 편이다. 영국의 사회보장 전문가 베버리지는 1942년 12월 출판된 베버리지 보고서에서 4대 사회보험을 통해 '빈곤 없는 사회'로 갈 수 있다고 했는데, 이때 이것이 가능하기 위한 세 가지의 제도적 전제 조건을 꼽았다. 그중의 하나가 바로 아동수당 제도의 시행이었다. 그래서 유럽의 모든 복지국가에서는 일찍부터 아동수당 제도가 도입되었다. 그런데 우리나라는 아직까지도 이 제도가 없다. '모든 아이들이 우리 모두의 아이'라는 공적 의식을 가지고 있다면 당연히 아동수당을 도입하는 것이 옳다. 결국 우리나라는 사회수당 제도가 없어서 '일생에 걸친 소득보장' 제도에 공백이 생겼다. 뿐만 아니라 장애인 수당은 보편주의가 아니라 소득조사를 통해 선별하고 있고, 학생수당은 아예 존재하지 않는다. 그나마 노인수당은 기초연금의 형식을 빌어서 소득 하위 70%의 노인들에게 지급되고 있다.

다음으로, 보편적 사회서비스 제도를 살펴보자. 여기에는 보육, 교육, 의료, 요양 등이 포함된다. 그런데 이들 보편적 사회서비스 역시 여전히 부실한 편이다. 의료는 전 국민을 포괄(보편적 가입)하고는 있지만 국민건강보험의 보장성 수준이 63%에 머물고 있어서 실질적 보편주의를 달성하지 못하고 있다. 보육도 모든 아이들에게 어린이집에 대한 접근성을 보장했다는 측면에서 보편주의를 달성하기는 했으나 정부 예산의 제약으로 인해 여전히 보육의 질이 낮은 편이다. 교육은 공교육의 위기 상황으로 인해 입시 교육 중심의 사교육에 대한 의존이 매우 심각하다. 그래서 교육비 부담은 사교육비까지 포함하여 단연 세계 1위이다. 고등학교의 보편적 무상교육도 계속 미루어지고 있고, 대학 등록금은 반값 등록금으로 인해 부담이 줄어들긴 했지만 대학생들의 학업에 대한 비용 부담은 여전히 심각한 상황이다. 2008년 시행된 장기요양보험 제도는 지속적으로 개선되고 있지만 낮은 요양수가와 높은 민간시설 의존도로 인해 노인요양 제도의 공적 성격이 훼손되고 있고 질적 수준도 여전히 낮은 상황이다. 결국 우리나라는 사회서비스도 제도의 틀은 갖추어져 있지만 포괄하는 인구와 서비스의 내용 측면에서 실질적 보편주의와는 여전히 거리가 멀다. 그리고 사회서비스 제공 체계는 정부의 예산 부족으로 인해 공공시설의 비중이 매우 낮은 편이며, 이것은 사회서비스의 질 저하로 이어지고 있다.

결국 우리나라는 보편적 복지의 실질적 부실로 인해 사람들이 필요한 복지의 많은 부분을 시장에서 취득해서 시장 복지에 대한 의존성이 매우 높다. 이처럼 우리나라 복지의 탈상품화 수준이 극도로 낮은 것이 외환위기 이후 재편된 신자유주의 체제에서 양극화와 소득 불평등의 확대 추세와 맞물려 민생 불안을 더욱 심화시켰다. 그러므로 이제 보편적 복지의 확충은 더 이상 미룰 수 없는 시대적 과제가 되었다. 여기에 더해, 보편적 복지가 단순한 국가 복지의 확충을 넘어서는 중요한 이유가 하나 더 있다. 즉 보편적 복지는 중산층을 포함하여 누구나 복지의 향유와 부담의 주체가 되는 제도적 복지를 말하는데, 이런 복지 체계는 인간의 존엄성을 유지하기 위한 물적 조건을 사회 구성원 모두에게 제공해 주고, 기회의 실질적 평등을 보장해 주며, 경제사회적 격차를 해소하는 데 기여함으로써 우리 경제의 역동적 발전에 매우 중요한 영향을 미친다는 것이다. 뿐만 아니라 보편적 복지는 한마디로 '연대의 제도화'를 의미하는데, 이것은 우리 국민 모두가 '한 배를 타고 있다'는 공통의 정서를 공유하는 것이므로 인적 자본과 사회적 자본의 확충으로 이어진다.

끝으로 보편적 복지는 기존의 선별적 복지에 비해 많은 장점들을 가지고 있다는 사실을 강조하고 싶다. 그렇다고 선별적 복지가 불필요하다는 말은 절대 아니다. 선별적 복지가 제 역할을 제대로 수행하기 위해서라도 보편적 복지가 탄탄하게 깔려 있어야 한다. 여기서는 간략하게 보편적 복지의 장점을 열거해 보기로 한다. 첫째, 선별주의는 복지의 수혜자와 복지비용의 부담자가 분리되는 중요한 문제가 발생하는데 보편적 복지에서는 이 문제가 해결된다. 그러므로 보편적 복지는 재원의 확충에서 보다 유리하다. 이것은 미국과 스웨덴을 비교해보면 쉽게 이해할 수 있다. 둘째, 보편적 복지는 사회 구성원들 간의 공감(sympathy)과 연대(solidarity) 의식을 강화한다. 그래서 보편적 복지는 미국과 같은 선별주의 복지 체제에서 나타나는 소득 계층 간의 갈등 격화 상황을 방지하고 합의의 정치를 통해 보편적 사회안전망의 필요성을 합의해내는 데도 크게 유리하다. 이것도 미국과 스웨덴을 비교해보면 쉽게 알 수 있다. 셋째, 보편주의는 선별주의의 사회적 낙인(stigma) 문제를 해결하는 데 유리하다. 선별주의는 불가피하게 자산조사를 통해 경제적 무능을 입증해야 하므로 빈자에게 사회적 낙인을 남기게 된다. 그런데 스웨덴의 선별적 복지에서는 사회적 낙인이 훨씬 덜 하다. 이 나라에서는 보편적 복지가 탄탄한 가운데 공공부조가 누구라도 어려울 때 잠시 도움을 받는 것으로 이해되기 때문이다. 넷째, 보편적 복지는 복지 수혜자의 선별을 위한 자산조사를 하지 않기 때문에 행정비용을 경감할 수 있다. 다섯째, 보편적 복지는 선별주의의 특징인 '빈곤의 덫', 선별적 복지의 수혜자가 되기 위해 더 가난해지고 더 불건강해지는 경향을 의미하는 '바닥으로의 경주' 문제를 해결할 수 있게 된다. 여섯째, 보편적 복지는 선별적 복지보다 지속가능성이 높다. 앞서 스웨덴의 사례에서 충분히 살펴보았듯이, 이것은 사람에 대한 보편적인 사회투자이다. 그러므로 인적 자본의 질과 창의성이 높아지고 사회적 자본도 확충되기 때문에 생산과 성장에서 중요한 의의를 지닌다.

적극적 복지

적극적 복지는 국민 개개인의 창의성과 잠재 능력을 극대화하는 조치를 말한다. 한마디로 국가가 사람에 대한 적극적인 투자를 감행함으로서 국민을 더 유능하고 창의적일 수 있도록 도와준다는 뜻이다. 그래서 이것은 인적 자본과 사회적 자본의 확대와 강화를 가져온다. 맞춤형 특성화 교육 체계의 확립과 아동·여성·노인·장애인의 대상별 능력 개발 시스템이 특히 중요하다. 저출산·고령화 시대에서 사회적 약자이면서도 우리 사회의 다수를 차지하고 있는 아동·여성·노인·장애인의 잠재 능력과 직업 능력을 강화하는 것은 자유 시장과 기업의 영역에서는 제대로 이루어지지 않기 때문이다. 그러므로 이 일은 국가가 반드시 담당해야 할 중요한 사회투자의 영역이다.

아동은 미래의 인적 자본이다. 아동기의 차별 없는 성장 환경과 질 높은 교육의 제공은 미래의 경제 성장을 위한 중요한 투자로 봐야 한다. 여성의 고용률을 높이는 것은 여성의 인권 향상과 합계출산율의 제고뿐만 아니라 경제적으로도 매우 중요하다. 특히 경제활동인구가 급격하게 줄어드는 인구절벽의 시대에 여성의 경제활동 참가는 매우 중요하다. 노인과 장애인도 마찬가지이다. 이들의 인권 개선과 경제적 함의를 함께 살피는 적극적 교육 투자가 필요하다. 그러므로 직업 능력을 중심으로 온 국민의 창의성과 잠재 능력을 극대화하는 복지국가의 적극적 복지 전략은 아동·여성·노인·장애인 등 사회적 약자나 실업자들에게 국가 최저의 기초생계를 유지하도록 현금을 지급하는 데만 머무르는 소극적 복지를 벗어나서 탈산업 사회의 지식 기반 경제에 능동적으로 조응하려는 경제와 복지에 대한 통합적 관점이자 미래 지향적 시도라고 봐야 한다.

적극적 복지에서는 일자리 정책이 매우 중요하다. 실업 상태에 처한 사람들에게 기초생계비를 지급하는 데 머무는 것은 소극적 복지일 뿐이다. 적극적 복지는 사람들이 일자리를 구할 수 있도록 다양한 정책적 개입을 시도하는 것을 말한다. 일자리는 경제 성장이 일어나는 공간이자 적극적 복지의 목표 지점이다. 그래서 일자리는 적극적 복지의 관점에서 볼 때 경제와 복지가 만나는 지점이다. 특히 일자리를 매개로 하여 경제와 복지를 유기적 통합체로 보는 역동적 복지국가의 적극적 개입주의 전략은 직업훈련과 평생교육 등을 포함한 적극적 노동시장정책에서 중요한 성과를 낳게 된다.

스웨덴의 경우에서 보는 바와 같이, 사회적으로 설정된 '동일노동에 대한 동일임금'을 지급할 능력이 없는 기업은 도산하게 되고, 여기서 발생한 실업자는 복지국가 정부가 실업 급여의 제공이라는 소극적 복지와 함께 적극적 복지의 차원에서 직업훈련과 일자리 알선을 수행하게 된다. 우리는 여기서 스웨덴 노동시장의 유연성(flexibility)과 안전성(security)을 동시에 목격하게 된다. 직업훈련과 평생교육 등을 포함한 적극적 노동시장정책의 전반적 과정을 통해 시대적 추세에 뒤떨어져 있거나 낮은 기술 수준을 가진 노동자들의 직업 능력을 높여서 더 나은 일자리를 갖도록 유도할 수 있다. 이런 사회경제적 계층 이동성(social mobility)의 증대도 적극적 복지의 개념적 범주에 포함된다.

이런 적극적 복지는 '1원 1표'의 신자유주의 원리를 추종하면 기존의 작은 정부에서는 이루어지지 않는다. 직업훈련과 평생교육 등을 포함한 적극적 노동시장정책을 시행하는 데는 정부의 행정 능력과 함께 재정적으로 많은 돈이 필요하고, 무엇보다 이런 개입주의 전략은 자유 시장을 강조하는 시장만능주의와는 어울리지 않기 때문이다. 그러므로 적극적 복지는 시장만능주의를 극복한 것으로 '1인 1표'의 민주주의 원리가 경제의 영역에 반영된 경제민주화를 의미하며, 그래서 경제사회에 능동적으로 개입할 의지와 능력을 갖춘 책임성 강한 복지국가 정부를 요구한다.

특히 일자리 정책을 중심에 놓는 복지국가 정부의 적극적 개입과 활성화 정책은 해당 사회에서 인적 자본의 전반적 수준을 높이고, 지식 경제에 부합하는 노동의 창의성 제고에 유리하며, 협력과 신뢰에 기반을 둔 사람 중심의 사회적 자본을 축적하는 데도 중요한 역할을 수행하게 된다. 그러므로 일자리를 중심으로 사람에게 투자하는 적극적 복지는 복지의 제도적 확충임과 동시에 경제의 혁신을 가능하게 하는 경제 성장의 중요한 기제이기도 하다.

공정한 경제

공정한 경제가 되기 위해서는 기업 지배 구조의 투명화, 공정한 대기업·중소기업 관계의 구축, 산업자본에 조응하는 생산적·장기적 금융자본 체계, 금융의 공공성과 중소기업 지원 체계, 협력적 노사관계와 노동권의 신장, 노동시장의 양극화와 이중 구조 극복(비정규직의 최소화와 차별 해소), 연대적·누진적 조세 제도의 확립 등의 과제가 모두 해결되어야 한다. 이것은 신자유주의 작은 정부 체제에서는 결코 달성될 수 없으며, 결국 시장과 경제에 대한 사회적·민주적 개입과 함께 유능한 복지국가 정부의 역할이 매우 중요하다.

앞서 열거한 이런 경제민주화 조치들을 실천하고 성과를 냄으로써 공정한 경제 질서를 확립할 수 있고, 그래야 지속가능한 경제 성장이 가능해진다. 뿐만 아니라 경제민주화를 통해 공정한 경제를 달성해야 지난 외환위기 이후 우리나라 경제사회의 신자유주의적 재편과 함께 일자리를 중심으로 벌어지고 있는 양극화와 격차 사회를 극복할 수 있게 된다. 먼저, 여기에는 시장의 정의 차원에서 이루어져야 할 각종 불공정 행위에 대한 법률적 규제와 함께 정부의 지원과 조장 등의 개입주의 경제 전략이 함께 포함되어야 한다. 다음으로, 연대적·누진적 조세 제도의 확립과 정부의 적극적 재정 정책이 특히 강조되어야 한다.

그런데 경제민주화를 협소하게 이해해서는 안 된다. 경제민주화를 시장에 대한 정부의 규제 정도로만 여기는 경향이 우리나라 시민사회와 여야 정치권의 일각에서 많이 관찰되고 있다. 이런 견해를 가진 사람들은 대기업이 하청기업에게 불공한 행위를 하는 것, 소위 '갑질'에 대해 법률과 제도를 통해 적절하게 규제해서 공정 거래를 유도하면 모든 문제가 해결될 것처럼 생각한다. 이것은 시장 경쟁에서 대기업과 중소기업 간의 형식적인 기회의 평등일 뿐이며 결코 공정한 경쟁이 될 수 없다. 마치 사각의 링에서 헤비급과 라이트급이 체급의 차이를 무시한 채 기회의 평등이라는 명분하에 결과가 뻔한 경쟁을 하도록 하는 것과 마찬가지이다. 대기업과 중소기업 간에 진짜 공정한 경쟁이 가능해지려면 실질적인 기회의 평등을 보장해야 한다. 이렇게 되려면 중소기업에게 우호적인 경쟁의 조건을 만들어줘야 한다. 이 일은 정부가 해야 하는데, 중소기업에 대한 지원과 조장 정책이 그것이다. 바로 적극적 산업 정책이다. 정부가 시장 경제를 있는 그대로 방임하는 것만이 능사가 아니며, 중소기업의 인적자원이 확충되고 기술 능력과 연구개발 능력이 향상되도록 국가가 체계적으로 지원해야 한다. 뿐만 아니라 상대적으로 낮은 중소기업의 생산력 수준을 고려해서 중소기업의 회사 복지와 임금에 대한 부담을 줄여주기 위한 정부의 다양한 지원도 필요한데, 국가가 전 국민에게 제공하는 보편적 복지가 좋은 사례이다.

그러므로 경제민주화 조치를 통해 공정한 경제 질서를 확립하기 위해서는 경제민주화를 공정한 거래를 위한 정부의 규제 정도로 협소하게 이해해서는 안 된다. 경제민주화는 재벌 대기업뿐만 아니라 중소기업, 사회적 기업, 벤처기업, 농어업, 자영업 등을 위시한 경제와 산업의 다양한 분야가 균형적으로 상생·발전할 수 있도록 더불어 살아가는 공정한 경제 생태계를 조성함으로써 국민 경제가 안정속의 발전을 지속할 수 있도록 하는 정부의 적극적 개입주의 전략이다. 그러므로 정부의 규제뿐만 아니라 조장과 지원이 필수적인데, 여기에는 많은 재원이 필요하다. 결국 정부 재정을 어떻게 더 확충할 것인가, 이 문제는 경제민주화 개념의 필수적 구성요소이다. 현실 정치인들은 아무래도 증세와 연관되는 정책을 꺼려한다. 그래서 경제민주화의 개념에서 재정적 부담을 수반하는 정부의 지원과 조장 부분을 빼버리고 공정 거래를 위한 법률적·행정적 규제만을 앞세우는 경향이 있다. 문제는 이렇게만 해서는 세상이 별로 달라지지 않는다는 점이다. 땜질이나 편법으로는 국민의 행복권이 보장된 역동적 복지국가를 만들 수 없다.

결국 공정한 경제 질서를 확립하기 위한 각종 정책 과제들은 책임성 강한 복지국가 정부의 지원과 조장 정책을 반드시 필요로 하고, 이것을 해내기 위해서는 연대적·누진적 조세 제도의 확립이 필수적으로 요구된다. 그리고 적극적 조세재정 정책을 통해 경제 정책과 사회 정책에 개입함으로써 경제사회의 구조적 문제인 양극화와 불평등을 극복해야 한다.

연대적·누진적 조세 제도의 확립은 그 자체로서 시장임금의 차이를 보정해 주고, 이를 통해 확보된 정부 재정은 적극적·진보적 산업 정책과 보편적 복지를 위해 지출됨으로써 산업과 경제의 양극화와 노동시장의 양극화를 해소하고, 수출 경제와 내수 경제의 통합적 발전에도 기여하게 된다. 또 충분한 재정 능력을 갖춘 복지국가 정부의 적극적 노동시장정책은 기존의 파행적이고 적대적인 기업별 노사관계가 아니라 노동권의 보편적 신장에 근거한 협력적이고 생산적인 새로운 노사관계로의 발전을 가능하게 한다. 이런 부분은 스웨덴과 독일에서 배울 점이 많다.

혁신적 경제

혁신적 경제는 창의성, 다양성, 유연성을 중시하고, 혁신적 중소기업을 강조한다. 우리 경제가 혁신의 동력을 지속적으로 가져가려면 창의적 아이디어에 의존해야 한다. 새로운 분야를 개발해서 기술을 고도화하는 것뿐만 아니라 기존의 다양한 분야들을 융합하고 종합해서 새로운 부가가치를 창출하는 것도 창의성의 영역이다. 무엇보다 창의성은 획일성 속에서는 나오기 어렵다. 창의성은 승자독식의 경제사회적 환경 속에서 성적과 스펙에 따라 줄을 세우는 획일화된 서열화 경쟁 구조 속에서도 기대하기 어렵다. 그러므로 우리는 삶의 다양성을 존중하고 다양성의 가치를 추구해야 한다. 포드주의에 따라 획일적인 상품을 기계적으로 찍어내는 것은 높은 부가가치를 창출하기 어렵다. 여기에는 다양성과 창의성이 결여되어 있기 때문이다. 소비자가 원하는 다양한 제품을 다양한 분야에서 창의적으로 개발할 능력이 바로 혁신적 경제의 요체라고 할 수 있다.

혁신적 경제가 되기 위해서는 경제의 체질이 유연해야 한다. 이것은 기획 단계뿐만 아니라 생산 공정과 판매의 전 과정에 걸쳐 해당되는 것이므로 경영자와 관리자들뿐만 아니라 현장의 생산직 노동자들에게도 해당된다. 그러므로 혁신적 경제를 달성하기 위해 유연성은 노사 모두에게 요구되는 항목이다. 창의적 아이디어에 따라 새로운 생산라인이 필요해지면 신속하게 기존의 방식을 정리하고 조직과 구조를 변경하고 혁신해야 한다. 그러므로 혁신은 경제와 산업의 모든 구성요소들이 유연성을 가질 것을 요구한다.

그런데 이런 혁신의 동력은 구호만 외친다고 만들어지지 않는다. 다양성과 창의성은 삶의 모든 과정과 산업과 경제의 모든 분야에 걸쳐 있다. 가령 교육의 다양성과 창의성 향상을 추구할 제도적 조건이 보장되지 않는 곳에서 산업과 경제의 다양성과 창의성이 발현되기 어렵다. 또 복지국가의 보편적 복지를 통해 누구라도 삶의 전 과정에서 사회안전망을 확보한 가운데 자신의 적성과 소질에 맞은 일을 찾아내고, 자신이 원한다면 그 일을 직업으로 삼는 다양한 특성을 가진 국민들이 다양한 분야에서 창의성을 발현시켜내도록 해야 한다. 이렇게 보편적 복지가 잘 갖추어진 곳에서는 기업가적 도전 정신도 더 강력해진다. 이렇게 해서 보편적 복지는 다양성과 창의성이 배양되는 훌륭한 조건이 되며, 이런 요소들이 어우러져서 혁신적 경제가 가능해지는 것이다.

또 혁신의 동력을 발굴하기 위해서는 공정한 경제가 전제 조건으로 요구된다. 공정 경쟁이 보장되지 않는 곳에서 혁신은 일어나지 않기 때문이다. 어떤 나라에서는 벤처기업이 기성의 대기업들 때문에 싹을 틔워보지도 못한 채 죽어가지만 다른 나라에서는 벤처기업들이 공정하게 경쟁할 실질적 기회를 보장받는다. 당연히 후자의 경우에서 혁신의 동력이 훨씬 더 커질 것이며, 이런 경제는 혁신적 경제로 발전할 가능성이 매우 높다. 앞서 살펴보았듯이, 공정한 경제는 형식적인 기회의 평등이 아니라 복지국가 정부의 개입주의 전략에 따라 적극적인 지원과 조장이 이루어지는 것이므로 새로운 도전자들에게 보다 우호적인 도전 환경을 제공하게 될 것이며, 이것 또한 혁신적 경제의 확립에 크게 기여하게 된다.

그리고 보편주의의 원리에 따라 제도적으로 시행되는 적극적 노동시장정책과 평생교육 체계의 확립은 혁신적 경제의 발전을 위해 반드시 필요한 것이다. 보편주의와 적극적 노동시장정책은 교육훈련, 재교육, 평생교육 등을 통해 사람들에게 인생의 2모작과 3모작이 가능하도록 다양한 제도적 기회를 보장해준다. 그리고 이런 곳에서 인적 자본과 사회적 자본의 축적이 훨씬 더 용이해진다. 결국 혁신적 경제는 산업과 경제에만 국한된 사안이 아니다. 그래서 특정 산업에 대한 집중 투자만을 통해 혁신적 경제를 이루려는 정부의 시도는 큰 성과를 얻기 어렵다. 경제의 모든 분야에서 다양하게 창의성이 발현되도록 할 때라야 지속가능한 혁신적 경제 질서를 구축할 수 있게 된다. 즉 보편적 복지, 적극적 복지, 공정한 경제의 제도적 확립 속에서, 그리고 이것들을 가능하게끔 하는 정치·경제·사회의 유기적 통합 구조가 형성되는 가운데 혁신적 경제의 실현이 가능한 것이다. 그러므로 혁신적 경제는 자유 시장의 논리에만 집착한 시장만능주의 방식이 아니라 조정 시장 경제의 논리에 근거한 보편주의 복지국가에서 더 잘 실현될 수 있다. 경험적으로도 북유럽 복지국가들이 국가경제의 규모가 작다는 큰 약점에도 불구하고 경제의 국제 경쟁력과 위기 대응능력 등 모든 지표에서 최고의 성적을 보이면서 혁신적 경제를 가장 모범적으로 일궈냈다.

특히 적극적 복지와 혁신적 경제의 메커니즘이 동시에 작동하면 노동력의 창의성과 질적 수준이 높아지고, 아동·여성·노인·장애인 등 대상별 능력 개발 시스템의 작동으로 인해 다양한 분야로부터 노동력의 공급량이 증가하게 된다. 혁신적 경제 체제의 주도적 작동으로 인한 성장 잠재력의 향상, 다양한 분야에 걸친 일자리의 창출, 그리고 직업훈련과 평생교육 등의 적극적 노동시장정책이 결합하게 되면 고용 안정성의 제고와 함께 노동시장의 양극화와 격차를 해소할 수 있게 된다. 궁극적으로는 적극적 노동시장정책을 통해 생산성이 낮은 오래된 기술을 가진 노동자나 미숙련 노동자들이 더 나은 임금을 받을 수 있는 최신의 기술을 습득하거나 숙련도를 높임으로써 사회 전체적으로 노동시장의 사회적 이동성((social mobility)이 크게 향상되는 결과를 낳게 된다.

다시 말하자면, 혁신적 경제는 산업과 경제의 내부에서 혁신의 동력을 발굴하고 키우는 것만으로는 부족하며, 이것 외에도 앞에서 설명한 역동적 복지국가의 세 가지 기둥인 보편적 복지, 적극적 복지, 공정한 경제가 유기적으로 작동하는 데 따른 결과로 얻어지는 성과물이기도 하다. 그러므로 우리는 이 네 가지 기둥의 상호 작용에 근거를 둔 경제와 복지의 유기적 통합체 관계를 제대로 인식해야 한다. 즉 역동적 복지국가는 혁신과 성장의 엔진을 탑재한 '경제와 복지의 통합적 구조물'이라는 사실이다. 이것이 복지국가소사이어티가 '복지국가'라는 명사 앞에 '역동적'이라는 형용사를 붙인 이유이다.

역동적 복지국가: 경제와 복지의 유기적 통합체

역동적 복지국가 모델에서 중요한 것은 보편적 복지, 적극적 복지, 공정한 경제, 혁신적 경제라는 네 가지 원칙(네 개의 기둥)이 서로 긴밀하게 연계되어 영향을 주고받는다는 것이다. 이렇게 상호 작용을 하고 있으므로 이들 네 가지 원칙들의 통합적 구조에서 어느 하나를 떼어낼 수는 없다. 만약 4대 원칙의 통합 구조가 훼손되거나 이들 중의 어느 하나가 무시된다면 그것은 이미 '역동적 복지국가론'이 아니다. 복지국가소사이어티의 역동적 복지국가론이 서로 긴밀하게 연결된 네 가지 원칙의 통합적 구조물임에도 불구하고 역동적 복지국가의 논리 구조에서 보편적 복지만을 떼어내서 마치 역동적 복지국가론을 '보편적 복지 지상주의'인 것처럼 잘못 이해하거나 의도적으로 왜곡해서는 안 된다.

보편적 복지는 적극적 복지, 공정한 경제, 혁신적 경제의 원칙들이 제대로 실현될 수 있도록 하는 데 필요한 조건이자 가장 우선적인 원칙이다. 하지만 보편적 복지만 가지고는 복지국가가 제대로 작동하지 않는다는 점도 명백하다. 공정한 경제의 원칙과 함께 혁신적 경제가 작동하여 지속가능한 경제 성장을 이루어야 보편적 복지도 적극적 복지도 가능하기 때문이다.

또 보편적 복지가 없는 적극적 복지는 좋은 성과를 내기 어렵다. 이는 경제민주화 조치를 통해 구현되는 공정한 경제 없이는 혁신적 경제가 가능하지 않은 것과 같은 이치이다. 과거 토니 블레어(Tony Blair)가 이끌었던 영국 노동당 정부가 좋은 사례이다. 영국은 대처리즘으로 인해 1980년 이후 복지국가의 축소와 왜곡이 진행되어 보편적 복지의 기반이 크게 훼손되고 부실해졌다. 그런 조건에서 노동당의 이념적 위치를 다소 오른쪽으로 옮겨 1990년대 후반 집권에 성공한 노동당 정부는 보편적 복지의 확충 없이 적극적 복지만을 강조하는 정책적 기조를 이어갔다. 실제로 당시 영국 노동당 정부가 사회투자국가라는 이름으로 적극적 복지에 엄청난 재원을 투입했음에도 기대만큼의 성공을 거두지는 못했다.

경제와 산업 분야의 불공정과 노동시장의 이중 구조를 개선하기 위한 경제사회적 규제와 누진적이고 적극적인 조세재정 정책이 포함된 공정한 경제 원칙이나 민주 정부의 진보적 경제·산업 정책과 적극적 노동시장정책을 통해 달성될 혁신적 경제 원칙 또한 보편적 복지나 적극적 복지와 뗄 수 없는 관계에 놓인 유기적 통합체이다. 우리는 보편적 복지와 적극적 복지를 통해 '한 배를 타고' 있다는 경제사회적 안정감을 제도적으로 확보할 수 있고, 이와 함께 기회의 실질적 평등을 달성하고 인적 자본과 사회적 자본을 안정적으로 확충할 수 있게 된다.

신자유주의 세력은 그동안 경제와 복지를 '성장이냐 분배냐'의 대립적 이분법으로 구분하며, 이 중의 어느 하나를 선택하도록 강요하는 왜곡된 프레임을 구축해 왔다. 복지 분야에 정부 재정을 많이 투입하면 복지병만 유발하고 경제 성장이 저해된다는 논리이다. 사실 이런 논리는 미국식 신자유주의 체제에서는 논리적으로 일정한 설득력을 지닌다. 미국은 승자독식의 시장만능주의 경제 체제를 고수하면서 경쟁 시장에서 탈락한 극빈자들에 대해서만 선별적 복지를 엄격하게 적용하는 방식을 최근 30여 년 동안 지속적으로 강화했다. 이런 구조에서는 복지에 사용되는 국가 재정이 경제 성장에 부담을 주는 낭비로 간주될 뿐이고, 국가 복지가 관대하면 도덕적 해이 또는 복지병만 키울 뿐이라는 생각이 지배적이다.

실제로 그런 측면이 존재한다. 갈수록 치열해지는 시장 경쟁에서 도저히 버텨내지 못하는 탈락자들이 크게 늘어나면서 선별적 복지 혜택을 받는 공식 빈곤층이 되기 위해 빈자들이 길게 줄을 서고 있다. 이것은 정부의 복지 재정이 일정한 규모로 묶여 있는데 비해 복지의 수혜를 기대하는 빈곤층의 크기가 커지면서 생긴 일이다. 그래서 시장만능주의 경제 체제와 선별주의 복지 체제를 가진 나라에서는 가난한 사람들이 선별적 복지의 수혜자가 되기 위해 '바닥을 향한 경주'(the race to the bottom)를 하고 있다.

1990년대 이래로 미국의 길을 추종해 온 우리나라도 1997년의 외환위기 이후 신자유주의적 재편을 거치면서 신자유주의 경제 체제와 잔여주의 선별적 복지 체제의 조합을 고집해왔다. 그래서 역대 정부들은 저열한 수준으로 방치된 복지를 제도적으로 확장하는 것 대신에 경제 성장 우선 논리에 따라 파이의 크기를 키우는 데 주력했다. 먼저 경제 성장을 통해 파이를 키운 후에 복지를 돌보자는 주장(선 성장 후 복지)이었다. 이 말은 성장을 통한 낙수 효과(trickle-down effect)로 복지(분배) 문제를 해결해야 한다는 주장이다. 즉 성장 우선 정책을 통해 고소득층의 소득 증대가 이루어지면 이들의 소비 및 투자가 확대될 것이므로 궁극적으로 저소득층의 소득도 증가하게 된다는 것이다. 그러나 우리나라의 역대 정부가 추진했던 신자유주의 작은 정부의 논리와 정책들은 결과적으로 경제 및 산업과 노동시장의 양극화와 함께 고용 불안만 키웠으며 부와 소득의 불평등만 심화시켰다. 낙수 효과는 전혀 나타나지 않았던 것이다.

OECD 국가들 중에서 신자유주의적 재편이 구조적 수준에서 깊고 넓게 진행된 나라일수록 부와 소득의 불평등은 더욱 심각하다. 신자유주의적 낙수 효과를 기대했던 이들 나라에서 불평등이 더 심각하다는 것은 경험적으로 낙수 효과는 존재하지 않는다는 것을 잘 보여준다. 그러므로 우리는 더 이상 파이를 먼저 키워야 한다는 말에 속지 말아야 한다. 경제 성장 우선주의와 낙수 효과는 진실이 아니며, 이것은 복지의 제도적 확대를 추진하지 않겠다는 말의 다른 표현에 불과한 거짓말이다. 그러므로 우리는 경제와 복지의 발전을 함께 추진해야 하며, 우리의 목표는 국민의 행복할 권리를 보장하기 위해 경제 문제인 성장과 분배를 동시에 달성하는 것이어야 한다.

역동적 복지국가는 경제(성장)와 복지(분배)의 유기적 통합체이다. 경제만을 우선적으로 성장시키겠다고 해서 경제가 안정적으로 성장할 수 있는 것은 아니다. 장기적 관점에서 볼 때 이것은 불가능하다. 인적 자본과 사회적 자본은 보편적 복지와 적극적 복지를 통해 만들어지는데, 복지 투자의 저열함으로 인해 이런 자본들이 결여된 나라에서는 지속가능한 경제 성장이 불가능하기 때문이다. 경험적으로도 보편적 복지와 적극적 복지가 제도적으로 확립되지 않은 상태에서 장기적으로 안정적인 경제 성장을 이어간 나라는 전 세계 어디에도 존재하지 않았다. 반대로 보편적 복지와 적극적 복지가 잘 확립된 스웨덴 같은 북유럽 복지국가들은 경제와 복지라는 두 마리 토끼를 모두 잡는 데 성공했다.

그리스 같은 남부유럽 국가들에서 경제가 어려워진 것은 이들 나라의 복지가 부실하거나 구조적으로 잘못 짜였기 때문이지 결코 복지의 과잉 때문이 아니다. 만약 복지의 과잉 때문에 경제가 망하는 것이라면 전 세계에서 가장 먼저 망해야 하는 나라는 이들 남부유럽 국가들이 아니라 스웨덴 같은 북유럽 복지국가들이어야 하며, 그 다음 순서로 독일이나 프랑스 같은 유럽대륙의 복지국가들이 망해야 옳을 것이다. 하지만 진실은 그 반대이며, 이것은 경험적으로 너무나 명백한 사실이다.

그래서 우리의 결론은 경제와 복지는 늘 하나이며, 이 둘은 '금슬 좋은 부부' 또는 '동전의 앞면과 뒷면'처럼 늘 같이 움직인다.[8] 경제가 잘 발달된 나라는 복지도 잘 되어 있고, 복지가 잘 발달된 나라는 경제도 잘 되어 있다. 이 둘 중의 어느 하나만 잘 된다는 것은 논리적으로나 경험적으로 가능하지 않다.

3.

역동적 복지국가의 전략: '적극적 자유'의 보장

'하고 싶은 일'을 선택할 수 있도록

우리나라는 외환위기 이후 2000년대 들어 본격적으로 신자유주의적 재편을 겪었다. 그래서 경제 체제가 승자독식의 시장만능주의로 구조화되고 말았다. 시장의 경쟁은 치열하고 승자의 길은 너무나 좁다. 경제와 산업의 양극화가 심각하기 때문이다. 그리고 이것은 노동시장의 양극화로 이어졌다. 재벌 대기업과 중소기업 노동자 사이에, 그리고 정규직과 비정규직 노동자 사이에는 거대한 장벽이 가로놓여 있다. 결국에는 일자리가 문제다. 10%의 좋은 일자리를 놓고 경쟁한다. 그런데 일을 하고 있거나 일을 찾는 사람들에게 우리나라의 복지 체제는 별 도움을 주지 못한다. 대한민국의 복지 체제는 보통사람들과 무관해 보인다. 실제로 보통사람들에게 국가가 제공하는 복지에 대해 물어보면 대부분은 자신과는 무관한 것이라고 대답한다. 우리 국민들에게 복지란 아주 가난해서 국가의 생계 지원을 받는 2.8%의 국민기초생활보장 대상자와 기타 긴급구호 대상자들을 돕는 것으로 간주된다. 이것은 선별적 복지만을 지나치게 강조하고 보편적 복지가 부실한 대한민국의 슬픈 복지 자화상이다.

국가의 제도적 복지가 대다수 보통사람들의 삶에 거의 관련되어 있지 않거나 별로 도움을 주지 못하는 선별적 복지 중심의 복지 체제에서 오늘도 사람들은 시장에서 상위 10% 안에 들어가기 위해 치열하게 경쟁한다. 우리나라는 경제 체제와 복지 체제의 결합이 일자리 문제에서 집약적으로 나타나서 대다수 국민의 삶을 전쟁 같은 경쟁 상태로 내몰고 있고, 이것의 결과는 불행하게도 양극화 사회 또는 격차 사회의 민생 불안이다.

이런 상태에서 역동적 복지국가의 새 시대를 열기 위해 우리는 어떻게 해야 하는가. 앞서 살펴본 롤스의 정의의 원칙에서 우리나라는 정의의 제1원칙('평등한 자유의 원칙')인 자유권은 제도적 차원에서 정치적으로 뿐만 아니라 경제적으로도 이미 충분히 보장되고 있다. 그런데 문제는 제1원칙의 보장으로부터 초래되는 소득과 부의 불평등이 사회계약론적 입장에서 도저히 받아들이기 어려울 정도로 심각하다는 점이다. 정의의 제2원칙은 자유권이 불가피하게 초래할 수밖에 없는 사회경제적 불평등이 그 사회에서 용인될 수 있도록 하는 조건인데, 결국 우리나라는 정의의 제2원칙이 제도적 수준에서 제대로 실천되지 못하고 있는 것이다.

먼저, 정의의 제2-b원칙(공정한 기회 균등의 원칙)에 따라 정의로운 사회 질서는 사회 구성원 모두에게 실질적으로 공정한 기회를 균등하게 보장해야 한다. 그래서 제2-b원칙에 상응하는 복지국가의 원리는 보편주의(universalism)이다. 누구나 건강한 출산과 육아의 권리를 갖고, 누구나 양질의 교육을 받을 권리를 보장받아야 하며, 누구나 아프면 병원에 갈 수 있어야 하고, 요양 받을 기회도 균등하게 주어져야 한다. 일자리가 필요한 사람들에게는 일할 기회를 보장해줘야 한다. 이런 사회서비스 중심의 보편주의 원리가 제2-b원칙에 상응하는 제도 원리이다.

다음으로, 제2-a원칙(차등의 원칙)은 재분배 정책을 통한 국가의 역할을 강조한다. 제2-b원칙이 아무리 잘 작동하더라도 시장에서 이루어지는 일차분배의 불평등은 어쩔 수 없이 발생하기 마련이다. 이것을 줄여주는 것이 제2-a원칙의 역할인데, 조세와 복지 정책을 통한 재분배 정책이 그것이다. 그래서 제2-a원칙에서는 사회보장의 원리가 중요하다. 소득재분배 성격이 강한 4대 사회보험 제도를 실시해야 한다. 적정 급여를 제공하되 누구도 예외가 되지 않도록 해야 한다. 그럼에도 여전히 가난한 처지에 놓인 사람들에게는 공공부조가 제대로 작동하도록 해야 한다.

정의의 제2원칙은 '평등'의 가치를 추구하는 것인데, 이것은 다른 말로 '적극적 자유'의 추구이다. 영국의 사상가 이사야 벌린(Isaiah Berlin)이 '자유'를 소극적 자유와 적극적 자유로 구분했는데, '적극적 자유'는 자기의 의지와 결정에 의해 자신이 원하는 것을 할 수 있는 권리를 말한다. 그러므로 우리가 추구할 역동적 복지국가의 전략은 '적극적 자유'의 보장이다. 이것은 우리 국민 모두가 자기의 적성에 맞고 자기가 하고 싶은 일을 하는 것을 의미한다. 그래야 자아실현이 가능하고 행복할 가능성이 더 커진다. 복지국가 스웨덴에서 보편적 복지가 생애주기에 따라 촘촘하게 잘 깔려 있음에도 불구하고, 그래서 가계 지출을 위해 필요한 비용 중에서 사회임금이 차지하는 비율이 50%를 넘음에도 불구하고 이 나라의 국민들은 시장임금에 대한 절박함 때문이 아니라 '적극적 자유'를 통한 '행복할 권리'를 위해 자신이 하고 싶은 일을 한다. 그래서 스웨덴은 전 세계에서 경제활동참가율이 가장 높은 나라 중의 하나가 된 것이다.

하고 싶은 일을 직업으로 선택하게 되면 자신의 직업에 대한 소명의식이 높아진다. 그런데 우리나라에서는 자신이 원하는 일이 아니라 부모가 원하는 것을 선택하는 경향이 높다. 예를 들면, 집안에 판·검사와 의사가 한 명쯤은 있어야 한다는 부모들의 오래된 소망에 따라 자녀가 공부를 잘 한다면 법대나 의대로 진학할 가능성이 높아진다. 특별하게 강한 소신을 가진 일부를 제외하고, 많은 경우 이렇게 해서 법조인이나 의사가 된다. 어떤 경우는 싫다는 의사를 표명했음에도 불구하고 부모의 강력한 의지 때문에 단지 공부를 잘 한다는 이유만으로 의대나 법대에 입학한다. 이렇게 원하지 않는 직업을 자녀에게 강요하는 것은 누구에게도 도움이 되지 않는다. 하지만 경제사회가 양극화되고 피라미드처럼 위쪽이 좁은 형태로 서열화가 구조화된 나라에서 대부분의 부모들은 이런 선택이 옳다고 믿는다.

그래서 그런지 우리나라의 법조인과 의료인들은 해당 직업에서 특별하게 요구되는 소명의식이 대체로 부족한 편이다. 어떤 경우에는 상당히 결여되어 있다. 그래서 우리 국민들은 법조인과 의료인을 별로 신뢰하지 않는다. 이렇게 소명의식이 부족한 현상은 판·검사와 의사들뿐만 아니라 기득권을 향유할 만한 대다수의 고위직 일자리에서 고질적으로 관찰된다. 한번 올라간 사람들은 그 자리에서 절대로 내려오려고 하지 않을 뿐만 아니라 자식들에게 그 지위를 대물림하길 원한다. 피라미드의 중하위에 위치한 대다수의 보통사람들은 위쪽의 성공한 사람들을 질시하거나 불신한다. 무엇보다 이들은 경제사회적으로 서로 다른 세상의 사람들이다. 누가 보더라도 이런 사회는 지속가능성이 낮고 역동적 발전을 이루어내기 어렵다. 지금 우리나라가 이렇다.

그래서 우리가 가야할 '역동적 복지국가'는 우리 국민들 모두가 자신이 원하고 적성에 맞는 '하고 싶은 일'을 직업으로 선택하는 것이 가능하고, 그것이 당연하게 받아들여지는 세상이다. 이런 사회에서는 창의적 노동이 이루어지게 되고, 그런 노동은 높은 성취를 통해 경제사회의 역동성을 높이게 된다. 결국 이런 사회에서는 구성원 모두가 행복할 가능성이 높아진다. 그런데 우리나라에서는 이것이 안 된다. 그 이유는 바로 양극화 때문이다. 앞서 살펴보았듯이, 우리나라는 외환위기 이후 경제와 산업이 양극화되었고, 그것이 일자리의 양극화로 나타났다. '10% 좋은 일자리'와 '90% 나머지 일자리'로 뚜렷하게 구분된 노동시장의 양극화는 우리 사회를 '만인의 만인에 대한 전쟁' 상태로 몰아갔다. 그리고 이런 추세는 해가 갈수록 더 심해지고 있다.

적성과 무관하게 10%의 좋은 일자리를 차지하기 위해서는 일류대학의 취업에 유리한 학과로 입학해야 한다. 이렇게 해서 대학은 서열화되고 취업에 유리한 인기 학과로 학생들이 몰리게 된다. 이것이 바로 입시 교육 심화의 근원적 이유이다. 결국 교육은 더 좋은 직장을 얻는 데 필요한 서열화 도구로 내몰리고 말았다. 이런 경쟁 만능의 교육 체계는 실제로는 교육의 경쟁력을 떨어뜨린다. 이런 상황을 근본적으로 개선해야 한다. 그래서 역동적 복지국가의 전략은 우리 국민들이 자신이 '하고 싶은 일'을 직업으로 선택하는 것이 가능하도록 하는 것이며, 그 해법은 노동시장의 양극화를 해소하는 것이다.

노동시장의 양극화 해소 방안: 복지 격차의 해소

지금 우리나라는 10%의 좋은 일자리와 90%의 나머지 일자리 간의 격차가 심각한데, 그 내용은 두 가지이다. 하나는 임금의 격차이고, 다른 하나는 복지의 격차이다. 우리가 역동적 복지국가의 새 시대를 열려면 이 두 가지의 격차를 최소화해야 한다. 이 두 가지의 격차가 노동시장에서 최소화되면 사람들은 직업 선택의 보수화로부터 벗어나서 자신이 하고 싶은 일을 선택할 것이다. 세상에는 사람들의 타고난 소질과 적성이 다양한 만큼 원하는 일자리도 다양할 것이며, 대다수의 일자리는 그 일을 원하는 사람들로 채워질 것이다. 이렇게 되면 우리의 경제사회는 다양성 속에서 하고 싶은 일을 하는 데서 나오는 창의성이 높아질 것이며, 이것이야말로 우리 경제의 역동적 발전을 가능하게 한다.

우리나라에서 일자리 간의 격차를 보면 임금의 격차도 문제이지만, 사실은 복지의 격차가 더 큰 문제이다. 비정규직은 같은 일을 하는 정규직 노동자 임금의 60% 정도를 받는다. 여기서 임금의 격차는 '100 대 60'이다. 그런데 회사가 제공하는 각종 복지를 정규직은 모두 누리는 데 비해 비정규직은 하나도 받지 못한다. 여기서 복지의 격차는 '100 대 0'이다. 재벌 대기업의 정규직 직원들은 수준 높은 회사 복지를 향유한다. 가족들의 경조사를 챙겨서 현금 봉투를 주고, 식구들의 병원비 본인부담금도 모두 내주고, 고가의 건강검진까지 받도록 해준다. 자녀들의 고등학교 학비뿐만 아니라 대학 등록금까지 모두 내준다. 심지어 어떤 회사는 자녀의 외국 대학 등록금도 지원해준다. 휴가비도 거르지 않는다. 그런데 영세 기업이나 비정규직 근로자들에게는 이런 회사 복지가 거의 없다. 심지어 법적으로 당연히 가입해야할 고용보험이나 국민연금 같은 사회보험의 가입률 격차도 심각하다.

그러므로 역동적 복지국가의 우선적인 전략은 회사별 복지의 격차를 없애는 것이다. 이것은 우리 국민의 합의와 정부의 추진 의지에 따라 충분히 없앨 수 있다. 스웨덴처럼 하면 된다. 북유럽 복지국가는 원칙적으로 회사 복지가 없다. 기업들은 노동자들에게 별도로 복지 지출을 할 필요가 없기 때문에 국제 경쟁력을 높이는 데도 유리하다. 그 비결은 바로 국가에 의한 보편적 복지의 제도화이다. 이것이 갖추어지면 우리나라 회사들도 스웨덴처럼 공적 사회보장을 위한 비용만 제도적 절차에 따라 지출하면 그만이다. 회사가 노동자들 위해 별도로 의료비나 학자금을 주지 않아도 된다. 국가의 보편적 복지로 모든 국민의 복지를 해결하면 더 이상 회사 복지는 설 자리가 없어지고 회사별 복지 격차는 해소된다.

역동적 복지국가가 전략적으로 추진할 보편적 복지의 내용은 다음과 같다. 첫째, 사회보험의 실질적 보편주의를 추진한다. 이를 위해 사회보험의 사각지대를 해소하고 보장성(소득대체율)을 OECD 평균 수준으로 끌어올려야 한다. 둘째, 사회보험의 빈틈을 메우기 위해 아동수당 등의 사회수당을 도입하고 내실화해야 한다. 셋째, 보육·교육·의료·요양 등의 사회서비스를 실질적 보편주의 원칙에 부합하도록 확충해야 하며, 이들 서비스의 이용에서 차별 없는 접근성을 보장하고 보장성 수준과 서비스의 질을 높여야 한다. 우리는 이런 식의 보편적 복지가 생애주기별로 촘촘하게 잘 제도화된 복지국가 스웨덴의 사례를 충분히 살펴보았다. 스웨덴에서는 이런 제도적 복지를 통해 받는 사회임금이 전체 가계 지출에서 차지하는 비중이 50%를 넘어 시장임금보다 더 크다.

그런데 우리나라는 사회임금의 비중이 전체 가계 지출의 10%대에 머물러 있다. 이 말의 의미는 이렇다. 4인 가구의 가장인 보통사람 홍길동 씨는 국가로부터 자녀의 보육과 교육 등의 각종 복지 혜택을 받고 있지만 그런 복지 혜택의 총량이 너무 작아서 전체 가계 지출의 80% 이상은 직장에서 일을 해서 벌어오는 시장임금으로 충당해야만 한다. 그래서 홍길동 씨는 월급을 한 푼이라도 더 주는 안정된 직장을 갈망하고 있으며, 조금이라도 돈을 더 벌고 싶어서 잔업으로 일을 더 하려고 한다. 여기서 대기업을 다니느냐 중소기업을 다니느냐, 그리고 정규직이냐 비정규직이냐의 여부는 결정적으로 중요하다. 왜냐하면 직업의 안정성뿐만 아니라 시장임금의 격차가 매우 크기 때문이다. 가족들에게 필요한 복지를 구입하기 위해서는 시장임금을 한 푼이라도 더 벌어야 할 처지인 홍길동 씨의 입장에서 볼 때, 보편적 복지 덕분에 시장임금에 크게 목을 매지 않아도 되는 스웨덴은 너무나 부러운 곳이다. 이것이 바로 회사별 복지를 대신하는 보편적 복지의 힘이다.

보편적 복지는 대기업과 중소기업 또는 정규직과 비정규직 노동자간의 복지 격차만 없애주는 게 아니다. 직장 근로자와 자영업자 사이의 복지 격차도 없애주고, 이들 취업자들과 실업자들 사이의 복지 격차도 없애준다. 이렇게 기업별 복지를 없애고 국가에 의한 보편적 복지로 복지를 통일할 경우 중소기업의 노동자나 비정규직 노동자들의 처지만 개선되는 것이 아니다. 보편적 복지를 통해 고용 비용의 부담을 줄여줌으로써 중소기업의 경영에 큰 도움을 주고, 결국 중소기업의 경쟁력 강화에도 크게 기여한다.

노동시장의 양극화 해소 방안: 임금 격차의 해소

회사별 복지를 폐지하고 국가에 의한 보편적 복지를 생애주기에 따라 내실 있게 제도화하면 논리적으로 그 혜택은 모든 국민에게 동일하고 비용 부담은 경제 주체의 능력에 따르게 된다. 즉 소득을 많이 창출한 재벌 대기업이나 고소득자들이 세금과 사회보장기여금을 많이 내고 생산력 수준이 대기업에 못 미치는 중소기업이나 저임금 근로자들은 부담을 적게 한다. 대기업과 고소득자들은 복지에 필요한 비용을 많이 부담하고, 그렇게 마련된 보편적 복지 재정은 사회임금의 형태로 전 국민에게 돌아간다는 것이다. 이렇게 될 경우, 우리 사회에서 자연스럽게 시장임금의 격차 그 자체가 갖는 의미는 크게 줄어든다. 여기서 사람들은 시장에서 벌어오는 소득에 크게 목을 매지 않아도 될 것이므로 시장임금을 한 푼이라도 더 벌도록 해주는 일자리보다는 자신이 진짜 하고 싶은 일이 가능한 일자리에 더 큰 매력을 느끼게 된다. 이렇게 해서 우리 사회가 다양성과 창의성이 충만한 곳으로 발전하는 것인데, 이곳이 바로 우리의 미래인 경제와 복지가 통합적으로 발전하는 역동적 복지국가이다.

앞에서 언급했듯이, 역동적 복지국가의 4대 원칙의 하나인 공정한 경제를 달성하기 위해서는 경제민주화 조치가 반드시 필요하다. 그리고 임금 격차의 해소를 위해서도 경제민주화는 필수적이다. 우리나라는 산업과 경제의 불공정성으로 인해 임금 격차가 커진 부분이 상당하기 때문이다. 재벌 대기업이 하청 중소기업을 '국민의 집'에서 동생을 대하듯이 공생하는 관계로 공정하게 대했다면 하청 중소기업에서 일하는 노동자들의 임금은 지금보다 훨씬 더 올랐을 것이고, 이런 공정한 관행이 경제의 관련 부분으로 파급되었다면 노동자들 간의 임금 격차는 많이 줄었을 것이다.

공정한 경제는 경제민주화뿐만 아니라 정부의 개입주의 전략을 요구한다. 시장의 도전자들에 대한 정부의 지원과 조장 정책이 필요한 것이다. 그리고 여기에 필요한 재원은 누진적 조세 정책을 통해 마련한다. 이렇게 해서 공정한 경제가 달성되면 임금의 격차는 많이 줄어들 것이다. 그리고 노동의 질을 높이고 노동자들의 고용을 도와주는 적극적 노동시장정책도 임금의 격차를 줄이는 데 크게 기여할 것이다.

이제부터 노동시장에서 나타나는 임금의 격차를 해소해서 역동적 복지국가로 가기 위한 전략적 차원의 정책 몇 가지를 살펴보도록 하자. 최저임금의 인상, 적극적 노동시장정책, 적극적 산업 정책, 공공 부문 일자리 창출 등이 그것이다.

첫째, 최저임금의 인상이다. 스웨덴이 경제 성장과 복지를 함께 이룰 수 있었던 비결이 바로 일자리였다. 대체로 국민들 모두가 창의적으로 열심히 일한다. 시장과 정부의 협력적 노력으로 인해 스웨덴 사회에는 다른 어떤 나라보다 많은 일자리가 존재한다. 국민들은 그 일자리에서 열심히 일하며 돈을 벌고 세금을 낸다. 국가는 누구나 하고 싶은 일을 할 수 있도록 더 많은 일자리를 만들고 제도적으로 사람들을 지원한다. 이런 식으로 선순환이 이루어지면서 스웨덴은 성장과 분배라는 경제 문제를 지혜롭게 잘 풀어나가고 있다. 영화 《아이언 맨》의 주인공에게 인공심장 '아크 원자로'가 있다면, 스웨덴에는 '일자리(노동) 원자로'가 있는 셈이다.

우리가 스웨덴과 같은 복지국가를 원한다면 일자리(노동) 시스템부터 스웨덴처럼 바꾸어야 한다. 우리도 스웨덴의 사례를 참고하여 우리나라 방식의 연대임금과 적극적 노동시장정책을 도입하면 된다. 스웨덴의 연대임금은 중앙교섭 차원에서 총자본과 총노동이 사회적 합의를 통해 도출한 평균임금 개념이다. 그런데 우리나라에서는 이것이 가까운 미래에 이루어지기가 어렵다. 그래서 우리가 선택해야 할 가장 현실적인 대안은 '최저임금의 인상'이다. 우리나라의 최저임금은 2008년부터 2013년까지 연평균 5.7%씩, 그리고 2014년부터 2017년 사이에는 연평균 7.4%씩 상승했다. 우리는 더욱 가파르게 최저임금을 인상해서 2016년 현재 46.5%인 시간당 '평균임금 대비 최저임금의 비율'을 선진국들처럼 60% 수준에 이르도록 해야 한다. 그리고 정부의 행정력을 최대한 동원해서 2016년 현재 전체 노동자의 14.6%인 280만 명이나 되는 최저임금도 받지 못하는 근로자들이 법정 최저임금을 받을 수 있도록 조치해야 한다.

둘째, 적극적 노동시장정책이다. 스웨덴을 비롯한 대부분의 유럽 복지국가들은 적극적 노동시장정책을 실시하고 있다. 경쟁력 없는 기업은 망하더라도 노동자는 반드시 보호하겠다는 의지가 이 정책을 통해 구현되고 있는 것이다. 직업훈련, 재교육, 고용알선, 취업지원 등의 적극적 노동시장정책을 통해 망한 기업의 구성원들이 다시금 노동시장에서 자신이 원하는 일을 열심히 할 수 있도록 제도적으로 지원한다. 이에 대해서는 조합주의 복지국가 모델인 독일도 스웨덴과 유사하다. 독일 벤츠는 경영상의 어려움으로 수천 명의 노동자들을 정리해고로 내보낸 적이 있었다. 해고된 노동자들은 실업 급여를 받으면서 벤츠에서 제공한 교육훈련을 받았다. 이런 노력 덕분에 실업 급여 수급 기간이 채 끝나기도 전에 많은 노동자들이 벤츠에 재취업하는 데 성공했다. 독일에는 기업이 신규 채용을 할 때 해고 노동자들을 채용의 최우선 순위에 둘

것을 규정한 노동법이 있기 때문에 경영난에서 벗어난 벤츠가 해고했던 노동자들을 다시 채용한 것이다. 그렇다고 이것이 벤츠에게 손해가 되는 것은 아니다. 해고되었던 노동자들은 실업 기간 동안 교육을 받으면서 새로운 기술을 익혔기 때문에 많은 노동자들이 오히려 재취업 때 승진해서 복귀할 정도였다.[9]

우리나라에도 해고된 노동자들이 다시 일자리를 얻도록 지원하는 정책이 있기는 하다. 하지만 그야말로 영혼 없는 일자리 정책에 가깝다는 비판을 받는다. 지역마다 있는 고용알선센터는 생판 모르는 두 남녀에게 각자의 전화번호를 알려준 뒤 너희들끼리 알아서 하라고 가버리는 소개팅 주선자처럼 말 그대로 고용을 알선만 한다. 알선된 곳들 중의 어느 하나에 채용되면 다행이고 아니면 그만인 식이다. 또 고용알선센터의 취업교육도 무성의하다. 많은 보수를 주는 안정적인 직장에 취업할 수 있는 양질의 교육을 제공하는 것이 아니라 시장에서 별로 인기가 없거나 저임금을 받을만한 일자리 관련 교육만을 주로 제공하기 때문이다. 스웨덴이나 독일과 달리 우리나라의 직업훈련과 고용지원 정책이 이렇게 부실한 것은 재정이 부족하기 때문이다. 2013년 현재 OECD 주요 국가들의 적극적 노동시장정책(ALMP, active labour market policy)에 대한 'GDP 대비 공적 지출'의 비중을 보면, 덴마크가 가장 높아 GDP의 1.81%를 지출했고, 스웨덴 1.35%, 핀란드 1.02%로 북유럽 복지국가들이 압도적으로 높았다. 다음으로 유럽대륙 복지국가에 속하는 프랑스가 0.93%, 네덜란드 0.84%, 그리고 독일은 0.64%였다. 마지막으로 자유주의 복지국가인 미국 0.24%, 영국 0.23%로 가장 낮은 그룹에 속했다. 우리나라는 0.44%로 미국보다는 높았지만 스웨덴의 3분의1 수준에 불과했다. 이렇게 적극적 노동시장

정책을 위한 공적 지출이 부족하기 때문에 우리나라의 일자리 정책은 부실할 수밖에 없는 것이다.

셋째, 양질의 중소기업 일자리 창출이다. 전체 일자리 중에서 공무원이나 재벌 대기업과 같은 좋은 일자리는 10%에 불과하고, 나머지 90%의 일자리는 중소기업(62%)과 자영업(28%) 분야에 존재한다. 자영업 일자리는 OECD 평균의 2배 수준으로 과잉이므로 장차 그 수가 줄어들도록 하는 것이 옳다. 그러므로 일자리 간의 임금 격차를 줄이는 가장 좋은 방법은 전체 일자리의 62%를 차지하는 중소기업의 일자리를 양질의 일자리로 전환하는 것이다. 그래서 청년들이 자신이 하고 싶은 일을 중소기업에서 할 수 있도록 길을 열어주어야 한다. 정부의 보편적 복지를 통해 대기업과 중소기업 간의 복지 격차가 없어지고, 공정한 경제를 통해 중소기업의 이윤이 대기업에게 불공정하게 수탈당하지 않게 하고, 정부의 개입주의 산업 정책에 따른 조장과 지원으로 중소기업의 생산성이 높아지면 당연히 중소기업의 임금 수준이 높아지게 된다. 게다가 혁신적 경제가 주는 기술 혁신이 중소기업에서 이루어지면 그 성과는 중소기업 노동자들의 임금 인상으로 이어질 것이다. 그러면 청년들이 더 이상 10%의 일자리에만 목을 맬 필요는 없어진다.

1995년 하버드 비즈니스 출판사에서 나온 《Hidden Champions》[10]는 독일의 중소기업들이 어떻게 세계 시장에서 막강한 경쟁력을 가지고 발전했는지를 자세하게 소개하고 있다. 이 책에 의하면, 독일 중소기업들의 경쟁 무기는 저임금이 아니라 특허를 가진 혁신적 기술과 오랜 기간 동안 숙련된 마이스터(최고의 기술을 가진 장인 또는 명인)의 기능이다. 그리고 중소기업들이 이런 무기를 갖출 수 있게 된 것은 연구와 개발에 대한 투자를 아끼지 않았기 때문이다. 우리나라 중소기업들도 히든 챔피언이 되려면 연구 개발에 대한 투자를 강화해야 하겠지만, 현재 중소기업들은 그럴 만한 여력이 없다. 혁신적 기술이 있어도 은행들이 중소기업에게 돈을 잘 빌려주지 않기 때문이다. 그래서 정부가 나서야 한다. 중소기업에 대한 자금 지원을 할 수 있도록 금융의 공적 성격을 강화해야 한다. 뿐만 아니라 중소기업들이 스스로 연구 개발을 하는 것이 쉽지 않은 만큼 정부가 재정을 과감하게 투자해서 국가 차원의 연구개발 클러스터를 만들 필요가 있다. 국가의 지원으로 기술이 개발되면 이것을 중소기업들이 자유롭게 가져다가 산업적 성과로 연결시키고 이익을 창출하도록 하자는 것이다.[11] 어려운 처치에 놓인 전문대학 등을 직업대학으로 전환해서 중소기업이 필요로 하는 기술과 기능을 전문적으로 교육하도록 하는 것도 좋은 방안이 될 것이다.

넷째, 사회서비스 분야의 공공 일자리 창출이다. 국가의 지원으로 열심히 교육훈련을 받았더라도 막상 일할 곳이 없으면 아무 소용이 없게 된다. 그래서 일자리 자체가 중요하다. 민간의 일자리 유지와 창출을 위해 정부가 노력하는 것도 중요하지만 정부가 나서서 사회서비스 분야에서 양질의 일자리를 만들어내는 일도 매우 중요하다. 보육·교육·의료·요양 등의 사회서비스 분야에서 양질의 일자리를 만들어내는 것은 보편적 복지의 내실화라는 복지의 측면뿐만 아니라 일자리를 통해 성장을 견인하는 경제의 측면에서도 중요성이 매우 크다 하겠다. 앞서 언급했듯이 우리나라는 보편적 보육을 제도적으로 시행하고 있음에도 어린이집의 아동 폭행 사건이 일어나는 등 보육의 질 문제가 제기되고 있다. 이 문제에 대한 올바른 해법은 공공 어린이집의 비중과 보육 교사의 수를 늘리는 것이다. 의료도 마찬가지이다. 의료 서비스의 질을 높이려면 간호사를 포함한 병원 인력의 고용을 늘려야 한다. 학교도 마찬가지로 교사의 수를 선진국 수준으로 확충해야 한다.

그런데 우리나라의 사회서비스 분야는 종사자들 간의 임금 수준의 편차가 심하다. 초·중등학교의 교사나 대학병원의 정규직 직원들은 비교적 임금 수준이 높은 편이다. 하지만 중소 규모의 병·의원이나 요양 관련 분야의 종사들은 임금 수준이 매우 낮다. 보육 분야도 마찬가지로 임금 수준이 열악하다. 그런데 양질의 사회서비스는 경제학적 가치재로서 우리나라 경제의 지속적 성장을 위해 반드시 필요하며, 이 분야의 질적 수준을 높이는 것은 그 효과가 양질의 일자리 창출에만 머무는 것이 아니라 다른 분야로 긍정적 파급효과를 미치는 중요한 일이다. 가령, 보육이나 교육 분야에 양질을 일자리를 확충하게 되면 이 분야의 고용이 늘어나는 것뿐만 아니라 아동들과 학생들에게 질 높은 보육과 교육 서비스를 제공하게 됨으로써 인적 자본을 강화하는 것으로 귀결된다. 게다가 보육은 육아에만 매달려있던 여성들에게 일자리를 찾아 나설 기회를 주게 되며, 양질의 의료는 사람들이 조기에 건강을 회복하여 일터로 복귀하게끔 도와준다. 요양은 종사자들의 임금이 가장 낮은 분야인데, 이것은 요양 서비스의 공급을 지나치게 민간에 의존함으로써 요양기관의 공공성을 저하시키고 정부가 재정적 책임을 제대로 지지 않은 채 저수가 정책으로 일관하는 등의 잘못된 정책을 펼친 탓이다. 그래서 요양보호사들은 사회서비스 분야 저임금의 상징적 존재가 되고 말았다.

4.

역동적 복지국가의 누진적 조세 전략

복지국가와 증세라는 새로운 사회계약

보편적 복지와 적극적 복지, 그리고 공정한 경제와 혁신적 경제라는 역동적 복지국가의 네 기둥들은 공짜로 세워질 수 있는 것이 아니다. 돈이 있어야 한다. 그것도 최소한 OECD 평균 수준 정도의 돈이 있어야 이들 네 기둥을 튼튼하게 만들고 멋지게 세울 수 있게 된다. 그리고 그 돈은 국민들이 낸 세금과 사회보장기여금으로부터 나온다. 우리가 원하는 역동적 복지국가를 만들려면 이런 돈을 마련할 수 있는 합리적인 조세 정책을 마련하고 국민적 합의를 도출해야 한다. 우리가 스웨덴이나 독일과 같은 국민 행복권 보장 수준이 높은 좋은 복지국가를 만들려면 그 나라 국민들이 내는 세금을 우리 국민들도 기꺼이 내야 한다. 유럽 선진 복지국가들은 혁명을 통해 이룬 것이 아니라 세금을 더 내겠다는 국민적 합의를 통해 달성한 것이다. 그들은 국가가 국민의 행복할 권리를 보장해주는 대신에 국가가 이 일을 잘 할 수 있도록 세금을 누진적으로 더 내겠다는 정치사회적 합의를 해준 것이다. 결과적으로 복지국가와 세금이라는 새로운 사회계약을 체결한 셈이다.

스웨덴이 하고 독일이 한 것을 우리라고 못할 이유는 없다. 우리는 이미 '한강의 기적'이라는 산업화와 경제 성장의 세계적 성과를 만들어낸 경험이 있고, 가장 짧은 기간에 정치적 민주주의를 달성한 경험도 있다. 우리는 해낼 수 있고 행복한 미래를 위해 반드시 해내야 한다. 우리나라의 역사와 문화, 그리고 현실적 조건과 특성을 잘 반영해서 우리에게 가장 적합한 한국형 복지국가로서 역동적 복지국가를 건설해야 하며, 이 일을 하는 데 필요한 힘은 우리 국민들로부터 나온다. 특히 보통사람들의 소망과 의지를 모아내는 일이 중요하며, 역동적 복지국가를 향한 보통사람들의 이런 기대와 열망은 반드시 누진적 증세에 대한 동의와 지지를 수반해야 한다. 역동적 복지국가를 건설하고 지켜나가는 데는 많은 돈이 필요하기 때문이다. 그러므로 증세에 대한 정치사회적 합의라는 형태로 우리 국민들 사이의 새로운 사회계약이 요구된다.

역동적 복지국가의 조세 체계는 소득재분배의 원리가 강하게 작동하기 때문에 서민들의 세금 지출은 별로 크지 않을 것이다. 그리고 보통사람들은 세금으로 내는 돈보다 사회수당과 사회서비스의 형태로 더 많은 사회임금을 얻을 수 있어서 실질적으로는 이득이 훨씬 크다. 그럼에도 불구하고 역동적 복지국가에 대한 찬반 논란이 본격적으로 벌어지게 되면 부자들과 낡은 세력들을 중심으로 포퓰리즘이니 세금폭탄이니 하면서 증세를 반대하는 온갖 선동들이 난무할 가능성이 크다. 이런 선동에 동요하지 않은 채, 오히려 보통사람들은 우리가 먼저 세금 더 내겠으니 국민 행복권이 보장되는 역동적 복지국가를 만들자는 굳은 결심을 내보여야 한다. 그렇게 하려면 깨어 있는 시민들의 가슴 속에 역동적 복지국가를 향한 신념과 열망이 깊게 새겨져 있어야 한다.

세상 어디를 가든지 세금(증세) 없는 복지국가는 없다. 누구나 하고 싶은 일을 직업으로 가지고, 노동을 해서 소득을 얻어야 하고, 누진적으로 세금을 내야 한다. 일하지 않고 세금도 내지 않고 공짜로 복지 혜택을 바라는 국민들이 많은 나라는 절대로 복지국가가 될 수 없다. 지속가능하지 않기 때문이다. 결국 복지국가는 필연적으로 세금을 먹어야만 건강하게 자랄 수 있는 구조물이다. 이렇게 모두가 능력에 따라 세금을 내고 복지국가를 통해서 경제와 복지의 통합적 발전이 주는 혜택을 사회 구성원 모두가 함께 누리는 것이 시장에서 혼자 모든 문제를 해결하는 각자도생의 방식보다 모두에게 훨씬 더 이익이다.

이번에는 한 고등학교의 학급회의 풍경을 잠시 지켜보자. 누군가 손을 들어 "더 나은 학급 운영을 위해 학급비를 걷자"는 의견을 낸다. 한 친구가 일어나서 "학급비를 뭘 걷어, 그냥 각자 알아서 하면 되지"라고 말한다. 그때 다른 친구가 "학급비를 거둬 다 같이 사용하는 것이 모두에게 이익이 되기 때문에 찬성"이라고 말한다. 또 다른 친구도 "학급비로 필요한 물품이나 교재를 공동 구매하면 저렴하게 구입할 수 있을 것"이라며 동의를 표시했다. 교재를 혼자 사면 할인을 받을 수 없고 배송비도 따로 내야 한다. 피자를 혼자 먹으려면 한 판을 다 먹을 수 없어서 몇 조각을 남기게 된다. 그런데 학급비를 거둬서 공동으로 활용하면 교재를 더 싸게 구입할 수 있고 다 같이 피자도 시켜먹을 수도 있다. 그래서 찬반 투표 끝에 학급비를 거두는 것으로 결정됐다. 여기서 우리가 얻은 교훈은 각자도생의 방식으로 시장에서 복지를 각자 구입하는 것보다 공동으로 구입하는 것이 전체적으로 이득이라는 것이다. 게다가 학급비를 걷는 방식으로 가정 형편에 따라 금액에 차등을 두는 누진제를 적용한다면 이 학급의 학생들은 '연대'라는 소중한 가치를 공유하게 될 것이다.

우리나라는 증세가 필요하다

우리나라의 GDP 대비 공공사회복지 지출의 비중은 2016년 현재 10.5% 수준이다. OECD 국가들 평균인 22%에 한참 못 미친다. 덴마크, 스웨덴, 독일과 같은 주요 복지국가들의 25~30%에 비하면 3분의 1 수준이다. 역사적 경험에 의하면, 유럽 복지국가들은 이미 1960년에 GDP 대비 공공사회복지 지출의 비중이 10%에 달했고, 1970년대에는 15%를 상회했다. 이들은 '1인당 국민소득' 1만 달러 시점에서 광범위하게 복지국가로 나아갔다. 우리나라는 지금 유럽 복지국가들이 40~50년 전에 실현했던 GDP 대비 공공사회복지 지출 수준에도 못 미치고 있다. 이런 복지 후진국은 일정 단계 이후로는 경제 성장이 어렵다. 그래서 지금 대한민국 경제는 저성장의 덫에서 허우적대고 있는 것이다. 그럼에도 기존의 관성에 얽매인 사람들은 여전히 규제완화와 감세를 통한 낙수 효과를 기대하며 세월을 낭비하고 있다. 우리가 선진국으로 도약하려면 기존의 방식으로는 안 된다는 것을 지금의 선진국들이 그들의 과거를 통해 잘 보여주고 있다. 이제 패러다임 자체를 바꾸어야 하며, 그것은 GDP 대비 공공사회복지 지출의 비중을 크게 늘리면서 역동적 복지국가로 나아가는 것이다.

그런데 우리나라는 GDP 대비 공공사회복지 지출의 비중이 왜 이렇게 낮을까? 이유는 아주 간단하다. 우리 국민들이 세금을 적게 내기 때문이다. 한마디로 우리나라는 적게 내고 적게 받는 복지 후진국이다. 이것은 복지만 후진적이라는 뜻이 아니다. 사회 공공성의 수준이 전반적으로 매우 낮다는 것을 의미한다. 우리는 이 부분을 매우 심각하게 받아들여야 한다. 앞으로도 이렇게 사회 공공성의 수준이 낮은 정치공동체 대한민국을 그대로 유지할 것인지, 그래서 이대로 살다가 시장만능의 격차 사회를 자식 세대에게 그대로 물려줄 것인지, 깊이 성찰해봐야 한다.

그렇게 하지 않겠다면, 우리는 복지 후진국을 탈피할 비상한 계획을 세워야하고, 그런 방향으로 마음을 다잡아야 한다. 우리가 단계적으로 사회 공공성의 수준을 높이려면, 그래서 중기적으로 OECD 평균 수준의 복지국가를 건설하고 장기적으로 유럽의 공공성 높은 선진 복지국가 수준에 도달하려면, 우리는 지금보다 세금을 더 내야 한다. 우리나라의 조세부담률은 GDP의 19% 수준이다. OECD 국가들 평균인 25%에 비해 GDP의 6%포인트 정도 세금을 덜 내고 있다. 2015년 현재 우리나라의 명목GDP가 1,558조원을 넘었으니, GDP의 6%포인트는 약 93조원이다. 우리는 2015년도에 OECD 국가들 평균에 비해 세금을 93조원이나 덜 낸 것이다. OECD 국가들의 평균 조세부담률은 GDP의 25%이지만 북유럽 복지국가들은 조세부담률이 33%에 달한다. 이것은 우리나라의 19%에 비해 GDP의 14%포인트나 높은 것이다. 여기까지는 고려하지 않더라도 우리나라가 세계적 표준을 추구한다면 적어도 조세부담률을 OECD 평균 수준까지는 높여야 한다.

우리나라의 국민부담률은 GDP의 25% 수준이다. 조세부담률에 국민연금이나 국민건강보험 등의 사회보장기여금 부담률을 합한 것이 국민부담률이다. 우리나라는 국민부담률이 OECD 국가들 평균인 34%에 비해 GDP의 9%포인트 정도 낮다. 우리 국민은 2015년 기준으로 OECD 국가들 평균에 비해 연간 약 140조원을 적게 부담한 것인데, 결국 그만큼 우리 사회의 공공성 수준이 낮은 것이다. OECD 국가들의 국민부담률 평균은 34%이지만 주요 선진 복지국가들은 대개 국민부담률이 GDP의 40~45%에 달한다.

우리나라가 복지 후진국에서 성장과 분배가 유기적으로 발전하는 역동적 복지국가로 나아가기 위해서는 사회 공공성의 수준을 획기적으로 높여야 한다. 이것은 국민부담률을 높일 때에만 가능해진다. 국민부담률을 높인다는 것은 우리 국민들이 지금보다 세금과 사회보장기여금을 더 낸다는 것이며, 현재의 '저부담-저복지'에서 '적정부담-적정복지' 체계로 전환한다는 것을 의미한다. 보편적 복지가 공론화된 이후 치러진 각종 선거에서 여야 후보들은 앞 다투어 복지국가의 핵심적 특성인 사회 공공성을 높일 다양한 프로그램들을 공약으로 제시했다. 그런데 그 약속들은 대부분 지켜지지 않았다. 그 이유는 대부분 정부 재정의 제약 때문이다. 우리 국민들이 세금 더 내는 것을 꺼려하므로 여야 정당들이 제대로 된 '복지국가 증세'를 정치적으로 추진하기가 어려운 것이다. 또 일부 여야 정치인들이 재벌 대기업과 부자들 편에 서서 이들의 세금을 아껴주겠다는 의도에서 세금폭탄과 같은 자극적인 말을 퍼뜨리면서 국민들의 조세 저항 심리를 부추기는 경우도 많았다. 상황이 이렇게 전개되었기 때문에 우리나라는 조세부담률이 늘지 않고, 그래서 세수가 부족하기 때문에 GDP 대비 공공사회복지 지출의 비중이 10%대에 그쳐 OECD 평균의 절반도 안 되는 복지 후진국에 머물러 있다. 이런 상황에서 안타깝게도 국가부채는 매년 늘어났다.[12]

담뱃세와 주민세는 대표적인 간접세로 소득 역진적인 조세 항목이다. 박근혜 정부에서 추진된 간접세 증세 조치는 증세 없는 복지를 국정기조로 삼던 정부와 여당이 계속되는 정부 재정의 적자 상태에서 조금이라도 벗어나 보려는 궁여지책에 가깝다. 그런데 정작 중요한 것은 담뱃세와 주민세를 인상하는 식의 간접세 증세로는 조세정의만 해칠 뿐이지 재정 문제의 실질적인 해결에는 거의 도움이 되지 않는다는 사실이다. 우리나라는 조세부담률이 OECD 평균에 비해 GDP의 6%포인트나 미달하므로 직접세를 누진적으로 손봐야 한다. 우리나라는 소득 상위 10%가 전체 소득의 거의 절반을 차지하는 세계 최고의 소득 불평등 국가이다. 이런 불평등을 개선하고 경제를 살려냄으로써 소득 주도 성장의 새로운 패러다임을 실현하기 위해서는 법인세와 소득세의 세율을 누진적으로 올려야 한다. 대기업과 고소득자가 더 부담해야 한다. 그래서 이 재원을 보편적 복지 등 복지국가의 네 기둥에 전략적으로 투자해야 한다. 이를 통해 고용을 늘리고 중소기업 등 우리 경제의 취약한 부분을 혁신하고 인적 자본과 사회적 자본을 튼튼하게 하면, 우리 경제가 안정적으로 활성화되고 세금을 더 낼 수 있는 중산층도 더 두터워질 것이다. 결국 중산층까지 세금을 더 낼 수 있는 방향으로 가면 우리도 OECD 평균 수준의 복지국가에 도달할 수 있게 된다.

역동적 복지국가를 위한 증세 방안

공평과세가 중요하다. 모든 국민이 공평하게 세금을 부담하도록 해야 한다는 것이다. 공평 과세는 모든 국민이 같은 금액을 세금으로 낸다는 것이 아니다. 소득이 많으면 그만큼 누진적으로 세금을 더 내는 것이 공평 과세이다. 고소득층임에도 불구하고 탈세를 하거나 세금을 적게 내고, 주식과 부동산으로 많은 돈을 버는데도 비과세 혜택이나 여러 가지 편법을 동원하여 세금을 적게 내거나 아예 내지 않는 문제들이 해결되어야 하는데, 이런 과제도 공평과세의 일환이다.

근로소득의 공평과세는 어떻게 이뤄질 수 있을까? 우리나라는 이미 누진세 원리가 적용되어 공평과세가 어느 정도 실현되고 있는 셈이다. 하지만 우리에게는 더 큰 공평이 요구되며, 그래서 증세가 필요하다. 그렇다면 복지국가 증세는 어떻게 하는 것이 정의에 잘 부합할까. 고소득자들이 누진적으로 세금을 더 내야 한다. 우리나라는 연간 과세표준 소득 금액을 다섯 개의 구간(과표구간: 과세의 지표가 되는 구간)으로 나누고, 각 구간별로 소득세가 다른 비율로 부과된다. 2014년 1월 1일부터 적용되고 있는 과세표준 구간은 1200만원 이하(세율 6%), 1200만원 초과~4600만원 이하(세율 15%), 4600만원 초과~8800만원 이하(세율 24%), 8800만원 초과~1억5천만원(세율 35%) 이하, 1억5천만원 초과(세율 38%) 등 5단계로 나뉜다.

우리나라의 소득세 최고세율(소득이 가장 높은 마지막 과표구간에 부과되는 세율)은 중앙정부의 최고세율 38%에다가 이것의 10%에 해당하는 지방소득세(3.8%)를 더해 41.8%인데, 이 수치는 OECD 국가들 중에서는 아주 낮은 편에 속한다. 2015년도 OECD 통계에 의하면, 스웨덴의 소득세 최고세율은 57%이고, 포르투갈 56.5%, 일본 55.9%, 덴마크 55.8%, 프랑스 54.5%, 벨기에 53.8%, 네덜란드 52%, 핀란드 51.6%, 이탈리아가 50.1%이며, 오스트리아. 이스라엘, 그리스 등이 50%이다. 심지어 시장의 자유를 크게 강조하는 자유주의 복지국가인 미국과 영국도 소득세의 최고세율이 각각 46.3%와 45%이다. 우리나라의 소득세율이 이렇게 낮아야 하는 합당한 이유는 찾아보기 어렵다. 소득세를 좀 더 낸다고 해서 근로의욕이 줄어든다는 근거도 없다. 우리나라 소득세율의 누진성이 이렇게 약한 것은 고소득자들의 입장이 더 많이 반영되는 대한민국 정치의 후진성 때문이다. 이제 우리나라도 글로벌 스탠더드에 맞춰야 한다.

그래서 소득세율을 인상하는 것이 옳다. 우선적으로 가능한 방법은 마지막의 두 과표구간 또는 마지막 과표구간을 더 세분화해서 고소득자들이 보다 높은 세율을 적용받도록 하는 것이다. 이 사안에 대해서는 여야 정치권의 의견이 뚜렷하게 나뉜다. 2016년 8월 2일, 제1야당인 더불어민주당은 고소득자와 대기업에 대한 증세를 골자로 한 세법개정안을 발표했다. 기조는 부자증세 정책이다. 여기서 더불어민주당은 소득세 증세 방안으로 연소득 5억원을 초과하는 과표구간을 신설해서 41%의 세율을 적용하자고 제안했다. 이렇게 하면, 우리나라는 현행 소득세제의 5개 세율 구간이 6개로 늘어나고, 지방소득세를 포함한 소득세의 최고세율은 현행 41.8%에서 45.1%로 높아진다.

이에 대해, 여당인 새누리당은 반대 입장을 분명히 했다. 정부의 세법개정안과 궤를 같이 하고 있기 때문이다. 정부는 2016년 7월 28일 세법개정안을 발표했는데, 이명박 정부 때부터 유지해온 감세 기조를 그대로 지키는 방안을 담고 있다. 새누리당은 서면브리핑을 통해 "더민주의 세법개정안은 경제 살리기와 일자리 늘리기보다는 세율 인상을 통한 세 부담 늘리기에 초점을 맞춘 것"이라며, 새누리당은 "현재의 어려운 경제 여건 하에서 세금을 더 거둬들이는 데는 찬성할 수 없다"고 했다. 결국 정부와 여당은 부자감세 기조와 낮은 세율을 그대로 유지하는 것이 경제 살리기와 일자리 늘리기에 더 유리하다는 입장을 여전히 견지하고 있다. 그런데 증세를 통해 재정 능력을 적정하게 갖춘 복지국가 정부의 역할이 유능하게 발휘될 때라야 경제 살리기와 일자리 늘리기가 더 잘 실현될 수 있다는 사실은 이미 세계적 차원에서 경험적으로 입증된 것이다.

그렇다고 더불어민주당의 세금 정책이 충분한 것은 아니다. 더불어

민주당의 소득세 정책은 다음과 같이 개선될 필요가 있다. 첫째, 소득세의 최고세율 구간과 세율을 더 누진적으로 바꾸어야 한다. 더불어민주당이 제안했던 5억원 초과 구간의 41% 최고세율을 3억원 초과 구간의 45% 최고세율 이상으로 강화해야 할 것이다. 둘째, 고소득층뿐만 아니라 중산층도 소득세를 더 내도록 전반적으로 소득세의 세율을 상향 조정하는 방안을 담아내야 한다. 지금 중산층까지 소득세를 더 내자는 논의가 함께 이루어져야 하는 이유는 다음과 같다. 첫째, 우리나라는 GDP 대비 소득세의 비중이 3.8%에 불과해서 OECD 평균인 8.5%에 비해 턱없이 부족하기 때문이다. 이 말은 우리나라의 개인 소득자들이 국제적 기준에서 볼 때 소득세를 터무니없을 만큼 적게 내고 있다는 뜻이다. 우리 국민들은 2015년 한 해 동안 개인 소득세를 OECD 평균에 비해 70조원 정도를 덜 낸 것이다. 우리나라는 고소득자와 중산층도 소득세를 적게 내고 있지만, 2015년도 우리나라 소득자의 절반은 소득세를 한 푼도 내지 않았다. 이렇게 해서는 복지국가로 갈 수 없다. 둘째, 고소득자에 대한 증세만으로는 역동적 복지국가 건설에 필요한 재원을 지속적으로 조달하기 어렵기 때문이다. 그래서 우리는 소득세의 보편적 증세로 가야 한다. 스웨덴처럼 소득세는 보편적으로 누구나 내야 한다. 그런데 지금 우리나라는 보편적 복지가 크게 부실하고 신자유주의적 양극화가 지나쳐서 보통사람들이 세금을 더 내기가 어려운 지경이다. 그럼에도 불구하고 머지않은 장래에 역동적 복지국가의 건설을 조건으로 보통사람들이 소득세의 보편적 증세에 동의하도록 설득해나가야 한다. 이런 길을 열기 위해서는 지금 고소득층의 소득세 증세뿐만 아니라 중산층의 소득세 증세 방안도 함께 공론화하고 정치사회적 합의를 모아나가는 것이 옳다.

소득세의 세율을 전반적으로 상향 조정하는 방법으로 공평과세를 실현하고 역동적 복지국가의 재원을 마련하는 것이 소득세제 개혁의 올바른 원칙이겠으나 프랑스에서 사용했던 사회보장기여세를 도입하는 것도 하나의 방법이 될 수 있다. 프랑스는 우리나라처럼 소득세의 비중이 매우 낮았는데, 1990년 복지 지출의 증가에 따라 추가 재원이 필요해지자 사회보장기여세를 도입했다. 이것은 소득에 부과하는 특별한 세금으로 반드시 복지 지출에만 사용하도록 용처가 법에 규정된 목적세이다.[13] 우리나라도 이런 세금을 새로 만들어 복지국가의 재원으로 활용할 수 있을 것이다. 실제로 우리나라에서도 일부 진보 진영을 중심으로 사회복지 목적세(사회복지세)를 도입하자는 견해가 있다. 경향신문에 실린 관련 기사를 통해 이 내용을 상세하게 살펴보자.[14]

…

경기도 고양시 일산에서 전업주부인 아내와 함께 두 살배기 아들을 키우고 있는 회사원 강 씨(30)의 연봉은 2,236만원이다. 과표기준은 242만원으로 최종 결정세액은 7만2,000원이다. 만약 사회복지세를 도입한다면 그는 세율 10%를 적용해 1년에 7,200원(월 600원)을 추가로 내게 된다. 중산층에게는 대략 20%의 세율을 누진적으로 적용해보자. 30여 년간 공직에서 일해 온 박 씨(54)는 연봉이 5,883만원이다. 과표기준은 2,898만원으로 박씨의 최종 결정세액은 275만원이다. 20%의 사회복지세율을 누진적으로 적용하면 박씨는 1년에 45만원(월 3만7,500원)을 더 내게 된다. 고소득 계층에 대해서는 30%로 사회복지세를 적용해봤다. 대학 재학 중 금융권에 취직해 9년째 일을 하고 있는 류 씨(31)는 연봉이 1억385만원이다. 과세표준이 7,695만원으로 류 씨의 최종 결정세액은 1,325만원이다. 여기에 사회복지세율 30%를 누진적으로 적용하면 연간 287만원(월 약

24만원)을 더 부담한다. 한편 과표소득 최고구간에 속하는 변호사 정 씨(40)는 한 로펌에서 일하면서 1억5,130만원의 연봉을 받았다. 과세표준이 1억2,007만원으로 정씨의 최종 결정세액은 2,929만원이다. 여기에 사회복지세율 30%를 적용하면 정씨는 1년에 769만원(월 약 64만원)을 더 내게 된다.

…

사회복지세가 도입되면, 위의 기사에 제시된 시민들 중에서 저소득층이라 할 수 있는 강 씨는 이 세금으로 1년에 7,200원만 더 내게 된다. 중산층인 박 씨는 1년에 45만원을 더 내게 되고, 고소득층인 류 씨와 정 씨는 각각 287만원과 769만원을 더 내게 된다. 만일 이들에게 따로 누진세율을 적용하지 않고 결정세액에 똑같이 사회복지 세율 10%를 적용해보면, 이들은 각각 7,200원, 27만4,000원, 132만원4,000원, 292만8,000원을 더 부담하게 된다. 사회복지세 도입을 국민들이 원한다면 구체적인 세율의 적용 방안에 대해서는 정치사회적으로 충분히 논의해서 결정하면 될 것이다.

이번에는 법인세를 살펴보자. 복지국가 증세에서 소득세와 함께 중요한 세목이 바로 법인세이다. 2016년 현재 OECD 주요 국가들의 법인세율(중앙정부+지방정부)을 살펴보면, 미국이 가장 높아 38.92%이고, 프랑스 34.43%, 벨기에 33.99%, 이탈리아 31.29%, 독일 30.18%, 호주 30%, 일본 29.97%, 뉴질랜드 28%, 캐나다 26.7% 등의 순서이다. 법인세율이 아주 낮은 나라로는 북유럽의 4개 국가와 영국을 들 수 있다. 노르웨이가 25%, 덴마크와 스웨덴은 각각 22%, 핀란드는 20%이고, 영국도 20%에 불과하다. 우리나라는 24.2%로 OECD 회원국 평균인 25.3%에 비해 약간 낮은 축에 속하지만 그렇다고 아주 낮은 것도 아니다. 법인세율만 보면 우리나라의 조세부담률이 매우 낮은 상황임을 감안할 때 법인세의 세율을 높여야 한다는 의견이 논리적으로 타당하다.

우리나라의 법인세 세수는 2014년 기준으로 GDP의 3.4%로 OECD 평균인 2.9%에 비해 높다. 그래서 GDP 대비 법인세의 비중이 우리나라는 OECD 국가들 전체에서 5위 수준이다. 이에 대해 일각에서는 우리나라의 법인들이 부담하는 세금의 양이 결코 작지 않기 때문에 더 이상 부담을 늘릴 여지가 없다고 주장한다. 얼핏 이 논리는 그럴듯 해 보인다. 그러나 사실이 아니다. 이것은 우리나라 경제에서 기업들이 벌어들이는 소득의 상대적 비중이 다른 OECD 국가들에 비해 현저하게 크다는 사실을 고려하지 않았기 때문이다. 이 부분에 대해 자세하게 살펴보자.

2015년 박원석 의원의 국정감사 자료에 의하면[15], 2009년부터 2013년까지 5년 동안 우리나라의 국민총소득(GNI) 대비 기업소득의 비중은 평균 25.19%로 OECD 국가들 중에서 가장 높았으며, OECD 회원국 평균인 18.21%에 비해 거의 7%포인트나 높았다. 또 우리나라는 2000년 이후 기업소득 비중이 OECD 국가들 중에서 가장 급격히 증가한 국가였다. 2000년 우리나라의 기업소득 비중은 17.64%로 OECD 회원국 평균과 거의 동일했고 회원국 중의 순위도 12위로 거의 중간이었지만, 그 이후 기업소득의 비중은 급격히 증가해서 2005년 21.34%, 2010년 이후에는 25%를 넘어서면서 2000년 대비 2013년 기업소득의 비중은 7.52%포인트나 증가했다. 2000년 이후 다른 OECD 회원국들은 기업소득의 비중이 평균 0.62%포인트만 증가했다.

이것은 매우 충격적인 사실이다. 외환위기 이후 추진된 신자유주의적 재편으로 인해 경제 성장의 과실이 거의 대부분 기업소득으로 돌아가 버렸고, 그래서 노동자들에게 돌아간 가계소득의 비중이 지속적으로 줄어들어 보통사람들의 살림살이가 더 어려워졌던 것이다. 그럼에도 불구하고 기업들은 OECD 평균에 비해 낮은 법인세율을 적용받는 이중의 혜택을 누려왔던 것이다. 이쯤 되면, 최소한 논리적으로는 우리나라의 GDP 대비 법인세의 비중이 OECD 평균에 비해 다소 높다는 이유로 법인세의 증세를 반대하지는 못할 것이다.

2016년 8월, 제1야당인 더불어민주당은 법인세 증세 방안을 내놨다. 과세표준 500억원을 초과하는 법인에게 적용하는 법인세율(중앙정부)을 현행 22%에서 25%로 올리고, 과세표준 5,000억원을 초과하는 기업의 법인세 최저한세율을 17%에서 19%로 높이자는 것이었다. 더불어민주당은 이렇게 해서 법인세의 최저한세율을 2%포인트 올릴 경우 42개 법인이 연간 약 12조원의 세금을 더 내야 할 것으로 추산했다. 정부와 보수 진영은 이 방안에 대해 반대하고 있지만, 진보적 시민사회와 다수의 전문가들은 이 방안이 비교적 합리적이라고 생각한다. 그렇다고 법인세율을 OECD 평균에 비해 과도하게 인상해서는 안 될 것이다. 이 점에 대해서는 대다수의 전문가들과 시민사회도 충분히 인정하고 있다.

또 한 가지 기업과 관련해서 생각해봐야 할 것은 사회보장기여금이다. 노동자들이 국민건강보험, 국민연금, 고용보험 등의 사회보험에 가입하면서 매달 월급에서 일정 비율을 꼬박꼬박 납부할 때 기업도 같은 금액을 지출한다. 이것이 사회보장기여금이다. 그런데 우리나라의 기업들은 북유럽 복지국가들과 비교할 수 없을 정도로, 그리고 OECD 국가들 평균에 비해서도 현저히 낮은 수준으로 사회보장기여금을 내고 있다. 우리나라의 고용주 부담 사회보장기여금은 GDP 대비 2.6%에 그친다. 이것은 OECD 평균인 5.2%의 절반에 불과하다. 이렇게 된 이유는 노동자의 월 소득 대비 사회보험료의 비율(보험료율)이 지나치게 낮기 때문이다. 실제로 우리나라의 국민연금이나 건강보험의 보험료율은 선진 복지국가의 절반에도 못 미친다. 그러므로 사회보험의 보험료율을 최대한 빨리 OECD 평균 수준으로 끌어올려야 한다. 이 과정에서 사용자 측의 부담 비율을 조금 더 높이는 방안도 충분히 고려해볼 필요가 있을 것이다.

2015년 현재 우리나라의 조세부담률은 19%이고, 이것은 OECD 평균인 25%에 비해 6%포인트만큼 모자란다. 이 말은 2015년 기준으로 우리 국민들은 OECD 평균에 비해 약 93조원이나 되는 세금을 내지 않았다는 것이다. 우리는 그만큼 복지국가에서 멀어져 있는 것이고 그만큼 사회 공공성의 수준이 낮은 사회에서 국민의 행복할 권리를 제대로 보장받지 못한 채 살고 있는 것이다. 역동적 복지국가는 정의의 원칙에 따라 상속과 증여 등의 불로소득에 대해서는 과도할 정도로 높은 세금을 매기고, 기업이든 개인이든 자신의 천부적 재능과 노력으로 인해 얻은 정당한 소득에 대해서도 누진적으로 과세한다는 원칙을 견지해야 한다. 어떤 종류의 소득이든 소득이 있다면 누구나 누진적으로 세금을 내야 한다는 보편주의 원칙을 반드시 지키는 방향으로 국민적 합의를 모아내야 한다. 역동적 복지국가를 위한 새로운 사회계약이 필요한 것이다.

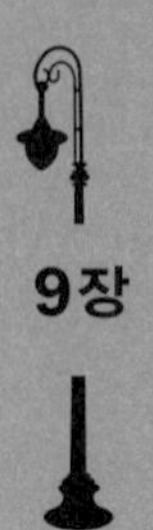

9장

역동적 복지국가와 포용적 정치

역동적 복지국가로의 전환은 경제를 포함한 삶의 모든 영역과 관련되어 있다. 그런데 그것을 결정적으로 가능케 하는 힘은 결국 정치에서 나온다. 베버리지 보고서를 실현시킨 것이 결국은 노동당의 정치였듯이 지금 우리나라에서 역동적 복지국가로의 패러다임 전환을 가능케 할 힘도 결국은 정치에서 나올 수밖에 없다. 그리고 우리 국민들 모두가 바로 그 정치의 주인이다.

1.
포용적 정치가 중요한 이유

바보야, 문제는 정치야

제2차 세계대전이 한창 진행 중이던 1941년 6월 영국의 전시 거국내각은 전쟁 이후의 국가 비전을 마련하기 위해 몇 개의 조사위원회를 구성했는데, '사회보험 및 관련 서비스에 관한 정부 부처 간 조사위원회'도 그 중의 하나였다. 이 위원회의 위원장이던 베버리지는 1942년 일명 베버리지 보고서를 제출했는데, 그것의 정식 명칭은 《사회보험 및 관련 서비스》였다. 이 보고서는 정부 간행물이었지만 출판되자마자 선풍적인 인기를 끌었다.

그런데 이 보고서에 대해 전쟁 영웅 처칠의 보수당은 지나친 급진성을 이유로 반대 입장을 보였다. 하지만 노동당은 베버리지 보고서를 실천하겠다는 약속을 전쟁 중에도 시종일관 이어갔다. 베버리지 보고서가 발간된 1942년 이후 몇 년 동안 정치권에서는 실망스럽게 논란만을 이어갔을 뿐, 베버리지의 개혁 정책을 입법으로 이어가지 못했다. 이런 상황에 대해 1944년 당시 88세였던 저명한 사상가 버나드 쇼(George

Bernard Shaw, 1856~ 1950)[1]는 그의 저서 《Everybody's Political What's What?》에 다음과 같이 썼다.[2]

…

> 윌리엄 베버리지가 적절하게 잘 만들어놓은 국가사회보장계획이 반대에 부딪히고 있다. 국가사회보장계획으로 인해 사라져버릴 민간보험 회사가 반대하는 것은 그렇다 쳐도 이득을 보게 될 사람들까지 격렬하게 반대하는 형편이다. 게다가 국가사회보장계획의 옹호자들조차 대부분 국가사회보장의 내용을 이해하지 못해서 어떻게 옹호해야 할지 모르고 있다. 우리의 입법자들이 기초적인 보험원리만 알아도 베버리지의 계획안을 일사천리로 법제화하고 한 달 안에 시행할 것이다.

…

버나드 쇼는 노벨 문학상까지 받은 당대 최고의 극작가인 동시에 뛰어난 통찰력을 지닌 사회비평가이자 사상가였다. 그런 그의 눈에는 베버리지 보고서 출간 이후 벌어진 영국의 답답한 정치적 상황은 도무지 납득이 되지 않았던 것이다. 베버리지가 제시한 국가사회보장계획은 국민들에게 엄청난 이익과 행복을 가져다 줄 보물과 같은 것이므로 정치권에서 당연히 일사천리로 처리되고 시행되는 것이 마땅했다. 그런데 이 계획이 반대와 논란에 묶여 정치적 답보 상태에 놓여 있었던 것이 그에게는 논리적으로 이해가 되지 않았다.

제1부 2장에서 살펴보았듯이, 다행히 쇼의 이 답답하고 안타까운 심정은 머지않아 풀어질 수 있었다. 1945년 총선에서 노동당이 승리하면서 베버리지의 국가사회보장계획이 그야말로 일사천리로 실행되었기 때문이다. 만약 노동당이 없었다면, 그리고 1945년 총선에서 보수당이 전쟁 승리의 공로에 더 큰 정치적 의미를 부여받아 승리했더라면 베버

리지 보고서는 여전히 시행되지 않았거나 정치적 변동이 있을 때까지 수년 동안 여야 정당의 서랍 속에서 잠자고 있었을 지도 모를 일이다. 그랬다면 1950년에 사망한 버나드 쇼는 1945년부터 1948년까지 그야말로 일사천리로 추진되었던 노동당 정부 주도의 베버리지 복지국가 모델의 제도화를 지켜보지 못했을 것이다.

이처럼 복지국가의 꿈과 기획을 실천하고 이루어내는 데는 정치가 참으로 중요하다. 아무리 좋은 물감이 있어도 붓에 물감을 찍어 그림을 그리지 않으면 아무 의미가 없다. 마찬가지로 아무리 좋은 정책이 있고, 그 정책에 대한 국민의 기대와 열망이 있고, 그리고 그 정책을 실현하는 데 필요한 자원까지 존재한다고 해도 그것을 해당 사회의 현실에 구체적으로 법률과 제도를 통해 적용하는 정치의 역할이 없다면 세상은 조금도 달라질 수가 없다. 노동당이 베버리지 보고서의 내용들을 실현하는 것을 보고 눈을 감았던 버나드 쇼가 만약 지금의 대한민국에서 환생한다면 "아이고, 여기서도?"라고 소리칠지도 모를 일이다. 1944년 영국의 정치적 상황과 현재 우리나라의 상황이 참 닮은꼴이기 때문이다.

기본적인 보험 원리만 알아도 시장에서 판매되는 민간의료보험보다 국가가 제도적으로 제공하는 국민건강보험이 훨씬 나은 것임을 잘 알텐데도 우리나라의 입법자들은 국민건강보험의 보장성 수준을 획기적으로 높이는 법률을 만들지 않고 있다. 게다가 이런 보편적 의료보장 정책으로 인해 이득을 보게 될 사람들까지도 마치 이것이 자기의 일이 아닌 것처럼 관심을 가지지 않거나 심지어 민간의료보험을 옹호하기도 한다. 그래서 깨어 있는 시민사회가 지난 20여년에 걸쳐 국민건강보험의 보장성 높이기 운동을 하고 있지만 아직까지 우리나라의 보장성 수준은 OECD 국가들 중에서 최하위에 머물러 있다.

역동적 복지국가로 나아갈 수 있는 큰 방향(이념과 가치)과 탄탄한 정책들은 이미 충분히 마련되어 있지만 이런 대안들을 추진하려는 여야 정치권의 헌신적인 모습은 도무지 찾아볼 수 없는 것이 지금 대한민국의 현실이다. 그러니 대한민국에서 환생한다면 버나드 쇼는 틀림없이 깊은 한숨을 내쉬며 가슴까지 쳐댈 것이다. 당시 영국에서는 뒤늦게나마 노동당이 발 벗고 나서서 쇼의 답답함을 풀어주고 국민들에게 희망과 행복을 가져다주었지만 지금 우리나라에서는 그런 역할을 할 만한 확고한 의지와 능력을 가진 정당은 보이지 않는다.

1992년 미국 대통령 선거 때 빌 클린턴 민주당 후보가 내건 선거 구호가 "바보야, 문제는 경제야"(It's the economy, stupid)였다. 파격적인 이 슬로건은 클린턴 당선에 혁혁한 역할을 했을 뿐만 아니라 수많은 칼럼과 연설에 인용되었다. 만약에 대한민국에서 환생한다면 쇼는 클린턴의 이 유명한 슬로건을 듣고는 틀림없이 그의 묘비명에 재치 있는 명언[3]을 남겼듯이 촌철살인의 한 마디로 "바보야, 문제는 정치야"라고 말할 것이다. 역동적 복지국가로의 전환은 경제를 포함한 삶의 모든 영역과 관련되어 있다. 그런데 그것을 결정적으로 가능케 하는 힘은 결국 정치에서 나온다. 베버리지 보고서를 실현시킨 것이 결국은 노동당의 정치였듯이 지금 우리나라에서 역동적 복지국가로의 패러다임 전환을 가능케 할 힘도 결국은 정치에서 나올 수밖에 없다. 그리고 우리 국민들 모두가 바로 그 정치의 주인이다.

포용적 정치의 중요성: 역사적 경험이 주는 교훈

문제는 정치다. 그렇다면 어떤 정치라야 하는가. 해답은 포용적 정치이다. 포용적 정치의 반대는 착취적 정치이다. 우리가 착취적 정치를 반대하는 이유는 그것이 비민주적인 정치 제도이기도 하지만, 이에 더해 그런 정치 제도에서는 반드시 경제 제도마저 착취적인 것으로 귀결되기 때문이다.[4] 이에 비해, 포용적 정치 제도는 포용적 경제 제도와 짝을 이루게 되어 정치와 경제가 함께 민주화되므로 양자의 유기적 관계 속에서 성장과 분배라는 경제 문제를 성공적으로 해결할 능력을 가지게 된다. 이것은 역사적 경험으로도 확인된다.[5]

아메리카 대륙을 사례로 들어보자. 아메리카 대륙 위쪽에는 미국이, 아래쪽에는 멕시코와 남미가 있다. 그런데 미국은 세계적인 경제대국인 반면 멕시코와 남미 국가들은 여전히 개발도상국이다. 심하게 말하면 후진국에 가깝다. 이것은 이들 나라 간의 정치와 경제 제도의 차이 때문이다. 미국은 정치적 민주주의가 잘 발달해있다. 자유의 가치를 정치의 영역에서 정치적 자유주의로 잘 풀어낸 것이다. 물론 지금의 미국 정치는 북유럽이나 유럽대륙의 정치적 민주주의에 비해 실질적 내용면에서 뒤쳐지기는 하지만 그래도 중·남미 국가들보다는 절차적 민주주의가 훨씬 잘 발달해있다. 미국과 중·남미 국가들은 지금도 다르지만 역사적으로 훨씬 과거부터 달랐다.

1492년 콜럼버스는 신대륙을 발견했다. 현재의 멕시코와 남미 지역이다. 사실 신대륙은 새로 발견된 땅이 아니었다. 이미 그곳에는 오래된 주인인 원주민들이 살고 있었고 콜럼버스는 이들의 삶의 공간을 침략한 것에 불과했다. 콜럼버스는 원주민들의 삶을 짓밟고 이들을 노예로 삼았다. 그리고 그런 역사는 스페인을 통해 반복되었다. 1519년 스페인의 코르테스(Hernan Cortés)[6]는 현재의 멕시코에 도착했다. 그곳에는 아즈텍 제국이 화려하게 문명의 꽃을 피우고 있었다. 코르테스는 그 문명을 철저하게 짓밟았다. 그는 스페인 원정대를 환대하기로 마음먹은 아즈텍 제국의 황제를 인질로 붙잡은 뒤에 부를 빼앗고 토착민들로부터 공물과 식량을 얻어냈다. 그리고 정복자들은 황제와 지배자들을 모두 제거하고 그 자리에 자기들이 올라 신흥 지배 세력으로 입지를 굳혔다. 토착민 인디오들은 모두 노예의 삶을 살았다. 또 아즈텍 제국의 원주민들을 탄광으로 몰아넣고 은과 동을 착취했다.

1519년 코르테스의 멕시코 정복 사례는 스페인이 남미의 다른 지역을 정복할 때 교본이 되었다. 1532년 11월, 역시 스페인의 피사로(Francisco Pizarro)[7]가 잉카 제국(현 페루)을 침략했다. 피사로는 코르테스가 사용했던 방법을 그대로 사용했다. 먼저 항복한 잉카 제국의 황제를 인질로 가두고 황금과 온갖 재물을 빼앗았다. 끝내 황제와 토착 지배 세력을 모두 죽였다. 그리고 1533년 11월 잉카 제국의 수도 쿠스코를 함락했다. 이후 토착 원주민들은 정복 세력에 의해 거대한 농장의 노예로 착취를 당했다. 그리고 3세기 이상의 긴 세월이 지난 1910년, 멕시코와 남미는 해방의 기쁨을 맞았다. 하지만 보통사람들의 삶은 거의 달라지지 않았다. 계속해서 지배자만 바뀔 뿐이었기 때문이다.

너무 오랜 세월 동안 착취를 당한 이곳 사람들은 진정한 자유와 권리를 누릴 술 몰랐다. 이들 나라에서는 수백 년 동안 착취적 정치 체제와 착취적 경제 체제가 맞물려 돌아가면서 모든 사람들을 착취와 피착취의 관계 틀에 묶어버린 것이다. 이들 중남미 국가들은 정치적 민주화를 진행하고 있으나 포용적 정치 체제를 확립하기에는 아직 더 긴 시간이 필요할 것이다. 경제도 마찬가지이다. 착취적 경제 체제가 포용적인 방식으로 바뀌려면 포용적 정치 체제의 확고한 견인이 필요하기 때문이다.

같은 아메리카 대륙이지만 미국은 모든 것이 처음부터 달랐다. 종교의 자유를 찾아 신교도들이 도착한 북미에도 원주민들은 살고 있었다. 하지만 큰 제국도 강력한 권한을 가진 왕도 없었고, 인구 밀도도 아주 낮았다. 이렇다보니 원주민들로부터 무엇을 뺏으려고 해도 뺏을 만한 것이 별로 없었다. 제국도 지배자도 없으니 여기서는 코르테스가 썼던 방법을 사용할 수가 없었던 것이다. 그래서 신교도들은 원주민들의 생활 공간과 거리를 두고 자신들만의 삶의 공간을 개척해서 스스로 살아가기 시작했다. 멕시코나 남미와 달리 착취적 정치·경제 체제가 아니라 자유와 민주에 근거를 둔 포용적 체제를 추구한 것이다. 그래서 미국은 세계에서 가장 먼저 포용적 정치 체제와 경제 체제를 가지게 된 것이다. 이것이 북미와 중·남미 간의 정치와 경제 체제에서 나타나는 거대한 성과의 차이를 설명해준다. 만약 16세기 당시 북미의 원주민들이 중·남미의 멕시코나 페루처럼 많은 인구와 자원을 가진 거대한 제국을 이루고 있었다면 상황은 달라졌을 가능성이 매우 높다.

영국은 과거 유럽에서 뒤처진 나라였지만 근대 시기부터는 가장 돋보이는 나라로 우뚝 서게 되었다. 영국이 산업혁명을 주도하고 발전국가의 선두 주자로 나선 배경에는 석탄, 식민지, 과학기술의 발전 등 여러 요소들이 거론될 수 있지만, 사실은 정치적 측면이 가장 중요하다. 영국은 이미 16세기에 튜더왕조의 헨리7세와 헨리8세의 노력으로 중앙집권화를 이루었다. 이것은 시장의 통합을 통해 경제가 발달할 수 있는 중요한 조건을 형성했다. 1688년에는 명예혁명을 통해 절대왕정을 폐지하고 의회 주도의 입헌군주제를 시작했다. 이것은 부르주아를 포함한 다양한 주체들이 정치의 전면에 등장하는 다원적 정치 체제를 의미한다. 또 이런 다원적이고 포용적인 정치 체제를 통해 귀족들의 경제적 독점을 극복하면서 경쟁적 경제 질서를 갖추었다. 부르주아들을 포함한 다양한 정치 주체들이 참여하는 포용적 정치 체제가 들어섰기 때문에 당시 영국에서는 누구라도 경제 활동에 경쟁적으로 참여할 수 있었다. 당시 이런 포용적 경제 체제를 발전시킨 곳은 영국을 제외하면 거의 없었고, 이후 영국과 가까운 서유럽 일부 지역에서 이런 포용적 정치·경제 체제가 확립된다. 하지만 이런 포용적 추세가 중·동부유럽 쪽으로 이동하는 데는 1세기 이상의 시간이 걸렸다. 정치의 이런 제도적 포용성이 프랑스나 독일 등 유럽의 다른 나라들에 비해 가장 먼저 제도적으로 자리를 잡았기 때문에 당시 영국은 최고의 선진 산업국가로 우뚝 설 수 있었다.

지금까지 살펴본 것처럼, 영국과 미국의 정치와 경제의 제도적 포용성이 적어도 1929년 대공황 이전까지는 세계 경제를 이들 국가가 제패하도록 했던 중요한 요인이다. 영국이나 미국과 비교해봤을 때 18세기와 19세기의 북유럽 국가들은 정치와 경제의 포용적 제도와는 아무 관련 없이 전통적 방식으로 살고 있던 춥고 배고프고 밤이 긴 나라들에 불과했다. 그런데 지금은 어떤가. 타임머신을 타고 200년 전의 영국·미국 그리고 스웨덴·덴마크를 다녀온다면 아마도 누구든지 상전벽해의 변화를 실감할 것이다. 지금 북유럽 복지국가들은 정치와 경제의 양 측면에서 모두 세계인들의 부러움을 사고 있는 반면, 미국과 영국은 심각한 빈부 격차 문제와 함께 보편적 사회권이 보장되지 못한 많은 문제들을 안고 있다. 이것은 1980년 이후 미국과 영국이 신자유주의에 입각한 경제 제도, 즉 포용적이지 않은 경제 제도를 선택했기 때문이다. 게다가 이들 두 나라의 정치 제도도 200년 전에는 세계에서 가장 포용적이었지만 지금은 선진국들 중에서 포용성이 가장 뒤처진다.

포용적 정치의 핵심 요소: 비례성 강한 선거 제도

지금은 영국이나 미국보다 스웨덴과 덴마크가 정치와 경제의 양면에서 제도적으로 포용성이 훨씬 더 크다. 자유주의 복지국가 유형보다 보편주의 복지국가 유형이 훨씬 더 정치·경제적 성과가 좋고, 그래서 이들 나라의 국민들이 더 행복한 것이다. 결론적으로 말하자면, 더 나은 복지국가일수록 정치와 경제 제도의 포용적 성격이 더 강하다고 할 수 있다. 따라서 복지국가에 부합하는 정치와 경제 제도는 다음과 같이 정리할 수 있겠다.

먼저, 경제 제도는 더 자유롭고 포용적(비배제적)이어야 한다. 그래서 승자독식의 자유방임적 시장 경제를 극복하는 조정된 사회적 시장 경제가 필요하다. 다음으로, 정치 제도는 더 다원적이고 민주적이어야 한다. 구체적으로 선거 제도의 비례적 성격이 보다 강해야 한다. 네덜란드, 스웨덴, 벨기에, 덴마크, 핀란드와 같은 이른바 잘 발달된 포용적인 복지국가들은 복지 수준을 나타내는 GDP 대비 공공사회복지 지출의 비중만 높은 것이 아니다. 이들 복지국가가 이렇게 탈상품화의 수준이 높은 포용적 복지국가로 발전하게 된 본질적 이유는 바로 정치적 비례대표성의 수준이 아주 높다는 데 있다. 정당 정치가 특정 인구만을 대변하는 것은 정치의 다양성과 민주성을 해치게 된다. 그러므로 이것은 민주주의의 본질을 침해하는 것이다. 그래서 정당 정치는 다양한 국민들의 다양한 이해와 요구를 의회 정치로 모아내고 대의하는 데 가장 효과적이어야 한다. 이것을 하는 데 가장 효과적이고 우월한 방법은 바로 비례성 강한 선거 제도를 제도적으로 도입하는 것이다.

19세기 후반의 보통선거권 쟁취 투쟁 이후, 노동자들은 그들의 투표가 최고득표자 1명만 당선되는 승자독식의 선거 제도에서는 대부분 사표가 되고 만다는 것을 경험적으로 알게 되었다. 그래서 노동자들은 그들의 조직된 표를 넓은 범위에서 결집하고, 이것을 당선자로 연결시켜 내는 방법을 찾게 된 것이다. 이것이 바로 유권자들이 지지하는 정당에 표를 던지는 비례성 강한 선거 제도, 즉 비례대표제이다. 세계에서 처음으로 비례대표제가 도입된 곳은 벨기에와 핀란드였다.[8]

1890년대 초만 해도 벨기에의 선거권은 유럽에서 가장 제한적인 편에 속했으나 1893년 노동자들의 대규모 총파업으로 1894년 남성참정권이 확대되었고, 이로 인해 사회민주당의 정치적 힘도 크게 확대되었다. 이후 5년 동안 선거 제도 개혁이 계속되었고, 사회당과 가톨릭당이 연합하여 유럽 최초로 전국적 비례대표제를 도입하는 데 성공했다. 핀란드도 노동자 총파업의 성과로 비례대표제를 얻어냈다. 1905년 사회민주당이 총파업을 주도했고, 당시 러시아에 속한 자치 지역이던 핀란드에서 강력한 파업이 벌어지자 러시아의 차르는 비례대표제를 수용할 수밖에 없었다. 결국 1906년부터 전국적 비례대표제가 실시되었다. 스웨덴은 1907년 당시 이미 보편적 참정권이 확립되어 있었는데 이때 비례대표제가 실시되었다. 스웨덴의 경우는 아주 이례적인데, 보통선거권의 확대 이후에는 소수파로 축소될 것이 자명해진 당시 현직 총리 중심의 보수파가 주도해서 비례대표제를 관철시켰다. 스웨덴의 사례는 정치적 균형추가 왼쪽으로 완전히 기울어질 것이 자명한 경우에 보수파가 최소한의 정치 세력이라도 유지하기 위해 비례대표제를 채택한 경우였다. 포르투갈에서는 좌파의 군사적 혁명이 성공해서 1911년에 비례대표제가 도입되었다.

그 외의 대부분의 유럽 국가들은 1917년에서 1920년 사이에 비례대표제를 앞 다퉈 도입했다. 현재 유럽에서 이 제도를 실시하지 않는 나라들은 영국과 프랑스뿐이다. 또 영국과 함께 사실상의 양당제로 정당정치가 운영되는 미국에서도 비례대표제는 존재하지 않는다. 이들 국가에서 사실상 양당제가 된 것은 단순다수대표제라는 승자독식형의 선거 제도 때문이다. 결국 영미식의 정당 정치는 양당제와 단순다수대표제가 골격을 이룬다. 영국에서는 노동당과 보수당[9], 미국에서는 민주당과 공화당 중의 한 정당이 정권을 잡는다. 양당제는 기본적으로 다양한 국민들의 정치적 의사가 반영되지 못한다는 큰 문제를 안고 있다. 정치가 양극화되는 것이다. 게다가 단순다수대표제(소선거구제)는 사표의 문제나 민의의 왜곡 문제도 심각하다. 한때 정치적 민주주의와 경제성장의 선두 주자였던 영국과 미국은 비례대표제를 수용하지 않고 양당 중심의 정당 정치 구도를 지금까지 유지해오고 있다.[10] 이것은 결국 이들 나라가 정치적 발전을 이루지 못하고 나아가 제대로 된 보편주의 복지국가로 발전하지 못하도록 하는 중요한 원인이 되고 있다.

2.

역동적 복지국가를 위한 정치 개혁의 과제

승자독식 형태의 선거 제도와 그 폐해들

그렇다면 우리의 현실은 어떨까? 우리나라는 비례대표제를 부분적으로 도입하고 있기는 하지만 주요 골격은 '소선거구 단순다수대표제'이다. 하나의 선거구에서 가장 많은 표를 얻은 정치인이 당선되고, 그보다 한 표라도 적게 얻은 정치인들은 모두 고배를 마시는 승자독식 형태가 우리나라 선거 제도와 정당 정치의 기본적인 시스템이다. 물론 비례대표제가 존재하지만 이것은 극히 보완적인 장치일 뿐이다. 단순다수대표제는 영국과 미국에서 그렇듯이 우리나라에서도 양대 정당이 큰 비중을 차지하는 거대 양당 정치 구조를 만들어왔다. 설사 원내 교섭단체를 구성하는 정당이 3개가 되는 경우가 있더라도 그것은 어디까지나 지역주의 정당 정치에 의한 것일 뿐이었다. 뚜렷하게 자신의 이념과 가치를 표방한 정당이 제3당으로 원내 교섭단체를 구성한 경우는 아직까지 없었다. 우리나라는 명목상으로 다당제 국가이지만 실질적으로는 거대 양당 중심의 정당 정치를 하고 있다.

2016년 4월 13일 치러진 제20대 총선에서 나온 각 정당의 실질 정당 득표율[11]로 비례대표제를 적용해보면, 새누리당은 108석을 얻어야 하지만 실제로는 122석을 차지했고 더불어민주당은 83석을 얻어야 하지만 실제로는 123석을 차지했다. 새누리당과 더불어민주당은 각각 14석과 43석을 더 챙겼던 것이며, 이 만큼 유권자의 민의가 충실하게 반영되지 못한 것이다. 만약 이번 총선이 비례대표제가 적용되는 선거였다면 두 거대 정당이 더 가져간 14석과 43석은 의석을 가진 다른 두 정당에게 돌아갔을 것이며, 이럴 경우 우리나라의 정당 정치는 명실상부하게 원내에서 4개의 정당들이 일상적으로 경쟁하고 타협하는 성숙한 복지국가 정당 정치의 가능성을 보여주고 있을 것이다.

그리고 제20대 총선의 정당 득표율로 보면, 새누리당은 33.5%를 얻었지만 실제 의석 점유율은 40.66%로 7.16%포인트 이득을 봤다. 더불어민주당은 25.54%를 얻었지만 실제 의석 점유율은 41.0%로 15.46%포인트 이득을 봤다. 또 국회의원 선거 과정에서 절반에 가까운 사표가 생기는 점도 현행 선거 제도의 큰 문제로 꼽힌다. 제20대 총선 결과를 보면, 전체 유권자 가운데 58.1%(2,436만 명)가 투표했는데, 그 중의 약 절반인 50.32%(1,225만8,000명)가 사표가 됐다. 지역구 의원은 유권자의 4분의1 정도의 지지만 받은 대표인 셈이다. 이것은 우리나라 대의정치의 대표성과 민주성이 부실하다는 사실을 잘 보여준다.

우리나라의 정당 정치는 여야의 거대 양당이 적대적 공생관계를 맺고 다른 정당들을 배제하는 정치를 하고 있다. 그래서 이들 거대 양당이 실질적으로 대변하지 못하는 다수 국민의 이해와 요구는 의회주의 정당 정치에서 배제되고 만다. 이것은 우리나라가 그만큼 포용적 정치를 하지 못하고 있다는 것을 의미한다. 과거에 비해 조금씩 개선되고는 있지만, 또 한 가지의 중요한 문제는 여야 정당들이 가치와 이념 대결을 펼치는 것이 아니라 보스 중심의 패거리 정치를 하면서 당리당략에만 지나치게 치중한다는 것이다. 이것은 우리나라의 영·호남 지역주의 정치 지형과도 밀접하게 연관되어 있다.

과거 김대중 정권의 집권 경험과 노무현 대통령의 등장으로 인해 지역주의에 기초한 정치 지형이 그 기초를 더러 상실하기도 했지만 현재까지도 여전히 영·호남의 투표 결과는 우리나라의 정당 정치가 '영남 정당 대 호남 정당'의 양당제적 성격에서 벗어나지 못하고 있음을 잘 보여준다. 본래 정당이란 정치적 이념을 같이 하는 사람들이 정치 권력을 잡아 자신들의 이념적 지향을 실현하기 위해 만든 조직이다. 이처럼 이념 없는 정당은 앙금 없는 찐빵과도 같을 것인데, 우리나라에서 그런 이념들과 그에 따른 정책 노선들이 서로 건강하게 경쟁하면서 국민들의 선택을 기다리는 그런 발전된 정당 정치의 모습은 거의 없었다.

이론적으로도 현재 우리나라가 채택하고 있는 단순다수대표제(승자독식의 소선거구제)는 많은 문제를 가지고 있다. 여야를 불문하고 지역구에 출마한 국회의원 후보들이 국가의 운영을 둘러싸고 이념과 정책 대결을 펼치면서 국민이 행복한 복지국가 건설 방안을 놓고 경쟁하는 것이 아니라 앞 다투어 선심성 지역 개발 공약을 내걸게 된다. 이런 형태의 선거는 지역사회 주민들의 건강한 양식에 호소하는 것이 아니라 이기적 심성과 소지역주의를 부추기게 된다. 그리고 사표 방지 심리에 따라 당선 가능성이 큰 거대 정당의 후보에게 투표함으로서 결국 정당 정치가 양당제로 귀착되고 만다. 그리고 이런 정당 정치는 양극적 경쟁을 벌이면서 적대적 공생을 일삼게 된다. 노동 분야에서도 여야와 보수·진보가 노사 간의 갈등을 각각 극단적으로 대변하여 두 집단 사이의 이익 갈등이 극대화 될 가능성이 크다. 이것들뿐만 아니라 이해 당사자들이 여야 정당과 정치인들에게 경쟁적으로 로비를 하거나 극단적인 찬반 시위에 나서는 등의 이익집단 정치가 횡행하게 된다.

이런 양극화된 정당 정치 체제에서는 대다수의 미조직 노동자들과 사회적 약자들이 소외되고, 이들의 이해와 요구가 대의되지 못하는 배제의 정치가 고착화된다. 이렇게 정치 체제의 포용성이 낮으면 이에 따라 경제 체제의 포용성도 낮아진다. 앞서 살펴보았듯이, 스웨덴과 미국의 사례는 역사적 발전 과정에서 정치 체제와 경제 체제의 포용적 상호관계를 잘 보여준다. 결국 정치 체제가 승자독식의 소선거구제에 기반을 둔 양극적 정당 정치(양당제)를 채택해서 일부 국민들만의 이해와 요구를 과잉 대의하고 비정규직 노동자와 서민 등 다수의 국민을 내용적으로 정당 정치로부터 배제함으로서 정치의 포용성이 낮은 국가라면 반드시 그 나라의 경제 체제도 신자유주의 승자독식의 착취적 성격이 강하거나 노동자와 약자를 배제함으로써 경제의 포용성이 낮을 가능성이 크다. 지금 우리나라가 이렇다.

복지국가 정당 정치를 위한 개혁 과제

1997년 외환위기 이후 대한민국의 역대 정부와 정치는 경제의 불평등을 교정하고 분배적 정의를 실현하기는커녕 정반대로 시장만능 기조와 양극화를 강화함으로써 민생 불안의 격차 사회를 만들었다. 이것은 정치의 실패를 의미한다. 그래서 우리 국민은 기성의 정치를 신뢰하지 않는다. 오히려 혐오에 가깝다. 총선과 지방선거의 투표율은 50~60% 수준에 그친다. 정치가 꽃보다 아름답다는 스웨덴의 총선 투표율 90%에 비하면 턱없이 낮다. 우리 인류가 행복의 증진을 위해 피와 땀으로 쟁취한 보통선거권이라는 소중한 참정권(정치권)을 이렇게 소홀하게 대해도 되나 싶을 정도로 우리 국민들의 참정권 행사 비율은 저조하다.

세계 최저의 합계출산율, OECD 평균 3배의 자살률, 캥거루족과 7포세대로 상징되는 좌절한 청년들, OECD 평균 4배의 노인 빈곤율, 급증하는 강력 범죄와 안전 사고, 파국적 수준의 불평등과 같은 대한민국의 슬픈 자화상은 외환위기 이후 경제사회 질서의 지배적 원리가 된 시장만능주의가 초래한 것이다. 그리고 이런 시장만능주의는 대한민국의 기성 정치가 입법을 통해 법률과 제도로 정착시켰다. 정도의 차이는 있을지언정 역대 정권 모두가 그랬다. 그러므로 기성의 정치가 이에 대해 책임을 져야 한다. 그런데 정작 책임을 지겠다는 정당은 없고 상대방을 비방하며 정치적 변명으로 일관한다. 그래서 우리 국민들은 정치를 더 기피하고 혐오한다.

기성의 정치 질서에서 어떤 식으로든 이익을 보거나 유권자로서 선거나 정치 과정에 참여함으로써 얻는 만족감이 큰 사람들은 투표권을 적극 행사한다. 반면에 기성의 정치 질서로부터 소외 또는 배제되거나 정치를 기피하고 혐오하는 사람들은 스스로 투표권을 포기하는 경향이 갈수록 심해지고 있다. 그리고 이런 추세는 낡은 정치의 강화로 이어진다. 이렇게 우리나라의 정치는 악순환을 반복한다. 이렇게 해서는 국민행복권을 보장하는 역동적 복지국가의 새로운 미래를 열 수 없게 된다. 이것은 비정상적 민주주의이기 때문이다.

노동계와 시민사회도 성찰해야 한다. 1987년 이후 비약적으로 발전해온 우리나라의 노동운동은 어쩌다보니 기업별 노동조합의 틀에 갇혀

버렸다. 노동 세력이 복지국가 건설의 중심으로 성장하기보다는 재벌 대기업 노동조합을 중심으로 조직된 노동의 기득권을 대변한다고 비판받는 처지로 내몰리고 말았다. 누구의 잘못이 더 큰 것인지 따지기 전에 우리 모두 반성하고 성찰해야 한다. 시민사회도 탈산업화 시대의 파편화되고 주변으로 내몰린 보통사람들의 불안한 삶을 새로운 사회 질서를 향한 조직된 힘으로 묶어내지 못했다. 이 지점에서 우리 모두는 성찰적으로 과거를 되돌아봐야 한다.

우리는 지금 사회 공공성의 확충과 깨어 있는 참여를 염두에 둬야 한다. 그럴 때라야 대한민국의 슬픈 자화상에 대해 기성 정치권에게 분명하게 책임을 물을 수 있고 이들을 심판할 명분과 힘을 가질 수 있기 때문이다. 여기서 깨어 있는 시민들의 역할이 중요하다. 노동계와 시민사회가 반성과 성찰을 통해 다시 일어설 수 있도록 촉구해야 한다. 그래서 노동계, 시민사회, 깨어 있는 시민 등 우리 국민 모두가 나서서 기성의 정치권에게 대한민국의 슬픈 자화상에 대한 책임을 묻고 대한민국을 국민이 행복한 역동적 복지국가로 전환시켜 낼 수 있도록 함께 노력해야 한다.

여야 정치권은 2012년 총선과 대선에서 스스로 공약했던 대부분의 복지국가 공약들을 사실상 폐기하고 말았다. 국민을 속이는 '낡은 정치'의 전형이다. 스웨덴 같은 선진 복지국가였다면 이런 것이 가능했을까? 전혀 그렇지 않다. 여야 정당들 중 누구라도 국민을 속인 행위에 대해서는 징치적으로 기혹한 대가를 치를 것이기 때문이다. 그런데 우리나라에서는 여야 정당들이 국민을 그렇게 속이고도 아무렇지 않게 다시 거대 양당 구조를 만든다. 우리나라의 선거 제도와 정치 제도가 승자독식의 낡은 구조를 가지고 있기 때문이다. 그래서 우리나라는 실질적 민주주의라는 측면에서 여전히 정치 후진국에 머물고 있다.

지금까지 대한민국의 기성 정당들이 보여준 낡은 정치의 핵심은 두 가지이다. 하나는 영남과 호남에 주로 기반을 둔 지역주의 정치이고, 다른 하나는 인물 중심의 패거리 정치이다. 이런 낡은 정치 질서에서는 정당들이 약속을 지키지 않아도 큰 문제가 없고 가치와 정책의 중요성도 별로 없어진다. 오직 지역주의에 호소하고 계파의 패거리에게 충성하는 것만이 정치적 성공의 핵심으로 간주되기 때문이다. 이런 이유 때문에 여야 정당들이 총선과 대선 때마다 내세웠던 주요 공약들을 폐기하며 반복적으로 국민을 속이고도 정치적으로 아무 일이 없는 것이다. 이제 이런 낡은 정치를 구조적으로 혁파해야 한다.

국민 행복권이 보장되는 역동적 복지국가로 나아가기 위해서는 보통사람들이 정치의 주역이 되는 복지국가 정치 질서의 새로운 지평을 열어야 한다. 결국 정치의 교체가 필요하다. 이것은 사람의 교체를 의미하는 것이 아니다. 아무리 좋은 사람들이 국회에 입성하더라도 결국에는 그 사람의 이미지만 나빠졌을 뿐이며 우리나라의 정치는 전혀 나아지지 않았다. 이런 일이 반복되면서 악화가 양화를 구축하는 결과를 초래했다. 그러므로 좋은 사람들이 국회의원이 되는 것도 중요하지만, 그에 앞서 우리나라의 정치 체제가 최대한 포용적인 방향으로 발전하도록 정치의 구조를 바꾸어야 한다. 그것은 바로 비례성 강한 방식으로 선거 제도를 개혁하는 것이다. 유럽식의 완전한 비례대표제가 우리나라의 현실에서 수용되기 어렵다면 독일식의 비례대표제를 추진하면 된다.

독일식 비례대표제는 지역구 국회의원을 뽑는다. 이것은 우리 국민들이 오랫동안 지역구 후보에게 투표하고 직접 자기 손으로 국회의원을 뽑아왔다는 점에서 우리에게 익숙한 장점이 있다. 또 독일식 비례대표제는 각 정당들이 정당 득표율에 비례해서 전체 의석을 배분받는다는 점에서 스웨덴 등 유럽 복지국가들의 비례대표제와 그 성격이 동일하다. 그래서 대다수 전문가들과 정치학자들뿐만 아니라 합리적 시민사회에서도 독일식 선거 제도를 도입하자는 데 적극 동의하고 있다. 이런 방식이 국가 발전의 백년대계를 위해 옳다는 합리적 판단 때문이다.

2015년 2월 24일, 중앙선거관리위원회는 전체회의에서 비례대표를 100명 안팎까지 늘리고 지역구 의원은 200명 안팎까지 줄여서 독일식 선거 제도를 도입하자고 결정했다. 그리고 다음날 이런 내용을 담은 선거법 개정을 추진해 주도록 국회에 제안했다. 이에 대해 중앙선관위는 자신이 제안한 권역별 비례대표제가 "지역주의 완화, 유권자의 의사를 충실히 반영하는 선거 제도, 정당 정치의 활성화에 기여하는 방안"이라고 밝혔다.[12]

선거 제도가 이렇게 비례성 강한 방식으로 개편되면 원내에 여러 개의 정당들이 들어선다. 최소 4개 이상의 원내 정당이 탄생하고 더 많아질 수도 있다. 유럽의 비례대표제[13] 국가들에서는 보통 4~6개 정도의 원내 정당들이 그들이 주로 대변하고자 하는 국민들의 이해와 요구를 이념과 가치에 따라 적절하게 대의하면서 다른 정당들과 경쟁과 협력의 관계를 이어간다. 원내 정당의 수가 이렇게 많아지면 통상적으로 제1당이 과반 의석을 차지하지 못하기 때문에 과반을 달성하여 집권하기 위해서는 다른 한 개 또는 두 개의 정당과 연정을 해야 한다. 이 과정에서 각 정당들은 원하는 것을 주고받는다.

예를 들자면, 역사적으로 1936년 스웨덴 사민당은 과반 의석을 이루어서 집권을 계속하기 위해 농민당과 연정을 했다. 당시 사민당은 정부의 재정을 풀어 적극적 공공사업을 추진함으로써 고용을 확대하려고 했는데, 이에 대한 야당의 반대를 돌파하기 위해 농민들의 입장을 대변하는 농민당과 농산물 가격의 유지를 위한 정부 보조금 지급을 조건으로 협상을 성사시켜 적·녹 연정을 구축했다.[14] 독일도 마찬가지인데, 연방정부뿐만 아니라 주정부의 연정도 일상적인 모습이다. 2022년까지 독일 연방정부가 원자력 발전소(원전)을 폐쇄하기로 확정했던 것도 녹색당이 사민당과 연정을 하면서 얻어낸 정당 간 합의의 산물이었다.[15] 독일의 기독민주·기독사회당 연합이나 사회민주당과 같은 제1당을 다투는 거대 정당들은 비용 문제 때문에 원전을 계속 유지하길 희망했다. 하지만 녹색당과 연정을 해야 하는 입장이 되면 소수당의 핵심 정책을 일부라도 받아들여야 한다. 이렇게 해서 원전 폐기와 같이 장기적으로는 반드시 필요하지만 비용 문제로 망설일 수밖에 없는 이런 진보적인 소수파 정책이 채택되는 것이다. 만약 포용성이 낮은 승자독식의 양당제 정치 체제라면 이런 미래 지향적 정책들은 늘 외면 받게 되고, 결국 정제사회의 변화와 발전은 지체될 개연성이 크다.

그래서 미래 지향적인 제대로 된 복지국가를 만들려면 반드시 다당제의 합의제 민주주의 체제를 확립해야 한다. 지금까지 기득권에 집착한 기성 정치권의 천박한 반대 때문에 독일식 선거 제도의 도입이 미루어지고 있지만, 머지않아 그런 길로 갈 수밖에 없을 것이다. 승자독식의 양극화된 정치 지형으로는 제대로 된 어떤 개혁도 장기적인 어떤 발전계획도 책임성 있게 추진될 수 없기 때문이다. 독일식의 비례성 강한 선거 제도가 도입되면 우리나라는 원내에 4개 이상의 정당이 들어서게 될 것인데, 그렇게 되면 지금의 지역주의 정당 체제 대신에 보수적 자유주의, 중도적 자유주의, 진보적 자유주의, 사회민주주의라는 네 개의 이념적 스펙트럼에 따라 주요 정당들이 배열될 것이며, 생태환경과 같은 특정 가치를 추구하는 정당이 여기에 원내 정당으로 추가될 수도 있을 것이다.

이런 식의 다당제 합의제 민주주의는 다소 시간이 걸리더라도 반드시 우리가 달성해야 할 중요한 과제이다. 우리 국민들이 중요한 선거를 앞둔 시기에 깨어 있는 시민사회를 통해 전략적으로 잘만 기획한다면 아주 빠른 기간 내에 독일식 선거 제도의 도입이 가능할 수도 있다. 그럴 가능성은 얼마든지 열려 있다. 결국 깨어 있는 시민들의 결집된 힘이 비례대표제와 합의제 민주주의의 도입 시기를 결정하게 될 것이다.[16]

다시 한 번 강조하자면, 승자독식의 선거 제도와 양극적 정치 체제는 승자독식의 시장만능주의 경제 체제를 낳는다. 따라서 지금의 양극화된 경제 체제를 수술해서 노동자와 서민의 민생 불안을 해소하고 국민 행복권이 보장되는 역동적 복지국가의 새 시대를 열기 위해서는 낡은 정치 체제를 혁파하고 다당제의 합의제 민주주의를 실현해야 한다.

합의제 민주주의는 경제사회의 모든 분야에 걸쳐 구조 개혁을 가능케 한다. 사회경제적으로 승자독식의 영역을 줄여가면서 협력과 타협에 기반을 둔 생산과 소비의 영역을 확장해나갈 수 있게 된다. 민영화로 축소된 공공 부문을 확충하고 협력적 기반 위에서 작동하는 사회적 경제의 비중도 획기적으로 늘릴 수 있게 된다. 뿐만 아니라 일자리, 보육, 교육, 직업훈련, 의료, 주거, 노후 등의 보편적 복지는 사회권임과 동시에 사람에 대한 보편적 투자이므로 경제 성장의 지속가능한 동력이 되도록 할 수 있다. 또 합의제 민주주의에서는 평화통일과 생태환경과 같이 당위성은 인정되나 찬반 갈등이 고착화된 영역에서도 국민적 합의를 도출할 수 있게 된다. 결국 국민의 행복할 권리가 보장되는 새로운 시대를 열기 위해서는 합의제 민주주의라는 포용적 정치 체제와 함께 복지국가라는 포용적인 복지-경제 체제가 요구된다. 이를 위해 우리는 비례성 강한 선거 제도와 역동적 복지국가의 4대 원칙을 정치사회적으로 요구하고 국민운동으로 확산해야 하며, 결국에는 깨어 있는 시민들의 거대한 참여를 통해 제도적으로 관철해야 할 것이다.

10장

역동적 복지국가를 위한 주요 정책

이제는 보통사람들이 용기를 내야 할 때다. 그래야 '행복할 권리'를 누릴 수 있고, '행복한 나라'를 자식 세대에게 물려줄 수 있기 때문이다.

1.

보편적 의료가 보장되는 나라: '국민건강보험 하나로'

12년 만에 달성한 '전 국민 의료보험 제도'

우리나라에서 강제 가입을 규정한 법정 의료보험 제도가 처음 도입된 것은 1977년 7월 1일이었다. 박정희 정부는 500인 이상을 고용하는 대규모 사업장의 근로자들과 공업단지의 근로자들을 대상으로 현대적 의미의 의료보장 제도를 처음 실시했다. 이때 500인 이상 고용 사업장에 19개의 조합과 공업단지 내 사업장에 486개의 조합 등 500개가 넘는 직장의료보험조합이 설립되었다. 그런데 문제는 1977년 당시 이들 조합들은 단지 310만 명의 인구만을 포괄했다는 것이다. 당시 전체 인구의 8.8%에 불과했다. 그러면 90%가 넘는 대다수 인구는 어땠을까? 아무 대책이 없었다. 이들은 의료보장의 사각지대에 방치된 것이며, 오히려 상대적 박탈감에 더해 실제로 손해를 봤다. 병·의원들이 의료보험 환자 진료에서 손실을 본 만큼 의료보험증이 없는 보통사람들에게 더 높은 의료비를 받는 경우가 많았기 때문이다. 의료보장이 절실했던 보통사람들은 법정 의료보험에서 제외되고 의료장벽까지 덤으로 더 높아졌으니, 이런 상황은 정말 어이없는 일이 아닐 수 없었다.[1]

해법은 분명했다. 법정 의료보험 제도가 포괄하는 인구를 확대하는 것이 그것이다. 그래서 1979년 1월 1일부터 '공무원 및 사립학교 교직원 의료보험 제도'가 실시되었다. 이를 통해 공무원과 교직원 및 그 가족 등 약 266만 명이 의료보험 제도의 혜택을 받게 되었다. 1979년 7월 1일부터는 300인 이상의 근로자를 고용하는 사업장까지 직장의료보험의 적용 대상이 확대되었다. 그리고 1981년 1월에는 100인 이상을 고용한 사업장을, 1982년 12월에는 16인 이상을 고용한 사업장을, 그리고 1988년 7월에는 5인 이상을 고용하는 소규모 사업장에 이르기까지 의료보험 제도를 적용했다.

그런데 문제는 자본-임노동 관계에 속하지 않은 농어촌과 도시의 주민들이었다. 이들은 소득의 격차가 심할 뿐만 아니라 소득 파악도 매우 어려웠다. 당시 이들은 의료보험의 혜택은 환영했지만 가난한 형편 때문에 매달 의료보험료를 납부하는 데 대해서는 부정적인 경우가 많았다. 그렇다고 의료보험이 적용되는 직장인과 적용되지 않는 지역 주민들 간의 의료이용의 격차를 계속 방치할 수도 없었다. 그래서 정부는 1988년 1월 1일 138개의 의료보험조합을 설립하여 농어촌 지역의료보험을 실시했고, 1989년 7월 1일부터 117개의 의료보험조합을 통해 도시 지역의료보험을 실시했다.

이로써 1977년 7월 1일 법정 의료보험 제도를 실시한 지 12년 만에 모든 국민을 공적 의료보험 제도에 포괄하게 된 것이다. 이것은 제2차 세계대전 이후 독립한 국가들 중에서 처음 있었던 역사적 쾌거였다. 비록 보장성 수준은 낮았지만 그래도 모든 국민에게 의료보험증을 나눠주게 되었고, 병원의 경제적 문턱도 낮아졌다. 이것은 우리나라 복지 제도의 역사에서 획기적인 성공 사례에 속한다. 보편주의 원칙의 첫 번째 내용인 보편적 가입이 제도적으로 처음 이루어졌기 때문이다. 그런데 1989년 7월에 달성된 '전 국민 의료보험 제도'는 중요한 구조적 결함을 가지고 있었다.

첫째, 진료 시점에서 환자가 직접 부담해야 하는 본인부담금의 비중이 너무 높았다. 당시 의료보험이 적용되지 않는 비급여 진료비용을 포함한 환자 본인부담 의료비의 비율이 거의 60%에 달했다. 이렇게 보장성 수준이 낮았던 것은 국민들에게 의료보험료를 너무 적게 징수했고, 이에 더해 정부의 재정지원도 전무하다시피 했기 때문이다. 이렇게 해서 '저부담-저급여' 유형이 구축되었는데, 이는 저소득 계층에게 매우 불리했다. 본인부담금은 의료이용을 가로막는 경제적 장벽이다. 부자들에게는 이 장벽이 별 것이 아니겠지만 빈자들에게는 의료기관 방문과 입원을 가로 막는다. 의료보험 제도가 의료이용의 경제적 장벽을 낮추어서 소득 계층 간 의료이용의 격차를 줄여주어야 함에도 당시 우리나라에서는 이게 안 되었던 것이다. 이 문제를 해결하기 위해서는 더 많은 의료보험 재정이 필요했고, 이를 통해 보장성 수준을 높여야 했다. 결국 의료보험료를 더 징수하고 정부의 재정 지원도 늘려야 했다. 그런데 1989년 모델인 조합주의 의료보험 방식으로는 이것이 어려웠다. 당시 400개가 넘는 의료보험조합들 간에는 재정 격차가 너무 심했다. 어떤 조합은 너무 가난해서 늘 적자였고, 어떤 조합은 부유해서 적립금이 넘쳐났다. 이것은 구조적 차원의 문제였다.

둘째, 조합주의 의료보험 제도는 구조적으로 독립적인 조합 단위로 나뉘어져 있어서 사회 연대성(social solidarity)의 작동 범위가 매우 협소했다. 1990년 당시 인구의 10.8%를 포괄했던 '공무원 교직원 의료보험관리공단'은 하나의 거대 조합으로, 인구의 37.8%를 포괄하던 '직장의료보험조합'은 154개의 조합으로, 그리고 인구의 45.3%를 포괄하던 '지역의료보험조합'은 254개의 조합으로 이뤄져 있었다. 그런데 이런 조합주의 방식은 사회연대성의 작동과 위험 분산의 범위가 해당 조합 내에만 머물러 사회보험의 기능을 수행하는 데 한계가 명확했다. 이에 더해 관리운영의 비효율도 심각했다. 그래서 조합주의 의료보험을 하나의 공적 보험자로 통합하자는 의료보험 통합운동이 일어났다. 이 운동은 이후 10년 동안 계속되었고 점차 국민의 지지를 얻어갔다. 특히 농어촌과 도시의 보통사람들이 통합운동을 지지했다. 민주노총도 결합했다. 국민의 다수가 의료보험 통합을 지지함에 따라 마침내 1997년 대통령 선거를 앞둔 11월 국회에서 '국민의료보험법'이 통과되었다. 이로써 227개 지역의료보험조합과 '공무원 교직원 의료보험관리공단'을 하나의 조직으로 통합할 수 있었다. 이 법은 김대중 정부 때인 1998년 10월 1일부터 시행되었다.

국민건강보험공단 출범: 대한민국 의료보장의 역사적 사건

이제 140개의 직장의료보험조합을 통합할 차례가 왔다. 김대중 정부는 의료보험 완전 통합이라는 대선 공약을 이행하기 위해 노력했으나 국회의 상황은 만만치 않았다. 전경련 같은 사용자 단체들 뿐만 아니라 직장의료보험 노동조합과 한국노총이 통합을 반대했기 때문이다. 수많은 우여곡절과 진통을 거쳐 마침내 1999년 10월 모든 의료보험조합들을 하나의 공적 보험자로 통합하는 내용의 '국민건강보험법'이 국회를 통과했다. 그래서 2000년 7월 1일부로 통합 의료보험 제도를 운영할 국민건강보험공단이 출범했다. 직장 가입자와 지역 가입자 간에 나뉘어져 있던 보험 재정은 2003년 7월 1일부터 통합되었다. 이렇게 해서 통합 의료보험 제도인 국민건강보험은 조직과 재정의 양면에서 완전한 통합을 이루게 되었다. 1989년 성립된 조합주의 의료보험 제도가 수많은 논란과 갈등을 겪으면서 2003년 완전한 통합을 이룬 것은 그야말로 대한민국 복지의 역사에서 거대한 사건이었다.

첫째, 1990년 409개로 나뉘어져 있던 위험 분산의 범위가 하나로 합쳐졌다. 이는 사회연대성의 범위가 개별 조합 단위에서 국가 단위로 확대된 것을 의미한다. 둘째, 통합을 통해 건강보험료 부담이 보다 공평해졌다. 셋째, 부자가 빈자를 돕는 소득재분배 기능이 강화되었다. 넷째, 관리운영의 효율성이 높아졌다. 다섯째, 정부의 재정적 책임성이 강해졌으므로 의료보장 제도의 공적 성격이 강화되었다.[2]

그런데 이명박 정부를 거치면서 국민건강보험의 보장성 강화 추세가 꺾이고 말았다. 대신에 의료민영화 이슈가 이명박 정부 5년 내내 우리 국민을 괴롭혔다. 그리고 이런 상황은 박근혜 정부에서 거의 그대로 이어졌다. 국민건강보험의 보장성 수준은 제자리를 맴돌았고, 방법만 바뀐 채 의료민영화 추진의 기세도 여전했다. 박근혜 정부는 2012년 대선 때 많은 공약을 했는데, 의료 분야에서 대표적인 것은 '4대 중증 질환 국가 보장' 공약이다. 그런데 이 공약은 추진 성과가 미미했다. 2015년 6월에 발표된 국회예산정책처의 '국민건강보험 보장성 강화 정책 평가'에 따르면, 박근혜 정부는 2013~2014년에 4대 중증 질환의 보장성 강화를 위해 총 125개 항목을 급여로 전환했다. 그러나 2014년 4대 중증 질환 전체의 보장률은 77.7%로 2012년과 비교해서 전혀 변동이 없었고, 심지어 암 질환의 보장률은 72.6%로 2012년에 배해 1.5%포인트

감소했다.[3]

의료민영화가 아니라 국민 건강권 보장이 정답이다

박근혜 정부는 2014년 의료계와 시민사회의 격렬한 반대에도 불구하고 '의사와 환자 간 원격의료' 시범사업을 강행하면서 이 내용을 담은 '의료법 개정안'을 발의했다. 그러나 이 법률안은 제19대 국회에서 의료계와 시민사회 및 야당의 반발로 국회의 보건복지상임위원회도 통과하지 못한 채 제19대 국회의 종료와 함께 자동으로 폐기되었다. 그리고 2016년 4월 13일 총선 이후 제19대 국회가 임기를 거의 다 마쳐갈 즈음인 4월 29일, 시민사회단체들을 깜짝 놀라게 한 일이 국회에서 벌어졌다. 의료법인의 인수합병을 허용하는 의료법 개정안이 국회 보건복지상임위원회를 통과했던 것이다. 결국 이 법안은 시민사회의 강력한 반대로 국회 처리가 무산되었다.

시민사회와 국민 다수의 반대에도 불구하고 제20대 국회가 들어서자마자 박근혜 정부는 또 다시 의료민영화를 시도했다. 2016년 6월 7일, 박근혜 정부는 '의사와 환자 간의 원격의료'를 할 수 있도록 하는 내용의 '의료법 개정안'을 국무회의에서 의결했다고 밝혔다. 위험성이 낮은 재진 환자나 경증 환자, 장기간의 진료가 필요한 고혈압이나 당뇨병 등의 만성질환자와 정신질환자, 거동이 어려운 노인 또는 장애인 등을 대상으로 원격의료를 허용하자는 것인데, 이것은 제19대 국회 때 발의했던 법안과 내용이 거의 동일하다. 의료계와 시민사회의 반발이나 여소야대의 국회 상황 등을 감안해볼 때 이 법률안의 통과는 쉽지 않을 전

망이다. 그럼에도 불구하고 원격의료의 제도화에 대한 박근혜 정부의 의지는 확고해 보인다.[4]

이쯤 되면, 주류 세력의 의료민영화 추진 의지가 얼마나 강력하고 집요한지 충분히 짐작할 수 있을 것이다. 도대체 의료민영화가 무엇이기에 그런지, 그 의미와 내용을 간략하게 살펴보자. 의료민영화는 국가가 책임지고 감당해야 할 공적 영역인 의료 분야를 사적 영역으로 민간에게 내주는 것을 말한다. 이렇게 되면 국가보건의료 체계의 공적 성격은 약화되고 시장적 성격은 강화되는데, 이런 상황에서 국민 건강권은 보장되지 않는다. 의료 체계의 전반적 비효율이 심해지고 의료이용의 형평성이 심각하게 훼손되기 때문이다. 의료민영화 논의를 의료재정 체계와 의료공급 체계로 나누어서 살펴보자.

먼저, 우리나라 의료재정 체계의 공공성 수준은 55%로 선진 복지국가들의 85%에 비해 크게 부족하다. 이것은 보건의료 분야에 대한 정부의 재정 지출이 빈약한 데도 기인하지만, 더 크게는 국민건강보험의 보장성 수준이 지나치게 낮기 때문이다. 우리나라는 의료기관 이용 시점에서 발생하는 전체 의료비의 63%만을 국민건강보험이 보장해준다. 나머지는 환자와 보호자가 알아서 부담해야 한다. 의료비 부담의 사적 성격이 지나치게 큰 것이다. 우리나라는 OECD 주요 30개 국가 중에서 국민건강보험의 보장성 수준이 27위에 그쳤다. 그래서 우리 국민의 대다수는 민간의료보험에 가입해있다. 그런데 이것은 세계에서 유례를 찾아보기 어려운 현상이다. 보편적 의료보장 제도를 가진 나라에서 보통사람들이 민간의료보험에 가입하는 경우는 거의 없는데, 선진 복지국가에서는 의료의 대부분을 공적 영역이 담당하기 때문이다. 실제로 유럽 복지국가들에서는 민간의료보험 가입률은 1~2%이거나 많아도

5% 이내에 머무는데 비해, 우리나라는 전체 가구의 77%나 된다.[5]

다음으로, 우리나라는 의료공급 체계의 공공성도 10%(병원의 병상 수 기준)에 불과해서 선진 복지국가들의 50~95%에 비하면 지극히 비정상적이다. 노무현 정부 때 18% 수준까지 높아졌으나 의료민영화에 집착한 이명박 정부와 박근혜 정부를 거치면서 의료공급 체계의 공공성 수준은 갈수록 낮아졌다. 그나마 우리나라 의료법은 영리법인 병원을 허용하지 않고 있어서 민간의료의 비중이 90%나 되면서도 의료공급 체계의 영리적 성격이 그만큼 심각하지는 않은 것이다.

그런데 노무현 정부 때부터 영리병원 허용 문제를 두고 집권 세력들과 시민사회 세력들 사이에 심각한 갈등을 겪었다. 노무현 정부 때는 외국인 영리법인 병원(영리병원) 허용을 둘러싸고 큰 홍역을 치렀고, 이명박 정부 때는 내국인 영리법인 병원 허용을 놓고 집권 초기부터 제주도를 시작으로 갈등과 투쟁이 계속 이어졌다. 결국 노무현 정부의 외국인 영리병원 설립은 경제특구와 제주도에 허용되었지만, 이명박 정부의 내국인 영리병원은 시민사회의 강력한 반대 투쟁으로 인해 제주도에서부터 막혔고 끝내 성사되지 못했다. 이것은 우리 국민들이 의료공급 체계의 본격적인 민영화를 의미하는 내국인 영리병원 허용을 결코 수용하지 않겠다는 강력한 의지를 보여줬기 때문이다.

박근혜 정부는 이런 실패들을 참고로 삼아 우회적인 방식의 의료민영화를 추진했다. 이명박 정부의 노골적인 의료민영화 방식인 내국인 영리병원 허용 대신에 비영리 의료법인 병원의 인수·합병 및 영리자회사 설립 허용을 추진했다. 만약 의료법인의 인수·합병을 허용하는 의료법 개정이 이루어진다면 병원을 사고파는 것이 가능해진다. 여기서 병원은 상품이 되고 더 높은 가격으로 거래되기 위해 영리적 의료 행위에 더 집착하게 된다. 마침내 미국에서 보는 것처럼 병원의 체인화를 통해 거대한 프랜차이즈 병원이 등장하게 된다. 의료법인의 영리자회사는 주식회사처럼 외부의 자본을 끌어들여 모법인인 의료법인 병원을 등에 업고 본격적인 돈벌이를 추진할 수 있게 된다.

이제 우리는 의료민영화 반대 투쟁을 넘어 국민 건강권 보장을 위해 공세적으로 쟁취하고 건설하는 일에 나서야 한다. 먼저, 의료재정 체계의 공공성을 획기적으로 높여야 한다. '국민건강보험 하나로'를 통해 의료재정 체계의 공공성을 획기적으로 강화함으로써 민간의료보험의 활성화라는 의료재정 체계의 의료민영화를 극복할 수 있게 된다. 다음으로, 의료공급 체계의 공공성을 강화해야 한다. 내국인 영리병원은 어떤 경우라도 허용해서는 안 된다. 그리고 영리병원 저지에만 머물러서도 안 된다. 비영리 병원의 공공성을 강화해야 하며, 공세적으로 공공병상을 확충해야 한다. 이를 위해, 지역사회의 부실한 의료법인 병원을 정부가 인수해서 공공병상으로 탈바꿈시키는 방법을 적극 고려해야 한다. 이런 노력을 통해 머지않은 장래에 공공병상의 비중을 현재의 10%에서 30% 정도로 높여야 한다.

'건강보험 하나로'가 올바른 해법이다

의료 서비스 이용 시점에서 온 국민의 의료비 부담을 실질적으로 없애기 위해서는 국민건강보험의 재정 규모를 획기적으로 확충해야 한다. OECD 국가들 평균 수준에 도달하도록 우리도 국민건강보험료를 지금보다 더 내면 된다. 그래서 '저부담-저급여' 체계를 '적정부담-적정급여'의 국민건강보험 체계로 전환해야 한다. 그것은 대부분의 국민들에게 경제적으로 이익이며 동시에 사회연대성을 높여주고 안정적인 경제성장에도 기여한다.

2010년 7월 17일 공식 출범한 〈건강보험 하나로 시민회의〉는 줄곧 '국민건강보험료 더 내기' 운동을 해왔다. 현재 우리가 내고 있는 건강보험료, 사용자(기업) 부담 건강보험료, 정부의 국고지원 등 국민건강보험 재정 부담의 3주체 모두가 지금 내는 건강보험료보다 좀 더 부담하고, 이렇게 마련된 재정으로 OECD 평균 수준의 보장성을 달성하자는 것이다. 이렇게 하는 것이 정의로울 뿐만 아니라 보통사람들 모두에게 이익이다.

직장인 홍 씨를 사례로 들어보자. 건강보험료로 월 10만원을 내고 있는 홍 씨의 경우, 고용주인 회사도 10만원을 건강보험료로 내게 된다. '국민건강보험법'에 따라 건강보험료를 50%씩 같이 부담하기 때문이다. 직장인 홍 씨로 인해 국민건강보험료는 매달 20만원씩 적립된다. 여기에 그치지 않는다. 국가가 국민들이 낸 건강보험료의 20%에 상당하는 금액을 정부의 재정에서 지원하도록 되어 있다. 그래서 20만원의 20%인 4만원이 추가된다. 결국 직장인 홍 씨로 인해 매달 24만원의 국민건강보험 재정이 마련된다.

여기서 만약 홍 씨가 OECD 평균 수준의 의료보장 달성을 위해 건강보험료를 20%만큼 더 내겠다고 나서면 어떻게 될까? 이것을 정부가 제도적으로 수용한다면 아주 멋진 일이 일어난다. 10만원의 20%를 더 내므로 홍 씨는 매달 건강보험료로 12만원을 내고, 고용주인 회사도 12만원을 내야 한다. 이렇게 모인 24만원의 20%인 4만8천원을 정부가 국고에서 지원하게 된다. 결국 직장인 홍 씨로 인해 국민건강보험 재정으로 매달 28만8천원이 들어온다. 이처럼 국민 모두가 건강보험료를 20%씩 더 내고 건강보험료 부과체계를 일부 개혁한다면, 2018년 기준으로 약 20조원 정도가 추가로 충당될 전망이다.

우리는 이 돈으로 전 국민적 연대를 실천할 수 있게 된다. 첫째, '입원진료 보장률 90%'를 달성할 수 있다. 선택진료비, 상급병실료 차액 등을 포함한 입원 분야의 거의 모든 비급여 진료들을 건강보험의 급여로 바꿀 수 있다. 둘째, '연간 본인부담 의료비 100만원 상한제'를 실시할 수 있다. 셋째, '간병의 실질적 급여화'에 소요되는 재정도 모두 충당할 수 있다. 넷째, 노인틀니와 인플란트, 치석제거의 급여 확대 등 치과 진료의 획기적 보장성 강화도 가능해진다.

이것이 바로 함께 사는 보편적 의료보장의 길이다. 인간의 '존엄'과 '연대'와 '정의'라는 세 가지의 가치가 모두 실현되는 역동적 복지국가의 길이 바로 이런 것이다. 이제 우리 국민들은 건강보험료를 지금 내는 것보다 20% 더 내겠다고 나서야 한다. 시민사회단체들과 깨어 있는 시민들이 앞장서서 정치사회적 공론화를 이끌어야 한다. '건강보험료 20% 더 내기'를 통해 '국민 1인당 월 평균 1만 원' 정도를 더 내게 되면 국민건강보험은 보장성 수준을 80%로 확대할 수 있게 된다. 이것이 복지국가소사이어티가 주장하는 '국민건강보험 하나로' 정책이다. 건강보험료 인상이 국민의 부담 증가를 의미하기 때문에 당장의 반발이 있을 수도 있겠지만, 장기적으로는 이미 가구당 평균 28만원씩이나 지출하고 있는 민간의료보험료의 일부만 국민건강보험으로 돌리면 될 일이므로 모두에게 이익이다. 게다가 이 방법은 저소득층을 배제시키지도 않는다. 훨씬 적은 금액으로 국민 건강권을 형평하게 보장할 수 있으므로 매우 효과적인 정책이다.

2.

아이들이 행복한 나라: 보편적 보육과 교육

보편적 보육: 모든 아이에게 공정하게 보장해야

소득 하위 50% 계층에게 무상으로 보육 서비스를 제공하는 선별적 무상보육의 제도화는 노무현 정부 후반기에 완성되었다. 그런데 신기하게도 노무현 정부의 복지 확충을 비판하고 신자유주의 노선을 따르던 이명박 정부가 무상보육 지원 대상을 소득 하위 50%에서 70%까지 확대했다. 그리고 2012년 3월부터는 0세부터 2세까지의 영·유아에 대해서는 대상자 전부에게 '보편적' 무상보육을 제공하기로 했다. 0세부터 2세 아이에 대해서는 소득 하위 70%가 아니라 100% 모두에게 무상보육 서비스를 제공한다는 것이었다.

이렇게 갑자기 보육 복지가 대폭 확대된 것은 당시 여당인 한나라당이 보편적 복지와 국가 복지의 확대라는 시대정신에 떠밀려 정치적 좌클릭을 단행한 결과였다. 한나라당이 0~2세 영·유아에 대한 보편적 무상보육을 전격적으로 실시한 것은 2011년 10월 26일 서울시장 보궐선거에서 패배하고, 이후 정당 지지율이 급락하면서 다가오는 2012년

4.11 총선에서 고전을 면치 못할 것으로 예상되었기 때문이다. 그래서 한나라당은 당내 개혁파 주도로 급히 시대정신을 수용하는 쪽으로 노선을 바꾸었다. 즉 한나라당의 보편적 무상보육 수용은 4.11 총선을 앞둔 정치적 승부수였던 것이다.

마치 선별주의의 도그마를 정책적으로 극복한 것처럼 보이게 한 한나라당의 이런 정치적 행동은 매우 유능한 것으로 평가할 수 있다. 결국 '이명박 정권 심판'이라는 여당에게 압도적으로 불리한 조건에서 치러진 4.11 총선에서 그들은 예상을 뒤엎고 압승을 거두었다. 지금의 보편적 무상보육이 선진 복지국가들에 비해 내용적으로 여전히 부족한 점이 많지만, 그래도 여기까지 온 데는 보수 정당인 한나라당이 시대정신에 전격적으로 승복한 것이 큰 기여를 했다고 볼 수 있다. 물론 보편적 무상보육을 시종일관 추진해온 시민사회운동 진영의 노력은 시대정신의 구현으로 칭송을 받아도 부족함이 없을 것이다.

0~2세 영·유아에 대한 보편적 무상보육은 2012년 3월부터 현실화되었다. 그런데 문제가 생겼다. 우리나라는 무상보육비를 중앙정부와 지방정부가 공동 분담하도록 되어 있는데, 중앙과 지방이 '50 대 50'의 비율로 분담하고, 서울시의 경우에는 '20 대 80'으로 되어 있다. 결국 지방정부의 추가적인 부담이 문제였다. 만성적인 재정 적자에 시달리던 지방정부는 지금까지 부담하던 소득 하위 70% 대상자에 대한 지방정부의 무상보육비 일부 부담에 더해서 0~2세 영·유아에 대한 30% 무상보육비를 추가로 지원해야 했기 때문이다.[6] 이런 우여곡절에도 불구하고 우리나라는 2013년 3월부터 0~5세까지 모든 계층의 영·유아에게 보육료 또는 양육수당을 지원하는 보편주의 보육 제도를 실시하게 되었다.

2016년 3월 현재 영유아 보육료를 살펴보면, 양육수당을 지원받지 않고 어린이집을 이용하는 0~2세 영유아에 대해 0세는 41만8천원, 1세는 36만8천원, 2세는 30만4천원의 보육료를 지원하고 있다. 그리고 3~5세 보육료(누리공통과정)는 양육수당이나 유아학비를 지원받지 않고 어린이집을 이용하는 아동에 대해 월 22만원을 지원하고 있다. 만약 영유아의 부모가 어린이집이나 유치원을 이용하지 않고 취학 전 84개월 미만의 아동을 집에서 직접 돌보겠다면 양육수당을 지원하고 있다. 0세는 월 20만원을, 1세는 15만원, 그리고 2세 이상부터 84개월까지의 모든 아이는 월 10만원을 양육수당으로 지급받는다. 우리나라는 보편적 보육을 보장하고 있으며, 부모가 원할 경우에는 영·유아를 집에서 직접 돌보면서 양육수당을 받는 방안을 선택할 수 있도록 하고 있다.

이렇게 보편적 보육을 국가가 재정적으로 책임지고 있으나 여전히 서비스의 질적 수준은 기대에 미치지 못하고 있다. 첫째, 대다수의 부모들이 안심하고 맡길 수 있는 어린이집으로 국·공립 어린이집을 선호하고 있으나 시설의 수가 적어서 대기 아동이 매년 증가하고 있다. 우리나라의 국공립 어린이집 비중은 2015년 12월 현재 6.2%로 프랑스(66%), 스웨덴(72.2%) 등의 유럽 복지국가들에 비해 크게 낮고, 그 결과 대부분의 부모들은 어쩔 수 없이 민간 보육시설에 아이를 맡기고 있는 실정이다.[7] 둘째, 보육 서비스의 질과 직결되는 보육 교사의 열악한 근무 환경과 낮은 보수는 보육의 질을 저하시키고 양질의 교사 충원을 어렵게 만든다. 현재 국·공립과 민간 어린이집의 상당수의 보육 교사는 비정규직이다. 보육 서비스 공급 체계의 이런 문제들을 해결하여 서비스의 질을 향상하기 위해서는 보편적 보육에 대한 더 많은 재정 지원이 필요하다.

아동수당, 이제라도 시작하자

가급적 빠른 시기에 아동수당 제도를 도입해야 한다. 아이를 양육하는 데는 많은 돈이 든다. 이것이 부담스러워서 아이를 낳고 싶은 바람마저 포기해 버리는 것이 요즘의 세태이다. 그리고 이것이 우리 사회의 지속 가능성을 위협하는 수준에 이르렀다. 어른들뿐만 아니라 아이에게도 인권이 있다. 아이들은 누구나 보편적 무상보육 정책에 따라 양질의 보육 시설에서 보육을 받을 권리가 있고, 마찬가지로 아동수당 제도에 따라 부모의 소득 수준과 무관하게 인간적인 삶을 향유할 권리가 있다. 이것이 아이들의 인권이다. 그래서 이미 80개가 넘는 나라에서 아동 인권 보장의 방책으로 보편주의 원칙의 아동수당 제도를 도입하고 있으며, OECD 국가들 대부분이 아동수당 제도를 시행하고 있다. OECD 회원국 가운데 아동수당을 도입하지 않은 나라는 한국, 미국, 터키, 멕시코 4개 국가 정도이다.

국가별로 도입 형태는 다르지만 선진국의 대부분은 어린이집 등 보육 시설에 대한 지원과 부모에게 직접 지원하는 아동수당이 함께 실시된다. OECD 국가들의 월 아동수당 지급 금액은 15~25만원 수준이다. 유럽 복지국가들에서는 최소 노동 연령인 18세 미만의 자녀를 가진 모든 부모들에게 아동수당을 매달 지급하고 있으나 국가에 따라 연령의 상한은 다르다. 일본은 민주당 정권이 2009년 처음으로 보편적 아동수당을 도입했는데, 중학교 졸업 때까지 매달 약 17만원을 지급한다. 지금 우리나라가 심각한 저출산 상황임을 고려해서 가급적 빨리 0세부터 5세까지 모든 아동들에게 월 10만원 수준의 아동수당을 지급하는 것이 옳다. 이 정도의 아동수당은 기저귀 값과 분유 값 등 아이를 기르는 데 대한 최소한의 부담을 국가가 일부 부담하겠다는 의지를 보여주는 것이다.

'모든 아이는 우리 모두의 아이'라는 생각을 우리 사회가 깊이 공유할 때라야 국가가 진정한 의미에서 '국민의 집'이 되는 것이다. 이런 연대의 정신을 고양시키기 위해서라도 우리는 보편적 무상보육과 함께 보편적 사회수당인 아동수당 제도를 반드시 도입해야 한다. 우리나라는 GDP가 세계 11위이고 세계에서 7번째로 '20-50 클럽'에 이름을 올린 나라임에도 불구하고 대다수의 국가들이 가지고 있는 아동수당 제도도 아직까지 없다는 것은 아동의 인권이나 가족 복지 정책의 측면에서 참으로 부끄러운 일이 아닐 수 없다. 예산의 제약이 있다면 앞으로 태어나는 모든 아이와 5세 이하의 둘째 아이부터 시작할 수도 있을 것이다. 그리고 단계적으로 지급 범위를 만 5세 이하의 전체 아동들로 확대하면 된다.

한국 교육의 슬픈 자화상[8]

프랑스 일간지 《르몽드》는 한국의 교육 시스템에 대해 "세상에서 가장 어렵고 고통스러우며 경쟁이 심한 교육"으로 표현한 바 있다. 이로 인해 한국 학생들은 학업 성취도는 높더라도 불행하다고 분석했다. 실제로 한국 청소년의 사망원인 1위는 자살이다. 자살의 원인으로는 '성적 및 학업 비관'이 절대적이다. 이는 한국 청소년 자살률이 최근 10년간 57.2%나 증가했고, 동 기간 OECD 평균은 감소했음을 고려하면 세계적으로도 비정상적인 상황임을 잘 보여준다. 한국의 교육 시스템이 우리 청소년들을 죽음으로 내몰고 있는 것이다. 구체적으로 살펴보면 우리의 교육 시스템은 목표와 방식에서 다음과 같이 큰 문제를 가지고 있다.

첫째, 우리나라는 학교 교육의 목표가 입시 경쟁에서 승리하는 것으로 요약된다. 현재 초·중·고교 교육의 일차적 목표는 입시 관문을 뚫고 명문대에 들어가는 것이다. 과거에는 입시가 고등학생, 특히 고3 수험생을 둔 학부모의 고민으로 여겨졌다. 그러나 요새 학원가를 돌아다녀보면 초등 입시학원을 심심찮게 찾아볼 수 있다. 이는 '국제중학교→특목고등학교'라는 과정이 충족되어야 명문대에 들어갈 수 있다는 하나의 법칙이 학부모들 사이에 통용되고 있기 때문이다. 이런 이유로 우리 아이들은 이제 막 유치원을 벗어나 초등학교에 들어가자마자 각종 경시대회, 자격증 시험, 봉사활동 등 스펙 쌓기를 시작하며 장기적인 입시 경쟁에 휘말리게 된다. 그리고 중·고등학생이 되면 본격적인 시작이다. 80%를 넘나드는 대학 진학률이 보여주듯, 대부분의 고졸자들이 대학에 들어가는 상황에서 소수에 불과한 몇몇 명문대에 들어가기 위해 친구들은 잠재적 경쟁자로 이겨야 할 대상이 된다.

둘째, 우리나라 학교 교육의 방식은 이제는 별로 쓸모가 없는 주입식 교육이다. 치열한 경쟁에서 살아남기 위해서는 짧은 시간 내에 남보다 더 많은 정보를 획득해야 한다. 그러다보니 여럿이 함께 이야기를 나누며 의견을 공유하는 토론·체험 학습은 실종되고, 주어진 정보들을 암기하는 주입식 교육이 주가 되어버렸다. 심지어 체육 수업도 최소화시켜 버렸다. 그 결과, 한국 청소년들의 학습 시간은 세계에서 가장 길다. 국제학업성취도평가(PISA)에 따르면, 청소년의 일주일 학습 시간은 OECD 평균이 33~34시간인데 비해 한국은 이보다 15시간이나 많은 49시간에까지 이른다. 특히 고등학생들은 평일 하루 10시간 이상, 일주일에 거의 70시간 이상을 책상 앞에 앉아서 수많은 정보들을 무감각하게 머릿속에 입력하느라 보내고 있다. 자라나는 청소년들의 적정 수면 시간이 8시간인데, 우리나라에서는 5시간도 못 자는 상황이 비일비재하다. 이로 인해, 우리나라 청소년들은 스스로 생각하고 질문을 통해 자체적으로 답을 얻어가는 과정을 접하지 못하게 되었고, 주어진 정보를 외우다보니 흥미도 점차 떨어졌다. 그 결과, 한국 청소년들의 암기능력은 OECD 평균을 웃돌고 학업 성취도도 최상위권이지만 학교에서 느끼는 행복지수는 최하위에 그친다. 신체 활동은 적고 앉아 있는 시간은 지나치게 길어 성인병 위험도 높아졌고, 입시 스트레스로 인해 '고3병'이나 '입시병'으로 불리는 정신불안이 생기기도 한다.

셋째, 우리나라는 공교육이 취약하고 거대한 사교육 시장에 의존하고 있다. 현 교육 시스템을 정부가 제대로 통제하지 못하는 것이다. 아무리 학교에서 선의를 가지고 창의적인 학습을 유도한다고 하더라도 입시 위주의 공부를 요구하는 학부모들이 학원이라는 사교육을 선택해버리기 때문에 상황은 개선되지 않고 있다. 그래서 우리나라의 사교육 시장은 지나치게 비대하다. 사교육 시장의 규모를 보면 약 32조원 이상으로 전체 교육 예산의 60%에 이를 뿐만 아니라 계속 증가하고 있다. 게다가 이처럼 사교육 시장이 커질수록 사교육 업체 간의 경쟁이 치열해지면서 교육이 그 자체의 본질보다는 이윤 추구의 대상으로 전락하고 말았다. 외국과 비교해보더라도 우리나라는 사교육에 투여되는 재원이 지나치게 많다. 우리나라의 전체 교육비 지출은 GDP의 7.3%로 OECD 평균인 6.3%에 비해 꽤 높은 편이다. 그런데 공교육비 지출을 비교해보면 상황이 달라진다. 우리나라의 공교육비 비중은 GDP의

4.8%에 불과한데 비해, OECD 평균 공교육비 비중은 GDP의 5.4%이다. 결론적으로 유럽 복지국가들은 우리나라보다 전체 교육비 지출은 적음에도 불구하고 공교육비 지출이 우리보다 훨씬 높다. 이런 비교는 우리나라의 교육 시스템이 공공성의 퇴보로 인해 유럽 선진국에 비해 얼마나 비효율적으로 운영되고 있는지를 잘 보여준다 하겠다.

아이들이 꿈꿀 수 있는 교육 만들기

교육은 장차 한 사회를 이끌어갈 미래 세대에게 인간 존엄의 기본적 소양과 함께 사회적 규칙을 습득하게 함으로써 더불어 살아갈 수 있는 사회적 역량을 키워주는 중요한 과정이다. 따라서 지속가능한 사회를 만드는 가장 핵심적인 부분이기도 하다. 이런 중요성 때문에 교육 시스템을 개혁하고자 그동안 여러 정책들이 시행되었다. 이명박 정부는 사교육비를 절반으로 줄이겠다는 공약을 내걸었다. 박근혜 정부도 교육 개혁을 공공 개혁, 노동 개혁, 금융 개혁에 이어 4대 개혁의 하나로 삼아 중점적으로 추진하겠다고 공언했다. 그럼에도 불구하고 사교육 시장은 줄어들기는커녕 갈수록 더 커지고 있다. 오히려 여러 정책들이 오락가락 시행되면서 교육부가 학원들을 살리고 있는 것이 아니냐는 비난까지 제기되고 있다.

이런 정책적 실패는 우리 아이들을 또 다시 죽음의 구렁텅이로 내몰고 있다. 2015년에도 입시 스트레스에 시달린 울산의 한 학생이 수능 전날 방에서 목을 맸고, 창원의 한 여학생은 몸을 던져 아파트 화단에서 발견되었다. 한 여학생은 서울 명문대 수시 1차에 합격했음에도 불구하고 수능을 망쳤다고 바닷물에 몸을 던졌고, 성적표가 나오기 바로 전날에도 한 남학생이 화장실에서 목을 맸다. 이런 끔찍한 상황을 극복하기 위해서는 교육의 본질로 되돌아가 전면적인 개혁을 추진해야 한다. 우선, 사교육 시장에 대한 규제가 필요하다. 현재 사교육 기관들이 우후죽순으로 생겨나면서 정부에서 현황도 제대로 파악하지 못하고 있는 실정이다. 따라서 사교육 기관들을 대상으로 행정 정보 시스템을 구축하여 구체적인 현황을 파악하고 데이터를 구축해야 한다. 그리고 향후 이를 바탕으로 야간 교습 금지 등의 규제들이 제대로 지켜지고 있는지 지속적인 모니터링을 해야 할 것이다.

그리고 입시 위주의 초·중·고교 교육 체계를 개편하여 창의력을 증진시키는 토론 수업, 체험 학습 등 다양한 경험을 할 수 있는 수업 과정을 만들어야 한다. 현재 입시 위주의 교육이 경쟁적으로 이루어지는 원인 중의 하나는 명문대학을 나온 사람들이나 고학력자들이 좋은 일자리를 다 차지하게 되는 양극화된 노동시장의 구조적 문제로부터 기인하는 측면이 크다. 따라서 교육 정책만으로 우리나라의 교육 문제를 해결하는 데는 한계가 있다. 노동시장 정책을 포함하여 경제와 복지 전체를 포괄하는 복지국가 개혁이 반드시 요구된다. 그럼에도 불구하고 당장 우리나라 교육의 방향을 재설정해야 한다는 것 역시 필요한 부분이다.

지금 한국 사회를 지칭하는 끔찍한 단어인 '헬조선'도 '입시지옥'에서 비롯되었다는 이야기가 있다. 학생 때 최초의 지옥인 입시지옥으로부터 좌절을 겪고 그곳을 벗어나더라도 취업 경쟁 등의 또 다른 지옥들이 겹겹이 앞을 가로막고 있기 때문에 좌절이 누적되어 생긴 말이라는 것이다. 따라서 앞으로 우리나라가 계속해서 '헬조선'으로 남을지의 여부는 입시지옥으로부터 어떻게 벗어나느냐에 달려있다고 해도 과언이 아닐 만큼, 입시 위주의 교육 체계를 개편하는 일은 매우 중요하다 하겠다. 전면적인 교육 개혁을 통해 아이들이 현실적 제약을 넘어서서 자유롭게 상상력을 발휘할 수 있도록 꿈을 키워주는 교육 제도를 만들어야 한다.

3.

청년의 고용과 소득이 보장되는 나라 : 청년고용소득보장제도

서울시 '청년 활동 지원 사업'의 쟁점과 의미

취업 준비에 지친 청년들에게 "아프니까 청춘이다", "피할 수 없으면 즐겨라", "노력은 배신하지 않는다"라고 위로하는 경우가 많다. 그러나 이들에게 정작 필요한 것은 위로가 아니라 매일 매일을 살아갈 수 있는 힘이고 안정된 미래를 꿈꾸게 하는 일자리이다. 매년 55만 명의 졸업생들이 취업 준비에 뛰어들지만 이중에서 절반 정도만 직장인이 된다. 나머지 절반은 계속해서 취업준비 상태에 있거나 아예 취업을 포기해서 실업률에도 잡히지 않게 된다. 그 결과, 청년 실업자 100만 명 시대라는 말이 나올 정도로 청년들의 구직난이 심화되어 버렸다. 더욱 심각한 것은 구직 활동을 하는 기간에는 변변한 수입이 없기 때문에 청년들의 빈곤율도 급증한다는 것이다.

이런 문제에 대응하기 위해 2015년 11월 5일 서울시는 2020년까지 5년간 총 7,136억원의 예산을 투입하는 '청년 정책 기본 계획'을 발표했다. 이 계획은 기존의 청년 정책들과 달리 청년 문제를 단순히 고용의 문제로만 보지 않고 소득, 활동, 일자리, 주거, 참여 공간 등 전체적인 삶의 문제로 접근하는 새로운 시각을 보여주었다. 그럼에도 불구하고 이 계획안의 한 축인 '청년 활동 지원 사업'은 정부와 보수 언론의 적지 않은 비판을 불러일으켰다. 특히 서울시와 정부 간에 몇 차례의 공방이 오고간 끝에 정부가 이 사업을 승인하지 않자, 서울시가 이 사업의 강행에 나섰다. 그러나 끝내 이 사업은 2016년 8월 정부의 주무부처인 보건복지부로부터 직권 취소 처분을 받아 더 이상 추진하기 어려운 처지에 놓이고 말았다. 서울시가 추진하려던 이 사업이 실현되려면 정부가 기존의 입장을 번복하여 이 사업을 허가하거나 서울시가 대법원에 소송을 걸어서 이기는 것 중의 어느 한 경우라야 한다.

서울시가 추진하려던 '청년 활동 지원 사업'이란 서울에 거주하는 만 19~29세의 청년들 중에서 니트족[9]을 포함한 미취업 청년들의 사회 활동을 지원하는 제도이다. 소득이 없는 미취업자들 중에서 활동 의지를 가진 청년들에게 2~6개월 동안 교육비, 교통비, 식비 등에 사용될 돈으로 월 평균 약 50만원을 보조해주자는 것이다. 지원 대상자들은 자신의 진로 계획과 사회 참여 활동 계획을 자발적으로 제시하고, 서울시가 이것을 심사하고 대상자를 선별하여 일단은 서울시의 시범사업으로 운용할 예정이었다.

그런데 정부가 현행법을 들어 이 사업을 반대하고 나섰다. '사회보장기본법' 제26조에 따르면 사회보장 제도를 신설하거나 변경할 때 지방자치단체는 사회보장 급여가 중복 또는 누락되지 않도록 하고 보건복지부 장관과 협의해야 한다.[10] 이런 법률적 절차에 따라 보건복지부는 '청년 활동 지원 사업'이 사회보장 제도이기 때문에 자신과 사전 협의를 거쳐야 한다고 주장했다. 서울시는 처음에는 협의할 사안이 아니라며 정부와 협의하는 것 자체를 반대하다가 나중에는 협의에 응했다. 그러나 서울시가 막상 공식 승인 요청을 하자 보건복지부가 이 사업의 승인을 거부했다.

서울시의 '청년 활동 지원 사업'은 광의의 복지 개념에 포함되는 것이므로 사회보장 제도에 속한다는 보건복지부의 주장은 옳다. 하지만 이 사업이 사회보장 제도에 포함된다고 해서 정부가 이 사업을 반대할 명분은 논리적으로 없다. 오히려 서울시가 추진하려는 이 사업은 중앙정부가 발 벗고 나서서 먼저 시행했어야 할 정책이다. 현재 우리나라의 청년들이 처한 상황이 매우 절박하므로 보건복지부는 서울시의 '청년 활동 지원 사업'을 시범사업으로 승인할 뿐만 아니라 적극 지원해줬어야 했다. 그리고 서울시와 유기적으로 협력해서 이 사업의 성과와 한계를 제대로 평가한 후에 시범사업의 지속이나 확대 여부를 논의하는 것이 옳았을 것이다.

'청년 활동 지원 사업'은 정책의 방향성에 대해서는 십분 동의할 수 있다. 그리고 이 사업이 참신한 정책이고 많은 고민을 담아내고 있음도 인정할 수 있다. 그럼에도 구체적 내용들에 있어서는 몇 가지 한계들이 명확해 보인다.

첫째, 정책 대상자가 너무 협소하다는 문제가 있다. 서울시의 졸업유예자, 미취업 청년 니트, 불안정 근로자 등 현재 이 사업이 대상으로 삼고 있는 청년들이 약 50만 명인데, 이는 서울시 전체 청년의 34.9%에 이른다. 그런데 서울시의 '청년 활동 지원 사업'은 이들 중에서 고작 3천 명만을 선별하여 지원할 뿐이어서 대상자의 수가 너무 적음이 명확하다.

둘째, 서울시의 '청년 활동 지원 사업'은 최소 2개월에서 최대 6개월 동안만 제공되며, 2회 이상의 혜택은 볼 수 없다. 2015년 5월 기준으로 '사회 밖 청년'으로 생활하는 기간이 11개월이고, 1년 이상의 구직 기간을 가지는 비율이 26.4%, 3년 이상의 초장기 구직 기간을 겪는 비율도 8.5%나 되고 있다. 이런 상황을 고려한다면 최대 6개월의 지원 기간은 너무 짧다.

셋째, '청년 활동 지원 사업'이 갖는 또 하나의 약점은 활동과 구직 사이의 연결 고리가 약하다는 것이다. 물론 활동이 반드시 일자리와 관련될 필요는 없고 자존감을 세움에 있어서 반드시 고용이 되어야 하는 것도 아니다. 그럼에도 불구하고 일자리를 갖게 된다는 것은 분명하게 자존감을 세우는 요인 중에 가장 큰 것임에는 틀림없다. 따라서 활동과 고용이 보다 잘 연계될수록 정책적 효용성은 높다고 볼 수 있다. 이런 맥락에서 보면 이 사업이 보장하는 2~6개월은 고용 현장에서 원하는 기술이나 지식을 습득하기에는 부족하고, 그만큼 활동과 고용 간의 연계가 미흡하다고 평가할 수 있겠다.

위로를 넘어 힘이 되는 '청년고용소득보장제도'[11]

서울시 '청년 활동 지원 사업'의 단점과 한계는 복지국가소사이어티가 제시하는 '청년고용소득보장제도'를 통해 극복될 수 있다. '청년고용소득보장제도'는 이후 20~30년간 대한민국을 이끌게 될 청년들이 소외되지 않고 떳떳한 사회 구성원으로 성장할 수 있도록 사회가 공동의 책임을 진다는 데 목적이 있다.

복지국가소사이어티가 제시하는 '청년고용소득보장제도'는 서울시의 '청년 활동 지원 사업'이나 성남시의 '청년수당'과는 달리 중앙정부의 책임 하에 운영되도록 설계되었다. 중앙정부의 역할을 강조하는 데는 중요한 이유가 있다. 지방정부가 추진하는 사업은 그것의 긍정적인 정책 효과와 상관없이 지역 간의 불평등을 낳게 된다는 점이 그것이다. 서울시나 일부 여유 있는 지자체는 관할 지역에 거주하는 청년들에게 지원을 해주는 반면, 다른 지자체들은 재정 부족으로 동일한 혜택을 제공할 수 없는 상황이 발생하게 된다. 이로 인해 지역 간 불평등이 발생하게 되는데, 이것은 복지국가가 회피해야 하는 것이다.

그렇다고 이런 이유 때문에 서울시의 '청년 활동 지원 사업'을 사장시켜서도 안 된다. 학생도 아니고 직장인도 아닌 '사회 밖 청년들'의 삶이 점점 악화되고 있는 지금, 긍정적 효과를 낼 가능성이 높고 이미 프랑스, 독일, 호주 등의 선진국에서 그 효과가 입증되고 있는 좋은 정책을 철회하거나 사장시키는 것은 타당하지 않기 때문이다. 그렇다면 이 문제를 어떻게 해결할 수 있을까? 답은 간단하다. '청년 활동 지원 사업'을 서울시뿐만 아니라 전국적 차원에서 시행하면 된다. 중앙정부가 우리나라의 모든 '사회 밖 청년들'을 대상으로 이 정책을 시행하면 되는 것이다. 이런 맥락에서 우리 복지국가소사이어티는 중앙정부의 지휘 하에 전국적 차원에서 실시되는 '청년고용소득보장제도'를 주장한다.

'청년고용소득보장제도'는 대학을 졸업한 후 직업을 찾고 있는 모든 청년을 대상으로 한다는 점에서도 서울시의 '청년 활동 지원 사업'과 차이가 난다. 모든 청년의 기본적 삶이 제도적으로 보장되어야 한다. 주거지의 지리적 위치에 따라 또는 소득의 크기에 따라 기본적 삶의 충족 여부가 결정된다면, 이것은 온전한 '함께 하는 공동체'의 모습이 아니기 때문이다. 현재 우리나라에서 대학을 졸업한 청년들이 취업에 성공한 다면 취업 자체가 기본적 삶을 보장해 주지만, 취업이 되지 않은 청년들은 기본적 삶에서 벗어나게 된다. 이런 상황에 처한 모든 청년들은 '청년고용소득보장제도'의 대상이 된다.

기본적 삶의 수준은 연령대와 무관하게 태어나서 죽을 때까지 유지되어야 하는 것이며, 국가 정책의 목표는 바로 이런 공동체를 만드는 것이어야 한다. 이런 보편성은 '청년고용소득보장제도'가 지자체 수준이 아니라 중앙정부 차원에서 다뤄질 수밖에 없는 또 다른 이유이기도 하다. 모든 청년들의 고용과 소득을 동시에 사회가 보장해주는 '청년고용소득보장제도'는 구체적으로 다음 세 가지의 수단들을 통해 실현된다.

첫째, 취업 지원 서비스의 제공이다. 일단 취업 전선에 뛰어들 의사를 사회에 전달하면 이때부터 제도가 작동한다. 우선 각각의 해당 청년에게 실질적이고 전문적인 도움을 제공할 사람을 붙여 구직될 때까지 1:1로 취업알선 서비스를 제공한다. 구직 계획이나 직업교육 계획은 청년고용담당관이, 공익활동 등 각종 활동의 설계는 청년활동담당관이 해당 청년과 함께 설계하고 적합한 곳을 탐색한다. 각 담당관은 고용지원센터 및 주민자치센터에 근무하면서 일자리 등을 소개하고 지속적인 구직 활동을 지원한다. 서울시의 '청년 활동 지원 사업'은 구직이나 활동을 원하는 청년이 혼자서 해야 하는 프로그램이다. 하지만 이런 자발성과 주체성은 전문적인 지식이나 기술을 갖춘 담당관의 도움이 가미되었을 때 더 빛을 발할 수가 있다. 그렇다고 이 담당관이 제공하는 것들이 몇 개의 고정되고 틀에 박힌 것들은 아니다. 청년들이 계획과 실행을 자기 주도적으로 운영을 하는 것이고, 더 좋은 계획과 더 나은 실행을 위해 담당관들이 도움을 제공하는 것이다.

둘째, 과정의 원활한 진행을 위해서는 고용지원 시스템, 직업교육 시스템, 그리고 다양한 활동지원 시스템이 먼저 구축되어야 한다. 현재 각각의 시스템들이 운영되고 있지만, 실제로 청년들의 구직을 성공적으로 이끌어내기에는 부족하다는 비판이 여기저기서 나오고 있다. '청년고용소득보장제도'는 이 시스템들이 보다 내실 있게 운영될 때 효과가 배가된다. 그리고 그 내실은 청년들이 계획을 짜고 실천을 함으로써 그리고 그것을 도와주는 담당관들이 활동함으로써 더욱 다져지게 된다. 그리고 각각의 시스템들은 서로 연계되어 작동해야 보다 효과적일 수 있는데, 이를 위한 공공 구인구직 사이트 '자브로(job)'를 신설해서 운영한다. 이 사이트에서는 공공기관, 민간기업, 공익단체 및 시민단체의 구인·구직 현황을 한 곳에서 찾아볼 수 있도록 한다. 여태까지 민간기업, 공익단체 및 시민단체의 구직 정보는 주로 '사람인', '잡코리아', '인크루트', 공공기관의 구직 정보는 '잡알리오' 등으로 분산되어 구직 정보를 취득하기 어려웠는데, 이것들을 하나로 통합하여 운영하자는 것이다.

셋째, 위 단계에서 1:1 알선 서비스를 받은 청년들에게 '고용 준비 수당'을 제공한다. 이 수당은 1인 가구 기준의 최저생계비(2016년 기준 월 64만 2천원이나 60만원으로 책정)로 졸업 후 구직 기간 동안(평균 12개월) 매달 지급한다. 특히 '고용 준비 수당'은 청년들이 거주하는 지역 내에서 사용할 수 있도록 지자체의 전자카드 형태로 제공한다. 현재 전통시장 및 소규모 소매점 위주인 상품사랑 상품권의 가맹점을 보다 범위를 더 넓혀서 학원이나 서점 등 취업 준비생들이 주로 이용하는 업종까지 확대한다. 또 직업훈련이나 공익 활동과 관련된 용도로 사용할 경우 카드 할인 혜택을 부여한다.

복지국가소사이어티의 '청년고용소득보장제도'는 일시적으로 청년들에게 돈을 주자는 것이 아니다. 청년실업은 사회에 책임이 있으니 이에 대응하여 '전문가와의 연계', '생계비의 보장'이라는 사회적 안전망 속에서 완전고용을 제도적으로 보장하자는 것이다. 특히 서울시의 '청년 활동 지원 사업'을 포함한 여타의 제도들보다 고용과의 연계가 더 견고하게 이뤄진다. 구직될 때까지 제공되는 '고용 준비 수당'은 청년들이 상대적으로 생계에 대한 걱정 없이 취업 준비에 매진할 수 있도록 할 것이다. 고용에 관련된 새로운 지식과 정보들이 담당관들에게 축적됨으로써 고용 연계의 가능성은 해를 거듭할수록 높아진다. 공익 및 시민사회 활동이 단순히 취미 수준에 그치지 않고 전문가인 청년활동담당관과의 지속적인 교류를 통해 향후 구직으로 이어질 수 있는 발판도 제공한다. 예를 들어, 사회적 소통을 위해 취미 활동을 계획했다면 취미 활동을 하면서 특정의 기술과 지식을 습득하게 하고, 이를 통해 해당 분야에서 일자리를 찾도록 만드는 것이다. 즉 일반적인 활동이 최종적으로는 구직으로 연결되도록 하자는 것이다.

뿐만 아니라, '청년고용소득보장제도'는 여러 가지 중요한 정책적 효과들을 부가적으로 더 만들어낸다. 고용·활동담당관이 함께 하기 때문에 '고용 준비 수당'을 받기 위해 취업을 의도적으로 늦추는 도덕적 해이가 발생할 가능성도 낮아진다. 공공 구인·구직 사이트 '자브로'의 운영을 위해 정기적으로 취득한 공공기관, 민간기업, 공익단체와 시민단체들의 구인·구직 현황에 대한 자료들은 해당 기관의 근로 실태를 보여주는 기초 자료가 될 수 있으며, 여기에 근로 감독과 연계하여 실태를 점검한다면 각 단체들의 개선을 유도하는 부가적인 효과를 얻을 수도 있다. 무엇보다도 고용·활동담당관이라는 새로운 직업이 만들어지면서 사회적으로 새로운 일자리가 창출된다. 사회서비스 일자리가 만들어지는 것이다.

청년 정책을 이야기하다 보면 왜 청년만을 특별대우를 해야 하느냐는 질문이 나온다. 오늘날의 20~30대는 통계청의 발표에서도 알 수 있듯이 전 세대를 아울러 유일하게 소득이 줄어든 세대이다. 무엇보다 중요한 것은 청년 세대가 향후 대한민국의 20~30년을 책임져야 하는 세대이며, 지금 그 출발선에 서 있다는 것이다. 청년 세대의 소비가 줄어들수록, 아이를 낳지 않을수록, 그리고 사회에서 좌절하고 사회 밖으로 밀려날수록 대한민국의 미래는 더 암울할 뿐이다. 그래서 출발선에 서 있는 청년 세대가 더 이상 우리 사회에 대한 신뢰를 잃지 않도록, 더는 좌절하지 않도록 우리 사회의 긴급한 대응이 필요하다. 이런 상황에서 제출된 복지국가소사이어티의 '청년고용소득보장제도'는 청년들에게 더 이상 공허한 위로가 아닌 실질적 힘을 제공하는 좋은 정책이 될 것이다.

4.

노인이 행복한 나라 : 국민연금과 공적 노후소득보장

국민연금의 문제점: 넓은 사각지대와 낮은 보장성[12]

우리나라 국민연금은 1988년 1월 10인 이상의 사업장을 대상으로 처음 도입되었고, 1999년 4월 도시 지역까지 확대됨으로써 외형상 모든 국민을 포괄하도록 했다. 국민연금은 소득재분배 장치를 내장하고 있어서 저소득 가입자에게 매우 유리한 '세대 내 연대'를 제도화하고 있다. 그래서 1999년 가입자들 중 월 소득 50만원인 사람은 '낸 보험료 총액 대비 받게 되는 연금 총액'을 의미하는 수익비가 4인데 비해, 150만원인 사람은 수익비가 1.9이고, 360만원인 사람은 1.4이다. 또 국민연금은 후세대가 현세대를 부양하는 '세대 간 연대'의 정신을 잘 반영하고 있는데, 국민연금의 수익률이 전반적으로 이렇게 높은 것은 바로 이것 덕택이다. 그런데 우리나라의 국민연금에는 다음과 같은 두 가지의 큰 문제가 있다. 이것은 국민연금이 사회보험으로서 가져야 할 실질적 보편주의 원칙의 결여 때문인데, 넓은 사각지대와 낮은 급여 보장성이 그것이다. 이 두 문제를 하나씩 살펴보자.

첫째, 우리나라 국민연금은 넓은 사각지대가 존재한다. 현재 우리나라는 노인의 3분의1 정도만이 국민연금 급여를 받고 있고, 2016년 현재 국민연금 수급자들이 매달 받는 평균 급여액은 33만7,560원이다. 이것은 아직 우리나라 국민연금의 도입 기간이 유럽 복지국가들에 비해 짧기 때문에 즉, 제도의 미성숙으로 인한 측면이 크다. 하지만 꼭 그런 것만도 아니다. 앞으로 수십 년이 지나더라도 우리나라는 가입률이 60%를 넘지 않을 것으로 전망된다. 현재 20~60세 인구의 절반이 보험료를 내지 않고 있거나 사실상 가입 대상이 아니기 때문이다. 우리나라의 18세 이상 60세 미만 인구 약 3,200만 명 중에서 약 48%만이 보험료를 제대로 납부하고 있다. 국민연금 보험료를 내지 않고 있는 사람들은 지금도 어려운 처지에 있는 비정규직, 저임금 근로자, 영세 자영업자, 실업자, 가정주부 등이다. 향후 노후소득의 격차가 더 커질 것이므로 국민연금의 사각지대는 반드시 해소해야 한다.

둘째, 우리나라 국민연금은 급여 보장성의 수준이 매우 낮다. 국민연금은 1988년 제도를 도입할 당시에 '평균소득자의 40년 가입'을 기준으로 70%의 소득대체율로 설계되었다. 그러나 국민연금 기금의 고갈 우려로 인해 몇 차례의 개혁을 거치면서 소득대체율이 1999년에는 60%로 낮아졌고, 2008년에는 다시 50%로 낮아졌다. 그리고 2009년부터 매년 0.5%씩 낮아져 2028년에는 명목소득대체율이 40%로 떨어지도록 했다. 이것은 유럽 복지국가들의 50~70%의 명목소득대체율에 비하면 크게 부족하다. 그런데 더 문제가 되는 것은 명목소득대체율 40%는 국민연금 40년 가입이 전제인데, 우리나라는 열악한 노동시장 상황으로 인해 가입 기간이 매우 짧다는 것이며, 그로 인해 국민연금의 실질소득대체율이 23%에 불과하다는 점이다. 더군다나 앞으로도 우리나라의 실질소득대체율은 24% 수준에 머물 전망이다. 결론적으로 현재의 국민연금은 존엄하고 행복한 노후와 거리가 멀고, 이것만으로는 상대빈곤율 50%로 OECD 평균의 4배나 되는 심각한 노인빈곤 문제를 해결하지 못한다는 것이다.

존엄과 연대의 공적 노후소득보장: 올바른 해법

공적 노후소득보장이 적정하지 않다면 경제와 사회의 모든 것이 꼬이게 된다. 노인들은 소비할 여력이 없고, 생산가능인구도 노후 불안 때문에 지갑을 닫게 된다. 이런 극심한 소비수요의 부진에 더해서 노후 불안은 육아와 교육에 큰 부담을 느끼는 젊은 세대들로 하여금 출산을 더 꺼리게 한다. 이로 인해 경제와 사회 전반의 역동성과 활력이 사라지고 지속가능성은 더 낮아진다. 이런 악순환에서 벗어나기 위해서라도 우리는 가치와 원칙에 보다 충실해야 한다. '존엄'과 '연대'가 그것이다. 그래야 '정의'의 사회 질서가 가능해진다.

공적 노후소득보장 제도는 존엄한 노후를 위한 것인데, 여기에는 '세대 내 연대'와 '세대 간 연대'가 동시에 작동한다. 우리나라의 국민연금(A값)[13]은 강력한 소득재분배 효과를 발휘하는데, 이것은 '세대 내 연대'에 해당한다.[14] 그리고 지금 일을 하는 세대는 내 자식만이 아니라 자라나는 세대 전체를 잘 키워야 하고, 이렇게 자란 세대가 생산가능인구가 되었을 때에는 앞 세대의 기여에 보답하기 위해 자기 부모만이 아니라 은퇴한 세대 전체를 부양하려고 기꺼이 세금과 연금보험료 부담을 지게 된다. 이것이 '세대 간 연대'의 핵심이다. 우리가 공적 노후소득보장을 '존엄'과 '연대'의 원칙에 입각해서 정확하게 심사숙고를 한다면, '연금재정 고갈, 연금보험료 2배 폭등, 세대 간 도적질'과 같은 천박하고 선동적인 말들을 할 이유와 논리가 들어설 여지는 없어질 것이 분명하다.

노후소득보장을 위해서는 우리나라 경제가 역동적으로 발전해야 하고 지속가능한 성장의 길을 가야 한다. 이를 위해서는 보편적 복지, 적극적 복지, 공정한 경제, 혁신적 경제의 유기적이고 통합적인 추진이 필요하다. 결국 기존의 불판을 바꾸는 정도의 패러다임 전환이 요구된다. 그래서 경제 성장과 복지 분배의 통합적 발전을 이끌어내야 한다. 노후소득보장을 위해 무엇보다 중요한 것은 '저출산' 문제의 해결이다. 현재 일하는 세대가 출산을 하지 않아서 후세대를 일정한 규모로 양육해내지 못한다면 누가 그 세대의 노후를 책임질 것인가. 출산과 양육이 없다면 노인 세대가 청구권을 행사할 대상 자체가 없어져버리기 때문이다. 합계출산율 1.2 수준이 지속되어 인구가 감소하면 노인 인구의 비율은 높아지고 노인 부양을 위한 재정 소요는 늘어난다. 국민연금의 보험료율을 아무리 높여 적립하더라도 합계출산율 1.2 수준으로는 턱없이 모자란다.

그러므로 지금 가장 신경 써야 할 일은 합계출산율을 높이는 것이다. 역동적 복지국가로 패러다임을 전환하여 국민 경제가 발전하고 적정 인구가 유지된다면 국민연금은 아무런 걱정이 없다. 여기서 우리는 경제사회 전반에 걸쳐 보편주의 원칙을 잘 실천하고 있는 스웨덴으로부터 교훈을 얻을 필요가 있다. 스웨덴은 경제와 복지 전반의 실질적 보편주의 덕분에 안정적인 경제 성장을 하고 있고, 합계출산율도 1.9로

OECD 평균인 1.7보다 높다. 실질적 보편주의를 통해 양성평등의 수준이 높기 때문에 스웨덴의 여성 고용률은 74%로 국가 전체의 고용율인 75.5%와 거의 같다. 보편주의 국가인 스웨덴은 높은 출산율로 인해 노인 부양율은 상대적으로 낮고 경제활동참가율은 높기 때문에 제도의 지속가능성이 그만큼 높다. 이런 기조 하에서 우리나라의 공적 노후소득보장을 위해 우리는 장차 무엇을 해야 할지, 역동적 복지국가로 나아가기 위한 몇 가지의 정책적 방향을 찾아보자.

첫째, 국민연금의 사각지대를 없애야 한다. 지금도 열악한 처지에 놓인 사람들(비정규직, 영세 자영업자, 실업자, 저임금 근로자 등)의 노후 빈곤 예약 상태를 방치하는 것은 국가의 존재 이유에 배치될 뿐만 아니라 장차 미래 세대에게 큰 부담을 지우는 일이다. 지금 생산가능인구의 50%가 국민연금 사각지대에 놓여 있다. 처지가 어려운 사람들이 국민연금에서 배제됨으로 인해 이들에게는 '연대'의 원칙이 적용되지 않는다. 그래서 이들에게는 '세대 내 연대'와 '세대 간 연대'가 모두 사라졌다. 정의롭지 못하다. '정의'의 사회 질서인 역동적 복지국가로 나아가기 위해서는 이것을 바로 잡아야 한다. 이것은 보편주의로 설계된 사회보험에서 실질적 보편주의 원칙이 지켜지지 못해서 벌어진 일이다. 사각지대를 없애기 위해서는 두 가지의 처방이 요구된다. 먼저, 국민연금 기금에 대한 신뢰를 높이는 일이다. 기금 고갈로 인해 손해를 보는 일은 절대로 일어나지 않는다는 것을 국가가 보증해야 한다. 다음으로, 국민연금 가입 독려와 함께 지원을 확대해야 한다. 정부의 '두루누리' 사업[15]을 통해 10인 미만 사업장의 월 소득 140만원 미만인 근로자에게 보험료를 지원하는 것은 바람직하지만, 이런 미약한 지원으로는 실효성이 낮을 것이므로 더 적극적인 조치를 강구해야 한다. 국민연금 사각지대 해소를 위해 공무원연금 개혁으로 인한 재정절감분의 20%를 사용하기로 한 만큼, 앞으로 사각지대 해소에 총력을 기울여야 할 것이다.

둘째, 국민연금 급여의 보장성을 적정화해야 한다. 우리나라 국민연금은 2028년의 명목소득대체율이 40%인데, 이것은 40년 가입이 전제이다. 그런데 우리나라의 열악한 노동시장 환경으로 인해 국민연금의 실질소득대체율은 23%에 불과하고 앞으로도 24% 수준에 머물 전망이다. 2014년 기준의 국민연금 평균소득이 200만원이므로 23년을 가입한 평균소득자의 국민연금 수령액은 46만원이다. 존엄한 노후와는 거리가 멀다. 그래서 사람들은 각자도생의 방식으로 시장에서 해법을 찾는다. 민간보험 가입이 그것이다. 보험 회사들은 큰돈을 벌겠으나 '세대 내 연대'와 '세대 간 연대'가 없는 시장의 민간보험에서 보통사람들은 큰 손해를 본다. 시장 방식에서 고용주인 기업들은 큰 이익을 누린다. 사회보험기여금의 절반을 고용주가 내는데, 보험료율[16]이 낮을수록 기업은 큰 이익을 보기 때문이다. 그래서 우리나라 기업들의 사회보장기여금 분담 규모는 GDP의 2.6%로 OECD 평균인 5.2%의 절반에 불과하다.

셋째, 기초연금을 확충해야 한다. 2007년의 연금법 개정으로 60%이던 국민연금의 명목소득대체율을 2008년 50%로 내렸고, 2009년부터 매년 0.5%씩 낮추어 2028년까지 40%로 하향하기로 하는 대신에 2009년부터 기초노령연금으로 A값의 5%를 지급해서 2028년에는 A값의 10%가 되도록 했다. 그래서 공적연금의 명목소득대체율이 국민연금 40%와 기초노령연금 10%를 합하여 50%가 되도록 했다. 그런데 박근혜 정부에서 기초노령연금은 명칭이 기초연금으로 바뀌었고, 2016년 현재 소득 하위 70%의 노인에 대해 국민연금 A값(211만원)의

10%에 가까운 20만4,010원을 지급하고 있다.[17] 그러므로 공적연금의 실질소득대체율은 국민연금 실질소득대체율 23%에 기초연금 소득대체율 10%를 더하여 33% 정도이다. 우리나라 공적연금의 실질소득대체율을 최소한 40~45% 정도로 높이기 위한 정치사회적 논의가 필요하다.

외국의 상황과 국제기구들의 제안을 고려해볼 때, 현재 33% 수준인 우리나라 공적연금(국민연금+기초연금)의 실질소득대체율을 40~45% 수준으로 높여야 한다. 이를 위해 우리는 국민연금의 소득대체율 상향과 기초연금의 확충을 함께 고려할 필요가 있다. 복지국가소사이어티는 지금 시점에서 더 중요한 것은 기초연금의 확충이라고 여기고 있다. 넓은 사각지대, 50%라는 극단적으로 높은 노인 빈곤율, '세대 간 연대'의 원칙 등을 고려해볼 때, 기초연금의 확충이 우선적 사안이기 때문이다. 그래서 우리는 국민연금 A값(2016년 현재 211만원)의 약 10% 수준인 기초연금 급여액을 A값의 15%(211만원×0.15=31만6천5백원)로 상향하는 방안을 제안한다. 그래서 공적연금의 실질소득대체율이 우리 국민 누구에게나 40% 정도가 되도록 해야 하며, 이에 더해 45% 또는 50%를 넘지 않도록 설계할 수도 있을 것이다. 이에 대해서는 국민연금의 실질소득대체율이 높은 사람에게는 기초연금 급여를 줄여서 조정하면 된다.

다시 한 번 강조하자면, 무엇보다 중요한 것은 합계출산율을 높이는 일이다. 현재 일하는 세대는 자신을 키워준 선배 세대를 공적연금으로 부양해야 하고, 후배 세대를 충분히 출산하고 잘 키워야 한다. 그런데 문제는 아이를 낳지 않으려고 한다는 데 있다. 우리는 이미 그 이유와 해답을 알고 있다. 시장만능의 경제사회 질서가 경제와 산업의 양극화뿐만 아니라 노동시장의 양극화를 초래했기 때문이다. 그래서 청년들이 일자리를 찾을 수 없고 희망을 잃어버렸다. 청년 세대가 캥거루 세대, 3포, 5포, 7포 세대로 거듭 추락하고 있다. 출산율을 높이기 위해 모든 수단을 동원해야 한다. 정부 재정뿐만 아니라 국민연금 기금도 투입할 필요가 있다. 출산과 육아 및 교육 등의 비용 부담을 없애기 위해, 그리고 일자리 창출과 적극적 노동시장정책의 확대를 위해 공적 재원을 투입해야 한다. 또한 결혼과 출산을 위해 청년의 주거 복지를 해결하는 데도 공적 재원을 투입할 필요가 있다.

'더불어 연금'으로 함께 행복한 사회 만들기[18]

복지국가소사이어티가 공식적으로 제기한 '더불어 연금'은 은퇴 후 더 이상 소득을 벌어들일 수 없는 어르신들이 빈곤의 나락으로 떨어지지 않도록 최소한의 생계비를 보장하는 공적 안전망을 말한다. '더불어 연금'은 기존의 제도들을 뒷받침하는 방식으로 '보충성의 원칙'에 의해 운영되도록 한다. 현재 우리나라의 공적 노후소득보장 체계는 기초생활보장, 기초연금, 국민연금으로 이루어져 있다. 그러나 현재 이런 공적 노후소득보장 제도들이 보장해주는 실제의 소득은 최저생계비에도 턱없이 못 미치기 때문에 '더불어 연금'에 의한 보강이 필요하다는 것이 복지국가소사이어티의 기본적인 생각이다.

먼저 까다로운 부양의무자 및 소득 기준으로 인해 기초생활보장 급여를 받는 노인들은 65세 이상 전체 노인의 6~7%에 불과하다. 국민연금을 받는 노인도 전체 노인의 32.3%에 불과하며, 그 중에서 30만원 미만을 받는 비율이 61.2%나 된다. 수혜자의 규모가 67%로서 가장 많은 노인을 포괄하는 기초연금은 급여액이 최대 약 20만원으로 1인 가구 최저생계비인 64만2천원에 턱없이 부족하다. 게다가 이 세 제도들을 중복해서 받을 수도 없다. 기초생활보장 급여는 국민연금과 기초연금을 받는 경우 소득으로 인정되어 그만큼의 수령액이 깎인다. 기초연금은 국민연금 가입 기간이 길수록 금액이 줄어들도록 설계되어 있다. 그 결과, 노인 가구 약 260만 중에서 절반에 이르는 132만 가구가 최저생계비 미만으로 생활하고 있다(2013년 기준).

'더불어 연금'은 기존의 공적 제도들이 보장하는 소득 수준이 최저생계비에 미치지 못할 경우, 그 차액만큼을 공적 자금을 통해 보전하자는 것이다. 따라서 1인 가구는 약 60만원(2016년 기준 약 64만2천원이나 60만원으로 책정)을 기준으로 기초생활보장, 국민연금, 기초연금 등의 공적 제도들을 통해 보장되는 소득액을 파악한 뒤 차액을 국고에서 지원한다. 따라서 최대 지급액은 공적 제도의 적용을 전혀 받지 못하고 있는 경우로서 이때는 60만원이 된다. 최저생계비가 매년 인상되기 때문에 이를 기준으로 '더불어 연금' 급여액 역시 올라간다.

또한 보충성의 원칙에 의거하기 때문에 '더불어 연금'은 일시성을 가진다. 즉 공적 소득보장 제도가 계속 발전하여 더 이상 보완이 필요하지 않을 때까지만 한시적으로 운영된다는 것이다. 기초생활보장 제도의 대상이 넓어지거나 국민연금의 사각지대와 낮은 보장성 수준 문제가 보완되고, 기초연금 급여액이 인상되어 모든 노인에게 최저생계비가 보장된다면 '더불어 연금'의 지급액은 '0'에 접근한다. 이럴 경우에는 '더불어 연금' 제도가 더 이상 존속할 이유가 없어진다.

'더불어 연금'의 가장 큰 효과는 절대적 액수의 측면에서 모든 노인에게 최소한 최저생계비 이상의 소득을 공적 방식으로 보장한다는 것이다. 뿐만 아니라 대상에 있어서도 '더불어 연금'은 공적 제도들을 통해 보장되는 소득을 기준으로 최저생계비와의 차액을 보전하는 형식을 갖기 때문에 기존의 제도들보다 더 많은 대상들을 포괄할 수 있다. 예컨대 기초소득보장 제도는 소득평가액을 산정할 때 문제가 되는 추정소득의 문제, 재산의 소득환산 과정의 문제로 많은 비수급 빈곤층을 양산하고 있다. 공적 제도가 보장하는 소득을 기준으로 할 경우에는 이들 모두를 공적 노후소득보장 제도 안에서 보호할 수 있게 된다.

5.

일자리의 차별이 없는 나라

최저임금의 획기적 인상과 최고임금의 적절한 제한

우리나라 노동 현안에서 우선순위로 꼽을 수 있는 것들 중의 하나가 바로 최저임금이다. 최저임금을 인상해야 한다는 데 대해서는 노동계뿐만 아니라 전문가들과 시민사회의 의견도 대체로 일치한다. 속도와 폭을 둘러싸고 의견이 다양할 뿐이다. 우리나라의 최저임금은 2008년부터 2013년까지 연평균 5.7%씩, 그리고 2014년부터 2017년 사이에는 연평균 7.4%씩 상승했다. 실질적인 경제성장률이나 임금 상승률에 비해 결코 낮은 수준은 아니지만, 최저임금의 수준이 애초부터 워낙 낮았기 때문에 여전히 국민적 기대에는 크게 못 미치고 있다.

그러므로 우리의 과제는 더욱 가파르게 최저임금을 인상해서 2016년 현재 46.5%인 시간당 '평균임금 대비 최저임금의 비율'을 주요 선진국들처럼 60% 수준에 이르도록 하는 것이다. 2016년 현재, 전체 노동자의 14.6%인 280만 명이나 되는 근로자들이 최저임금도 받지 못하고 있는데, 이것은 최저임금 제도의 근간을 흔드는 중요한 문제이므로 행정력을 최대한 동원해서 반드시 모든 근로자들이 법정 최저임금을 받을 수 있도록 해야 한다.

우리나라는 최저임금위원회에서 최저임금을 매년 결정한다. 이 위원회는 각 9명인 노동자 위원, 사용자 위원, 공익 위원으로 구성된다. 일반적으로 협상은 노사 양측이 최초 요구안을 일차 협상하고, 이어 수정안을 내놓으면 공익 위원들이 양측의 주장을 절충해 '심의 촉진 구간'을 제시하고, 이것을 표결하는 순서로 진행된다. 노동자 위원들은 주로 두 자리 수의 인상률을 주장해왔고, 사용자 위원들은 주로 동결 내지는 약간의 인상률을 제시해왔다. 2017년 최저임금 협상에서는 노동자 측은 시급 1만원을 주장했고 사용자 측은 동결을 주장했다. 이처럼 노사 양측의 주장은 매우 달라서 노사 양측 간의 자율적 의견 조정은 늘 실패했다. 그리고 공익 위원들은 정부의 눈치를 보면서 정부의 의지를 참작해 비교적 낮은 인상률로 최저임금을 결정해왔다. 2017년 최저임금 협상에서 공익 위원들은 '심의 촉진 구간'으로 6,253원(3.7% 인상)~6,838원(13.4% 인상)을 제시했다.

그런데 만약 지금의 결정 방식을 따르지 않고, 최저임금이 최고임금과 연계된다면 어떻게 될까? 최근 진보 진영의 일부에서 이런 아이디어가 나왔고, 심상정 의원은 관련 법률안(최고임금법안)까지 제출했다.[19] 2014년 기준으로 현대차 정몽구 회장이 받은 보수는 216억원으로 전체 노동자 평균임금의 806배이고, 최저임금의 1,650배에 달한다. 2014년 기준으로 10대 그룹 상장사 78곳의 경영자 보수는 일반 직원의 35배, 최저임금의 180배에 해당한다. 이런 추세는 1980년대 이후 영국과 미국 같은 시장만능주의 국가를 중심으로 세계적인 흐름을 이뤄왔다. 그리고 2008년 세계적 금융 위기 이후에는 이에 대한 비판과 반성의 물결이 높아졌다. 이런 흐름 속에서 최저임금과 연동하는 방식으로 최고임금에 제약을 가함으로써 최저임금과 최고임금 간의 격차를 줄여보자는 것은 충분히 옳은 정책 방향이다.

그럼에도 불구하고 시장에서 결정되는 민간기업의 임금을 정부가 법률로 규제하는 것은 위헌의 소지가 있고, 정치사회적 수용성도 떨어질 개연성이 크다. 그래서 복지국가소사이어티가 제안하는 방식은 최저임금과 연동한 최고소득세율의 적용이다. 예를 들어, 대공황 직전인 1928년 미국에서 최상위 1%의 부자들은 전체 국민소득의 약 4분의 1(23.9%)을 가져갔는데, 뉴딜의 정책 효과가 뚜렷해진 1950년대에 이르러 이들 최상위 1%의 연간 소득은 전체 국민소득의 10분의1로 줄어들었다. 그래서 미국의 소득 분포는 뉴딜 이전의 '밑이 넓은 피라미드형'에서 뉴딜 시대에는 '가운데가 두툼하게 부푼 다이아몬드형'으로 바뀌었다.

우리는 미국의 이런 역사적 경험에서 누진적 최고소득세율 적용이 소득의 양극화를 얼마나 효과적으로 저지하는지를 잘 알게 되었다. 그러므로 우리의 방안은 최저임금에 연동해서 배수로 일정 금액(가령 최저임금의 30배, 50배, 100배 등)을 설정하고, 이 금액을 기준으로 최고소득세율을 설정하는 것이다. 뉴딜 시기 때 90% 넘는 최고 소득세율을 적용한 전례를 참고하여 우리는 70~90% 사이에서 정치사회적 합의를 통해 적정 최고소득세율을 정할 수 있을 것이다. 이렇게 해서 추가 세수로 확보된 정부 재정은 복지국가 정책을 실행하는 데 소중하게 사용될 것이다.

재도약에 충분한 도움을 주는 실업 급여

실직자들이 재도약을 할 수 있도록 충분한 도움을 주어야 한다. 이를 위해 가장 먼저 필요한 것은 적극적 노동시장정책이다. 이 부분에 대해서는 이미 제3부의 8장에서 살펴보았지만 간단하게 다시 언급하자면, 우리나라는 적극적 노동시장정책(ALMP)이 매우 취약한 편이다. 우리나라는 적극적 노동시장정책에 대한 'GDP 대비 공적 지출'의 비중이 2013년 현재 0.44%에 불과했다. 덴마크가 가장 높아 GDP의 1.81%를 적극적 노동시장정책에 지출했고, 스웨덴 1.35%, 핀란드는 1.02%로 북유럽 복지국가들이 압도적으로 높았다. 다음으로 유럽대륙 복지국가에 속하는 프랑스가 0.93%, 네덜란드 0.84%, 독일은 0.64%였다. 자유주의 복지국가인 미국은 0.24%, 영국은 0.23%로 가장 낮은 그룹에 속했다. 결론적으로 우리나라는 실업의 고통을 겪고 있는 사람들이 재도약을 할 수 있도록 적극적 노동시장정책을 통해 도와주는 데 매우 소극적이다.

이뿐만이 아니다. 우리나라는 소극적 노동시장정책에 속하는 실직 시의 소득보장 제도인 고용보험의 실업 급여 지급에서도 매우 소극적이다. 우리나라 고용보험의 직전 임금 대비 실업 급여의 수준은 OECD 최하위이다. 뿐만 아니라 이직일 이전 18개월간(기준 기간)의 피보험 단위 기간이 통산하여 180일 이상이어야 하고, 근로의 의사와 능력이 있음에도 불구하고 취업하지 못한 상태여야 한다. 또한 재취업을 위한 노력을 적극적으로 해야 하며, 이직의 사유가 비자발적이어야 한다.

그런데 안타깝게도 실업 급여의 지급액은 기대에 미치지 못한다. 퇴직 전 평균임금의 50%를 실업 급여로 받게 되는데, 1일 상한액이 매우 낮게 정해져있다. 상한액은 이직한 날이 2016년 이후이면 1일 43,416원(이직한 날이 2015년에는 1일 43,000원)이다. 하한액도 정해놓았는데, 퇴직 당시의 최저임금법상 시간급 최저임금의 90%에다가 1일 근로시간(8시간)을 곱한 금액이다. 최저임금법상의 시간급 최저임금이 매년 바뀌므로 실업 급여의 하한액도 매년 바뀌게 된다. 2016년 이후의 하한액은 1일 43,416원으로 상한액과 동일하다.

우리나라는 실업 급여의 상한액이 43,000원 수준으로 너무 낮아서 실직자 가정에 큰 도움이 되지 못한다. 우리나라는 실업 급여의 상한액이 2010년 현재 평균임금의 39%에 불과했는데, OECD 국가들 중에서 실업 급여의 상한액이 우리나라보다 낮은 국가는 터키(33.7%)와 벨기에(36.6%) 밖에 없었다.[20]

우리나라는 실업 급여의 액수뿐만이 아니라 수급 기간이 짧다는 문제도 있다. 실업 급여를 받는 기간을 의미하는 급여일수는 나이와 고용보험 가입 기간에 따라 다른데 3개월부터 최장 8개월이다.[21] 다른 나라에 비해 짧다. 스웨덴의 경우 최대 15개월, 네덜란드는 최대 24개월, 덴마크는 기본 9개월에 일자리를 찾기 위해 직업훈련을 받으면 최대 4년까지 연장된다. 이들 나라들과 비교했을 때 3~8개월의 수급기간은 너무나 짧은 것이다. OECD 국가들 중에서 우리나라보다 실업 급여의 최장 지급 기간이 짧은 나라는 체코, 이스라엘, 슬로바키아, 영국뿐이었다.

우리나라는 전체 실업 급여 수급자의 약 절반(2013년 현재 47.3%) 정도가 3개월과 4개월의 수급 기간에 속해 있다. 문제는 3~4개월이라는 짧은 기간 내에 재취업을 하기는 쉽지 않다는 사실이다. 국회예산정책처의 연구보고서에 의하면, 실업 급여 수급 기간이 짧을수록 재취업에 대한 준비 부족으로 다시 실업 급여를 받을 가능성이 높아지는 것으로 나타났다. 즉 실직자의 실업 급여 수급 기간이 길수록 재취업한 일자리의 안정성이 높다는 것이다.[22] 실직 상태의 구직자들이 충분한 취업 준비 기간을 가지면서 제대로 재취업을 준비해야 보다 안정적인 일자리를 찾게 된다는 뜻이다.

너무 짧은 기간 동안 너무 적게 주지만, 그래도 실업 급여를 받는 사람들은 그나마 다행이다. 우리 국민의 대다수는 실업 상태가 되어도 실업 급여를 신청할 수조차 없다. 실업 급여를 받으려면 고용보험에 가입해서 꼬박꼬박 고용보험료를 내왔어야 하는데, 여기에 가입하지 못하는 사람들이 너무 많기 때문이다. 2013년 현재, 전체 취업자 약 2천5백만 명 중에서 고용보험에 가입한 사람들은 1,130만 명으로 전체 취업자의 44.7%에 불과했다. 그 이유는 전체 취업자 중에서 가입 대상이 아닌 비임금 근로자가 27.9%를 차지하고, 나머지는 임금 근로자이지만 적용 제외자(11.9%)와 미가입자(11.5%)의 비중이 높기 때문이다. 우리나라에서는 학습지 교사나 택배원 등이 실제로는 고용 관계에 있지만 적용 제외자에 속하고, 또 비정규직의 비중이 워낙 높은 데다 이들의 고용보험 가입률이 낮아서 이들의 다수가 미가입자로 남는다.

'실업 급여 수급률'이라는 지표가 있다. 이것은 월평균 실업자 수 대비 월평균 실업 급여 수급자 수의 비율을 말한다. 우리나라는 '실업 급여 수급률'이 2004년 20.1%에서 2013년 현재 42.6%로 높아졌다.[23] 하지만 우리나라는 OECD 주요 국가들 중에서 일본(2011년 실업 급여 수급률 23%)을 제외하면 '실업 급여 수급률'이 가장 낮은 편에 속한다. 결국 우리나라는 직장에서 해고된 뒤 실업자가 되면 10명 중 4명만이 아주 짧은 기간 동안 아주 적은 금액을 실업 급여로 받고 있는 것이다. 게다가 자영업자들이나 프리랜서 작가와 예술인, 그리고 적용 제외 노동자들과 비정규직 등의 미가입자들은 가게 문을 닫거나 일이 없어서 실직 상태가 되어도 아예 실업 급여 상담조차 받을 수 없는 처지에 놓여 있다.

일자리에서 밀려난 사람들이 다시 일자리로 돌아가려면 경기가 좋아지도록 기다리거나 아니면 새로운 기술을 배우거나 창업을 준비해야 하는데, 이를 위해서는 어느 정도의 돈과 시간이 필요하다. 그것이 여의치 않으면 교육훈련이고 더 나은 직업의 탐색이고 간에 다 집어치우고 당장 먹고 살기 위해 편의점 알바라도 해야 한다. 좋지 않은 일자리에 있는 사람들이 계속해서 그 일자리를 벗어나지 못하는 문제는 바로 이런 이유에서도 발생한다. 고용보험 가입도 되지 않는 좋지 못한 일자리에서 일을 하면 퇴사 후 실업 급여를 받지 못해 더 나은 일자리로 가기 위한 체계적인 준비를 하는 것이 어렵고, 그러니 다시 좋지 못한 일자리로 대충 옮겨 가는 악순환이 발생하는 것이다.

비정규직 일자리 문제의 올바른 해법

외환위기 이후 우리나라의 정규직 일자리는 갈수록 줄어든 반면 비정규직 일자리는 늘어났다. 정부의 공식 통계로는 비정규직의 비율이 2016년 3월 현재 32%이지만, 노동계의 계산에 의하면 전체 임금 근로자의 50%에 이른다. 2015년 현재 이들 비정규직의 월 평균임금은 정규직의 54.4% 수준이며, 복지 혜택은 거의 없는 편이다. 비정규직은 사회보험 가입률도 30~40%에 불과하다. 그래서 우리 사회에서 정규직의 좋은 일자리를 놓고 벌이는 승자독식의 경쟁은 언제나 치열하다.

비정규직 문제를 해결해야 한다. 명백하게도 해법은 비정규직의 최소화와 비정규직의 근무조건 개선이다. 우리 사회의 일자리들 중에서 반드시 비정규직 노동이 필요한 부분을 뺀 대부분의 일자리는 정규직 노동자들로 채우고, 유연성이 요구되어 비정규직으로 채용해야 하는 일자리는 근무 기간에서만 차별이 있을 뿐 정규직과 동등한 임금과 복지 혜택을 보장해야 한다.[24]

정규직보다 훨씬 저렴하고 마음대로 이용할 수 있는 비정규직이 최소화되는 상황에 대해서는 사용자들이 수용하려고 하지 않을 것이다. 또 외환위기 이후 우리 사회의 주류 세력들은 기업의 경영 합리화와 사회 전체의 효율성 제고를 위해 비정규직 고용과 같은 노동의 유연화가 더 필요하다는 주장을 멈추지 않고 있다.[25] 하지만 이런 생각은 잘못된 것이다. 정규직 노동자 대신 비정규직 노동자를 고용하면 기업은 노동 비용을 줄일 수 있지만, 당장 눈앞의 이익만을 위해 비용이 적게 드는 비정규직만을 선호하면 기업은 장기적으로 오히려 큰 손해를 입고 위기에 직면할 수도 있다. 우수 인력의 유출과 소비의 감소 때문이다.

첫째, 우수 인력의 유출이다. 어떤 업무에 익숙해지고 전문성을 갖추려면 최소한 몇 년의 시간이 필요하다. 그런데 비정규직이 일터에서 맺는 계약은 1년 단위로 이루어지며 재계약은 2년을 넘지 않는 경우가 대부분이다. 따라서 2년간 한 일터에서 업무 능력을 향상시킨 비정규직 노동자는 자신이 얻은 기술과 능력을 최대로 발휘하기도 전에 그 일터를 떠나게 될 가능성이 크다. 또 계약 기간 중에라도 소속감 없는 비정규직 일터를 벗어나 다른 곳으로 옮겨가는 일도 잦아진다. 이것은 눈앞의 노동 비용을 절감하려다가 숙련 노동자를 놓침으로써 기업의 장기적 발전에 손해를 입히는 것이다.

둘째, 소비의 감소이다. 한 기업이 정규직을 줄이고 비정규직을 늘리면 단기적으로 이윤을 더 얻을 수 있을지는 모르지만, 모든 기업이 비정규직을 늘리게 되면 장기적으로 내수 경제의 불황이 초래된다. 그 경우에는 사회의 전체적인 소비가 줄어들기 때문이다. 노동자는 일터에서는 생산을 담당하지만 일터 밖에서는 소비자이다. 그런데 비정규직 노동자들은 보수가 적고 생활이 불안해서 정규직 노동자들에 비해 소비할 여력이 없고 결국 소비를 덜 할 수밖에 없다. 당장 내년에 어떻게 될지 알 수 없는데 자가용을 구입하거나 가구를 새로 사기는 쉽지 않기 때문이다. 따라서 사회 전체적으로 정규직이 줄고 비정규직이 늘수록 기업으로서는 구매력 있는 소비자를 잃는 결과가 초래된다.

더욱이 이로 인한 경기 침체는 심각한 사회 갈등을 낳게 된다. 외환위기 이후 비정규직 노동자가 증가하면서 노사갈등뿐만 아니라 노노갈등이 심각한 사회 문제로 주목을 받고 있다. 극단적으로 이런 갈등은 2013년 8월 발생한 이른바 '여의도 칼부림 사건' 같은 범죄로도 이어질 수 있다. 여의도에서 전 직장의 동료들과 불특정 다수를 향해 칼을 휘두른 김 씨는 전 직장에서 자신을 왕따 시킨 동료들에 대한 분노로 범죄를 저질렀지만, 좀 더 깊이 그의 삶을 들여다보면 비정규직을 전전하는 동안 쌓인 분노를 발견할 수 있다. 이 사건이 '절망 살인'이나 '증오 살인' 등으로 불리는 까닭이다. 계속되는 고용 불안 속에서 소속감을 잃은, 그리고 일터에서 동료들로부터 차별 받은 비정규직 노동자가 그 불만의 화살을 사회의 불특정 다수에게로 돌려 '분노 범죄', '묻지 마 범죄'를 일으킨 것이다.

결국 비정규직 고용은 개별 노동자의 삶을 어렵고 불안하게 만들 뿐만 아니라 사회 전체적으로 보았을 때도 득보다 실이 더 많다. 즉 노동자와 기업 그리고 우리 사회 모두를 불행하게 만든다고 볼 수 있다. 따라서 비정규직을 반드시 필요한 경우에만 고용하도록 비정규직 관련 법률을 개정해야 한다.[26] 예를 들어, 휴직 중인 노동자를 대체하거나 시설 개선 등을 위해 유연성이 잠깐 필요한 경우 등으로 '꼭 필요할 때에만' 비정규직 노동자들을 고용할 수 있도록 하자는 것이다.

또 반드시 필요한 분야나 시기에 비정규직 노동자를 고용할 때는 그 일을 정규직 노동자가 수행할 때와 차별이 없도록 임금과 근무여건 등이 마련되도록 해야 한다. 현재 스웨덴이나 독일과 같은 복지국가에서는 같은 산업 분야의 노동자들에게 '동일노동 동일임금'은 상식적인 원칙이다. 같은 일을 한다면 설사 회사의 이름이 달라도 같은 임금을 받도록 해야 한다. 우리가 아직은 전국적 노사 교섭도 없고 산업별 노사 교섭도 없기 때문에 선진 복지국가들의 '동일노동 동일임금' 원칙까지는 가지 못하더라도 최소한 같은 회사 내에서 같은 일을 하는 노동자들이 다른 임금과 다른 대우를 받도록 방치해서는 안 된다.

이미 교사들의 경우에는 비정규직 노동자인 기간제 교사에게만 성과급을 지급하지 않는다든지 교사 연수를 제공하지 않는 것 등은 차별이라는 법원의 판결이 나오고 있는 상황이다. 그렇다고 비정규직 노동자들이 차별적인 상황을 개별적으로 돈을 들여 소송하고 이겨야만 차별이 시정된다면 국가의 존재는 참으로 의미 없게 될 것이다. 반드시 비정규직 노동자를 고용해야만 하는 그런 성격의 일자리와 시기가 있다면, 정규직과 비정규직 간의 차별이 발생하지 않도록 국가가 나서서 최선의 노력을 기울여야 한다.

그렇다고 모든 노동자들이 다 정규직 일자리를 원하는 것은 아니다.

노동자들 중에는 특정 기간에만, 또 짧은 시간만 일하고 싶어 하는 사람들도 있다. 육아에 집중하고 싶은 엄마들이 그럴 테고, 직장생활을 취미생활이나 공부 등과 병행하고 싶은 사람들도 그럴 것이다. 경제적으로 별 어려움이 없어서 스스로 비정규직의 삶을 택해도 아무 문제가 없는 사람들도 있겠지만, 대부분의 비정규직들은 충분한 보수를 받아야 생계를 유지할 수 있게 된다. 바로 이 대목에서 우리는 역동적 복지국가의 새로운 해법을 모색해볼 수 있다. 비정규직으로 살고 싶은 사람들이 기꺼이 그렇게 할 수 있도록 복지국가가 도와주는 것이다. 비정규직 여성이 아이를 낳으면 관련 비용을 지원해주고, 아프면 치료해주고, 보육과 교육 관련 비용도 모두 책임져주는 것이다. 이렇게 복지국가가 사회임금을 지급하는 것이다. 앞서 살펴본 것처럼, 보편적 복지가 제도적으로 생애주기에 걸쳐 촘촘하게 깔린다면 적지 않은 노동자들이 스스로 비정규직의 삶을 택할 수도 있을 것이다.

실제로 덴마크와 네덜란드는 이런 새로운 해법을 시도해서 성공을 거뒀다. 1994년 덴마크는 기업에 많은 수의 시간제 노동자를 채용하고 해고를 자유롭게 할 수 있도록 노동의 유연화를 단행했다. 하지만 덴마크의 비정규직 노동자들은 정규직 전환에 연연하며 불만을 쏟아내지 않았다. 시간제 근로로 얻은 소득만으로도 충분히 안정된 생활을 누릴 수 있도록 보편적 복지 시스템이 잘 되어 있고 해고되면 국가에서 기존 급여의 70~90% 수준의 실업 급여를 장기간 지급하기 때문이다.

또 이런 변화의 목적 자체가 실업난 해소에 있었기 때문에 덴마크의 노동 유연화는 적은 수의 정규직 일자리를 많은 수의 괜찮은 비정규직 일자리로 대체한다는 '일자리 나누기'의 의미도 크다. 그리고 정규직과 비정규직 간의 이동을 쉽게 해서 정규직 노동자라고 해도 특정 기간 동안 비정규직 노동자로 근무하고 다시 그 기간 뒤에는 정규직으로 돌아갈 수 있도록 하는 유연한 고용 시스템을 갖춘 것이다. 이처럼 노동의 유연성과 안정성을 동시에 추구하는 덴마크와 네덜란드를 두고 학자들은 유연안정성을 확보했다고 한다. 결국 비정규직 문제의 해결과 일자리 나누기를 위해서도 보편적 복지는 반드시 필요하다.

더 많은 일자리와 차별 없는 근로 환경을 위해

우리나라는 노동시간을 줄여야 한다. 2015년 OECD 통계에 의하면, 노동자 1인당 연간 평균 노동시간이 2,113시간으로 OECD 평균인 1,766시간에 비해 엄청나게 길다. 스웨덴은 1,612시간, 노르웨이 1,424시간, 덴마크 1,457시간, 그리고 핀란드는 1,646시간이었고, 심지어 미국도 1,790시간이었다. 결국 우리나라는 현행 법정 근로시간인 주당 40시간을 37시간으로 축소하고, 연장근로는 주당 8시간으로 축소해서 '일자리 나누기'를 제도화해야 한다. 이렇게 정규직의 노동시간을 줄여야 일자리가 늘어난다. 민주노총의 발표에 의하면, 2016년 현재 OECD 평균 수준으로 노동시간을 줄이면 최소 62만개(주당 52시간 기준)에서 최대 105만개(주당 48시간 기준)의 신규 일자리가 창출된다.

그리고 우리나라는 원청 기업과 하청 기업 간의 불평등이 심삭하다. 대부분의 위험과 책임은 하청 기업으로 전가되는 반면에 이익은 원청 기업으로 집중되고 있기 때문이다. 또 원청 기업의 부당 노동 행위나 불법 노동 행위로 인해 하청 근로자의 권리가 침해되고 있다. 그리고 원청 근로자와 하청 근로자 사이에 노동시간과 노동여건 등의 차별이 심한데, 특히 임금의 차별이 심각하고 4대 사회보험이나 복지 혜택 등의 차별도 심하다. 이런 것들이 합쳐져서 원·하청 근로자들 간의 불평등이 고착화되고 말았다.

그리고 성과를 극대화하기 위해 원청 기업들은 점점 더 파견근로, 외주화, 사내하도급을 강화하고 있으며, 여기서 원청과 하청 간의 불평등이 시작된다. 파견근로, 외주화, 사내하도급 등은 산업 현장의 안전 문제를 악화시키고 있으며, 이런 나쁜 결과는 고스란히 하청 근로자들에게 돌아간다. 우리나라의 산재사망률은 OECD 국가들 중에서 최고 수준이다. ILOSTAT의 2012년 자료에 의하면, 우리나라의 산재사망십만인률(십만 명당 산재사고 사망자 수)은 7.3으로 OECD 평균인 2.6보다 3배나 높다. 산업재해는 원청 근로자보다 하청 근로자에서 2.53배나 더 자주 발생했다. 우리나라 기업들은 값비싼 안전 설비를 제공하는 것보다 사망자에게 보상비를 주고 다른 노동자로 대체하는 것이 비용이 더 적게 든다고 여기기 때문에 산재 예방에 상대적으로 소극적이다. 또 원청 기업들은 고용보험과 산재보험 비용을 하청 기업들에게 전가하고 있으며, 이로 인해 사회보험의 사각지대가 넓어지고 있다.

우리나라는 시급하게 원·하청 간의 이런 구조적인 불평등 문제를 해결해야 한다. 이것이 경제민주화 조치이고 공정한 경제로 나아가는 올바른 길이다. 요약하자면 다음과 같다. 첫째, 원청 기업이 위험·책임·비용을 하청 기업으로 전가하지 못하도록 제도적 방지 장치를 마련해야 한다. 둘째, 하청 근로자에 대한 원청 사용자의 '사용자성'을 인정하고 하청 근로자의 노동권을 실질적으로 보장해줘야 한다. 셋째, 하청 기업의 산업재해에 대한 원청 기업의 책임 강화를 통해 산업재해를 줄이고 산재 처리를 보다 합리화해야 한다. 넷째, 하청 근로자들에게서 나타나는 사회보험의 사각지대를 획기적으로 해소해야 한다.

6.

일과 가정이 조화롭게 양립하는 나라

일·가정 양립의 어려움과 초저출산 국가의 불명예[27]

근로생활과 가정생활이 양립할 수 있어야 한다는 주장에 대해서는 이견이 없다. 일과 가정의 양립은 개인이나 가족 차원뿐만 아니라 국가 차원에서도 핵심적 의제가 되었다. 이렇게 된 주된 이유는 2000년대 들어 크게 확산된 저출산 위기 때문이다. 2002년의 합계출산율 1.17명은 우리 사회에 큰 충격을 주었으나 이후에도 상황은 전혀 나아지지 않았다. 이후로도 줄곧 1.2명 정도를 유지하면서 OECD 국가들 중에서 압도적 꼴찌 상태에 머물러 있다. 이런 맥락 속에서 일·가정 양립을 지원하기 위한 정책들이 많이 도입되었다. 하지만 우리나라는 여전히 초저출산 국가이며, 정부가 내놓은 온갖 대책들은 아무 소용이 없었다.

여성 노동자에게 주어지는 90일 간의 출산휴가와 남성 노동자에게 주어지는 30일 간의 배우자 출산휴가(아버지의 달, daddy month), 초등학교 취학 전의 자녀를 둔 노동자들에게 1년 동안 주어지는 육아휴직과 육아기 근로시간 단축 제도, 출산한 비정규직 여성 근로자의 고용 안정과 업무 효율 유지를 위한 임신·출산 후 계속고용지원금 제도, 근로자가 가족(부모, 배우자, 자녀 등)의 질병·사고·노령 등을 이유로 휴직할 수 있는 가족돌봄휴직제 등은 우리나라가 형식상으로는 일·가정 양립 제도들을 상당한 수준으로 구비하고 있다는 것을 보여준다. 그럼에도 불구하고 우리나라의 일·가정 양립은 여러 가지 한계와 도전에 직면했다.

첫째, 우리나라는 육아와 가정에 대한 책임이 여성에게 일방적으로 주어져 있다. 이것은 오래된 문화적 관습인데, 이런 관습이 시대적 변화를 따라가지 못하고 있는 것이다. 일종의 지체 현상이다. 여성들의 교육 수준의 향상으로 스스로 직업을 갖고 자신의 경력을 쌓는 것에 대한 기대와 열망이 매우 커졌다. 실제로 여성의 대학진학률이 남성을 넘어섰다. 대학을 졸업하고 경제사회적 활동에 참가하려는 여성들의 의지는 날로 커지고 있고, 여성의 경제활동참가율도 꾸준히 증가했다. 하지만 막상 결혼을 하고 출산을 하게 되면 전통적인 문화와 편견이라는 낡은 프레임이 작동하여 여성의 경력을 단절시켜 버린다. 그래서 결혼과 출산 이후에는 급격하게 여성의 경제활동 참여가 줄어들고, 많은 여성들이 이런 상황을 힘들어한다. 남성들의 생각이 바뀌어야 하고 제도적 지원이 따라야 하지만, 2015년 육아휴직자 중에서 남성의 비율은 5.6%에 불과했다. 그래서 미혼이거나 아직 임신하지 않은 여성들은 이런 상황 때문에 결혼과 출산을 미루거나 아예 포기해버리는 경우가 많다.

둘째, 우리나라는 근로시간이 너무 길다. OECD가 회원국들을 대상으로 매년 조사해서 발표하고 있는 BLI(Better Life Index, 더 나은 삶 지표)의 11개 영역 중의 하나가 '일과 가정의 양립(work life balance)'인데, 이를 평가하는 하위 지표로 '주당 50시간 이상 일하는 장시간 노동자의 비율'을 사용하고 있다. 우리나라는 주당 50시간 이상 일하는 장시간 노동자의 비율이 23.1%로 2014년 OECD가 조사한 37개 국가 중에서 5번째로 높았다.[28] 그리고 OECD의 2016 고용동향에 따르면, 2015년 기준으로 국내 취업자의 1인당 평균 노동시간은 2,113시간이었는데 이것은 OECD 34개 회원국 평균인 1,766시간보다 347시간이나 더 길었다. 하루 법정 노동시간 8시간을 기준으로 할 때 우리나라의 취업자는 OECD 평균보다 연간 43일이나 더 일을 한 것이다. 우리나라의 노동시간은 OECD 국가들 중에서 멕시코를 제외하고는 가장 길다.

셋째, 우리나라의 출산 및 양육 관련 제도들은 그 대상이 지나치게 협소하다. 출산과 양육은 모든 가정에서 마주치게 되는 기본적이고 보편적인 사안임에도 불구하고 현행 출산·육아휴직 제도는 고용보험에 가입한 근로자만, 그것도 피보험기간이 180일 이상인 임금 근로자만을 대상으로 하고 있다. 따라서 고용보험에 가입하지 않은 학생, 실업자, 자영업자 등과 고용보험의 사각지대에 놓여 있는 특수고용 노동자[29]와 비정규직들은 원천적으로 이 제도의 혜택을 받을 수 없다. 특히 고용보험의 피보험자 비율이 2013년 현재 44.7%에 불과하여 전체 취업자의 절반도 되지 않는다는 점에서 현행 제도의 한계는 분명하다.

넷째, 출산 및 양육 관련 제도의 사용이 저조하다. 설사 여러 제도들을 사용할 수 있는 자격이 된다 하더라도 이것을 쓰지 못하는 사람들이 많다면 큰 문제가 아닐 수 없다. 자신의 휴직이 동료들의 추가적 업무부담으로 이어지는 상황에서 육아휴직을 선택하기는 쉽지 않다. 2016년 2월 실시한 정부의 '저출산·고령화에 대한 국민인식조사 결과'에서 20~40대 맞벌이 여성 84%와 남성 79.9%가 출산휴가를 낼 때 상사나 동료눈치를 본다고 응답했고, 육아휴직 역시 여성 84%, 남성 77.8%가 마찬가지인 것으로 나타났다. 그래서 근로자 300인 이상의 민간기업 420곳에서 최근 5년간 육아휴직자가 전무했다. 실제로 2014년 기준으로 고용보험 가입자 1,000명당 육아휴직 이용자의 비율을 보면 300인 미만 사업장은 4.6명에 그쳤고, 300인 이상의 사업장도 11.2명에 그쳤다.[30]

고용보험 육아휴직 제도의 내용과 구조적 한계

우리나라 고용보험 제도에서 공식적으로 밝힌 육아휴직의 의미는 이렇다. 근로자가 만 8세 이하 또는 초등학교 2학년 이하의 자녀를 양육하기 위해 사용하는 휴직이며, 근로자의 육아 부담을 해소하고 계속해서 근로를 할 수 있도록 지원함으로써 근로자의 생활 안정과 고용 안정을 도모하는 한편 기업의 숙련 인력 확보를 지원하는 제도이다. 육아휴직의 기간은 1년 이내이며, 자녀 1명당 1년을 사용할 수 있으므로 자녀가 2명이면 각각 1년씩으로 2년 사용이 가능하다. 육아휴직을 받기 위한 조건으로 개시일 이전에 고용보험 피보험 단위기간이 모두 합해서 180일 이상이 되어야 한다. 육아휴직 급여는 육아휴직 기간 동안 매월 통상임금의 100분의 40을 지급(상한액: 월100만원, 하한액: 월50만원)한다.

우리나라도 아빠의 육아휴직 이용을 장려하기 위해 육아휴직 급여의 특례(일명, 아빠의 달) 제도를 시행하고 있다. 같은 자녀에 대하여 부모가 순차적으로 모두 육아휴직을 사용하는 경우에 두 번째 사용한 사람의 육아휴직 3개월 급여를 통상임금의 100%(상한 150만원, 2017

년 7월 이후 출생한 둘째부터는 상한 200만원 적용)로 지급한다. 그럼에도 2015년 기준으로 남성 육아휴직자는 4,872명에 불과해서 전체 육아휴직자(8만 7339명)의 5.6%에 그쳤다. 남성 육아휴직자는 2011년 1402명(2.4%)에 비해 그 비중이 늘어나고는 있지만 여전히 독일(32%), 노르웨이(21%) 등 선진국에 비해서는 턱없이 부족한 수준이다.[31] 뿐만 아니라 육아휴직을 이용하는 아빠들 대부분이 공공기관 종사자나 공무원들인데, 이는 일자리 간의 불평등 현실을 반영하는 것으로 우리나라 남성 육아휴직의 한계를 잘 보여준다.

결국 이렇듯 우리나라에서는 여성의 일·가정 양립이 어렵게 되어 있다. 그리고 이것은 그대로 기혼 여성의 고용률 저하로 이어진다. 한국노동연구원에 따르면, 5세 이하 연령의 자녀가 있는 여성의 고용률이 급격히 낮아진다는 특징을 보였다. 0~2세 자녀를 둔 우리나라 여성의 고용률은 32.4%로 OECD 국가들 중에서 25위에 그쳤고, 3~5세 자녀를 둔 여성의 고용률은 35.8%로 27개 조사 국가 중에서 가장 낮았다. 여성의 경제활동 참가율이 전반적으로 높아지고 있는 상황에서 자녀의 양육이 걸려 있는 연령대의 여성 고용률은 후퇴하고 있는 것이다.[32]

역동적 복지국가를 위한 일·가정 양립 정책

아내가 행복하지 않다면 남편 또한 행복할 수 없다. 엄마가 행복하지 않으면 그 가정의 모든 구성원들도 행복할 수 없다. 따라서 남편이 행복하기 위해, 가정이 행복 속에서 일상을 꾸려나가기 위해서는 필수적으로 여성이 행복해야 한다. 그리고 이것이 가능해지기 위해서는 일과 가정이 양립되어야 한다. 우리나라가 일·가정의 양립을 제도적으로 정착시켜내지 못하면 역동적 복지국가의 실현도 불가능해진다. 세상의 절반인 여성들이 자신이 하고 싶은 일을 할 수 있는 '적극적 자유'의 실현을 포기하거나 혹은 그것의 실현 과정에서 고통과 좌절을 겪는다면, 우리나라는 경제와 복지의 통합적 발전을 이룰 수 없을 것이기 때문이다. 그렇다면 우리는 어떻게 해야 할까?

무엇보다도 일과 가정의 양립에 대한 전반적인 이해의 틀과 이에 기초한 올바른 방향성을 새롭게 세워내야 한다. 우선 일·가정 양립은 여성의 관점이 아니라 인간이 갖는 보편적 측면들에 초점을 맞추어서 고려해야 한다. 여성도 남성과 동일하게 인간으로서 자신이 원하는 일을 하고 싶은 욕구를 갖고 있으며, 이를 통해 자아를 실현하고자 한다. 그런데 이런 보편적인 것들이 가정과 일터에서 성적 차이라는 기준에 의해 평등하게 주어지지 않는 것이 문제다. 그러므로 일·가정 양립은 이런 성적 차별과 불평등을 해소하는 것이다.

또한 일과 가정이 양립되기 위해서는 사회적 차원에서 여러 제도적 조건들이 구비되어야 한다. 무엇보다 통합적인 관점이 필요하다. 출산율의 제고는 육아 지원만으로는 이루어지지 않는다. 육아를 위한 비용을 지원하거나 관련 시설을 지원하는 것에 더해서 여성에 친화적인 고용 정책, 법정 근로시간 단축이나 기간제 고용과 같은 근로시간 정책, 도시 및 주거 정책 등을 통해 결혼과 출산에 적합한 물리적 환경을 제공하는 것 등이 통합적으로 제시될 필요가 있다. 그렇다면 이런 관점과 틀 속에서 구체적으로 어떤 정책 수단들이 도입되거나 강화될 필요가 있을까?

첫째, 가족보험 제도의 도입이 필요하다. 남녀의 일·가정 양립을 가장 직접적으로 지원하는 출산휴가 및 육아휴직 제도가 실효성을 갖도록 해야 한다. 앞서 지적했듯이 현행 제도는 고용보험 제도의 틀 속에 놓여 있어서 넓은 사각지대가 존재하기 때문에 출산과 양육이라는 우리 사회의 기본적이고 보편적인 과제에 적절히 대응하지 못하고 있다. 비정규직, 자영업자, 학생, 실직자 등은 아무런 보장이나 도움도 받지 못하고 있는 것이다. 따라서 현행 고용보험이 아닌, 대상자의 포괄 범위를 최대화한 (가칭) '가족보험'과 같은 별도의 사회보험을 도입해야 하며, 이 보험의 재원은 회사가 주로 담당하고 일반 조세로도 일부 충당하도록 한다. 예를 들어, 스웨덴은 1974년 출산휴가와 육아휴직 제도를 부모보험으로 통합해 별도의 사회보험 제도로 운영하고 있다. 프랑스도 마찬가지이다.

둘째, 노동시간의 단축이 필요하다. 지금까지 노동시간의 단축은 노동운동의 고전적 의제였다. 처음에는 노동자의 건강 및 안전을 위해 이 이슈가 제기되었지만, 지금은 일과 가정의 양립이 가능하도록 하는 데 필수적인 것으로 인정되고 있다. 긴 노동시간은 일·가정의 양립을 불가능하게 만든다. 그래서 이미 유럽 복지국가들에서는 1990년대를 전후로 일과 가정의 양립을 위해 노동시간 단축을 정책적으로 시도했다. 그리고 이것은 일자리 나누기 정책으로서 정규직의 좋은 일자리를 더 많이 만들어내는 또 다른 정책 효과도 가지고 있다. 그러므로 OECD 국가들 중에서 최장의 노동시간을 기록하고 있는 우리나라에서 노동시간 단축은 초저출산 상태를 넘어서기 위해서라도 절실한 과제가 아닐 수 없다.

셋째, 남성들의 출산휴가와 육아휴직을 강제할 수 있어야 한다. 이를 위해 출산휴가와 육아휴직을 할당제로 바꿔야 한다. 즉 휴가와 휴직을 부모가 공동으로 사용하는 것으로 해서 남성이 사용하지 않으면 그대로 잃어버리도록 해야 한다. 이 책의 제2부 5장 '스웨덴: 국민의 집'에서 살펴보았듯이 아빠의 육아휴직을 늘리기 위해서 스웨덴이 그렇게 하고 있다. 즉 육아휴직이 1년이면 이 중에서 3개월은 반드시 남성이 사용하도록 해야 하며, 이것을 사용하지 않는다고 해서 여성이 대신 사용하는 것이 아니라 그대로 없어지도록 하면 된다. 엄마만 아이를 키운다는 전통적인 사고가 지속되어서는 일·가정 양립과 출산율 제고는 불가능하기 때문이다. 이제 아빠가 엄마와 함께 아이를 키우는 것이며, 두 사람 모두 자신이 원하는 일을 마음 놓고 할 수 있어야 출산율도 높아지고 보다 행복한 삶도 가능해진다.

넷째, 근로상의 지원 제도를 강제해야 한다. 일과 가정의 양립에 있어서 근로자가 처한 근로조건이 미치는 영향력이 매우 크므로 이런 측면에 주목한 제도의 설계가 필요하다. 외국의 경우 탄력근무제(flexible scheduling)와 재택근무제(telecommuting)가 기혼 여성의 직무만족과 조직성과에 유의미하다는 결과들이 제시되면서 이들 프로그램의 도입과 이용이 증가하고 있다. 당연히 이런 조치들은 여성들에게만 적용될 것이 아니라 남성들에게도 적용되도록 해야 한다. 우리나라에서는 아직까지 이런 제도들이 제대로 활용되지 못하고 있다. 육아기 근로시간 단축 청구권, 선택적 및 탄력적 근로시간제, 재택근무제 등에 대해 기업들이 부담으로 인식하는 경우가 많기 때문이다. 따라서 정부가 기업들이 이런 제도들을 적용하지 않았을 때 벌칙을 내리고, 동시에 인센티브를 제공하거나 대체 노동력에 대한 비용과 인력풀에 대한 지원을 할 필요가 있다.

다섯째, 보육의 질을 높여야 한다. 우리나라는 지속적으로 보육 재정 및 보육 시설의 확충이 이뤄지고 있지만 여전히 질이 낮기 때문에 이용자들의 체감 만족도가 낮다. 보육 시설의 대부분이 민간에 의해 운영되는 보육 환경에서 보육 시설의 질 향상이 중요한 시점이다. 그리고 정책적 차원에서 단순한 양적 확대가 아니라 이제는 보육 서비스의 질적 확대에 초점을 맞추어서 감시 및 평가 시스템을 마련하고 제대로 관리해야 한다. 이렇게 해서 양질의 보육이 보장될 때라야 아이 낳을 환경이 조성된 것으로 간주되기 때문이다.

여섯째, 근로시간 정책의 변화와 더불어 이에 조응하는 인식과 판단기준들이 변해야 한다. 양육과 가사노동의 일차적인 책임은 여성에게 있다는 성차별적 이데올로기를 해체하고, 일하는 부모를 비롯한 다양한 집단의 다양한 요구를 인정하고, 이것을 지원하는 것이 일반적인 것이 되도록 해야 한다. 법률에 명시된 여러 제도들이 제대로 시행되기 위해서는 기업 내에 가족 친화적인 조직 문화가 뿌리 내리도록 하고, 근로환경에서 여성을 차별하는 행태가 발생하지 않도록 해야 한다. 그래서 가족 친화적인 제도에 대해 정부가 기업들을 상대로 교육을 실시하고, 이런 제도들이 기업의 성과 향상을 위한 전략적 수단이 된다는 사실을 제대로 이해시켜야 한다.

누구나 원하는 일터에서 자유롭게 일하고, 자신의 능력을 마음껏 발휘할 기회를 가지며, 자녀 돌봄이나 여가를 위해 혹은 자기 개발을 위해 시간을 사용할 권리를 갖고 있다. 이런 기회와 권리는 양성평등 시대에서 보편적인 것이므로 여성과 남성 사이에 동등하게 실현되어야 하며, 어느 하나를 위해 다른 것을 포기해서는 안 된다. 일과 가정의 양립은 더 이상 수사적인 주장이 아니라 우리 사회의 절박한 현실적 문제로서 반드시 성사시켜 내야 하는 당면 과제이다.

7.

사회 공공성이 높은 나라 : '사회서비스 공공성 30%'

사회서비스의 중요성과 민간 공급 체계의 문제점[33]

인간으로서 제대로 된 삶을 영위하기 위해 보건의료·보육·교육·장기요양 등은 반드시 충족되어야만 하는 서비스들이다. 이런 사회서비스가 충족되지 않는다면, 인간은 십중팔구 큰 고통 속에서 일상을 보내야 한다. 아픈데 병원에서 의료 서비스를 받지 못하거나 나이가 들어 활동의 제약이 발생했는데 장기요양 서비스를 받지 못한다면 우리가 감내해야 할 고통은 매우 클 것이다. 그래서 유럽 복지국가들은 국가가 책임지고 필수 사회서비스를 제공한다. 그런데 이런 사회서비스는 경제학적 가치재로서 국가의 경제 발전에도 유익하다. 사회서비스는 장기적으로 투입한 비용에 비해 이익이 훨씬 큰 특성이 있기 때문이다. 국가가 사회서비스를 책임지고 제공하는 것은 정치적·윤리적 책임을 다하는 것일 뿐만 아니라 경제적으로도 유익한 것이다.

우리나라는 전체 의료기관 중에서 공공 의료기관이 차지하는 비율은 5.7%, 전체 병상 중에서 공공병상의 비율은 9.5%에 불과하다(2013년 기준). 국·공립 어린이집의 비율은 어린이집 수를 기준으로 5.7%이며, 이용 아동 수 기준으로는 10.6%에 머물러 있다(2014년 기준). 장기요양시설 중에서 국·공립 시설의 비중은 전체 시설의 2.22%이고, 전체 입소 정원의 5.15%에 불과하다(2014년 기준).

민간 주도형 사회서비스 공급 체계는 여러 가지의 한계와 문제들을 낳고 있다. 중요한 사실은 사회서비스 경우에는 정보의 비대칭성 때문에 자유 시장이 제대로 작동하기 어렵고, 이런 시장실패 문제 때문에 서비스 공급자에 의해 가격과 질이 결정되기 쉽다는 점이다. 예를 들어, 의료의 경우 건강과 생명에 가장 직접적으로 연관되어 있기 때문에 환자들은 의사와 병원의 요구에 순응할 수밖에 없으며, 결과적으로 시장에서는 의료 서비스의 가격이 높게 책정된다. 자유 시장의 특성이 강한 미국의 의료 제도는 이런 문제점을 잘 보여준다. 보육 서비스의 경우에도 자신의 자녀가 소중한 부모의 입장에서는 돈이 더 들더라도 보다 나은 환경의 어린이집에 보내거나 더 나은 서비스를 받고 싶어 한다. 여기서도 의료보다는 작겠지만 동일한 성격의 시장실패 문제가 발생한다.

그래서 복지국가들에서는 정부가 다양한 방식으로 사회서비스 분야에 개입하여 지속적으로 서비스의 가격과 질을 통제한다. 사회서비스 분야의 필요 재원은 세금이나 공공보험 등을 통해 공적으로 조달하고 서비스 제공을 위해 이들 재원을 공적 방식으로 지출한다. 그런데 사회서비스의 재원은 이렇게 공적 성격인데 비해, 나라에 따라 사회서비스의 제공 체계는 공적 성격과 사적(민간) 성격이 서로 다른 비율로 혼합되어 있다. 앞서 언급했듯이 우리나라는 사회서비스 제공 체계의 사적 성격이 너무 강해서 의료 등 대부분의 사회서비스 영역에서 민간의 비중이 90%를 넘는다. 결국 우리나라는 사회서비스의 재정 체계는 공적 성격이 비교적 강한데(의료와 요양 55%, 보육 80% 내외) 비해, 공급 체계는 사적 성격이 90% 내외로 매우 강하다.

사회서비스의 공급 체계가 민간 주도형인 나라에서는 정부가 민간 공급자가 제공하는 서비스의 가격을 통제하게 되는데, 이런 정책은 대체로 풍선효과[34]를 낳는다. 민간 공급자들은 정부의 가격 통제에도 불구하고 애초의 기대 이윤을 확보하기 위해 다양한 방법을 동원하는데, 여기에는 노동 비용을 포함한 사회서비스의 생산 비용을 최소화하는 것도 포함된다. 현재 우리나라의 보건의료·보육·장기요양 등의 사회서비스 영역에서는 이런 경향이 워낙 강하게 나타나서 이들 분야의 근로자들은 가장 낮은 임금과 긴 노동시간으로 힘들어 한다. 게다가 이들의 신분도 비정규직인 경우가 갈수록 늘고 있다. 또 비용 절감을 통한 이윤 확보는 노동 비용뿐만 아니라 원료, 기자재, 시설 등에서도 이뤄지기 때문에 시설과 장비가 낙후되기 십상이다. 이런 두 가지의 경향 때문에 사회서비스의 질이 하락하게 된다.

뿐만 아니라 정부의 가격 통제 속에서 이루어지는 공급자의 이윤 추구는 결국 보다 많은 서비스를 생산하도록 유도하게 된다. 가격 통제로 인해 서비스 단위 당 가격이 낮기 때문에 판매하는 서비스의 개수를 늘려서 이윤을 확보하려는 것이다. 이것은 우리나라 보건의료 체계에서 진찰 회수, 투약 회수, 입원 일, 입원 회수 등의 수치가 대체로 OECD 평균의 2배를 넘는 데서 잘 입증되고 있다. 그래서 지속적으로 국민의료비가 증가한다. 이런 현상은 장기요양의 영역에서도 동일하게 나타난다.

사회서비스 공급 체계의 공공성 확충: 단계적으로 30%까지

우리 국민들은 보육 등의 사회서비스를 이용할 때 대체로 국·공립 시설들을 선호한다. 많은 국민들이 국 · 공립 어린이집이나 국·공립 병원과 요양시설을 선호하는 것은 이들 기관에서 제공하는 서비스는 질이 좋고 보다 투명하게 잘 관리되고 있기 때문이다. 또한 이들 공적 제공 체계는 종사자들이 보다 좋은 노동조건에서 안정적으로 일하고 전문성을 축적함으로써 양질의 사회서비스를 생산하게 된다. 이렇게 해서 이들 국·공립 시설들의 서비스가 시장에서 좋은 평가를 받게 되면 점차적으로 이런 효과가 민간 제공 체계로 파급될 가능성이 높아진다. 이렇게 되면 사적 영역에서도 서비스의 공공성이 높아지게 된다.

그렇다면, 사회서비스의 공공 공급 체계가 민간 공급 체계에게 긍정적 파급 효과를 제대로 미치도록 하려면 어느 수준까지 국·공립 시설을 확충해야 할 것인가? 현재 국·공립 시설의 적정 비율에 대해서는 단일한 어떤 합의가 존재하지 않는다. 하지만 공공성에 기반을 둔 사회서비스의 제공이 시장에 대해 상당한 지배력이나 영향력을 행사할 수 있어야 한다는 점에 대해서는 대체로 의견이 모아지고 있다. 외국의 상황을 참고했을 때, 복지국가소사이어티는 이 수준을 최소한 30% 정도로 잡고 있다. 사회서비스 공급 체계의 '공공성 30%'는 전체 시설의 30% 이상을 국·공립으로 해야 한다는 것이다.

이런 '30% 확충'은 많은 공적 재원을 요구한다. 이 재원은 우리 국민 모두가 공동으로 부담하되 더 있는 사람이 더 많이 부담한다는 형평성의 원칙에 의거해서 마련해야 한다. 그리고 국민 모두가 재원을 부담하기 때문에 '30% 확충'은 국민이 직접 참여하는 전 국민적 공론화 과정을 거칠 필요가 있다. 또한 '30% 확충'은 순차적으로 이뤄져야 한다. 소요되는 정부 재정이 워낙 크기 때문에 일순간에 이것을 확보하기도 어렵다. 그리고 기존의 민간 공급자들이 반대할 것이므로 차분하게 기획하고 단계적으로 접근해서 타협하고 합의를 이끌어 내야 한다. 그렇다고 그 순차적 과정이 지나치게 길어서도 안 된다. 사회서비스의 종류와 성격에 따라 목표 달성 기간에 차이가 있겠지만 늦어도 10년 안에는 해야 할 것이다.

'30% 확충'의 방법은 크게 두 가지가 있다. 하나는 기존의 시설들을 매입하거나 인수하여 국·공립화 하는 것이고, 다른 하나는 국·공립으로 신축하는 것이다. 현재 각각의 사회서비스 시장이 처한 현실을 고려해서 적절한 방법을 선택하면 될 것이다. 의료는 가장 긴 시간이 요구될 것이므로 10년 정도의 기간을 목표로 잡아서 병상 자체를 늘리지 않는다는 원칙하에 공공병상의 비중을 30%로 확충해야 할 것이다. 이때 일부는 지역거점병원을 국·공립으로 신축하고, 일부는 기존의 민간병원을 인수하는 방법을 사용하게 될 것이다. 장기요양도 마찬가지이다. 2014년 장기요양보험통계연보에 의하면, 국·공립 시설은 전체 시설의 2.22%로 전체 입소 정원의 5.15%에 해당한다. 급속한 고령화와 비용 측면을 고려해볼 때, 장기요양 분야는 의료보다는 기간을 좀 더 앞당겨 목표를 달성할 수 있을 것이다. 그런데 보육 시설의 공공성 수준은 재정부담이나 어린이집의 현실적 조건 등을 고려할 때 의료나 요양보다는 빠르게 확충할 수 있을 것이다. 국공립 어린이집 비중은 2015년 12월 현재 6.2%에 불과한데 대기자는 언제나 긴 행렬을 이루고 있다.

우리는 신속하게 이런 변화를 이뤄내야 한다. 지금 보통사람들의 삶의 질이 바닥을 치고 있기 때문에 더 이상 미룰 수가 없다. 사회서비스 공급 체계의 공공성 강화에 대해 여야 정치권이 지금까지 이렇게 방관했던 것은 안타까운 일이지만, 이제는 달라져야 한다. 이대로는 안 되기 때문이다. 국민의 행복할 권리(사회권)가 제도적으로 보장되는 역동적 복지국가로 나아가기 위해서는 패러다임 전환의 거대한 변화가 요구된다. 그리고 이런 변화는 언제나 누군가의 큰 용기를 필요로 한다. 이제는 보통사람들이 용기를 내야 할 때다. 그래야 '행복할 권리'를 누릴 수 있고, '행복한 나라'를 자식 세대에게 물려줄 수 있기 때문이다.

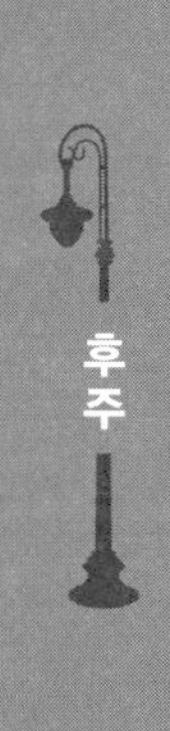

후주

후주

1장 행복할 권리가 보장되는 세상

1 영화에서 크리스의 다섯 살짜리 아들 크리스토퍼는 윌 스미스의 진짜 아들 제이든 스미스다.

2 1775년 벤자민 프랭클린, 존 애덤스, 로저 셔먼, 로버트 리빙스턴, 토머스 제퍼슨의 다섯 사람이 기초 작업을 수행하고, 다음해인 1776년에 13개 식민지의 대표들이 서명한 미국 독립선언문 제2장에는 "모든 사람은 평등하게 태어났고 창조주는 몇 개의 양도할 수 없는 권리를 부여했으며, 그 권리 중에는 생명과 자유와 행복의 추구가 있다"고 쓰여 있다.

3 전체의 원어 대사는 다음과 같다. "It was right then that I started thinking about Thomas Jefferson on the Declaration of Independence and the part about our right to life, liberty, and the pursuit of happiness. I remember thinking how did he know to put the pursuit part in there? That maybe happiness is something that we can only pursue and maybe we can actually never have it."

4 이내찬, 「OECD 국가의 삶의 질의 구조에 관한 연구」, 『보건사회연구』, 32(2), 2012.

2장 행복할 권리를 위한 인류의 역사적 투쟁

1 Heilbroner, R., Milberg, W., Making of economic society, The 12th edition, Pearson education Inc, 2007. ; 홍기빈 역, 『자본주의 어디서 와서 어디

로 가는가』, 미지북스, 2011, pp.93-97.

2 Heilbroner, R., Milberg, W., Making of economic society, The 12th edition, Pearson education Inc, 2007. ; 홍기빈 역, 『자본주의 어디서 와서 어디로 가는가』, 미지북스, 2011, pp.108-129.

3 1651년 여름 영국에서 출판된 토머스 홉스의 저서 리바이어던(Leviathan)은 인간의 본성에 대한 예리한 통찰 아래 자연 상태의 불안하고 불행한 인간이 안전과 행복을 얻기 위해 사회계약론의 기초 위에서 근대국가를 세운다는 근대국가론 주창서이다. 책 제목인 리바이어던은 구약성서 〈욥기〉에 나오는 영생동물로 거대한 바다 괴물이다.

4 Thomas Hobbes, Leviathan, 1651. ; 최공웅 · 최진원 역, 『리바이어던』, 동서문화사, 2012, pp.129-189.

5 국가가 없는 계약 이전의 자연 상태에서는 소유권이 존재하지 않으며 자연권이 존재한다.

6 Heilbroner, R., Milberg, W., Making of economic society, The 12th edition, Pearson education Inc, 2007. ; 홍기빈 역, 『자본주의 어디서 와서 어디로 가는가』, 미지북스, 2011, pp.165-203.

7 이어서 공산당 선언에는 이렇게 되어 있다. "자연의 힘의 정복, 기계 장치, 산업과 농경에 대한 화학의 응용, 기선 항해, 철도, 전신, 전 대륙의 개간, 하천의 운하화, 갑자기 땅에서 튀어나온 주민들. 이런 생산력이 사회적 노동의 무릎을 베고 졸고 있었음을 이전의 어떤 세기가 예견이나 했겠는가? 칼 마르크스 · 프리드리히 엥겔스(강유원 역), 『공산당 선언』, 이론과실천, 2008, pp.15-16.

8 특히 로크는 〈시민정부론〉에서 사회계약론에 입각하여 폭정에 대한 국민들의 저항권, 의회민주주의, 삼권분립, 법치주의, 사유재산권 등 민주주의와 자본주의의 기본 제도들이 필요한 근거를 분명히 제시함으로써 전제 군주제를 무너뜨리고 의회민주주의를 건설했던 17세기 영국의 시민혁명을 이론적으로 정당화했다.

9 루소는 일반의지(보편적 의지)를 이렇게 설명한다. "전체의지와 일반의지 사이에는 큰 차이가 있다. 후자는 오로지 공동의 이익에만 관련된 데 반하여 전자는 개인적인 이익과 관련되며 따라서 개별적 의지들의 총합에 불과한 것이다. 그런데 그 개별적 의지들에서 지나친 것과 모자란 것을 제거해내면 일반의지가 남는다." 그러므로 루소의 일반의지는 개인을 초월하여 공동체의 이익만을 고려하는 숭고한 의지이다.

그는 국민의 일반의지를 이행하기 위한 존재로 국가를 설정하고 있으며, 결국 국민이 원천적인 주권자요 결코 양도할 수 없는 권리를 갖고 있다고 강조한다. 그리고 루소는 "일반의지는 대의될 수 없다"는 생각에 따라 일반의지를 왜곡할 수 있는 대의제보다는 직접민주주의를 선호했다. 장 자크 루소(김중현 역), 『사회계약론』, 펭귄 클래식 코리아, 2012, pp.61-62.

10 정치적 자유주의는 모든 자유주의자들의 지지를 받고 있다. 만민 평등을 주장하는 정치적 자유주의는 진보성과 보편타당성을 모두 갖고 있기 때문이다. 반면에 경제적 자유주의는 19세기 후반 이래 끊임없는 논란의 대상이 되어 왔다. 자본주의 경제가 '자본주의의 실패'라는 구조적 문제를 갖고 있기 때문이다. 자유주의의 반동성에 대한 비판도 모두 정치적 자유주의가 아니라 경제적 자유주의에 대한 비판이다. 경제적 자유주의는 자본주의의 실패를 해소하기 위한 정부의 적극적 개입을 반대하기 때문이다. 이근식, 「진보적 자유주의와 한국 자본주의」, 『자유주의는 진보적일 수 있는가』, 최태욱 엮음, 폴리테이아, 2011, pp.31-65.

11 부르주아들이 시민혁명을 주도한 가장 실질적인 이유는 '재산권과 경제활동의 자유' 보장에 있었다. 그런데 아담스미스는 〈국부론〉에서 경제에 있어 '자유'가 얼마나 중요한 지를 부르주아들이 원하던 바로 그대로 설명하고 또 주장하고 있었다. 뿐만 아니라 '내가 너무 이기적인가' 하던 마음의 불편함까지 일시에 덜 수 있었으니, 부르주아 계급의 입장에서 아담 스미스의 자유 시장 경제학은 이보다 더 좋을 수 없는 것이었다.

12 이상이, 『복지국가가 내게 좋은 19가지』, 메디치, 2012, pp.25-30.

13 우애조합은 영국에서는 20세기 초반까지만 해도 노동조합보다 훨씬 많은 회원을 보유했다. 1904년 영국의 우애조합 회원은 600만 명이었는데, 당시의 노동조합 회원은 130만 명에 불과했다. 김태성 · 성경륭, 『복지국가론』, 나남, 2014, pp.70-72.

14 이하 본문의 글에서 소개되는 영국의 구빈법 관련 내용은 다음을 주로 정리한 것이다. 김태성 · 성경륭, 『복지국가론』, 나남, 2014, pp.73-87.

15 북유럽에서는 구빈법 제도가 19세기 초반과 중반에 비로소 제도화되었다. 덴마크는 1803년, 노르웨이 1845년, 스웨덴 1847년, 핀란드 1852년에 각각 법제화되었다. 그런데 그 기능은 영국의 경우와 마찬가지로 빈민에 대한 극소한의 구제와 엄격한 통제를 원칙으로 삼고 있었다. 이것은 1860년대에 구빈제도를 구체화한 독일의 경우처럼 모든 산업혁명의 후발 국가들은 구빈법을 자본주의적 산업화를 촉진하

는 발전국가의 기제로 적극 활용했다. 김태성 · 성경륭, 『복지국가론』, 나남, 2014, pp.88-89.

16 김태성 · 성경륭, 『복지국가론』, 나남, 2014, pp.72-73.

17 빅토리아 시대(Victorian era)는 영국 빅토리아 여왕(Victoria Regina, 1819~1901)이 통치하던 1837년부터 1901년까지의 기간을 의미한다. 이 시대는 영국의 역사에서 산업혁명을 통해 경제 발전이 성숙기에 도달했고, 세계 각지에 식민지를 건설하는 등으로 대영 제국의 절정기로 간주되고 있다. 이상이, 『복지국가가 내게 좋은 19가지』, 메디치, 2012, pp.30-33.

18 차티스트운동(Chartist Movement)은 영국에서 1832년의 제1차 선거법 개정이 이루어진 후에도 선거권을 얻지 못하자 노동자 계급을 중심으로 1830년대 후반부터 1850년대 초에 걸쳐 진행된 선거권 획득을 위한 민중운동이다. 의회의 개혁을 요구하고 성인 남자의 보통 선거권을 비롯하여 무기명 투표, 의원에 대한 급여 지급, 의회의 매년 개선, 선거구의 평등, 의원의 재산 자격 철폐 등 6가지 항목을 중심으로 한 인민헌장의 청원이 1839년, 1842년, 1848년의 3차에 걸쳐 이루어 졌다. 1840년에 조직된 '전국헌장협회'는 1850년대에 들어서자 실태를 상실하지만 노동자를 중심으로 한 전국적인 정치조직의 기초가 되었다. 네이버 지식백과(21세기 정치학대사전) 참조.

19 제1차 세계대전 후 복잡한 선거 자격을 정리하고 여성 참정권을 실현하기 위해 선거법 개정이 필요했다. 여성 참정권 운동은 19세기말에 시작되어 먼저 지방자치제에서 여성의 선거권이 인정되었으나 국회의원에 대해서는 실현되지 않았으므로 20세기에 들어와서 그 실현을 위한 운동이 활발히 전개되었다. 그리고 제1차 세계대전 중 후방에서 여성의 활약이 눈부셔서 여성의 사회적 지위도 향상되었으므로 여성 참정권 실현이 전후의 필수과제가 되었다. 1916년에 의회에 선거법 개정위원회가 설치되어 그 안을 근거로 1918년 로이드 조지 거국내각에서 선거법 개정이 실현되었다. 이 개정으로 시 · 군을 불문하고 21세 이상의 남자로 동일 선거구에 6개월 이상 거주한 자 또는 연 가치 10파운드 이상의 사업상 토지가옥을 6개월 이상 점유한 자, 여자에 대해서는 30세 이상으로 지방자치체의 유권자(연 가치 5파운드 이상의 주거 기타의 토지가옥의 점유자) 또는 유권자의 처인 자에게 선거 자격이 주어졌다. 이 개정에 의해 유권자 수는 약 2천만 명, 즉 성인 인구의 74%로 확대됐다. 이어 1928년에 실시된 선거법 개정에 의해 남녀의 선거 자격은 동일해졌으며, 거주 요

건도 6개월에서 3개월로 단축되어 현행 선거 제도의 골격이 마련되었다. https://ko.wikisource.org/wiki/글로벌_세계_대백과사전/시사/정치와_생활/정치의_기구와_조직/현대국가의_선거 제도 참조.

20 테르외뉴 드 메리쿠르(1762~1817)는 프랑스 대혁명의 여장부였다. 1789년 프랑스 대혁명 발발 후 마라 · 당통 등과 사귀고, 바스티유 습격에 참가(1789.7)했다. 베르사유 행진의 지휘자가 되고(1789.10), '자유의 아마존(Amazone de la Liberté)'으로 불리었다. 공포 정치에 반대하여 자코뱅 당과 불화를 겪었고, 그 과정에서 발병한 정신병으로 정신병원으로 보내졌다. 그 덕분에 그녀의 친구들이 당한 단두대의 운명은 피할 수 있었다. 1817년 광사(狂死)했다. 네이버 지식백과(민중서관 인명사전) 참조.

21 올랭프 드 구즈(Olympe de Gouges)는 1748년 스페인 인근에 위치한 프랑스의 시골 마을에서 태어난 프랑스의 시민운동가로 프랑스 혁명 시기에 여성에게도 참정권이 부여되어야 한다는 혁신적인 주장을 했다. 구즈는 프랑스 혁명 시기에 마리 앙투아네트와 함께 단두대에 오른 여성으로, 프랑스 혁명을 옹호했으나 혁명이 내건 자유와 평등이 남성에게만 해당되자 〈여성 권리 선언문〉을 발표했고, 그 일로 그는 '자신의 성별에 적합한 덕성을 잃어버린 사람'으로 단죄를 받았는데, 로베스피에르의 공포 정치를 공격했다는 이유로 1793년 급진 공화파에 의해 처형당했다. 단두대에 올라 처형된 구즈는 "여성이 사형대에 오를 권리가 있다면 의정 연설 연단 위에 오를 권리도 당연히 있다"라는 유명한 말을 남겼다. 인터넷 위키백과 참조.

22 울스턴크래프트(Mary Wollstonecraft)는 1759년 4월 27일 런던에서 출생하였다. 가정교사와 출판사원 등을 거친 후 학교 경영을 했다. 1792년 여성 자신의 자각을 호소하는 《여성의 권리옹호 Vindication of the Rights of Woman》를 저술하여 당시 기존의 사회 관념에 도전하며, 여성의 교육적 · 사회적 평등을 주장했다. 네이버 지식백과(두산백과) 참조.

23 2016년 여름, 국내에 개봉된 영화 〈서프러제트〉는 20세기 초반 영국에서 '여성 참정권' 확보를 위해 투쟁하던 여성 인권 운동가들을 의미하는 단어인 '서프러제트'를 제목으로 사용하고 있다. 우연히 여성사회정치동맹(WSPU, Women's Social & Political Union)에 가입해서 〈서프러제트〉 활동에 참여하게 된 한 가난한 빨래 공장 여성 노동자의 이야기를 다루고 있다. 영화 〈서프러제트〉는 불과 100여 년 전인 20세기 초에 인간으로서 누려야 할 권리마저 인정받지 못한 채 침묵하고 순종해야

했던 여성들이 정당한 권리를 쟁취하기 위해 잔인한 세상과 얼마나 처절하게 맞서 싸웠는지를 담담하게 그려낸 작품이다.

24 네이버 지식백과, 「우리에게도 투표할 권리가 있다!」, 『살아있는 세계사 교과서』, 휴머니스트, 2011.

25 이상이, 『복지국가가 내게 좋은 19가지』, 메디치, 2012, pp.33-34.

26 김태성 · 성경륭, 『복지국가론』, 나남, 2014, pp.90-100.

27 김태성 · 성경륭, 『복지국가론』, 나남, 2014, pp.101-102.

28 고전경제학의 이 법칙은 모든 경제 활동이 생산물의 가치에 해당하는 임금, 이윤 등의 소득을 수반하기 때문에 수요 부족으로 인한 불황은 있을 수 없다고 주장한다. 즉 모든 불황은 전쟁이나 대형 은행의 파산 같은 외적인 요인 때문이라는 것이다. 시장은 그 성격상 불황을 야기할 수 없기 때문에 가령 정부가 의도적으로 적자 재정을 지출하는 식으로 시장에 개입하는 것은 자연의 순리를 방해하는 행위라고 비난한다. 19세기 프랑스 경제학자 J. B. 세이의 이름을 딴 것이다. 프랑스 발음으로는 '세의 법칙'이라고 한다. Ha-Joon Chang, Economics: The user's guide, London, 2014.; 김희정 역, 『장하준의 경제학 강의』, 부키, 2014, pp.120-121.

29 Heilbroner, R., Milberg, W., Making of economic society, The 12th edition, Pearson education Inc, 2007. ; 홍기빈 역, 『자본주의 어디서 와서 어디로 가는가』, 미지북스, 2011, pp.264-277.

30 1860년 대선에서 당선된 공화당의 링컨 대통령 이후 프랭클린 루스벨트 대통령이 당선된 1932년까지 72년 동안 거의 대부분의 대통령은 공화당에서 배출되었다. 이 72년 동안 민주당 소속 대통령은 22대와 24대에 걸쳐 8년 동안 대통령을 지낸 그로버 클리블랜드, 그리고 28대 대통령으로 1913년부터 8년 동안 재임한 우드로 윌슨, 이렇게 2명뿐이다. 그 시기 동안 공화당이 배출한 대통령은 링컨을 포함해서 13명이나 된다. 그리고 그때에는 지금과 달리 두 정당 중에서 특정 정당이 더 진보적이지도 않았다. 진보적 정치인들이 공화당과 민주당에 모두 포진해있는 형태였다. 그런데 정당의 성격이 지금의 상황처럼 각 정당의 노선이 뚜렷해지는 식으로 바뀌게 된 시점이 1933년 임기를 시작한 프랭클린 루스벨트의 뉴딜이 본격화되면서 부터다.

31 1933년 3월 취임한 루스벨트 대통령은 첫 100일의 개혁 약속을 지키기 위해 긴급한 상황에서 당장 해야 할 일들을 추진했지만, 이에 대해 대공황 전문가인 로버트

매켈바인은 루스벨트를 가리켜 "기존의 권력 체계 안에서 일을 처리했을 뿐 개혁의 의지는 없었다."고 평가했다. 당시 루스벨트 대통령이 상하 양원에서 절대 다수 의석을 가지고 있었음에도 불구하고 당내 진보파 의원들의 기대에 못 미친 첫 100일을 보낸 것은 그때까지만 해도 뉴딜에 대한 세부 계획이 없었고, 논리적 확신도 부족했기 때문이었다. 그래서 새로운 뉴딜이 필요했다. 1935년 마침내 루스벨트 대통령이 불평등에 대해 본격적인 메스를 들이댄 사회보장법과 노동관계법의 입법을 추진했는데, 이것을 제2차 뉴딜 또는 뉴딜의 제2막이라고 한다. Sam Pizzigati, The rich don't always win, New York: Seven Stories Press, 2012. ; 이경남 역, 『부의 독점은 어떻게 무너지는가』, 알키, 2013, pp.231-236.

32 이 법률은 1935년 뉴딜 정책의 일환으로 제정된 미국의 노동조합보호법으로 정식 명칭은 전국노동관계법(National Labor Relations Act)이다. 이 법률의 제안자인 당시의 상원의원 와그너의 이름을 따서 와그너법이라고 한다. 1933년에 제정된 단결권 · 단체교섭권 · 최저임금제 등을 규정한 전국산업부흥법이 독점자본의 반대로 연방최고법원에 의하여 위헌 판결을 받아 실효된 뒤에 제정된 법률이다. 근로자의 단결권 및 단체교섭권을 보호하기 위하여 부당노동행위 제도와 교섭단위 제도를 설정했다. 이 법률로 말미암아 미국의 노동운동은 획기적인 발전을 이루었다. 네이버 지식백과(두산백과) 참조.

33 Heilbroner, R., Milberg, W., Making of economic society, The 12th edition, Pearson education Inc, 2007. ; 홍기빈 역, 『자본주의 어디서 와서 어디로 가는가』, 미지북스, 2011, pp.308-312.

34 뉴딜 정책은 기업과 부유층에게 무거운 과세를 하고 노조의 성장을 촉진하고 상류층의 세액공제 후 소득을 대폭 줄이는 등의 소득 불균형 해소 장치를 마련했다. 이런 대압착은 미국 역사상 가장 큰 경제 호황으로 이어졌다. 게다가 뉴딜 정부는 정부의 간섭이 부패정권을 불러온다는 기존의 주장이 잘못된 것임을 입증했다. 뉴딜 정부는 너무나 깨끗했기 때문이다. Paul Krugman, The Conscience of a Liberal, 2007. ; 예상한 외 역, 『미래를 말하다』, 현대경제연구원BOOKS, 2008, pp.84-88.

35 Sam Pizzigati, The rich don't always win, New York: Seven Stories Press, 2012. ; 이경남 역, 『부의 독점은 어떻게 무너지는가』, 알키, 2013, pp.315-325.

36 박종현, 『케인즈 & 하이에크: 시장 경제를 위한 진실 게임』, 김영사, 2008, PP.49-69.

37 이상이, 『복지국가가 내게 좋은 19가지』, 메디치, 2012, pp.39-42.

38 이 부분은 필자의 다음 저서에서 해당 내용을 일부 수정한 것이다. 이상이, 『복지국가가 내게 좋은 19가지』, 메디치, 2012, pp.43-45.

39 베버리지의 사회보장 계획은 다음과 같은 몇 가지의 원리를 기초로 해서 고안된 것이다. 보편성의 원리, 보험의 원리, 정액기여와 정액급여의 원리, 최저생계의 원리, 국민최저의 원리 등이 그것이다. 박광준, 『사회복지의 사상과 역사』, 양서원, 2013, pp.183-186.

40 정원오, 『복지국가』, 책세상, 2010, pp.38-50.

41 이 절은 필자의 다음 저서에서 해당 부분을 수정해서 가져온 것이다. 이상이, 『복지국가가 내게 좋은 19가지』, 메디치, 2012, pp.49-52.

42 고세훈, 『영국 정치와 국가 복지』, 집문당, 2011, pp.179-210.

43 마셜 플랜(Marshall Plan)의 핵심 내용은 다음의 3가지로 정의된다. 첫째, 유럽부흥계획을 수립하는 문제는 유럽인의 일이어야 한다는 것이다. 둘째, 유럽 국가들이 재정적 자립 기반 위에서 원만한 생활 수준을 유지할 수 있는 정도까지 경제를 회복시키는 데 원조의 목적을 두었다. 셋째, 계획에 참가할 수 있는 대상은 기본적으로 유럽 전체로 설정되었다. 하지만 참가국들이 수용해야 할 일정한 조건을 단서로 붙여 소련과 동유럽 국가들을 실질적으로 배제했다. 미국 의회는 1948년 3월 상원에서 67표 대 17표, 하원에서 329표 대 74표로 '경제협력법'(Economic Cooperation Act)을 통과시켜 마셜 플랜을 승인했다. 경제협력법은 1948년 4월 3일 대통령의 서명을 거쳐 공식적인 법적 효력을 얻었다. 네이버 지식백과(두산백과) 참조.

44 김태성 · 성경륭, 『복지국가론』, 나남, 2014, pp.125-128.

45 김태성 · 성경륭, 『복지국가론』, 나남, 2014, pp.129-133.

46 포드주의는 일관된 작업 과정으로 노동 과정을 개편하여 노동 생산성을 증대시키는 것으로 상대적 잉여가치를 생산하는 집약적인 축적 체제이다. 1913년 헨리 포드는 본인 공장에 컨베이어 벨트로 생산 라인을 구축하였는데, 포드의 공장은 나른 공장의 제조 기법에 부품의 상호교환성을 결합하여 자동차 산업에 혁명을 불러 일으켰으며 대량 생산을 위한 효율적인 표준을 만들었다. 하나 혹은 여러 개의 컨베이어를 각각의 근로자 앞에 배치시켜 최종 제품에 들어가는 부품들을 조립하게 한 포드의 아이디어는 많은 공장에서 채택되었다. 이것은 제한된 노동시간 내에 일정한 생

산량을 확보하기 위해 노동 강도를 강화했고 노동 과정의 자유 공간을 제거함으로써 자본가의 통제를 보다 확고히 한 체제이다. 위키백과 참조.

47 이 부분은 필자의 다음 저서에서 해당 부분을 가져오거나 수정 보완한 것이다. 이상이, 『복지국가가 내게 좋은 19가지』, 메디치, 2012, pp.63-65.

48 1979년 폴 볼커(Paul Volker)가 연방준비제도 의장으로 취임한 이후 연준은 급격하게 이자율을 올려서 인플레이션을 잡았는데, 대신에 경기가 극심하게 침체되었다. 이것을 볼커 침체기(Volker recession)라고 한다. 당시 미국 연준 당국의 최대 관심은 경제 성장의 촉진이 아니라 인플레이션의 저지 또는 예방이었다. 그래서 연준은 1980년대에 걸쳐 지속적으로 경제 상황이 악화되어가는 데도 불구하고 투자와 소비의 진작이 아니라 인플레이션 경향을 통제하는 데 집중했다.

49 북미자유무역협정(NAFTA, North American Free Trade Agreement)은 미국, 캐나다, 멕시코 간에 무역의 장해 요인을 제거하기 위한 자유무역협정을 말한다. 1단계로 미국과 캐나다 사이에 1989년 1월 실질적으로 모든 재화와 서비스에 대한 관세를 1999년까지 폐지하는 것을 내용으로 하는 자유무역협정이 발효되었다. 북미 3개국 간의 자유무역협정인 NAFTA는 1992년 12월 조인되었으며, 추가적인 부속 협정이 마련된 후 1993년 11월 미국 의회의 인준이 이루어졌다. 미국이 NAFTA를 주도적으로 추진하게 된 것은 유럽통합의 가속화에 따른 경쟁 압력에 공동 대응하고 GATT Uruguay Round의 타결을 간접적으로 촉진하는 한편, 부수적으로 1985년 시행된 멕시코의 경제 자유화를 확고히 하려는 것이었다. 네이버 지식백과(경제학사전) 참조.

50 GATT는 제네바관세협정이라고도 한다. 이것은 1947년 제네바에서 23개국이 관세 철폐와 무역 증대를 위하여 조인한 '관세 및 무역에 관한 일반협정(GATT)'이다. 1995년 세계무역기구(WTO)로 대체되기 전까지 전 세계에서 120여개 국가가 가입했으며, 한국은 1967년 4월 1일부터 정회원국이 되었다. GATT가 국제무역의 확대를 도모하기 위하여 가맹국 간에 체결한 협정 내용은 다음과 같다. ① 회원국 상호간의 다각적 교섭으로 관세율을 인하하고 회원국끼리는 최혜국 대우를 베풀어 관세의 차별대우를 제거한다. ② 기존 특혜관세제도(영연방 특혜)는 인정한다. ③ 수출입 제한은 원칙적으로 폐지한다. ④ 수출입 절차와 대금 지불의 차별대우를 하지 않는다. ⑤ 수출을 늘리기 위한 여하한 보조금의 지급도 금지한다는 것 등이다. 한편 GATT 체제는 창설 이래 제네바라운드, 안시라운드, 토키라운드, 딜런라운

드, 케네디라운드, 도쿄라운드, 우루과이라운드 등 다자간 무역협상을 이끌어냈으나, 우루과이라운드를 마지막으로 1995년 1월 세계무역기구(WTO)가 출범하면서 막을 내렸다. 네이버 지식백과(두산백과) 참조.

51 민경국, 「신자유주의, 실패인가? 대안은 무엇인가?」, 국회 경제법연구회 발표자료, 2008.

52 조원희, 「침몰하는 신자유주의, 대안은 무엇인가?」, 국회 경제법연구회 발표자료, 2008.

53 조원희, "신자유주의 이후의 경제", 복지국가소사이어티 월례정책토론회 발제자료, 2009.

3장 복지국가가 필요한 이유

1 존 롤스는 1921년 미국 볼티모어에서 태어났다. 1950년 프린스턴 대학교에서 철학박사 학위를 받은 후 코넬 대학과 매사추세츠 공대(MIT) 교수를 지냈다. 1962년에는 하버드 대학교 철학과 교수가 되었으며, 이후 이 대학에서 명예교수를 지냈다. 롤스는 계약론을 현대적으로 해석하여 정의에 대한 자유주의적 입장을 제시했다. 롤스는 1958년 "공정으로서의 정의"라는 논문을 발표한 후 정의를 다룬 여러 논문을 발표했다. 그의 연구는 1971년 정의론을 발표함으로써 결실을 맺었다. 1993년에는 정치적 자유주의, 1999년 만민법, 2001년 공정으로서의 정의를 발표하고 2002년 사망했다. 네이버 지식백과(서울대학교 철학사상연구소) 참조.

2 이에 대해 롤스는 "정의의 일차적 주제는 사회의 기본 구조(basic structure of society), 보다 정확히 말하자면 사회의 주요 제도가 권리와 의무를 배분하고 사회협동체로부터 생긴 이익의 분배를 정하는 방식이다."라고 말했다. John Rawls, A Theory of Justice, Harvard Univ. Press, 1971. ; 황경식 역, 『사회정의론』, 서광사, 2002, pp.28-29.

3 John Rawls, A Theory of Justice, Harvard Univ. Press, 1971. ; 황경식 역, 『사회정의론』, 서광사, 2002, pp.32-39.

4 공리주의(功利主義, utilitarianism)는 공리성(utility)을 가치 판단의 기준으로 하는 사상이다. 곧 어떤 행위의 옳고 그름은 그 행위가 인간의 이익과 행복을 늘리

는 데 얼마나 기여하는가 하는 유용성과 결과에 따라 결정된다고 본다. 넓은 의미에서 공리주의는 효용 · 행복 등의 쾌락에 최대의 가치를 두는 철학 · 사상적 경향을 통칭한다. 하지만 고유한 의미의 공리주의는 19세기 영국에서 벤담(Jeremy Bentham, 1748~1832), 제임스 밀(James Mill, 1773~1836), 존 스튜어트 밀(John Stuart Mill, 1806~1873) 등을 중심으로 전개된 사회사상을 가리킨다. 네이버 지식백과(두산백과) 참조.

5 합리적 인간이란 시기심(envy)에 좌우되지 않는다는 것이다. 그는 다른 사람에게 손해만 입힌다면 자신의 손실도 선뜻 받아들이려는 그러한 자가 아니다. 그는 또한 다른 사람들이 보다 많은 지수(index)의 기본 가치를 가진 것을 알거나 눈치를 채더라도 실망하지 않는다. John Rawls, A Theory of Justice, Harvard Univ. Press, 1971. ; 황경식 역, 『사회정의론』, 서광사, 2002, pp.161-163.

6 정의의 두 원칙에 관련된 내용은 정의론의 이 부분을 주로 참고했다. John Rawls, A Theory of Justice, Harvard Univ. Press, 1971. ; 황경식 역, 『사회정의론』, 서광사, 2002, pp.81-103.

7 영국의 사상가 이사야 벌린(Isaiah Berlin)이 옥스퍼드 대학 치체리 강좌의 취임 강의 '2가지 자유 개념'(1958)에서 제출한 구분이다. '소극적인 의미'에서 자유란 '타인에 의한 간섭의 부재'라는 소극적인 기준에 의해 자유를 파악하는 것이다. 영국의 J. 로크(John Locke)나 J. S. 밀(John Stuart Mill), 프랑스의 B. 콩스탕(Benjamin Constant de Rebecque), A. 토쿠빌(Alexis Charles Henri Maurice Clérel de Tocqueville) 등이 제창한 자유주의를 그 전형으로 한다. '적극적인 의미'에서의 자유란 〈어떤 사람이 저것이 아니라 이것을 하는 것, 저것이 아니라 이것임을 결정할 수 있는 통제력의 원천은 무엇인가〉라는 질문을 던져 타인이 아니라 자신이 결정했다고 대답했을 때, 거기에 함의된 '자기 지배'(자기 결정)라는 의미의 자유를 말한다. 루소, 칸트, 헤겔, 마르크스의 사회사상이 대표적인 예이다. 네이버 지식백과(21세기 정치학대사전) 참조.

8 생산수단의 소유의 권리를 인정하는가의 여부는 한 사회 체제의 성격을 결정하는 중요한 문제이다. 말하자면, 생산수단의 소유의 권리를 기본적 자유로 인정하면 자유주의 경제 체제로, 생산수단의 소유가 기본적 자유가 아니라고 한다면 사회주의 체제로 나아갈 가능성이 크다. 그런데 롤스는 생산수단의 소유의 권리는 제1원칙에 의해 보장되는 자유에 속하는 것이 아니라고 말한다. 그러나 롤스는 생산수단의 소

유의 권리를 기본적 자유로 인정할 것인지 그렇지 않은지는 각각의 공동체가 결정할 사항으로 그 여지를 남김으로써 정의로운 사회로서 자유주의 경제 체제와 사회주의 경제 체제를 모두 열어 두고 있다. 물론 롤스는 자유주의 경제 체제든 사회주의 경제 체제든 시장을 근본으로 해야 한다고 전제하고 있다.

9 공정한 기회 균등이라는 것은 동일한 수준의 재능과 능력을 가진 사람이 어떤 특정한 지위나 직위를 갖고자 하는 의지가 있는 경우, 그 사람의 사회 내의 최초의 지위에 관계없이 기회가 보장되어야 한다는 것을 의미한다. 이에 대해 롤스는 '사회의 모든 계층에 있어서 유사한 동기와 능력을 가진 사람들은 대체로 교양이나 기능에 대한 동등한 전망을 가져야 한다.'고 했다. 즉 그들이 가진 사회적 계급이나 계층적 지위가 동일한 동기와 능력을 가진 사람들의 인생에 대한 기대치에 영향을 미치도록 해서는 안 된다는 것이다.

10 절차적 정의와 관련된 내용은 『정의론』의 이 부분을 주로 참고했다. John Rawls, A Theory of Justice, Harvard Univ. Press, 1971. ; 황경식 역, 『사회정의론』, 서광사, 2002, pp.103-109.

11 축차적 순서에서는 서열상의 제1원칙이 충족된 다음에야 제2원칙으로 나아갈 수 있으며, 제2원칙 다음에 제3원칙 등등으로 나아갈 것이 요구된다. 하나의 원칙은 그에 선행하는 원칙이 충족되거나 아니면 적용되지 않을 때까지 제 역할을 하지 못하게 된다. 서열적 배열을 함으로써 모든 원칙들의 경중을 한꺼번에 가리지 않아도 되며, 그 순서상 앞선 것은 뒤따르는 것에 비해 이른바 절대적인 비중을 가지며 예외 없이 타당하게 된다. John Rawls, A Theory of Justice, Harvard Univ. Press, 1971. ; 황경식 역, 『사회정의론』, 서광사, 2002, pp.63-65.

12 제2원칙에 대한 자유주의적 평등 입장의 논의는 『정의론』의 이 부분을 주로 참고했다. John Rawls, A Theory of Justice, Harvard Univ. Press, 1971. ; 황경식 역, 『사회정의론』, 서광사, 2002, pp.92-95.

13 차등의 원칙에 대한 구체적인 논의는 『정의론』의 이 부분을 주로 참고했다. John Rawls, A Theory of Justice, Harvard Univ. Press, 1971. ; 황경식 역, 『사회정의론』, 서광사, 2002, pp.119-127.

14 이 부분은 필자의 다음 저서에서 해당 부분을 일부 가져오거나 수정한 것이다. 이상이, 『복지국가가 내게 좋은 19가지』, 메디치, 2012, pp.146-148.

15 신정완, 『복지국가의 철학』, 인간과 복지, 2014, pp.124-126.

16 신정완, 『복지국가의 철학』, 인간과 복지, 2014, pp.127-129.

17 Gregory Mankiw, Principles of Economics(5th Edition), 2009. ; 김경환 · 김종석 역, 『맨큐의 경제학』, 교보문고, 2012, pp.277-280.

18 이 부분은 필자의 다음 저서에서 해당 부분을 가져오거나 수정한 것이다. 이상이, 『복지국가가 내게 좋은 19가지』, 메디치, 2012, pp.143-146.

19 Nicholas Barr, Economics of the welfare state, Oxford Univ. Press, 2004. ; 이정우 · 이동수 역, 『복지국가와 경제이론』, 학지사, 2008, pp.185-193.

20 신정완, 『복지국가의 철학』, 인간과 복지, 2014, pp.130-134.

21 김태성 · 성경륭, 『복지국가론』, 나남, 2014, pp.274-282.

22 이 부분은 다음을 많이 참고하였다. 신정완, 『복지국가의 철학』, 인간과 복지, 2014, pp.147-153.

23 유효수요란 구매력을 동반하는 수요를 말한다. 즉 상품을 구매할 능력이 있는 사람이 갖는 수요가 유효수요이다. 어떤 가난한 사람이 태평양의 아름다운 섬을 갖고 싶다고 했을 때, 이 경우에는 구매할 능력이 없기 때문에 이런 욕구는 유효수요가 아니다. 경제학 교과서에 나오는 수요는 모두 유효수요를 의미한다. 신정완, 『복지국가의 철학』, 인간과 복지, 2014, pp.147-148.

24 적극적 노동시장정책은 해고된 사람들이 사회적 부조로부터 벗어날 수 있도록 돕는 것으로서 사회통합을 보장하는 중요한 복지 정책이다. 적극적 노동시장정책은 이에 대비되는 용어인 소극적 노동시장정책(passive labor market policy)에 의한 실업 급여와 사회부조 지출을 삭감하여 실업자들의 사회에 대한 의존을 줄이자는 취지를 갖고 있다. 이것의 주요 형태로는 직업훈련, 교육, 취업지원 등으로 다양한데, 복지국가는 이들이 노동시장으로 돌아가도록 이런 경제적 지원을 한다. 북유럽 복지국가들에서 적극적 노동시장정책은 1950년대 중반 이후로 완전고용을 보장하는 데 중심적 역할을 수행했다. Bent Greve, The A to Z of the welfare state, The Scarecrow Press, 2009, pp.12-13.

25 복지국가는 중소기업의 경쟁력 강화에 도움을 준다. 보편적 복지가 제대로 마련되고 작동해서 자녀의 양육과 교육이 국가 차원에서 해결되고 의료와 주거 역시 거의 무상으로 제공받을 수 있다면 노동자들의 삶에서 그리 많은 돈이 필요하지 않게 된다. 이렇게 되면 중소기업에서 월급을 적게 받더라도 그 일이 자신의 적성에 잘 맞으면 굳이 대기업이라는 좁은 문을 통과하기 위해 목숨을 걸 필요가 없다. 북유럽이

나 독일에서 중소기업이 강한 이유는 인재들을 고용해 장기적으로 기업과 노동자가 함께 성장하기 때문이다. 그리고 인재들이 굳이 우리나라처럼 대기업에 목숨을 걸지 않고 중소기업에도 기꺼이 가는 것은 시장임금이 적어도 사회임금의 비중이 높아서 생활에 별 어려움이 없기 때문이다. 결국 사회임금은 중소기업 지원 효과가 있어서 중소기업 상품의 경쟁력을 높이는 힘이라고 할 수 있다. 선진국일수록 중소기업이 강하며 독일의 경우에는 이런 경쟁력 있는 중소기업을 "히든 챔피언"이라고 부르기도 한다.

26 자본주의 사회에서 노동자의 가계 운영은 크게 두 가지 경로로 이루어진다. 하나는 노동자가 자신의 노동력을 판매한 대가로 받는 임금이고, 다른 하나는 사회적으로 얻는 급여이다. 노동력 재생산의 재원을 모두 '임금'이라고 부른다면, 전자는 노동자가 고용주로부터 직접 얻는 시장임금(market wage) 방식이며, 후자는 국가를 통하여 제도적으로 얻는 사회임금(social wage) 방식이다. 전자가 노동자 스스로 생활을 책임져야 한다는 의미에서 개별적 재생산이라면, 후자는 사회가 노동자의 가계를 제도적으로 지원한다는 점에서 사회적 재생산이다. 오건호, 「복지국가를 위한 노동운동의 역할과 전략: 시장임금의 한계를 넘어 사회임금으로」, 『역동적 복지국가의 논리와 전략』, 밈, 2010, pp.371-387.

27 거래비용이란 거래에 의해 발생하는 총비용 중에서 구매비용을 제외한 부분을 말한다. 가령, 아파트를 구입할 때 아파트 구매비용 이외에도 공인중개사 수수료와 관련 정보의 취득 비용 등이 거래비용에 해당된다. 너무나 투명하고 신뢰의 수준이 높은 사회, 즉 그 사회가 사회적 자본이 풍부한 복지국가라면 거래비용은 크게 줄어든다. 신정완, 『복지국가의 철학』, 인간과 복지, 2014, pp.152-153.

4장 사회권 보장의 수준과 복지국가의 다양성

1 마샬(Thomas H. Marshall, 1873~1982)은 시민권의 세 가지 요소로 공민권(자유권), 정치권(참정권), 사회권을 언급했다. 그는 공민권(자유권)은 18세기에, 정치권은 19세기에, 그리고 사회권은 20세기에 각각 역사적으로 발달한 권리라고 했다. 그리고 그는 사회권에 대해 복지와 보장을 통해 사회의 지배적인 기준에서 보았을 때 사회 구성원 모두가 문명화된 삶을 충분히 누리고 사회의 유산에 충분히 참여

할 권리라고 정의했다. 한편, 시민권을 구성하는 세 가지 권리 중의 첫 번째인 공민권은 기본적으로 법률 제도를 통해 구현되고, 두 번째인 정치권은 정치 제도에 의해 구현되며, 세 번째인 사회권은 사회서비스 등의 각종 복지 제도를 통해 구현된다. Ramesh Mishra, Society and Social Policy: Theory and Practice of Welfare, The macmillan Press, 1981. ; 남찬섭 역, 『복지국가의 사상과 이론』, 한울 아카데미, 1996, pp.50-51.

2 뿐만 아니라, 사회권은 공동체의 성원으로서 효과적인 참여에 기여하고, 공동체에 대한 소속감을 의미하는 연대감의 증진에도 기여한다. Ramesh Mishra, Society and Social Policy: Theory and Practice of Welfare, The macmillan Press, 1981. ; 남찬섭 역, 『복지국가의 사상과 이론』, 한울 아카데미, 1996, pp.52-54.

3 1948년 UN 총회는 세계인권선언을 의결했다. 그런데 이것은 규범적이고 도덕적인 선언에 불과했고 실행을 위한 구속력이 없었다. 그래서 실행력을 담보하기 위한 UN 인권규약이 1966년 체결되었고 1976년에 발효되었다. 이것은 두 개의 부분으로 구성되어 있는데, 인권A규약은 경제적 · 사회적 · 문화적 권리에 관한 국제규약이고, 인권B규약은 시민적 · 정치적 권리에 관한 국제규약이다. 우리나라는 1990년 인권규약에 가입했다.

4 우리나라 헌법 2장에서는 사회권의 핵심인 인간다운 생활을 할 권리를 비롯해 교육권, 노동권, 노동3권, 혼인과 가족보건에 관한 권리, 환경권 등의 사회권들이 명시되어 있다. 학자에 따라서는 이 밖에도 제9장의 소비자의 권리, 농어민과 중소기업자의 조합을 통한 보호 규정 등도 사회권에 포함시키기도 하지만 대부분은 이들 6개의 권리들을 우리 헌법상 주요 사회권적 기본권으로 보고 있다.

5 "시민에게 사회권이 있다고 함은 시민이 각종의 방식으로 정부에게 사회권을 보장하기 위한 노력을 최대치로 행하라고 요구하고 압박할 수 있는 권리가 있음을 뜻한다." 조국, 「사회권의 제도화가 새로운 시대정신이다」, 이창곤 편저, 『어떤 복지국가에서 살고 싶은가』, 밈, 2010, pp.39-42.

6 서은국, 행복의 기원, 21세기북스, 2014.

7 Joachim Weimann, Andreas Knabe, Ronnie Schöb, 2012. ; 강희진 역, 『당신이 행복하지 않은 이유』, 미래의창, 2013, pp.21-66.

8 Esping-Andersen, G., The three worlds of welfare capitalism, New Jersey: Princeton University Press, 1990.

9 티트머스(Richard Titmuss)는 복지국가를 잔여적 복지국가(residual welfare states)와 제도적 복지국가(institutional welfare states)로 구분했다. 잔여적 복지국가에서는 국가는 가족이나 시장이 실패할 때에만 복지 공급의 책임을 떠맡는다. 여기서는 복지 제공의 대상도 구제의 자격을 갖춘 주변적인 집단만을 선별하여 한정한다. 그러나 제도적 복지국가는 인구 전체를 대상으로 삼는 보편주의 복지국가이다. 여기서는 복지의 증진을 위해 필수적인 모든 분배의 영역으로 복지를 확대하려고 노력한다. Esping-Andersen, G., The three worlds of welfare capitalism, New Jersey: Princeton University Press, 1990. pp.18-21.

10 선별주의(selectivism)는 사회보장 급여를 저소득층에게 효과적으로 집중시키기 위해 소득 · 자산조사를 엄격하게 시행하여 수급자의 자격요건이 해당되는 사람들에게만 선별적으로 급여를 행해야 한다는 것으로 기초생활보장이 선별주의의 좋은 사례이다. 이에 대해 소득 · 자산조사를 하지 않고 보편적으로 급여를 시행하는 것이 보편주의(universalism)이며, 그 전형적인 예로는 사회보험 급여를 들 수 있다.

5장 복지국가 유형의 실제: 스웨덴, 독일, 미국

1 홍기빈, 『비그포르스, 복지국가와 잠정적 유토피아』, 책세상, 2011, pp.152-153.

2 이 강령 초안은 1919년 비그포르스가 작성한 이른바 〈예테보리 강령〉으로 알려진 문서이다. 홍기빈, 『비그포르스, 복지국가와 잠정적 유토피아』, 책세상, 2011, pp.107-109.

3 홍기빈, 『비그포르스, 복지국가와 잠정적 유토피아』, 책세상, 2011, pp.176-179.

4 특히 1928년 비그포르스는 부자들에게 높은 누진세율의 상속세를 부과해야 한다는 법안을 발의했는데, 이에 대해 부유층뿐 아니라 중산층까지 이를 격렬하게 반대했다. 그래서 그 해의 선거에서 사민당은 의석을 14석이나 잃었고, 득표율도 41%에서 37%로 크게 후퇴했다.

5 비르포르스는 재무장관으로서 1932년부터 1949년까지 약 17년 동안 스웨덴 복지국가 경제 모델의 초석을 닦았다.

6 이를 살펴보기에 앞서 우리가 주의할 것은 1932년 사민당이 안정적으로 집권하자마자 '자 이제부터 스웨덴 방식의 복지국가를 만들기 시작하자'라면서 일시에 일사

분란하게 시행해나간 것이 아니라는 사실이다. 스웨덴은 기본적으로 다당제의 민주주의 국가인 만큼 사민당은 이해관계가 다른 정당들과 손을 잡아야했고, 또 집권 초기부터 사민당이 행복해지도록 만들겠다는 대상은 '노동자'만이 아닌 '모든 국민'이었다. 그래서 다양한 정당 및 계층들과 끊임없이 부딪치고 타협하고 난관을 겪으면서 최대한 많은 사람들이 행복해지도록 조정하는 과정에서 하나씩 하나씩 현재의 모습을 만들어왔다.

7 이하의 렌-마이더너 모델에 관한 내용은 다음의 세 가지 책을 주로 참고하여 기술하고 인용했음을 밝혀둔다. 홍기빈, 『비그포르스, 복지국가와 잠정적 유토피아』, 책세상, 2011, pp.245-251. 김인춘, 『스웨덴 모델, 독점자본과 복지국가의 공존』, 삼성경제연구소, 2007. pp.69-79. 미야모토 타로, 『복지국가 전략, 1999. ; 임성근 역, 『복지국가 전략: 스웨덴 모델의 정치경제학』, 논형, 2004. pp.142-161.

8 신필균, 『복지국가 스웨덴』, 후마니타스, 2011. pp.88-95.

9 베버리지와 동시대의 인물들이 완전고용이란 과제에 뛰어들었을 때 그들은 노동능력을 보유한 남성만을 완전고용의 대상이라고 생각했다. 전후 자본주의가 발전하면서 사회경제적 여건이 달라졌고, 이에 따라 완전고용의 토대가 여성과 일하기를 원하는 모든 사람들로까지 확대되었다. 이것은 완전고용을 보장해줘야 할 인구가 대폭 확대되었다는 것을 의미한다. 이것이 복지국가의 사회서비스가 고용에서 중요한 비중을 차지하는 이유이다. Esping-Andersen, G., The three worlds of welfare capitalism, New Jersey: Princeton University Press, 1990. pp.147-148.

10 유모토 켄지 · 사토 요시히토, 『스웨덴 패러독스』, 박선영 역, 김영사, 2011.

11 미야모토 타로, 『복지국가 전략, 1999. ; 임성근 역, 『복지국가 전략: 스웨덴 모델의 정치경제학』, 논형, 2004. pp.38-44.

12 코포라티즘은 우리말로 조합주의 또는 합의주의 정도로 번역될 수 있는데, 중요한 사회 세력들이 국가의 정책결정 과정에 참여하는 제도적 형태를 말한다. 유럽에서 노사정 간의 정치적 타협에 의한 사회 코포라티즘이 1930년대의 경제 공황을 기점으로 발달하기 시작했다. 여기서 사회 코포라티즘은 노사협조주의 또는 노사담합주의로 이해되는데, 그 독특한 성격을 설명하기 위해 코포라티즘이라는 외래어 자체를 그대로 사용하는 게 더 좋을 것 같다.

13 이 부분에 대해서는 주로 다음을 참고하거나 인용했다. 김인춘, 『스웨덴 모델, 독점

자본과 복지국가의 공존』, 삼성경제연구소, 2007. pp.52-56.

14 발렌베리 가문이 경영하는 기업들의 생산은 2012년 스웨덴 GDP의 37%를 차지한다. 스웨덴 인구의 4.5%인 40여만 명을 고용하고 있다. 하지만 발렌베리는 세습 경영이 이뤄짐에도 불구하고 세계 100대 부자는 물론 스웨덴 100대 부자의 명단에도 발렌베리 가문 누구의 이름도 오르지 않는다. 그것은 발렌베리의 '존재하되 드러내지 않는다(경영하나 소유하지 않는다)'는 원칙 때문이다. 이 말은 발렌베리가 자신이 경영하는 기업들의 수익을 마음대로 쓸 수 없음을 의미한다. 발렌바리 가문의 기업들은 지주회사 인베스터에 소속해 있는데, 인베스터의 주식들은 다시 세 개의 공익재단들로 가기 때문에 발렌베리는 경영권은 있으나 돈은 마음대로 쓸 수가 없는 것이다. 또 1938년의 '살트셰바덴 협정'에 따라 발렌베리의 이사회에는 노조 대표가 있고, 85%의 높은 소득세 지출을 통해 발렌베리의 수익은 대부분 사회에 환원된다.

15 김인춘, 『스웨덴 모델, 독점자본과 복지국가의 공존』, 삼성경제연구소, 2007. pp.59-60.

16 이 가상의 시나리오를 작성하는 데는 MBC 특집다큐 《행복한 출산 즐거운 양육, 스웨덴을 가다》 (2006), 『복지국가 스웨덴』, 『스웨덴 패러독스』 등을 참조하였다.

17 유모토 켄지 · 사토 요시히토, 『스웨덴 패러독스』, 박선영 역, 김영사, 2011, pp.21-22.

18 1975년 여성에게만 적용되던 출산휴직 제도를 남성도 자녀 양육 차원에서 사용할 수 있도록 하는 '부모휴가법'을 제정했다. 또 2008년 6월 이후 양성평등 보너스 제도를 도입해서 부성의 참여 일수 증가를 유도하고 있다. 연중 출산휴가 일수가 많은 쪽에 더 큰 세금 감면 혜택을 주고, 부모의 휴가 일수가 동등할 때는 가장 많은 세금 보너스를 준다는 내용이 양성평등 보너스 제도의 주요 내용이다. 신필균, 『복지국가 스웨덴』, 후마니타스, 2011. pp.106-107.

19 우리나라로 치면 육아휴직 수당에 해당하는 이 금액을 스웨덴에서는 '출산급여' 또는 '부모급여'라고 부른다.

20 신필균, 『복지국가 스웨덴』, 후마니타스, 2011. pp.107-108.

21 사회보험 급여도 과세 대상이지만 아동·학업 수당만은 예외이다.

22 스웨덴에서는 산모의 건강관리 및 출산을 전담 산파가 담당하고 있다. 어떤 문제가 생겼을 때에만 의사가 담당하게 된다.

23 핀란드에서 임신한 여성은 누구나 받는 우주복. 슬리핑백, 모자, 4계절 바디 수트,

아기 책, 목욕물 온도를 잴 수 있는 온도계, 속싸개, 배트리스(상자 자체에 매트리스가 들어 있는데 이걸 아예 아기 침대로 쓸 수도 있음) 등과 임신 축하 편지가 들어있는 상자를 받게 된다. 우리 돈으로 100만원 상당에 해당하는 물품들이 들어있는데, 이 상자에는 당신의 아이를 국가도 함께 키우겠다는 약속이 담겨 있다. 이 상자는 핀란드가 정치경제적으로 힘든 시기였던 1930년대부터 보내지기 시작했다.

24 8세 이하의 자녀를 둔 경우 직장에서 근무시간을 최대 25% 수준까지 단축해 일할 수 있다. 또 12세 이하의 자녀를 둔 경우 연간 최대 120일까지 아픈 자녀를 돌보기 위한 병가를 사용할 수 있다. 우리나라에는 자녀가 아플 경우를 대비한 병가 제도가 없다. 그런데 생각해보면, 아이 혼자 병원에 갈 수는 없는 일이므로 어린 자녀를 위한 병가는 사실 부모의 당연한 권리인 것이다.

25 스웨덴의 대표적인 기업인 에릭슨도 이 제도를 시행하고 있다.

26 이 부분은 다음 문헌의 해당 내용을 주로 참고했다. 유모토 켄지 · 사토 요시히토(박선영 역), 『스웨덴 패러독스』, 김영사, 2011, pp.248-260.

27 티트무스(Titmuss)는 독일의 사회복지 체계를 근로 실적이 사회복지 급여 제공의 기준인 '산업적 업적 달성' 유형으로 분류했다. Titmuss, Richard, Social Policy: An Introduction, London, Allen and Unwin, 1974, p.31.

28 에스핑 앤더슨은 독일을 노동력의 상품화 정도는 온건한 편이지만, 가족의 중요성이 강조되고 남성의 역할이 기준이 되며, 여성과 사회서비스가 가족의 울타리 안에 머물고, 교회나 자원봉사 조직들이 사회복지 제공자 역할을 유의미하게 수행하는 '보수적-조합주의 복지 체계'로 분류했다. Esping-Andersen, G., The three worlds of welfare capitalism, New Jersey: Princeton University Press, 1990.

29 영국의 산업혁명은 섬유산업의 발전을 기반으로 일어났다. 하지만 독일은 영국의 전철을 밟을 수 없었다. 왜냐하면 이미 섬유산업은 값싸고 품질 좋은 영국제가 지배했기 때문이다. 이런 상황에서 독일은 철도를 핵심 분야로 선정했고, 이를 위해 철강 산업에 초점을 맞췄다. 한국유럽학회, 『복지국가 시대를 위한 유럽 복지 정책의 변화와 아시아의 경험』, 한국학술정보, pp.115-116.

30 Gerhard A. Ritter, Sozialversicherung in Deutschland und England, Verglag C.H.Beck oHG, 1983. ; 전광석 역, 『복지국가의 기원』, 법문사, 2004, pp.37-67.

31 박병현, 『복지국가의 비교: 영국, 미국, 스웨덴, 독일의 사회복지 역사와 변천』, 공동

체, 2005, pp.203~207.

32 Gerhard A. Ritter, Sozialversicherung in Deutschland und England, Verglag C.H.Beck oHG, 1983. ; 전광석 역, 『복지국가의 기원』, 법문사, 2004, pp.67-95.

33 OECD의 2015년 고용률 통계(15~64세)를 보면, 여성 고용률은 스웨덴이 74%이고, 노르웨이 73%, 덴마크 70.4% 아이슬란드는 무려 81.8%이다. OECD 평균 여성 고용률은 58.6%인데, 독일은 69.9%로 OECD 평균을 크게 상회하고 북유럽 국가들에 근접해있다. 하지만 2000년도만 해도 상황은 크게 달랐다. 당시 독일의 여성 고용률은 58.1%에 불과해서 스웨덴 72.2%, 노르웨이 74%, 덴마크 71.6%, 아이슬란드 81%에 크게 못 미쳤다. OECD 평균인 55%를 약간 상회하는 수준에 머물렀다. 그것은 2000년까지만 해도 독일이 전통적인 보수주의 복지국가 모델의 잔재를 상당 부분 가지고 있었기 때문이며, 2015년 독일의 여성 고용률이 크게 늘어난 것은 독일 경제가 성장한 이유도 있겠지만 그동안 독일 정부가 여성의 일 · 가정 양립 정책을 강화하고 보편적 복지를 확대하면서 여성의 경제활동 참가가 크게 늘어났기 때문이다. OECD, OECD Employment Outlook 2016, p.217.

34 독일은 2005년 개혁을 통해 근로 능력이 있는 수급자를 대상으로 하여 실업 급여를 제공하고, 근로 능력이 없는 노인, 아동, 청소년 등을 대상으로는 생계 원조(Hilfe zum Lebensunterhalt)를 제공한다. 2010년 기준으로 약 760만 명이 스스로의 힘으로는 생계를 유지하지 못해 사회부조를 받는 것으로 나타났다. 이는 전체 독일 국민 11명 중 1명이 국가의 재정적 보조를 받고 있다는 것을 의미한다. 김기영, 「독일의 기초생활보장과 새로운 기본급여: 2010년 2월 9일 독일 헌법재판소 판결 이후 Hartz IV 급여기준을 중심으로」, 『KHU 글로벌 기업법무 리뷰』, 4(1), 2011, pp.7-29.

35 2009년 기민기사당과 자민당은 만 1세 이상의 자녀를 보육 시설에 보내지 않고 집에서 돌보는 부모에게 매월 150유로의 육아수당(Betreuungsgeld)를 지급한다는 정책에 합의했다. 하지만 당시 사민당, 녹색당, 좌파당 등은 육아수당이 여성에게 육아의 책임을 전가시켜 2000년대 이전으로 가족 정책을 후퇴시키고 그동안 일 · 가정 양립 정책의 진전들에 방해가 될 것이라고 비판하면서 커다란 사회적 논쟁이 되었다. 결국 메르켈 총리는 2013년 이런 반대에도 불구하고 육아수당을 도입했다. 이후 사민당이 집권한 함부르크 주정부는 연방헌법재판소에 위헌소송을 제기했고,

2015년 7월에 위헌판결이 내려져서 육아수당은 폐지되었다. 박은정, 「양육수당 위헌판결과 독일 가족 정책의 변화 추이」, 『복지이슈 Today』, vol. 34, 2016, p.13.

36 배규식, 「서울시 투자 출연기관 참여형 노사관계 모델 도입방안 연구」, 한국노동연구원, 2015, pp.70-73.

37 직장조직법에 따르면, 직장평의회가 존재하는 사업장의 경우, 사용자는 모든 해고건에 있어 해당 근로자에게 해고를 통보하기 전에 직장평의회에 충분한 정보를 제공하고 협의하며, 견해와 그 이유를 표명할 수 있는 기회를 제공해야 한다. 사용자는 직장평의회의 의견에 반하는 결정을 내릴 수 있지만 사용자가 이런 협의 절차를 완전히 무시한다면 해당 해고는 효력이 없다.

38 작업장 단위의 노동시간 단축은 1994년 폴크스바겐의 실험 이래 큰 주목을 받았다. 당시 폴크스바겐의 노사는 4만 명의 노동자를 해고하는 대신에 임금 삭감과 유연화 그리고 주당 28.8 노동시간을 합의했다. 폴크스바겐의 실험 이래로 여러 산업 부문들의 단체협약은 고용의 보장을 위해 각 작업장 단위의 노동시간 단축 및 임금 삭감을 선택하게 되었다.

39 2016년 현재 독일의 공적연금 체계는 국민연금, 공무원연금, 농민연금, 특수직종 자영자 공제조합 등 4개의 연금으로 구성되어 있다. 종전 각각 독자적으로 운영되던 사무근로자연금, 노동자연금, 그리고 광산종사자연금은 2009년에 단일의 국민연금으로 통합되었고, 국민의 약 70%가 이 연금에 가입해 있다. 여기에 공무원연금, 농민연금, 특수직종 자영자 공제조합 등이 전체 국민의 약 23%를 포괄하고 있다.

40 OECD, 『Pensions at a Glance 2015』, 2015, pp.146-147.

41 2015년 현재, 독일 공적연금의 연금보험료율은 소득의 18.9%이다. 직장인의 경우 연금보험료는 사용자와 노동자가 각각 절반씩 부담한다. 다만, 자영업자인 경우에는 본인이 모두 부담해야 한다. 따라서 얀이 부담하는 자기의 몫은 월 94만5천원이고 사용자가 같은 금액을 부담한다. 그런데 사용자가 부담하는 몫은 결과적으로는 노동자의 또 다른 임금이라고 보아야 한다. 그런 이유로 사용자는 자신이 부담한 몫을 노동 비용에 포함시키고 있다. 만약 그가 월 1,000만원의 소득이 있는 자영업자라면 18.9%인 189만원을 모두 부담해야 한다. 현재 독일 공적연금이 명목소득대체율은 37.5%이다. 명목소득대체율이란 전체 평균소득의 가입자가 40년간 꾸준히 국민연금에 가입해서 연금을 받을 때의 소득대체율이다. 경우에 따라서는 가입기간이 40년을 넘을 수도 있으므로 실제로 받는 소득대체율은 더 높을 수 있다. 여기

서는 명목소득대체율로 계산했다. 그래서 얀은 1,000만원에 대한 37.5%의 소득대체율로 계산해서 월 375만원의 공적연금액을 수령하게 된다.

42 OECD는 매년 국가별 국민부담금의 수준을 비교하기 위해 국민부담률, 조세부담률, 사회보장부담률을 발표하고 있다. 조세부담률은 국세 및 지방세를 합한 조세수입이 경상 GDP에서 차지하는 비중으로, 국민들이 얼마나 세금을 내는지를 측정하는 지표이다. 사회보장부담률은 국민이 내는 사회보험료가 GDP에 대해 갖는 비중을 나타내는 지표이다. 국민부담률은 국민이 내는 세금과 사회보험료를 합한 국민부담금의 GDP에 대한 비율이다.

43 OECD Stat. Revenue Statistics-comparative tables (2016.06.07 다운로드 기준).

44 OECD Stat. Revenue Statistics-comparative tables (2016.06.07 다운로드 기준).

45 하능식 · 임상수 · 이선영, 「OECD 주요국의 조세체계 비교 분석: 국민소득 변화와 조세체계 변천을 중심으로」, 한국지방세연구원, 2014, p.46.

46 김성옥 · 김유리 · 정희정, 「주요국의 건강보장제도 현황과 개혁동향: 독일」, 국민건강보험공단, 2014, p.48.

47 Sang-Yi Lee et al., The National Health Insurance system as one type of new typology: The case of South Korea and Taiwan. Health Policy, Vol 85(1), 2008, pp.105-113.

48 알베르토 알레시나 · 애드워드 글레이저, Fighting Poverty in the US and Europe, Oxford University Press, 2004. ; 전용범 역, 『복지국가의 정치학』, 생각의힘, 2012, pp.5-6.

49 이하 미국 복지의 역사적 진행 과정에 대해서는 다음의 책에서 〈Chapter 4. 미국 사회복지의 역사〉 부분을 주로 참고하였다. 박병현, 『사회복지의 역사』, 공동체, 2010.

50 '신대륙', '이주와 개척' 등은 모두 원주민의 관점에서 볼 때는 왜곡된 용어들이다. 사실상 원주민들의 대륙을 침략하고 학살하며 미국인들은 나라를 만들었다. 하지만 이하에서는 현재 대다수 미국인들의 생각을 짚어볼 필요가 있으므로 일단 '이주와 개척'으로 판단해 보기로 한다.

51 이상의 당시 미국 상황에 대한 묘사는 서울교대 윤리교육과 교수이자 역사 저술가인 함규진의 네이버 '인물 세계사: 시어도어 루스벨트'편을 참고하였다.

52 1862년에 링컨 대통령이 최초의 소득세법을 만들었으나 남북전쟁 당시의 임시적

인 것으로 그쳤다.

53 '날강도 귀족(Robber baron)'은 철도 회사 중역을 지낸 찰스 프랜시스 애덤스가 1878년 출판한 『철도: 기원과 문제들』에서 처음 사용한 표현이다. 강준만, 『미국은 세계를 어떻게 훔쳤는가』, 인물과 사상, 2013.

54 당시 뉴욕 타임즈는 이와 관련해 "매년 수천 명에 달하는 영 · 유아의 사망뿐만 아니라 수 년 동안 고통 속에서 수만 명이 죽어나가는 폐결핵의 원인이 젖소의 우유 때문"이라고 보도했다. 하비 리벤스테인, 김지향 역, 『음식 그 두려움의 역사』, 지식트리, 2012, pp.36-37.

55 1932년 민주당 대통령 후보 지명 수락 연설 당시 루스벨트는 '미국 국민을 위한 새로운 카드'라는 표현을 사용했다.

56 미국의 사회보장법은 본래 초안에는 의료보험도 포함하고 있었으나 기업가와 보수 세력의 강력한 반대로 인해 후퇴함으로써 의료보험은 실현되지 못했다. 그럼에도 뉴딜은 대공황 시대에 탄생한 복지국가의 틀을 담고 있다. 뉴딜 복지국가의 핵심은 케인스 경제 정책과 사회보장법의 제정이다. 그러나 뉴딜 복지 정책은 남부의 민주당 보수파를 무마하기 위해 노인연금과 실업보험의 혜택으로부터 농업 노동자와 가내 노동자를 배제하였는데, 그 대부분은 흑인과 여성이었다. 이처럼 미국 뉴딜의 복지국가는 계획처럼 완성되지 못한 채 미완의 형태로 마감했다. 정기혜 · 김용하 · 이지현, 『주요국의 사회보장 제도, 미국편』, 한국보건사회연구원, 2012, pp.25-26.

57 현외성 외, 『복지국가의 공적연금 정책과 개혁』, 공동체, 2010, pp.150-151.

58 세 번째 자유인 '결핍으로부터의 자유'에 관해 루스벨트는 "결핍으로부터의 자유는 세계적인 측면에서, 세계 어느 곳에서나 모든 국가들이 거주민들을 위해 건강하고 평화로운 삶을 보장해 주도록 하는 경제적 약속을 의미한다."고 설명했다.

59 〈린든 존슨과 미국의 꿈〉이란 유명한 저서를 쓴 하버드대 도리스 컨스 교수는 당시의 정책들로 ①노인에게 메디케어(의료지원) ②젊은이에게 교육 지원 ③기업인에게 세금 환불 ④노동자에게 최저임금 인상 ⑤농민에게 보조금 ⑥직업훈련 ⑦빈민에게 식량 ⑧무주택자에게 주택 ⑨흑인에게 법률 구조 ⑩인디언에게 학교 지원 ⑪불구자 재활 ⑫실업자 수당 증가 등을 열거했다. 남재희, '실패한 존슨의 위대한 사회의 교훈' 한겨레신문 특별기고, 2015년 1월 16일자.

60 복지국가가 제도적으로 확충되면서 연방정부의 복지에 대한 책임성이 강화되던 시

기는 1930년대부터 1960년까지의 뉴딜 시기였는데, 이때는 주정부가 아니라 연방정부로 복지 책임이 집중되었다. 반면에 보수 정치 세력의 힘이 강해져서 국가 복지가 약화되던 정치적 환경에서는 복지의 책임을 연방정부로부터 주정부로 이양하는 복지의 '분권화'가 추진되었다. 이렇게 복지가 분권화되면 주정부와 지방정부가 빈자들의 복지를 소홀히 하고, 복지 이슈가 정치적 관심에서 멀어지게 되므로 전반적으로 복지가 축소되는 경향이 있다.

61 이때 레이건 행정부가 행한 AFDC의 변화로 인해 50만 명이 수혜 자격을 상실했으며, 40만 명이 식권 급여에서 제외되었다. 학교 급식 예산은 3분의1이 축소되었으며, 공공주택 보조 예산도 3분의1이 삭감되었다. 정기혜 · 김용하 · 이지현, 『주요국의 사회보장 제도, 미국편』, 한국보건사회연구원, 2012, pp.32-33.

62 정기혜 · 김용하 · 이지현, 『주요국의 사회보장 제도, 미국편』, 한국보건사회연구원, 2012, pp.33-34.

63 남부의 정치인들이 당시에 가졌던 인종 차별 철폐에 대한 우려는 사실일 것이다. 왜냐하면 1965년 입법된 노인을 위한 의료보험인 메디케어 실시 이후 미국 전역에서 인종 차별이 철폐되는 결과를 가져왔기 때문이다. Paul Krugman, The Conscience of a Liberal, 2007. ; 예상한 외 역, 『미래를 말하다』, 현대경제연구원 BOOKS, 2008, pp.92-94.

64 아놀드 S. 렐만(Arnold S. Relman)은 세계적으로 저명한 잡지인《뉴 잉글랜드 저널 오브 메디슨》의 편집장을 역임(1977-1991)했고 하버드 의대 교수를 지냈다. 아놀드 렐만, A Second Opinion, 2007. ;『시장과 이윤을 넘어선 미국의 전 국민 의료보장을 위한 계획』, 조홍준 역, 아르케, 2008.

65 이들 수치를 모두 합하면 100을 넘는데, 그 이유는 중복 가입 때문이다.

66 의료보험개혁법은 의료접근성의 향상을 위해 의료보험 상품의 중개 및 관리를 담당하는 교환소를 주정부가 설립하는 것과 의료보험 의무화에 따른 저소득층에 대한 지원 강화를 규정하고 있다. 연방정부는 주정부의 교환소 설립을 위한 보조금을 주정부에게 지급해야 한다. 그리고 민간보험 회사들은 이들 교환소에 하나 이상의 보험 상품을 등록해야 하는데 그 중의 한 상품은 비영리로 운영해야 한다. 정기혜 · 김용하 · 이지현, 『주요국의 사회보장 제도, 미국편』, 한국보건사회연구원, 2012, pp.407-409.

67 미국 통계청이 2015년 9월 16일 발표한 《Income, Poverty and Health

Insurance Coverage in the United States: 2014》를 인용하였다. 이 자료는 미국 통계청이 'The Current Population Survey Annual Social and Economic Supplement' 조사를 2015년 2월부터 4월까지 실시한 데서 나온 자료들(2014년 내용을 설문)을 분석한 것이다. http://census.gov/newsroom/press-releases/2015/cb15-157.html

68 2004년 현재 미국에는 최소 1,300개 이상의 민간보험 회사가 존재한다. 그러나 설립과 소멸, 통합이 끊임없이 일어나기 때문에 민간보험 회사의 정확한 숫자를 파악하는 것은 사실상 어렵다. 그리고 이들 민간보험 회사들 중에는 기존의 생명보험 등의 분야에서 진출한 것(에트나, 시그나 등이 대표적 사례)과 의료보험 분야에 특화해서 성장한 기업들이 섞여 있다. 김창엽, 『미국의 의료보장』, 한울아카데미, 2005, pp.102-103.

69 정기혜 · 김용하 · 이지현, 『주요국의 사회보장 제도 : 미국』, 한국보건사회연구원, 2012, pp.232-233.

70 현외성 외, 『복지국가의 공적연금 정책과 개혁』, 공동체, 2010, p.159.

71 여기에 나온 사례는 다음의 문헌을 참고하여 만든 것이다. 정기혜 · 김용하 · 이지현, 『주요국의 사회보장 제도 : 미국』, 한국보건사회연구원, 2012, pp.236-238.

72 부과방식(pay-as-you-go)은 원칙적으로 연금 급여에 필요한 비용을 그때의 현역 노동자로부터 사회보장세를 부과하여 충당하는 방식을 말한다. 이에 비해 수정부과방식은 현재 연금 급여에 필요한 금액보다 높게 사회보장세를 설정하여 상당 정도의 준비금을 보유하는 방식을 말한다. 정기혜 · 김용하 · 이지현, 『주요국의 사회보장 제도 : 미국』, 한국보건사회연구원, 2012, pp.238-239.

73 이하의 미국 공공부조에 대한 내용은 다음의 책에서 주요 내용을 요약하고 발췌하였다. 임완섭 외, '제3장 공공부조제도의 역사', 『각국 공공부조제도 비교연구: 미국편』, 한국보건사회연구원, 2015.

74 임완섭 · 전지현, 「미국 공공부조 제도의 동향과 특성」, 『보건복지포럼』, 2016.08. pp.96-98.

75 임완섭 · 전지현, 「미국 공공부조 제도의 동향과 특성」, 『보건복지포럼』, 2016.08. pp.112-113.

76 임완섭 · 전지현, 「미국 공공부조 제도의 동향과 특성」, 『보건복지포럼』, 2016.08. pp.97-98.

77 2013년 '연방 빈곤 기준'에 따라면 3인 가구의 한 달 지출액은 1,628달러인데, 같은 해에 3인 가구에 대한 TANF 최대 급여액은 35개 주에서 500달러에도 미치지 못했다. 이 말은 대부분의 주에서 극빈자들에게 지급되는 TANF 급여액이 기초생계비의 3분의1에도 못 미친다는 것이다. 임완섭 · 전지현, 「미국 공공부조 제도의 동향과 특성」, 『보건복지포럼』, 2016.08. pp.103-104.

78 임완섭 · 전지현, 「미국 공공부조 제도의 동향과 특성」, 『보건복지포럼』, 2016.08. pp.109-110.

79 주정부는 SSI 수급자의 기본적 욕구 충족을 위해 수급자의 일부 또는 전부에게 SSI에 대한 보충적 지원을 제공할 수 있다. 하지만 대부분의 주정부에서 실제로는 이렇게 하지 않는다. 2015년 기준으로 단지 19개 주에서만 장애가 있는 수급자에게 추가적 지원을 제공하고 있는데, 이들 추가적 지원금은 대부분 월 50달러 이하다. 임완섭 · 전지현, 「미국 공공부조 제도의 동향과 특성」, 『보건복지포럼』, 2016.08. pp.106-107.

80 클린턴 정부에서 노동부 장관을 역임했고 오바마 대통령의 경제자문위원을 맡았던 로버트 라이시(Robert B. Reich) 교수는 그의 저서에서 'EITC는 빈곤을 줄일 뿐만 아니라 추가소득을 소비할 확률이 가장 큰 계층의 소득을 늘려주는 것'이기 때문에 경제의 안정적 발전을 위해 이 제도의 수혜 범위를 적극적으로 확대하자고 주장했다. Robert B. Reich, After Shock, 2010. ; 안진환 · 박슬라 역, 『위기는 왜 반복되는가』, 김영사, 2011, pp.199-200.

81 유럽 복지국가들은 케인스가 《우리 손자 세대의 경제적 가능성》이라는 자신의 에세이에서 예측했던 것처럼 사람들이 '하고 싶은 일'을 하면서 느긋하게 살아갈 가능성이 열려 있지만 미국에서는 사회안전망이 계속 축소되기 때문에 지쳐서 나가떨어질 때까지 일을 해야 한다. 토머스 게이건(한상연 역), 『미국에서 태어난 게 잘못이야』, 부키, 2011, pp.35-36.

6장 대한민국 경제사회 체제의 신자유주의적 재편

1 우리나라 1인당 국민소득의 연도별 추이를 보면, 2006년 20,823 달러, 2007년 23,033, 2008년 20,463, 2009년 18,303, 2010년 22,170, 2011년 24,302, 2012

년 24,696, 2013년 26,179, 2014년 28,071, 2015년 27,340 달러였다. 이 기간 중에 1인당 국민소득이 가장 높았던 때는 2014년으로 2만8,071 달러였다. 한국은행 경제통계시스템 참조, http://ecos.bok.or.kr/

2 '20-50 클럽'은 국민소득 2만 달러 이상이고 인구 5천만 명 이상인 나라들을 지칭한다. 여기에 속한 국가들로는 우리나라 외에 일본(1987), 미국(1988), 프랑스(1990), 이탈리아(1990), 독일(1991), 영국(1996)이 있다. 괄호 속의 숫자는 가입 연도를 나타낸다. 일본이 1987년으로 가장 먼저 이 조건을 충족했다.

3 중위소득이란 총 가구를 소득 순서대로 나열하여 순위를 매긴 후 정확하게 가운데를 차지한 가구의 소득을 말한다. 이것은 소득 계층을 구분하는 기준이 되는데, 경제협력개발기구(OECD)의 기준을 따르면 중위소득의 50% 미만은 빈곤층이며, 50~150%와 150% 초과는 각각 중산층과 상류층으로 분류된다.

4 김낙년 동국대 교수의《한국의 개인소득 분포: 소득세 자료에 의한 접근》논문을 보면, 최상위 계층에 전체 소득의 상당 부분이 쏠리는 현상이 기존의 정부 발표 자료보다 구체적으로 나타난다. 논문에 따르면, 2010년 기준으로 20세 이상 성인 인구 3천797만 명 중 소득 상위 10%(10분위)는 전체 소득의 48.05%를 벌어들이고 있다. 범위를 9~10분위로 넓힌 상위 20%의 소득 점유율은 68.29%에 이른다. 최상위 계층 쏠림 현상도 나타난다. 상위 1%의 소득 점유율은 12.97%, 상위 0.1%의 점유율은 4.46%, 상위 0.01%의 점유율은 1.74%다. 그러나 더 중요한 것은 중하위층의 소득이 상당히 낮은 수준인 것으로 관찰되고 있다는 점이다. 1~4분위에 해당하는 소득 하위 40%의 소득 점유율은 2.05%에 불과하다. 소득 하위 70%(1~7분위)의 소득으로 잡아도 전체 소득에서 차지하는 비중은 18.87% 수준에 불과하다. 연합뉴스, 2014년 12월 11일자.

5 OECD의 발표에 의하면, 우리나라의 노인 빈곤율(상대빈곤율)은 2007년 44.6%, 2008년 45.5%, 2009년 47%, 2010년 47.2% 2011년 48.6%로 매년 상승하고 있다. 2011년의 노인 빈곤율 수치는 OECD가 2015년에 발표한 회원국 간의 국제비교 수치이다.

6 워싱턴 컨센서스(Washington consensus)는 1990년대 미국이 중남미 국가들에게 제시했던 미국식 경제 체제의 대외 확산 전략으로 무역 및 자본의 자유화, 규제완화, 긴축재정, 민영화, 정부 개입의 축소 등을 골자로 하는 신자유주의적 합의를 말한다. 1990년대 미국 행정부와 국제통화기금(IMF), 세계은행이 모여 있는 워싱

턴에서 정책결정자들 사이에 이 같은 합의가 이루어졌다. 이 합의에 따르면 개발도상국 등 제3세계 국가들이 시행해야 할 구조조정 조처들은 정부예산 삭감, 자본시장 자유화, 외환시장 개방, 관세 인하, 국가 기간산업 민영화, 외국 자본에 의한 국내 우량 기업 합병과 매수 허용, 정부 규제의 축소, 재산권 보호 등이다. 이후 이 용어는 국제통화기금(IMF)·세계은행(WB)·미국 재무부 등 워싱턴의 3대 기관이 받드는 이데올로기가 됐다. 또한 개발도상국의 경제 정책으로 강요됐을 뿐만 아니라 선진국에서도 경제 정책의 기준이 되었고, 신자유주의 정책의 대명사로 자리매김하였다. 네이버 지식백과(시사상식사전, 박문각) 참조.

7 고금리의 통화 정책과 긴축적 재정 정책은 미국에서 1970년대 중반부터 시작된 스태그플레이션을 해결하기 위해 1980년대 레이건 대통령이 추진한 신자유주의식 해법이다. 즉 외환위기 당시 미국과 IMF는 미국을 현재의 불평등한 미국으로 만든 바로 그 해법을 우리나라에 똑같이 요구한 것이었다.

8 2001년 노벨경제학상을 받은 조지프 스티글리츠(미국 컬럼비아대 교수)는 1997년 외환위기 때 빌 클린턴 대통령 경제자문위원회 위원장과 세계은행 수석 부총재 겸 수석 이코노미스트였다. 당시 스티글리츠는 저축률이 높은 한국에는 외국자본이 필요하지 않다며 자본개방 · 고금리 · 긴축재정이란 IMF와 미 재무부의 처방을 통렬히 비판했다. 그는 한국의 자본시장 개방을 압박하던 미 재무부와 일대 논쟁을 벌였으며, 급격한 자본시장 자유화가 한국을 금융 위기로 몰고 갈 것이라는 그의 주장은 결국 현실화되고 말았다. 1997년 당시, 조지프 스티글리츠의 주장은 큰 주목을 받지 못했지만, 지난 2012년 스트로스 칸 IMF 총재는 국제통화기금(IMF)이 1997년 당시 한국의 외환위기에 대해 내렸던 진단과 처방에 문제가 있었음을 시인한 바 있다. 출처: 머니투데이, 2012.10.15. http://www.mt.co.kr/view/mtview.php?type=1&no=2012101515282941324&outlink=1)

9 우리나라에서 정리해고가 이전에도 불가능했던 것은 아니지만 완전히 합법이 된 것은 IMF의 노동시장 유연화 요구와 무관하지 않다. 1998년 2월, '긴박한 경영상의 이유'가 있다면 정리해고를 할 수 있도록 하는 내용으로 노동법이 개정되었다.

10 외환위기 이후 우리나라에서 주주자본주의가 뿌리를 내리게 된 과정과 이로 인한 경제와 노동시장의 양극화 확대 등의 관련 내용에 대해서는 다음을 주로 참고하였다. 김승식, 『성공한 국가 불행한 국민』, 끌리는책, 2013, pp.75-110.

11 1849년 영국을 필두로 해서 많은 나라들이 파산법을 도입해서 기업가들이 채권자

들로부터 법원의 보호를 받도록 했다. 이것은 기업 활동에 따르는 기업인들의 위험을 크게 줄였다. 이로 인해 기업인들은 적극적으로 위험을 감수했고, 현대적 의미의 자본주의가 가능해졌다. 이와 마찬가지의 의미에서 복지 정책은 노동자들을 위한 파산법이라고 할 수 있다. 복지 정책은 노동자들이 변화에 더 개방적이고 위험을 더 기꺼이 감수하는 태도를 갖도록 해주기 때문이다. 장하준, 『그들이 말하지 않는 23가지』, 부키, 2010, pp.296-297.

12 론스타는 블랙스톤, 칼라일과 함께 미국의 대표적인 사모 펀드 회사다. 사모 펀드는 소수의 개인이나 기관투자가로부터 비공개로 자금을 모아 기업을 인수해서 재무 상황을 개선한 뒤 되팔아 차익을 실현하는 펀드를 말한다. 돈이 되는 것은 무엇이든 투자하여 차익을 챙겨가는 투기자본이라 하여 국내 언론에서는 먹고 튄다는 뜻의 '먹튀'자본이라 부르기도 한다. 김승식, 『성공한 국가 불행한 국민』, 끌리는책, 2013, pp.87-90.

13 외환은행 노조 자료를 활용했다.
http://www.wikitree.co.kr/main/news_view.php?id=45622

14 2014년 11월 외환은행 매각으로 4조6천억 원의 이익을 챙기고 한국 시장을 떠난 미국계 사모펀드 론스타는 외환은행 매각 당시에 원천 징수된 세금을 돌려달라고 과세 당국을 상대로 소송을 제기했다. 이 재판에서 서울행정법원 행정11부(부장판사 문준필)는 원고인 론스타의 손을 들어주었다. 한국경제, 2014년 12월 30일.
http://www.hankyung.com/news/app/newsview.php?aid=2014123025441)

15 노무현 전 대통령은 당선인 시절이던 2002년 12월 31일 전국경제인연합회를 포함한 경제 5단체장과 함께 한 간담회에서 "충격적 조치는 없다."고 선언했다. 국회의원과 대선 후보 시절 '재벌 개혁'을 외쳤던 노 전 대통령의 등장을 재계에서 걱정하자, "새 정부는 기업하기 좋은 환경을 만들 것"이라며 안심시킨 것이다. 그러면서 "기업하시는 분들께 최선을 다해 뒷바라지 하겠다."고도 했다. 김대중 전 대통령은 당선인이던 1997년 12월 24일 경제 5단체장들과 오찬 간담회를 하면서 "부당한 간섭도 특혜도 없다."고 강조했다. 외환위기 직후 기업 구조조정이 화두였던 때라 김 전 대통령의 한마디에 기업의 생사가 갈릴 수도 있던 시절이었다. 김 전 대통령은 "정부가 기업 문제에 간섭하지 않고 투명성을 유지하겠다."면서 재계를 안심시켰다. 또 이명박 전 대통령은 2007년 12월 28일 당선인 때 20여 명의 대기업 회장들을 만난 자리에서 "비즈니스 프렌들리(business friendly, 친 기업) 정부를 만들겠

다."고 했다. 중앙일보. 2015년 1월 3일자.

16 이 가상의 시나리오는 실제 하이닉스의 해고 노동자인 김광복씨의 사례를 참고하였다. KBS스페셜, 중산층 참조.

17 복지국가소사이어티 이상구 운영위원장의 칼럼에 의하면, 골목 상권을 형성하고 있는 자영업 종사자들은 50대 이상의 비중이 57.1%나 되어 다른 어떤 산업 분야보다 고령화되어 있고, 이들의 연간 근로시간은 2,406시간으로 이미 세계 1위인 한국 임금 근로자의 평균 근로시간(2,071시간)보다 연간 335시간(16.2%)이나 더 길었다. 뿐만 아니라, 전체 자영업자의 73%를 이루고 있는 '종업원 없이 홀로' 가게를 연 1인 사업장의 점주들은 1년 생존율이 60%였고, 5년 생존율은 29.6%에 불과했다(소상공인 실태조사, 2013). 그리고 자영업 단골 업종인 음식 · 숙박업만 보면, 1인 사업장의 1년 생존율은 54.7%에 불과하고 5년 생존율은 17.4% 수준으로 떨어졌다. 이상구, '치킨 게임으로 내몰리는 영세 자영업 문제의 올바른 해법', 《복지국가 소사이어티 홈페이지》, 2014년 10월 6일자.

18 그 결과, 우리나라의 근로자 300인 이상 민간기업 420곳에서 최근 5년간 육아휴직자가 전무했다. 더욱이 육아휴직자 중에서 남성의 비율은 5.6%에 불과했다. 출산휴가와 육아휴직은 일 · 가정의 양립을 도와 인구절벽을 막자는 핵심 정책이다. 그런데 지금처럼 자신의 휴직이 동료들의 부담 증대로 이어지는 환경에서는 떳떳하게 제도의 혜택을 누리기 어렵다. 한국일보, 2016년 8월 16일자 사설.

19 우리나라의 최저임금은 구체적으로 2008년부터 2013년까지는 연평균 5.7%씩 상승했고 2014~2017년에는 연평균 7.4%로 상승률이 높아졌다.

20 업종별(2016년 기준)로는 농림어업에서 최저임금 미달 근로자가 가장 많았고, 이어서 음식숙박업, 예술여가, 사업지원, 부동산임대, 도 · 소매, 제조업 등의 순이었다. 기업 규모별로는 종사자 수 10명 미만인 영세업체가 가장 많았다. 최저임금은 국가가 임금의 최저 수준을 정해 사용자에게 그 이상을 지급하게 하는 제도이다. 위반하면 3년 이하의 징역이나 2천만원 이하의 벌금형에 처한다. 하지만 법규 위반을 적발한 건수는 매년 줄고 있어 최저임금을 지킬 유인이 줄어들고 있다는 분석이다. 2013년 최저임금 위반 적발 건수는 6천81건이었으나 2014년엔 1천645건으로 급감했고 작년엔 1천502건으로 줄었다. 한국은행은 이 때문에 최저임금 인상이 전체 근로자의 전반적인 임금 상승을 유발할 가능성이 크지 않다고 평가했다. 연합뉴스, 2016년 8월 16일자.

21 이 동시는 다음과 같다. 학원에 가고 싶지 않을 땐 / 이렇게 엄마를 씹어 먹어 / 삶아 먹고 구워 먹어 / 눈깔을 파먹어 / 이빨을 다 뽑아 버려 / 머리채를 쥐어뜯어 / 살코기로 만들어 떠먹어 / 눈물을 흘리면 핥아 먹어 /심장은 맨 마지막에 먹어 /가장 고통스럽게

22 국민기초생활보장 제도는 생활이 어려운 국민에게 국가가 생계, 주거, 교육, 의료 등 기본적인 생활을 보장하고 자활을 조성하기 위한 제도이다. 국가의 보호가 필요한 최저생계비 이하의 모든 국민에게 국가가 기본적인 생활을 할 수 있도록 제도적으로 보장하는 공공부조 제도이다. 1961년부터 시행된 생활보호제도(생활보호법)를 대신하는 복지 정책으로 국민기초생활보장법에 의거하여 2000년 10월부터 시행되고 있다. 구성은 생계급여, 주거급여, 의료급여, 교육급여, 해산급여, 장제급여, 자활급여 등으로 이루어진다. 기초생활보장 제도는 국가로부터 생계 지원을 받더라도 일할 능력이 있으면 자활 관련 사업에 참여한다는 조건 아래 매달 생계비를 지급받도록 하고 있다. 네이버 지식백과(시사상식사전, 박문각) 참조.

23 이상이, '빈곤 예방을 위해서도 보편적 복지가 중요하다', 《프레시안》, 2014년 3월 18일자.

24 이 부분은 주로 다음의 책을 참고하였다. 김태성 · 성경륭, 『복지국가론』, 나남, 2014, pp.461-462.

25 Wong J., Healthy democracies: welfare politics in Taiwan and South Korea, Cornell University Press, 2004, pp.70~72.

26 이 부분의 내용들은 필자의 다음 저서에서 해당 부분을 보완하거나 가져온 것이다. 이상이, 『복지국가가 내게 좋은 19가지』, 메디치, 2012, pp.100~101.

27 이 부분은 주로 다음의 책을 참고하였다. 김태성 · 성경륭, 『복지국가론』, 나남, 2014, pp.516-523.

28 신광영, 「한국의 복지국가 담론과 복지정치」, 이창곤 편저, 『어떤 복지국가에서 살고 싶은가』, 밈, 2010, pp.263~264.

29 2001년부터 고용보험을 활용해 육아휴직과 산전후 휴가급여 등 모성 보호 급여를 지급하기 시작했다.

30 여야 합의 하에 대선 한 달 전인 1997년 11월 '국민의료보험법'이 국회를 통과했다. 이것은 의료보험의 완전 통합에 앞서 이루어진 1단계 통합인데, 227개의 지역 의료보험조합과 〈공무원 · 교직원 의료보험관리공단〉을 통합하여 국민의료보험

관리공단을 창설하는 것이 골자였다. 문옥륜 외, 『건강보장론』, 신광출판사, 2009, pp.85~88.

31 김대중 정부에서 이루어진 의료보험 통합일원화는 결코 쉬운 과정이 아니었다. 고난의 연속이었다. 집권 당시 여당이었던 새정치국민회의는 국회의 의석이 고작 79석에 불과했다. 정치연합에 참여했던 김종필 총리의 자민련 의석 50석을 합쳐도 과반에 미달했다. 이후 범여권은 야당 국회의원 빼오기를 통해 153석을 만들었지만, 보건복지상임위원회는 범여권의 국회의원 수가 과반을 넘지 못하였다. 결국 외환위기라는 국가적 비상사태로 인해 대통령에게 압도적인 힘이 실린 상황, 즉 전제적 권력 상황이 아니었다면 이런 종류의 거대 개혁이 성공하기는 어려웠을 것이다. 이상이, 『복지국가는 삶이다』, 밈, 2014, pp.105~106.

32 이에 대해 윤여준은 노무현 정부는 경제 정책에서 처음부터 뚜렷한 청사진을 갖고 있지 못했다고 평가했다. "누가 대통령이 되었어도 경제는 어쩔 수 없었으며 앞으로 누가 온들 크게 달라질 수 없을 것"이라는 노무현 대통령의 발언이 이런 입장을 드러낸 것이라는 게 윤여준의 평가이다. 윤여준은 노무현 정부가 취임 첫해인 2003년 김대중 정부에서 초래된 카드대란을 극복하는 데 초점을 맞추면서도 무리한 경기부양책을 사용하지 않고 나름대로 충격을 흡수했다는 점에서 높은 평가를 받았지만 경제 체질의 개선을 위한 본격적인 대책을 마련하여 지속적으로 추진하지 못했다는 점에서는 한계가 있었다고 지적했다. 윤여준, 『대통령의 자격』, 메디치, 2011, pp.471~473.

33 이 부분의 내용들은 필자의 다음 저서에서 해당 부분을 보완하거나 가져온 것이다. 이상이, 『복지국가가 내게 좋은 19가지』, 메디치, 2012, pp.104~105.

34 이것은 정치인 박근혜의 상징적 슬로건인데, 세금과 정부의 규모는 '줄'이고, 불필요한 규제는 '풀'고, 법질서를 '세'우자는 뜻이다. 2007년 제17대 대통령 후보를 뽑는 한나라당(현 새누리당) 경선에서 박근혜 후보가 이명박 후보와 치열하게 경합하는 가운데 대선 후보의 공약으로 내세운 신자유주의 경제 발전 모델이다.

35 이태수, 「이명박 정부의 복지 정책 총 평가」, 『복지동향』 113, pp.17~22.

36 이상이. '보편 복지 내세운 민주당은 어쩌다 스스로 망가졌나', 《프레시안》, 2013년 11월 20일자.

37 이상이, 「증세 없는 복지국가, 안녕들 하십니까: 박근혜 정부의 조세 정책과 복지 정책」, 참여사회연구소 편저, 『시민과 세계』 제24호, 이매진, 2010, pp.84~98.

1 고등학교 사회 교과서는 출판사별로 내용이 약간씩 다른데, 교육과정이 동일하므로 모든 교과서가 제목과 주제는 거의 비슷하다. 이 장에서는 주로 〈대한교과서〉를 분석하도록 한다.

2 (주)대한교과서의 〈사회〉 교과서 224쪽에서 225쪽에 실린 지문이다.

3 노혁(사회복지학) 나사렛대 교수는 《청소년 시설 환경》 학회지를 통해 발표한 '고등학교 사회문화 교과서의 사회복지 관련 내용과 기술 방향 분석' 논문에서, 사회문화 교과서들이 사회복지 분야를 '사회 계층과 불평등'이라는 단원에서 다루는 것 자체도 사회복지에 대한 편견을 심어주는 문제가 있다고 지적했다. 노 교수에 따르면, 사회복지를 정치나 경제, 가족, 종교 등에서 발생하는 문제를 해결해주는 것으로만 기술하는 것은 사회복지가 국민의 권리라기보다 국가가 해주면 받는 수동적인 것이라는 오해를 불러일으킬 수도 있다는 것이다. 또 3종 교과서 모두 '사회복지의 역기능'이라는 소제목을 사용해 사회복지를 부정적으로 표현한 것도 문제라고 지적했다. 또 노 교수는 현재 일선 고교에서 채택하고 있는 3종의 사회문화 교과서가 사회복지에 대해 4~8페이지의 적은 분량만을 할애하고 있고, 복지에 대한 불확실하고 부정적인 서술이 적지 않다고 분석했다. 현재 사회문화 교과서는 교학사, 금성출판사, 천재교육에서 제작해 사용하고 있다.

4 '전국 사회 교사 모임'에서는 프랑스의 경제사회 통합교과서를 번역해 출판한 바 있다. 모니크 아벨라르 외, 한국사회경제학회 · 전국사회교사모임 한국어판 공동기획(유재명 외 역), 『프랑스 경제사회 통합 교과서』, 휴머니스트, 2010.

5 2015년 현재 스페인의 GDP 대비 공공사회복지 지출의 비중은 28.1%이고, 이탈리아는 28.6%이다. 이들 두 남부유럽 국가들의 복지 지출 수준은 30%가 넘는 프랑스, 덴마크, 핀란드, 벨기에 등에는 못 미치지만 비교적 높은 편에 속하는 것은 사실이다.

6 건강보험이나 국민연금 같은 보편적 복지는 근로 동기의 저해와 무관하다. 보육이나 교육 같은 보편적 사회서비스도 근로 동기의 저해와 아무런 관련이 없다. 실업보험도 엄청나게 관대하지 않는 이상 근로 동기의 저해와 별로 관련이 없다. 그렇다면 근로 동기를 저해하는 복지는 무엇일까? 하나가 있다. 국민기초생활보장 제도가 그것이다. 그런데 우리나라에서는 수급 대상자들의 대부분이 노인, 장애인, 소년소

녀가장, 그리고 건강상 문제가 있는 사람들이다. 그러므로 우리나라에서 인색한 이런 공공부조 때문에 사람들이 일을 하지 않아서 경제 성장에 걸림돌이 된다는 주장은 거의 설득력이 없다. 김태일, 『국가는 내 돈을 어떻게 쓰는가』, 웅진지식하우스, 2014, pp.316~318.

7 사회임금은 실업 급여, 어린이집 보육료 지원금, 건강보험 서비스 등 개인이 국가와 사회로부터 받는 현금이나 서비스 같은 복지 혜택을 모두 돈으로 환산해 더한 수치를 말한다. 민병두 의원(국회 정무위원회)이 국회 입법조사처에 의뢰해 조사한 2012년도 기준 한국의 사회임금은 가계 가처분소득의 12.9%에 불과했다. 예컨대, 가처분소득이 100만원이라면 사회임금은 그 중 12만9천원이며, 나머지 87만1천원은 월급이나 자영업을 통해 벌어들인 돈(시장임금)인 셈이다. 이것은 2011년 경제협력개발기구(OECD) 평균 사회임금인 40.7%의 3분의1에도 미치지 못하는 것이다. 주요 OECD 회원국의 사회임금 비중은 스웨덴이 51.9%로 가장 높고, 프랑스 49.8%, 독일 47.5%, 영국 37.8% 순이었다. 미국도 25.0%로 한국보다 높았다.

8 우리나라 헌법 제119조 제1항 '대한민국의 경제 질서는 개인과 기업의 경제상의 자유와 창의를 존중함을 기본으로 한다.'는 우리나라의 경제 질서의 제1원칙으로 자유 시장 경제를 명시하고 있고, 제2항 '국가는 균형 있는 국민 경제의 성장 및 안녕과 적정한 소득의 분배를 유지하고, 시장의 지배와 경제력의 남용을 방지하며, 경제주체간의 조화를 통한 경제의 민주화를 위하여 경제에 관한 규제와 조정을 할 수 있다.'는 제1원칙에 따라 발생할 문제들을 국가가 개입해서 해결할 수 있도록 하는 제2원칙으로 사회적 시장 경제를 명시하고 있다.

8장 역동적 복지국가의 논리와 전략

1 경제와 소득이 양극화되고 중산층의 크기와 소득이 줄어들어서 실질적으로 중산층의 소비가 줄어들게 되면 기업들이 새로운 장비나 소프트웨어를 구입하거나 새로운 건물이나 공장을 지을 인센티브도 줄어든다. 충분한 수요가 발생하지 않으면 새로운 연구에 착수하거나 새로운 제품이나 서비스를 개발하는 기업가들의 활동도 자연히 줄어든다. Robert B. Reich, After Shock, 2010. ; 안진환 · 박슬라 역, 『위기는 왜 반복되는가』, 김영사, 2011, pp.114~116.

2 이상이, '의료이용 형평과 건강보험 사명', 《서울신문》, 2005년 3월 4일자 시론.

3 이상이, '땅콩 회항과 자유권, 그리고 보편적 복지국가', 《프레시안》, 2014년 12월 16일자.

4 기회의 균등은 공정한 사회를 이룩하기 위한 출발점이다. 하지만 이것만으로는 충분하지 않다. 공정한 경쟁을 하려면 배고픈 아이가 없어야 한다. 결국 '기회의 균등'이 진정한 의미를 가지려면 일정 수준 이상의 '결과의 균등'이 보장되어야 한다. 장하준, 『그들이 말하지 않는 23가지』, 부키, 2010, pp.226~227.

5 스웨덴은 '사회투자' 개념의 원조 국가이다. 사회투자는 사람에 대한 보편적인 투자를 말하는데, 기회와 출발 조건의 실질적 평등을 보장하기 위한 것이다. 지식기반 사회에서 실질적 기회의 평등은 이전 시대보다 더 중요해졌다. 그것은 노동시장에서 자본이나 토지 등의 다른 생산요소보다 지식이 더 결정적인 역할을 담당하기 때문이다. 그런데 이런 지식은 언제나 쉽게 얻을 수 있는 것이 아니라 어린 시절에 큰 틀이 갖추어지는 경향이 있다. 그렇기 때문에 천부적 우연성이 지배하는 부모나 가정환경 등의 격차에 의해서 사람들의 삶이 결정적으로 규정되지 않도록 해주기 위해서는 국가가 누구에게나 동등하게 기회와 가능성을 열어주기 위한 보편적 사회투자를 해야 한다. 임채원, 『신자유주의를 넘어 사회투자국가로』, 한울아카데미, 2006, pp.45~46.

6 Bent Greve, The A to Z of the welfare state, The Scarecrow Press, 2009, pp.159~160.

7 이하의 글에서 기술되는 역동적 복지국가의 4대 원칙 등의 관련 내용들은 복지국가소사이어티가 수행해온 지난 수년간의 활동에서 도출된 이론적 성과이며, 필자가 집필한 다음의 서적들을 주로 수정·보완했거나 인용했음을 밝혀둔다. 이상이, 『역동적 복지국가의 논리와 전략』, 밈, 2010. 이상이, 『복지국가가 내게 좋은 19가지』, 메디치, 2012. 이상이, 『복지국가는 삶이다』, 밈, 2014.

8 1971년 스웨덴 수상 팔메는 사회복지사들에게 이렇게 말했다. "경제 성장과 사회 정책을 적대적 관계로 봐서는 안 된다. 나는 사회 정책이 경제 성장을 촉진한다고 믿는다. 동시에 경제 성장은 연대를 위한 전제 조건이다. 사회보장과 경제 성장은 나란히 진행되는 것이다." 옌뉘 안데르손(박형준 역), 『경제 성장과 사회보장 사이에서: 스웨덴 사민주의 변화의 궤적』, 책세상, 2014, pp114~116.

9 EBS에서 2013년 1월 방송된 《행복의 조건, 복지국가를 가다》를 참조하였다.

10 『Hidden Champions』은 독일의 경영학자 헤르만 지몬이 지은 책인데, 한국에는 〈숨은 강자들〉이란 제목으로 김찬수가 번역하여 출판되었다. 세종서적, 1997.

11 2013년 현재 독일 전역에는 327개의 지역별 산업 클러스터가 형성되어 있어서 중소기업 상호간의 협력과 개방형 혁신 체계를 만들어가고 있다. 독일의 히든 챔피언인 중소중견기업의 매출액 대비 연구개발(R&D) 투자 비중은 6%, 수출 비중은 62% 정도이다. 한국 기업의 전체 R&D 투자 비중은 6.7%로 독일보다 높지만, 중소기업(1.13%)과 중견기업(1.40%)을 따로 떼어놓고 보면 미미한 수준인 것과는 아주 대조적이다. 《전자신문》, 2014년 12월 28일자. http://www.etnews.com/20141226000127)

12 노무현 정부 말기인 2007년 GDP의 28.7%였던 국가부채가 지난 2015년에는 37.9%로 늘었다. 이명박 정부 5년 동안 중앙정부의 채무가 289조원(2007년)에서 425조원(2012년)으로 136조원 늘었고, 박근혜 정부에서는 집권 3년 만에 국가부채가 556조원(2015년)이 되어 131조원이 늘어났다.

13 복지 지출을 목적으로 하는 것이기 때문에 목적세이며, 소득에 직접적으로 부과되어서 직접세로, 또 소득에 따라 각기 다른 세율이 적용되므로 누진세로 분류된다.

14 경향신문 특별취재팀, 『우리는 중산층까지 복지 확대를 요구한다』, 밈, pp.241~242.

15 정의당, '최근 5년간 GNI 대비 기업소득 비중 OECD 회원국 중 1위', 《박원석 의원 국정감사 보도 자료》, 2015년 10월 5일.

9장 역동적 복지국가와 포용적 정치

1 George Bernard Shaw는 1856년 아일랜드 더블린에서 출생했다. 가정 형편이 어려워 초등학교 교육을 받고 부동산 사환으로 일했다. 1884년부터 페이비언협회에서 활동했고, 입센의 연극에 관심을 가져 연구하기도 했다. <홀아비의 집> 을 써서 일부 평론가들의 주목을 받았으며, <워렌 부인의 직업>으로 당대의 인정을 받았다. <시저와 클레오파트라>, <악마의 제자> 등을 썼으며, 1903년 그의 걸작으로 손꼽히는 <인간과 초인>으로 세계적인 극작가의 반열에 들었다. 이후 <성녀 조앤> 등을 집필했다. 극작가 외에 비평가로도 유명하며, 페이비언협회에서 사회

주의자로 활동하기도 했다. 1925년 노벨문학상을 수상하였다. 네이버 지식백과(시사상식사전, 박문각) 참조.

2 Bernard Shaw, Everybody's Political What's What?, 1944. ; 김일기 · 김지연 역, 『쇼에게 세상을 묻다』, 뗸데데로, 2012, pp.199~200.

3 버나드 쇼는 성공의 순간에도 만족하지 않고 활동을 멈추지 않았는데 94세까지 살면서 유머와 풍자, 위트를 잊지 않았고, 사상가로서 자기의 위치를 더욱 견고히 했다. 그가 남긴 묘비명은 현대를 살아가는 우리에게 '울리는 경종'과도 같다. 묘비명의 원문은 이렇다. "I knew if I stayed around long enough, something like this would happen." 보통 '우물쭈물하다가 내 이럴 줄 알았다'로 번역되기도 하는데, 이 말은 '오래 산다 하더라도, 이와 같은 일(죽음)은 일어난다.'는 의미로 죽음을 당당하고 재치 있게 표현한 것이다.

4 대런 애쓰모글루 · 제임스 로빈슨, Why Nations Fail, 2012. ; 최완규 역, 『국가는 왜 실패하는가』, 시공사, 2012, pp.607~608.

5 포용적 제도의 사례로 든 북미와 착취적 제도의 사례로 든 중남미 간의 차이에 대한 내용은 다음의 책에서 핵심적인 내용을 정리하여 인용한 것이다. 대런 애쓰모글루 · 제임스 로빈슨, Why Nations Fail, 2012. ; 최완규 역, 『국가는 왜 실패하는가』, 시공사, 2012, pp.27~78.

6 코르테스는 스페인의 멕시코 정복자였다. 하급 귀족 출신으로 대서양을 건너와 쿠바와 산토도밍고에서 근무하다가 1518년 쿠바 총독의 명을 받고 아스텍 원정대를 이끌고 멕시코의 유카탄 반도에 상륙해 정세를 몰래 탐지하였다. 그로부터 2년 후 그는 소수의 군사를 이끌고 잉카제국을 계승한 아스텍제국의 수도 쿠스코를 일격에 함락하고 도시를 무참하게 파괴했다. 그 결과 코르테스는 뉴 에스파냐(현 멕시코)의 식민지 총독으로 임명되었다. 그의 식민통치는 가혹하여 원주민에 대한 수탈과 탄압, 인디오 문명에 대한 편견과 증오로 악명을 떨쳤다. 네이버 지식백과(실크로드 사전, 창비) 참조.

7 Francisco Pizarro(1475년 추정~1541년)는 스페인의 탐험가이자 잉카 제국의 정복자이다. 1510년 발보아(Vasco Núñez de Balboa)와 함께 태평양을 발견하였다. 또 스페인 궁전의 원조를 얻어 1531년 파나마로부터 잉카로 쳐들어가 잉카 제국을 멸망시키고 식민지를 세웠다. 네이버 지식백과(인명사전, 민중서관) 참조.

8 알베르토 알레시나 · 애드워드 글레이저, Fighting Poverty in the US and

Europe, Oxford University Press, 2004. ; 전용범 역, 『복지국가의 정치학』, 생각의힘, 2012, pp.165~180.

9 영국은 본래 보수당과 자유당이 대립하고 있었으나 노동당의 출현으로 소선거구제라는 선거 제도 하에서 기존의 양당 구조가 보수당과 노동당의 대립으로 전환되었다. 1900년에 독립노동당, 페이비언협회, 사회민주연맹, 노동조합 등을 포괄하는 노동대표위원회를 결성한 것이 노동당의 전신이다. 1906년 총선거에서 29석을 획득하면서 하디를 당수로 하고 노동당으로 당명을 개명했다. 제1차 세계대전 발발 당시에는 반전론을 주창한 독립노동당파와 참전을 주장한 페이비언협회파 및 노동조합파가 갈등과 분열을 빚었으나 1918년 당헌을 개정하여 종래의 노동조합 중심에서 탈피하고 조직과 정책을 확대 개편하면서 당세를 확장했다. 1922년 선거에서 제2당이 되었으며, 1924년에는 자유당의 협력을 얻어 맥도널드 내각을 성립시켰다. 1929년에는 제1당이 되어 제2차 맥도널드 내각을 성립시켰으나 세계 대공황의 대책을 둘러싸고 당내 분열이 생겨 당세가 약화되었으며, 1931년에는 내각이 총사퇴했다. 이후 1945년 7월의 총선거에서는 393석을 차지하는 압도적 승리로 다시 애틀리의 단독내각을 조직했다.

10 영국과 미국에서 비례대표제에 대한 논의가 일찍부터 있었음에도 불구하고 이들 두 나라에 비례대표제가 없는 이유는 다음과 같다. 먼저 영국에서는 유럽의 다른 나라들과 달리 노동당이 의회에 진출한 시기가 1906년으로 늦었음에도 불구하고 제1차 세계대전 이후 곧바로 거대 양당의 하나가 되었기 때문에 노동당은 스스로가 다당제가 초래될 비례대표제를 원하지 않았다. 미국의 경우는 진보파와 흑인의 정치적 진출을 봉쇄하기 위해 비례대표제를 주류 백인들이 수용하지 않았다. 그래서 뉴딜 이전에 지역 정치에서 더러 존재하던 일부 비례대표제도 제2차 세계대전 이후에는 모두 없애버렸다.

11 실질 정당 득표율은 지역구 5석 이상, 정당 득표율 3%를 넘기지 못한 기타 정당(20대 총선에서 17개)의 득표율을 빼고 계산한 나머지 정당들의 득표율을 말한다. 김윤나영 기자, '새누리 · 더민주, 14석, 43석 더 챙겼다', 《프레시안》, 2016년 7월 8일자.

12 박세열 기자, '선관위 '권역별 비례' 제안…선거 제도 개혁 바람 부나?', 《프레시안》, 2015년 2월 24일자.

13 게르만과 노르딕 유럽 국가들에서 비례대표제는 소수파도 의회에 진출할 수 있

도록 진입 장벽을 가급적 낮추지만 군소정당의 난립을 막기 위해 보통 총 투표의 2~5%의 진입 장벽을 두고 있다. 이런 장치를 처음 도입한 독일에서는 의석 배분의 진입 장벽이 5%이다. 선학태, 『합의제 민주주의 동학』, 전남대학교 출판부, 2015, pp.63~65.

14 당시 스웨덴은 완전고용을 이루기 위해 정부의 적자 재정을 편성하여 공공사업을 적극 펼쳤는데, 이런 사민당의 구상이 야당의 반대로 위기에 처했다. 이때 재무장관 비그포르스는 농민당과의 동맹 전략을 구사했다. 고용 확대와 이로 인한 노동자의 구매력 증가는 농산물의 가격 유지로 연결된다는 논리였다. 그래서 그는 두 계급 간의 이해관계가 일치한다는 점을 강조했던 것이다. 더 나아가 사민당은 당론이던 자유무역주의를 농산물에 한하여 유보하고 농산물 가격 유지를 위한 보조금을 정부의 예산으로 책정했다. 이 정책은 주로 유제품을 중심으로 한 가격 유지 정책이었다는 점에서 '카우 딜'이라고도 불린다. 미야모토 타로, 『복지국가 전략, 1999. ; 임성근 역, 『복지국가 전략: 스웨덴 모델의 정치경제학』, 논형, 2004. pp.74~75.

15 앙겔라 메르켈 총리가 이끌던 독일 기독민주-기독사회당 연합(기사련)과 자유민주당의 연정은 2022년까지 17개의 모든 원전을 단계적으로 폐쇄하겠다는 과거 정부(사민당-녹색당 연정)의 확정 계획을 2010년에 폐기했다. 그러나 일본 후쿠시마 원전 사태가 터지고 나서 원전에 대한 국민적 우려가 정치적으로 비등해지자, 2011년 5월 원래의 원전 폐기 계획을 그대로 추진하겠다고 밝히고 지금까지 그 입장을 견지하고 있다. 결국 거대 정당인 사민당과 기사련 모두가 원전을 폐기하겠다는 입장을 확정했으므로 2022년이면 독일에서 원전은 완전히 사라질 전망이다.

16 복지국가소사이어티 이상구 운영위원장의 칼럼에 의하면, 대한민국이 복지국가가 되려면 복지국가를 추진하려는 강력한 정치 세력의 출현이 필요하며, 양극화된 한국 정치의 낙후성과 후진성으로 인해 가장 큰 피해를 보는 사람들은 결국 중산층과 서민들이고, 역으로 정치를 바꾸면 가장 큰 득을 보는 사람이 바로 대다수 국민이라는 것이다. 이것이 정치 개혁을 위해 보통 사람들이 나서야 하는 이유이다. 현재의 정치 제도에서 득을 보고 있는 기존의 정치인들이나 양대 정당은 이런 선거 및 정치 개혁에 적극적으로 나서지 않는 것은 물론이고 심지어는 반대하고 지연시키려 들 것이다. 이런 기득권 세력의 반대를 깨고 나아가는 길은 국민적 요구로 '비례대표 확대'를 공론화하는 것이다. 그래서 비례대표 확대를 중심으로 하는 정치 개혁을 사회적으로 공론화하는 국민운동이 필요하다. 그리고 이런 정치 개혁의 힘을 모아 역

동적 복지국가로 나아가야 한다. 이상구, '비례대표 확대의 공론화가 필요한 이유', 《복지국가소사이어티 홈페이지》, 2014년 12월 1일자.

10장 역동적 복지국가를 위한 주요 정책

1 이 부분은 필자의 다음 칼럼을 수정 보완한 것이다. 이상이, '의료보험 통합에서 건강보험 하나로까지'《프레시안》, 2015년 12월 30일자.

2 국민건강보험 제도가 창설되면서 의료보험의 보장성 수준이 높아질 계기가 마련되었다. 통합 이전에 40% 수준이던 의료보험의 보장성 수준이 통합 직후인 2002년 52.4%로 급등했다. 이후 노무현 정부의 지속적인 노력으로 인해 2006년에는 국민건강보험의 보장성 수준이 64.3%에까지 이르렀다.

3 정초원, '국민건강보험료 동결 속에 방치되는 국민 건강권', 《프레시안》, 2016년 8월 30일자.

4 이상이, '박근혜, 또 의료민영화? 이번엔 원격 의료!', 《프레시안》, 2016년 6월 15일자.

5 2015년 한국 의료 패널 심층 분석 보고서에 의하면, 우리나라 가구의 민간의료보험 가입률은 2008년 71.6%에서 2013년 77%로 증가했고, 가구 당 평균 가입 개수는 2013년 현재 4.79개이다. 가구당 월 평균 보험료 역시 대체적으로 증가하여 2013년 28만8,215원에 이른다. 정초원, '국민건강보험료 동결 속에 방치되는 국민 건강권', 《프레시안》, 2016년 8월 30일자.

6 이 부분은 필자의 다음 저서에서 해당 내용을 일부 수정하고 보완한 것이다. 이상이, 『복지국가가 내게 좋은 19가지』, 메디치, 2012, pp.165~171.

7 서울의 국 · 공립 시설 입소 대기자는 지난해 말 기준 14만4천 명으로 전체 대기자(25만4천 명)의 56.7%에 이른다. 입소에 길게는 3년까지 걸리는 실정이다. 전문가들은 보육 영역에서 공공이 민간을 이끌어가기 위한 국 · 공립 비율을 최소 30%로 보고 있다. 정대연 기자, '서울에 1000번째 국 · 공립 어린이집 문 연다', 《경향신문》, 2016년 5월 8일자.

8 이하의 학교 교육에 관한 부분은 복지국가소사이어티의 입장으로서 홈페이지에 실린 다음의 칼럼을 수정하고 보완하여 사용한 것이다. 정초원, '아이들이 꿈꿀 수 있

는 교육', 《복지국가소사이어티 홈페이지》, 2015년 11월 9일자.

9 니트족이란 만15세 이상 29세 이하의 인구 중 정규 교육과정을 마치고도 취업을 하지 못해서 교육 · 직업훈련 · 취업 어디에도 속해 있지 않은 사람을 일컫는다.

10 그리고 지자체는 사업 시행 예정일 180일 전에 보건복지부에 협의요청서를 제출하고, 보건복지부는 협의요청서 접수 후 90일 이내에 수용, 조건부 수용, 수용 불가 중의 어느 하나를 결정해야 한다.

11 이하의 내용은 복지국가소사이어티의 입장으로서 홈페이지에 실린 다음의 칼럼을 수정하고 보완하여 사용한 것이다. 정초원, '청년고용소득보장제도', 《복지국가소사이어티 홈페이지》, 2016년 3월 14일자.

12 이 부분과 이하의 관련 내용들은 필자의 다음 칼럼을 수정 보완한 것이다. 이상이, '노후소득보장, '낡은 정치'가 문제다', 《프레시안》, 2015년 6월 2일자.

13 A값은 국민연금 전체 가입자의 최근 3년간 월평균 소득을 말하는데, 2016년 현재 211만원이다. 이것은 국민연금의 소득재분배 기능을 나타내는데, 이 수치가 커질수록 저소득 가입자에게 유리하다.

14 1.395×(A+B)×(1+0.05n/12)는 2015년 현재 사용되고 있는 국민연금 가입자의 1년 치 연금액을 산출하는 공식이다. 국민연금 급여 액수는 변수 A · B · n과 상수 1.395에 달려 있다. n은 가입 기간 20년을 초과한 개월 수를 말한다. 20년 이하면 n=0이므로 1+0.05n/12=1로 기본연금액은 1.395×(A+B)가 된다. 40년이면 n=240이고, 1+0.05n/12=2여서 연금액이 1.395×(A+B)의 2배가 된다. B는 가입 기간 중 나의 월평균 소득인데, 물가상승률을 반영해 환산한 수치를 쓴다. 국민연금이 민간연금보다 유리한 것은 이것 때문이다. 그리고 1.395는 소득대체율 비례상수인데, 소득대체율이 40%가 되는 2028년까지는 매년 줄어들게 된다. 소득대체율이 70%이던 1988~98년 비례상수는 2.4였다가, 50%까지 낮춘 2008년 1.5가 됐고, 계속 낮아져 2028년엔 소득대체율 40%, 비례상수 1.2가 된다. 그만큼 연금 급여액이 줄어든다. 또 A값은 국민연금 전체 가입자의 최근 3년간 월평균 소득을 말한다. 2015년 현재 204만원이다. 이것이 바로 국민연금의 소득재분배 기능을 나타내는데, 저소득 가입자에게 유리하다. 이 부분은 다음의 기명 칼럼을 참조하여 필자가 다시 정리한 것이다. 태원준, '태원준 칼럼, 국민연금 A값', 《국민일보》, 2015년 5월 8일자.

15 '두루누리'는 근로자 10인 미만 사업장의 근로자 중에서 월 근로소득 140만원이 안

되는 경우에 정부가 국민연금과 고용보험 보험료를 지원하는 제도이다. 신규 가입하는 근로자는 보험료의 60%, 기존 근로자는 40%를 각각 지원한다.

16 2016년 현재 우리나라 사회보험의 보험료율은 다음과 같다. 국민연금의 보험료율은 기준소득월액(월급)의 9%인데, 고용주(회사)와 근로자가 각각 4.5%씩 부담한다. 국민건강보험의 보험료율은 보수월액(월급)의 6.12%인데, 고용주와 근로자가 각각 3.06%씩 부담한다. 고용보험의 보험료율은 임금총액의 1.3%인데, 고용주와 근로자가 각각 0.65%씩 부담한다. 또 고용보험에서 고용안정과 직업능력개발을 위해 회사가 별도로 임금총액의 일정 부분을 부담한다. 산재보험은 직종에 따라 보수총액의 0.7~34%까지 회사가 부담한다(근로자 부담 없음).

17 기초연금 제도의 도입과 실시에 대해 복지국가소사이어티 이상구 운영위원장은 칼럼을 통해 이것을 복지국가 운동의 승리라고 표현했다. 2014년 7월 25일을 기해 우리나라 65세 이상 전체 노인의 64%인 410만 명에게 기초연금이 일제히 지급되었다. 대상자 410만 명 가운데 20만원 전액을 받은 노인은 57%, 각각 16만원씩으로 32만원을 받은 부부 노인은 36%였다. 나머지 7%의 노인들은 20만원 미만의 '삭감된 금액'을 수령했다. 박근혜 정부의 기초연금 정치 과정에서 복지국가소사이어티는 노년유니온, 세상을 바꾸는 사회복지사 등의 시민사회단체들과 함께 노동계까지 힘을 합해 종묘 공원에서 '노인 만민공동회'를 개최했고, 국회와 복지부에서 기자회견을 열었다. 청와대와 국회 앞에서 1인 시위를 하고, 복지국가 촛불문화제 및 여야 국회의원들과의 간담회와 세미나도 열었다. 보도 자료를 배포하고 관련 내용들을 기고했다. 시민사회의 이런 투쟁을 통해 불완전하게나마 현행 '기초연금 20만원 지급'이 달성된 것인 바, 이것은 복지국가를 염원하는 우리 국민의 열망과 승리의 전리품이라고 해도 좋을 것이다. 이상구, '기초연금 2배 지급은 복지국가 운동의 승리다', 《복지국가소사이어티 홈페이지》, 2014년 8월 4일자.

18 이 부분은 복지국가소사이어티가 노후 분야의 정책으로 채택하고 있는 '더불어 연금'에 대한 설명이며, 다음의 두 칼럼을 주로 참고하여 수정 보완한 것이다. 이권능, '노인빈곤 해소, 더불어 연금이 해결책이다', 《복지국가소사이어티 홈페이지》, 2015년 9월 14일자. 정초원, '왜 "더불어 연금"인가?', 《복지국가소사이어티 홈페이지》, 2016년 3월 21일자.

19 이 부분에 대해서는 필자의 다음 칼럼을 참고하면 된다. 여기서는 심상정 의원이 제출한 최고임금법의 내용과 이에 대한 논리적 검토 및 대안을 논의했다. 이상이, '최

고임금법…심상정에 루스벨트를 더하자!', 《프레시안》, 2016년 7월 12일자.

20 이지연, 『실업 급여사업 평가』, 국회예산정책처, 2014년 10월, pp.37~38.

21 고용보험 가입 기간이 1년 미만이면 실직자의 연령에 관계없이 실업 급여의 지급 기간은 3개월이다. 최장 수급 기간은 8개월이지만, 그 대상이 되려면 가입 기간이 10년 이상이어야 하고 연령이 50세 이상이거나 장애인이어야 한다. 비장애인 실직자들은 가입 기간이 10년 이상이라도 실업 급여의 수급 기간은 연령에 따라 6~7개월에 그친다.

22 이지연, 『실업 급여사업 평가』, 국회예산정책처, 2014년 10월, pp.44~48.

23 2013년 현재 우리나라의 월평균 실업자 수는 80만7천 명이었고 실업 급여 수급자 수는 34만4천 명이었다. 이지연, 『실업 급여사업 평가』, 국회예산정책처, 2014년 10월, pp.9~12.

24 현재 우리나라의 비정규직 고용에 관한 법률 규정에는 '기간 제한'이 핵심이다. 이에 대해 많은 전문가들은 반드시 필요한 경우를 제외한 경우에만 비정규직을 고용하는 '사용 제한'이 대안이라고 지적한다. 한편 초 · 중고 교사 채용의 경우 기간제 교사의 사용 제한이 사립학교법 등에 이미 명시되어 있지만, 이에 대한 처벌 조항이 없어서 많은 사립학교들이 기간제 교사가 반드시 필요하지 않은 경우, 즉 정교사 채용 자리에도 기간제 교사를 활용하는 경우가 많음에도 이를 제지할 방법이 없는 상황이다.

25 기업들이 외주화와 초단기 고용 계약 등 비정규직 관련 법률의 허점을 이용하기 때문에 비정규직이 계속 늘어나고 있음에도 불구하고, 정부와 경영계 등 우리 사회의 주류 세력은 비정규직 채용 시 '기간 제한'을 연장하는 방향으로 관련 법률을 개정하려고 노력하고 있다.

26 현재 우리나라의 비정규직 관련 법률(기간제법)에는 '2년 이상 고용할 때에는 반드시 정규직으로 고용'하도록 하고 있다. 하지만 실제로는 2년이 되면 비정규직 노동자를 정규직으로 전환하는 것이 아니라 해고하고 다른 비정규직 노동자를 새로 고용하고 있다. 법망을 교묘히 피해가는 것이다. 이것이 가능한 것은 비정규직 관련 법률의 기준이 '사용이 아닌 기간'이기 때문이다. 따라서 비정규직 관련 법률을 '사용 제한' 중심으로 바꾸는 것이 좋은 대안이다.

27 '일과 가정이 조화롭게 양립하는 나라'라는 제목으로 기술되는 이하 본문의 모든 내용은 복지국가소사이어티의 정책적 입장으로서 홈페이지에 실린 다음의 칼럼을 수

정하고 보완하여 사용한 것이다. 이권능, '일 때문에 가정을 포기하는 일은 없어야 한다', 《복지국가소사이어티 홈페이지》, 2015년 10월 20일자.

28 OECD의 '취업자 데이터베이스' 자료를 보면, 2014년 기준으로 주 50시간 이상 근무하는 노동자 비율이 한국은 23.1%에 달했다. 한국보다 높은 나라는 터키(40.4%), 콜롬비아(30.9%), 멕시코(27.8%), 크로아티아(27.7%)가 전부다. 주 50시간 이상 근무자 비율은 북유럽 등 복지국가일수록 낮다. 우리나라는 OECD가 조사한 37개 국가 중에서 5번째로 장시간 근무하는 노동자의 비율이 높았다. 박병률 기자, '5명 중 1명은 주 54시간 이상 근무', 《경향신문》, 2016년 5월 26일자.

29 노동계에 의하면, 회사에 종속되어 노동자처럼 일하면서 정작 노동자 대우를 받지 못하는 특수고용 노동자가 전국에 230만 명이나 된다. 이것은 정부 발표의 4배에 달하는 수치이다. 특수고용 노동자에는 학습지 교사, 보험 모집인, 택배기사, 텔레마케터, 학원차량기사, 대리운전사 등이 포함되는데, 우리나라 법원은 사용종속성 지표만으로 특수고용직 노동자성을 판단하고 있다. 즉 특수고용 노동자가 사용자로부터 지휘 · 감독을 받았는지 여부만으로 노동자성을 판단하고 있어서 이렇게 보호받지 못하는 특수고용 노동자들이 양산되고 있다는 것이 노동계의 주장이다. 구은회 기자, '특수고용직 노동자성 사용 · 경제 · 조직종속성 종합해 판단해야', 《매일노동뉴스》, 2016년 8월 30일자.

30 육아휴직은 개인과 국가 사이의 문제이며, 원칙적으로 회사가 끼어들 수 없어야 한다. 이것이 매우 중요한 부분이다. 그래야 육아휴직을 이용하는 데 회사의 눈치를 볼 필요가 없어지기 때문이다. 그런데 우리나라에서는 회사가 중간에 버티고 서서 여성 근로자에게 눈치를 준다. 특히 고용의 88%를 차지하는 중소기업에서는 이런 상황이 심각하다. 이래서는 아이와 엄마가 행복해질 수 없고, 초저출산의 질곡에서 빠져나오기도 어렵다. 스웨덴에서는 여성의 육아휴직 문제를 개인과 국가 차원에서 처리하고, 회사의 빈자리는 보조 인력으로 대체한다. 고용이 늘어나는 효과도 볼 수 있다. 출산과 육아휴직을 무사히 마치고 복귀하여 보조 인력과 교대하면 그만이다. 회사에 업무 공백이 생기지 않을뿐더러 육아휴직으로 인해 발생하는 비용도 회사와는 아무런 상관이 없다. 우리도 이런 정책을 최대한 빨리 도입해야 한다. 이게 바로 아이와 엄마가 더불어 행복한 보편주의 복지국가의 보육 및 여성 정책이다. 이상이, 『복지국가가 내게 좋은 19가지』, 메디치, 2012, pp.174-175.

31 남성 육아휴직은 공공기관이나 공무원 비중이 절대 다수이다. 공무원이나 공공기

관 종사자들을 위한 '그들만의 리그'라는 비난이 나오는 이유이다. 최근 일부 남성 근로자들이 이직을 준비하는 데 있어 육아휴직을 사용하는 경우가 많아지고 있어서 제도의 취지가 무색해졌다는 평가도 나오고 있다. 김기덕 기자, '그림의 떡 아빠 육아휴직…이직 · 교육 등 편법 활용도 기승', 《이데일리》, 2016년 8월 28일자.

32 전체 여성 고용률은 1991년 49.4%에 비해 지난해 58.2%까지 높아진 반면, 30대 후반 기혼 여성의 고용률은 2000년 초반 정점을 찍은 이후 지속적으로 감소해 지난해 49.8%에 머물렀다. 김지은 기자, '어린 자녀 둔 여성 고용률 OECD 꼴찌…경력단절 해소에 초점', 《뉴시스》, 2016년 4월 27일자.

33 '사회 공공성이 높은 나라: 사회서비스 공공성 30% 확충'이라는 제목으로 기술되는 이하 본문의 모든 내용은 복지국가소사이어티의 정책적 입장으로서 홈페이지에 실린 다음의 칼럼을 수정하고 보완하여 사용한 것이다. 이권능, '사회서비스 공공 30% 확충 프로젝트', 《복지국가소사이어티 홈페이지》, 2016년 3월 29일자.

34 풍선효과(balloon effect)는 풍선의 한쪽을 누르면 다른 쪽이 불룩 튀어나오는 것처럼 어떤 부분의 문제를 해결하면 다른 부분에서 문제가 다시 발생하는 현상을 가리키는 말이다. 즉 사회적으로 문제가 되는 특정 사안을 규제 등의 조치를 통해 억압하거나 금지하면 규제 조치가 통하지 않는 다른 경로로 우회하여 유사한 문제를 일으키는 사회적 현상을 의미한다. 성매매 문제를 해결하기 위해 집창촌을 단속하자 그 문제가 주택가로 옮겨간 것을 사례로 들 수 있다. 사회서비스인 의료를 예로 들자면, 국민건강보험공단이 건강보험 의료수가를 통제하면 민간의료기관들은 기대한 만큼의 수익을 창출하기 위해 건강보험 의료수가의 통제를 받지 않는 비급여 항목을 개발해서 수익을 창출하려고 한다.